한국사

33

조선 후기의 경제

국사편찬위원회

자문위원

이 원 순

편찬위원

정 석 종　조 광　최 완 기
한 영 국

집필(조선 후기의 경제)

고 동 환　김 영 호　김 호 종
박 구 병　방 기 중　오 성
유 승 주　이 영 학　정 성 일
조 병 로　최 완 기　최 윤 오
한 영 국

기획 · 편집

신 재 홍　변 승 웅　이 근 택
고 혜 령　고 성 훈　고 숙 화
나 애 자　박 한 남　윤 병 희
최 원 식

복간 간행 : 김 용 곤 · 장 득 진

한국사 간행취지

우리 겨레가 앞으로 어떻게 살아갈 것인가 하는 문제는 우리들은 물론 우리와 더불어 살아가는 세계인들의 관심사일 것이다. 이에 대한 해답은 과거에 어떻게 살아왔는가 하는 우리 역사에 대한 인식을 통해 찾을 수 있을 것이라고 생각된다.

본 위원회에서는 이미 1970년대에 『한국사』 25권을 간행하여 해방 이후 한국사의 연구성과를 집대성함으로써 한국사에 대한 인식을 새롭게 한 바 있다. 그 이후 한국사회는 놀라운 성장과 발전을 이루었고 역사학계도 상당한 연구성과를 축적하였다. 이러한 변화에 발맞추어 한국사학계는 새로운 『한국사』 편찬의 필요를 느끼게 되었다.

이에 본 위원회는 일차적으로 한국사 연구지원비를 마련하여 역사학계로 하여금 1980년대 중반까지 연구성과가 미진하다고 생각되는 분야를 연구할 수 있도록 하였다. 이어서 1989년부터 1990년까지의 준비를 거쳐 1991년에는 '신편 한국사 편찬위원회'를 따로 구성하고 총 60권에 달하는 새로운 『한국사』를 편찬하기로 하였다. 그리고 다음과 같은 『한국사』 편찬의 목표를 세웠다.

① 한국의 역사와 문화에 대한 객관적 인식의 토대를 제공할 수 있는 한국사를 편찬한다.

② 민족의 창조적 문화활동과 민족사의 내재적 발전을 드러내는 한국사를 편찬한다.

③ 최근까지의 연구성과를 체계화하고 새로운 영역을 개척함으로써 한국사 연구의 지평을 넓힌다.

④ 한국사 연구와 관련하여 고고학·인류학·사회학·경제학 등 인접학문의 연구성과를 수용하여 한국사 인식의 폭을 넓히는 데 기여한다.

새로운 『한국사』를 펴내면서 우리 모두가 바라는 바는, 민족의 통일에 대비해야 하고 급격히 변화하는 시대상황 속에서, 한국사 연구자의 깊이 있는 연구를 도와주고 독자들의 역사인식을 드높일 수 있는 길잡이 구실을 할 수 있었으면 하는 것이다.

국사편찬위원회 위원장

목 차

Ⅱ. 상품화폐경제의 발달

개　　요

I

조선 후기는 우리 역사에서 그 어느 때보다도 변혁기라고 할 수 있다. 시기 구분에 대하여 이견이 있기도 하지만, 일반적으로 조선 후기는 17세기에서 19세기 중엽까지로 이해되고 있다. 조선 후기 삶의 모습은 그 이전과 비교하여 여러 면에서 다른 모습을 드러내고 있었다. 그러한 변화를 적극적으로 보면, 그것은 조선왕조를 유지하고 있던 지배질서의 무너짐으로 이해될 수 있으며, 더 나아가서 중세적·봉건적 체제의 무너짐으로 이해될 수 있다. 말하자면 이 시기에 이르면 중세적 사회가 안고 있던 모순이 더 이상 은폐될 수 없어 본격적으로 문제를 일으키기에 이르렀고, 지배체제를 유지하려는 세력은 그것을 유지하고자 여러 가지 방법을 고안해 현실의 모순을 얼버무리려 했다. 그러나 그 사회가 안고 있던 모순은 날로 심화되어 더 이상 은폐가 불가능하게 되었고, 시간이 흐르면서 새로운 질서를 추구하려는 움직임이 보다 강도있게 전개되고 있었다. 그리하여 미약하나마 내재적 발전이 이루어지고 있던 시기가 조선 후기였다. 특히 생산력과 생산양식의 진전을 중심으로 경제적 변동이 가시화되고 있었는데, 그러한 경제적 변동을 물질적 기초로 하면서 근대 지향적 움직임이 전개되었다고 하면, 그 모습은 결코 소극적 변화상이라고만 보아 넘길 수 없다.

조선 후기 경제사에 대한 해부는 그 동안 여러 가지 방법론과 인식론에 입각하여 다양하게 해석되어 왔다. 특히 1980년대 이후 연구자들의 관심분야가 다양해지고, 또 새로운 방법론, 새로운 자료들이 발굴되면서 연구성과가 상당히 축적되었다. 그 동안의 연구성과에 의하면, 조선 후기 경제사 이해의 기본 방향은 대체로 한국의 중세사회가 이 시기에 이르러 민족의 내재적 역량에 의해 해체과정을 밟아 왔다는 것이다. 즉 조선 후기의 변동을 가능하게 한 움직임은 임기응변적으로 제도를 개편하고, 정치체제를 재정비하려고 했던 위로부터의 노력이 아니라, 산업활동의 진전에 따른 경제변동이 봉건적 신분제 사회를 분해시켰다는 것이다. 보다 주목되는 것은 산업활동의 진전이 아래에서 주도적으로 이루어졌다는 것이다. 사실 이 시기의 민중은 스스로의 길을 모색하지 않으면 안되었다. 정쟁과 권력에 집착하던 위정자들에게서 정책적 배려를 크게 기대할 수 없었던 민중은 삶의 길을 스스로 찾지 않으면 안되었으니, 그들은 지배체제의 제약을 무릅쓰고 경제성장과 사회변동에 있어서 주도적 역할을 맡아 갔다. 그들은 兩亂으로 인한 전쟁의 피해를 복구하고 침체된 생산력을 증진하면서 자신들이 당면한 어려운 생활조건을 적극적으로 개선해 나갔다.

조선 후기 산업활동의 진전은 농업·수공업·광업·상업 등 모든 산업분야에서 일어났다. 농민들은 황폐한 농토를 개간하고 수리시설을 복구했으며, 생산력을 높이기 위해 영농방법을 개선하고, 보다 많은 소득을 얻기 위해 새로운 작물을 재배하여 상품화하기도 하였다. 이와 아울러 생산체계에 있어서도 보다 넓은 농지를 경작하는 廣作이 보급되고, 임노동자를 고용하여 이익을 취하는 經營型富農이 나타났는가 하면, 지주·전호의 관계에 있어서도 賭租制가 유행하여, 이를 토대로 佃戶權이 성장해갔다. 수공업에서는 본래 부역제를 토대로 하여 운영되던 관영수공업이 쇠퇴하고, 그리하여 장인의 등록제가 폐지되면서 독자적으로 자유롭게 생산하는 민영수공업이 성장하여 갔다. 제조업에서의 생산활동이 활발해지면서 그 원료 생산이 촉진되어 광업도 활성화되었다. 특히 對淸貿易에서 은의 수요가 늘어나면서 私採 또는 潛採에 의한 은광의 개발이 활기를 띠었다.

조선 후기에 새로운 모습을 보인 경제계의 또 하나의 특징은 시장권의 확대였다. 조선 후기에 이르러 농업·수공업·광업 등에서의 생산력이 크게 증대되고, 그 잉여 생산물의 유통이 불가피해지면서 상업활동도 예전과 달리 자못 활성화되었다. 본래 조선왕조는 重農정책을 내세워 수공업·광업뿐 아니라 상업에 대해서도 초기부터 국가가 적극적으로 간여하여 그 활동을 규제하였다. 따라서 상업활동은 왕실이나 관청에 필요한 물품을 조달하는 市廛

商人 외에는 거의 주목받지 못하였다. 그런데 18세기를 전후하여 농업 생산력이 증대되고 수공업 생산이 활발해지면서 상품의 유통이 활성화되었다. 그리고 이 시기 이후 널리 확산된 부세 및 소작료의 금납화는 상품화폐경제의 진전을 보다 촉진시켰다. 더구나 조선 후기에는 인구의 자연 증가 및 농민의 계층분화가 심화되어 농촌의 인구가 도시로 유입되고 그들이 상업 인구 또는 소비 인구가 되면서 상품의 유통이 더욱 활발해졌다. 상공업이 발달함에 따라 금속화폐, 즉 銅錢이 자연스럽게 전국적으로 유통되었다. 그리하여 누구나 동전을 갖고 물건을 살 수 있었다. 이러한 속에서 전국 각지에 場市와 浦口가 개설되고, 이들을 연계하는 원격지 교역이 이루어지면서 市場圈이 전국적으로 확대되어 갔다.

이러한 경제의 활성화는 봉건 경제체제 안에서의 활동에 그치지 않고, 한 걸음 더 나아가 봉건적 경제체제를 무너뜨리고 새로운 경제체제로의 발전을 지향하는 움직임이기도 하였다. 뿐만 아니라 이같은 경제변동은 경제문제 자체에서 그치는 것이 아니라 조선 후기사회 모든 방면의 변동을 촉진시키는 요인으로 작용하여 갔다.

II

전근대사회에서는 여러 산업 가운데서 농업이 절대적 비중을 차지하고 있었기 때문에, 농업 생산력이 비약적으로 높아졌다. 농업은 크게 논에서 벼를 생산하는 水田농업과 밭에서 잡곡을 재배하는 旱田농업으로 구분된다. 수전농업은 흙을 다스리는 작업과 씨앗을 뿌리고 덮는 일, 시비하고 벼를 수확하는 일 등으로 이루어진다. 이 과정에서 생산력을 높일 수 있는 방도는 논에 물대는 문제와 씨앗 뿌리는 방법, 시비하는 일, 그리고 제초하는 문제에 있었다. 이 모두를 해결할 수 있는 방도로서 조선 후기에는 移秧法이 널리 보급되었다. 더구나 이앙법을 통해서 농업 노동력이 크게 절감되었고 절감된 노동력은 광작이라는 새로운 농업 경영방식을 촉발하였으며, 다른 한편으로는 밭작물을 재배하는 데도 잉여 노동력이 투여되었다.

한편 한전농업에서도 생산력이 제고되었다. 즉 조선 후기에는 한전에서 가뭄을 극복하는 작부체계가 발달하고 있었다. 그리고 가뭄에 잘 견딜 수 있는 품종이 개발되었는가 하면, 中耕 제초를 행하여 잡초를 제거해주고 밭작물이 제대로 자랄 수 있도록 북돋아줌으로써 토양에 수분을 유지해주는 노력을 기울이기도 하였다. 이 시기 논에서 乾秧法의 기술이 행해진 것도 밭농사에서 개발된 농업 기술이 논에서의 이앙 기술에 응용되면서 이루어진 결과였다. 조선 후기에는 특히 쇠붙이 농구가 발달하면서 토지를 다스리고, 이랑과 고랑을 만드는 형태가 진전되면서 밭작물의 재배는 더욱 효과적으로 이루어졌고, 그에 따라서 생산성이 보다 증가되었다.

농민들은 생산성을 높이기 위해 농기구를 다양하게 개발하고, 堤堰·洑 등을 축조하였는가 하면, 상품작물을 재배하여 소득을 증대시키기도 하였다. 조선 후기에는 인구의 자연 증가와 아울러 도시 인구의 급격한 증대로 생필품을 필요로 하는 소비 인구가 크게 늘어났다. 예컨대 서울의 인구는 17세기 초에 10만 명 정도였으나, 17세기 중엽 이후에는 20만 명으로 증가하였다. 이들이 소비하는 쌀·보리·콩의 수요는 적지 않아 18세기 서울의 1년 쌀 소비량은 1백만 석에 이르렀다. 옷감으로서의 면화·모시·삼베의 수요도 매우 컸다. 이것들도 상품작물로서 재배되고 직조되었다. 조선 후기 서민들이 주로 입는 옷의 재료는 면포와 마포였는데, 상품화폐경제의 발달로 인하여 손수 지어서 입는 것보다는 상품으로서 구입해서 입는 것이 일반적이었다. 조선 후기에는 도시가 발달하면서 시민의 찬거리를 위해 도시 주변에서 소채를 재배하는 농민이 급증하였다. 무우·배추·가지·오이·미나리 등의 소채 외에 생강·지황·인삼·천궁 등의 약재, 담배와 같은 기호 작물도 소득이 높은 상품작물이었다.

경영적 측면에서 주목되는 조선 후기 농촌사회의 모습은 광작의 보급이었다. 광작은 어느 시기에도 가능하였지만, 조선 후기의 그것은 이앙법을 통한 농업 발달의 결과라는 점에서 주목된다. 광작은 경작지를 확대시켜 비교적 넓은 농토를 경작하는 것을 말한다. 광작의 결과로 지주제가 확대되었다. 그러나 안정적 토지 생산성의 확보를 의도했던 위정자들은 광작의 보급에 비판적이었다. 소농경제의 몰락이라는 사회문제를 야기했기 때문이다. 즉 大農·富農 등으로 불리던 광작농이 경작지를 더욱 넓혀 가면서 자작농이나 소작농의 경우, 경작지를 확보하지 못하여 몰락해갈 수밖에 없었고, 그에 따라 경작지가 고르지 않다는 문제가 거론되기에 이르렀다. 이는 궁극적으로 농민층 분해를 촉진하였다.

조선 후기에는 농촌사회가 여러 요인에 의해 부농과 빈농으로 양극화되고 있었다. 농민층의 분해는 첫째 토지소유구조의 모순에서 촉발되고 있었다. 본래 조선왕조의 토지제도는 科田法에 의거하여 토지의 사적 소유를 기본적인 전제로 하는 地主·佃戶制의 토대 위에 그 사적 소유를 일정하게 제약하는 국가의 토지 지배권이 작용하고 있었다. 그런데 16세기에 이르러 收租權的 토지 지배가 해소되고, 竝作制가 전면적으로 확대되면서 소유권에 입각한 지주제가 발달하기 시작하였다. 이를 계기로 봉건 지배층의 토지에 대한 사적 소유욕이 강화되어, 17세기에는 지주들이 수백 結 이상의 토지를 집적하고 있는 데 대하여 대다수 농민은 1결 이상을 소유한 경우가 극히 적었다. 대부분은 농토를 잃은 無田농민들이어서, 결국 이들은 고향을 등지고 유랑의 길을 나서야 했다. 다음 농업 경영상의 변화도 농민층의 분해를 조장하고 있었다. 농지 개간이 거의 지주층에 의해 수행되면서 농민들은 소유지를 잃거나 감축당해야 했다. 그리고 이 시기 유행한 광작도 그 이면에서 다수의 농민을 농토에서 떠나게 했다. 이앙법으로 노동력이 적게 들면서 가난한 소작농들은 소작지조차 얻기가 더욱 어려워졌다. 그 밖에 봉건적 착취나 우연적인 자연재해도 농민의 이농을 재촉하였다. 이와 같이 18세기 전후 농촌사회에서는 다수의 농민들이 생산수단인 농토에서 유리되어 갔고, 그들은 결국 다른 생산부문에서 노동 예비군으로서 역할을 해야 했다. 이러한 움직임 속에서 임노동자가 출현하였으니, 그들은 광부의 작업장에서도 일했고, 민간의 사역도 담당하였다. 임노동자의 출현은 그들의 노임이나 작업조건이 아직 미흡하다고 하여도 그것은 봉건적 사회질서에 대신할 새로운 경제관계의 출현을 예고하는 것이었다.

조선 후기에는 농업에서뿐만 아니라 수공업·광업·어업·염업 등에서도 생산력이 돋보였다. 우선 京工場과 外工場을 근간으로 하는 官營手工業이 17

세기 중엽에 이르면 급속하게 붕괴되어 갔고, 이에 대신하여 私匠들의 民營手工業이 전면에 등장하여 널리 발달하고 있었다. 사장의 수공업장은 당시 일반적으로 '店'이라 불렸으니, 유기 수공업장은 鍮店, 철기 수공업장은 鐵店이라 하였다. 점에는 점주 또는 물주라고 불리우는 고용주가 있었고, 그 고용주는 일정한 노동자를 고용하여 물건을 생산하였다. 한편 상업자본이 축적되면서 일부 점에는 상업자본이 생산과정에 침투하여 이른바 先貸制를 발생시키기도 하였다. 수공업이 발달하면서 그 원료의 공급을 위해 광업도 발달하였는데, 17세기에는 監官制에 의한 은광업이 번창하더니, 18세기에는 別將制에 의한 군수광업이 성장하였다. 별장제하에서는 서울의 富商大賈들이 별장으로 파견되어 채광하고, 호조에 일정한 稅銀을 납부하는 것이 원칙이었다. 그런데 18세기말에는 은광업도 점차 쇠퇴해갔다. 결국 광산 개발을 활성화하기 위해 정부는 設店收稅制를 실시하여 사채를 허용하였다.

상품화폐경제가 발달함에 따라 어업의 발전도 촉진되었다. 봉건 지배층의 가혹한 어민 수탈이 어업의 발달을 크게 저해하기는 하였으나, 18세기 이후에 이르면, 어구가 다양하게 개발되고 어법이 크게 발달하면서 어물의 생산이 급증하였다. 특히 어구가 대형화하고 어업의 경영규모가 확대되면서 대규모 어업이 이루어지고 있었는데, 그것은 漁箭이나 防簾에서 두드러졌다. 수산물의 어획뿐 아니라 이 시기에는 수산물 양식과 수산물 제조업도 나름대로 발달하였다. 김이 많이 양식되었고, 조기·명태·청어의 가공이 이루어지면서, 그 유통이 전국적으로 확산되었다. 어물의 관리를 위해서는 소금이 절대적으로 필요한데, 조선 후기에는 제염기술이 일정하게 발달하였다.

Ⅲ

봉건적 조선왕조는 모든 산업을 국가가 규제하여 초기에는 생산활동이 상품의 유통을 자극할 만큼 활발하지 못하였다. 그러나 조선 후기에는 물화의 생산이 크게 늘어나고 인구의 증가와 도시의 성장이 진전되면서 상품화폐경제가 눈에 띄게 발달하였다. 17세기 후반부터 본격화하기 시작한 상업계의 변화는 18세기 이후 都賈商業이라는 새로운 상업형태를 낳게 하였다. 상업인구의 증가에 따라 상인간의 경쟁이 심화되기 시작하였고, 그 과정에서 관권과 결탁하여 특권적 매점상업을 영위하는 상인들이 있었다. 이러한 상인 가운데 대표적인 사람들은 市廛상인·貢人·京主人·營主人 등이었는데, 이들은 흔히 官商都賈라 불리운다. 그런데 관상도고의 활동은 그들이 지녔던 특권성으로 인하여 근본적으로는 자유상업의 발전을 가로막는 것이었다. 이에 관상도고에 강력히 도전하면서 새로운 상업체제를 수립하려는 상인층이 광범위하게 대두하였으니, 이른바 私商都賈가 그들이었다. 사상도고는 대규모의 자본력과 전국적인 상업 조직망, 경영 능력 등을 바탕으로 관상도고의 특권에 대항하면서 점차 조선 후기 상업계의 중심적 위치로 자리잡기 시작하였다. 서울 주변의 송파·누원점·송우점 등지로 商圈이 확장되었다. 지방에서는 개성·평양·전주 등의 도시와 강경포·원산포·마산포 등 연해안 포구가 사상도고의 기지로 발돋움하고 있었다.

그런데 관상도고이건 사상도고이건 그들의 독점적 상행위는 물가등귀 등 사회문제를 야기하여, 피해를 직접 느끼고 있던 도시 빈민층의 반발을 일으켰다. 나아가 반도고운동의 분위기는 지방으로 확산되어 농촌시장에서 성장하고 있던 소생산자의 반발을 불러 일으켰으며, 농민항쟁의 한 원인이 되기도 하였다. 조선 후기 지방 곳곳에는 농촌 시장으로서 장시가 발달하고 있었는데, 그 토대로서 운송교통이 이 시기에 이르러 크게 발달하였기 때문이다. 조선 후기사회에서 생산력이 증대되고, 그 잉여생산물이 처분되면서 자본의 집적이 가능했다고 하면, 그것을 매개하는 기본적 역할은 운송체계가 담당하였다고 하겠다. 운송체계란 물화의 지역간 이동을 내용으로 하고 있는데, 특히 생산력이 증대되고 있는 사회에서 주목된다. 조선 후기에는 전국 곳곳에 상품유통의 장이 마련되어 갔으니, 도시에서는 종래의 시전 이외에 亂廛이라는 새로운 시장이 나타났고, 지방에서는 장시와 포구가 상품유통의 거점으로서 자리잡아 가고 있었다. 그리하여 18세기 중엽 이후에는 장시와 장시, 장시와 포구, 포구와 포구가 연계되면서 전국이 하나의 상권으로 형성되어 갔다. 이러한 속에서 물화의 유통이 활발히 이루어지고 있었는데, 내륙에서는 馬匹에 의한 육운이, 연해안 또는 수로에서는 선박에 의한 수운이 그 일을 담당하였다. 그 중에서도 원격지 운송을 담당한 京江船人과 地土船人의 역할이 컸다. 상품화폐경제의 발달과 육운·수운의 발달에 따라 전국적 시장권이 형성되면서, 전국적 시장권의 중심지였던 서울은 종래의 정치·행정의 중심지에서 상업도시로 바뀌어 갔다. 서울은 물론 지방에서도 상업도시가 성장하였다. 지방에서 상업도시가 성장한 곳은 서울의 배후 도시로서 성장한 개성과 수원, 서울의 공간 확대에 따라 상품유통의 거점으로 변화된 송파장·누원점, 평양·대구·전주 등 감영 소재지, 포구로서 시장권의 기지였던 원산포·마산포·강경포, 그리고 국제무역의 중심지였던 동래와 의주 등지였다.

조선 후기 상품화폐경제의 진전은 화폐라는 교환수단에 의해 보다 촉구되었다. 종래의 교환수단은 쌀이나 포목이었고, 물물교환이 주로 이루어졌다. 그런데 17세기말 명목 화폐인 동전이 전국적으로 유통되기 시작하였다. 숙종 4년(1678) 조선정부가 동전의 유통을 결정한 이래 십수 년이 지나지 않아 동전은 가장 우월한 가치척도·교환수단·지불수단으로 정착함으로써 조선 후기 사회경제적 변동에 커다란 영향을 끼쳤다. 동전의 보급은 상호 인과적으로 상품생산과 교환관계를 촉진시켜 상품화폐경제가 더욱 발달하였다. 일반사회에서의 거래는 물론 각종의 고용가도 대부분 동전으로 지불되었고, 국가재정도 일부 화폐화되었다. 특히 화폐지대가 발생하고, 각종 조세에서의 동전 수취가 매년 수백만 냥에 이를 만큼 증대하여 농민층을 강제로 화폐경제에 편입시켰고, 그것은 결과적으로 농민의 몰락을 재촉하는 또 하나의 요인이 되었다.

국내상업의 발달과 때를 같이 하여 대외무역도 점차 활발해졌다. 17세기 중엽부터 淸과의 무역이 활발해지면서, 국경지대를 중심으로 공적인 무역인 開市와 사적인 무역인 後市가 이루어졌다. 청에서 들여오는 물품은 비단·약재·문방구 등이었고, 수출하는 물품은 은·종이·무명·인삼 등이었다. 한편 17세기 이후로 일본과의 관계가 점차 정상화되면서 倭館開市를 통한 대일무역이 활발하게 이루어졌다. 우리 나라에서 인삼·쌀·무명 등을 팔고, 또 청에서 수입한 물품들을 넘겨 주는 중계무역을 하기도 하였다. 반면에 일본으로부터는 은·구리·물소뿔·후추 등을 수입하였다. 이러한 국제무역에서 두드러진 활동을 보인 상인들은 의주의 灣商과 동래의 萊商이었으며, 개성의 松商은 양자를 중계하며 큰 이득을 남기기도 하였다.

〈崔完基〉

Ⅰ. 생산력의 증대와 사회분화

1. 인구의 증가와 분포
2. 농업생산력의 발달과 상품작물의 재배
3. 광작과 지주제
4. 임노동의 발생
5. 수공업의 발달
6. 광업의 발달
7. 어·염업의 발달
8. 운수업의 발달

Ⅰ. 생산력의 증대와 사회분화

1. 인구의 증가와 분포

1) 인구의 증감

조선시대의 戶口 통계자료에 의하면, 조선 후기의 인구추세는 대개 다음 〈표 1〉과 같이 요약된다.

이에 따르면, 조선 후기의 인구는 인조 17년(1639)의 152만여 명에서 1910년에는 1,293만여 명이 되어 270년 동안에 무려 850%가 증가한 것으로 나타난다. 초기 50여 년 동안(인조 17년~숙종 19년 ; 1639~1693)에 152만여 명에서 700만여 명에 이르는 급격한 증가세(460%)를 이룬 것과, 말기 5~6년 동안(光武 4년~隆熙 4년 ; 1904~1910)에 593여만 명에서 1,293만여 명으로 경이적인 증가세(218%)를 이룬 것이 그 주된 원인이 되겠다. 이 밖의 시기, 즉 18세기 한 세기에는 대체로 710만 명을 전후로 하는 정체양상을 보였고, 19세기에는 그 초기에 잠시 증가세를 이루어 순조 13년(1813)에 800만 명에 육박했으나 그 다음 式年에 130만여 명이 감소된 뒤로는 650만~680만여 명을 오르내리는 정체를 이루었으며, 20세기초에는 다시 100만 명 정도가 더 감소된 560만~590만여 명을 이루어서 순조 16년~광무 8년(1816~1904)의 약 1세기 동안에는 18세기 때보다 100만여 명이 감소되는 추세 속에 정체와 감소가 반복된 것으로 보인다. 도표로 작성하면 다음 〈그림 1〉과 같이 나타나는 것이다.

조선시대에는 익히 알려진 바와 같이 강력한 쇄국정책, 즉 「海禁策」으로 인하여 외국으로의 移去나 외국으로부터의 移入이 거의 없었다. 따라서 인구의 증감은 거의 자연증감에 따랐는데, 이러한 정황 속에서 아무리 17~19세기에 영농기술이 발달하고 경작지가 확대되어 토지생산력이 급속히 증대되었

〈표 1〉 조선시대의 정부 집계 인구수

(단위 : 1,000명)

자료 / 연도	朝鮮王朝實錄	戶口總數	자료 / 연도	朝鮮王朝實錄	기타
〈중종 14년(1519)〉	3,746		정조 16년(1792)	7,346	
〈중종 26년(1531)〉	3,965		순조 원년(1801)	7,514	
〈중종 38년(1543)〉	4,162		순조 10년(1810)	7,583	
인조 17년(1639)		1,521	〈순조 13년(1813)〉	7,903	
인조 26년(1648)		1,794	〈순조 16년(1816)〉	6,595	
효종 8년(1657)		2,201	순조 19년(1819)	6,512	
현종 7년(1666)		4,107	순조 28년(1828)	6,645	
숙종 원년(1675)		4,726	헌종 3년(1837)	6,709	
숙종 10년(1684)		6,573	헌종 12년(1846)	6,744	
숙종 19년(1693)		7,045	철종 6년(1855)	6,829	
숙종 28년(1702)		5,923	고종 원년(1864)	6,829	
숙종 37년(1711)		6,394	고종 10년(1873)	6,759	
숙종 46년(1720)	6,801		고종 19년(1882)	6,610	
영조 5년(1729)	7,132		고종 28년(1891)	6,633	
영조 14년(1738)	7,041		광무 4년(1900)		5,608 ①
영조 23년(1747)	7,523		〈광무 8년(1904)〉		5,929 ①
영조 32년(1756)	7,318		〈광무 11년(1907)〉		9,782 ②
영조 41년(1765)	6,975		〈융희 4년(1910)〉		12,935 ③
영조 50년(1774)	7,098				13,129 ④
정조 7년(1783)	7,317		〈1925〉		19,020 ④

비고 : 1) 이 표는 壬辰倭亂 後 최초의 호구통계로 나타나는 인조 17년부터 융희 4년까지의 인구통계를 3式年(9년) 간격으로 간략하게 작성한 것임. 〈 〉안 연도분은 3식년 간격 이외의 것으로 참고를 위하여 기재한 것임.

2) ① 《皇城新聞》 光武 5년 1월 10일 및 光武 8년 12월 21일(=《增補文獻備考》). 이호철, 《농업경제사연구》(경북대 출판부, 1992)에서 재인용.

② 政府財政顧問本部, 《韓國戶口表》(1907). 1907년 5월 警務顧問部 조사임.

③ 內部警務局, 《民籍統計表》(1910). 1910년 5월 民籍實査 결과임.

④ 《朝鮮總督府統計年報》(1910 · 1925). 1925년 통계는 최초의 簡易 國勢調査 결과임.

〈그림 1〉 인조 17년~융희 4년(1639~1910) 정부 집계 인구수의 추세

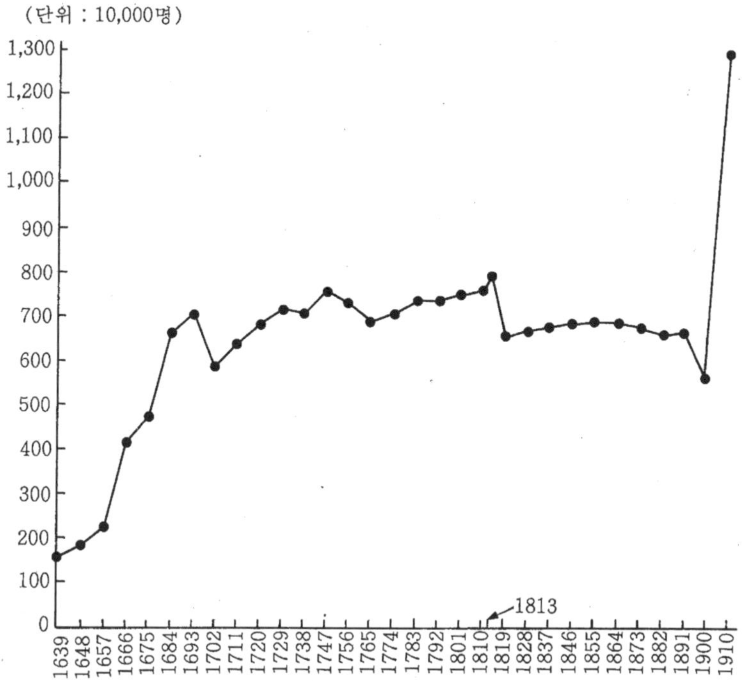

다 하더라도 인조 17년~숙종 19년이나 광무 4년~융희 4년의 인구증가상은 상상할 수도 없는 현상이 되겠다. 그리고 이와는 반대로 순조 16년~광무 8년의 정체·감소상도 인구의 자연증가를 억제·감하하는 극심한 재해·질병들이 연속되지 않았다고 하면, 아무리 '多産多死'의 시기였다 하더라도 수긍하기 어려운 현상이 아닌가 한다. 따라서 〈표 1〉에서 보이는 조선 후기의 정부 집계 인구수는 그 모두가 실제의 인구수라고 보기가 어렵다. 이는 1910년 5월의 民籍實査에서 1904년보다 무려 690여만 명(110%)이 많은 1,293만여 명의 인구가 파악된 것이나, 1925년 10월 1일부 簡易 國勢調査에서 1,902만여 명의 인구가 집계된 것에서도 확인될 수 있다. 조선 후기의 사회·경제적 실정이나 인구의 연평균 증가율로 볼 때, 17~19세기의 인구추세가 위와 같아서는 1910년이나 1925년의 이같은 인구수를 기대할 수가 없는 것이다.

그러면 〈표 1〉의 인구수는 어떻게 해서 그처럼 실제와는 다르게 파악되었으며, 이 시기의 실제 인구수와 그 증감양태는 어떠했다고 보아야 할까? 먼저 전자에 대해서 살펴보면, 그 원인은 주로 조선시대의 호적제도와 부세·부역제도의 문란에서 찾아지고 있다.

익히 알려진 바와 같이 조선왕조에서는 전국의 호·구를 파악하기 위하여 3년에 한 차례씩 행정구역 단위로 戶籍大帳을 작성·보고하게 하였다. 호적식년(子·卯·午·酉年)에 각 家戶의 戶主가 가호 내에 거주하는 인구와 그 신상에 관한 사항들을 기록하여 〈戶口單子〉를 소속 관아에 제출하면, 당해 관아에서는 이의 이상 유무를 조사·확인한 다음, 이를 面·里(坊·契 또는 村·洞)별로 「5家作統」하여 그 군현의 호적대장을 작성－끝에 사망·전출·전입 등 변동내용과 성별·연령별(대체로 老·壯·弱·兒로 구분)·職役別 인구수 등을 집계·기록－하고, 이를 2부 整寫하여 1부는 관찰사영에, 1부는 호조(후에는 한성부)에 보고하도록 한 것이다. 그리고 중앙(호조 또는 한성부)에서는 이를 토대로 한성 및 8도의 호수와 성별 인구수를 집계하여 국왕에게 보고하였으니, 〈표 1〉의 인구수는 바로 이것이었다.

이러한 호·구의 파악은 공물의 책정과 군역·부역의 差定에 기준자료가 되었기 때문에 당초부터 漏頉의 소지가 많았다. 일찍부터 농민층의 경제적 몰락이 재현·확대되고 있었으므로 호구단자를 기재·제출하는 호주에 의해서는 물론, 호적대장의 작성을 담당한 面·里任과 色吏, 守令들에 의해서도 면·리와 군·현의 호·구수가 적당히 조정되지 않을 수 없었다. 게다가 영·유아는 그 사망률이 매우 높았고, 현실적으로도 반드시 파악할 필요가 적었던 데서 호적에서 누락되는 것이 관례로 되었다. 따라서 호적대장에 등재되는 인구는 당초부터 실제와는 크게 다른 일부 인구일 수밖에 없었다. 그리고 이러한 실정은 농민층의 몰락이 확대됨에 따라 더욱 심화되어 갔다.

조선정부는 이러한 실상을 방치할 수만은 없었다. 국가재정과 국방을 곤란케 하는 漏籍이나 신분제 질서를 위협하는 冒錄·冒稱도 간과할 수 없는 문제였기 때문이다. 그리하여 號牌法·五家作統法 등을 보완·강화하면서 호구의 실제적인 파악에 노력해 보았으나, 일시적으로 제한된 효과를 거두는 데 그쳤을 뿐, 소기의 목적을 이루지는 못하였다. 정치기강이 확립되고 농민의 경제적 안정과 사회적 향상이 이룩되지 않는 한, 성취되기 어려운 과제였기 때문이다. 그래서 제도상으로는 호구의 실제를 낱낱이 파악하는 覈法을 표방하였으나, 현실적으로는 16세기 이래로 관행화된 寬法, 즉 재정 및 군역이 어느 정도 충당될 수 있는 정도의 호구를 확보하는 데 그치는 戶口成籍의 관행이 지속되었다. 그것은 18세기말에 이르러 점차 都總制(比總法)로 정착되었다.[1] 〈표 1〉에 보이는 인구수들이 특별한 사유도 없이 심한 기복을 나타내고 있는 양상이나, 인구의 자연증가를 무시한 채로 정체 또는 감소되고 있는 양상은 주로 이러한 실정에서 말미암은 것으로 생각되고 있다.

그러면 조선 후기의 실제 인구수는 어느 정도였고, 그 증감의 실상은 어떠했을까? 정조 12년(1788)에 戶曹正郞 朴一源은 《度支志》를 편찬하면서 호

---

1) 조선시대의 호적제도와 그 운영실태에 대해서는 다음의 논고들이 참고된다.
四方 博, 〈李朝人口に關する一硏究〉(《朝鮮社會法制史硏究》, 京城帝大法學會論集 9, 1937).
渡邊業志, 〈朝鮮に於ける戶籍制の變遷(1)~(6)〉(《戶籍》 4-6~9·11~12, 1944~1945).
李光麟, 〈號牌考〉(《庸齋白樂濬博士還甲記念 國學論叢》, 思想界社, 1955).
有井智德, 〈李朝初期の戶籍法について〉(《朝鮮學報》 39·40, 1966).
李樹健, 〈朝鮮初期 戶口硏究〉(《嶺南大學校 論文集(人文科學篇)》 5, 1971).
崔弘基, 《韓國戶籍制度史硏究》(서울大 出版部, 1975).
申正熙, 〈五家作統法小考〉(《大丘史學》 12·13, 1977).
韓榮國, 〈朝鮮 後期의 丹城縣戶籍大帳에 대하여〉(《精神文化》 7, 韓國精神文化硏究院, 1980).
——, 〈朝鮮王朝 戶籍의 基礎的 硏究〉(《韓國史學》 6, 韓國精神文化硏究院, 1985).
——, 〈朝鮮 初期 戶口統計에서의 戶와 口〉(《東洋學》 19, 檀國大, 1989).
崔承熙, 〈戶口單子·准戶口에 대하여〉(《奎章閣》 7, 서울大, 1983).
武田幸男, 《學習院大學藏朝鮮戶籍大帳の基礎的硏究》(日本 學習院大 東洋文化硏究所, 1983).
鄭德基, 〈朝鮮後期 戶口制度 考察〉(《魯山劉元東博士華甲紀念論叢 韓國近代社會經濟史硏究》, 正音文化社, 1985).
온기수, 〈조선 후기 인구자료로서의 호적에 관한 일연구〉(《한국사회의 신분계급과 사회변동》, 문학과지성사, 1987).
全炅穆, 〈19세기 말에 작성된 南原 屯德坊의 戶籍中草와 그 성격〉(《古文書硏究》 3, 1992).
梁晉碩, 〈解題〉(《濟州河源里戶籍中草》 1, 서울大 奎章閣, 1992).
李俊九, 〈壬寅年 『縣內面推刷成冊』의 性格과 資料的 價値〉(《朝鮮史硏究》 5, 1996).

적대장에 등재되지 않은 인구를 30% 정도로 파악하였다.[2] 그러나 근래의 연구들을 조사하여 보면 다음 〈표 2〉와 같이 정리된다. 대개가 1925년의 간이국세조사 결과를(총 인구수 : 19,020,030명) 기준으로 해서 조선시대의 인구통계와 기근·질병·전란 등을 고려하고 인구의 연평균 증가율을 추정하여 소급·산출한 것들인데, 그 결과가 박일원의 추정과 근사한 것도 있고, 커다란 차이를 보이는 것도 있다. 연구자들에 따라 조선시대 인구통계에 대한 이해와 기근·질병에 대한 고려의 정도, 연평균 증가율의 산정 방법 등에 적지 않은 차이가 있기 때문이다. 시간적으로 보면, C의 경우가 기왕의 연구들을 모두 참작한 최근의 것이어서 우선 존중될 수도 있겠지만, 아직은 보다 精緻한 연구를 기다려야 할 것으로 생각된다. 조선시대의 생산력 증대나 각종 재해·질병들이 인구의 증감에 어느 정도 영향을 끼쳤는지를 보다 세밀하게 考究하여야 할 필요성이 보이기 때문이다.[3]

그러나 위의 연구들을 종합하여 보면, 조선 후기의 인구수는 대체로 17세기 중엽에 800만~900만 명 정도[4]에서 19세기 말엽에 이르러서는 1,700만

2) 《度支志》 內篇 總要.

3) 가장 치밀하게 인구수를 추정하고 있는 B(권태환·신용하의 논문)의 경우를 一例로 살펴보면, 조선 후기의 인구가 아무리 자연증감에만 의존하고 또 갖가지 재난이 잇달았다 해도 영조 23년~광무 4년(1747~1900)의 약 150년간에 한 번도 1747년의 인구수(1,854만여 명)를 회복하지 못하고 150여만 명(약 10%)이나 감소된 1,700여만 명을 1900년에 이루게 되었는지 납득할 수 없다. 또 대체로 0.3% 내외의 연평균 증가율을 보였던 前近代社會에서 그 3~7배나 되는 0.92%(영조 2년, 1726)~2.18%(현종 4년, 1663)의 증가율이 산정될 수 있는지 의심스럽다. 그뿐 아니라 인구수 추정과정에서 기근·질병 등으로 인한 증감의 고려가 세밀히 수행되지 못한 곳이 여러 군데 보이고도 있다. 예를 들면, 현종 2~5년 下三道와 경기·강원도에 심한 기근과 전염병으로 수많은 사망자가 속출한 것으로 《朝鮮王朝實錄》에 나타나고 있는데, 이와는 상치되게 1.50%(1660~1662)와 2.18%(1663~1665)의 인구증가율을 적용하고 있는 것이 보인다. 그런데 C(李鎬澈의 책)에서는 이러한 문제들에 대한 검토가 거의 보이지 않는다.

4) 인조 4년(1626)에 號牌廳에서 호패 발급을 통하여 파악한 男丁은 226만여 명으로 나타난다(《仁祖實錄》 권 13, 인조 4년 6월 병오). 이에 隱漏者(약 10%)와 女丁(약 250만)·少兒(약 300만) 등을 합하면 당시 총 인구는 약 800만 명 정도로 추정할 수 있겠다. 〈표 2〉의 A보다는 많고 B와 ①보다는 적은 수가 되어 우선 800만~900만 명 정도로 설정해 둔다. 이러한 추정은 筆者가 세조 때(15세기 중엽)의 인구수를 500만 명 정도로, 임진왜란 직전(16세기말)의 인구수를 900만~1,000만 명으로 생각하고 있기 때문이기도 하다.

〈표 2〉 조선시대 추정 인구수

(단위 : 1,000명)

연 도	〈표 1〉의 인구수	A 인구수	A 증가율	B 인구수	B 증가율	C 인구수	C 증가율	기 타	
〈1392〉				5,549	0.40	7,500		4,500 ①	10,000 ③
〈1519〉	3,746	4,000	0.24	10,469	0.47			7,210 ①	
〈1590〉				14,039	- 0.25			9,580 ①	
1639	1,521			10,665	0.31				
1657	2,201			11,226	0.77				
1675	4,726			13,145	1.95				
1693	7,045			16,030	- 1.77				
1711	6,394			15,457	1.07				
〈1726〉		7,500	0.24	17,089	0.92				
1729	7,132			17,567	0.25				
1747	7,340			18,544	0.20				
1765	6,975			17,682	0.02				
1783	7,317			18,242	0.22				
〈1789〉		9,500	0.36	18,269	- 0.39			17,203~17,977 ④	
1801	7,514			18,497	0.11				
〈1810〉				18,383	0.43	15,100	0.08		
1819	6,512			16,217	- 0.00				
〈1830〉				16,476	0.12			7,412 ②	
1837	6,709			16,479	0.05				
1855	6,829			16,856	- 0.03				
〈1858〉		12,000	0.40	16,845	- 0.03				
〈1870〉				16,835	0.05			8,272 ②	
1872	6,753			16,852	0.05				
〈1884〉				16,950	0.05	16,000	0.34		16,228 ⑤ 10,519 ⑥ 16,000 ⑦
1890	6,608			16,999	0.05				
1900	5,608			17,082	0.20			11,436 ②	
1910	13,129	15,300		17,427	0.20	17,500		13,820 ②	16,300 ③

비고 : 1) 1900 · 1910년을 제외하고는 인조 17년~고종 27년(1639~1890)을 6식년(18년) 간격으로 작성한 것임. 〈 〉안 연도분은 참고를 위한 것임.

2) 증가율은 연평균 인구 증가율임.

3) A : 金載珍, 《韓國의 戶口와 經濟發展》(博英社, 1967).

B : 權泰煥 · 愼鏞廈, 〈朝鮮王朝時代 人口推定에 관한 一試論〉(《東亞文化》 14, 서울大, 1977).

C : 李鎬澈, 《농업경제사연구》(경북대 출판부, 1992).

① 韓永愚, 〈朝鮮前期 戶口總數에 대하여〉(《인구와 생활환경》, 서울대, 1977). 연평균 인구 증가율을 0.4%로 보고 있다.

② 石南國, 《韓國の人口增加の分析》(勁草書房, 1972). 연평균 인구 증가율을 0.37%로 보고 있다.

③ 金 哲, 《韓國の人口と經濟》(岩波書店, 1965).

④ 김두섭, 〈조선 후기 도시에 대한 인구학적 접근〉(《韓國社會學》 24, 1990).

⑤ 1884년 : 베벨, 《1889년의 한국여행》.

⑥ 1881년 : 〈한국지식〉(1892).

⑦ 1883년 : Japan Daily Herald(1885년 2월 9일자).

※ ② · ⑤ · ⑥ · ⑦은 李鎬澈, 위의 책에 의거함.

명 정도로[5] 서서히 증가하여 갔다고 볼 수 있다. 다만 그 사이의 증감 양태는 앞으로의 연구를 기다려야 할 것이다.[6]

2) 인구의 분포

그러면 이같은 규모의 인구는 어디에 어떻게 분포되어 있었고, 또 그 추이는 어떠했던가? 우선 각 지역별 분포양태를 살피기 위하여 지금까지 불규칙하게 산견되는 각 道別 인구수들을 가능한 한 9~12년 간격으로 정리하여 보면 다음 〈표 3〉과 같이 나타난다.

〈표 3〉에 따르면, 조선 후기에는 대체로 三南지방(충청도·전라도·경상도)에 전 인구의 51% 정도가, 三北지방(황해도·평안도·함경도)에 32% 정도가, 한성부와 中部지방(경기도·강원도)에 17% 정도가 각각 거주했던 것으로 파악된다. 호구의 파악이 극히 미진했던 인조 26년~효종 8년(1648~1657)에는 삼남지방에 68%, 삼북지방에 18%, 중부지방에 14% 정도가 각각 거주했던 것으로 나타나지만, 호구 파악이 어느 정도 수준에 달했던 현종 10년~숙종 4년(1669~1678)에는 삼남지방이 53% 정도로 하강되는 반면에 삼북지방이 28% 정도로, 중부지방이 19% 정도로 상승되어, 이후의 18·19세기 양상, 즉 51·32·17%의 비율에[7] 접근하고 있다. 인구의 80% 정도가 집계된 것으로

---

5) 1925년의 간이 국세조사 결과(19,020,030명)로 볼 때 1910년의 인구수를 1,750만 명 정도로 추정한 B·C의 견해가 옳으리라 여겨진다.

6) 〈표 1〉에 보이는 정부 집계 인구수의 변동에 대해서는 方東仁, 〈인구의 증가〉(《한국사》 13, 국사편찬위원회, 1976)가 참고된다. 그러나 이 글에서는 정부 집계 인구수의 감소를 가져온 질병·기근과 이의 극복을 위한 安民시책 등이 소개되고 있을 뿐, 그를 통한 실제 인구수의 증감양태는 추정하지 않고 있다.

7) 18·19세기의 인구 분포 비율을 약 30년 간격으로 살펴보면 다음과 같다(비율은 삼남-삼북-중부지방의 순서임).
숙종 43년(1717) : 54.3-29.9-15.8
영조 29년(1753) : 51.9-31.6-16.6
정조 원년(1777) : 50.1-34.0-15.8
순조 7년(1807) : 49.7-34.3-16.2
헌종 3년(1837) : 50.3-32.3-17.4
고종 원년(1864) : 51.1-31.2-17.6
광무 4년(1900) : 46.9-32.5-20.7
평 균 : 50.6-32.3-17.2

〈표 3〉 조선 후기 인구의 지역별 분포

(단위 : 1,000명)

연 도	인구수	한성	경기	충청	전라	경상	강원	황해	평안	함경	出 典
인조 26	1,531①	96	81	174	432	425	54	55	146	69	증보문헌비고
(1648)	100%	6.27	5.29	11.37	28.22	27.76	3.53	3.59	9.54	4.51	(실록,탁지지)
효종 8	2,290	81	133	287	522	763	72	138	185	110	증보문헌비고
(1657)	100%	3.54	5.81	12.53	22.80	33.32	3.14	6.04	8.09	4.80	
현종 10	5,019②	194	546	595	973	1,174	186	361	720	269	〃
(1669)	100%	3.87	10.89	11.86	19.39	23.39	3.71	7.19	14.35	5.36	
숙종 4	5,247③	167	554	714	1,000	1,005	271	455	707	374	〃
(1678)	100%	3.19	10.56	13.61	19.06	19.16	5.16	8.67	13.47	7.12	
숙종 43	6,840④	238	561	974	1,110	1,629	282	458	1,078	510	증보문헌비고
(1717)	100%	3.48	8.20	14.26	16.22	23.81	4.13	6.69	15.77	7.45	(실록)
영조 2	7,032⑤	189	560	911	1,105	2,243	290	469	735	531	〃
(1726)	100%	2.69	7.96	12.96	15.71	31.90	4.12	6.67	10.45	7.55	
영조 29	7,299⑥	174	642	931	1,193	1,662	391	540	1,268	498	증보문헌비고
(1753)	100%	2.39	8.80	12.76	16.34	22.77	5.35	7.40	17.38	6.82	
정조 1	7,239	198	607	871	1,190	1,569	341	550	1,274	639	〃
(1777)	100%	2.74	8.39	12.03	16.44	21.67	4.71	7.60	17.60	8.83	
정조 13	7,404	189	642	868	1,221	1,591	332	568	1,296	696	호구총수
(1789)	100%	2.55	8.67	11.73	16.49	21.49	4.49	7.67	17.51	9.40	= 실록
순조 7	7,561	205	675	893	1,251	1,607	336	583	1,306	706	증보문헌비고
(1807)	100%	2.71	8.92	11.81	16.55	21.25	4.45	7.71	17.27	9.34	
헌종 3	6,709	204	658	846	1,093	1,501	318	547	853	690	〃
(1837)	100%	3.04	9.80	12.61	16.29	22.37	4.75	8.15	12.71	10.28	
철종 3	6,919⑦	204	673	881	1,068	1,536	325	673	869	692	〃
(1852)	100%	2.95	9.72	12.73	15.43	22.19	4.70	9.72	12.56	10.00	
고종 1	6,829	203	674	879	1,083	1,521	332	568	873	696	〃
(1864)	100%	2.97	9.88	12.87	15.86	22.28	4.86	8.32	12.78	10.19	
광무 8	5,929	192	673	775	931	1,111	302	382	813	750	〃
(1904)	100%	3.24	11.35	13.07	15.70	18.74	5.09	6.44	13.71	12.65	
광무 11	9,782	199	869	1,142	1,448	2,333	628	901	1,289	973	한국호구표
(1907)	100%	2.04	8.88	11.67	14.80	23.85	6.42	9.21	13.18	9.95	
융희 4	12,919	234	1,104	1,407	2,448	2,896	775	963	1,832	1,261	⑧
(1910)	100%	1.81	8.55	10.89	18.95	22.42	6.00	7.45	14.18	9.76	

비고 : ① 京兆掌故御覽獻民口數 : 1,793,701명.
② 京兆掌故御覽獻民口數 : 5,218,744명.
③ 京兆掌故御覽獻民口數 : 5,872,217명.
④ 京兆掌故御覽獻民口數 : 6,788,789명.
⑤ 京兆掌故御覽獻民口數 : 6,995,004명.
⑥ 京兆掌故御覽獻民口數 : 7,288,361명.
⑦ 합계는 6,810,206명으로 되어 있으나 실합계수는 6,918,838명이다.
⑧ 李憲昶, 〈『民籍統計表』의 檢討〉(《古文書研究》 9 · 10, 1996).

여겨지는 1910년도의 분포 비율이 52.3·31.4·16.4%를 이루는 것을 보면, 18·19세기의 이러한 분포양태는 거의 실제에 가까웠던 양상이 아닌가 생각된다.

조선 후기의 이같은 인구분포 양상은 무엇보다도 경작지의 분포와 긴밀한 관계를 지녔을 것으로 보인다. 당시 사회가 아직은 농업 위주의 토지경제사회를 벗어나지 못하고 있었기 때문인데, 이제 그 구체적인 양상을 살펴보면, 다음 〈표 4〉와 같다.

이에 따르면, 대체로는 각 도의 전결수 백분비와 인구수 백분비가 비례하고 있어서 경작지가 많은 지역에 인구가 많이 거주하였던 것을 알 수 있다. 그러나 충청·전라·경상도의 삼남지역과 황해도는 시종 경작지에 비해 인구수가 적었던 것으로 나타나는 반면에, 경기·강원·평안·함경도는 시종 경작지에 비해 인구수가 많았던 것으로 나타난다. 그리고 평안도와 함경도의 경우에는 전결수의 증가로 그 대비의 격차가 점차 감소되고 있으나, 여타 지역에서는 그 격차가 점차 증대되고 있는 것으로 보인다. 지역에 따라서는 경작지의 다과와 인구의 다과가 반드시 일치하지 않았음을 드러내고 있는 것이다.

그러면 그 이유는 무엇일까? 농법의 차이나 농업 이외의 생업의 발달 등이 고려될 수도 있겠고, 한편으로는 量田이나 호구조사의 지역적 차이에서 말미암은 격차를 생각하여 볼 수도 있겠다. 특히 경작지나 그 증대에 비해 인구수와 그 증대가 월등하였던 평안도와 함경도의 경우, 더욱 그러한 것이다. 평안·함경도는 황해도와 함께 〈표 5〉에서 보듯이 17세기에는 물론, 18세기에도 남다른 인구 증가를 이루어 위와 같은 18·19세기의 인구분포 양상을 이루어 놓았던 것이다. 그러나 아직은 이를 해명할 만한 연구는 보이지 않는다. 앞으로의 연구를 기다려야 하겠지만, 우선 다음과 같은 사실이 한 가지 참고가 되리라 본다. 즉 순조 14년(1814)에 평안도 관찰사가 民戶逃散의 세 가지 폐단을 지적하면서 평안도의 前式年(순조 10년)의 戶數는 302,844호이고 남정수는 664,654명인데, 今式年(순조 13년)에는 호수가 192,867호이고 남정수는 402,972명으로 감축되었다고 국왕에게 보고하고 있는 것이다.[8] 곧

8) 方東仁, 앞의 글, 300쪽.

호·구의 虛錄을 실사한 결과, 호수에서는 전식년보다 무려 36.3%가, 남정수에서는 39.4%가 각기 감소되었다는 것이다. 호구의 허록은 유독 평안도에만 국한되었던 폐해가 아니었지만, 순조 7년까지 계속 증가만 하던 평안도의 인구

〈표 4〉 조선 후기 각 도별 전결수 및 인구수의 백분비

	인조 24(1646)		숙종 46(1720)		정조 10(1786)		순조 3(1803)		순조 28(1828)	
	전 결	인 구	전 결	인 구	전 결	인 구	전 결	인 구	전 결	인 구
한성		6.3		3.5		2.7		2.7		
경기	3.2	5.3	7.3	8.2	7.7	8.7	6.8	8.9	6.3	8.2
충청	18.2	11.4	18.3	14.3	17.8	11.8	15.1	11.8	17.9	14.2
전라	29.2	28.2	27.1	16.2	24.3	16.6	25.6	16.6	23.7	14.9
경상	27.7	27.8	24.2	23.8	23.4	21.6	24.8	21.3	23.5	23.7
강원	1.2	3.5	2.9	4.1	2.8	4.4	1.4	4.5	2.9	5.6
황해	6.5	3.6	9.3	6.7	9.0	7.7	8.7	7.7	9.2	8.7
평안	7.0	9.5	6.5	15.8	7.4	17.5	9.9	17.3	8.3	12.8
함경	7.1	4.5	4.4	7.5	7.6	9.1	7.7	9.3	8.2	11.7
총수	685,300① 100%	1,531,365② 100%	1,391,700③ 100%	6,840,000④ 100%	1,436,400⑤ 100%	7,356,783⑥ 100%	845,900⑦ 100%	7,561,000⑧ 100%	1,435,400⑨ 100%	6,099,700⑨ 100%

비고 : ① 柳馨遠,《磻溪隨錄》田制攷說. 인조 24년도 時起結數.
② 인조 26년 인구수.
③ 丁若鏞,《經世遺表》田制考. 숙종 46년도 元帳付.
④ 숙종 43년 인구수.
⑤《度支志》總要. 정조 10년도 元帳付. 이에는 총수가 元田畓 1,427,519결, 時起 834,878결로 기재되어 있으나 각 도별 수치의 합계는 1,436,400결(원전답), 739,936결(시기)이다.
⑥《度支志》總要. 정조 10년도 元戶口. 이에는 총수가 남 3,577,680명, 여 3,762,036명으로 기재되어 있으나(합 7,339,716명), 각 도별 수치의 합계는 위와 같다.
⑦ 丁若鏞,《經世遺表》田制考. 순조 3년도 時起結數.
⑧ 순조 7년 인구수.
⑨《靑丘全圖》所載 軍國總目表=〈備局都錄〉(순조 28년) (《朝鮮學報》125, 1987). 이에는 총수가 전결 1,456,600결, 인구 6,058,900명으로 기재되어 있으나 각 도별 수치의 합계는 위와 같다.

〈표 5〉 조선 후기 각 도별 인구증가지수

지역 연도	한성	경기	강원	충청	전라	경상	황해	평안	함경
1648	100	100	100	100	100	100	100	100	100
1678	176	684	502	410	232	237	827	484	542
1717	248	693	522	560	257	383	833	738	739
1753	181	793	724	535	276	391	982	869	722
1789	197	793	615	499	283	375	1,032	888	1,009
1837	213	812	589	486	253	353	995	584	1,000
1864	213	832	615	482	251	358	1,033	598	1,009
1904	200	832	559	445	216	261	695	557	1,087
1910	244	1,363	1,435	809	567	681	1,751	1,255	1,828

* 〈표 3〉의 인구수에 의거함

수가 헌종 3년(1837)에 무려 35%나 감소한[9] 것도(〈표 3〉·〈표 5〉 참조) 순조 11년(1811)의 洪景來亂과 그 직후의 이같은 救弊조치에서 기인하지 않았나 생각된다. 평안도는 이 결과로 전결수 대 인구수의 격차가 2.4배(숙종 46년·정조 10년)에서 1.5배(순조 28년)로 좁혀지고 있는 것이다.

그런데 위의 〈표 3〉에서 한 가지 주목되는 것은 영조 2년(1726)과 영조 29년 사이에 다른 지역과는 달리 경상도의 인구가 26%나 급격히 감소하고 있는 양상이다. 도표로 표시하면 〈그림 2-1〉·〈그림 2-2〉·〈그림 2-3〉와 같은 모습이 되겠는데, 평안도의 경우는 순조 7년에서 헌종 3년으로의 변동이 위와 같은 원인, 즉 홍경래란과 그에 뒤이었던 허록의 실사에서 말미암았다고 본다 하더라도, 경상도의 경우에는 20여 년 사이에 60만의 인구가 급격히 감소한 이유를 찾기 어렵다. 영조 2~29년 사이에 전국적으로 수십만 명이 사망하는 세 차례(1731~1737, 1742~1743, 1749~1750)의 기근과 전염병이 있기는 하였으나, 이러한 상황은 영조 2년 직전에도 있었다(1717~1718, 1723~

9) 《靑丘全圖》 軍國總目表에 나타나는 순조 28년도(1828) 평안도의 인구수는 781,200명으로 집계된다. 순조 7년도보다 40%가 감소한 수치이다.

〈그림 2-1〉 조선 후기 지역별 인구증감 추세(三南지방)

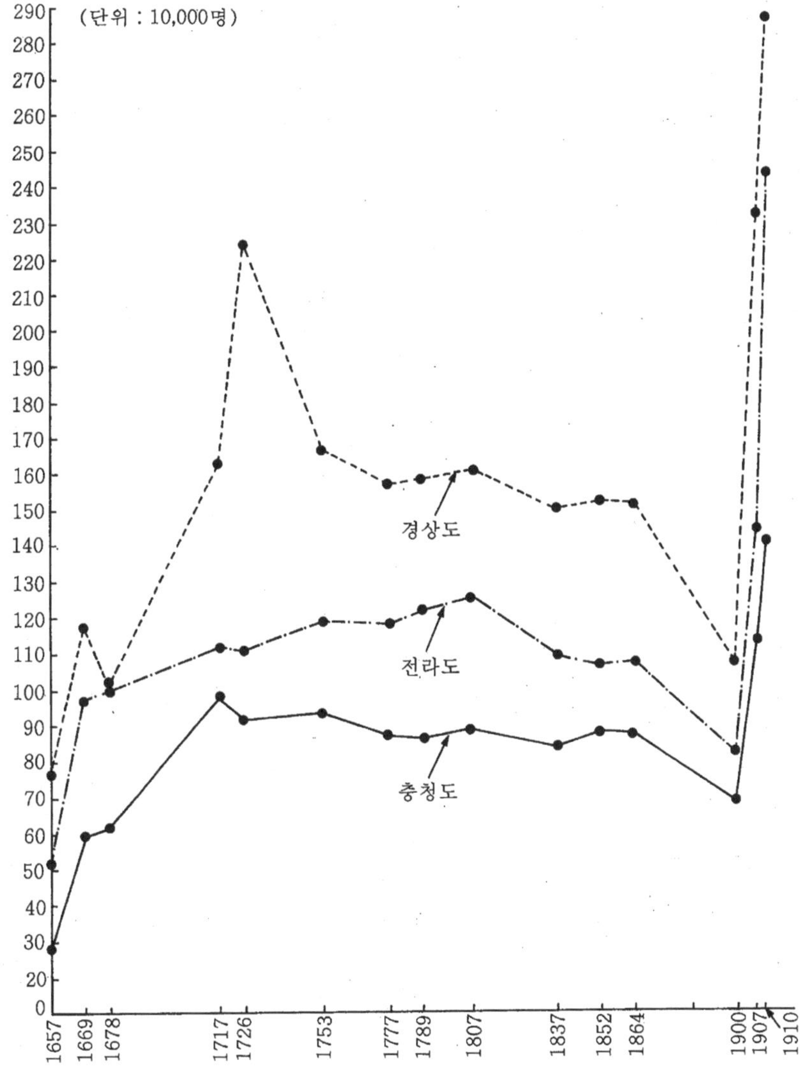

1725). 그러나 경상도는 다른 지역들과는 달리 영조 2년에 숙종 43년(1717)보다 72%의 인구증가상을 보였던 것이다. 따라서 숙종 43년~영조 2년의 증가도 그러하거니와, 영조 2~29년의 감소에는 그 어떤 특별한 이유가 있었다고 보

지 않을 수 없다. 앞으로의 연구에 기대하지만, 우선 경상도와는 반대로 이 기간의 평안도의 인구가 53만 명(40%)이나 급격히 증가한 점이 주목된다.

한편 위와 같은 인구분포에 따른 각 지역의 인구밀도를 살펴보면, 다음의 〈표 6〉과 같이 나타난다.[10] 한성부를 제외하고 본다면, 시종 전라도를 首位로 하여 삼남지역과 경기도가 전국의 인구밀도를 웃돌고 있었고, 삼북지방과 강원도는 인구증가지수의 급격한 상승에도 불구하고 시종 전국의 인구밀도를 밑돌고 있었던 양상을 살펴볼 수 있다. 이 또한 경작지의 다과와 밀접한 관계가 있었음을 드러내고 있는 모습인데, 그 중에도 경기도가 경작지에 비하여 유난히 높은 밀도를 보이고 있어서 주목된다. 이 시기에는 농업 이외의

〈그림 2-2〉 조선 후기 지역별 인구증감 추세(中部지방)

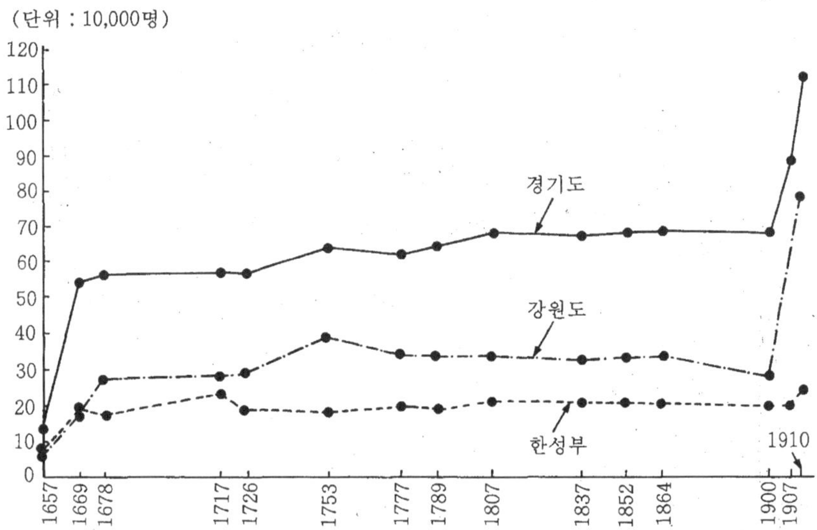

10) 方東仁, 앞의 글에 의거함. 각 도의 면적이 후대의 자료(朝鮮總督府, 《朝鮮地誌資料》, 1918)를 바탕으로 산출한 것이어서 다소의 차이가 상정되고, 또 부정확한 정부 집계 인구수에 따른 것이어서 실제와는 적지 않은 차이가 있으리라 여겨지지만, 우선 대체적인 양상을 파악하는 데는 도움이 되리라 생각한다.

〈도 2-3〉 조선 후기 지역별 인구증감 추세(三北지방)

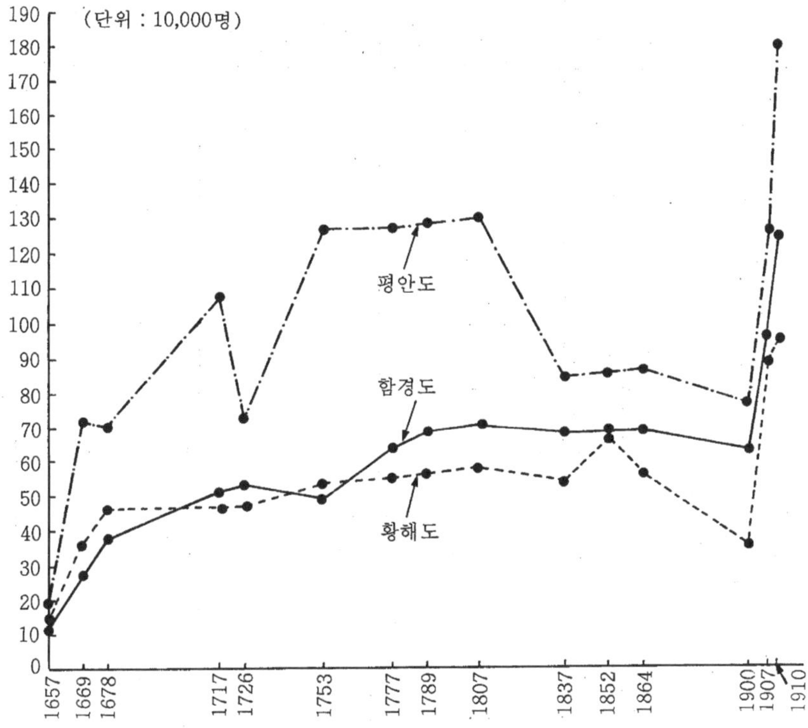

〈표 6〉 조선 후기 각 도별 인구밀도

(㎢당 인구수)

연도 \ 지역	한성	경기	강원	충청	전라	경상	황해	평안	함경	전국
인조 26(1648)	422	7.0	2.0	11.0	24.0	14.4	3.0	3.5	1.4	7.3
현종 10(1669)	858	47.0	7.3	38.6	53.6	40.0	22.4	17.1	5.3	24.0
숙종 43(1717)	822	48.7	10.9	54.9	60.7	53.5	25.5	18.2	10.4	32.8
영조 29(1753)	771	55.3	15.3	60.5	65.7	56.5	33.6	30.1	9.8	34.9
정조 4(1781)	889	52.9	13.4	55.3	66.0	53.4	34.5	30.1	12.3	34.6
순조 16(1816)	921	54.9	13.4	55.9	57.8	48.5	32.8	18.2	14.0	31.5
철종 3(1852)	902	57.9	12.7	57.2	58.8	52.2	41.8	20.7	13.6	32.6

〈표 7〉 조선 후기 인구규모별 군현수

지역 / 출전 / 인구	경기			강원			충청			전라		
	A	B	C	A	B	C	A	B	C	A	B	C
10만 이상	한성		한성									
9~10만								1				
8~9만			(1)				1		(1)			
7~8만			(1)							1		1
6~7만	1	2	1									
5~6만	2	1	(1)				1	1	1	1	1	1
4~5만	1	1	(1)				2	2	2	4	1	3
3~4만	2	1	(1)	2	2	1	1	1	1	4	5	2 (4)
2~3만	4	5	3(1)		1	1 (1)	2	2	2(2)	17	10	12 (2)
1~2만	13	12	8(1)	11	12	6 (5)	30	30	22(5)	15	21	10 (5)
5천~1만	12	13	14(1)	11	10	7 (3)	16	16	13(1)	14	11	11 (4)
5천 이하	3	2	3(1)	2	1	1 (1)	1	1	4		4	
계	38	① 37	29(9)	26	26	16(10)	54	54	45(9)	56	② 53	③ 40(15)

비고 : A : 《戶口總數》 정조 13년도(1789).

B : 《靑丘全圖》 軍國總目表, 순조 28년도(1828).

C : 각 군・현 邑誌(고종 5~8년 ; 1868~1871년 편찬)(善生永助, 《朝鮮の人口現象》, 朝鮮總督府, 1927).

① 豊德 無(풍덕군은 순조 23년에 혁파되어 開城府에 소속되었다가 고종 3년에 復置).

② 濟州・大靜・旌義 누락.

③ 咸悅 누락.

경상			황해			평안			함경			계		
A	B	C	A	B	C	A	B	C	A	B	C	A(%)	B(%)	C(%)
						1						1 (0.3)		
													1 (0.3)	
		(1)				1	1					2 (0.6)	1 (0.3)	3 (0.9)
2	2	1							1	1		4 (1.2)	3 (0.9)	3 (0.9)
2	2		1		1	1		(1)	1	1	(1)	6 (1.8)	5 (1.5)	4 (1.2)
3	1	2(1)	2	1	1	3	1	1 (2)	1	2	2	13 (3.9)	8 (2.4)	12 (3.6)
2	1	2		1		2		1 (2)	3	1	2	14 (4.2)	7 (2.1)	13 (3.9)
8	6	5(4)	3	1	2	5	5	2 (3)	4	4	5	29 (8.7)	25 (7.6)	30 (9.0)
14	13	10(1)	6	8	5(1)	18	5	3 (3)	4	4	3(1)	65 (19.5)	48 (14.5)	51 (15.2)
28	32	28(1)	7	9	9(2)	10	18	10(7)	7	9	6(2)	121 (36.2)	143 (43.2)	127 (38.0)
10	11	13(1)	4	3	1(1)	1	10	3 (5)	3	3	2	71 (21.3)	77 (23.3)	80 (23.9)
2	3	1					2	1				8 (2.4)	13 (3.9)	12 (3.6)
71	71	2(9)	23	23	19(4)	42	42	④ 21(23)	24	⑤ 25	⑥ 20(4)	334 (100)	331 (100)	335 (100)

④ 慈城・厚昌郡 추가(자성군은 세조 5년에 혁파되었다가 고종 6년에 복구. 후창군은 아래 ⑤ 참조).

⑤ 厚州 추가(후주부는 원래 평안도 厚州鎭이었는데 순조 13년에 府로 승격되어 함경도로 이속. 고종 6년에 후주와 茂昌을 합하여 厚昌郡으로 삼아 평안도로 이속).

⑥ 厚州 無. 위 ⑤ 참조.

※ C의 (　)내의 수치는 호수만 기록된 군・현의 경우인데, 호당 5명으로 산출하여 인구수를 추정하였음.

생업수단이 이 지역에서 발달하고 있었기 때문이 아닌가 추측되기도 하지만,[11] 앞으로의 연구를 기다려야 할 것으로 본다.

다음 각 郡縣別 인구분포 양상을 보면, 앞의 〈표 7〉과 같이 나타난다. 330여 군현 중 60여%가 5천 이상 2만 명 이하의 인구를 지닌 군현들로 나타나고, 30% 내외가 2만 이상 5만 명 이하의 인구를 지닌 군현들로, 8% 정도가 5만 명 이상의 인구를 지닌 군현들로, 2% 정도가 5천 명 이하의 인구를 지닌 군현들로 나타나는 것이다. 당시 호적에 등재되지 않은 인구가 40~50%에 달했다고 본다면, 60여%의 군현들이 1만~4만 명의 인구를 지녔다고 하겠다. 그런데 이러한 군현들이 삼북지방에서보다 삼남지방에서 더욱 많은 비율을 점하고 있는 것은 지리적 환경과 함께 집약적 농업에서 연유된 양상이 아닌가 여겨진다.

이제 실제로 10만 명 이상의 인구를 지녔을 것이라고 생각되는 군현들을 《戶口總數》(1789년)에 기준하여 살펴보면, 다음과 같이 나타난다.

경기도 : 廣州·楊州·水原·開城(49,623명).
충청도 : 忠州·洪州.
전라도 : 全州·羅州.
경상도 : 慶州·尙州·晋州·大邱·星州·密陽·安東
황해도 : 海州·黃州·安岳
평안도 : 平壤·義州·江界·成川·寧邊·定州·安州(49,582명)
함경도 : 咸興·吉州·永興

경기도가 38개 군현 중 4곳(10.5%), 충청도가 54개 군현 중 2곳(3.7%), 전라도가 56개 군현 중 2곳(3.6%), 경상도가 71개 군현 중 7곳(9.9%), 황해도가 23개 군현 중 3곳(13%), 평안도가 42개 군현 중 7곳(16.7%), 함경도가 24개 군현 중 3곳(12.5%)이고, 강원도에는 한 곳도 없다. 이들 10만 명 이상의 大郡이 道內 군현수에 비하여 삼북지방에 많이 존재하고 삼남지방에 적게 존재

---

11) 1910년의 통계(《民籍統計表》)이기는 하지만, 경기도는 직업별 인구수에 있어서 상업과 공업·日稼에서 가장 높은 비율을 나타내고 있다. 상업에서는 전국 상업인구의 17%를, 공업에서는 22.3%를, 일가에서는 22.7%를 점유하여 首位를 보이고 있다. 李憲昶, 〈『民籍統計表』의 檢討〉(《古文書硏究》 9·10, 1996) 참조.

〈그림 3〉 1830년대의 인구분포

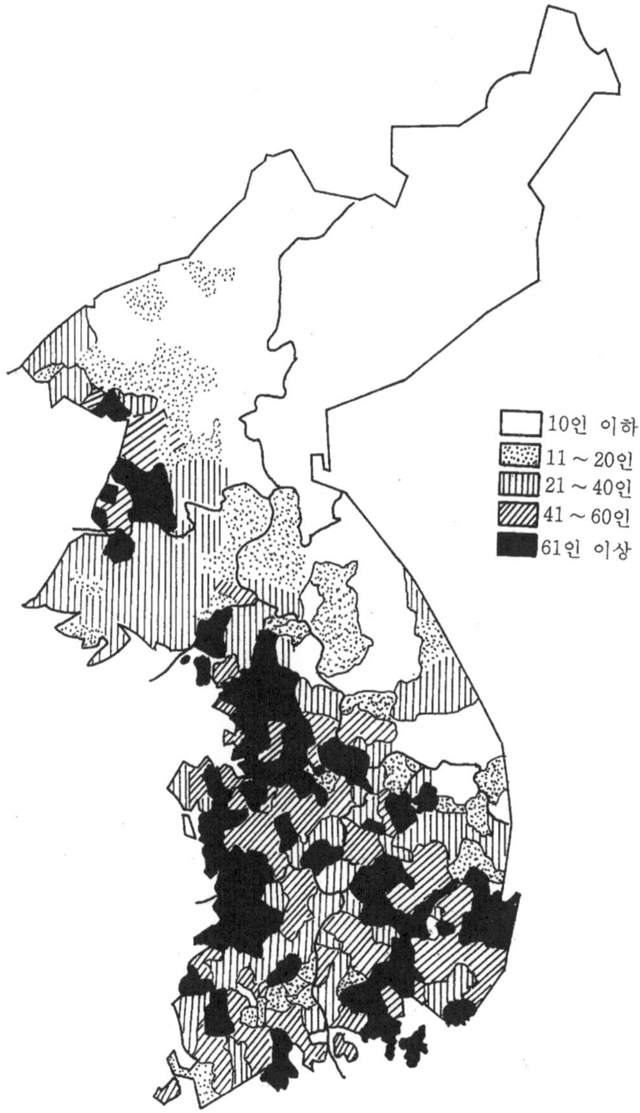

하는 이유는 앞으로의 연구를 기다려야 할 것으로 보이지만, 조선 후기에는 대체로 이들 28개 군현의 都市部(대체로 邑治 지역)가 각 지역의 주요 도시를 이루었던 것으로 생각된다.[12)]

이같은 인구의 분포나 도시의 분포는 조선 후기에 이르러 새롭게 형성된 것은 아니었다. '背山臨水'의 전통적 취락형태와 농업 위주의 경제생활에서 오래 전부터 그 기반이 마련되어 온 것이었다. 그리하여 앞의 〈그림 3〉에서[13)] 보듯이, 大同江水系, 漢江水系, 臨津江水系, 錦江水系, 榮山·蟾津江水系, 洛東江水系 등을 좇아 그 연안에 인구가 밀집되고 도시가 발달하는 양태를 보이게 되었다. 조선 후기에 대표적 鄕市로 손꼽히는 15개 場市가[14)] 거의 水運(또는 海運)에 편리한 이들 水系에 위치하는 것도 우연이 아니었다.

〈韓榮國〉

2. 농업생산력의 발달과 상품작물의 재배

1) 수전농업의 생산력

(1) 이앙법의 보급

인간이 만들어온 역사는, 좁은 의미에서 말하면 생산력을 발달시켜 온 과정이라고 할 수 있다. 생산력이란 인간이 자연에 노동을 가하여 인간생활에 편리한 물품을 만들어가는 역량을 의미한다. 전근대사회에서는 산업 가운데 농업이 절대적인 비중을 차지하고 있기 때문에, 농업생산력이 사회적 생산력의 수준을 결정한다.

---

12) 孫禎睦의 연구(《朝鮮時代都市社會研究》, 一志社, 1977)에는 18세기말에 118개의 도시가 각 지역에 산재했던 것(경기 9, 충청 15, 전라 19, 경상 30, 황해 11, 강원 4, 평안 30, 함경 18개)으로 나타나고, 김두섭의 연구(〈조선 후기 도시에 대한 인구학적 접근〉, 《韓國社會學》 24, 1990)에는 같은 시기에 전국 주요 도시로 57개(경기 3, 충청 6, 전라 10, 경상 12, 황해 5, 평안 16, 함경 4)가 선정되고 있다.

13) 方東仁, 앞의 글에 의거함.

14) 《萬機要覽》 財用編 5, 鄕市.

조선 후기에는 농업생산력이 비약적으로 발달하였다.[1] 농업생산은 크게 논에서 벼를 재배하는 水田농업과 밭에서 잡곡을 재배하는 旱田농업으로 나누어진다. 논에서 벼를 재배하는 수전농업은 흙을 다스리는 작업과 씨앗을 뿌리고 덮는 일, 시비하는 일, 벼를 수확하는 일 등으로 구분된다. 흙을 다스리는 작업은 겨울에 추수가 끝난 후 깊이갈이(深耕)하고, 봄에 다시 얕이갈이(淺耕)를 하는 것으로 이루어진다. 다음에 씨앗을 뿌리는 일(播種)은 먼저 씨앗을 물에 담가 가라앉는 건전한 씨앗을 선정하고 그것을 다시 거름(糞)에 묻혀 시비를 한 뒤 논에 뿌리는 것이다. 씨앗을 뿌린 뒤 흙으로 덮고 작물이 자라는 동안 제초를 하여 수확을 한다.

세종 11년(1429) 세종의 명에 의해 만들어진 《農事直說》에 의하면 조선 전기에 논에서 씨앗을 뿌려 재배하는 방법은 水耕·乾耕·揷種(移秧)의 3가지가 있었다. 수경은 물을 댄 논에 볍씨를 뿌리는 방법이고, 건경은 물을 대지 못한 마른 논에 볍씨를 뿌리는 방법이며, 삽종은 논의 일부분인 모판에 볍씨를 뿌렸다가 볍씨가 자라서 일정한 크기의 모가 되었을 때 본 논에 줄을 맞추어 옮겨 심는 방법이다.

조선 전기에는 비옥하고 수리시설이 잘 갖추어진 논에서 早稻를 수경으로 재배하였고, 보통의 논에서는 晩稻를 수경으로 재배하거나 혹은 건경으로 재배하였다. 물이 부족한 마른 논에서는 건경으로 재배하였다. 점토질의 토양이 많았던 경상도 북부와 강원도 남부 일부의 지방에서는 이앙이 부분적으로 실시되기도 하였다.[2] 즉 수경과 건경이 주로 행해졌고 이앙은 일부의 지역에서만 행해졌다.

국가에서는 이앙을 실시하는 것을 금지하였다. 이앙법을 실시하는 경우 모내기할 때 비가 오지 않으면 벼가 완전히 말라 죽어 수확을 전혀 하지 못

---

1) 조선 후기의 농업생산력 수준에 대한 대표적 연구성과로는 다음의 글이 있다.
金容燮, 《증보판 朝鮮後期農業史硏究》(Ⅰ)(지식산업사, 1995).
———, 《增補版 朝鮮後期農業史硏究》(Ⅱ)(一潮閣, 1990).
———, 《朝鮮後期農學史硏究》(一潮閣, 1988).
閔成基, 《朝鮮農業史硏究》(一潮閣, 1988).
李鎬澈, 《朝鮮前期農業經濟史》(한길사, 1986).

2) 李鎬澈, 위의 책, 38~58쪽.

하게 되는데 반하여, 직파법을 실시하면 씨앗을 뿌리고 벼가 자라는 기간에 비를 한두 번이라도 맞기만 하면 뿌리가 땅에 착근이 되어 그 뒤에 비가 오지 않더라도 어느 정도 수확을 할 수 있기 때문이었다. 즉 가뭄이 드는 경우에도 직파법을 실시하면 어느 정도 수확을 할 수 있는데 반하여, 이앙법은 전혀 수확을 하지 못하기 때문에 국가에서는 위험성이 많은 이앙법을 금지하였다.

그러나 이앙을 실시하면 노동력이 감소한다는 사실이 알려지면서 17세기 이후 이앙법은 빠르게 보급되었다.[3] 광해군 11년(1619)에 펴낸 《農家月令》에 의하면 "벼를 재배하는 데는 보통 4차례의 제초작업을 실시하는데, 이앙법을 실시하면 2차례만 실시하면 된다"[4]고 하였다. 이와 같이 이앙법을 실시하면 노동력이 감소된다는 사실이 알려지면서 이앙법은 삼남지방을 중심으로 빠르게 보급되었고, 17세기말에는 삼남지방에서 대세를 이루었다.

> 移秧法은 노동력을 크게 덜어주기 때문에 지금 삼남지방 외에 다른 도에서도 모두 이를 본받아 이미 풍속이 되었다. 가뭄을 만나면 모든 농사를 망칠 수밖에 없으나 갑자기 이를 금할 수는 없다. 물의 근원이 있어 물을 댈 수 있는 곳은 이전대로 이앙하고, 높고 건조한 곳은 절대 요행을 바랄 수 없다. 그러나 봄물로 付種하거나 乾播하면 반드시 모든 농사를 망치지는 않는다. 각 읍에 분부하여 面任에게 물이 나오는 곳인지 아니면 높고 건조한 곳인지를 구별하여 이앙하도록 하고, 이전의 관습을 따르게 해서는 안된다. 높고 건조한 곳은 이앙하여 농사를 망치더라도 給災하지 않는다는 뜻을 명백히 알려라(《增補文獻備考》 田賦考 7, 勸農節目, 숙종 24년).

17세기 중엽 이후가 되면 국가에서도 이앙을 적극적으로 금지할 수가 없었다. 이앙을 실시하면 노동력이 감소한다는 사실이 알려지게 되었고, 각 지방마다 수리시설이 증가하면서 이앙을 실시하는 여건이 개선되어 갔기 때문

---

3) 移秧이 전면적으로 보급된 시기에 대해서는 몇 가지 주장이 있다. 김용섭은 17세기 중엽 이후로 제시하고 있는 반면에, 宮嶋博史는 17세기초로 설정하였고, 염정섭은 16세기말로 제시하였다(염정섭, 〈농업생산력의 발달〉(《한국역사입문》 ②, 풀빛, 1995, 400쪽).

4) 高尙顔, 《農家月令》 雜令.

이다. 특히 이 시기에는 면화·연초 등 노동력이 많이 드는 밭작물들이 집중적으로 재배되기 시작함으로써 논농사에서 노동력을 줄일 필요성이 컸기 때문에 이앙법의 보급도 급속히 이루어졌다.5)

또한 이앙을 실시하면 노동력이 감소하는 것뿐만 아니라, 수확량도 증가하였으므로 이앙법은 전국적으로 보급되어 갔다.

> 直播를 하면 곡식의 소출이 적고 이앙을 하면 소출이 배나 된다. 직파를 하면 노동력이 배로 늘고 이앙을 하면 노동력이 절반으로 준다.…호남의 백성들은 오로지 이앙을 하고, 직파는 겨우 1/100의 일에 불과하다. 이 때문에 가뭄이 들 때마다 대부분의 땅이 묵게 될 우려가 있다(《日省錄》 정조 23년 3월 19일·5월 7일).

나아가 이앙법을 실시하면 1년에 두 번 농사를 지을 수 있었다. 직파법을 실시하면 3월에 씨앗을 뿌려 8월에 수확하므로 1년에 1번밖에 농사를 지을 수가 없었다. 반면에 이앙을 실시하면 모판에 벼모를 재배하다가 가을보리를 수확하고 난 후 5월에 본 논에 모를 옮겨 심을 수 있기 때문에 1년에 2번 경작하는 것이 가능하였다. 徐有榘는 이러한 긍정적인 측면을 종합하면서 이앙을 적극적으로 권장하고 있었다.

> 이앙을 하는 것은 세 가지 이유가 있다. 김매기(제초)의 노력을 더는 것이 첫째요, 두 땅의 힘으로 하나의 모를 서로 기르는 것이 둘째이며, 좋지 않은 것은 솎아 내고 싱싱하고 튼튼한 것을 고를 수 있는 것이 셋째이다. 어떤 사람은 큰 가뭄을 만나면 모든 노력이 헛되이 이를 위험이 있다고 하나 그렇지 않다. 벼를 심는 논은 반드시 하천이 있어 물을 끌어들일 수가 있으며 하천이 없다면 논이 아니다. 논이 아니라도 가뭄을 우려하는데 어찌 이앙만 그렇다고 하는가(徐有榘, 《林園經濟志》 本利志 권 5, 種藝 上 稻類).

이앙을 실시하면 노동력이 감소하고, 모를 옮겨 심는 과정에서 부실한 모를 제거할 수 있고, 나아가 모를 심는 땅과 본 논에 옮겨 심는 땅의 지력을 모두 이용할 수 있으니 그 이익은 크다는 것이다.

---

5) 金建泰, 〈朝鮮中期 移秧法의 普及과 그 意義〉(《國史館論叢》 63, 國史編纂委員會, 1995).

이와 같이 이앙을 실시하면 직파를 실시할 때보다 많은 이익을 얻을 수 있었다. 노동력이 감소하고, 수확량도 증가하였으며, 나아가 가을 보리를 심으면서 이모작을 행할 수도 있었다. 이러한 장점들이 알려지면서 이앙법은 삼남지방을 중심으로 17세기 중엽 이후에 급속히 전파되어 갔던 것이다. 그리하여 18세기말 19세기초에 이르면 삼남지방의 논에서는 대부분 이앙이 실시되었다.

(2) 새로운 품종의 보급

벼의 품종은 매우 다양하다. 그것은 심고 거두는 시기에 따라 크게 3종류로 나누어진다. 일찍 심어서 일찍 거두는 올벼(早稻), 늦게 심어서 늦게 거두는 늦벼(晩稻), 그 중간 시기에 심어서 거두는 중생벼(次早稻)의 3종류이다.[6]

이 3종류에는 각각 다수의 벼품종들이 존재하였다. 각 시기의 농서의 편찬자가 이러한 벼품종을 모두 기록하지는 않았지만, 그 시기에 우수하면서 보급할 만한 가치가 있는 품종들을 농서에 기록하였다. 그리하여 그것을 보존하고 보급함으로써 농업생산력을 증진시키고자 하였다. 이에 우리는 각 시기의 농서에 실려 있는 벼품종을 살펴봄으로써 당시의 농업생산력의 발전 추이와 당시 지식인들이 주로 발전하였거나 발전시키고자 하였던 측면을 살펴볼 수 있을 것이다.

조선 전기의 《衿陽雜錄》에는 조도가 3종, 차조도가 4종, 만도(찰벼와 山稻를 포함)가 17종이 기록되어 있다. 당시 벼품종은 워낙 수가 많아 농서의 편찬자가 모두 기록할 수 없었지만,[7] 당시에 우수하면서 보급할 만한 가치가 있는 품종은 대부분 기록하였다.

조선 후기에는 농업기술이 발달하면서, 기후와 풍토에 적응할 수 있는 다양한 품종이 개발되고 보급되었다. 18세기초에 작성된 《山林經濟》에는 《금양잡록》에 실려 있는 벼품종을 기록하고,[8] 이 시기에 새로 생겨난 조도 2종,

---

6) 씨앗을 뿌리는 시기는 지역에 따라 다르다. 조도는 3월 상순에 심어서 7월에 거두는 벼품종이고, 차조도는 4월 상순에 파종하여 8월에 거두며, 만도는 4월 중순이나 말에 파종하는 벼품종이다(姜希孟, 《衿陽雜錄》; 高尙顔, 《農家月令》 참조).

7) 柳重臨, 《增補山林經濟》 권 2, 治農.
徐有榘, 《林園經濟志》 本利志 권 5, 種藝 上 및 권 7, 穀名考.

차조도 4종, 만도 4종을 추가로 기록하였다.[9] 특히 예슈릐(倭水里)와 대초벼(大棗稻) 같은 품종은 17세기 중엽 이후 이앙법이 일반화되면서 이앙에 적합한 벼품종으로 개발·보급된 대표적 예로서, 蘆原과 豊壤(현재의 경기도 양주)에서 많이 심었다고 한다.[10] 《산림경제》에 추가로 기록된 종자들은 18세기 중엽 이후에도 그대로 재배되었고 《增補山林經濟》에도 소개되었다.[11]

이것을 바탕으로 19세기에는 벼품종이 더욱 발달하였다. 그리하여 19세기 초에는 가뭄에 잘 견디거나, 수확을 많이 할 수 있는 품종들이 소개되어 널리 재배되기도 하였다. 《林園經濟志》에는 조도가 19종, 차조도가 10종, 만도가 30종이 기록되어 있는데, 앞의 농서들과 비교하면 가뭄에 잘 견디는 조도와 수확량이 매우 높은 벼품종들이 소개되고 있다. 즉 가뭄에 잘 견디는 조도인 밧오려(旱旱稻)가 새로이 소개되었으며,[12] 1두락의 씨앗을 뿌리면 120~130두를 수확하는 서양벼(西洋稻) 등이 소개되어 재배되었다. 이 서양벼는 옛날에는 없었던 것으로 서쪽지방에서 전래되었으며, 종자의 번식력이 커서 조금만 파종하여도 많이 수확할 수 있었으므로 농가에서는 곳곳에서 그것을 파종하였다고 한다.[13]

이와 같이 조선 후기에는 농업기술이 발달함에 따라 기후와 풍토에 적응할 수 있으면서도 선진적인 농업기술에 부합할 수 있는 벼품종이 개발·보급되었다.

(3) 시비법의 발달

고려시대까지는 비료가 발달하지 못하여 토지를 놀림으로써(休耕이나 休閑) 지력을 유지하였는데, 고려말 이후에 시비법이 발달하면서 여말선초에는 여러 종류의 비료를 바탕으로 농업생산력이 발달하게 되었다. 그러나 조선 전

---

8) 이 시기에 사라진 晩稻의 품종 黑黔夫只(거믄검부기)와 東鼎良里(동솓가리)는 적지 않았다.
9) 洪萬選, 《山林經濟》 권 1, 治農 種稻.
10) 洪萬選, 《山林經濟》 권 1, 治農 晩稻.
11) 柳重臨, 《增補山林經濟》 권 2, 治農 晩稻類.
12) 徐有榘, 《林園經濟志》 本利志 권 7, 穀名攷.
13) 위와 같음.

기에는 시비형태가 어느 정도 갖추어졌지만 비료의 양이 풍부하지 못하여 분종의 형태를 취하거나 파종할 때 벼 포기에 행하는 基肥法에 머무르는 형태가 일반적이었다.[14] 구체적인 상황을 살펴보면 다음과 같다.

《농사직설》에 의하면 조도는 비옥하고 물이 풍부한 논에서 재배하는데, 추수를 하고 난 겨울에는 糞을 넣어주거나 새로운 흙을 넣어주면서 땅을 갈아준다고 하였다. 한편 만도 水耕은 정월에 얼음이 녹으면 조도처럼 거름이나 흙을 넣어주며, 토양이 척박한 곳은 牛馬糞이나 떡갈나무잎을 넣어주는데, 人糞이나 蠶沙도 좋지만 많이 구하기가 어렵다고 하였다. 아울러 봄에 가뭄이 드는 경우 만도를 건경하는 방법을 소개하였는데, 볍씨 1말을 잘 썩은 분이나 오줌재(尿灰) 한 섬에 고루 섞어 파종하도록 하였다. 이앙법을 행하는 논은 가뭄이 들더라도 마르지 않는 수전을 택하고 못자리에는 연한 버드나무가지를 썰어서 두껍게 펴 준 다음 발로 밟아 넣고 흙을 햇볕에 쪼여 말린 다음 물을 넣도록 하였다. 모낼 곳에는 갈잎이나 우마분 거름을 펴고 모낼 때에 다시 갈아 앞의 못자리의 방식대로 흙을 잘 다스려 부드럽게 하도록 하고 묘를 옮겨 심었다.[15] 이와 같이 조선 전기에는 시비의 종류가 어느 정도 갖추어져 있었고, 그것을 바탕으로 품종과 파종법에 따라 시비를 주면서 파종하고 경작하였다.

그러한 현상이 17세기에는 칙간에 큰 독이나 항아리를 묻어 人糞과 人尿를 바탕으로 재(灰) 등을 섞어 거름으로 만들어 논에다 시비하게 함으로써 비료의 양이 풍부하게 되었다.[16] 그것은 《농가월령》과 《農家集成》의 농서에서 기술되고 있다. 《농가월령》 서문에 작물을 재배하는 데는 耕種의 시기와 토양의 適否를 중시하였고, 나아가 우리 나라 토지가 척박하므로 시비가 중요하다고 언급하였다.[17] 그리하여 칙간에 큰 독이나 항아리를 묻고 대소변이나 구정물을 담아 분으로 이용할 것을 권장하였다.[18]

---

14) 시비법은 대체로 종자나 작물의 그루터기에 비료를 주는 糞種이나 糞科에서 경지 전체에 비료를 주는 糞田으로 발전해갔다. 논이나 밭에 비료를 주는 분전의 형태 내에서는 기비법에서 추비법으로 발전해갔다.

15) 《農事直說》 種稻.

16) 閔成基, 앞의 책, 7장.

17) 高尙顔, 《農家月令》 序.

《농가집성》에서는 이앙법을 특히 중시하여, 그 사항에 대해 크게 증보하였다. 아울러 이앙의 시비에 대해서도 자세히 언급하였다. 즉 못자리에 재와 인분을 섞어 뿌릴 것을 권장하였다. 가령 5두의 볍씨를 파종할 경우 오랫동안 못자리로 이용하였던 곳이면, 분과 재를 섞은 비료를 3석 정도 뿌리지만, 처음으로 못자리를 만드는 곳이면 거름재(분과 재를 섞은 비료)를 4석 정도 뿌려주는 것이 적당하다고 하면서 경상좌도에서 그렇게 행한다고 언급하였다. 반면에 경상우도에서는 참깨 대를 썰어 외양간에 넣어 소와 말이 밟게 한 다음 걷어 내서 쌓아두었다가 겨울철을 넘긴 다음 사용한다고 하였다. 또한 모내기 때에 연한 버드나무가지나 참갈나무잎을 작두로 썰어 외양간 오줌이나 사람 오줌에 적시거나, 외양간에 깔아 소나 말이 밟도록 하고, 재나 오줌을 뿌리고 쌓아둔 후에 거적을 덮어 잘 썩히어 사용한다고 하면서, 특히 경상좌도 사람들이 행한다고 하였다.

18세기 농서인《산림경제》에서는 시비를 중시하여「시비」항목을 처음으로 독립하여 기술하였다. 또한 논농사에서는 벼가 자라는 동안에 비료를 주는 追肥法을 권장하고 있었다.[19] 즉 논에서 벼가 왕성하게 자랄 때 논에 물을 빼고 잡초를 뽑아준 후 糞灰를 뿌려주고 4~5일 동안 논을 햇볕에 쬐어 흙이 갈라질 때 물을 넣어주라고 하였다.[20]

18세기말에 오면 이전 시기보다 비료를 더욱 중시하였다. 그것은 그만큼 농업생산력이 발달하면서 그에 상응하는 시비법을 체계화해야만 했기 때문이다. 당시의 농촌지식인 禹夏永은 "다른 사람에게 한 사발의 밥은 줄지언정 한 삼태기의 糞은 주지 말라는 농촌의 속담이 있는데, 이제야 농사를 알게 되었다"[21]고 하면서 농사에서 비료를 중시하였다. 또한 徐有榘는 "농사에서 비료보다 중요한 것은 없다. 분회 1두이면 곡식 1升을 얻을 수 있으니, 재를 버리면 곧 곡식을 버리는 것이다."[22]라고 할 정도로 비료를 중시하였다.

18) 高尙顔,《農家月令》雜令.
19) 金容燮, 앞의 책(1988), 224쪽.
20) 洪萬選,《山林經濟》권 1, 治農 種稻.
柳重臨,《增補山林經濟》권 2, 治農 早稻.
21) 禹夏永,《千一錄》권 8, 農家摠覽 聚糞灰.
22) 徐有榘,《林園經濟志》本利志 권 4, 營治 糞壤 儲糞雜法.

우하영은 더 나아가 《千一錄》에서 수전 특히 이앙에 필요한 비료를 만드는 방법(作糞法)과 시비법을 구체적으로 기술하였다. 즉 草糞·尿灰·鷄狗糞·藁草糞·舊壁土·黃土·莎草·眞水荏油滓·木綿子·杼葉·柳枝 등 11종류의 비료 만드는 방법과 시비법을 자세히 기록하였다.[23] 특히 이전 농서에는 보이지 않던 계구분·구벽토·진수임유재 등이 이앙의 비료로서 언급되었다.[24] 서유구도 《임원경제지》에서 비료에 대해 자세히 언급하였다. 여러 가지 비료를 제조하는 방법을 상세히 설명하고 비료를 저장하는 방법 및 다양한 비료의 종류를 소개함으로써 비료의 양이 풍부해졌다.

이와 같이 18세기 후반 이후에는 비료를 매우 중시하였으며, 그에 따라 이전보다 비료의 종류가 많아졌다. 아울러 비료의 종류와 양도 매우 증가하여 시비를 많이 할 수 있었으며, 추비가 정착되어 논농사가 더욱 발달하게 되었다.

(4) 새로운 농업기술의 보급

조선 후기에는 이앙법 등의 파종법과 시비법의 발달뿐만 아니라 새로운 농업기술이 개발, 소개되면서 농업생산력의 발달이 이루어졌다. 예를 들면 이앙법의 기술이 다른 분야에 응용되면서 이앙법과 건파법의 기술이 결합되어 乾秧法이 개발되었고, 이는 가뭄을 극복하는 기술로 정착해갔다. 건앙법은 가뭄을 극복하면서 노동력을 절감하는 방법으로 활용되었다.

《농가월령》에 의하면 "奉天畓에서 乾播를 못했을 때 그 건답에다 건파할 때와 마찬가지로 晩秧種을 파종(注秧)하며…만앙종으로 파종한 묘를 이앙한다"[25]고 하였다. 즉 봄에 가뭄이 들어 볍씨를 파종하기가 어려울 때나, 혹은 이앙의 시기를 최대한 늦추는 효과를 얻기 위해서 건앙법을 개발해내어 보급하였다.[26]

건앙법은 18세기에 들어와 널리 보급되면서 이앙법보다 우수한 기술로 인

---

23) 禹夏永, 《千一錄》 권 8, 農家摠覽 聚糞灰.
24) 閔成基, 〈朝鮮時代의 施肥技術〉(앞의 책) 참조.
25) 高尙顔, 《農家月令》 4월·5월(金容燮, 《朝鮮後期農學史硏究》, 一潮閣, 1988, 137~139쪽에서 재인용).
26) 宮嶋博史, 〈李朝後期における朝鮮農法の發展〉(《朝鮮史硏究會論文集》 18, 1981).

정되고 있었다. 《산림경제》에서는 다음과 같이 봄에 가뭄이 들 때 논을 잘 다스려 건파처럼 볍씨를 뿌렸다가 비가 오면 이앙을 하는 건앙법을 권장하면서, 그것이 이앙보다 낫다고 하였다.

> 봄에 가물어 秧基에 물이 없으면 건답을 잘 다스려 흙덩이가 없도록 하고, 조그만 고랑(畦)을 만들어 볍씨를 灰糞에 섞어 乾播처럼 뿌린다. 1두락의 땅에 볍씨 7두를 뿌리고 비가 오면 이앙을 하는데, 이것이 水秧보다 낫다(洪萬選, 《山林經濟》 권 1, 治農 種稻 乾秧法).

한편 우리 나라 기후는 3~5월에는 가뭄이 심하고, 6~8월에는 비가 많이 오는 기후이다. 그래서 봄에는 토양에 수분을 유지하도록 흙을 북돋워주고, 여름에는 비가 올 때 제초작업을 해주지 않으면 수확을 제대로 할 수가 없었다. 즉 동아시아 농업에서는 中耕 제초가 매우 중요하였다.[27] 그리하여 일찍부터 중경 제초하는 농구와 농작업이 발달해왔다. 조선 후기에도 제초노동력을 절약하는 방법이 고안되거나 소개되었다.

《농가집성》에는 제초노동력을 절약하는 방법으로 反種法과 火耨法이 소개되었다. 반종법은 수전에 물이 없고 잡초가 우거져 제초하기가 쉽지 않을 때, 물을 대고 모를 뽑아 모내기할 때와 같이 모가 상하지 않도록 묶어두고 논을 모두 갈아 엎고 整地한 후 뽑았던 모를 다시 심는 것을 말하는데, 김매기의 노력을 대단히 절약할 수 있다고 하였다. 화누법은 벼의 본잎이 6매 정도 나왔을 때 먼저 논물을 뺀 다음 마른 풀을 모 위에 고르게 펴 놓고 불을 지른 후 물을 다시 댐으로써 잡초들을 모두 죽게 하여 제초노동력을 절약하는 방법이다.[28]

이와 같이 17세기 중엽 이후에 제초노동력을 절감시키는 농업기술이 발전하였다. 이앙법을 통해서도 농업노동력이 절감되었고, 반종법과 화누법에 의해서도 노동력이 절감되었다. 그와 같이 절감된 노동력은 廣作이라는 새로운 농업경영방식을 촉발하기도 하였고, 다른 한편 밭작물을 재배하는 데도 투여되었다. 17세기 이후에는 노동력이 많이 투여되는 면화와 담배가 본격적으로

27) 閔成基, 앞의 책, 19~23쪽.
28) 申 洬, 《農家集成》 早稻秧基 火耨法.

재배되기 시작하였고,[29] 고추·토마토·호박 등의 새로운 발작물이 많이 전래되면서 여러 작물들을 재배하였기 때문이다.

2) 한전농업의 생산력

(1) 품종의 증가와 새로운 작물의 보급

조선 전기의 《世宗實錄地理志》에 의하면, 結의 면적으로 보아 논과 밭의 비율은 3:7 정도로 밭이 많았는데, 논이 비옥하여 토지등급이 높았으므로 실제 면적의 비율은 2:8 정도로 밭의 면적이 많았다.[30] 이와 같이 밭이 많았던 상황에서 농민들은 논뿐만 아니라 밭에서 잡곡의 재배에도 열심이었다. 밭에서는 조·보리·콩 등이 주로 재배되었다. 그러나 밭에서 재배하는 곡물의 종류는 시기에 따라 변화하면서 내려왔다. 중국의 8세기 농서인 《濟民要術》에는 5곡이 주였는데, 12세기의 농서인 《農桑輯要》에는 9곡종이어서 밭에서 재배하는 곡물의 종류도 변화해왔음을 알 수 있다.

우리 나라에서도 밭에서 재배하는 곡물이 변화해왔을 것이다. 조선 전기의 《농사직설》에 9곡종이라 하여, 삼(麻)·벼(稻)·기장과 조(黍粟)·피(稷)·콩(大豆)·팥(小豆)·보리(大麥)·밀(小麥)·참깨(胡麻)·메밀(蕎麥) 등의 재배방법을 기술한 것으로 보아, 조선 전기에는 이 곡물을 중심으로 재배되었을 것이다. 조선 후기에는 농업기술이 발달하면서 잡곡의 품종도 증가하였다. 수전농업이 발달하면서 벼품종이 증가한 것과 마찬가지로 旱田농업이 발달하면서 잡곡의 품종도 증가하였다.

먼저 기존에 있었던 한전작물의 품종이 증가하였다. 19세기의 농서에 의하면 조선 전기에 비해 품종이 크게 증가하였다. 조는 17종, 보리는 6종, 콩은 6종, 수수는 4종, 팥은 3종, 기장은 2종, 피는 1종, 밀은 1종이 증가하였다.[31]

29) 면화를 재배하려면 7차례의 제초작업이 필요하였고, 연초도 다른 작물보다 많은 제초작업이 필요하였다.

30) 李鎬澈, 앞의 책, 258~273쪽.

31) 《衿陽雜錄》에 조가 15종, 보리는 4종, 콩은 8종, 수수는 3종, 팥은 7종, 기장은 4종, 피는 5종, 밀은 2종이 기록되어 있는데, 《林園經濟志》에는 위의 품종을 적고 당시에 심던 새 품종을 추가하여 기록하였다.

이 증가한 품종들은 기후와 토양에 알맞으면서도 추위와 가뭄에 강한 우수한 품종들이었다. 이러한 사례는 李圭景의《五洲衍文長箋散稿》에도 나타난다.

또한 조선 후기에 들어오면서 새로운 작물들이 전래되고 보급되면서 한전의 재배에 큰 영향을 미쳤다. 16세기말 이후 煙草가 전래되었고, 이어서 배추·옥수수·호박·토마토·고추 등의 작물이 전래되고 보급되면서 한전농업에 영향을 미쳤고, 나아가 구황작물로서 고구마와 감자까지 전래됨으로써 한전농업의 재배체계에 큰 영향을 미쳤던 것이다.

연초는 16세기말경에 전래되면서 급속히 보급되었다. 17세기 중엽 이후에는 많은 사람들이 담배를 피우게 되었고,[32] 그에 따라 연초의 재배도 급속히 확산되었다. 그리하여 18세기초에는 비옥한 토지에도 연초를 재배하게 되었고, 재배면적도 크게 확대되었다. 18세기말에는 전라도의 鎭安과 長水, 평안도의 三登과 成川 등 주요 재배산지가 각지에 형성될 정도로 확대되었다.[33]

면화는 16세기 이래 면포가 의류로서 소비되고, 아울러 화폐기능을 수행함으로써 사회적 수요가 크게 증가하였고, 그에 따라 재배가 촉진되었다. 그리하여 17세기 중엽 이후에는 면화를 전업으로 재배하는 농가가 많이 나타나게 되었다.[34]

고구마(甘藷)와 감자의 전래도 조선 후기의 농업상에 큰 변화를 유발하였다.[35] 특히 흉년에는 구황작물로서 크게 활용되면서 고구마와 감자가 중시되었다. 고구마는 영조 39년(1763)에 통신사 趙曮이 대마도에서 종자를 부산진으로 보냈고, 돌아오는 길에 다시 씨앗을 가져다가 동래와 제주도에서 시험재배하여 성공함으로써 퍼지게 되었다.[36] 柳重臨은 고구마가 전래되자마자 매우 중요하게 여겨《증보산림경제》에서 고구마를 심을 것을 적극 권장하였다.

---

32) 하멜,《하멜漂流記》朝鮮國記(李丙燾譯註, 一潮閣, 1993), 92쪽.
33) 李永鶴,《韓國近代 煙草業에 대한 硏究》(서울大 博士學位論文, 1990).
34) 申 洬,《農家集成》.
35) 고구마에 관한 논문으로는 다음의 글이 있다.
孫晉泰, 〈甘藷傳播考〉(《震檀學報》13, 1941).
篠田統, 〈'種藷譜'と朝鮮の甘藷〉(《朝鮮學報》44, 1967).
36)《海槎日記》영조 40년 6월 18일.

> 왜인들은 먼 나라 사람에게 (고구마로) 음식을 준다. 그것을 보니 (왜인들은 고구마를) 아침·저녁의 식량으로 하였음을 알 수 있다. 이 귀한 물건을 우리나라 사람들은 어찌 적극적으로 종자를 구하여 전국에 널리 심지 않으려 하는가. 오직 청인과 왜인들만 그 맛과 이익을 독점하고 있으니, 매우 안타까운 일이다(柳重臨,《增補山林經濟》 권 2, 治農 甘藷種植法).

朴齊家도《北學議》에서 "고구마는 흉년을 구하는 데 으뜸이다. 마땅히 屯田官으로 하여금 특별히 살곶이(箭串)나 밤섬(栗島)에 심게 하면 많이 심을 수 있다"[37]라고 고구마의 재배를 권장하였다. 그 후 고구마의 식량으로서의 중요성이 크게 높아져서 고구마의 재배방법과 저장방법 및 요리방법 등을 적은 농서들이 많이 나오게 되었다.[38] 정부에서도 고구마의 식량으로서의 중요성을 인정하여 정조 22년(1798)에 고구마 재배를 적극적으로 권장하였고 이에 따라 고구마의 재배는 점차 확대되었다.[39]

감자는 1820년대에 청으로부터 도입되었다. 茂山郡守 李亨在가 감자를 구해서 전파하였다고 하며, 감자는 전래된 지 얼마되지 않아 여러 지역에서 재배될 정도로 보급이 고구마보다 빨랐다. 헌종 13년(1847)에 경기도 陽州와 강원도 原州 및 鐵原 등지에서 구황작물로서 재배되었으며, 심지어 함경도 鏡城에서는 50~60호의 농가가 감자만을 재배하여 생계를 유지해갈 정도로 감자의 재배가 확대되었다.[40]

고추도 조선 후기에 전래되어 재배뿐만 아니라 생활상에도 큰 변화를 가져왔다. 배추는 이전부터 재배해왔던 종자가 있었지만, 18세기에 중국으로부터 포기가 큰 배추가 전래되면서 보급이 급속히 이루어졌다. 그리하여 이전에는 김치가 무우를 소금에 절인 것이 주종을 이루었지만, 품종이 좋은 배추와 고추가 전래되면서 소금에 절인 배추를 고추에 버무린 형태로 바뀌게 되었다.

옥수수가 처음 농서에 등장하는 것은 유중림의《증보산림경제》이다. "옥

---

37) 朴齊家,《北學議》進北學議 種藷.
38)《海東農書》(1799),《金氏甘藷譜》(1813),《種藷方》(1813),《圓薯方》(1832),《種藷譜》(1834) 등의 농서에 고구마에 관한 기록이 나온다(李盛雨,《韓國食經大典》, 鄉文社, 1981, 424~450쪽).
39)《正祖實錄》권 41, 정조 18년 12월 무인 및 권 50, 정조 22년 11월 기축.
40) 李圭景,《五洲衍文長箋散稿》北藷辨證說.

수수는 5가지 색깔이 있으며, 봄에 비옥한 땅에 심고 서로 거리를 1尺으로 하며 1科를 심는다. 쪄서 먹을 수 있으며, 죽을 만들어서 먹으면 더욱 좋으며 율무보다 낫다"41)라고 기록하였다. 옥수수는 17세기 이후에 우리 나라에 전래되었다고 여겨지며, 전래된 이후에 완만히 보급되면서 재배되었다. 그 외에도 호박과 토마토 등의 채소가 전래되었고, 그것은 농업경영에 큰 변화를 가져오게 되었다.

이와 같이 조선 후기에는 원래부터 재배되었던 한전작물의 품종이 증가하였을 뿐만 아니라 연초·고구마·감자 등의 작물과 옥수수·호박·토마토 등의 새로운 작물이 전래되면서 한전작물의 재배에 큰 영향을 미쳤다.

(2) 새로운 농업기술의 보급

우리 나라는 밭이 많기도 하거니와 밭작물 재배에 노력을 기울였기 때문에 한전의 농업기술도 발달해가고 있었다. 밭에 씨앗을 뿌리고 작물을 재배하는 방법(耕種法)으로 壟種法과 畎種法이 있었다. 농종법이란 땅을 起耕하면서 만든 높은 둔덕인 밭이랑(畝)에 씨앗을 뿌려서 작물을 재배하는 방법을 말하는 것이며, 견종법이란 밭이랑보다 낮은 밭고랑에 씨앗을 뿌려 작물을 재배하는 방법을 말한다. 팥과 조는 추위에 강하고 습기를 싫어하기 때문에 밭이랑에 심었고, 보리는 추위에 약하고 습기가 필요하기 때문에 밭고랑에 심어서 경작하였다.42)

조선 후기에 농구가 발달하면서 토지를 다스리고 이랑과 고랑을 만드는 형태가 발달하면서 한전작물의 재배는 더욱 효과적으로 이루어졌다. 조선 전기에는 소의 보급이 미흡하고 대형 쟁기를 이용할 수 없었기 때문에 밭이랑이 낮았는데, 조선 후기에는 소의 사육에 따라 소의 보급이 확대되고 대형

41) 柳重臨,《增補山林經濟》권 2, 玉蜀黍.

42) 김용섭은 한전작물의 파종법이 조선 전기에는 농종법에서 조선 후기에는 견종법으로 변화되어 갔다고 주장하였지만, 민성기는 파종법은 변하지 않았다고 주장하였다. 반면에 宮嶋博史는 보리가 근경이나 간종의 경우에는 壟에서 재배되었다고 보았다. 이호철은 보리가 1년 1작식과 근경작의 경우에는 畎에 파종되었지만, 간종의 경우는 농에 파종되었다고 보았다(李永鶴, 〈조선시기 농업생산력 연구현황〉,《韓國中世社會 解體期의 諸問題》下, 한울, 1987, 32~35쪽).

쟁기가 보급되어 높은 이랑을 만들 수 있게 되었다. 즉 조선 전기에는 토지를 기경하여 밭을 다스리는 방법이 넓고 낮은 이랑을 만드는 것이었지만, 조선 후기에는 발달된 농구를 바탕으로 田土를 다스리는 작업과 종자를 덮어주는 작업이 분화하면서 좁고 높은 이랑을 만들어 작물을 재배함으로써 이전보다 수확량이 많게 되었다. 봄에는 이랑에 콩이나 조·팥을 심고 재배하여 수확을 하고, 땅을 다시 경작한 후 고랑에 가을 보리를 심는다. 봄에 가을 보리가 자라고 있는 사이의 땅에 콩이나 조 등을 심고, 가을 보리를 5월에 수확한 후 그 자리의 흙을 콩이나 조가 자라는 곳에 북돋아준다. 즉 좁고 깊은 이랑을 만들어 耐旱과 耐寒의 효과가 큰 麥畎種法을 확립하여 가을 보리를 매개로 2년 3작 또는 2년 4작의 농업형태를 널리 행하였던 것이다.

몇 가지의 새로운 기술이 시도되기도 하였다.《증보산림경제》에서 조를 파종하는 漢人種粟法이라는 새로운 파종법을 소개함으로써 신기술을 보급하고자 하였다. 또한 밭을 1畝 3畎으로 만들어 한전작물을 재배하는 시도를 하기도 하고, 그러한 밭의 조성법을 권장하기도 하였다.

조선 후기에는 가뭄을 극복하는 乾田의 작부체계가 발달하고 있었다. 가뭄에 잘 견딜 수 있는 품종이 개발되는가 하면, 중경 제초를 행하여 잡초를 제거해주고 한전작물이 제대로 자랄 수 있도록 북돋아줌으로써 토양에 수분을 유지해주는 노력을 기울이기도 하였다. 또한 논에서 건앙법의 기술이 행해진 것도 밭의 발달된 농업기술이 논에서 이앙의 재배기술에 응용되면서 이루어진 결과였다.

(3) 시비법의 발달

조선 전기 한전농업의 시비는 첫번째 起耕(初耕)을 전후한 시기와 파종할 때 비료를 주는 방법이나, 파종한 후 비료를 넣어주는 방법을 이용하였고, 파종시에 糞種法과 분종의 일환인 漬種法(눈을 녹인 물이나 오줌물에 종자를 담그는 방법)이 행해졌다. 조선 전기에 사용된 비료는 팥·녹두 등의 綠肥와 草木肥, 草灰, 糞, 尿灰, 廐肥 등이었다. 조선 전기에 한전에서 많이 행해진 시비법은 파종할 때 행하는 분종법이었고, 다음으로 초경전에 행해진 掩耕(갈아엎는 방법) 및 火耕法이었다.[43]

그러다가 17세기에 이르면 人糞과 人尿를 다른 재료와 섞어 비료를 만들었으며, 그에 따라 비료의 양도 많아지고 종류도 다양해졌다.[44] 예를 들면 《농가월령》 단계에서는 칙간에 큰 독이나 항아리를 묻어 인분과 인뇨를 모아서 비료로 지속적이면서 적극적으로 이용하게 되었다. 또한 나무가지뿐만 아니라 참깨 껍질 등의 재료도 외양간에서 소나 말이 밟도록 하여 1년 내내 비료로서 이용하였다.[45] 《농가집성》 단계에서는 보리와 밀을 재배할 때 7월에 백양나무와 갈나무·싸리나무의 가지를 베어다 작두로 썰어 외양간의 마소가 밟아 썩도록 하여 거름으로 사용하였으며, 목화를 재배할 때는 주로 우마분과 요회를 중심으로 시비하였다.[46] 《농가집성》에서는 아울러 시비에 관한 항목을 많이 추가하여 기록하였다.

18세기에는 시비법이 더욱 발달하게 되었다. 인분과 인뇨·회 등을 섞어 다양한 방법으로 분을 만들었다. 예를 들면 외양간 옆에 웅덩이를 파고 尿를 저장하게 하고 볏짚이나 겨를 태운 재를 섞어서 거름을 만들거나, 마당가에 큰 웅덩이를 만들어 집 내외에서 흘러나오는 물을 받고 그 곳에 풀을 베어 넣어 썩혀서 퇴비를 만들기도 하였다.[47] 이 다양한 비료를 바탕으로 18세기 중엽 이후에는 追肥法이 행해졌다. 추비법이란 작물이 성장하는 동안에도 비료를 줌으로써 수확을 많이 하는 방법이었다. 이와 같이 17·18세기에는 외양간을 만들어 소와 말의 분과 요를 바탕으로 여러 가지 재료를 섞어 비료를 만들어 작물에 시비하였다.

18세기말 이후에는 한국 중세사회 시비법의 완성된 형태를 보게 되었다. 그것은 특히 《천일록》과 《임원경제지》 등을 통하여 살펴볼 수 있다. 당시의 농서에서는 사람의 분과 요뿐만 아니라 외양간에서 나오는 분과 요를 허비하지 않고 철저히 수집하여 초목과 회·흙을 혼합하여 다양하게 비료를 만드는 방법을 소개하였고, 그것을 바탕으로 시비하는 방법도 자세히 기술하였다. 그리하여 농민들이 비료를 중시하고 그것을 기반으로 농사를 지어갈 수

---

43) 李鎬澈, 〈糞田法〉(앞의 책).

44) 閔成基, 〈朝鮮時代의 施肥技術〉(앞의 책), 237~247쪽.

45) 《農事直說》에서는 버드나무가지만 보리밭의 비료로 이용하는 것으로 기록하였다.

46) 申 洬, 《農家集成》 大小麥 種木花法.

47) 《山林經濟(補說)》(金容燮, 앞의 책, 1988, 250~251쪽에서 재인용).

있도록 안내하고 있었다. 《천일록》에서는 草糞 등 11종류의 비료를 만드는 방법과 시비하는 방법을 기술하였다. 그것은 이전의 농서와는 달리 비료를 만드는 과정이 실제적이고 구체적이었으며, 비료의 종류도 많아지고 양도 풍부해져 갔음을 반영하는 것이었다.

이러한 현상은 《임원경제지》에서 더욱 정리되고 세련된 형태로 나타났다. 서유구는 《임원경제지》에서 시비와 추비의 중요성을 강조하면서 비료를 마련할 수 있는 6가지 방법을 당시의 상황하에서 구체적으로 기술하였다. 즉 "매일 새벽에 家童으로 하여금 도로에 버려진 인축의 屎를 가져다가 퇴비를 만든다든가, 사람들이 많이 다니는 번화가에서 돈을 주고 1년간의 분뇨를 미리 예매한다든가, 또는 비료를 모으는 곳을 벽돌로 쌓아 분뇨가 새지 않도록 하고 매일 재와 쓰레기 및 쌀뜨물·생선 씻은 물 등을 부어서 비료로 만드는"[48] 등 다양한 방법으로 비료를 마련하는 방법을 예시하였다. 그리하여 비료가 농사에서 가장 중요하며, 시비가 생산의 다수확 정도를 가늠하는 척도로서 중요하게 언급하였다. 아울러 곡식 껍질과 초목·흙 등 여러 가지 재료를 바탕으로 비료를 만드는 방법을 상세히 기술하였다.

(4) 윤작의 실시

원시사회부터 조선 후기까지 밭에서 작물을 재배하는 방식의 변화과정을 살펴보면, 火耕→休耕→休閑→連作→輪作의 형태로 변해왔다.[49] 고려시대에는 1년 경작하였다가 1년 쉬는 一易田이 일반적인 경작방식이었다가, 조선 전기에 매년 경작하는 연작이 일반화되었고, 조선 후기에 들어와서 윤작이 널리 행해지게 되었다. 윤작이란 밭에서 작물을 재배하는 형태가 2년 3작 또는 2년 4작인 것이다.

이러한 작부방식의 변화는 농업기술의 변화가 종합적으로 집적되면서 나타난 것이었다. 농기구가 발달하면서 밭을 갈고 정지할 때 低畝(고랑이 얕아서 이랑과의 차이가 적음)에서 高畝로 한다든가, 수리시설이 갖추어지면서 가뭄에 대비하는 형태가 갖추어지든가, 또는 시비법이 발전하는 등의 요인에 의

48) 徐有榘, 《林園經濟志》 本利志 권 4, 營治 糞壤 儲糞雜法.
49) 이태진, 〈농업기술의 발달과 문화변천〉(《한국사특강》, 서울대 출판부, 1990).

해서 윤작을 실시할 수 있었다. 다른 한편으로 정부 정책에 의한 권장과 유도에 의해서도 윤작이 실시되었다. 조정에서는 밭에서 세금으로 징수하는데 콩뿐만 아니라 보리로도 징수한다든지, 밭에서 재해를 입더라도 세금을 감면해주지 않음으로써 농민에게 윤작을 하도록 유도하였다.[50)]

조선 후기에 밭에서 작물을 재배하는 방식은 根耕法과 間種法이 있었다.[51)] 근경법이란 밭에 작물을 재배하여 수확하고 난 이후에 곧바로 후속 작물을 재배하여 수확하는 방법으로서 1년에 2번 또는 2년에 3번 작물을 재배하는 형태였다. 예를 들면 9월에 가을보리를 심어 5월에 수확하고 난 후, 그 밭에다 조나 콩 등을 심어서 9월경에 수확하는 방식이었다. 간종법은 밭에서 작물(前作物)이 자라고 있는데, 그 사이에 다시 작물(後作物)을 파종하여 전작물을 수확할 때까지 같이 재배함으로써 1년 2작을 행하는 경작 방식이다. 예를 들면 보리밭 사이에 콩이나 조를 심거나, 콩밭 사이에 보리를 심어 재배하여 수확하는 경우나,[52)] 목화밭 사이에 참깨나 콩을 심는 경우 등이었다.[53)]

물론 이 근경법과 간종법은 조선 전기에도 행해졌지만, 그것이 전면화되는 것은 조선 후기에 들어와서였다. 《농사직설》에 의하면 가을 보리를 수확하고 난 이후에 조나 콩 등을 심는 근경법이 행해지고 있었다. 그러나 17세기 중엽까지도 근경을 행하여 1년에 2번 경작하는 밭은 1/4~1/3밖에 되지 않았다.[54)] 18세기 이후 근경법이 널리 행해졌고, 19세기에 들어와 일반화되었다. 서유구는 그러한 현상을 "보리를 수확한 후 콩이나 조를 심는데 그것을 근경이라 하며, 근래 농가에서 널리 행한다"[55)]라고 하였다.

조선 전기에도 간종법은 행해지고 있었다. 그러나 그것은 밭이 적은 농부가 행하는 방식이었고, 일반적으로 행하는 일은 아니었다. 그러나 조선 후기

---

50) 《萬機要覽》 財用編 2, 年分 旱田.
51) 閔成基, 〈朝鮮後期 旱田輪作農法의 展開〉(《朝鮮農業史硏究》, 一潮閣, 1988).
52) 《農事直說》 種大豆小豆.
53) 《農事直說》 種木花法.
54) 《顯宗改修實錄》 권 14, 현종 6년 10월 임술(閔成基, 앞의 책, 179쪽에서 재인용).
55) 徐有榘, 《林園經濟志》 本利志 권 6, 種藝 下, 菽類 種小豆法.

에는 근경 못지않게 널리 보급되어 갔다. 특히 경기 이북지방에서는 기후상의 조건으로 말미암아 근경을 실시하지 못하였기 때문에 대신 간종법을 통해 2년 3작 내지 1년 2작을 행하였다.

한전의 작부체계는 지역에 따라 달랐다. 예를 들면 18세기말의 사정을 우하영은《천일록》에서 다음과 같이 묘사하였다. 첫째, 경기의 도성을 경계선으로 하여 북쪽은 밭이 많은 田作지대이고 남쪽은 논이 많은 畓作지대로 대별하였다. 둘째, 작물의 분포상으로 보아 산간지방을 포함하여 도성 이북은 조 중심지대이고, 남쪽은 보리 중심지대라고 보았다. 셋째, 경종방식에서는 함경도가 단작지대, 충청도·전라도·경상도가 근경작지대, 평안도·황해도·강원도가 간종지대라고 보았다. 넷째, 犁耕法으로는 전작지대는 二牛耕, 답작지대는 一牛耕이고, 답작지대 가운데 경기도·충청도·경상좌도의 산간지방은 二牛耕지대라고 분류하였다.[56]

18세기 이후에도 윤작의 형태는 지역에 따라 달리 나타나고 있었다. 이러한 근경법과 간종법에 의한 작부체계는 지역에 따라 달리 나타나고 있었다. 즉 작물재배의 조합형태가 달랐는데, 삼남지방에서는「가을 보리와 콩」을 심는 근경작이 지배적이었고, 경기 이북지방에서는 조를 재배하면서 보리를 간작하거나, 보리를 재배하면서 콩을 간작하는 1년 2작의 간종법과 이 두 방식이 결합된, 조를 심고 수확한 후에 가을 보리를 재배하면서 콩을 간작하는 2년 3작이 행해지고 있었다.[57]

또한 채소나 상품작물을 재배하여 부를 축적하고자 하는 농민은 농사에 열심이어서, 1년에 3번 경작하기도 하였다. 예를 들면, 18세기말에 麻·연초·무우를 윤작함으로써 1년에 3번 경작하여 많은 이익을 얻는 농민이 있었다.[58] 이와 같이 18세기말 이후에는 작물을 여러 번 경작하여 농업생산력을 향상시켜 갔던 것이다.

56) 禹夏永,《千一錄》山川風土(閔成基, 앞의 책, 184~185쪽에서 재인용).
57) 閔成基, 위의 책, 196쪽.
58)《山林經濟[補說]》권 1, 治農 種麻·苧麻 近法(金容燮, 앞의 책, 1988, 258쪽에서 재인용).

3) 농구와 수리시설

(1) 농기구의 발달

인간이 동물과 구별되게 된 것은 손을 사용하면서부터였다. 나아가 인간은 손의 연장으로서 도구를 사용하게 되면서부터 생산력이 발전하게 되었다. 특히 인간이 농경을 시작하면서 도구는 필수적이었다. 어떠한 농경도구를 사용하느냐에 따라 그 사회의 사회적 생산력의 수준이 정해질 정도였다. 농경도구는 사회적 생산력을 측정하는 지표의 하나가 되었다.

조선시대의 농기구는 같은 시기에 나온 농서와 어휘집을 통해서 알 수 있다. 《농사직설》·《訓蒙字會》 등을 통하여 조선 전기의 농기구를 살펴보면 다음과 같이 기능별로 어느 정도 갖추어져 있었음을 알 수 있다.[59]

> 가는 연장으로서는 보(犂)·발외(把犂)·긱(耕畦犂)·짜보(耒耜)·삷(鍤, 鍬)·가래(枕)·놀가래(鐵枕)·耒·掛伊 등, 삶는 연장은 木斫(써레)·쇠스랑(鐵齒擺)·곰방메(檑木)·輪木·번디(碌, 礡) 등, 씨덮는 연장은 木斫背·쇠스랑(鐵齒擺)·檑木·撈(曳介)·板撈(翻地)·把撈(밀개)·柴木 등, 김매는 연장은 거훔한(鏟)·호미(鋤, 확)·長柄大鎌·梈栳(도리채) 등, 거두는 연장은 낟(鎌) 등, 터는 연장은 輾(타작)·키(簸)·小杖·도리채(耞)·길(枷) 등, 가루내는 연장은 밀돌(碾)·방하(碓)·매(磑, 磨)·고(杵) 등, 갈무리 연장은 고서(空石)·苫薦(飛介)·옹·木槽 등, 기타 연장으로서 드레(汲器)·산태(蕢, 畚)·둥주리·광조리·작도 등이 있다.

농구의 사용방법과 함께 조선 전기 수전의 경작과정을 살펴보면 다음과 같다. 쟁기로 추수가 끝난 후 겨울에 깊게 한 번 갈아주고, 봄에 다시 얕게 갈아준다. 써레(木斫)로 굵은 흙덩이를 부수고 쇠시랑과 곰배로 남은 흙덩이를 부수어 삶고 종자를 뿌린다. 그 후 곧바로 翻地 또는 밀개로써 종자를 흙으로 덮고 농토의 면을 평평하게 한 다음 드레로 물을 댄다. 제초작업은 호미로 하고 수확할 때는 낫으로 포기를 베고 도리채로써 탈곡하고 밀돌로 도

59) 李鎬澈, 〈農具 및 水利施設〉(앞의 책), 355쪽.

정작업을 한 다음 섬에 넣어서 저장한다.

조선 후기에는 농구를 중요하게 인식하였다. 그리하여 18세기말에는 《海東農書》·《課農小抄》 등의 농서에서 농구가 독립된 항목으로 설정되고, 우리의 농구를 중국의 농구와 비교하면서 중국 농구로부터 장점을 취하는 반면 조선 고유의 농구(호미·가래 등)가 갖는 기능과 장점을 기술하고 있다. 이와 같이 농서 기술상의 변화를 통해 조선 후기에는 농구가 발달하였다는 사실을 알 수 있다. 《才物譜》(1798)·《物譜》(1820) 등의 어휘집 등을 통해서도 조선 후기의 농구의 발전을 엿볼 수 있다. 지금까지의 연구에서는 조선 전기의 농기구 종류가 모두 40여 종으로 파악되는데, 《과농소초》에는 50여 종, 《물보》에는 92종, 《재물보》에는 191종이 실려 있음을 보면 조선 후기에 들어와서 농구가 다양해졌음을 엿볼 수 있다.[60)]

실제로 18세기초의 농서인 《산림경제》에 처음으로 토막번지와 사립번지(柴扇翻地)라는 농구가 나타나는데, 이것은 조선 후기의 새로운 농업기술인 건앙법을 가능하게 한 농기구였다. 수전농업에서 파종법이 직파법에서 이앙법으로 발전하고, 나아가 한전의 건답기술을 수전에 적용시켜 만들어낸 기술이 건앙법인데 그것을 가능하도록 한 농구가 토막번지와 사립번지였던 것이다.[61)]

또한 땅을 가는 데 주로 이용하고, 제초시에도 사용하는 쟁기(犁)도 시기가 내려옴에 따라 발전해왔다. 조선 초기의 볏이 없는 무볏려「보」쟁기에서 조선 후기에 유볏려「장기」로 전환하여, 볏밥의 반전을 보다 쉽게 하고 1~2회에 그쳤던 초기 犁耕法에서 反耕을 거듭하는 精耕細作으로 장기질을 할 수 있도록 하였다. 이러한 쟁기질은 土壤肥培力의 증대를 가져와 2년 3작 또는 2년 4작의 전지 이용을 가능하게 하는 요인이 되었다.[62)]

이와 같이 조선 전기에서 조선 후기로 내려오면서 농기구가 용도에 따라 분화되어 종류가 풍부해져 갔음을 알 수 있다. 이러한 농기구의 발달을 바탕으로 조선 후기에 농업생산력이 발달하고 있었다.

---

60) 金光彦, 《韓國農器具考》(韓國農村經濟研究院, 1986).
61) 宮嶋博史, 앞의 글.
62) 閔成基, 〈朝鮮犁의 特質과 犁耕法의 展開〉(앞의 책).

(2) 수리시설의 확대

조선 후기에는 壬辰倭亂과 丙子胡亂의 두 차례의 전란을 거친 후 황폐한 농촌을 재건하려는 노력이 행해졌다. 국가에서는 외세의 침략과 극심한 한재로 인한 경제생활의 피폐를 극복하기 위해 농업생산과 밀접한 관련이 있는 수리시설을 축조하고 보완하는 정책을 시행하였다. 현종 3년(1662) 정부는 堤堰司를 설치하고 〈賑恤廳堤堰事目〉을 발표하여 중앙에서 파견된 관리와 지방관이 제언을 감독하도록 함으로써 수리시설을 정비해갔다. 즉 제언 안의 토지를 宮房이 折收하거나 土豪가 冒耕하는 것을 방지하고, 빈민들에게 곡식을 주면서 제언을 수축하도록 하는 빈민구휼책 및 수리시설 축조정책을 실시하였다. 또한 각 도 都事에게 제언을 감독하는 임무를 맡겼으며, 아울러 郎廳·暗行御史 등을 각 지역에 파견하여 제언을 조사하고 감독하도록 지시하기도 하였다.

제언을 통한 수리정책은 정조대에 이르러 꽃을 피웠다. 정조는 암행어사에게 제언이 있는 지역을 함부로 훼손하여 경작하는 곳은 없는지, 혹은 제언이 잘 유지되는가를 살피라는 분부를 내리기도 하였다. 정조는 즉위한 지 2년(1778) 만에 〈堤堰節目〉을 마련하고 나아가 22년에는 '求農書綸音'을 발표하여 농업진흥책을 마련하도록 하였다. 〈제언절목〉은 왕실이나 세력가들이 제언 안에서 함부로 경작하는 것을 막기 위하여 마련한 것이다. 또한 '구농서윤음'에 응하여 당시 농촌지식인들이 조정에 올린 글에는 저수지를 축조하는 기술 등이 기술되어 있었다. 그리하여 18세기말 19세기초가 되면 〈표 1〉에서 보듯이 저수지가 많이 축조되어 3천 5백 개 이상에 달함으로써 건국이래 최고 수준에 이르게 되었다.

〈표 1〉 조선시대 삼남지방의 제언수

시기 / 지역	①15세기 후반	② 16세기초	③ 17세기 후반	④ 19세기초	⑤ 고종 32년(1895)
경 상 도	721	800여	1,522	1,765(99)	1,748(8)
전 라 도	-	900여	913	936(24)	-
충 청 도	-	500여	503	535(17)	-

출전 : ①《慶尙道續撰地理志》 ②《中宗實錄》 권 46, 중종 18년 정월 경술 ③《增補文獻備考》 146, 田賦考 6 ④《萬機要覽》 財用編 5, 堤堰 ⑤《慶尙道內各邑堤堰防洑庫數成冊》(1895).

특히 경상도의 경우는 17세기 후반 이후 급격히 증가하였고[63] 水原의 서호, 金堤의 벽골제, 洪州의 합덕제, 延安의 남대지 등과 같은 큰 저수지가 건설되거나 보수되면서 농업의 발달에 크게 기여하였다.

제언보다 작은 규모로 洑(川防)가 존재하였다. 15·16세기에는 정부의 정책적 배려하에 주로 중소규모의 보를 건설하면서 관개하는 형태를 취하였다. 17세기 이후에는 양란 이후의 토지의 황폐화를 복구하고, 아울러 이앙법의 적극적인 보급에 따라 수리시설을 대폭적으로 증보하지 않으면 안되었다. 그리하여 현종 때에는 제언과 함께 보의 수축도 활발하게 이루어졌다. 이 때 발표된 〈진휼청제언사목〉에서는 구체적인 시행방법을 제시하여 적당한 후보지를 선정하고 필요한 노동력을 동원하고 재료를 구입하며 수리를 담당할 전문가를 양성하거나 인재를 구하여 일을 맡기는 등의 절차를 기술하였다. 보의 건설이 확대됨에 따라 큰 하천이나 강에서 보를 쌓아 이용할 수 있게 되었다.

18세기에는 큰 하천도 개발하여 보를 축조하고 관개함으로써 관개의 이익을 크게 확대시켰다. 영조·정조대에 이르러 큰 하천이나 강에 보를 쌓는 경험이 축적되고, 정부의 지원 아래 큰 보를 축조하는 공사가 이루어지면서 천방의 관개사업이 제언보다 유리하였고, 관개면적도 확대되어 갔다. 특히 정조대에는 〈제언절목〉의 반포와 '구농서윤음'의 발표에 의해 기술적인 측면에서 다양한 의견들이 제출되어 보의 수축이 최고 정점에 달하게 되었다. 보는 평야의 개간사업의 진전과 불가분의 관계를 형성하면서 발전하였는데, 19세기에 이르면 대하천을 이용할 정도로 발전을 거듭하였다. 지역적으로 보면 영남의 동쪽 산군 평야에서 보의 발전이 두드러졌으며, 호남 등 서해안 지대는 영남지역과 달리 대규모의 複合洑가 발전하였다.[64]

한편 보는 국가 혹은 향촌공동체가 주체가 되어 설립하기도 하였지만, 18세기 이후에는 개인이 보를 축조하여 수세를 받는다든지 혹은 자신의 토지에 관

---

63) 최원규, 〈朝鮮後期 水利기구와 經營문제〉(《國史館論叢》 39, 國史編纂委員會, 1992).
宋讚燮, 〈17·18세기 新田開墾의 확대와 經營形態〉(《韓國史論》 12, 서울大, 1985).
64) 최원규, 위의 글, 226~239·261쪽.

개함으로써 부를 축적해갔고, 아울러 그것을 통하여 지주제를 확대해갔다. 그리하여 18세기말 19세기초에는 보의 전성기를 이루어 大洑의 수만 2천여 개가 넘었다. 《萬機要覽》의 財用編에 의하면 보(대보)의 숫자가 경상도가 1,339개, 충청도가 497개, 전라도가 164개, 평안도가 109개, 황해도가 71개, 강원도가 61개, 함경도가 24개로서 모두 2,265개에 이르렀다.[65)]

19세기 무렵에는 보가 제언보다 우위를 점하였던 것으로 여겨진다. 이는 숫자만이 아니라 몽리면적이나 몽리 안정도 등 모든 측면에서 그러하였다고 여겨진다.

水車는 조선 후기에도 중앙정계에서 꾸준히 관심사로 제기되었고, 특히 숙종·영조·정조는 수차를 도입하는 데 많은 관심을 보였으며, 나아가 서양식 수차를 도입하려는 움직임도 있었다. 이 시기의 지배층은 수리기술에 대한 지식체계를 집적하여 水利學이라는 분야를 성립시킬 만큼 수리문제에 대하여 깊은 관심을 나타냈다.[66)]

(3) 상품작물의 재배

가. 곡 물

조선 후기에 농민층 분해현상의 진전에 따라 농민은 더 이상 농촌에서 살 수 없게 되어 농촌을 떠나는 사람이 많아졌다. 그들은 당시 번성하고 있었던 수공업·광업 촌락에 가서 품을 팔거나, 도시로 가서 생계를 유지하였다.

당시 민들은 쌀·보리·콩 등의 곡식을 주로 이용하였다. 그 중 가장 중히 여기면서도 널리 소비한 것은 쌀이었다. 특히 18세기 이후에는 쌀을 소비하는 풍조가 번성하여 쌀 소비가 증가하였다. "백성의 풍속이 쌀을 귀하게 여기고 조(粟)를 귀하게 여기지 않는다. 지극히 빈궁하고 가난한 무리들까지도 반드시 쌀밥을 먹으려고 하며 탈곡한 조를 먹지 않는다"[67)]라고 할 정도로 쌀 소비가 만연하였다.

---

65) 작은 洑의 수까지 합하면 2만 개 이상이 될 것이다(최원규, 위의 글, 232~233쪽).
66) 문중양, 〈조선후기의 水車〉(《韓國文化》 15, 서울大, 1994).
67) 《承政院日記》 1798책, 정조 22년 10월 15일 順興府使 姜忱疏.

〈표 2〉 19세기초 쌀·콩·보리가 거래된 장시수

	경 기	호 서	호 남	영 남	관 동	해 서	관 서	관 북	계
장시수	92 (34)	157 (59)	187 (55)	269 (72)	51 (26)	109 (23)	145 (42)	42 (14)	1,052 (325)
쌀	34	21	55	70	11	23	42	4	260
콩	6	14	24	65	-	22	39	5	175
보 리	6	6	18	55	-	22	39	11	157

출전 : 徐有榘, 《林園經濟志》 倪圭志 권 4, 貨殖 八域場市.
( )는 장시 가운데 거래물품이 기록된 장시수임.

〈표 2〉에서 보듯이 쌀은 19세기초에 장시의 거래물품이 기록된 325개의 장시 중에 260개의 장시에서 거래될 정도로 광범위하게 매매되고 있었다. 쌀을 구입하여 소비하는 계층이 많이 증가하면 할수록 쌀의 상품화는 증가하게 되었다.

서울을 비롯하여 평양·개성·대구 등 도시 인구의 증가는 쌀의 상품화를 촉진시켰다. 도시 인구의 증가는 쌀을 구매하여 소비하는 인구가 증가하는 것을 의미하기 때문에 쌀의 유통을 촉진하였다.

예를 들면, 서울의 인구는 17세기초에 10만 명 정도였다가 17세기 중엽 이후에는 20만여 명으로 증가하였다. 당시 서울에 살고 있던 20만 명의 인구가 1년에 필요한 식량은 100만 석이었다. 그 중 서울의 토호들이 거두어들이는 소작료가 20만 석이고, 국가에서 세금으로 거두어들이는 액수가 20만 석이었으며, 나머지 60만 석이 상품으로 유통되어서 구입하는 액수라고 하였다.[68] 이 사실을 통하여 당시 쌀의 유통이 매우 활발하였으며, 나아가 쌀의 상품화가 큰 비중을 차지하면서 이루어졌음을 알 수 있다. 서울보다는 못하지만 평양·개성·대구 등의 도시에서도 쌀의 매매가 활발하였을 것으로 추정된다.[69]

이와 같이 쌀의 상품화현상은 매우 활발하였다. 쌀의 소비가 증가하고 그에 따라 쌀의 상품화가 활발하게 되자 농민들은 돈을 벌기 위하여 밭을 논

68) 《承政院日記》 1540책, 정조 7년 9월 9일.
69) 李世永, 〈18·9세기 穀物市場의 형성과 流通構造의 변동〉(《韓國史論》 9, 서울大, 1983), 230~243쪽.

으로 바꾸어갔다. 당시에는 그것을 '反畓'이라 불렀다.[70] 이재에 밝은 농민은 밭보다는 논이 더 많은 이익을 얻을 것이라 여겼고, 벼를 재배하여 판매함으로써 이익을 얻으려고 하였다. 특히 지역적으로는 여주와 이천지방에서 早稻(올벼)를 재배하고 일찍 수확하여 쌀을 판매함으로써 농민들이 돈을 벌기도 하였다. 이러한 사실은 18세기 이후에 널리 알려진 것이었다.

쌀의 상품화를 적극적으로 추구해간 계층은 지주층과 부농층뿐만 아니라 영세농이나 빈농층도 가담하였다. 그러나 영세농과 빈농층은 조세 납부나 생활용품을 구입하기 위해 가을에 쌀값이 쌀 때 판매하는 경우가 많았고, 반면에 부농층과 지주층은 쌀을 저장하여 놓았다가 봄에 쌀값이 비쌀 때 판매하여 돈을 버는 것이 일반적이었다.[71]

상인층은 쌀의 상품화현상을 더욱 적극적으로 이용하고 있었다. 그들은 지역적·시간적 차이를 이용하여 이익을 얻고 있었다. 서울지역에서 쌀의 매매를 담당했던 계층은 경강상인이었다. 경강상인들은 쌀의 매매로 큰 이윤을 남겨 돈을 벌었고, 심지어 쌀을 매점하여 독점가격으로 이윤을 챙김으로써 쌀의 주요 고객인 도시빈민들의 원성을 사기도 하였으며 심지어 그들의 공격을 받아 살해되기도 하였다. 순조 33년(1833)의 「쌀소동」의 경우는 이러한 예 중의 하나였다.

그 밖에 보리·콩 등의 곡물이 많이 소비되었고, 그에 따라 거래도 활발하였다. 그리하여 〈표 2〉에서 보듯이 보리는 물품이 기록된 325개의 장시 중에 157개의 장시에서 거래되었고, 콩은 325개의 장시 중에 175개의 장시에서 거래되었다.

나. 직 류

가) 면 화

전통사회에서 의류직물은 직접생산자인 농민이 작물을 재배하고, 겨울인 농한기에 물레 등의 기기를 이용하여 지어 입는 경우가 일반적이었다. 그러나 17세기 이후가 되자 사회적 분업이 발달하면서 농업과 수공업이 점차 분

70) 徐有榘, 《擬上經界策》 下.
71) 李世永, 앞의 글.

리하게 되었고, 나아가 원료인 棉花 등도 전문적으로 재배하는 형태가 나타나게 되었다.

그러한 곳의 대표적인 지역은 충청도의 陽山과 沃川 등지였다. 그 곳은 잘 알려져 《농가집성》에 기록되었고, 그 곳의 농민은 그것만을 경작하여 富를 얻을 수 있었다.72) 18세기 중엽에 《擇里志》에서도 충청도의 옥천과 양산에서 면화를 재배하는 것이 이익이 있다고 기록하고 있다.

> 옥천과 양산은…논이 적은 까닭으로 주민들은 오로지 면업을 생업으로 삼는다. 이것으로 장사하는 이익이 족히 기름진 논을 대항할 만하므로 生利도 또한 위의 네 郡보다 덜하지 않으니 진실로 高人 逸士가 살 만한 곳이다(李重煥, 《擇里志》 溪居).

그 외 충청도의 金遷·嘉興·木川·全義·燕岐 등의 지역이 면화 재배에 적당한 곳으로 일컬어지고 있었다.73) 그러나 원래 목화 재배에 가장 알맞은 지역은 경상도와 전라도였고, 그 다음이 충청도였다.74) 실제로 18세기 중엽에 면화 재배에 적합한 지역으로서 실제로 면화 재배가 활발하게 이루어지고 있었던 곳은 경상도의 安東·義城 등 10여 개 읍, 전라도의 茂朱·錦山 등 7~8개 읍, 충청도의 옥천·永同 등 6~7개 읍, 황해도의 鳳山·黃州邑 등이었다.75) 이와 같이 면화를 재배하여 이익을 얻는 것도 활발하였다.

나) 모 시

모시(苧布)는 재배지로서 충청도가 유명하였다. 17세기에는 충청도의 林川·韓山·舒川이 유명한 산지로 인정되었다.76) 18세기에도 그러한 현상은 그대로 계승되었다. 《택리지》에는 "충청도의 서천·한산·임천 등이 모시 재배에 적당하였고, 모시 재배에 따른 이익이 전국에서 제일 많다"77)고 기록되

72) 申 洬, 《農家集成》 農事直說 種木花法.
73) 李重煥, 《擇里志》 八道總論 忠淸道.
74) 禹夏永, 《千一錄》 建都 各道生利.
75) 《備邊司謄錄》 98책, 영조 11년 12월 13일.
徐有榘, 《林園經濟志》 倪圭志 권 3.
76) 辛敦復, 《厚生錄》 種苧麻.
77) 李重煥, 《擇里志》 八道總論 忠淸道.

어 있다. 이러한 현상은 19세기에도 이어져 충청도의 각 읍에서 모시를 재배하게 되었으며, 가장 이익이 많은 곳은 역시 임천과 한산이었다.[78]

조선 후기에는 면화와 모시처럼 농작물 재배에 따른 이익에 그치지 않고, 사회적 분업이 발달함에 따라 수공업이 발달하게 되었으며 그에 따른 이익도 증가하였다. 당시 일반 평민들이 입는 옷은 綿布와 麻布(삼베)였는데, 상품화폐경제의 발달로 인하여 손수 지어서 입는 것보다는 구입해서 입는 것이 일반적이었다. 그리하여 장시에서도 면포와 마포는 수요 상품으로서 거래되었다. 〈표 3〉에서 보듯이 19세기초의 기록에 의하면 면포는 325곳의 장시 중에서 254곳에서 거래되었고, 마포는 325곳의 장시 중에서 150곳에서 거래될 정도로 거래가 활발하였다.

〈표 3〉 19세기초 면화·면포·마포·저포가 거래된 장시수

구 분	경 기	호 서	호 남	영 남	관 동	해 서	관 서	관 북	계
장시수	92 (34)	157 (59)	187 (55)	269 (72)	51 (26)	109 (23)	145 (42)	42 (14)	1,052 (325)
면 화	5	12	28	32	6	19	32	2	136
면 포	32	10	41	68	24	23	42	14	254
마 포	19	8	24	50	21	15	-	13	150
저 포	-	6	19	20	-	3	1	-	49

출전 : 〈표 2〉와 같음

( )는 장시 가운데 거래물품이 기록된 장시수임.

그러한 수공업제품의 생산은 각 지역에서 행해졌지만, 특별히 제품을 잘 만드는 제조장이 있었고, 그것은 지역적 특성을 지니면서 전국적인 명성을 얻고 있었다. 예를 들면 경상도와 전라도에서는 면포, 충청도와 황해도에서는 苧布, 함경도와 강원도에서는 마포, 평안도와 충청도에서는 綿紬 등이 유명하였다.[79] 이와 같이 지역적 특성을 나타내면서 수공업 제품이 특화되고 있었고, 각 지역은 수공업 제품을 제조·판매함으로써 이익을 얻기도 하였다. 이것을 지역별로 다시 살펴보면, 면포는 松都木·高陽木 등이 유명하였

78) 禹夏永, 《千一錄》 권 1, 建道 海西.

79) 內藤吉之助編, 《朝鮮民政資料》 牧民篇 治郡要訣.

고, 마포는 安東布·吉布·會寧布 등이 유명하였으며, 저포는 한산과 임천산이 유명하였다.[80] 이와 같이 18·19세기에는 상품작물뿐만 아니라 수공업제품들도 지역적으로 특화되면서 상품화되었고, 그에 따른 이윤도 확보할 수 있었다.

다. 소 채

18세기 이후 농촌인구가 도시로 몰려오게 되면서 곡물을 소비하는 인구가 증가하게 되었다. 아울러 도시의 상업적인 성격이 강해지면서 도시 주변에서 소채를 재배하는 농민이 급증하였다. 뿐만 아니라 서울의 도성 안에서도 소채를 재배하는 농민이 증가하게 되자, 정부에서는 도성 안에서의 소채 재배를 금지하는 령을 내리기도 하였다.[81] 그러나 정부는 농민들의 소채 재배를 계속 저지할 수가 없었다.

18세기 이후 서울과 지방의 큰 도시 주변에서는 소채를 재배하였고, 아울러 그것을 판매함으로써 큰 이익을 얻을 수 있었다. 서울 교외의 상업적 농업의 양상에 대해 朴趾源은 《穢德先生傳》에서 다음과 같이 묘사하고 있다.

> 왕십리에서 무우, 살곶이다리에서 순무, 석교에서 가지·오이·수박, 연희궁에서 고추·부추·해채, 청파에서 미나리, 이태원에서 토란 같은 것들이 나오는데 반은 上上田에 심고 모두 엄씨의 똥을 써서 가꾸어내는 것이다. 그래서 嚴행수는 매년 6천 전을 벌기에 이른다(朴趾源, 《燕巖集》 別集 穢德先生傳).

즉 왕십리·살곶이다리 등 서울 교외에서 소채를 중심으로 한 상품작물이 재배되고 있음을 알 수 있다. 이러한 현상은 19세기에도 이어졌는데, 《漢京識略》에도 왕십리나 청파에서 미나리를 재배하는 자가 많다고 기록하고 있

---

80) 李世永, 앞의 글.
한 개성 상인의 상품구입대장(1876~1879)에는 순천무명, 한산모시, 청양모시, 부여모시, 구례베, 안동베, 진주베, 고성베, 맹산베, 길주베, 경성베, 순천항라, 개천항라, 덕천항라, 성천명주, 통영양태, 제주양태, 의령종이, 연안쌀, 청단쌀, 광주쌀, 전주쌀 등의 여러 물품이 기록되어 있었다(전석담·허종호·홍희유, 《조선에서 자본주의적 관계의 발생》, 과학백과사전종합출판사, 1970 ; 이성과 현실, 1989, 73쪽 참조).

81) 《英祖實錄》 권 28, 영조 6년 10월 병오 및 권 96, 영조 36년 7월 신유.

다.[82] 그리고 재배되는 소채의 종류도 위에서 언급한 무우·가지·오이·수박·고추·부추·해채·미나리·토란 이외에도 파·생강·율무·영지·참외 등의 여러 종류가 재배되었다.[83] 서울에서 물품이 거래되는 지역은 도성 주변의 한강을 중심으로 한 포구였다. 도성 주변은 다시 종로의 시전거리, 동대문 밖의 梨峴(배오개), 남대문 밖의 七牌였는데, 시전거리는 시전상인들이 상업활동을 벌인 곳이었고, 다른 2곳은 난전상인들이 활동한 곳이었다. 정조 15년(1791)「辛亥通共」이후에 특히 동대문 밖의 이현은 도성 밖의 소채들이 많이 거래되는 지역이었다.

이러한 소채 재배는 서울에만 국한된 일은 아니었다. 서울 이외의 대도시 지역에서도 그 주변에 소채를 재배하였다. "개성 바깥지역은 농업 이외에 소채나 과일 및 어업을 하여 생계를 유지해간다"[84]라고 하였듯이 개성에서도 소채 재배가 활발하였고, 평양의 능라도와 양각도에서는 수박 재배로 유명하였다.[85]

> 큰 성과 대도읍은 사람은 많고 땅이 적은 곳이다. 이익을 얻을 수 있는 방법은 여러 가지가 있다. 논 10斗落(10말의 종자를 심을 수 있는 땅 : 필자 주)의 땅에 미나리 2말(斗)을 심으면 논 10두락의 이익을 얻을 수 있고, 밭에서 보리 10두락의 땅에 소채 2두락을 심으면 밭 10두락의 이익을 얻을 수 있다. 그러므로 근래에는 대도읍의 농민들이 소채를 말에 싣거나 등에 메어 府內에 판매하고자 하는 사람이 도로에 줄을 잇는다. 대개 채소밭을 가꾸어 미나리를 심는 사람은 밭은 10두락, 논은 3·4두락을 재배하여도 5~6식구의 생계를 유지할 수 있는데 반해, 쌀과 보리를 심어 농사짓는 사람은 밭은 며칠경(日耕), 논은 10두락 이상을 경작하여도 오히려 4~5식구의 생계를 유지하기 어렵다(禹夏永, 《千一錄》 觀水漫錄 八曰 輕稅勸農之策).

> 서울 주위와 지방의 큰 도시에서는 파밭과 마늘밭·배추밭·오이밭이 10畝(논 4두락 : 필자 주)만 있어도 수백 냥을 벌 수 있다(丁若鏞, 《經世遺表》 권 8, 地官修制 田制 11, 井田議 3).

82) 《漢京識略》 各洞(高東煥, 《18·19세기 서울 京江地域의 商業發達》, 서울大 博士學位論文, 1993, 44쪽에서 재인용).
83) 李大圭, 《農圃問答》 권 2.
84) 禹夏永, 《千一錄》 建都 畿甸 開城府.
85) 《杏蒲志》 下 種瓜 ; 《林下筆記》 권 32, 旬一編 種瓜(전석담·허종호·홍희유, 앞의 책, 39쪽에서 재인용).

즉 서울을 비롯한 대도시 주변에서는 소채를 좁은 토지에 재배하여도 논이나 밭에서 얻는 이익보다 몇 배나 되었고, 나아가 큰 돈을 벌기도 하였다. 물론 이것은 당시 발달하고 있었던 유통경제를 잘 이용하여 판매함으로써 가능한 일이었다. 한편 소채는 흉년시에는 구황작물로 이용되기도 하였다. 흉년이 들어 먹을 것이 부족한 경우에는 소채를 조리하여 생명을 부지하기도 하였다.[86]

그 밖에 생강과 지황은 특정 지역에서 두드러지게 재배되었다.[87] 생강의 재배지역으로는 전주가 전국에서 으뜸이었다. 17세기 초엽부터 생강의 재배지로 전주가 알려지기 시작하여, 전국에서 사용되는 생강은 전주에서 나온 것이라고 말할 정도가 되었다. 18세기 중엽 이후에는 생강의 값이 좋아서 생강 1근에 1냥씩 할 정도였고, 그리하여 재배하는 농민이 돈을 버는 수단으로 이용하기도 하였다. 19세기 초반에도 전주는 여전히 생강을 재배하는 곳으로 유명하였고, 이윤도 많이 남아서 전주의 생강밭은 비옥한 논에서 생기는 이익보다 10배나 된다고 할 정도였다. 이와 같이 전주지방의 생강 재배는 전국에서 유명하였고, 또한 전주지방에서 생강을 재배하는 농민은 많은 돈을 벌 수 있었다. 그 외 황주지방에서는 지황의 재배가 유명하였고, 강진에서는 고구마의 재배가 유명하였다. 또한 특정지역에서는 紅花·大靑·川芎·紫草 등의 약재를 재배함으로써 돈을 버는 농민들도 있었다.

라. 담 배

담배(煙草)가 우리 나라에 전래된 것은 16세기말 17세기초 무렵이다.[88] 전래되자마자 담배는 급속히 전파되었다. 그리하여 광해군 11년(1619)에 농촌의 농사일정을 적은 《농가월령》이라는 월령가에 담배씨를 뿌린다는 사실이 기록될 정도로 담배 재배는 농사일에서 일상적일 정도로 관행화되었다.

17세기에는 국내의 수요뿐만 아니라 국외의 수요가 증대하여 담배 재배를 촉진시키기도 하였다. 병자호란 이후 청나라에 포로로 잡혀간 조선인들을 데

86) 李大圭, 《農圃問答》 권 2.

87) 이 부분은 金容燮, 〈朝鮮後期의 經營型富農과 商業的 農業〉(앞의 책, 1990), 313~319쪽을 주로 인용하였다..

88) 李永鶴, 앞의 책, 13~15쪽.

려올 때와 청나라와 무역할 때에도 담배가 필요하였고, 몽고에서 소를 사들이는 데도 교역품으로 布·水獺皮 등과 더불어 담배가 소용되었다.89)

18세기에 들어와 "피우는 사람도 많으니 심는 사람도 많아진다"90)라고 하였듯이, 담배의 수요는 더욱 증가하였고, 그에 따라 담배의 재배면적도 증가하였다. 나아가 담배밭이 확대되어 가면서 1730년대에는 한 지역 전체가 담배를 재배하는 형태로 발전하게 되었다.

> 臣이 30년 전에 호남을 왕래할 때에 南草를 재배하는 밭을 보니 울타리 밑의 빈 터에 불과했습니다. 그 뒤 경술년(영조 6년, 1730)에 경차관으로서 호남을 왕래하면서 보니 남초를 경작하는 곳이 모두 비옥하고 좋은 땅이었고, 長水·鎭安 같은 읍은 한 지역의 토지가 거의 남초전이 되었습니다. 신이 보지 못한 海島 등도 역시 섬 전체에 남초를 심는다고 합니다(《承政院日記》 747책, 영조 8년 7월 21일).

즉 장수와 진안은 담배를 재배하는 지역으로 발전하게 되었던 것이다. 나아가 진안의 주민들은 대부분 담배를 재배하여 생계를 유지할 정도로, 진안은 담배산지로 부각되었다.91) 진안의 연초밭은 이익이 많으며, 부농이 이익을 얻는 바탕이 되고 있었다.92)

담배밭의 확대현상은 18세기말 19세기초에는 전국적으로 확산되었다. 그중 대표적인 담배밭은 평안도지방이었다. 평안도의 三登·江東·成川지방에는 담배밭이 많았고, 그 지방에서 생산하는 담배는 품질이 좋아 값이 비쌌다. 그 외 주된 산지는 황해도의 新溪·谷山·兎山, 강원도의 金城·安峽, 충청도의 定山, 경상도의 英陽 등이었다.93) 이곳에서는 담배의 재배가 활발하였고, 또한 담배를 재배하여 많은 돈을 벌 수 있었다.

연초 재배가 확산되자 그것의 경영면에서도 변화가 일어났다. 내적으로 생산력 발전의 결과인 농민층 분해현상에 따른 소비인구의 증가와, 외적으로

---

89) 李永鶴, 위의 책, 17~18쪽.
90) 《承政院日記》 601책, 영조 원년 9월 24일 前萬戶 李泰培疏.
91) 李重煥, 《擇里志》 八道總論 忠淸道.
92) 李重煥, 《擇里志》 卜居總論 生利.
93) 자세한 내용은 李永鶴, 〈朝鮮後期 煙草業의 發生과 發展〉(앞의 책) 참조.

상품화폐경제의 발전에 따른 유통망의 확장 등에 의해 연초 재배의 이익이 보장되자 담배 재배를 전업으로 하는 농가가 나타나기 시작하였다. 연초 재배에는 빈농·부농·지주 등 모든 농민층이 참여하였지만, 시기가 내려오면서 연초 재배에 따른 이익이 보장되자 그 가운데 부농이 차지하는 비율이 점점 높아져 연초업을 주도해 나갔다.

이렇게 생산된 연초는 서울과 지방에서 판매되었다. 서울에서는 17세기 중엽 이후 葉草廛이 생겨 勅行所用의 비용을 국역으로 부담하면서 서울의 주민에게 연초를 파는 소매상의 기능을 담당하였다. 그러나 18세기 중엽 이후에는 私商들이 연초판매에 종사하였고 판매활동도 매우 활발하였다. 그들의 판매영역은 넓었고 판매액도 규모가 컸다. 서울의 부민이 난전활동을 하면서 坡州의 부민과 연결되어 담배를 판매한다든지, 또는 南商北賈들이 서울을 중심으로 서로 왕래하면서 매매하는 담배량 때문에 錢荒현상이 일어날 정도로 담배의 거래가 활발하였다. 지방에서도 연초는 주로 지방의 대도시 또는 광업이나 수공업 촌락 및 장시 등 사람들이 많이 모이는 곳에서 재배되었다. 연초는 18세기말에 지방 장시에서 쌀·면포·어물·소 등의 물품 다음으로 활발하게 거래되었고 필수적 기호품이 되었다.

마. 인 삼

人蔘은 원래 산에서 채취하는 자연생으로, 주로 왕실에 공물로서 바치거나 일본·청나라와의 무역에 사용되었다. 18세기에는 인삼이 전국의 여러 산 속에서 채취되었다. 특히 평안도의 江界지방이 유명하였고 함경도의 咸興 이북지방과 강원도의 산골에서도 인삼이 많이 채취되었다.[94]

인삼의 수요가 증가하면서 그 가격이 급등하였고,[95] 천연생의 인삼으로는 수요를 모두 충당할 수 없었다. 그리하여 일부 농민들이 인삼을 밭 등 집에서 재배하는 방법을 모색하였고, 그 방법은 영남지방에서부터 전국적으로 퍼지게 되었다.[96]

---

94) 李重煥, 《擇里志》 八道總論 平安道·咸鏡道·江原道.
95) 《日省錄》 정조 원년 10월 29일.
96) 丁若鏞, 《經世遺表》 권 8, 地官修制 田制 11, 井田議 3.
《正祖實錄》 권 49, 정조 22년 10월 신축.

(인삼은) 근래 수십 년 전부터 산에서 나는 것이 점차 고갈되어 집에서 재배하는 방법이 영남에서 시작되어 전국에 퍼지게 되었는데 그것을 家蔘이라 일컫는다(徐有榘, 《林園經濟志》 灌畦志 권 4, 藥類 人蔘).

가삼 재배의 일반화는 인삼의 생산과 경영에 획기적인 변화를 가져왔다. 인삼은 자본을 투자하여 재배한 지 4~6년이 지난 후에야 수확을 할 수 있기 때문에 빈농들은 인삼을 재배할 수 없었고, 부농들이 자본을 투자하여 인삼을 재배하였으며, 수확한 후에 판매함으로써 이윤을 얻는 주요한 상품작물의 하나였다. 당시 인삼의 가격이 비쌌기 때문에 인삼을 재배하려고 하는 자는 부농들이었고, 그들은 인삼을 재배함으로써 부를 얻고자 하였다.

인삼 재배업은 급격히 확대되어 경상도·전라도뿐만 아니라 경기도·황해도·강원도 등의 지방에서도 인삼을 재배하게 되었다. 특히 19세기 이후에는 많은 자본을 가진 개성상인들이 인삼의 재배에 적극적으로 참여함으로써 개성지방이 인삼 재배업의 중심지가 되었고 전국 생산량 가운데서 큰 비중을 차지하였다.[97]

바. 과수와 나무

과일나무의 재배도 농민들에게 이익을 가져다 주었다. 과일나무를 잘 재배하여도 생계를 유지할 수가 있었고, 나아가 부를 축적할 수도 있었다. 과일나무의 재배는 1년 동안의 경작으로 결실을 맺는 것은 아니었고, 많은 노력과 시간과 자금이 필요한 작물이었다. 그리하여 곡물과 소채 등의 다른 작물보다는 일정한 계획하에 재배하여야 성과를 얻을 수 있었다.

18세기 중엽 이후에는 특정 지역에서 과일나무와 약재·나무 등이 특산물로서 재배되었고, 그 지역의 농민들은 그것을 재배하여 판매함으로써 생계를 유지하거나 부를 축적해갔다. 이제 각 종류별로 살펴보면 다음과 같다.[98]

가) 대추나무

18세기 중엽 충청도의 靑山과 報恩지방에서는 농민들이 대추나무를 재배

97) 전석담·허종호·홍희유, 앞의 책, 40~41쪽.

98) 이 부분은 李永鶴, 〈조선후기 상품작물의 재배〉(《外大史學》 5, 1993)을 주로 참고하였다.

하였고, 이 지역의 대추나무는 전국적으로 유명해졌다. 보은은 토지가 척박한데도 대추나무가 잘 자랐고, 그 지역의 농민들은 대추나무를 잘 재배하고 판매하는 것으로 생계를 유지해갔다.

19세기에도 이 두 지방에는 "계곡이 깊어서 특별한 산업이 없는데, 대추나무를 심어서 극히 번성하게 되니 사방의 장사꾼들이 모두 모여든다"[99]고 할 정도로 대추나무가 잘 재배되었고, 그 지역의 농민들은 그것을 판매함으로써 이익을 얻었다.

나) 닥나무

종이를 만드는 재료가 되는 닥나무를 재배하여 판매함으로써 생계를 유지해가는 농민들도 있었다. 닥나무는 전라도와 경상도지방에서 재배가 활발하였고, 충청도와 경기도 동북지방의 농민들도 재배하였다. 특히 전라도지방에는 닥나무를 재배하는 곳이 많았다. "전라도 동북 산간지대의 10여 개 고을에는 개인의 닥나무밭이 65개소나 되었다. 그 곳 농민들과 일부 절간에서는 닥나무를 생업으로 하는 사람들이 많았다"[100]고 할 정도였으며, 닥나무도 몇 頃만 심으면 충분히 생계를 유지할 수 있었다. 전라도지방에서도 특히 닥나무 재배에 유명했던 지역은 全州의 萬馬洞이었다. 이 지역은 전국적으로 이름이 날 정도로 유명하였다.[101]

닥나무를 바탕으로 종이를 만드는 수공업은 경상도와 전라도가 전국에서 유명하였다.[102] 그 중에서도 전라도지방의 농민들이 닥나무를 재배하고 그것을 바탕으로 종이를 만드는 데 뛰어났다. 특히 전주와 南原의 紙는 전국에서도 으뜸이었다.[103]

다) 감나무

감나무는 경상도지방과 경기도 南陽·仁川·安山·江華와 충청도 溫陽 등에서 재배되었다. 특히 경상도지방은 곶감(乾柹)의 생산으로 유명하였고, 곶

99) 徐有榘,《林園經濟志》倪圭志 권 3, 貨殖 및 相宅志 권 2, 八域名基.
100)《增補文獻備考》권 147, 田賦考 7.
101) 徐有榘,《林園經濟志》倪圭志 권 2, 貨殖 貿遷.
102) 禹夏永,《千一錄》권 1, 建都 嶺南.
103)《備邊司謄錄》175책, 정조 13년 11월 22일.

감이 전국에서 가장 많이 산출되었다.[104] 아울러 그 곶감을 판매하여 돈을 벌기도 하였다.[105]

라) 배나무

배나무는 날씨가 서늘한 곳에서 재배가 잘 되었고, 지역적으로는 황해도와 함경도에서 재배가 많이 되었다. 황해도에서는 신계·곡산·수안·토산·황주·봉산 등이 배나무의 재배지로 알려져 있었다. 특히 황주·봉산지역은 전국에서 이름난 배의 산지였다.[106]

마) 밤나무

밤나무는 한강 북쪽지방과 경상도 密陽지방 및 함경도지방에서 많이 재배되었다. 특히 "한강 북쪽지방의 농민들은 돈이 긴급히 쓸 경우가 생기면, 집안에 보관하고 있던 면화나 양잠 또는 배와 밤 등을 판매하여 마련한다"[107]고 할 정도로 밤 등의 상품화를 쉽게 할 수 있었으므로, 그것을 판매하여 생활에 필요한 돈을 마련할 수 있었다.

바) 기 타

울릉도에서는 복숭아 재배로 유명하였고, 전라도지방의 興陽과 南海·濟州지역에서는 귤나무와 유자나무를 재배하여 이익을 얻고 있었다. 이 물품들은 이전에는 왕실 등의 진상용으로 사용되는 데 그쳤지만, 18세기말에 이르러서는 진상품 이외에도 재배가 성행하여 판매함으로써 이익을 얻을 수 있었다.

대나무도 여러 가지 죽제품으로 만들어져 상품화되었다. 특히 전라도에서는 대나무밭을 재배하여 여러 가지 죽제품을 만들어 판매함으로써 이익을 얻고 있었다. 그리하여 심지어는 "대나무를 1頃을 심으면 100畝의 농사를 짓는 것과 맞먹는다"[108]고 할 정도였다. 농민들은 벌을 쳐서 꿀을 만들어 장시에 판매함으로써 생계를 유지해가기도 하였다. 이것은 전국적으로 모든 지역에서 행해진 일이었다.

---

104) 禹夏永,《千一錄》권 1, 建都 嶺南.
105) 徐有榘,《林園經濟志》倪圭志 권 3, 貨殖 八域物産 總論.
106) 徐有榘,《林園經濟志》倪圭志 권 2, 貨殖 貿遷.
《京都雜志》권 1, 果瓜.
107) 禹夏永,《千一錄》권 1, 建都.
108) 禹夏永,《千一錄》권 1, 建都 湖南 生利.

지역별 특산물 재배는 이전 시기에도 있었지만, 조선 후기에 이르러서는 상품화폐경제의 발달로 인하여 이전 시기와는 달리 한 지역에서 그치는 것이 아니라 그것이 상품화되어서 전국적으로 퍼져갔다는 데 의미가 있었다.

〈李永鶴〉

3. 광작과 지주제

1) 농촌사회 분해와 광작농의 대두

(1) 광작과 광작농

조선 후기의 사회·경제는 그 이전 어느 시기보다 급격하게 변동하고 있었고 그에 대한 대응책이 절실했다. 특히 兩亂 이후 파괴된 농업을 어떻게 일으키느냐 하는 데 대해 모든 관심이 집중되었고 그에 따라 여러 가지 대책이 모색되었다. 그 방향은 대체로 국가에 대한 개혁 논리로 귀결되었다. 그리고 그에 대한 구체적인 대응 방식은 당시의 농촌사회를 어떻게 파악하고 있는가와 관련이 있었다.

17세기의 농촌사회는 양란이라는 외적 충격을 통해 분해되기도 했지만, 내적 충격에 의해 분해되기 시작한 측면을 주목하지 않을 수 없다. 즉 農業生產力 발달과 상품경제 확대과정에서 나타나는 여러 가지 解體期的 양상은 농촌사회를 재편시키는 구체적인 요인으로 등장하고 있었다. 봉건 지배층은 이러한 현상을 체제를 와해시키는 문란한 형태로 보고 여러 가지 대책을 마련하느라 부산했지만 그것은 막을 수 없는 역사적인 대세였다.

이 시기 농촌사회의 분해는 생산력 발달을 배경으로 토지소유와 농업경영의 변동이 가속화되고 있었다는 점이 이전 시기와 달랐다. 이는 양란 이후의 자연조건에 의존한 토지생산성이 17세기 이후 개량된 농법 발달에 따라 점차 향상되기 시작했고 그것은 사회적 생산력을 전반적으로 제고시키는 방향으로 전개되었다는 것과 밀접한 관련이 있다. 조선 후기의 廣作과 지주제가 발달할 수 있었던 것은 이같은 사회적 생산력의 발달과 생산관계의 변화 때문이다.

지금까지 광작은 조선 후기 사회변동의 뚜렷한 징표로 주목되어 왔다. 移秧法을 통한 농법 발달은 농업경영에 있어 커다란 영향을 미쳤고 새로운 농업경영형태로서의 광작을 가능케 함으로써 농업사에 있어 획기적인 선을 긋는 사건으로 주목되었다.[1] 이같은 광작의 등장은 농업생산성에 관한 논쟁까지 불러 일으켰고 이후 조선 후기의 농법이 과연 광작을 부정하는 방향에서의 集約的 농법이 주류를 이루었는가[2] 아니면 광작을 중심으로 하는 粗放的 농법이 일반화되고 있었는가의 연구로 귀결되었다.[3] 그것은 결국 이앙법이 사회 전반에 걸쳐 확산되는 가운데 광작이 심각한 사회문제로 등장하게 되었고, 그 논쟁은 결국 향후 생산방식을 집약화의 방향에서 해결할 것인가 아니면 조방적인 농법을 통해 당시의 농업생산성을 향상시킬 것인가의 세기적인 논쟁을 낳았다. 이러한 논쟁은 안정적인 토지생산성 확보를 통해 소농경영 보호를 구상했던 정부지배층의 反廣作論과 노동생산성 증대를 광작의 방향으로 해소시킴으로써 이앙법의 이점을 충분히 활용할 필요가 있다는 廣作論으로 양분되었다.

조선 후기에 광작농이 등장할 수 있었던 것은 토지매매를 중심으로 토지소유 구조가 변화하고 있었고, 나아가 이앙법 등 새로운 농법이 보급됨에 따라 농업 경영상의 변동이 야기되고 있었기 때문이다. 이같은 사회변동은 17세기 이후의 농법발달이 당시의 자연 제약을 한 단계 극복함으로써 나타난 결과였다. 그렇지만 그것은 단순히 농업기술상의 발달에 그치는 것이 아니

1) 金容燮, 〈朝鮮後期의 水稻作技術－移秧法의 普及에 대하여－〉(《亞細亞硏究》 13, 高麗大, 1964 ; 《朝鮮後期農業史硏究》 Ⅱ, 一潮閣, 1971).
———, 〈朝鮮後期의 水稻作技術－稻麥二毛作普及에 대하여－〉(《亞細亞硏究》 16, 1964 ; 위의 책).
宋贊植, 〈朝鮮後期 農業에 있어서의 廣作運動〉(《李海南博士華甲紀念 史學論叢》, 1970).

2) 宮嶋博史, 〈李朝後期農書の硏究〉(《人文學報》 43, 京都大學 人文科學硏究所, 1977).
———, 〈朝鮮後期における朝鮮農法の發展〉(《朝鮮史硏究會論文集》 18, 1981).
이호철, 〈조선시대의 농업사〉(《한국의 사회경제사》, 한길사, 1986).
이영훈, 〈한국자본주의의 맹아문제에 대하여〉(위의 책).

3) 宋贊植, 앞의 글.

라, 자연적 생산력을 사회적으로 적극 이용하면서 그에 기초한 사회적 생산력을 제고하는 방향으로 나타나기 마련이었다. 즉 그러한 방향은 단위 면적당 생산력을 확보하기 위해 집약화를 통해 나타나기도 하지만 광작을 생각하는 농민층도 나타나고 있었다.

광작은 경작지를 확대시켜 비교적 넓은 농토를 경작하는 것을 말한다.[4] 이같은 광작에 대한 정의는 당시의 자료에도 일반화되어 나타나므로 잘못된 설명은 아니지만, 광작이 왜 사회문제로 등장하기 시작했고, 그 때 사용된 광작의 정확한 의미는 무엇이었으며 광작농이란 어느 농민층을 의미하는가를 밝힐 때 그 정확한 실상이 밝혀질 것이다.

17세기 이후 광작이 사회문제로 등장하기 시작한 것은 지주제 확대로 인해 초래된 농촌사회 위기 때문이었다. 이같은 과정에서 大農, 富農 등으로 불리던 광작농이 경작지를 더욱 넓혀감에 따라 自作農이나 作人層의 경우 경작지를 확보하지 못해 몰락해갈 수밖에 없었고 그에 따라 경작지 不均 문제가 거론되기 시작하면서 광작이 비판의 대상이 되기 시작하였다.

한편 이같은 광작문제가 더욱 확대된 직접적인 계기는 새로운 농업기술인 이앙법이 보급되면서부터였다. 그렇지만 이앙법을 통해 노동력을 절약할 수 있다는 점만으로 광작이 널리 행해질 수는 없었다. 광작을 행할 때 노동력을 고용할 수 있는 여력이 있어야만 되기 때문이다. 따라서 광작을 택하기보다는 집약적 농법을 채택하여 밭 작물에 노동력을 투하함으로써 생산성을 높히려는 경향[5]도 나타날 수 있다. 따라서 이앙법은 광작을 행하는 농민층에게서도 환영을 받을 수 있고, 집약적 농법을 통해 생산성을 향상시키려는 농민층에게도 환영받을 수 있는 농법이었다.

다음으로 광작이 전반화된 시기를 살펴보자. 그것은 대체로 이앙법 보급 시기와 일치된다. 왜냐하면 조선 후기의 광작은 직접적으로는 이앙법으로 인해 발달할 수 있었기 때문이다.

조선 초기에도 이앙법은 실시되었지만 付種法이 일반적이었다.[6] 이앙은

---

4) 宋贊植, 위의 글.

5) 金建泰, 〈朝鮮中期 移秧法의 普及과 그 意義〉(《國史館論叢》 63, 國史編纂委員會, 1995).

경상도 북부, 강원도 남부에서 부분적으로 행해졌고 직파가 어려운 점토층에서 이루어진 경우도 있었다.[7] 이앙법은 16세기에 들어서 점차 전라도·충청도뿐 아니라 삼남 전역에도 보급되었는데,[8] 이처럼 확대될 수 있었던 것은 江南농법의 도입과 川防(洑)의 설치 때문이었다.[9] 이앙법은 17세기에 들어서 더욱 많이 보급되어 17세기 후반에는 일반화되기에 이르렀다.[10]

이처럼 이앙법이 일반화될 수 있었던 것은 다음과 같이 농업생산력의 측면에서 장점이 있었기 때문이다.[11] 우선 직파법에서는 4~5차의 제초 작업을 해야만 결실을 얻을 수 있었는데, 이앙법에서는 2~3차로써 족하였다. 게다가 이앙법은 노동력을 집중적으로 투입할 수 있다는 장점이 있었다. 두번째로는 이앙법이 직파법에 비해 생산고가 두 배나 되었다. 노동력 절약도 되고 수확도 배가 되었으므로 이앙은 어떠한 위험을 감수해서라도 채택할 만한 농법이 될 수 있었다. 게다가 벼 생산 외에 보리를 함께 이모작할 수 있다는 측면에서 더욱 널리 보급되고 있었다.

그런데 이앙법이 장점이 많다고 하더라도 전국적으로 확산될 수 있는 여건이 마련되지 않았다면 그것의 일반화는 불가능하였을 것이다. 즉 농업기술적 측면에서 水利 문제가 반드시 뒷받침되어야 했기 때문이다.[12] 이앙법에 대한 조선 초기 이래의 禁令은 모두 수리와 관련이 있었다. 17세기말 숙종연간의 〈勸農節目〉은 이같은 문제를 집중적으로 검토하고 있는데, 그 귀결은 '有水根 引漑處'에서는 이앙을 허용하되 '無水根 高燥處'에서는 그것을 철저히 금한다는 것이었다. 영·정조 이후의 이앙에 대한 논의도 모두 마찬가지였다. 물을 끌어댈 수 있는 곳의 이앙은 금할 필요가 없지만 水根이 없는 곳은 旱災의 피해가 심하기 때문에 계속 금지령을 내리고 있었던 것이다.

그러나 당시 계속 논란이 된 것은 이앙법에 대한 금령이 엄중해도 농민층

---

6) 金容燮, 앞의 글(1964a).
7) 李鎬澈, 〈水田農法〉(《朝鮮前期農業經濟史》, 한길사, 1986).
8) 廉定燮, 〈15-16세기 水田農業의 전개〉(서울大 碩士學位論文, 1993).
9) 李泰鎭, 〈16世紀의 川防(洑)灌漑의 발달〉(《韓國史論》 31, 서울大, 1994).
10) 金容燮, 앞의 글(1964a·b).
11) 金容燮, 《朝鮮後期農業史硏究》 II(一潮閣, 1970), 26~37쪽.
12) 金容燮, 〈朝鮮後期의 水稻作技術-移秧과 水利問題-〉(《亞細亞硏究》 18, 1965 ; 위의 책).

은 모두 이에 따르지 않고 이앙하고 있다는 점이었다. 이같은 보고는 이앙법으로 인해 초래되는 농촌사회 붕괴현상을 짐작할 수 있게 해준다. 왜냐하면 이앙법으로 인해 旱害를 당하는 농민이 늘게 되면서 농촌사회는 더욱 심각하게 파괴되었기 때문이다.

한편 이앙법의 보급이 바로 광작을 일반화시킬 수 있는 조건이 된 것은 아니었다. 이앙법은 광작의 계기를 마련해 주었을 뿐 다른 여타 생산조건이 그것을 뒷받침해주지 못한다면 광작은 계속되지 못했을 것이 분명하다. 일시적으로 이앙법을 채택한 것이 아니라면 경작지의 확보가 우선되어야 할 뿐 아니라 노동력을 집중적으로 고용할 수 있는 농업자본이 필요했기 때문이다.

그러한 문제와 관련해서 두 가지 측면이 고려되어야 한다. 광작이 가능하기 위해서는 우선 경작지 확보가 가능해야 하며, 두번째로 노동력이 필요할 때 집중적으로 고용할 수 있어야 한다는 점이다. 물론 이같은 문제는 유통경제를 전제로 한 상업적 농업이 이루어질 때 더욱 발전할 수 있을 것이다.

첫번째로 광작이 가능하기 위해서는 借耕地 확보가 전제되어야 했다. 이 시기 借地競爭은 조선 후기사회의 새로운 단면을 보여주는 특징적인 현상 중의 하나였다. 차경지조차 상품화되기 시작한 반증이다. 광작 농민에게 있어서 필요한 것은 경작지 확보였다. 물론 경영에 관심이 많은 지주의 경우는 얼마든지 자신의 직영지 경영을 확대하는 방향으로 갈 수 있겠지만, 그렇지 않은 부농이나 소·빈농의 경우는 차지경쟁을 통해서만 광작이 가능할 것이기 때문이다.

부농은 소·빈농보다 차지경쟁에서 유리하였다. 지주들은 지대수취를 안정되게 보장시켜 줄 수 있는「饒實可信者」에게 토지를 대여하려고 하였다.[13] 부농층은 경작지 보유에 있어 소·빈농보다 우월했고, 農牛나 農器를 갖춘 경우도 많았기 때문이다. 이같은 부농은 지주경영과 같이 토지소유의 확대를 배경으로 성장한 것이 아니라 경영 확대를 통해 성장해갔다는 측면에서 경영형부농으로 주목되었다.[14]

---

13) 金容燮, 〈18世紀 農村知識人의 農業觀〉(《증보판 朝鮮後期農業史硏究》Ⅰ, 지식산업사, 1995).
李潤甲, 〈18세기 말의 均並作論－洪州儒生 李光漢의 貸田論을 중심으로－〉(《韓國史論》9, 서울大, 1985).

14) 金容燮, 〈朝鮮後期의 經營型富農과 商業的 農業〉(《朝鮮後期農業史硏究》Ⅱ, 一潮

경영형부농층은 이 시기 지대의 정액화나 화폐지대의 발생을 배경으로 더욱 경작을 확대해 나갈 수 있었다. 賭地는 정률지대인 竝作보다 잉여물을 확보할 수 있는 기회가 많았기 때문에 계속 발달할 수 있었다. 나아가 禾利 등의 관행은 도지의 永代小作化를 가능하게 했고 지주의 승낙 없이 타인에게 자유롭게 매매·양도할 수 있을 정도로 발전해갔다.[15] 한편 작인층의 성장을 배경으로 지대가 대폭 인하되는 公土(역둔토 등)의 경우에는 中畓主가 성립하기도 했다. 이러한 중답주는 中賭支畓主, 中間小作, 私畓主 등으로 불렸으며 그들의 권리는 상품처럼 매매·전수되기에 이르렀다.[16]

두번째로 雇傭勞動의 확보야말로 광작 경영에 있어 필수적이었다. 농업이 가지는 계절적인 성격 때문에 농번기 노동력을 구하지 못하면 한 해의 농사를 기대하기 어려웠기 때문이다. 이 시기에는 광산업·수공업에서처럼 농업에서도 노동 고용이 점차 활발해지기 시작했고, 제반 부역노동 역시 점차 雇役을 통해 노동 고용방식으로 변해가고 있었다.[17] 농업에서의 노동력 고용은 부역노동이 '給價雇募'되면서 보편화되기 시작했다. 하층농민의 경우 대다수는 빈농 또는 '無田無佃之農'으로 존재하고 있었다. 이들은 노동력 시장을 통해 자신의 노동을 상품화시켜 가고 있었으며 주로 城下의 도시빈민층으로 존재하거나 아니면 場市를 통해 고용처를 찾기 마련이었다. 그렇지만 이들이 항상 고용될 만큼 고용처가 마련되어 있는 것도 아니었다. 특히 농촌사회의 경우 계절적으로 농번기에 노동력의 수요가 집중되고 있었다.

농업 고용노동층은 토지로부터 이탈되기 시작한 몰락농민이 주류를 이루었으며, 이전부터 존재하던 장기 고용노동층인 雇工層과는 다른 임노동층으

閣, 1969).

15) 허종호, 《조선봉건말기의 소작제연구》(사회과학원출판사, 1965 ; 한마당, 1989).

16) 愼鏞廈, 〈李朝末期의 「賭地權」과 日帝下의 「永小作」의 關係－小作農賭地權의 所有權으로의 成長과 沒落에 대하여－〉(《經濟論集》 VI의 1, 서울大 한국경제연구소, 1967).

金容燮, 〈韓末에 있어서의 中畓主와 驛屯土地主制〉(《東方學志》 20, 延世大 國學硏究院, 1978).

裵英淳, 〈韓末驛屯土調査에 있어서의 所有權 紛爭〉(《韓國史硏究》 25, 1979).

17) 姜萬吉, 〈官業에서의 賃金勞動制의 발달(1·2)〉(《朝鮮時代商工業史硏究》, 한길사, 1984).

尹用出, 《17, 8세기 徭役制의 變動과 募立制》(서울大 博士學位論文, 1991).

로서 향촌에서는 단기간 고용되었으며 역시 고공으로 불렸다. 이들의 雇主에 대한 관계는 신분적 예속성이 강한 노비의 奴婢主에 대한 관계와는 달랐다. 이들은 고용의 대가로서 고주에 대해 雇價를 청구하였으며 이같은 경제적 관계를 통해 예속관계를 파괴시켜 가고 있었다. 따라서 고용노동이 보편화됨에 따라 雇傭을 구하려는 경우에는 반드시 고가를 먼저 생각해야 했다. 18세기 이후 상품경제 발달에 따라 바야흐로 노동력도 상품화되어 가는 가운데 노동력이 비교적 자유롭게 매매되게 되었던 것이다. 그것은 노동의 대가를 환산하여야 하는 和雇형태였다.[18]

위와 같은 조건이 충족될 때 광작경영은 효율적으로 이루어질 수 있었다. 그렇다면 광작농의 경우는 어느 정도의 노동력을 가지고 얼마만큼의 토지를 경작할 때 광작경영이라고 할 수 있을까?

우선 자영농의 노동력과 경영면적을 통해 표준 경영규모를 알아보자. 丁若鏞은 당시 1結(40斗落 내지 60두락)의 면적을 2戶가 佃作할 수 있는 적정 면적으로 보았다.[19] 이를 자영농 1호로 다시 환산한다면 20두락, 즉 대략 50負 정도가 표준경영이다. 그렇다면 이 시기 1호당 가족수를 평균 3~5명으로 본다면 성인 노동력은 많아야 2~3인일 것이고,[20] 따라서 노동력 3~5명으로 1石落(20두락)을 경작했다고 할 수 있다. 여기서 얻어지는 수입은 이들 작인층에게는 최소한의 생계유지가 가능한 정도로 보인다. 자작농인 경우는 약간의 잉여생산물 축적이 가능하였을 것이다.[21]

광작농의 경우는 이들과는 달리 상업적 농업에 목적을 둔 농민층이었다. 이들은 이앙법에서 절감된 노동력을 이용해 '多田力作'하고 있었다. 이들의 농업경영은 표준 경영규모라 할 수 있는 3~5명 기준의 1석락을 훨씬 넘어서는 규모였음을 보여준다. 1결을 차경하는 농민의 식량 지출을 '八口食糧'으로 묘사한

18) 崔潤晤, 〈조선후기 「和雇」의 성격〉(《忠北史學》 3, 1990).
——, 〈18·19세기 농업고용노동의 전개와 발달〉(《韓國史硏究》 77, 1992).
19) 丁若鏞, 《牧民心書》 권 5, 戶典 平賦.
20) 四方博, 〈李朝人口に關する一硏究〉(《朝鮮社會法制史硏究》, 京城帝大法學會論集 9, 1937)
李光奎, 《韓國家族의 史的 硏究》(一志社, 1977).
21) 金容燮, 〈續 量案의 硏究〉(앞의 책, 1995).

정약용의 서술은 광작농의 경작규모를 짐작케 해준다.[22]

광작농은 적어도 경작하는 면적이 표준농가의 2배 내지 4배에 달하는 '八口之家'였다.[23] 정약용은 이 '8구지가'를 3~4인 혹은 5~6인의 성인 노동력을 가질 수 있는 농가로 보았다.[24] 성인 노동력 크기로만 비교한다면 표준경영 농가보다 2~3배가 크다는 것을 알 수 있다. 이 때의 성인 노동력은 물론 모두 가족 노동력만을 의미하는 대가족일 경우도 있겠고, 노비 또는 고공을 포함하는 경우도 있을 것이다. 간혹 '廣地'에 힘쓰는 자들 가운데 "10석락 토지에 10명의 노복을 기르는 자"[25]도 있었다. 10석락에 10여 명의 노복을 통해 광작하는 경우이다. 또한 지주가 작인을 선택할 때 傭奴, 즉 고공이나 부녀자가 있어 일을 거둘 수 있는 上農夫라면 안심하고 경작지를 맡겼다는 것도 가족 노동력 외의 노동력을 갖고 있는 광작농의 경우를 선호한 것을 알 수 있게 해준다.[26] 그러나 광작농의 경우 가족 노동력이나 이를 보완해줄 수 있는 노비나 고공이 있다 하더라도 농번기에는 노동력을 고용할 수밖에 없었다. 8인 정도의 노동력을 가진 경우라도 모내기·제초·추수 등 노동력이 집중적으로 요구될 때에는 반드시 雇人이 필요했다는 것은,[27] 광작농의 경우에도 8인의 노동력만으로는 부족하고 별도의 노동력을 고용해야 했다는 것을 보여준다.

광작농의 경우는 표준경영 농민에 비해 경작 면적이 4배 이상 되었다. 광작의 규모는 정약용이 井田論에서 노동력에 따라 토지분급을 행할 경우, 2인의 성인 노동력은 25畝를 분급하고 5, 6인의 성인 노동력을 갖춘 가족에는 그 4배인 100무를 지급해야 한다고 한 데서 짐작할 수 있다.[28] 게다가 이앙법을 통해 노동력을 절약할 수 있었으므로 광작농은 다음과 같이 같은 노동력으로 약 4배까지 경작면적을 넓힐 수 있었다.

---

22) 丁若鏞, 《牧民心書》 권 5, 戶典 稅法下.
23) 李潤甲, 앞의 글.
24) 朴宗根, 〈茶山丁若鏞の土地改革思想〉(《朝鮮學報》 28, 1963).
25) 《承政院日記》 443책, 숙종 34년 7월 8일 公州閑良尹弼殷上疏.
26) 丁若鏞, 《經世遺表》 권 5, 田制 1.
27) 《日省錄》 정조 23년 3월 28일.
28) 丁若鏞, 《經世遺表》 권 5, 田制 3 및 권 6, 田制 4.

> 附種으로 불과 10여 두락을 짓던 자가 이앙하면 가히 1, 2石落을 광작할 수 있다(《日省錄》 정조 22년 5월 22일).

그러면 광작을 통해 경작할 수 있는 면적은 어느 정도였을가?

정조 때 申在亨은 이앙법을 행하는 광작의 경영규모가 적어도 3, 4석락 즉 60~80두락 정도이고 크면 6, 7석락까지 경작할 수 있다고 하였다.[29] 그러나 경영규모가 5석락 이상이 되면 토지가 황폐할 가능성도 있다고 지적되기도 하였다.[30]

이렇듯 광작의 규모는 이앙법이 보급될수록 커질 수 있었고 대략 4석락 즉 80두락 정도였다. 그 이상을 경작하는 것은 농업자본을 얼마나 투자하고 경영에 힘쓰는가에 달려 있다고 할 수 있을 것이다.

광작농은 어떠한 농민으로 구성되었을까?

광작은 자신의 가족 노동력 혹은 그것을 보충하는 노동력(노비 혹은 고공)으로써 자신의 경작지를 확대해가는 행위를 말하므로 그 주체는 지주층도 포함하여 自耕이나 借耕을 행하는 자영농민·작인농민을 의미한다. 이들 가운데는 상업적 농업을 배경으로 力農하는 경영형부농도 포함되어 있다.

우선 지주층의 광작 행위를 통해 그 양상을 살펴보자. 지주란 상속·매매·개간 등을 통해 집적한 토지를 작인농민에게 대여하여 '竝作半收'하는 존재이다. 이들은 병작제를 통해 경영하는 것이 일반적이었지만 더불어 자신의 토지를 직접 경작하는 경우도 있었고, 그것을 점차 확대해가기도 했다. 그 중 자신의 직영지경영 확대를 통해 지주경영의 합리화를 꾀하였던 경우가 주목된다. 숙종 34년(1708) 10석락의 토지를 10인의 노복으로 경작하여 '廣地'에 힘쓴 자들이 그 중의 하나이다.[31]

그러나 대토지소유자들은 일부를 家作의 형태로 직영하기도 하였지만 광작농이라고 볼 수는 없다. 중소지주들의 경우 간혹 노비경영이나 대여를 통한 병작보다 경영합리화를 생각하면서 직접 경영하는 경우가 있었는데, 이러

29) 《正祖實錄》 권 50, 정조 22년 11월 기축.
30) 《日省錄》 정조 23년 3월 28일.
31) 《承政院日記》 443책, 숙종 34년 7월 8일 公州閑良尹弼殷上疏.

한 형태의 지주경영은[32] 주로 이앙법을 배경으로 임노동을 고용한 농업경영 형태로 볼 수 있다.

광작을 주도한 계층은 자작 겸 작인농민들이었다. 이들은 차지경쟁에서도 우월하였고, "오로지 광작만 일삼는다"[33]고 비판받기도 하였다. 이들은 "8 口나 되는 上農家"로서 "富人(地主)"으로부터 토지를 빌려 광작을 행하였으나 차경에 대한 대가로 지대를 바치고 나면 남는 것이 없었다고 한다.[34] 이들은 차지경쟁에서 비교적 유리한 위치에 있었기 때문에 가난하고 힘 없는 자들을 제치고 借耕地를 廣占할 수 있었지만 역시 지주의 땅을 차경해야만 하는 농민에 지나지 않았던 것이다.

지금까지 살펴보았듯이 토지의 상품화와 이앙법의 보급에 따라 광작을 행하던 광작농의 존재는 이 시기 상품경제의 발달과 함께 크게 주목되고 있었다. 지주제가 더욱 확대되고 발전할수록 지주의 토지를 차경하는 광작농의 존재가 두드러지기 마련이었다. 이앙법이 보편화되면서 전국 어느 지역에서나 대토지소유자가 존재하는 한 그들의 토지를 차경하는 광작의 출현은 일반적이었다.

(2) 광작론과 반광작론

광작의 의의에 대해서는 그것을 극력 반대하는 입장과 적극 지지하는 입장으로 나누어 살펴볼 필요가 있다. 이앙법과 관련해서도 그러한 논의는 그치지 않았다. 그것은 이후 농업경영에 대한 제반 논의를 집약화의 방향 속에 소농민경영을 보호하는 방향으로 나아가느냐, 아니면 광작화의 방향에서 수렴해 가느냐의 논의와 밀접한 관련이 있었다. 그러므로 단순히 이앙법이 한발에 약하기 때문에 금지해야 한다는 농업기술사적인 측면만의 문제가 아니었다. 당시 사회문제를 어떻게 해결해야 하느냐 하는 농업정책사적인 문제까지 관련되어 논의될 것이었다. 즉 국가경제 차원에서 소농보호를 표방한 反

---

32) 金容燮, 〈朝鮮後期 兩班層의 農業生産－自作經營의 事例를 중심으로－〉(《東方學志》 64, 1989).

33) 禹夏永, 《水原儒生禹夏永經綸》 務本條(奎章閣圖書 3202).

34) 《日省錄》 정조 23년 2월 11일.

廣作論 입장과 私經濟 차원에서 광작의 긍정적인 측면을 주목한 廣作論의 대결이었다고 할 수 있을 것이다.

광작은 이 시기 지주제와 관련하여 전개되고 있었다. 왜냐하면 그것은 우선 지주의 토지를 자작농이나 작인농민이 광작했다는 점에서 밀접한 관련을 맺고 있기 때문이다. 따라서 광작에 관한 논의는 지주제 자체가 아니라 지주제를 전제로 해서 나타나는 차경만이 문제가 되고 있었다. 다시 말하면 양반지배층의 입장에서 문제가 되는 것은 지주제가 아니라, 지주의 토지를 자작농이나 작인농민이 지나치게 광점함으로써 빈농층이 몰락한다는 점에 있었다.

우선 광작을 반대하는 반광작론의 근거를 주목해보자.

이앙법은 농민층의 대다수가 선호하고 있었으나 그것이 가지는 장점에도 불구하고 한발에 약했기 때문에 조선 초기 이래 금지령이 내려지고 있었다. 국가의 입장에서는 농민보호 대책으로서 원칙상 이앙법을 금하는 것이 당연한 것이었는지도 모른다.

반광작론의 입장에 선 대표적인 농학자로는 禹夏永을 들 수 있다. 향촌유생인 그는 정조에게 시무책을 건의하면서 《千一錄》을 후세에 전하게 되었는데, 18세기 후반의 다른 농학자와는 달리 광작경영에 대해 비판적이었다. 《農事直說》 단계의 精農的인 집약화를 기본사상으로 하여 노동력의 집약적인 투입에 의한 토지생산성의 고도화를 추구했던 그에게 광작은 생산력에서 한계를 가질 수밖에 없는 것으로 비쳤다.[35] 그가 광작을 반대한 것은 광작농이 경작지를 독점한다는 점과 광작할 경우 비료를 충분히 주지 못하여 토지생산성이 떨어진다는 점 때문이었다.

한편 소농경영에 있어 광작의 방향이 아니라 집약화의 방법을 생각했던 농민층이 있을 수 있다. 이앙법을 통해 노동력을 절약할 수 있었기 때문에 누구나 광작하려 했지만 반대로 소농민의 경우 그들의 노동력만으로 광작경영을 행할 수 있었을까는 의문이다. 이들은 농업 노동력과 자본을 확보할 수 없을 때는 광작보다는 집약화의 방향을 취할 가능성이 있었고 더욱이 차경지를 확보하는 것이 어려워 더욱더 집약화의 방향으로 나갈 것이기 때문이

35) 宮嶋博史, 앞의 글.

다. 17세기 후반 이후 시비법이 발달하고 이앙법이 전국적으로 보급되자 절감된 노동력을 광작보다 밭 작물에 투입하는 경향이 나타난 것은 바로 그러한 예이다.[36)]

이같은 광작 비판의 입장은 경작지의 분배를 균등히 해야 한다는「均竝作論」으로 나타났다. 이것은 分耕論의 형태로서 차경지의 균등한 분배나 경작지 제한을 주장했다.[37)] 李圭景은 토지소유권과는 상관없이 경작지만은 귀천없이 戶口의 다과와 壯弱에 따라 균등하게 나누어 경작해야 한다고 均耕論을 주장했다. 정조 20년(1796) 靖陵直長 愼師浚은 작인의 지대를 2/10~3/10으로 제한하고 경작지는 兩班士夫는 5결, 良人常漢은 3결로 제한하자고 하는 限耕論을 주장했다. 李光漢의 貸田論[38)]은 이규경의 균경론과 비슷하다.

반광작론의 공통점은 광작경영과 그로 인한 소농민의 몰락을 우려하면서 그것을 사회문제의 근본적 원인이라고 보고 있는 점이다. 이같은 논의는 곧 《農家集成》 이래 정부지배층의 소농보호 차원에서 제기된 농업개혁론과 맥을 같이한다. 이들은 토지의 균분·제한을 주장하는 均田論·限田論의 모순인식태도와 달리 지주제를 당연한 것으로 받아들이고 그러한 가운데 나타나는 사회문제를 해결하는 방법으로서 균병작론을 생각했던 것이다.

한편 국가의 광작금지 정책에도 불구하고 광작화의 방향은 역사적 대세로서 확대되어 갔다. 이앙법은 한발에 약하지만 높은 생산성 때문에 수리시설이나 시비법이 발달하면서 더욱 빠른 속도로 확산되어 갔고, 숙종연간에는 〈권농절목〉을 제정하여 '奉天高燥'한 畓에서만 이앙을 못하게 하고, 물을 댈 수 있는 곳에서는 허락하기에 이르렀다. 영조연간 이후 이앙법 금지령은 사실상 폐지되었다.[39)]

광작경영은 粗放的이라는 점에 그 특징이 있다. 앞에서 살펴본 대로 소농민경영의 경우는 집약경영을 통해 단위 면적당 토지생산성을 높이는 데 주력했지만, 광작농의 경우는 조방경영을 통한 생산성 제고를 노리고 있었다.

36) 金建泰, 앞의 글.
37) 宋贊植, 앞의 글.
38) 李潤甲, 앞의 글.
39) 金容燮, 앞의 글(1964a).

광작의 조방적 성격은 물론 농업기술이 뒷받침될 때 더욱 높은 생산성을 유지할 수 있을 것이다.

한편, 광작경영의 생산성은 농업기술이 뒷받침되어야 할 뿐 아니라, 고용노동이 확보되어야만 보장될 수 있었다. 노비노동의 비효율적 측면이 두드러지기 시작하면서 집중적인 농업노동력이 필요한 당시 농촌에서는 고용노동에 관심을 기울이기 시작했다. 17세기말 농업환경의 개선을 위해 傭役法을 주장했던 柳馨遠은 누구나 자유롭게 고공이 될 수 있도록 명분을 세워 '奴主之分'과 다른 '雇工之分'을 세운다면 고공이 많아질 것이라고 이미 주장하고 있었다. 그리고 노비제도를 바꾸어 '傭役之法'을 세운다면 기꺼이 고공이 되려는 사람들이 많을 것이라고 하였다. 이와 같은 쌍방간의 합의에 의한 和雇는 신분제사회 내의 고용-피고용관계를 발전시킬 수 있고 더 나아가 고용관계 발전의 계기가 될 수 있었다.[40]

이러한 고용노동은 18세기 이후 광작이 일반화되면서 결합될 수 있었다. 농번기에 일용노동력이 필수적인 상황은 영조 3년(1727) 朴文秀가 올린 啓聞 가운데 잘 나타난다.[41]

> 一日之役은 모름지기 10인으로 하는데 鋤手에게는 貰糧米 3升과 雇價 5分錢을 지급한다. 3차례의 鋤耘과 1차례의 刈穫, 1차례의 打場에 들어가는 노동력이 근 50인에 이른다(《備邊司謄錄》 82책, 영조 3년 10월 22일).

이와 같은 농업노동의 계절적 성격 때문에 18세기 중엽 이후가 되면 일종의 청부노동형태인 雇只노동까지 나타나고 있었다. 이것은 겨울과 춘궁기를 넘기는 빈민의 노동력 궁박판매형태로서 농작업의 일부 또는 전체를 계약에 의해 경작해주는 방식이다. 부농층의 경우 농번기에 노동력을 효과적으로 준비하기 위해서는 이 같은 고지노동이 효과적이었던 것은 말할 필요가 없었다. 고지노동이 발달한 곳은 주로 평야지대였다. 辛敦復의 《厚生錄》·《山林經濟 [補說]》에 의하면, 18세기 이후 특히 전라도의 金堤·扶安·沃溝·井邑·高敞·全州·益山 등의 지역을 비롯해, 경기도의 振威·水原·平澤·稷山,

40) 崔潤晤, 앞의 글(1990).
41) 崔潤晤, 앞의 글(1992).

황해도 載寧 등지에서 고지노동이 발달하고 있었다.[42] 그 예로 직산·평택지방을 살펴보면 다음과 같다.

> 겨울에는 1緡(兩)으로 10인을 買傭할 수 있었고, 여름에는 12~13인을 고용할 수 있었기에 三石畓 三石田 경작에 상용노동력 1남 2녀와 매용노동력 80인이면 족하다고 했다. 1석락 水田이라면 이앙에 20인, 鋤耘에 20인이면 되었다(辛敦復, 《山林經濟[補說]》 권 1, 治農 傭作之法).

지역에 따라 고지노동의 발달 정도는 차이가 있었지만, 당시 유통경제가 발달함에 따라 대도시 부근에서는 더욱 많은 노동력이 필요했다. 상업적 농업에 편승한 광작층의 노동고용은 더 말할 나위가 없었다. 노동력의 효과적이고 집중적인 투입이 가능했다는 점에서 고용노동은 광작을 하는 농업경영인의 관심을 끌기에 충분했다.

광작경영의 관건은 노동력 고용에 있었다고 해도 과언이 아니다. 광작을 통한 조방경영의 생산성은 이른바 노동력의 효율적인 투입을 통해 노동생산성을 확보하고자 했던 경영 방식이었다. 그것은 광작농민이 선호하는 것으로서 소농안정을 정책적으로 추구했던 국가지배층의 집약화 방향과는 궤를 달리하는 농법이었다. 국가경제 차원에서는 집약화를 통한 안정적인 토지생산성 확보를 바랬지만, 사경제 차원에서는 이 시기 농법 발달과 상업적 농업의 발달을 배경으로 노동력의 집중적인 투입을 통한 노동생산성 확보에 관심이 있었다고 할 수 있다.

2) 지주제의 변동

(1) 농촌사회 분해와 토지의 상품화

중세 전시기에 걸쳐 전개되어 온 지주제는 17세기 이후 커다란 변화를 맞게 되었다. 그러한 변화는 사적 토지소유의 발달을 배경으로 만개되어 나타

---

42) 허종호, 앞의 책.
金容燮, 〈《山林經濟》의 [補說]과 그 農業經營論〉(《邊太燮博士華甲紀念史學論叢》, 1985).

났다. 사적 토지소유의 전개 발달의 형태는 곧 농촌사회 분해와 지주제의 역사적 존재형태에 대한 이해와 밀접한 관련을 갖는다. 따라서 한국 중세의 지주제 일반을 이해하기 위해서는 사적 토지소유 일반에 대한 이해를 분명히 하는 것이 중요하다. 지주제를 축으로 하는 중세의 생산관계야말로 소경영을 잠식하면서 끊임없이 분해되고 있었고 그것의 전개 발전형태를 통해 봉건적 토지소유의 붕괴와 근대적 토지소유의 발생을 전망해낼 수 있기 때문이다.

이 때 중요한 것은「王土思想」과 같은 관념적 형태가 아니라 역사적으로 존재했던 토지의 소유·비소유에 대한 보다 명확한 이해가 필요하다. '무릇 하늘 아래 王土가 아닌 곳이 없다'고 추상화된 王土思想은 중세 전시기에 걸쳐 관념화되어 왔지만, 그러한 관념의 이면에 현실적인 사적 토지소유구조가 자리하고 있었다는 것을 주목할 필요가 있다.[43]

초기의 연구자들은 왕토사상이라는 관념을 '國有論'으로서 이해하는 가운데 농민의 사적 토지소유를 간과하고 있었다.[44] 이후 이러한 한국 중세의 토지소유구조의 특징이 유럽과 다르고 또 일본의 그것과도 다르다는 점이 주목되면서 사적 토지소유의 발달형태가 검토되었다. 그 결과 사적 토지소유에 입각한 中世史像이 구체화되게 되었고 기존의 국유론은 비판되었다.[45]

그 후 왕토사상에 대한 역사적 실체를 收租權的 土地分給制로 정리해 냄으로써 소유권적 토지지배를 설명할 수 있게 되었고 이러한 연구가 심화되면서 중세의 토지소유구조에 대한 이해는 보다 분명해질 수 있게 되었다.[46] 이같은 수조권적 토지분급제는 조선 초기 職田法을 계기로 소멸되었고 이로써 이전부터 발전해온 소유권에 입각한 토지지배는 더욱 확대·발전하게 되면서 근대적 소유로 전환하게 되었다.

그러나 수조권적 토지지배에 대한 이해는 논자에 따라 차이가 있다. 그

---

43) 李成茂,〈公田·私田·民田의 槪念〉(《朝鮮初期兩班研究》, 一潮閣, 1980).

44) 중세의 토지소유와 경영에 대해서는 다음의 글이 참고된다.
李世永,〈조선후기 토지소유형태와 농업경영 연구현황〉(近代史研究會,《韓國中世社會 解體期의 諸問題》下, 한울, 1987).
李榮昊,〈조선시기 토지소유관계 연구현황〉(위의 책).

45) 金容燮,〈前近代의 土地制度〉(《韓國學入門》, 學術院, 1983).

46) 李景植,《朝鮮前期 土地制度 研究－土地分給制와 農民支配－》(一潮閣, 1986).

주된 차이는 국유론의 입장은 아니지만 수조권적 토지지배의 규정적 성격을 강조한다는 점에 있다. 예컨대 사적 토지소유권의 발전에도 불구하고 사적 토지소유권을 수조권적 토지지배의 테두리 안에 있는 것으로 파악하는 방식이 그것이다.47) 이러한 입장에서는 사적 토지소유란 늘 통치체제의 규정을 받는다고 이해된다. 그러한 이해는 아시아적 특질론의 입장에서 또다른 형태로 이론화되어 나타났다. 소농경영의 생성－발전－해체로서 중세를 이해하려는 입장으로 사적 토지소유를 철저하게 비판하면서 제기된 '국가적 토지소유론'이 그것이다.48)

이같은 연구를 통하여 중세 토지소유의 구조에 대해 보다 깊은 이해를 갖게 되었지만 중요한 것은 그 역사적 실체이다. 지주제의 구조와 변동을 보다 명확히 설명해줄 수 있는 관건으로서 토지 매매의 역사적 성격을 추적하는 것도 그와 같은 작업의 일환이다. 그것은 곧 토지상품화 과정의 일환이기 때문이다.

18세기 중엽 이래 농법 개량이나 농업생산력 발달에 수반하여 나타난 농촌사회 분해는 토지소유의 분해를 통해 극명하게 드러나기 시작했다. 빈익빈 부익부 현상은 토지를 중심으로 가속화되었다. 물론 이와 같은 현상은 전국 차원의 場市를 배경으로 한 상품화폐경제 발달이 토지로부터의 농업생산물뿐 아니라 토지 자체를 상품화시켜 가고 있었다는 점과 밀접한 관련이 있었다. 그것은 토지사유를 기반으로 한 봉건적 토지소유의 구조적 특질에서 연유한 것이다. 그것은 우선 토지상품화의 계기가 무엇이고 나아가 토지상품화가 어떻게 진행되면서 농촌사회가 분해되었는지를 검토할 때 비로소 명확해질 수 있다.

토지가 상품화되기 시작한 계기는 토지의 사적 소유와 매매에서 찾아질 수 있다.49) 토지소유와 매매가 활발해지고 있었다는 점은 조선 후기 토지소

47) 宮嶋博史, 〈李朝時代の地租制度と私的土地所有の展開〉(《朝鮮土地調査事業史の研究》(東京大學 東洋文化研究所, 1991).
48) 李榮薰, 《朝鮮後期 社會經濟史》(한길사, 1988).
49) 周藤吉之, 〈朝鮮後期の田畓文記に關する研究〉(《歷史學研究》 7－7・8・9, 1937). 朴秉濠, 《韓國法制史特殊研究－李朝時代의 不動産賣買及擔保法－》(韓國研究院, 1960).

유의 구조적 특질로서 주목된다.

토지나 노비에 대한 소유권 취득 방법에 대해서는 법전에 잘 나타나 있다. 《經國大典》에 규정된 법 조문에 따르면 토지에 대한 소유권 취득은 관청으로부터 立案을 발급받음으로써 완료된다. 즉 田地와 家舍, 노비에 관한 매매는 100일 내에 官에 신고하고 입안을 받아야 한다고 규정하고 있다.[50] 입안을 받기 위해 매수인은 財主나 증인·筆執의 날인을 받아 매도인이 거주하는 관청에 입안 신청을 하면 해당관의 서명을 받아 입안을 발급받을 수 있다. 따라서 양반 관료의 경우는 수조지로 받은 토지 외에 매매·상속 등을 통해 대토지소유자가 될 수 있었다.

한편 매매 관행상 거래되던 賣買文記는 입안과 무관하게 유통되고 있었다. 매매문기에 기재된 일정한 형식을 통해 자신의 소유를 보호받을 수 있었기 때문이다. 또한 관에서는 100일이 지난 후에도 신청만 하면 입안을 발급해주기 때문에[51] 점차 입안을 받지 않는 白文 매매가 성행하게 된 배경이 되었다. 예컨대 노비 매매 외의 전답문서는 중앙과 지방을 막론하고 관에서 입안 증명을 받지 않았고 그러한 관행이 일반화되고 있음이 그러한 사실을 보여주고 있다.[52] 그러나 입안을 통한 소유권 취득은 소유권 분쟁이 있을 때 강력한 공증력을 갖고 있었다. 때문에 매매문기로 소유권 판정이 어려울 때는 입안을 한 경우가 최종 판결에서 승소할 수 있었다.

입안과 매매문기 외에 소유권 행사에 있어 중요한 역할을 했던 것은 量案이었다. 국가적인 차원의 양전으로서 인조 12년(1634)의 갑술양전과 숙종 46년(1720)의 경자양전은 조선 후기 토지소유권의 결정적 근거를 제공해주고 있었다.[53] 양란 후 황폐화된 陳田 개간이나 閑曠地를 배경으로 한 소유권 취득 과정은 17세기 이후 소유권 분쟁의 주요인이 되고 있었으며 이 때마다 매매문기와 입안·양안의 기재 여부가 소유권 판정의 근거가 되고 있었다.

---

50) 《經國大典》 戶典 賣買限.
51) 《大典續錄》 刑典 私賤.
52) 《英祖實錄》 권 28, 영조 6년 2월 계해.
53) 金容燮, 〈量案의 硏究〉(《증보판 朝鮮後期農業史硏究》 Ⅰ, 지식산업사, 1995).
吳仁澤, 〈量田과 土地所有權〉(《17·18세기 量田事業 硏究》, 釜山大 博士學位論文, 1996).

無主地인 진전이나 한광지 개간에 따른 소유권 취득은 17세기 농업생산력 발달을 배경으로 자주 등장하고 있었다.[54] 소유권 행사에 있어 문제가 되고 있었던 것은 크게 세 가지 경우이다. 본래 양안에 소유주가 존재하던 有主陳田과 소유주가 없던 無主陳田, 그리고 양안에 파악되지 않았던 한광지인 新墾田이 그것이다.

첫번째 경우는 3년이 지난 진전은 다른 사람으로 하여금 경작케 한다는 조선 초기 이래의 법 규정이 있다.[55] 질병으로 인해 경작하지 못하는 경우도 친족 및 이웃 사람에게 경작토록 하고 있었다.[56] 이 때 타인에게 경작토록 한 것은 소유권 급여가 아니기 때문에 본래의 소유주가 원하면 되돌려주어야 했다.[57] 두번째와 세번째의 경우가 소유권 분쟁의 주요인이 되고 있었다. 국가는 전국적인 양전을 통해 稅源을 확정하고 나아가 개인 소유지를 파악하는 과정에서 量主를 명확히 할 필요가 있었다. 나아가 소유권의 연원을 분명히 하기 위해, "진전은 모두 陳主名을 기록하고, 주인이 없으면 역시 無主라고 懸錄한다. 양전 후 만일 경작하기를 원하는 자가 있으면 本曹에서 입안을 받은 후 법에서 정한 대로 자기의 소유로 한다"[58]고 하여 양안에 소유주로 명백히 기록되어 있는 양주와 같이 진주·무주를 기록하여 소유권 행사에 있어 분쟁의 소지를 없애고자 하였다.[59] 진전·무주전은 입안을 받아 경작할 때 자기의 소유지로 할 수 있었던 것이다.

그러나 양반 세력가들은 입안을 통해서만 토지를 탈점하려고 하였다. 그들은 단지 입안을 통해 자신의 소유지로 만들어 놓고 경작하지는 않고 있다가 起耕者가 나타나 개간하면 소유권을 주장하고 나섰다.[60] 국가에서는 한 장의 문서만으로 경작자로부터 토지를 탈취하거나 입안을 매매해 버리는 것을 원치 않고 있었다. 따라서 분쟁이 있을 때는 양안에 어떻게 기록하고 있

54) 李景植, 〈17世紀의 農地開墾과 地主制의 展開〉(《韓國史硏究》 9, 1973).
55) 《經國大典》 戶典 田宅.
56) 《經國大典》 戶典 務農.
57) 《受敎輯錄》 戶典 諸田.
58) 《新補受敎輯錄》 戶典 量田.
59) 《續大典》 戶典 量田.
60) 《新補受敎輯錄》 戶典 量田.

는가를 근거로 판정하였다. 양안에는 입안을 받고 경작하는 자를 소유주로 등재하고 있었기 때문이다. 양안에 등재되지 않았던 海澤地나 한광지의 경우도 '立案者'보다 '起耕者爲主'로 개간을 유도하고 있었다.[61] 이 때문에 "한광지는 기경자를 소유주로 하며 미리 입안만 내놓고 경작하지는 않으면서 경작자의 토지를 빼앗으려는 자 및 입안을 근거로 매매해버리려는 자는 侵田田宅律로 논한다"[62]고 법으로 규정하고 있었다.

지금까지 살펴본 대로 양안과 입안·매매문기를 근거로 행사되던 토지소유 자체는 하나의 권리로서 나타나기 시작했다. 그것은 물론 농업생산력 발달에 따른 토지 집적의 욕구와 그 생산물의 상품화가 활발해지기 시작한 단계라야 나타날 수 있는 현상이었다. 17·18세기의 토지 개간과 활발한 매매 과정은 매매형태를 넘어 토지 자체를 상품화시키는 계기를 마련해 주었다.

토지 매매는 조선 후기 농민층의 존재형태를 그대로 반영해 주고 있었다. 정약용은 당시의 호남지방의 농민을 대략 100호로 볼 때 지주가 5호, 자작농이 25호, 작인이 70호에 달한다고[63]고 분석하였다. 이같이 토지를 갖지 못한 농민을 70%로 본다는 것은 농민층의 토지가 여러 가지 요인에 의해 지주층에 매도되었다는 것을 의미한다.

첫째 요인으로서 직전법 붕괴와 더불어 수조권적 토지분급제가 소멸되면서 토지매매가 가속화되고 있었다는 점이 주목된다.[64] 양반 관료조차 국가로부터 분급되던 토지가 사라지고 급료가 지급되기 시작하자 토지소유와 경영에 관심을 갖기 시작했다. 이같은 현상은 물론 이전부터 확대되어 오던 토지매매를 전제로 더욱 확대되었다. 이 때 토지를 방매하는 자는 노비·서민층에서부터 양반에 이르기까지 다양했다. 토지를 매입하여 대지주가 될 수 있는 자도 왕실이나 宮房·衙門 등뿐 아니라 양반 관료·상인·서민·노비 등 모든 계층에 이르고 있었다. 양반층도 이제는 경영에 주력하지 않으면 몰락

61) 《新補受教輯錄》 戶典 諸田.
《受教輯錄》 刑典 聽理.
62) 《續大典》 戶典 田宅.
63) 丁若鏞, 《與猶堂全書》 1, 권 9, 文 擬嚴禁湖南諸邑佃夫輸租之俗箚子.
64) 金容燮, 앞의 글(1983).
李景植, 《朝鮮前期 土地制度研究－土地分給制와 農民支配－》(一潮閣, 1986).

할 수밖에 없게 되었다. 양반도 몰락하면 작인으로 살아갈 수밖에 없었고, 그것도 안되면 품을 팔아야만 하는 雇工이 되어야 했다. 신분에 의해 유지되던 사회는 점차 토지소유의 정도에 따라 지주 또는 부농, 중소농, 빈농, 몰락농이나 임노동층으로 구분되기 시작했다.

두번째 요인으로는 상업적 농업이 발달함에 따라 토지에 대한 투자가치가 한층 높아졌다는 점을 들 수 있다. 농산물의 상품화가 일반화됨에 따라 농업경영에 더욱 몰두하게 되면서 나타나는 현상이었다. 미곡이 전국 시장을 대상으로 富商들에 의해 거래되고 있었고, 콩이나 담배·인삼·麻·木棉 등도 재배지역을 중심으로 점차 확대되고 있었다. 그것은 상품작물이 점차 시장을 대상으로 재배되고 있었다는 것을 말해준다.

특히 농산물의 주류를 이루던 미곡은 17세기 이후 전국적으로 보급되기 시작한 이앙법을 배경으로 더욱 빠르게 상품화되었다.[65] 이앙법은 모내기나 제초작업이 편하기 때문에 수리관개만 해결되면 광작농에게는 더할 나위없는 농업기술이었다. 또 노동력이 크게 절감될 뿐 아니라 노동력을 효과적으로 이용할 수 있었기 때문에 더욱 널리 보급되었다.

지금까지 토지의 사적 소유에 기반을 둔 토지매매와 소유권 쟁탈의 양상에 대해 살펴보았고, 그것이 수조권적 토지분급제의 소멸과 생산력 발달에 따른 토지상품화의 진전에 따라 더욱 확대되어 나타날 수밖에 없었던 상황도 검토해 보았다.

이러한 결과 조선 후기 토지소유는 점차 신분과 무관하게 나타나기 시작했다는 점이 확인되었다.[66] 양반 관료의 경우는 수조지를 받지 못하게 되면서 매매·개간·증여·상속 등의 방법을 통해서만 토지집적이 가능하게 되었다. 이같은 방식은 양반이라도 토지를 소유하지 못하는 경우가 생기고 나아가 몰락할 가능성을 내포하게 된다. 반대로 양민층의 경우는 자신의 노력으로 토지를 집적할 수 있는 기회를 갖게 된다. 서민층 가운데서도 지주가

---

65) 金容燮, 〈朝鮮後期의 水稻作技術〉(《朝鮮後期農業史硏究》II 一潮閣, 1971).

66) 허종호, 앞의 책.
金容燮, 〈朝鮮後期 身分制의 動搖와 農地所有〉(앞의 책, 1995).
───, 〈朝鮮後期 身分構成의 變動과 農地所有〉(위의 책).

나올 수 있고, 노비층 가운데서도 대토지소유자가 나타날 수 있게 되었다.

사적 소유에 기반을 둔 토지소유와 신분으로부터 유리되기 시작한 토지소유형태는 결국 농촌사회를 변화시키는 주요인이 되었고 구체적으로는 가장 기본적인 생산관계인 지주제를 변화시키고 있었다. 지금까지의 지대는 경제외적 강제를 매개로 실현되고 있었지만, 점차 경제적 강제를 통한 지주경영으로 변화하게 되었다. 신분적으로도 지주와 작인은 「奴主之分」에서 벗어나게 되었고 점차 계약적인 관계로 이행하고 있었다.

17세기 이후의 사회변동은 이 같은 신분제 내의 상호관계의 진전과 더불어 신분간의 이동이 확대되는 형태로 나타났고, 자유로운 사적 토지소유를 매개로 더욱 활발하게 신분상승을 꾀할 수 있게 되었다. 그 결과 사회 전반에 걸쳐 급격한 변동을 맞게 되었다.

(2) 지주제의 변동과 그 대책

가. 지주제의 변동

17세기 이후 18·19세기에 이르는 지주제의 변동은 곧 이 시기 농업변동 과정에서 봉건적 생산관계가 해체하고 새로운 경영형태가 출현했다는 것을 의미한다. 곧 지주제의 변동이란 구래의 봉건적 토지소유구조가 붕괴되는 가운데 근대적 토지소유로의 이행을 준비하는 과정이라고 할 수 있다.[67] 동시에 경영형태 역시 구래의 경제외적 강제에 의한 竝作半收를 탈피하는 가운데 새로운 경영을 모색하고 있었다. 이 때의 지주제는 물론 지금까지의 소유와 경영형태가 완전히 붕괴되고 새로운 형태만 남는 방식이 아니라, 구래의 생산관계가 여전히 존재하지만 그 외 중세 말기 농업변동의 결과물로서 형성된 새로운 지주경영방식이 혼합된 것이다.

---

67) 地主制에 관한 연구사 정리는 다음의 글이 참고된다.
李景植, 〈朝鮮後期 農業·地主制 硏究의 動向과 國史敎科書의 敍述〉(《歷史敎育》 39, 1986).
李榮昊, 〈조선시기 토지소유관계 연구현황〉(近代史硏究會, 《韓國中世社會 解體期의 諸問題》 下, 한울, 1987).
李世永, 〈조선후기 토지소유형태와 농업경영 연구현황〉(위의 책).
崔潤晤, 〈농업개혁과 근대적 토지소유〉(《한국역사입문》 ③, 풀빛, 1996).

일각에는 구래의 봉건적 생산관계가 여전히 존재하는 가운데, 다른 일각에서는 선진적 형태의 농업경영이 발생하여 완만하게나마 봉건적 생산관계를 대체해가고 있었던 것이다. 이 시기 지주제의 구조와 특질은 단순하지 않고 새로운 형태의 부농경영과 결합된 복잡한 형태를 보이고 있었던 것이다.

조선 후기 지주경영의 특징은 작인에 대한 강제력이 비교적 완화된 형태로 나타나고 있었고, 그것은 자유로운 토지매매와 신분제 변동을 계기로 조성되고 있었다는 점이 이전의 지주제와 구분된다. 그와 같은 토지소유의 전개형태를 검토하기 위해 不在地主와 在地地主의 토지집적방식을 중심으로 살펴보기로 하자. 이같은 범주의 지주적 토지소유는 각기 새로운 경영방식을 모색함으로써 사회변화에 적응하고 있었기 때문이다. 부재지주의 경영방식에서 나타날 수 있는 소작지 확대방식과, 재지지주의 자작지 확대방식을 중심으로 지주경영의 변동 양상으로 나누어 살펴보자.

가) 부재지주경영의 변동

부재지주의 존재에 대해서는 명확한 규정을 찾기 힘들지만 지주경영의 관행적·보편적인 형태로 존재해왔기 때문에 1905년의 기록인《韓國土地農産調査報告書》에서 그 대강의 모습을 확인할 수 있다.[68]

> 농가에 관해서 그 소유지의 다과를 조사하건대 농민들의 말하는 바에 의하면 촌 내는 모두 소작인이고 지주는 京城 또는 도 내에 거주하는 자가 많다 (《韓國土地農産調査報告書》, 慶尙道·全羅道, 1905, 335쪽).

이어서 경지의 대부분은 官吏豪族의 소유에 속하고 지방농민은 자작지를 소유하는 자도 비교적 적으며 자작 겸 소작 혹은 순소작인이 가장 많은 것 같다고 설명하고 있는 것도 그러한 연장선에서 이해될 수 있다. 또 지주 가운데 수백 정보 내지 수천 정보를 가진 대지주들 가운데 특히 큰 자는 대부분 경성이나 기타 대도회에 거주하고 나머지 대지주 중 상당한 경우는 각지에 흩어져 살더라도 지방에서는 주로 읍소재지에 거주하고 있다고 하였다.[69]

---

68) 崔潤晤, 〈18·19세기 서울 不在地主의 土地集積과 農業經營〉(《金容燮敎授停年退職紀念 韓國史學論叢》, 1997) 참조.

69) 《韓國土地農産調査報告書》(慶尙道·全羅道)(1905), 335쪽.

보통사람이라고 하더라도 거대한 재산을 만지면 대부분 경성에 거주하는 풍습이 있다는 것이다. 특히 경기도·충청남도의 경우 경성인 지주가 많다고 보고되고 있다.[70]

부재지주 가운데 주목되는 형태가 서울에 사는 부재지주이다. 서울은 옛부터 귀족이나 權門의 중심지이기에 부재지주가 많이 모여 살고 있었으며, 그들은 수입의 원천인 소유지로부터 천 리 가량 떨어져 살고 있었다.[71] 관료 출신들은 서울에 잔류하는 경향이 많았고 나아가 지방의 토지를 자신의 정치적 지위나 권세를 이용하여 경영하고 있었다. 지방의 부유층 역시 재지기반을 배경으로 서울로 가거나, 인근 지방 도읍지로 이주하여 부재지주 경영을 하는 경향이 많았다고 한다.[72]

서울에 사는 부재지주의 특징은 서울에 거주하면서 지방에 흩어져 있는 자신의 토지를 경영했다는 점에 있다. 특히 곡창지대인 남조선지방의 지주에게서 많이 발달했다고 한다.[73] 18세기 중엽《擇里志》충청도조에 있는 경성거주 부재지주 부분 역시 그러한 경영방식을 잘 보여주고 있다. 충청도는 물산이 영·호남에 미치지는 못하지만 서울에 가까운 위치에 있어 사대부들이 모여 사는 곳이 되었으며, 경성 世家들 가운데 이 도에다 田宅을 마련하여 생활의 근거로 만들지 않은 자가 없었다고 한다.[74]

부재지주의 일반적인 토지소유와 경영형태의 특징에 대해서는 量案 분석과정에서 이미 지적된 바 있다.[75] 즉 이 시기 농민들은 面界를 넘나들면서 農地를 소유하기도 하고 경작하기도 하고 있었다.《大邱租岩面量案》에는 많은 起主가 기재되어 있지만, 이들을 그 곳의 戶籍臺帳과 대조해보면 面 내에 살고있는 기주는 1/3에 불과하고, 나머지 2/3는 주변 면이나 그 밖의 다른 지역에 살고 있는 사람들이었다. 그렇다면 이 시기 대지주가의 경우 면계·郡界 더 나아가서는 道界를 넘어 대토지를 소유하고 있었던 것이 분명하지

70) 《韓國土地農産調査報告書》(京畿道·忠淸道·江原道)(1905), 258~265쪽.
71) 印貞埴,《朝鮮農村雜記》(1943).
72) 朝鮮總督府 取調局,《小作農民에 관한 調査》(1912).
73) 위와 같음.
74) 李重煥,《擇里志》八道總論 忠淸道.
75) 金容燮,〈量案의 硏究〉(앞의 책, 1995), 104쪽.

만, 양안에서 이들을 확인하는 것은 불가능하다. 그러한 양상은 《古阜郡聲浦面量案》의 분석에서도 지적되고 있다.[76] 이러한 양상은 지주가의 경우에만 해당하는 것이 아니라 일반 농민의 경우도 마찬가지였을 것이다. 특히 인접한 접경지역의 경우는 더욱 그러했을 것이다. 정약용은 그러한 민전의 분산적 형태에 대해 "대개 한 사람의 토지는 수 개 마을에 흩어져 있어 여러 작인이 경작한다"[77]고 하였다.

이같은 부재지주의 토지지배 양상은 결코 면이나 군현단위의 양안에 나타나지 않는다. 그와 같은 토지지배의 분산적 형태를 보여주는 사례로서 17세기 南人으로서 영의정까지 지냈던 權大運 7남매의 分財記가 있다.[78] 여기에 따르면 분재된 토지의 소재지는 경기·충청·강원 3도, 8군에 걸쳐 있었다. 그 면적은 경기·충청·강원도에 걸친 畓 483두락과 강원도 양구의 70負 2束, 그리고 田의 경우 경기도 교하·부평·강화·양천의 11日耕과 강원도 양구와 경기도 부평·가평의 2결 51부 4속이다. 특징적인 것은 소속된 노비의 거주지와 토지소재지가 다르다는 점이다. 이렇게 분산된 토지를 소속된 노비가 직접 경작하지 않았다면 작인을 통한 지주경영이 틀림없다.

이러한 예를 통해서 부재지주의 토지지배방식이 거주지 주변의 토지지배방식이 아니라 거주지와 무관하게 매매·개간 등을 통한 대토지 집적과 농업경영으로 이루어지고 있었음을 알 수 있다. 그것이 가능했던 사회경제적 배경으로 우선 주목되는 것은 이 시기 유통경제 발달에 따른 전국적인 유통망의 존재이다. 특히 지주들은 水路를 통해 한 해의 수확물을 서울로 운반하였는데 이는 그러한 방법이 비록 배가 침몰할 위험성이 있더라도 이익은 다른 것에 비할 바 없이 컸기 때문이다.[79]

富商大賈의 경우 남으로는 倭와 통하고, 북으로는 중국과 교역을 행하게 되면서 각지의 물산이 풍부하게 서로 교역되었다. 그 중 서울은 물산이 가장 많이 모이는 곳으로서, 開城이나 東萊·密陽·義州·安州·平壤 등과 함께

76) 金容燮, 〈『古阜郡聲浦面量案』의 分析〉(《東方學志》 76, 1992 ; 위의 책).
77) 丁若鏞, 《牧民心書》 권 5, 戶典 稅法.
78) 崔淳姬, 〈權大運 諸同生 和會成文〉(《文化財》 13, 1980).
79) 徐有榘는 《林園經濟志》 倪圭志 권 2, 貨殖 貿遷 治生須貿遷에서 "貿遷하는 道는 배가 이익이 가장 크고 수레와 말이 그 다음이다"라고 하였다.

전국적인 유통망이 형성되어 있었고, 왜·중국과 연결하는 국제무역은 국내에 비해 2배의 이익을 가져다주었다고 한다.[80)]

이러한 원격지 유통경제를 배경으로 한 경영형태는 구래의 경제외적 강제에 의한 방식으로는 이루어지기 어렵다. 따라서 서울에서 사는「京居地主」의 농업경영형태야말로 이 시기 농업경영의 구조와 특질을 잘 보여준다고 할 수 있다. 이러한 형태의「경거지주」가 지주적 토지소유의 전형으로서 특히 18·19세기에 들어 급격히 발달할 수 있었던 것은 그러한 배경하에 있었기 때문이다.

그들의 농업경영방식은 중간 관리인인 舍音(마름) 등을 통한 간접적인 관리방식을 취했다. 그렇기 때문에 부재지주경영의 성패는 관리인의 작인 통제와 그들의 경영에 대한 관심에 전적으로 의존할 수밖에 없었다. 그러한 이유로 경영에 소홀할 가능성이 많았고, 비록 유통경제가 발달한 곳을 배경으로 이익이 많이 남는다 하더라도 경영상의 위기를 초래하기 십상이었다.[81)]

《勸農節目》에 있는 부재지주의 마름에 대한 관리방식 가운데 특히 작인 선택에 대한 조항이 많고 또 주의를 기울이고 있는 것은 한 해의 농사를 좌우할 수 있기 때문이다. 이 때 마름이 함부로 작인을 移作시키고 있는 사례가 빈번한 데 대해 경계하면서 작인이 크게 잘못하지 않았다면 이작시키지 말 것을 당부하고 있다.[82)]

宮房田도 대표적인 부재지주경영의 하나였다. 궁방전은 折受·買得 또는 民結免稅地로 구성된 수조권적 토지지배의 잔존형태로서 왕실이나 궁방의 권력을 배경으로 그들이 대토지소유자로 존재했다는 점에 특징이 있다.

궁방전의 토지집적방식은 17세기 이후 급격히 확대되는데 그 주대상은 量案上의 無主陳荒地나 量案外 加耕地 등 국가 수세 대상에 포함되지 않은 토지였다. 18세기에 들어서면서 궁방전은 절수 외에도 개간·매득 방식에 의해 확대되어 갔고 나아가서는 민결에 대한 면세지까지 면세·면역의 특권이 부여되어 포함되기에 이르렀다.[83)] 궁방전은 그 형성과정을 통해 볼 때 1종 有

80) 위와 같음.
81) 崔潤晤, 앞의 글(1997).
82) 《勸農節目》(1887).

土와 2종 유토 그리고 無土로 나누어 볼 수 있다.

1종 유토는 토지소유권이 궁방에 있으며 궁방-작인 구조로 경영되었으며, 2종 유토는 민유지이지만 절수·투탁에 의해 형성되면서 개간 주체인 농민들의 사실상의 소유권이 궁방에 양도된 경우였기 때문에 그러한 권리가 반영되어 궁방-중답주-작인으로 구조화되었다. 그리고 무토의 경우는 민유지로서 3~4년(정조대 이후 10년)마다 번갈아 가면서 조세를 궁방에 납부하던 토지였다. 이러한 궁방전은 18세기말 19세기초에 이르면 전 경지면적의 3%인 4만여 결에 이르게 되었다.

이같이 궁방전의 토지집적과정이 농민의 토지에 대한 권리와 결합되어 있었기 때문에 궁방의 부재지주경영은 민전에서 보이는 것과 또 다른 특징을 가졌다. 우선 절수 및 매득과정에서 민전이나 둔전을 침탈하는 사례가 많았고 그에 따라 농민과의 소유권 쟁송이 끊이지 않았다. 농민층이 갖고 있는 권리와 궁방의 권리가 중첩되어 나타나고 있었던 것이다.

부재지주로서의 왕실·궁방은 장토농민을 관리하는 데 있어 중간 관리인을 두고 있었다. 중간 관리 계통은 宮差-監官-마름으로 연결되거나, 導掌-감관-마름으로 연결되는 두 계통이 있다. 마름은 장토관리의 최하 담당자로서 감관과 함께 장토를 관리하는 역할이 주어져 있었고, 그 위에 궁차나 도장이 조세 징수차 파견되면 조세를 수합하여 상납하는 가장 중요한 역할을 담당했다. 장토를 관리하는 방식에는 궁차를 파견하여 직접 관리하는 경우가 있고, 도장과 같은 청부인을 통해 운영권을 위임하는 경우가 있었다.[84] 이같은 도장의 역할은 해당 지역의 양반이나 평민·천민이 임명되었으며 도장권은 특권으로 인식되어 매매되기도 하였다.

---

83) 金容燮, 〈司宮庄土에서의 時作農民의 經濟와 그 成長-載寧餘勿坪庄土를 中心으로-〉(《亞細亞硏究》 19, 1965 ; 앞의 책, 1995).
朴廣成, 〈宮房田의 硏究〉(《仁川敎大論文集》 5, 1970).
朴準成, 〈17·18세기 宮房田의 확대와 所有形態의 변화〉(《韓國史論》 11, 서울大, 1984).
李榮薰, 《朝鮮後期 社會經濟史》(한길사, 1988).
都珍淳, 〈19세기 宮庄土에서의 中畓主와 抗租〉(《韓國史論》 13, 서울大, 1985).
李政炯, 〈17·18세기 궁방의 민전 침탈〉(《釜大史學》 20, 1996).

84) 金容燮, 〈司宮庄土의 管理-導掌制를 中心으로-〉(《史學硏究》 18, 1964).

이와 같이 궁방의 부재지주경영이 중간 관리인을 통해 이루어지는 과정에서 주목되는 것은 이들 가운데 궁방으로부터 대여받은 것을 다시 대여하는 二重時作이 성립했다는 점이다. 이같은 형태는 주로 中畓主 또는 中賭地라는 이름으로 불렀으며 궁방전 조성과정에서 결합된 제권리의 타협안으로서 나타난 결과였다. 특히 有土 내 永作宮屯이 문제가 되고 있었는데, 그것은 장토를 중심으로 궁방과 농민과의 권리가 중첩되었기 때문에 나타난 현상으로서 量外無主 閑曠地를 개간하고 이후에도 '築堰築垌 起墾作畓'하는 농민의 노동력이 필요했기 때문에 그 권리를 인정하지 않을 수 없었던 사정에서 연유했다. 이같은 토지에서는 1종 유토처럼 1/2을 수취할 수도 없었고, 2종 유토처럼 1결당 23두를 수취할 수도 없었기에 1결당 租 200두로서 소출의 1/4 정도를 수취하고 있었다.

민전이나 궁방전에서의 부재지주경영은 구래의 병작제적 경영방식을 취하고 있었지만 그 내부에 토지에 대한 농민의 권리가 성장하기 시작하면서 중답주가 성립하거나 혹은 賭地權이 매매되는 등 새로운 경영형태가 나타났다는 점이 이전 시기의 경영과 차이가 있다.

나) 재지지주경영의 변동

지주경영 가운데 구래의 토지집적에 의한 소유확대보다는 상품경제를 배경으로 경영에 관심을 기울이는 새로운 지주가 나타나기 시작했다. 부재지주의 경우는 원격지의 토지를 경영하는 데 있어 중간관리자를 통해 수취하기 때문에 부실한 경영을 막는 것이 무엇보다 중요했다. 그렇지만 재지지주의 경우는 거주지와 자신의 토지 소재지가 가깝기 때문에 세심한 관심을 기울일 수 있었다. 그들 가운데는 구래의 병작제적 방식과 다른 형태의 경영방식을 구상하는 새로운 재지지주의 경영방식을 택하는 지주가 있었다.

우선 이와 같은 지주로서 주목되는 형태가 「庶民地主」이다. 서민지주는 지주적 토지경영방식 내에서 어떻게 자본주의적 경영방식의 전제가 형성되었으며 그것이 봉건적 외피를 어느 정도 탈각하면서 발전해왔는가를 구명한 소작제 연구의 결과물이었다.[85] 한편 상업적 농업을 배경으로 한 「經營型富農」

85) 허종호, 앞의 책.

연구에 이어 양반지주의 변신을 융커경영적인 형태로 파악한 「經營地主」論은, 지주층이면서 농업생산에 직접 참여한 경영지주적인 농업생산방식이 경영형부농적인 그것을 매개로 企業農的이고 자본주의적인 농업생산방식으로 발전할 수 있다고 보았다.[86] 또한 양반토호가의 농업경영 형태를 위로부터의 자본주의 이행이라는 점에서 주목하여 지주제 경영과 직영지 경영을 혼합한 과도기적 형태로 규정하고 그것을 「경영형지주」로 범주화한 연구도 지주경영을 주목한 것이다.[87]

이같은 지주경영의 공통점은 지주가 스스로 경영 확대를 꾀하는 적극적인 경영 방략을 택하고 있다는 점이다.

첫번째 특징으로서, 부재지주의 경우 경영에 적극 개입하기 어렵다는 점이 부재지주경영의 위기를 초래하기 쉬운 요인이 되었지만, 재지지주경영은 농지를 한 곳에 집중화시킴으로써 농지 관리가 쉬울 뿐 아니라 지대 징수를 원활하게 할 수 있었다. 따라서 원거리 토지를 계속 방매하고 근거리의 토지를 매입함으로써 토지를 집중시켜 가는 방법을 택하고 있었다.

예컨대 한말 일제하 지주경영 사례 가운데 江華 金氏家는 농지를 집중하는 방법으로 경영 합리화를 꾀하고 있었다. 초기에는 강화도의 屬島인 석모도에 적지 않은 농지를 소유하고 있었기 때문에 관리도 소홀하고 지대 징수도 어려웠다. 이후 이를 처분하고 강화도 북단의 三海面 일대를 중심으로 농지를 집중적으로 확대해 나갔다. 재지지주로서 농지를 거처로부터 當日程內에 집중시켜 그 경영에 편의를 기하고 있었던 것이다.[88]

경영에 적극적인 관심을 기울였던 경영지주의 두번째 특징은 分半打作의 병작제 지주경영을 되도록 줄이고 많은 부분을 자작경영으로 전환하고 있다는 점을 들 수 있다. 물론 이러한 지주층의 경우는 지주제 경영과 직영지 경

86) 金容燮, 〈羅州 李氏家의 地主經營의 成長과 變動〉(《震檀學報》 42, 1976 ; 《韓國近現代農業史硏究》, 一潮閣, 1992).
———, 〈朝鮮後期 兩班層의 農業生産-自作經營의 事例를 중심으로-〉(《東方學志》 64, 1989).

87) 李世永, 〈18·19세기 兩班土豪의 地主經營〉(《韓國文化》 6, 서울大, 1985).
———, 〈대한제국기 농촌사회경제구조의 변화-1900~1903년 경기도 광주군 북방면을 중심으로-〉(《韓國文化》 16, 1995).

88) 金容燮, 〈江華 金氏家의 地主經營과 그 盛衰〉(앞의 책, 1992).

영을 혼합한 과도기적 형태이다.

이들은 경영지주의 전통을 계승한 경우로서, 羅州 李氏家의 지주경영 가운데 한말·일제 초기 농지 160여 두락 가운데 절반에 해당하는 82두락을 자작으로 경영하고, 戶外집(호지집) 소작농민 7세대에게 50~60두락, 門中人 소작농민 수세대에게 25두락을 대여하는 방식으로서 수대에 걸쳐 행함으로써 경영 합리화를 꾀하고 있었다.[89] 海南 尹氏家의 고종 9년(1872)의 자작경영 역시 전체 18결 40부 2속 가운데 약 16.5%인 3결 4부 4속을 차지했지만, 1894년 농민전쟁 단계에서는 29.9%로 확대되었다. 지주경영의 위기를 극복하기 위한 이유가 자작지 경영 확대로 나타난 좋은 예로 볼 수 있다.[90]

세번째 특징은 지주경영에 있어 임노동을 이용한다는 점에 있다. 재지 경영지주의 자작지 확대를 통한 家作은 병작지주가 자기 소유 또는 자기 지배하의 노동력을 이용하여 자작을 하는 것이 병작보다 유리하다고 생각하는 경우이다. 이같은 병작지주의 자작경영으로의 전환은 대지주의 경우보다 중소지주에게 많았다. 이들은 병작을 되도록 줄이고 노비나 고공을 이용하여 자작경영을 확대시킴으로써 수입을 늘리고자 하였다.

羅州 李氏家의 호외집을 이용한 지주경영이 그러한 예인데, 이들 호외집은 무산자로서 일종의 고용농민이었다. 이같은 지주경영은 구래의 생산관계를 보여주지만 임노동을 고용한다는 점에서 주목되었다. 그것은 마치 雇農을 주축으로 운영되는 독일의 융커경영과 흡사하지만 지주권이 융커경영에서와 같이 강대한 것이 아니라는 점에서 차이가 있다. 다만 농업생산에 적극 참여하는 이들 양반지주층을 중심으로 위로부터의 자본주의 이행방식을 전망할 수 있다는 점에서 주목되었다.

네번째 특징으로서 양반층이 아닌 일반 서민층 가운데 상인지주나 부농층의 지주경영형태의 출현이 주목된다.[91] 신분제가 붕괴하는 과정에서 지적된 서민지주의 존재는 특권적인 양반지주에 비해 경영에 관심을 기울일 수밖에

---

89) 金容燮, 〈羅州 李氏家의 地主經營의 成長과 變動〉(위의 책).

90) 崔元奎, 〈韓末 日帝下의 農業經營에 관한 硏究－海南尹氏家의 例－〉(《韓國史硏究》 50·51, 1985), 297쪽 〈표 6〉 自作地 규모 변동상황 참조.

91) 허종호, 앞의 책, 제1장 3절 병작제 발전에서 발생한 새로운 추세.

없었고 이같은 경영 합리화를 통해서만 성장할 수 있었기 때문에 재지기반을 토대로 발전하고 있었다. 예컨대 경거지주인 박진사의 토지를 1,000냥으로 사들인 개성의 王彦鏞이 그러한 예로서 부재지주경영의 위기에 편승하여 토지를 사들이는 경우이다.[92] 20~30년간에 10만 평의 토지를 사들인 황주의 李得烈이나 그 답의 전 주인 황륜, 광해군의 궁장토를 退賭地로서 100냥을 주고 산 개성의 王彦庸 등도 그러한 대상인 지주들이다.[93]

이들의 지주경영은 신분적으로도 작인층과 다를 바가 없었기 때문에 쌍방간에는 경제적 관계로 지대 수취가 이루어질 수밖에 없었고 이같은 비특권적 지주의 출현은 지주경영 중심의 자본주의적 경영방식을 잉태하였을 뿐 아니라 구래의 봉건적 외피를 탈피하고 있었다.

나. 지대의 변동

封建地代란 타인에게 대여한 토지에 대해 토지소유권자가 자신의 권리를 실현하는 형태로서 경제외적 강제를 매개로 하여 전 잉여노동을 수취하는 것이었다. 토지소유권자는 국가기관뿐 아니라, 왕실·양반으로부터 최하층 노비에 이르기까지 다양하며, 田主 또는 지주로 파악되는 존재로서 소유권에 대한 권리는 일반적으로 지대를 수취함으로써 실현되었다.

이 때 직접생산자에 대한 지대의 수취는 직접적인 지배 예속관계 내지 신분적 예속성을 기초로 하고 있으며 그와 같은 경제외적 강제는 상품화폐경제가 발달하는 가운데 점차 해체되어 가고 급기야는 경제적 관계를 통한 지대 수취가 유일한 강제력으로 작용하게 된다. 이러한 과정이야말로 지대 변동의 전 과정이며 봉건적 토지소유가 해체하고 근대적 토지소유가 성립해 가는 일반적인 형태이다.

지대의 세계사적인 전개형태는 일반적으로 노동지대→생산물지대→화폐지대로의 과정을 거치지만 실제 역사적인 제형태는 지역마다 다양하였다. 서구 유럽의 경우 노동지대로부터 화폐지대로 비약하는 지역도 있는 반면 생산물

92) 허종호, 위의 책, 제1장 3절 2항 〈자유〉 소작인과 서민지주의 장성.
93) 홍희유·허종호, 〈19세기 초·중엽의 경제형편〉(《김옥균 연구》, 사회과학원 역사연구소 편, 1964 ; 《김옥균》, 역사비평사, 1990).

지대가 마지막 시기까지 존재하는 지역도 있었다. 마찬가지로 한국에서의 지대 변동 역시 그와 유사했다. 즉 전 역사과정을 통해 지대의 형태는 계기적으로 발전하였지만, 각 지역 사례를 보면 다양하고 특수한 형태가 보였다는 것을 고려할 필요가 있다.

17·18세기 이후 지대의 변동은 물납지대로서 정률지대(병작반수)를 수취하는 打作制=竝作制에서 정액지대(賭租)를 수취하는 賭地制(賭租制)로의 전환과, 다시 화폐지대를 수취하는 金納制로 전환하는 과정으로 요약될 수 있다.[94] 지대가 정률지대에서 정액지대로, 생산물지대(米·太·豆 등)에서 화폐지대(錢)로 변화 발전함에 따라 직접생산자인 농민의 수중에는 잉여생산물이 비축될 수 있게 되었고, 농민은 그것을 바탕으로 성장할 수 있었다.

그러나 그러한 지대의 변동은 현실적으로는 병작반수와 도조, 그리고 생산물지대와 화폐지대의 각 비율이 지역이나 시기마다 일정치 않았다는 점을 전제한 가운데 커다란 흐름으로서의 변동으로 이해할 필요가 있다. 장기적인 추세로는 정액지대나 화폐지대로의 도식적인 변동을 보여주더라도 단기적으로는 그렇지 못한 경우도 상정될 수 있기 때문이다. 도조의 발생이 일반적이었다는 연구에 대해 그것을 도식적인 논리라고 비판하면서 타작제가 일반적이었다고 보는 사례 검토도 그와 같은 선에서 이해될 수 있다.[95]

이같은 다양한 형태의 지대를 이해하기 위해서는 직접생산자로부터의 잉여노동이 지주에게 어떻게 상품화되었는가를 주목할 필요가 있다. 그것은 우선 작물의 종류에 따라 다르며, 또한 토지소유구조나 경영형태에 따라 다르다. 물론 이 시기 유통경제 발달에 따라 상품화 방법이 달라진다는 것도 주목될 필요가 있다. 작물의 종류는 밭작물인가 논작물인가의 차이에 따른 지대 수취방식의 차이를 말하며, 토지소유구조나 경영형태에 따라 다르다는 것

---

94) 허종호, 앞의 책.
金容燮, 〈司宮庄土의 時作農民의 經濟와 그 成長－載寧餘勿坪庄土를 中心으로－〉(앞의 책, 1995).
鄭昌烈, 〈朝鮮後期 屯田에 대하여〉(《李海南博士華甲記念 史學論叢》, 1970).
李榮昊, 〈18·19세기 地代形態의 變化와 農業經營의 變動－宮庄土·屯土를 中心으로－〉(《韓國史論》 11, 서울大, 1984).

95) 李榮薰, 앞의 책.

은 일반 민전과 궁방전·둔전의 그것이 차이가 있다는 점이 고려되어야 한다는 것을 의미한다. 아울러 근거리 재지지주경영이 아닌 원거리 토지에 대한 부재지주경영의 지대 수취가 다르다는 것을 주목할 필요가 있다. 또한 이같은 경영방식은 결국 유통경제 발달에 따른 농산물 상품화과정과 밀접한 관련을 가지고 있었다.

병작반수가 도조형태로, 그리고 화폐지대로 전환되기 이전의 가장 일반적인 지대 수취방식은 병작반수였다. 그리고 생산물지대인 병작반수가 대부분 소멸되어 가지만 지역에 따라 가장 늦은 시기까지 계속되고 있었다는 점이 주목된다. 그렇다고 해서 구래의 봉건지대가 여전히 19·20세기에도 남아 있었다고 볼 수는 없다. 그 이유는 우선 신분제가 해체되는 가운데 경제외적 강제가 소멸되어 가고 있었고 지대 수취는 다분히 경제적 관계로 전환된 상태에서 수취되고 있었기 때문이다. 동시에 유통경제가 발달하는 가운데 이같은 현물지대가 존속하고 있었다는 것은 미곡을 상품화시키는 과정이 별도로 존재했다는 것을 보여준다는 점에서 지대 변동을 단순히 도식화시킬 수 없는 배경이 되기도 한다.

병작반수의 실태에 대해 구체적으로 살펴보자. 정약용이 살던 18세기말 19세기초 농촌은 '농민들이 경작할 토지가 없어 대개 다른 사람(지주)의 토지를 빌려 경작'하는 형편이었고 이 때 농민의 병작형태는 다음과 같았다.

> 일년 내내 고생하면서 八口의 식량은 품팔이로 삯을 치루어 갚고 추수 때가 되면 전주가 수확의 반을 나누어 가니 600두를 추수한 농부가 제 몫으로 가지는 것은 300두뿐이다(丁若鏞, 《牧民心書》 권 5, 戶典 稅法).

그 해의 수확물을 지주와 농민이 각각 50%씩 나누어 가지고 있었던 것이다. 이같은 병작반수의 형태가 일반적이지는 않았지만 현물로 수취하는 경우도 많았음을 보여준다. 이는 아마 앞에서도 보았듯이 미곡을 상품화시키는 과정이 별도로 존재했기 때문에 병작반수가 여전히 선호되었으며, 생산력의 측면에서도 이앙법의 발달에 따라 작황을 고려한 수확방식이 다시 나타났던 것으로 보인다. 숙종·영조연간의 농촌 사정에 대하여 "근래 賭地는 거의 사라지고 병작을 행하지 않는 곳이 없다"[96]고 한 것은 그러한 사정을 짐작케 해준다.

지주에게는 도조가 불리했고 작인층에게는 유리했다는 점 때문에 그러한 양상이 나타나게 되었던 것이 아닌가 한다. 농민층의 고율지대에 대한 저항이 나타나기 시작한다면 이같은 병작으로의 전환은 다시 역전될 가능성을 가진다. 대체로 18세기까지의 사정은 지주측 입장에서 병작을 선호하고 있었으며 지주가 농업경영을 주도하는 한 도조로의 전환은 田作이나 일부 畓作에서 나타날 수밖에 없었다.

이같은 병작반수의 존속과 함께 고려해야 할 지대 수취과정에서의 도조법의 출현은 지대 수취 변화과정에서의 필연적인 산물이었다. 賭租는 賭地(法)라는 소작형태에서 수취되는 정액지대이며, 賭支·支定·支於라고도 한다. 도지법은 지역에 따라 특수한 형태가 존재했으며, 原(元)賭地·轉(굴)賭地·中賭地·退賭地·永稅·竝耕·禾利 등으로도 불렸다.[97] 도지에서의 지대에는 생산물지대를 바치는 賭地租(賭租)·賭地太(賭太)가 있었고, 화폐지대를 바치는 賭地錢(賭錢)이 있었다. 한편 도지로 통칭되었던 또 하나의 용례로서의 賭地權은 중답주가 가졌던 토지에 대한 권리를 의미하며 永小作權(永代小作權)을 지칭한다는 점에서 구분될 필요가 있다. 왜냐하면 영소작은 토지사용권이 중답주(혹은 경작자)에게 사유화되었기 때문에 소작권을 제3자에게 매매·양도·저당·상속 및 소작시킬 수 있다. 이 때 물론 정액지대인 도조가 수취된다는 점이 특징적이다.[98]

그렇다면 이같은 도조의 출현은 어떠한 역사적 배경을 가지고 있을까?

첫번째로, 수확되는 작물의 종류나 생산량에 따라 도조 수취방식이 나타났다는 점을 살펴보자.

일반적으로 민전 내에서의 병작 관행은 田과 畓에 따라 달랐다. 전에서는 정액제인 도조로 수취되고 있었으며 답에서는 병작반수인 打租가 일반적이

96) 《備邊司謄錄》 106책, 영조 16년 윤6월 25일.

97) 허종호, 앞의 책, 제3장 도지법, 영대 소작과 토지 전대제의 발생 발전.

98) 위와 같음.
愼鏞廈, 〈李朝末期의 「賭地權」과 日帝下의 「永小作」의 關係－小作農賭地權의 所有權으로의 成長과 沒落에 대하여－〉(《經濟論集》 Ⅵ의 1, 서울大, 1967).

었다. 밭작물이 정액제인 도조로 수취된 것은 여러 가지 이유가 있었다. 麥·粟·太 등 밭작물의 생산고는 풍흉의 영향을 크게 받지 않을 뿐 아니라 생산량이 일정하기 때문에 정액제가 일찍부터 정착하고 있었다. 또한 根耕이라 하여 여러 가지 작물이 이모작 또는 삼모작으로 재배되었던 것도 하나의 이유가 되었다.

한편 수전농업에서의 미곡 생산은 자연재해로 인한 피해를 막기 어려워 위험을 감수해야 하는 어려움이 따랐으므로 병작제가 선호되기도 했다.[99] 이 같은 수확량의 안전한 확보 여부를 고려한다면, 時作농민들이 정액제의 장점을 알면서도 자연재해를 고려하여 안전한 병작반수를 택하려 한 경향도 감안되어야 한다. 이같은 자연조건을 극복할 수 있을 때 비로소 봉건지대로부터 탈피할 수 있는 계기가 마련될 것이다.

두번째로, 토지소유구조나 농업경영방식에 따라 지대 수취형태가 병작반수에서 도조로, 그리고 생산물지대에서 화폐지대로 전환하는 경향을 찾을 수 있다.

도조로의 전환 배경은 앞에서 보았듯이 생산물의 종류에 따라 결정되기도 하지만, 수전의 경우라 할지라도 지주측과 작인측 양쪽 사정에 따라 도조로 전환되는 경우도 나타났다. 지주층의 입장에서는 흔히 궁방이나 관청의 경우처럼 고정적인 수입과 지출이 마련되어야 하기 때문에 정액제 형태의 지대 수취가 바람직했을 것이며, 그렇지 않은 경우라도 부재지주경영이기 때문에 나타나는 원격지 토지에 대한 관리상의 어려움이나 지대 수취의 곤란함 때문에 도조를 선호하는 경우가 많았다.[100] 작인층 입장에서는 도조 부담이 병작반수보다 가벼웠기 때문에 지대 감하를 목적으로 도조를 원했다.

타조와 도조의 수취량을 비교해 보면 다음 〈표 1〉과 같이 도조가 타조보다 훨씬 저렴하게 나타났다.[101]

---

99) 金容燮, 〈續 量案의 硏究〉(《史學硏究》 16·17, 1963·1964 ; 앞의 책, 1995).

100) 李榮昊, 앞의 글(1984).
金建泰, 《16~18世紀 兩班地主層의 農業經營과 農民層의 動向》(成均館大 博士學位論文, 1997).

101) 李榮昊, 위의 글, 315쪽.

〈표 1〉 타조와 도조의 지대량 비교

(단위 : 米)

등 급	1石落 소출	打 租	賭 租
1 등 上 畓	15석	7.5석	4 석
2 등 中 畓	10석	5석	3 석
3 등 下 畓	5석 이상	2.5석 이상	2 석

출전 : 《備邊司謄錄》 70책, 숙종 43년 11월 21일.
비고 : 1석=15두, 1石作米 5두.

이처럼 당시인들은 도조를 타조보다 수취량이 적다고 보고 있었으므로, 지주는 타조를 선호할 것이고 농민측은 할 수만 있다면 당연히 도조로의 전환을 요구했을 것이다.

궁방전·둔전의 수취방식은 민전과 달리 조성과정에서 몇 개의 권리가 중첩되어 나타나는 경우가 있고 그 중 농민의 개간 경작권이 인정되는 과정에서 독특한 지대 수취방식이 나타나고 있었다. 그것은 입안을 통해 소유자로 등장한 소유자와, 개간을 통해 '起耕者爲主'로 생각하고 있는 농민층간의 토지소유에 대한 권리가 갈등을 일으키기 때문에 나타났다.

그런데 이 때 생산물을 분배하는 비율이 반드시 1/2로만 나타나지 않았다는 점은 여러 가지 토지지배구조를 통해 확인할 수 있다. 분할의 비율이 1/2보다 낮은 1/3 혹은 1/4도 있고 그 이하도 찾아진다. 이같은 비율은 곧이어 도조로 정액화되어 나타나는 것이 일반적인 현상이었다.

궁방전·둔전에 있어서 量案上 無主陳荒地나 量外 加耕地를 입안·折受하여 개간하는 경우는 궁방에서 소유권을 갖지만, 개간에 참여한 起主가 있는 경우에는 중답주로서 지대의 일부를 수취하는 방법으로 해당 토지에 대한 권리를 행사했다.「토지에 대한 권리」로서 궁방은 소유권을 갖고 그것을 지대로 받아들였지만, 개간에 참여한 경작권자인 농민은 중답주로서 그만한 권리를 궁방과 나누어 수취하는 것이지 지대라고 할 수는 없었다.[102] 이같은

102) 「土地에 대한 權利」가 所有權 차원에까지 미치는가, 아니면 耕作權에 머무는 것인가는 논자마다 해석이 다르다. 국가로부터 절수받은 것을 收租權으로 해석하는 데는 모두 의견의 일치를 보이지만, 그것을 국가가 절수했다는 점에서 국가적 토지소유로 해석하기도 하고, 절수를 통해 획득하는 소유권이 농민의 소

권리는 내용은 다르지만 생산물에 대한 분할로 절충되었다. 한편 농민들이 개간한 것을 궁방에서 다시 절수받아 권리를 행사하고자 할 때는 앞의 경우와 달리 농민층이 소유권을 행사하면서 지대를 받고, 궁방은 단지 수조자로서 결세를 받을 뿐이었다.

세번째로, 위와 같은 지주측 사정 외에도, 작인층의 의식이 성장하여 지주측에게 도조를 요구했다는 점은 중세 말기 두드러진 봉건적 토지소유 해체 현상 중의 하나였다. 이는 정액지대를 상납하고 잉여생산물 확보를 통해 자신의 권리를 확충해가는 농민층의 抗租運動이 주도적인 역할을 했다고 할 수 있다.

예컨대 載寧 餘勿坪 지역의 庄民들의 저항은 개간될 때부터 시작되었으며 그러한 저항은 시간이 지날수록 일상화되고 다양해졌다. 땅이 비옥한 곳에는 올벼(早稻)를 심어 미리 베어 먹거나 宮畓을 조금씩 깍아 먹는 방법, 또는 볏단을 크게 묶었다가 나중에 빼돌리기, 탈곡할 때 대충 태질했다가 나중에 다시 타작하는 방법 등 계속된 拒納과 항조로 궁방의 수입은 계속 줄어들었다. 이로 말미암아 명분은 반타작이지만 실제로는 1/3에 지나지 않는다고 말해질 정도가 되었다.[103] 영조 24년(1748) 여물평 장토에 취해진 조치는 장민의 저항으로 한계에 부딪힌 타작제를 도지제로 전환시킨 전형적인 사례였다. 지대수취는 1두락당 1석씩 '支定(賭支定)'으로 수취하는 정액제였으며 이같은 도지액은 이후 또다시 정비되어 1/3지정으로, 19세기초에는 1/4로 다시 조정되기에 이르렀다.[104] 그러나 1/4지정에 해당하는 정액제는 이후에도 '영구 준행'되지 못하고 또다시 재조정되었다.

특히 도지제하에서의 陳災문제는 지대 투쟁의 가장 빈번한 요인이 되고 있었는데, 지주는 풍흉에 관계없이 도조를 수취하려 하고, 경작자는 재해로 인해 경작되지 못한 토지에서 지대를 바친다는 것은 부당하다고 생각하기

유권과 중첩된 형태로 나타났다고 해석하는 重層的 土地所有論도 있다. 그렇지만 소유권이 개인 혹은 기관에 속한 것이라는 점에 그 특징이 있는 것이지 국가가 그러한 소유권을 행사한다거나 2개의 소유권이 하나의 토지에 동시에 존재한다는 해석은 이해하기 어렵다.

103) 《黃海道庄土文績》(奎 19303).

104) 都珍淳, 앞의 글, 328~330쪽.

때문에 상호 갈등이 심화되는 요인이 되고 있었다. 때문에 도조에서 타조로 역전되는 경우도 나타나기도 하였다.

이렇듯 도지법은 항조 등으로 인한 궁방의 경영 약화를 탈피하기 위해, 그리고 동시에 정액지대인 도지를 통해 궁방경영의 안정을 꾀하기 위해 타협안으로 제시된 결과라고 볼 수 있다.

이같은 도조 출현의 현상을 주목함과 동시에 그것이 상품경제의 발달과 결합될 때 어떠한 결과를 가져올 것인가를 살펴볼 필요가 있다. 즉 유통경제의 발달이 각 지역의 특산물뿐 아니라 지주제하의 지대도 상품화시키고 있었다는 점에서 지대형태는 화폐금납지대로 전환할 가능성을 내포하고 있었다. 물론 화폐지대의 형태도 도조의 발생형태처럼 일괄적으로 생산물지대에서 화폐지대로 이행한 것은 아니었다. 생산물지대와 화폐지대가 섞여 나타나지만 상품화폐경제가 발달함에 따라 점차 화폐지대가 널리 확산되게 되었다. 그러한 화폐지대는 지역에 따라 돈도지, 賭地錢, 賭價, 賭錢, 錢賭地, 錢支定, 禾利 또는 禾利錢, 代金, 作錢 등 여러 가지로 불렸던 데서 알 수 있듯이 도지에서 먼저 발생했다.

우선 부재지주의 지대 수취방식을 통하여 생산물지대에서 화폐지대로의 이행이 어떠한 조건에서 이루어질 수 있었는가에 대해 살펴보기로 하자. 그 예로 서울에 살던 어떤 부재지주의 瑞山농장 경영 상태를 살펴보면 〈표 2〉와 같다.[105]

〈표 2〉 지대(타조·도조) 수취 현황(1832~1875)

구 분	필 지 별	두 락 별	지 대 액
畓 (打租)	64.1	56.3	78.5
畓 (賭租)	18.9	16.2	14.2
田 (賭租)	15.8	25.1	7.0
田 (打租)	1.3	2.4	0.3
합 계	100%	100%	100%

105) 崔潤晤, 앞의 글(1997).

답(타조)과 전(도조)의 비율이 두락별로는 56.3%와 25.1%, 지대액으로는 78.5%와 7%로 나타나고 있다. 따라서 서산 전답의 경우는 78.5%에 해당하는 지대 수취가 답의 타조에 의해 이루어지고 있었으며 도조로 운영되는 답은 14.2%에 지나지 않을 정도로 타조에 의한 지대수취가 이루어지고 있었다. 또한 답에서의 미곡 생산량이 92.7%로, 전의 7.3%에 비해 지배적인 형태로 나타나고 있어 미곡생산에 치중하고 있었다. 특이한 것은 답에서도 도조가 섞여 나타나고 있었고, 마찬가지로 극히 미미하지만 전에서도 타조가 시행되었다는 점이다. 답에서의 도조 비율은 두락별로는 16.2%에 이르고 지대액으로는 14.2%에 달하였다.

위와 같은 경우는 타조든 도조든 생산물지대로 받아들여 서울에서 상품화시키는 것이 훨씬 유리하다고 판단한 경우라고 할 수 있다. 그러한 방법을 택한 이유는 지대로 받은 생산물을 船運을 통해 쉽게 서울로 운반할 수 있었기 때문이다.

이같이 主家에서 멀리 떨어진 부재지주의 지대 수취는 수취 방법을 도조로 하여 간편하게 받아들이는 것으로 알려져 있으나 생산물을 상품화시키는 방법에 따라 현물로 받아들이기도 했다는 점이 주목된다. 즉 재지지주처럼 일일이 실지 답험을 거쳐 병작반수로 거둬들이기 어렵기 때문에 부재지주는 정액지대인 도조를 선호하였을 것이라는 일반적인 추론과 달리, 타작제를 선호하면서 동시에 생산물지대를 고수하는 경향이 이 시기 유통경제 발달과 함께 새롭게 나타나고 있었던 것이다. 위와 같은 부재지주의 사례는 도조의 발생도, 화폐지대의 발생도 부정할 수 있는 근거로 이용될 수도 있지만 반드시 그렇지는 않다.

화폐지대는 조세금납화과정과 함께 봉건사회 해체기의 중요한 지표이다. 그렇지만 조세금납과 마찬가지로 화폐지대 역시 일반화되기에는 여러 가지 시대적인 상황을 고려해야만 한다. 왜냐하면 조세금납 역시 18세기말 19세기초를 거치면서 한계에 부딪히는 가운데 여전히 현물납 수취원리에서 벗어나지 못하고 19세기 중엽에 이르기까지 전결세의 금납률은 대개 수입의 25% 수준을 유지하였다는 점에서도 잘 드러난다.[106] 지대금납화 역시 모든 지역

106) 方基中, 〈17·18세기 前半 金納租稅의 성립과 전개〉(《東方學志》 45, 1984).
———, 〈조선후기 軍役稅에 있어서 金納租稅의 전개〉(《東方學志》 50, 1986).
———, 〈19세기 前半 租稅收取構造의 特質과 基盤〉(《國史館論叢》 17, 1990).

에서 화폐지대가 나타난 것도 아니며 발생한 화폐지대 역시 예외없이 정액지대는 아니라는 점을 주목할 필요가 있다.[107]

지금까지 살펴보았듯이 지대의 변동은 생산물지대와 화폐지대의 혼합형태가 주류를 이루었고 그와 같은 흐름은 상품경제의 발달에 따라 그리고 지주측의 필요나 작인층의 항조운동에 따라 크게 변하고 있었다. 그러한 방향은 일률적으로 타작제에서 도조제로, 생산물지대에서 화폐지대로 나타나지는 않았지만 전체적인 흐름은 그와 같은 선에서 이해될 수 있다.

3) 농업에서의 자본주의 맹아론

(1) 자본주의 맹아론과 내재적 발전론

1960년대 본격화된 資本主義 萌芽論(이하 맹아론)은 日帝 植民史觀의 他律性論과 停滯性論에 대한 비판에서 출발했다. 그것을 달리 표현하면 한국사의 발전논리가 단순히 밖으로부터 이식되었다는 外因論 중심의 파악방식에 대해 한국 고유의 내적 발전논리가 당연히 모색되어야 한다는 內因論이 결합된 것을 의미한다. 따라서 맹아론은 한국사의 고유한 내재적 발전논리를 점검하고 나아가 제국주의 침략에 대한 대응방략을 모색하는 가운데 민족국가를 건설하는 데 목표가 있었다.

이같은 맹아론 연구는 아무리 강조해도 지나치지 않는 一國史의 내적 발전의 논리이며 세계 자본주의와의 결합에 있어 무엇보다 중요한 민족사의 내적 역량이다. 따라서 한국사의 내적 발전논리를 검토하는 방법으로서 제시된 타율성론과 정체성론에 대한 비판은 한국사의 주체적 발전과 내적 발전과정을 밝히는 것이어야 했다.[108]

한편 맹아론에 대한 연구사적 반성이 있었는데 이것은 「浮彫的 수법」으로 제시된 것에 대한 문제 제기에 한정되어야지, 일국사의 내적 발전논리를 부정하는 것이어서는 안된다. 바꿔 말하면 내적 발전논리를 지나치게 강조하여

107) 허종호, 앞의 책, 제4장 화폐지대의 발생.
108) 金容燮, 〈日帝 官學者들의 韓國史觀－日本人은 韓國史를 어떻게 보아왔는가－〉(《思想界》 1963년 2월호).

실증할 수 있는 선을 넘어 그것을 도식적으로 강조하는 것도 비판되어야 하지만, 맹아론이 갖는 역사적 의미를 고려하지 않은 채 그것을 부정하는 것도 마찬가지로 비판될 수 있다.

전자는 주로 도식적인 이론에 맞추어 봉건제로부터 자본제로의 이행과정에서 당연히 「부르주아 혁명」을 거쳐야 하며 그러한 밑바탕으로서 부르주아층을 도출해 내고자 하는 좌편향적인 맹아론 연구에서 나온 것이었다.[109] 반면 후자는 서구 자본주의 발전과정에서 도출된 맹아론을 한국의 발전과정 속에서는 검출할 수 없으며 그것을 부각시키는 것은 부조적 수법 내지 민족주의적 열망이라고 주장하는 우편향적인 견해이다.[110]

전자의 연구는 주로 도식적인 유물론자에게서 찾아지며, 후자의 연구는 대체로 미국·일본 또는 국내의 일부 연구자에게서 나타난다. 전자의 경향성은 이미 1970년대까지 마무리된 데 대해, 후자의 경우는 1990년대에 들어와서도 여전히 주장되고 있다. 이같은 편향성은 향후 실증적인 역사 연구를 통해 극복될 수 있는 부분도 있지만 다분히 역사인식 태도의 차이에서 기인하기 때문에 서로 상대방을 설득시키지 못할 가능성이 있다. 그렇기 때문에 일본이나 미국의 한국 연구는 한국사의 고유한 발전논리에 대한 연구보다 제3자가 보는 한국사 연구에 머물 가능성이 많다.[111] 그러한 특수성 논리는 유럽 및 일본의 봉건제를 중심으로 아시아를 설명하려는 방식으로 경사한다. 이후의 자본주의에 대한 연구도 그 연장선에 있다.

---

109) 이같은 경향에 대한 비판은 다음의 글에 소개되어 있다.
吳 星, 〈資本主義 萌芽論의 硏究史的 檢討－初期의 硏究를 중심으로－〉(《韓國史市民講座》 9, 一潮閣, 1991).

110) 이같은 경향에 대한 비판은 다음의 글에 잘 소개되어 있다.
청아 편집부, 〈內在的 發展論의 전진을 위한 方法論的 고찰－일본의 韓國史硏究 수용과 관련하여〉(《封建社會 解體期의 社會經濟構造》, 청아출판사, 1982).
金仁杰, 〈1960, 1970년대 '內在的 發展論'과 韓國史學〉(《金容燮敎授停年退職紀念 韓國史學論叢》, 1997).

111) 최근 일본이나 미국의 한국사 연구와 관련하여 다음의 글이 참고된다.
並木眞人, 〈戰後日本における朝鮮近代史硏究の現段階－'內在的發展論'再考－〉(《歷史評論》 482, 1990).
존 던칸(John Duncan), 〈미국대학 한국사 교육의 동향과 문제점〉(《歷史敎育》 58, 1995).

특히 아시아적 특질을 내세우며 세계사적 보편성을 부정하는 논리의 뒷편에는 일본 중심의 세계관이 도사리고 있고 그러한 논리가 곧 한국사의 보편적 발전을 부정하는 특수한 발전논리로 포장되어 나타나는 것을 경계해야 한다.112) 그것은 일제 식민사관에서도 이론화되었던 정체성과 타율성 논리의 연장선에 있다. 그러한 이론의 근거로 내세워지는 것은 봉건국가의 專制的 성격과 그러한 권력을 상징하는 王土思想이다. 이 때 주의할 것은 일본의 봉건적 토지소유와 한국의 그것은 전혀 다른데도 불구하고 똑같은 이론을 적용시키려고 한다는 점에 있다. 예컨대 일본에서의 토지소유·보유관계를 將軍-大名·給人-農民이라는 지주-소작관계로 보고 조선의 토지소유·보유관계인 국왕-궁방·양반지주-소작농을 일본의 그것과 기본적으로 서로 유사한 것이라고 하는 방식이다.113)

이러한 이론에 따르면 한국 봉건사회의 기본구조는 비록 소유의 복합적·중층적 내지는 상호의존적 관계가 확인되지만, 궁극적으로는 최고의 정치지배자인 국왕의 단일한 토지소유(국가적 토지소유)로 수렴된다. 또한 국가적 상품경제는 지주적·농민적 상품경제를 압도하면서 변혁주체로서 국가적 수탈기구에 기생한 중간계층을 상정하여 한국사의 특질을 거론하고 있다. 이같은 논의는 자생적인 내적 발전의 논리를 부정하는 결과를 가져오며 따라서 맹아론을 부조적 수법으로 비판하면서도 스스로 그것을 탈피할 방법을 찾는 데 실패하게 된다. 이같은 견해는 소위 重層的 토지소유를 주장하는 논자에게서 공통적으로 찾아진다.114)

봉건사회 결여론의 가장 핵심적인 부분인 봉건적 토지소유에 대한 이같은 오해는 향후 상부구조인 국가의 성립과정을 통해 밝혀지겠지만, 아울러 장기적으로 사적 토지소유의 발전이 봉건사회 최말기까지 어떻게 나타났는가를 함께 살펴보는 가운데 해결될 수 있을 것이다. 봉건적 토지소유가 해체하고

112) 이세영, 〈'내재적 발전론'을 가장한 또 하나의 식민주의 역사인식〉(《역사와 현실》 7, 한국역사연구회, 1992).

113) 安秉珆, 《朝鮮近代經濟史硏究》(日本評論社, 1975), 第1章 謬說の批判的檢討.

114) 이영훈, 〈조선후기 '자본주의 맹아성립론' 비판〉(《대학》 창간호, 1985).
———, 〈한국자본주의의 맹아문제에 대하여〉(《한국의 사회경제사》, 한길사, 1986).

근대적 토지소유가 탄생하는 과정은 곧 사적 토지소유에 대한 국가의 법인을 통해 이루어지기까지의 전 과정을 의미하기 때문이다.115)

내재적 발전론의 핵심은 단순한 자본주의 맹아가 아니다. 그 이면에는 봉건적 토지소유와 그것의 해체를 통해 전망될 수 있는 자본주의적 관계의 발생을 시야에 넣고 전 구조적으로 한국사의 내적 발전논리를 찾는 데 있다. 세계사의 보편적 발전논리는 서양의 발전논리에서만 도출된 것이어서는 안 된다. 아시아의 특수한 발전논리가 결합된 보편적 발전법칙이어야 한다. 따라서 세계사의 발전법칙에 대한 연구는 서양에서 시작되었다 하더라도 아시아의 역사 경험이 결합되어야 한다는 점에서 아직 완성된 것이 아니라고 할 수 있다. 그것은 한국의 특수한 발전논리가 결합되어야만 세계 자본주의를 이해할 수 있다는 것을 의미한다.

(2) 자본주의적 관계의 발생

내재적 발전론의 핵심을 이루는 자본주의 맹아란 언제부터 성립하였으며 어떠한 단계를 말하는가?

양란 이후 17세기를 거쳐 18·19세기에 이르러 사회적 생산력이 발전하면서 상품화폐관계도 점차 전국 시장을 대상으로 확대되어 갔다. 이같은 상품경제의 발달은 17세기초부터 100여 년에 걸쳐 시행된 大同法과 均役法 시행 과정에서, 그리고 농업뿐 아니라 상업·수공업·어업·광산업·금속가공업 등의 발전에서 가속화되었다.116) 자본주의적 관계가 발생하기 시작한 시기는 논자에 따라 다소간의 차이가 있지만 이와 같은 여러 분야에서의 변화가 구체화되는 18세기 중엽 이후를 기점으로 삼을 수 있다.

그리고 이 시기의 자본주의적 관계란 자본주의적 생산양식으로 이행하기 직전단계의 맹아를 의미하며 단순 협업, 공장제 수공업(매뉴팩처), 공장제 대

115) 한국역사연구회 근대사분과 토지대장연구반, 《대한제국의 토지조사사업》(민음사, 1995).
崔潤晤, 앞의 글(1996).

116) 吳美一, 〈조선후기 상품유통 연구현황〉(《韓國中世社會 解體期의 諸問題》 下, 한울, 1987).

공업으로 구분할 때 협업단계를 가리킨다.[117] 다시 말하면 자본주의 맹아는 봉건사회 태내에서 상품화폐경제 발달에 따라 성립하는 것이며, 맹아는 자본주의단계로 이행한 가운데 발생하는 것이 아니다. 그렇다면 과도기에 존재하는「맹아」를 명확히 설명하기 위해 생산관계의 변화로 표현된 사회구성의 변동에 대해 살펴보지 않을 수 없다.

자본주의적 요소·맹아가 기존의 낡은 생산양식과 구별되는 것은 농민의 신분으로부터의 자유, 토지로부터의 자유라는 이중적 자유를 얻는 과정에서부터이다. 그러한 과정이 곧 농민층 분화과정이며 동시에 농촌의 임노동자로 변신하는 과정이다. 이 때의 농민층 분화는 자본제단계의 농민층 분해와 구분되며, 이 때의 농촌 임노동자는 자본가에 종속된 임노동자와 구분된다. 이 같은 농민층 분화와 몰락농민의 존재야말로 자본주의 맹아의 본질이며 낡은 봉건적 생산관계로부터 구분되는 지표이다. 이 시기는 자본가와 노동자의 직접적 대립은 형식적으로 나타나며 화폐관계도 유기적으로 결합되지 못한 채 외형적으로만 양자를 묶어주고 있다. 봉건적 생산관계도 여전히 남아 있는 시기이므로 봉건사회 해체기의 제양상도 함께 나타났다. 그와 같은 맹아는 봉건사회의 태내에서 발생하여 그것을 파괴시키고 있었다.

자본주의 맹아에 대한 연구는 봉건체제의 해체와 그것의 형식적·질적 변화를 주목하는 가운데 재점검될 필요가 있다. 그러한 질적 변화를 추적하기 위해서는 상품화폐경제의 발달과 함께 생산력 발전, 나아가 생산관계의 변화를 동시에 살펴보아야 할 것이다. 왜냐하면 생산력의 측면에서 아무리 강조한다 하더라도 아시아의 농업사회는 서양의 산업사회와 다른 고유한 발전논리를 가지므로 상호 비교될 수 없기 때문이다. 중요한 것은 사회구성, 곧 지주제의 변동과 자본제로의 이행과정이 어떻게 검토될 수 있는가이다.

---

117) 日本 資本主義 發達史에 관해 '엄밀한 의미에서의 매뉴팩츄어 시대'의 단초를 幕府 말기에서 찾고 개항 이전 일본의 내재적 발전을 논하는 견해가 제출되기도 했다(《日本資本主義論爭史》上·下, 青木文庫, 1953·1963). 이같은 '嚴매뉴논쟁'도 단순 협업에서 매뉴팩츄어단계로의 단초를 찾는 데 집중되어 있었다.

가. 농민층 분화론

조선 후기 사회구성의 변동을 추적하기 위해서는 무엇보다 농촌사회의 붕괴와 농민층의 분화를 살펴보아야 한다. 그러한 가운데 각 층의 동향을 통해 어떠한 층이 근대 자본주의사회를 전망하고 구래의 관계를 탈피해 나가는 데 주도적인 역할을 담당했는가를 보기로 하자. 그것은 곧 농업개혁을 통한 근대화방략 모색의 중요한 방법이 되고 있었기 때문이다. 지주층 중심의 근대화개혁 구상과 농민층 중심의 근대화개혁 구상은 이같은 봉건체제 파탄에 대한 대응방략으로 모색된 것이기에 지주층이나 부농층 혹은 하층 농민의 동향을 주목할 필요가 있다.

봉건사회 해체의 징후는 농업생산력 발전과 상품화폐경제의 발달을 배경으로 시장의 양적·질적 발전으로 나타났다. 이같은 상품시장 중심의 사회변동 파악은 시장관계를 전면에 내세우지 않을 수 없게 만든다.[118] 즉 상품생산이란 생산관계를 토대로 하고 있는데, 생산관계는 그 자체로서는 자태를 드러내지 않는다. 우리 눈에 반영되는 것은 다만 상품유통이라는 그 현상뿐이라고 하여 시장관계를 전면에 내세우고 있다.[119] 이같은 농업생산력과 시장관계를 중심으로 하는 파악은[120] 경제사 분야에서 이미 기본적인 연구방법으로 제시된 바 있다. 나아가 이와 같은 방법론은 농민층의 양극분해를 부정하고[121] 장기적 추세로서 상층농이 감소하고 중하층농이 증대하는 하향분화로 보인다는 사례연구로 나타났다.[122]

이와 같은 시장 이론은 대체로 서구 기준의 세계사적 일반법칙을 아시아에 적용시키려는 형태로 구체화되었고 소기의 성과를 가져온 것으로 평가되고 있다. 예컨대 농촌수공업과 매뉴팩츄어에 대한 추적 방식을 통해 자본주의 발달 정도를 추적하는 이론을 구축했고 그러한 결과 농민층 분해의 세계

118) 李憲昶, 〈우리나라 近代經濟史에서의 市場問題〉(《泰東古典硏究》 2, 1986).

119) 이같은 시장 이론은 일본 자본주의 발달사에 있어 중요한 이론적 기준을 제시했던 大塚久雄으로부터 영향받은 바 적지 않다. 이러한 측면은 李憲昶, 위의 글 참조.

120) 안병직, 〈조선후기 자본주의맹아 논쟁〉(《현대의 인문사회과학 논쟁》, 한울, 1984).

121) 中村哲·堀和生·안병직·김영호, 《朝鮮近代의 歷史像》(日本評論社, 1988).

122) 李榮薰, 〈朝鮮後期 農民分化의 構造·趨勢 및 그 歷史的 意義〉(《東洋學》 21, 檀國大, 1991).

사적 성격을 밝혀낸 것은 중요하다.[123] 그러나 그러한 서구의 기준을 한국에 적용시키기 위해서는 한국사의 내적 발전논리를 충분히 검토한 후에 그것이 특수한 발전 경로를 가진다면 또다른 형태로 보편적인 법칙을 검토해 내야지 일방적인 적용이 되어서는 안된다.

즉 조선 후기 사회변동의 구조적 특질을 파악하기 위해서는 농업생산력 발달과 상품생산의 분석에 머물러서는 안되고 여기서 더 나아가 구체적인 생산관계의 변동까지를 추적해 내야 한다. 이것은 농촌수공업-매뉴팩츄어로 이어지는 도식적인 자본주의 발달 경로로만 조선 후기의 사회변동을 이해해서는 안된다는 것을 의미한다.[124] 이러한 반성을 통해 조선 후기 농민층 분화의 역사적 성격을 보다 분명히 할 수 있고 나아가 자본주의 맹아의 의의를 적극적으로 평가할 수 있다.

조선 후기의 농촌사회 분해는 농민층에게만 해당하는 것이 아니었다. 양반층까지 포함하는 전반적인 해체 현상으로서 양반·평민·천민층의 상승·몰락은 이 시기 사회변동의 양상을 반영하는 중요한 지표가 되고 있다. '富益富 貧益貧'으로 나타났던 농촌사회의 양극화 현상은 결국 농촌사회의 질서를 재편시켜 갔고 나아가 새로운 체제를 건설할 수 있는 세력을 탄생시켰다.

이러한 농민층 분화의 양상은 양안 분석을 통해 그 일단을 추적해볼 수 있다. 양안은 현존하는 자료 가운데 유일하게 일정 지역의 사회변동을 읽어낼 수 있을 뿐 아니라 거주하는 농민층의 토지소유관계를 추적할 수 있는 자료이다. 단 양안을 보완하는 같은 시기의 호적이 존재한다면 더욱 정밀한 분석이 가능할 것이다. 18세기 초반 무렵의 대구지방의 양안과 호적 자료가 남아 있어 다행스럽게도 농민층의 동향을 일목요연하게 알 수 있게 되었다. 즉 《大邱府租岩面量案》(숙종 46년, 1720)과 《大邱府戶籍》을 결합시켜 양안상의 起主의 토지소유 관계와 신분을 추적한 것이 그것이다.[125]

---

123) 《經濟學辭典》(岩波書店, 1965 ; 1979 再版) 地主制 論爭 참조.

124) 국가권력과 결탁한 특권상인에 대한 연구나 지주층의 상승 전화 방식을 추적함으로써 또다른 자본주의 발달 경로를 밝혀낼 필요가 있다. 이는 농촌에서 발생한 수공업의 발달과 공장제 수공업으로의 발달 경로와는 다른 경로이다.

125) 金容燮, 〈朝鮮後期 身分構成의 變動과 農地所有〉(《東方學志》 82, 1993 ; 앞의 책, 1995).

〈표 3〉 大邱府 租岩面 起主의 신분별 계층 분화[126)]

(단위 : 명, %)

階層 \ 起主	전체 기주	양반기주	평민기주	천민기주
10결 이상				
5결 이상				
1결 이상	56(20.7)	47(35.6)	9(8.1)	
50부 이상	58(21.4)	28(21.2)	28(25.2)	2(7.15)
25부 이상	53(19.5)	21(15.9)	30(27.0)	2(7.15)
25부 이하	104(38.4)	36(27.3)	44(39.7)	24(85.7)
계	271(100)	132(100)	111(100)	28(100)

우선 〈표 3〉에서 볼 수 있는 신분별 토지소유 상황은 양반층의 경우뿐 아니라 평민·천민층에 이르기까지 상하로 양극화되어 있다는 점이다. 전체 271명 가운데 1결 이상의 부농이 56명(20.7%)인데 비해, 25부 이상 소농과 25부 이하의 빈농이 157명(57.9%)이나 된다. 양반층의 경우 47명이 1결 이상을 소유하고 있어 부농 전체의 84%에 이르고 있어 여전히 양반 신분에 부농이 많음을 보여주며, 평민 부농은 9명이고 천민에는 부농이 없다. 반대로 빈농층의 경우는 천민층의 85.7%(24명)가 그에 속하여 여전히 천민 기주의 농지 소유가 열악함을 보여주고 있다. 또한 양반층 가운데 36명이 빈농으로 나타나고 있어 양반층도 농업경영에 관심을 기울이지 않는다면 몰락할 수밖에 없다는 것을 잘 보여준다.

토지소유와 신분과의 관계는 앞에서도 보았듯이 반드시 일치하지는 않는다. 점차 신분에 무관하게 토지를 소유하기 시작했다는 점을 주목해야 한다. 즉 평민층 가운데 1결 이상을 소유한 부농과 50부 이상을 소유하는 중농의 경우는 양반의 그것과 대등할 정도이다.

대구부 조암면지역의 농촌사회 분해형태는 바야흐로 양반층 내부의 분화뿐 아니라 평민층이나 천민층 역시 분화하고 있다는 점을 보여준다. 이 때 상층과 하층부로의 분화는 단순한 봉건적 분화형태와 다르다. 사적 토지소유를 바탕으로 한 토지집적과 농업경영은 평민층·천민층의 대토지소유를 가

126) 이 표는 金容燮교수의 위의 논문 〈표 10〉·〈표 11〉·〈표 12〉·〈표 13〉을 결합시킨 것이다.

능하게 만들었고, 반대로 농업경영에 관심을 기울이지 않는 양반층의 경우는 몰락케 하는 사회가 되고 있었다. 이러한 과정이야말로 신분으로부터 자유로운 토지소유의 조선 후기적 형태라고 할 수 있다.

상층농민에 속하는 지주와 부농층 가운데는 합리적인 농업경영을 통해 생산력 발전을 주도해갔던 층이 존재했다. 당시의 부호층은 토지를 勒買하지 않더라도 다투어 찾아오는 빈농들의 토지를 가만히 앉아서 겸병할 수 있었다.[127] 구래의 경영방식을 고집하던 지주층은 상품경제 발달에 순응하지 못해 몰락했지만 이에 적응한 양반층이나 상인층은 당시의 상업적 농업을 적극 이용하고 있었다. 구래의 경영방식을 통해 지주경영을 행하더라도 당시의 상품경제를 적극 이용하던 부재지주 등이 그러한 경우이다.[128]

이러한 지주층 가운데 상업적 농업에 관심을 기울이던 상인층 등의 농업경영이 주목되기도 하는데 이른바 서민지주라는 농민층의 경영형태이다.[129] 또한 토지소유뿐 아니라 농업경영에 관심을 기울이던 경영지주와 경영형부농이 주목되는 것은 구래의 경영방식이 아니라 새로운 생산관계 담당자였기 때문이다. 전자는 구래의 지주경영과는 달리 挾戶를 이용하거나 賃勞動을 고용하여 지주제 위기를 극복할 수 있는 새로운 경영방식을 모색하고 있었다. 그것은 작인층의 저항에 부딪쳐 점차 임노동고용을 통해 직영지 자작경영을 강화하는 방식을 선호하기 시작했다. 후자의 경우는 자소작농민층으로서 자작 겸 소작을 통해 부를 축적해 갔으며, 이앙법 발달을 계기로 광작을 행하기도 했다. 이들은 지주의 수탈에 대응하여 항조를 행하기도 했던 층으로서 경영 확대에 적극적인 층이었다. 이들은 향촌 내 재생산기반의 확대를 위해 鄕權에 도전하는 방식으로 자신의 입지를 넓혀 나갔다.

반대로 양극화의 한 쪽을 차지하던 하층 농민으로서의 빈농과 몰락농민의 존재는 대개 자작 혹은 소작을 행하던 농민으로서 토지로부터 점차 자유로워지고 있었다. 상품경제의 향촌사회 침투는 이들을 위기에 빠뜨렸고, 흉년

127) 朴趾源,《燕巖集》課農小抄 限民名田議.
128) 崔潤晤, 앞의 글(1997) 참조.
129) 허종호, 앞의 책 참조.

등 자연재해를 맞게 되면 더욱 가속화될 수밖에 없었다. 이들에 대한 三政 수탈은 농민층의 생존마저 위협하고 있었다. 바야흐로 이들이 유일하게 믿을 수 있는 자산은 자신의 노동력만 남게 되었다.

나. 임노동론

농촌사회는 신분제 붕괴와 토지소유의 양극화과정을 통해 점차 분해되고 있었다. 이같은 위기는 지주에게서도 일정한 대책을 마련하지 않을 수 없게 만들었고 농민층에 있어서는 마지막으로 남은 자신의 노동력을 매매할 수밖에 없는 상황으로 몰아갔다. 이러한 가운데 구래의 봉건적 생산관계는 무너지고 새로운 관계가 발생하게 되었다. 그와 같은 관계는 물론 봉건 말기의 형태이므로 각각의 요소가 유기적으로 결합되지 못하고 별개로 나타날 수밖에 없었다.

우선 지주제의 위기는 다음 〈그림 1〉에서 알 수 있듯이 지대 수취의 감소를 통해 나타나고 있었다. 충청도 서산군에 농장을 경영하고 있던 서울의 부재지주의 지대 수취는 순조 32년(1832)에서부터 고종 12년(1875)까지 약 44년간 행해지고 있었지만 전체적으로는 토지의 비옥도에 따라 정체되거나 감소하고 있었다.130)

〈그림 1〉 瑞山郡 郡內面 지대 수취량 추이(1832~1875)

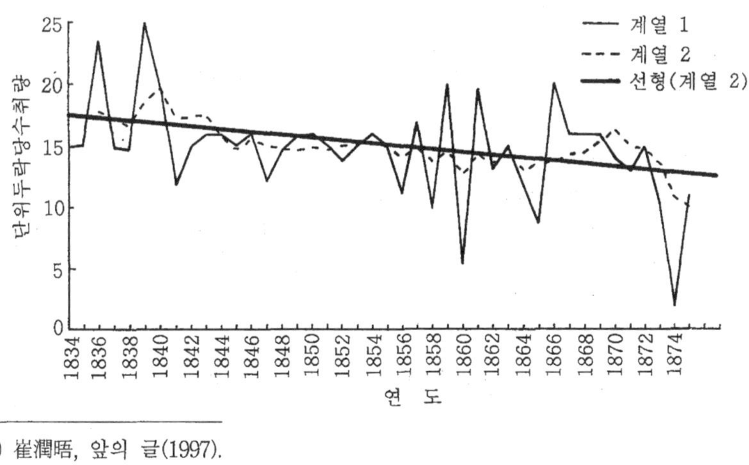

130) 崔潤晤, 앞의 글(1997).

瑞山郡 郡內面의 수취량이 정체 내지 감소하고 있는 상황은 토지수확량 체감의 법칙으로 인한 측면이 고려되어야 하지만 단위 면적당 수취량이 아니라 농가경영 전반에 걸친 생산성의 추이를 고려하기 전에는 속단할 수 없다. 따라서 이같은 수취량의 감소 원인은 아마도 사회구조적인 배경으로부터 찾지 않을 수 없다. 그것은 지주에 대한 작인층의 지대거납 등 抗租로 인한 측면을 통해 이해될 수 있다.

한편 대부분의 하층농민 역시 경영의 위기를 극복하지 못하고 대대로 경작해오던 토지를 팔아 넘기고 몰락해갈 수밖에 없게 되었다. 이른바 농민층은 신분으로부터, 그리고 토지로부터 점차 자유로운 존재가 되어 가고 있었다. 이같은 상황은 우선 다음과 같은 작인층의 빈번한 교체를 통해 이해될 수 있다. 하층농민을 통해 점차 임노동자로 되어 갈 수밖에 없었던 농민층 분화의 실태를 엿볼 수 있다.

〈표 4〉 서산군 작인층의 평균 경작기간

경 작 기 간	인 원(비율)
1~2년	137명(58.3)
3~4년	44명(18.7)
5~6년	13명(5.5)
7~8년	12명(5.1)
9~10년	13명(5.5)
11~20년	14명(6.0)
20년이상	2명(0.9)

왼쪽의 〈표 4〉에서 살펴볼 수 있듯이 서산군 전체 235명의 작인 가운데 경작기간이 1~2년에 해당하는 경우가 58.3%에 달한다. 3~4년 정도 경작하는 경우까지를 합하면 77% 가량이 4년도 안되어 다른 토지로 떠나고 있다. 물론 이 가운데는 토지를 방매함에 따라 사라지는 작인도 포함되어 있다. 한편 작인 가운데는 20년 이상 계속 경작하는 경우도 2명이 보인다. 이 밖에도 11년에서 20년까지 경작한 작인도 14명에 달한다. 지주가의 입장에서는 5년 이상 차경을 계속한 약 23%에 달하는 54명을 근실한 작인으로 파악하고 있었을 것이다.

한편 이들의 평균 경작면적을 보면 대단히 열악한 것을 볼 수 있다. 다음의 〈표 5〉가 그것을 잘 보여준다. 6.1두락에서 10.2두락에 이르는 차경면적이 그것을 잘 보여준다.

〈표 5〉 서산군 작인층의 평균 경작면적

연 도	두 락	작 인	평 균	연 도	두 락	작 인	평 균
1832	498.0	59명	8.4	1854	124.0	17명	7.3
1833	227.0	34	6.7	1857	115.0	17	6.8
1836	262.5	35	7.5	1860	115.0	17	6.8
1839	285.5	37	7.7	1863	124.0	17	7.3
1842	210.0	28	7.5	1866	125.0	18	6.9
1844	129.5	17	7.6	1869	128.7	20	6.4
1848	129.1	15	8.6	1872	126.7	19	6.7
1850	122.0	12	10.2	1875	128.0	21	6.1

* 위의 통계는 순조 33년(1833) 이후 매 3년을 기준으로 하였고 누락된 연도(1845·1851)가 있을 경우에는 전 해의 수치를 이용하였다.

한편 이들의 차경면적이 열악하다는 것과 작인층의 빈곤과는 반드시 비례하지 않는다. 왜냐하면 작인층의 경우 다른 지주가의 농토를 차경할 수 있을 것이고 동시에 자작지도 소유할 가능성이 있기 때문이다. 따라서 이같은 사정을 고려할 때 지주가 사례분석을 통해 농민층의 분화 양상을 일반화시키는 데는 많은 문제가 있다. 이러한 것은 궁방전의 경우도 마찬가지이다. 만일 이같은 상황을 고려하지 않고 농민층 분화를 말한다면 모두가 하향 분화로 나타날 것이기 때문이다.

이러한 지주제 위기와 작인층의 동향은 하층 몰락농민의 존재를 보다 분명하게 말해주고 있다. 이들은 佃作 또는 無田無佃 농민층으로서 점차 농촌의 고용노동자로 전락하고 있었다. 물론 이들의 존재는 바로 농업자본가와 연결시킬 수 없고 항상적인 고용처가 제공된 것도 아니기 때문에 이러한 존재의 발생이야말로 자본주의 맹아의 상징적인 징표라고 할 수 있다.

이 시기 임노동층은 지주제의 확대와 차지 경쟁의 희생물로서 스스로의 노동력을 판매하기 위해 노동력 시장을 찾고 있었다. 그와 같은 시장은 대개 유랑민으로서 존재하거나 아니면 장시를 중심으로 '賃傭爲業者'로서 생계를 유지할 수밖에 없었다. 이들의 '多結作黨'하는 형세는 곳곳에서 발견되었다. 농촌에서 유리하기 시작한 농민층은 광산이나 수공업장을 찾기 시작했고, 이러한 결과 山郡의 농가는 1일에 100전을 주더라도 雇人을 구할 수 없으니 모두 金店 때문이라고 하는 상황이 되었다.[131] 18세기 이후 농촌 고용노동층은 다양한 부문으로 진출하는 가운데 유일한 자산인 노동력을 판매하고 있었다.

조선 후기의 임노동자는 고용주와의 계약관계에 있어 다소라도 유리한 雇價를 받고자 힘썼다. 향촌 내에서의 다양한 고용관계는 법전에도 반영되기에 이르렀다. 즉 "倩工人으로서 10냥을 받고 5년 이상 고용되어 立券入籍된 자를 雇工으로 論하고, 대가도 받지 않고 입권입적도 안된 채 1, 2년 使喚하는 자는 凡人으로 논한다"[132]라고 하여 18세기 후반 《추관지》 고공조에서 논의된 내용이 이후 제반 법규정에 적용되고 있었고, 이것은 19세기 후반의 《大典會通》에 등재되기에 이르렀던 것이다. 이같은 규정은 고공과는 별도로 향촌에서 '朝聚暮散之類'라고 불리던 임시 고용층을 '凡人'으로 취급해야 한다는 내용이었다.

향촌의 一時作傭層은 장기고공과는 구분되며 이들은 고가를 받을 수 있는 곳이면 수시로 고용처를 찾던 존재였다. 이들 일시 고용층이 고가를 중심으로 爭雇를 벌이고 있었다는 것은 고용관계가 발전하고 있었다는 단적인 표현이었다. 이들 쌍방간의 계약은 자본가와 노동자의 그것처럼 항상적이며 실질적인 종속관계로 나타나지는 못했지만 그러한 단초를 보여주었다. 이들의 형식적인 종속관계는 상하위계적 신분제사회 내에서 발생했다는 점에서 의의를 찾을 수 있다.[133] 조선 후기의 고용-피고용관계는 勒買되거나 和誘하거나 略賣해서 몰래 고용자를 만들어서는 안되는 쌍방간의 대등한 관계로 발전해갔다. 물론 이 때의 대등관계 역시 봉건적·인신예속적 관계에 대한 상대적인 개념이며, 사적 고용관계가 경제적 강제를 매개로 대등한 관계로 진전되어 갔다는 것을 의미했다.

자본주의 맹아란 지금까지 살펴보았듯이 생산력의 차원에서 매뉴팩추어 단계로 들어갔는가의 여부를 평가하는 방식이 아니라, 생산관계라는 측면에서 지주제의 변동과 새로운 부농층의 출현, 그리고 임노동층의 발생을

---

131) 丁若鏞, 《與猶堂全書》 1, 詩文集 文, 권 9, 應旨論農政疏.
132) 《大典會通》 刑典 推斷.
133) 崔潤晤, 앞의 글(1990).

통해 구래의 인간관계와는 구분되는 새로운 생산관계가 발생하고 있다는 측면에서 주목되어야 할 것이다. 자본주의 맹아란 결코 장미빛 미래를 의미하는 것이 아니다. 또 하나의 새로운 질서가 탄생하고 있다는 것을 의미하며 그러한 요소야말로 세계 어느 곳에서도 찾을 수 있는 보편적 발전법칙이다.

〈崔潤晤〉

4. 임노동의 발생

1) 농민층의 분화

조선 후기사회는 농촌과 도시를 막론하고 끊임없이 움직이고 있었다. 그 움직임은 봉건적 사회질서를 부정하는 방향에서 전개되고 있었다. 한편 그 움직임은 새로운 질서를 추구하는 움직임이기도 하였다. 경제적 측면에서의 그러한 움직임은, 봉건적 경제체제로 편제되어 있던 당시의 경제구조가 동요하는 속에서 근대지향적인 자본주의적 관계가 발생함을 뜻하는 것이라고 할 수 있다.

조선 후기사회에서 자본주의적 관계의 발생은 필연적이었다. 생산력이 증대하고 상품화폐경제가 활성화하는 속에서 자본이 집적되고 사회적 분업이 분명해지고 있었다. 조선 후기사회에서의 경제계의 새로운 움직임은 분명히 봉건적 경제체제의 기반 자체를 무너뜨리는 것이었고, 나아가서 자본주의적 관계의 발생을 위한 전제조건을 만들어주고 있었다.

그런데 자본주의적 관계의 발생은 일반적으로 자본의 집적뿐 아니라 賃勞動의 존재가 중요한 역할을 한다고 이해되고 있다. 특히 임노동은 자본주의적 생산관계를 규정하는 데 결정적 변수로 작용한다. 물론 임노동이 광범히 존재하고 그 형태가 다양하다고 하여서 자본주의적 노동형태라고 단정하기에는 이르다. 전통사회에서도 임노동은 가능하고, 실제로 존재하기도 했다.

자본주의적 노동형태는 노동자가 생산수단으로부터 자유로우며, 인신적 예속으로부터 해방된 것이어야 한다. 그런데 조선 후기에 보여지고 있는 임노동은 부분적이지만 생산수단과 인격적 예속에서 해방된 노동형태로의 질적 전환을 보여 주고 있었다. 그것을 자본주의적 관계의 발생이란 측면에서 보아도 그리 무리한 해석은 아닐 것이다.

(1) 부역제의 한계

조선 후기, 특히 18세기 이후에 보편화되고 있던 임노동형태는 필연적 현상으로서 당시의 사회경제적 산물이었다. 당시의 사회경제적 변화는 여러 부문에서 임노동이 발생하는 조건을 마련해 주고 있었다.

첫째로, 신분적 토대 위에서 운영되던 노동력의 강제동원체제인 賦役制가 이 시기에는 더 이상 정상적으로 운영되지 못하게끔 한계에 이르고 있었다는 점이다. 성리학적 지배원리를 바탕으로 하여 봉건적 사회질서를 다시 한번 재편성하면서 성립한 조선왕조는 건국 당초에 노동력 수취체제로서 부역제를 마련하였는데, 이에 의거하여 일반 백성은 身役으로서 국가가 필요한 모든 노동활동에 동원되어야 했다. 흔히 '役'으로도 일컬어지는 국가의 노동활동에는 노동의 성격에 따라 軍役·職役·徭役의 구별이 있고, 노동자의 신분에 따라 良役·賤役의 구별이 있었다.[1] 그런데 이와 같은 부역제는 성립 당초부터 많은 모순을 지니고 있었다. 먼저 良人皆兵制, 兵農一致制의 원칙 아래 16세에서 60세에 이르는 모든 양인 장정이 부담하던 군역제는 경제적 뒷받침이 안되는 給保制에 의존함으로써 처음부터 허구성을 내포하고 있었다. 즉 조선 건국의 주역들은 府兵制의 정신에 의해 國役을 지는 자에게는 누구나 그 지위에 상응하는 일정한 면적의 토지를 지급한다고 하였지만, 科田法에서는 농민에게 결코 한 평의 토지도 지급하지 않았고, 그럼에도 불구하고 모든 농민에게 군역을 강요하였다.[2]

봉건국가는 군역뿐 아니라 요역도 일방적으로 강요하였다. 요역은 중앙

1) 劉元東, 〈國家財政〉(《한국사》 10, 국사편찬위원회, 1974), 522쪽.
2) 車文燮, 〈壬亂 以後의 良役과 均役法의 成立(上)〉(《史學研究》 10, 1961), 120쪽.

및 지방의 관부에서 필요할 때마다 수시로 농민의 노동력을 징발·사역하는 無償의 강제노동이었다. 15세기말에 편찬된 《大典續錄》에 의하면, 당시 농민들이 부담하던 요역은 進上·貢物 등의 생산과 운반, 사신들의 짐 운반, 성곽·도로·제방·목장·공공건물·陵墓 등에서의 토목공사, 얼음·숯·석회·광물·무기·화약의 제조 등 그 종류가 헤아릴 수 없을 정도로 많았다.[3] 봉건국가는 이같은 요역에 농민을 징발하면서 나름대로 원칙을 정하였다. 즉 조선왕조의 기본법전인 《經國大典》에서는 무릇 토지 8結에 1명의 부역을 내고, 1년에 6일 이상 노동을 시킬 수 없다고 규정하였다.[4] 그러나 이것은 한 번도 제대로 집행된 일이 없는 허구적인 조처에 불과하였다. 더구나 요역은 부담량이 정해져 있지 않았기 때문에 지방관의 자의적인 수탈이 처음부터 불가피한 것이었다. 그리고 잡다한 요역의 노동량은 부역군을 사역할 수 있는 기간을 법적으로 제한하고 있었기 때문에 工役을 원만히 진행시킬 수 없었는데, 그렇다고 하더라도 그 일의 책임을 맡은 관리가 책임을 회피할 수 있는 것도 아니었다. 또 부역에 응하는 농민들의 거주지와 노동현장과의 거리도 고려되지 않고 있었으므로, 그들의 왕래와 복무에는 여러 가지 어려움이 따랐다. 예컨대 皂隸·羅將의 근무처는 서울이었지만, 그것에 동원되는 사람들은 경기·충청·강원·황해도 등 지방의 농민들이었다. 게다가 그들 부역군들은 대개 식량·기구 등을 스스로 부담하는 것이 원칙이어서 부담이 과중하였다.[5]

특히 당초부터 부역제에는 *布納化*의 가능성이 존재하고 있었다. 본래 역은 신역을 원칙으로 하여 개개인의 노동력을 직접 징발하는 것이었는데, 立役者가 질병이나 혼인·喪 등의 일을 당했을 때는 신분이나 직역에 따라 차이있게 역을 면해주거나 代役을 허용해주었다. 이를 악용하여 대역의 풍조가 만연해지면서 15세기에 이미 대역을 공인하게 되고 대역의 값이 정해지고 있었다. 16세기에 이르러서는 *身役制*의 원칙이 무너지고 *布役制*가 법제화되었다. 비록 모든 역에 적용된 것은 아니었지만, 보병에 적용된 軍籍收布法은

3) 《大典續錄》 권 2, 戶典 徭賦.
4) 《經國大典》 권 2, 戶典 徭賦.
5) 《中宗實錄》 권 31, 중종 12년 12월 무오.

역제 전반의 동요에 결정적으로 작용하였다.[6] 신역이 포납화하는 속에서 봉건국가는 역의 근본 의미를 잊어 갔고, 그리하여 身布를 일반재정에 충당하는 데 급급하였다. 이같은 상황 속에서 탐관오리들은 수탈을 목적으로 온갖 부정과 비리를 자행하니 농민의 부담은 견딜 수 없는 지경에 이르렀다.

부역제의 동요는 조선 후기에 이르러 더욱 심화되고 있었다. 賦稅의 일종으로 바뀐 軍布의 부담은 그 부담액이 과중할 뿐 아니라 역의 종류에 따라 고되고 무거움과 헐하고 가벼움에 차이가 있어, 농민들이 과중한 양역으로부터 벗어나기 위해 여러 시도를 하였고, 이 때문에 그 운용이 매우 어려웠다.[7] 그리고 漕軍과 같이 신역이 아직 징발되는 곳에서도 苦役을 불가피하게 하는 제도적 불합리성에 더하여 탐관오리들의 핍박이 가중되어 그 입역조건은 17세기에 이르면 극도로 악화되고 있었다. 이 때문에 더이상 견딜 수 없게 된 부역꾼들은 소극적으로는 대립을, 적극적으로는 流亡을 꾀하여 應役 자체를 거부하고 있었다. 조선 전기에도 유망현상이 보이기는 했지만, 17세기에 이르러 그 현상은 한층 두드러졌다. 稅穀을 운송하는 노동인 漕役의 경우, 인조 27년(1649) 사헌부 집의 金弘郁의 조사 보고에 의하면, 고된 조역 때문에 流移逃散하는 조군이 10 중 8, 9이요, 가산을 겨우 지탱할 수 있는 조군이 10 중 2, 3뿐이었다고 한다.[8] 조군의 유망은 응역자의 부족현상을 가져왔다. 숙종 21년(1695) 참찬관 崔奎瑞의 보고에 의하면, 한 사람의 조군을 확보하고자 하여 조사에 나서도 열 집이 모두 빈 집이며, 끝까지 추쇄하고자 하니 온 고을이 소연하여 마치 난리를 겪는 것과 같다고 하였다.[9]

이와 같은 현상은 다른 부역노동에서도 그 양상이 같지는 않더라도 유사하게 나타나고 있었다. 부역노동 가운데서도 부정기적이고 일시적인 노동력 징발은 민호의 田結數를 기준으로 하는 요역이었다. 요역에서 가장 큰 비중을 차지하는 것이 공물의 생산과 운송에서의 노동이었다. 그런데 17세기에 大同法이 시행되면서 공물과 관련된 노동력 징발은 원칙적으로 배제되었

---

6) 《中宗實錄》 권 94, 중종 36년 12월 임신.
7) 鄭演植, 〈17·18세기 良役均一化政策의 推移〉(《韓國史論》 13, 서울大, 1985), 123~137쪽.
8) 《備邊司謄錄》 13책, 인조 27년 3월 19일.
9) 《備邊司謄錄》 49책, 숙종 21년 2월 24일.

다.[10] 아울러 지방 군현의 일부 요역도 布納化되어 갔다. 그러나 신역으로서의 노동력을 징발하는 요역은 아직도 여러 종류가 남아 있었다. 山陵·궁궐·관아·성곽·제언·도로 등의 토목공사에 부역노동이 강행되고 있었다. 17세기초의 山陵役에는 대체로 8천~9천 명의 인부들이 징발되는 것이 관례가 되고 있었다.[11] 그런데 이와 같은 요역노동에서도 조역에서와 마찬가지로 가혹한 노동 부담과 열악한 작업조건 아래서 동원된 농민들은 가급적 이를 기피하고자 하였고, 대립·投託하던 농민들은 마침내 유망의 길을 택하기에 이르렀다. 결국 그것은 응역자의 감소현상을 초래하였으니, 영조 11년(1735) 경기감사 趙明翼의 보고에 의하면, 楊州牧의 전체 民戶 9천여 호 가운데 응역할 수 있는 민호는 5백여 호에 불과하다고 하였다.[12]

위정자들은 피역자가 날로 증가하고 그리하여 응역자의 감소현상이 심해지자 그들이 계획했던 공사를 수행할 수 없게 되었다. 그러한 현상은 궁궐이나 각 관청에서 잡무에 종사하는 差備軍노동이나, 지방관청에서 주관한 축성·도로공사 등 요역뿐 아니라 기술노동을 행사하고 있던 관청수공업장에서도 예외없이 나타나고 있었다. 이에 위정자들은 적극적인 관심을 가지고 대책을 강구하지 않을 수 없게 되었다. 그들은 우선 役弊를 일으키고 있던 탐관오리들의 탐학을 제거하고자 하였고, 응역자의 피역을 법규로써 엄히 규제하고자 하였다. 다음으로 番次規定을 완화하여 그 부담을 경감해주는 듯하였다. 잡역에는 가급적 동원하지 않게 하였다. 그러나 그러한 일련의 대책은 부역제의 문제를 근본적으로 해결하는 것이 아니었다. 피역과 유망이 날로 심화되고 있던 상황 속에서 그것은 부역제를 계속 유지하려는 고식적 의도에서 제안된 것이었다. 17세기 이후 요역에서 응역인원이 부족하자 승도를 대신 입역시키고 있었는데 이것도 임기응변적 조처였을 뿐 본질적 대책은

---

10) 韓榮國, 〈湖西에 實施된 大同法－大同法研究의 一齣－(下)〉(《歷史學報》 14, 1961), 124쪽.
———, 〈湖南에 實施된 大同法－湖西大同法과의 比較 및 添補－(完)〉(《歷史學報》 24, 1964), 112쪽.

11) 《宣祖實錄》 권 130, 선조 33년 10월 정해.
《仁祖實錄》 권 22, 인조 8년 4월 병인.

12) 《各陵修改謄錄》 을묘년 윤4월 24일.

아니었다.[13] 피역의 물결은 이제 막을 수가 없게 되었다. 역을 담당할 사람이 없는 속에서 부역제는 의미가 없었다. 부역제는 이제 원형대로 돌이킬 수가 없었다.

(2) 노동력 수요의 증대

둘째로, 사회적 분업이 분명해지고, 상품화폐경제가 발달하는 속에서 노동력의 수요가 크게 증대하고 있었다는 점이다. 우선 노동력의 수요는 국지적이었지만 농촌에서 나타났다. 조선 후기 농촌사회에서는 지배층의 억압과 횡포, 그리고 상품화폐경제의 보급으로 농민계층이 분화되어 대다수의 농민들이 영세한 소작농이 되거나 농토에서 방출되어 갔고 이와 아울러 일부 농민들이 경영방법의 개선으로 경작지를 확장하고 상업적 농업을 영위하는 모습도 보여지고 있었다.

이른바「經營型富農」또는「庶民地主」라고 불리우는 부농층은,「地主型富農」또는 封建地主들이 농토를 빌려주는 대가로 소작료를 거두어 富를 축적함에 대하여 경영확대와 상품생산을 통해 부를 축적하고자 했다.[14] 그들은 自作地나 小作地를 막론하고 토지를 늘려 갔는데, 그 방법으로 황무지를 개간하거나 토지를 매입하였고, 때로는 退賭地도 매입하여 경영을 확대하였다. 18세기의 경영형부농들은 3, 4정보 이상을 경작하는 경우가 많았으며, 때로는 20여 정보의 농지를 경영하는 경우도 있었다. 이와 같은 경영규모는 가족노동의 능력범위를 넘어서는 것이다. 특히 농법이 移秧法으로 바뀌면서 이앙기에는 단시일에 많은 노동력이 필요하였다. 18세기 전반의 실학자 李瀷은 농촌 실정을 말하면서 재력있는 자는 일이 없는 자들을 고용하여 넓은 땅을 갈고 많이 심어서 많은 수확을 거둔다고 했다.[15] 같은 무렵 충청도 농촌실정을 보고한 朴文秀도 불과 10마지기의 소작지를 경영하는데

---

13) 《備邊司謄錄》 27책, 현종 9년 11월 6일.

14) 金容燮, 〈朝鮮後期의 經營型富農과 商業的 農業〉(《朝鮮後期農業史硏究－農業變動·農學思潮－》Ⅱ, 一潮閣, 1971), 135쪽.
허종호, 《조선봉건말기의 소작제연구》(사회과학원출판사, 1965 ; 한마당, 1989), 78쪽.

15) 李 瀷, 《星湖僿說》 人事門 什一賦.

도 세 번 김매고, 벼베고 타작하는 데 소요되는 노동력이 연 50명이나 된다고 하였다.[16]

한편 경영형부농층은 이 시기 유통경제의 발달에 부응하여 잉여생산물을 시장에 내놓았고, 더 나아가 시장을 대상으로 한 농산물을 재배하기에 이르렀다. 농민들이 생산한 상품작물에는 미곡을 비롯한 곡물이 큰 비중을 차지하였는데, 조선 후기에는 이 밖에도 목화·담배·인삼·약재·채소 등이 인기있는 상품작물로 재배되었다.[17] 그런데 이들의 생산에는 많은 노동력이 필요하였다. 씨뿌리기, 김매기, 곳순 잘라주기, 수확물 채취 등에 있어 집약성이 높아 많은 노동력이 소요되었다. 특히 목화·담배·인삼을 재배하는데 드는 노동력은 일반 곡물농사를 하는 것보다 배가 더 소요되었다. 開城을 중심으로 성행한 인삼재배의 경우를 보면, 인삼재배는 토양·온도·햇빛에 민감하기 때문에 재배과정에는 매우 많은 노동력이 필요하였는데, 늘 蔘床에 물을 주며 온도와 햇빛을 조절하는 데 항시 유의해야 했다. 더구나 인삼을 옮겨 심을 때나 땅에서 캘 때는 한꺼번에 많은 노동력이 필요하였다.

노동시장은 이 시기의 상공업 활성화에 힘입어 농촌에서보다도 수공업장이나 광산·浦口 등지에서 더 확장되고 있었다. 조선 후기에는 부역제에 토대하여 운영되던 官營手工業이 쇠퇴하고, 자유롭게 제품을 생산·판매하는 民營手工業이 성장하고 있었다. 대동법의 시행은 민영수공업의 발달을 더욱 촉진하였다. 민영수공업은 종이·자기·철물·가구·농기구·직물 등에서 발달하였는데, 생산규모가 커지면서 매뉴팩처적 경영으로 발전해가고 있었다. 그리하여 그 생산과정에는 많은 노동력이 필요하였다. 노동시장은 鍮器店·鐵器店·沙器店 등의 店村을 중심으로 형성되었다.[18]

한편 수공업 제품의 유통 및 수요의 증가는 그 원료 생산을 위해 광업의 발달을 촉진시켰다. 광산경영 역시 조선 전기에는 부진하였으나, 17세기 이

16) 《備邊司謄錄》 82책, 영조 3년 10월 22일.

17) 金容燮, 앞의 책, 153~180쪽.
李永鶴, 〈18세기 煙草의 生産과 流通〉(《韓國史論》 13, 서울大, 1985), 207쪽.

18) 宋贊植, 《李朝後期 手工業에 관한 硏究》(서울大 韓國文化硏究所, 1973), 95쪽.
金泳鎬, 〈朝鮮後期 手工業의 發展과 새로운 經營形態〉(《大東文化硏究》 9, 成均館大, 1972), 119쪽.

래로 금·은·동에 대한 수요가 급속히 증대하면서 광산의 개발이 촉진되었는데, 17세기 말엽에는 은광의 경우 70개소에 이르는 銀店이 설치되기도 하였다.[19] 광산개발은 위험성이 많기는 했지만, 수익성이 높아 자본을 집적한 사람들은 이 부문에 적극 진출하여 큰 자본을 모으기도 하였다.[20] 이같은 광산에서는 채취과정에서 많은 노동력이 소요되었다. 광산에서의 노동은 고되고 험한 것이었지만, 깊은 산 속에서 작업하기 때문에 봉건국가 또는 탐관오리들의 통제와 억압이 덜 미치고 있어 농민들은 오히려 선호하였다. 노동조건이 비교적 좋고 수익성이 높은 금광 같은 곳은 노동수요가 컸다. 금광의 생산공정은 채굴·운반·건조·분쇄·선별·도금 등으로 나뉘어지는데, 18세기말 황해도 遂安금광의 경우 550여 명의 광부들이 39개의 金穴에서 일하고 있었다.[21]

노동시장은 포구나 장시와 같은 상업기지에서도 형성되고 있었다. 농업·수공업 등에서의 생산력 증대는 자연히 物貨의 유통을 활발히 하였고, 그러한 속에서 서울을 비롯한 각지에서 상인들의 활동이 분주하였다. 곡물·어염·과일·목재 등을 판매하여 큰 이득을 보는 상인들이 적지 않았는데, 그들 중의 일부는 都賈로 성장해갔다. 상업이 활성화되면서 장시와 장시, 포구와 포구를 연결하는 원격지교역이 이루어지고, 운송·창고·금융의 전문업자도 생겨났다. 장시와 포구가 상업기지로 발전해가면서 물화를 옮겨 싣고, 실어나르고, 관리함에 많은 노동력이 필요하였다.[22] 특히 포구에는 대량의 화물을 실은 선박이 드나들고 있어서 부두노동자들이 항시 필요하였다. 19세기 중엽 전라도 沃溝의 群山浦의 경우에는 매일 60~70명의 인부가 고용되고 있었다.[23]

---

19) 柳承宙, 〈朝鮮後期 鑛業 經營形態에 관한 一硏究－17·8世紀 別將制下의 銀店을 中心으로－〉(《歷史敎育》 28, 1980), 81쪽.

20) 林炳勳, 〈朝鮮後期 鑛業經營의 發展－金·銀鑛業을 中心으로－〉(《韓國史硏究》 32, 1981), 135쪽.

21) 《備邊司謄錄》 188책, 정조 22년 7월 27일.

22) 高東煥, 〈18, 19세기 外方浦口의 商品流通發達〉(《韓國史論》 13, 서울大, 1985), 239쪽.

23) 《宗親府謄錄》 무신 5월 일.

(3) 노동예비군의 형성

셋째로, 농민층 분화를 주된 요인으로 하여 생성된 '可賃勞動人口'가 이 시기에 크게 증대한 점도 임노동 발생의 중요한 조건이 되고 있었다. 노동형태에서 임노동이 주요한 양상으로 나타나기 위해서는 노동력의 수요가 창출되어야 함과 아울러 노동력이 자유롭게 공급되어야 한다. 특히 봉건사회의 태내에서 자본주의적 관계가 발생하기 위해서는 상당한 자본 또는 생산수단을 축적한 자본가의 출현과 함께 신분적, 인격적 예속으로부터도 그리고 생산수단으로부터도 해방된 자유로운 노동력의 공급이 전제되어야 한다. 원래 자유로운 노동자란, 그들 자신이 노예 또는 농노와 같이 생산수단에 결박되어 있지도 않고, 자영농과 같이 생산수단, 즉 토지가 그들에게 속하여 있지도 않으며, 오히려 생산수단으로부터 자유로우며, 인격적으로 그 누구에게도 예속되어 있지 않은 그야말로 자유로운 품팔이꾼을 말한다. 이 자유로운 노동력이 시장에서 자본과 만나 생산관계를 이룰 때 그것은 자본주의적 임노동으로 전환된다.[24]

조선 후기에는 농촌사회가 여러 요인에 의해 부농과 빈농으로 양극화되고 있었다. 봉건정부와 봉건지주의 탐학·착취도 원인이 되고 있었지만 농민층의 분해가 내적 요인에 의해 급격히 진전되고 있어 농토에서 방출된 많은 유랑민이 임노동자화할 수 있는 조짐을 분명히 보여주고 있었다. 18세기 李大圭는 그의 《農圃問答》에서, 부자들은 넓은 땅을 차지하고 빈민들을 종처럼 부리면서 농사일을 하지 않고 호사롭게 살지만, 빈민들은 한 치의 땅도 없이 부자의 땅을 빌어 힘껏 농사지어도 겨우 소출의 절반밖에 차지하지 못하고, 그렇지도 못하면 농사일에 품을 팔아 하루하루를 살아 갈 뿐이라고 하였다. 또 품팔이조차 얻지 못하면 거지가 되어 떠돌아다닌다고 당시의 농촌 실정을 표현하였다.[25]

농민층의 분해는 첫째 토지소유구조의 모순에서 촉발되고 있었다. 본래

---

24) 전석담·허종호·홍희유, 《조선에서 자본주의적 관계의 발생》(과학백과사전종합출판사, 1970 ; 이성과 현실, 1989), 144쪽.
25) 李大圭, 《農圃問答》 均田制.

조선왕조의 토지제도는 科田法에 의거하여 토지의 사적 소유를 기본적인 전제로 하는 地主·佃戶制의 토대 위에 그 사적 소유를 일정하게 제약하는 국가의 토지지배권이 작용하고 있었다. 즉 과전법에서의 토지분급은 수조권에 의한 토지점유를 인정한 田主·佃客制를 의미하는 것으로서, 과전은 지배계층인 양반이 봉건국가에의 봉사와 충성의 대가로서 받았기 때문에 생산자 농민과 소유지를 정치적, 신분적으로 지배하고 그 생산물의 일부를 무상으로 수취할 수 있는 것이었다.[26] 그런데 16세기에 이르러 職田法이 유명무실해지면서 수조권적 토지지배가 해소되고, 竝作制가 전면적으로 확대되면서 소유권에 입각한 지주제가 발달하기 시작하였다.[27] 이를 계기로 양반관료·토호 등 봉건지배층의 토지에 대한 사적 소유욕이 강화되어 그들은 여기에다 그들의 경제기반을 구축하고자 하였다. 봉건지배층의 토지소유는 주로 정치적 지배력을 바탕으로 이루어졌는데, 그들은 수단과 방법을 다하여 대토지소유자로 성장하여 갔다.

이러한 경향은 17세기에도 지속되었다. 전국토를 거의 황폐화하고 국가재정을 거의 탕진케 한 倭亂·胡亂을 겪으면서, 조선왕조는 그 존속을 위해서 전후 복구사업을 추진해야 했다. 특히 농토의 확보가 시급하였다. 그리하여 개간사업이 정책적으로 추진되었다. 새로이 개간된 농지는 그것을 개간한 사람에게 소유권을 부여하였다. 개간에는 많은 자금이 소요되었다. 따라서 이러한 사업에는 왕실·관아·양반관료 등이 주로 참여하고 부분적으로 상인이나 부호 등이 참여하여 지주층으로 성장하였다.[28] 이로써 전국 각지에는 새로운 宮房田·官屯田 및 양반층의 농장이 생겨났다.

그런데 이 시기 이후의 토지소유관계에서는 신분적 속성이 약화되어 가고 있었다. 경제외적 강제가 줄어들고 있었던 것이다. 그것은 상품화폐경제가 급속히 진전하면서 토지소유에 있어서도 상인, 부호 등 비특권적 지주들의 토지집중이 늘어남과 아울러 농민들의 신분제적 구속에 대한 저항으로 인한

26) 李景植,《朝鮮前期 土地制度 硏究》(一潮閣, 1986), 296쪽.
27) 李景植, 〈16世紀 地主層의 動向〉(《歷史敎育》 19, 1976), 181쪽.
———, 〈朝鮮前期 職田制의 運營과 그 變動〉(《韓國史硏究》 28, 1980), 107쪽.
28) 李景植, 〈17世紀의 土地開墾과 地主制의 展開〉(《韓國史硏究》 9, 1973), 96쪽.
金容燮, 앞의 책, 146~149쪽.

현상이었다. 18세기에 이르러서는 사회계급적 관계에서도 봉건적 신분제도가 분해되기 시작하면서 신분적 대립은 약화되어 갔다.29) 그리고 농업과 수공업에서의 생산력 증대는 상품유통을 촉진하였는데, 이로 인하여 상인·부농·고리대금업자 등은 재화의 축적이 가능하게 되었고, 축적된 재화의 대부분은 수익성이 비교적 안정된 토지에 투자되었다.

한편 화폐가 널리 보급되고 유통경제가 장시를 통해 농촌에 침투함에 따라 토지의 상품화가 촉진되었다. 이 시기의 토지매매는 경제외적 강탈이 전혀 배제된 것이 아니었지만, 대체로 자유매매에 의해 이루어지고 있었다. 자유매매는 숙종 14년(1688) 봉건정부가 궁방에 給價買土하면서 기본적 현상으로 자리잡아 갔다.30) 물론 상인·부농들이라 하여 순경제적 관계에 의거하여서만 토지를 사들인 것은 아니었다. 특히 고리대나 勒買도 상인·부호들의 주요 토지집적 수단이었다.31) 상인·부호들은 고리대로 돈과 곡식을 빈농들에게 빌려주거나, 흉년·길흉사로 인해 농민이 곤궁함을 기화로 그들의 토지를 헐값으로 빼앗았다. 그렇다고 하여도 봉건적 특권에 의거하여 농민들의 토지를 강제로 뺏는 일은 점차 사라지고, 이제는 양반관료들도 농민이 팔기를 원하는 토지를 시가에 준하여 사야만 했다.

토지의 상품화는 일부 부유층으로 하여금 토지집중을 쉽게 하였으며, 그 반면에 빈농의 토지상실을 촉진시켰다. 특히 상인들은 그 동안 축적한 재화를 갖고 빈농 또는 몰락한 양반들의 토지를 틈나는 대로 매입하였다. 그리하여 冠婚喪祭 등 돈을 쓸 일이 생겨서 또는 빚을 갚기 위하여 굶주리고 힘없는 농민들은 조상 대대로 경작해오던 토지를 팔아 파산하여 갔다.32) 그리고 그들 중의 일부는 토지, 즉 생산수단으로부터 유리되어 노동력을 팔지 않고서는 살아갈 수 없게 되었다.

서울 부근과 강화도 일대에서는 양반관료·상인들에 의하여 많은 토지들

29) 金容燮, 〈朝鮮後期에 있어서의 身分制의 動搖와 農地占有－尙州量案硏究의 一端－〉(《史學硏究》 15, 1963), 46~48쪽.
30) 전석담·허종호·홍희유, 앞의 책, 108쪽.
31) 李世永, 〈18, 9세기 穀物市場의 형성과 流通構造의 변동〉(《韓國史論》 9, 서울大, 1983), 189쪽.
32) 朴趾源, 《燕巖集》 課農小抄 限民名田議.

이 점탈당하고, 토지에서 유리된 무전농민들은 도시나 광산을 찾아 품팔이에 나서고 있었다.[33] 영조 34년(1758) 당시 높은 지위에 있던 洪啓禧는 남쪽 지방에 100리나 연이은 기름진 논을 갖고 있었다.[34]

지주들이 수백 결 이상의 토지를 집적하고 있는 데 대하여 대다수의 농민은 1결 이상을 소유한 경우가 극히 적어 대부분 영세한 토지소유자이거나 무전농민들이었다.[35] 땅에서 내쫓긴 농민들은 고향을 등지고 유랑의 길에 나섰다. 유랑민은 종전에도 있었지만 18세기처럼 큰 사회적 문제로 된 적은 없었다. 그리하여 실학자들은 그 원인이 토지소유구조의 모순 때문이라 보고, 여러 가지로 토지소유의 제한을 주장하기도 하였다. 토지소유구조의 모순은 확실히 농민층 분해의 주범이었다.

농업경영상의 변화도 농민층의 분해를 조장하고 있었다. 농지개간이 지주층에 의해 수행되면서 농민들은 오히려 소유지를 잃거나 감축당해야 했다. 이에 농민들은 자구책을 강구하여 생산력을 높이기 위한 영농방법을 개선하고 소득을 높이기 위해 새로운 작물을 재배하였다. 나아가 일부 농민들은 경영방식도 바꾸어 갔다. 즉 이앙법의 보급으로 노동력을 덜게 된 농민들은 1인당 경작면적을 보다 넓혔고, 농민층 가운데서도 활동적이고 영리적인 일부 농민들은 경작지의 규모를 확대하여 廣作을 하였다.[36] 광작은 지주·자작농은 물론 소작농에게서도 행해졌다. 지주들은 토지 자체의 확대를 통해서, 자작농이나 소작농은 소작지 경영의 확대를 통해서 광작을 해 나갔다. 그러나 이러한 경영 확대는 그 이면에서 소작지조차 얻기가 더욱 어려워진 많은 가난한 농민들을 농토에서 떠나게 하였다. 그들은 도시로 나아가 상공업에 종사하거나 임노동자가 되어야 했고, 심지어 도적이 되는 경우도 있었다.[37] 결국 이앙법의 발달, 광작의 보급은 일부 농민을 경영형부농으로 성장시킨 반

33) 《備邊司謄錄》 59책, 숙종 34년 10월 8일.
34) 《英祖實錄》 권 91, 영조 34년 3월 계축.
35) 金容燮, 《朝鮮後期農業史硏究－農村經濟·社會變動－》 I (一潮閣, 1970), 195쪽.
36) 金容燮, 앞의 책(1971), 143~153쪽.
宋贊植, 〈朝鮮後期 農業에 있어서의 廣作運動〉(《李海南博士華甲紀念 史學論叢》 1970), 103쪽.
37) 《備邊司謄錄》 170책, 정조 11년 정월 20일.

면, 다수의 농민 특히 소작농을 토지에서 방출케 하여 농민층 분해를 조장하고 있었던 것이다. 이러한 현상은 18세기에서 19세기에 이르면서 더욱더 격화되어 갔다.

그리고 봉건적 착취나 우연적 자연재해도 농민의 離農을 재촉하였다. 이는 일찍이 조선 전기에도 보여진 현상인데, 특히 봉건적 착취는 봉건정부와 봉건지주의 양 측면에서 자행되고 있었다. 봉건정부와 봉건지배층의 착취는 기강이 문란해지면서 심해지고 있어, 농민들에게 좀체로 자신의 삶을 증진시킬 물질적, 정신적 여유를 주지 않았다. 조선 후기 봉건정부가 농민으로부터 징수한 수취체제의 기본은 田政·軍政·還政의 이른바 3정이었다. 3정으로 대변되는 부세수취체제는 비록 그 동안 永定法·大同法·均役法에 의해 다소 조정된 것이지만, 현실적으로는 계속 농민을 가혹하게 억압하여 농민의 삶을 곤궁에 이르게 하였다.[38] 즉 영정법에 의해 전세율이 다소 낮아진 것은 사실이나, 전세 외에 여러 가지 세가 추가로 징수되었기 때문에 오히려 조세의 부담은 증가되었다. 예컨대 전세를 납부할 때에 여러 명목의 수수료, 운송비, 자연소모에 대한 보충비 등이 함께 부과되었는데, 그 액수가 전세액 자체보다 훨씬 많아 실제 납부액은 법정 수세액의 몇 배가 되기도 하였다. 그리고 貢納制도 田稅化되어 大同米로 징수되면서 농민경제를 어느 정도 안정시킨 것은 사실이나 대동법 이후에도 농민들은 여전히 進上이나 別貢을 부담하였고, 지방관아에서는 필요에 따라 수시로 토산물을 징수하였다. 군역제도에 있어서도 균역법에 의해 군포 부담이 2필에서 1필로 감해졌으나, 그것이 시행된 18세기 중엽 이전에는 군포의 착취가 가장 첨예한 사회적 문제의 하나였다.[39]

당시 군포 징수는 단일 관청에 의해 통일적으로 이루어져 배분되는 것이 아니라, 5군영과 정부기관은 물론 지방의 감영이나 병영까지도 독자적으로 군포를 징수함으로써 한 사람의 장정이 이중, 삼중으로 부담하는 경우가 허다하였다. 그리고 그들이 바치는 군포의 양 역시 소속에 따라 2필 또는 3필

38) 方基中, 〈朝鮮後期 收取制度·民亂硏究의 現況과 「국사」敎科書의 敍述〉(《歷史敎育》 39, 1986), 103쪽.
39) 黃夏鉉, 〈良役의 實相과 均役法의 實施〉(《經濟史學》 3, 1979), 52쪽.

등으로 장정 사이에 위화감을 조성하고 있었다. 게다가 봉건정부는 전국의 장정수를 정확하게 파악하지 못한 채, 재정 상태가 어려워짐에 따라 군포액을 임의로 증가시켰다. 인구는 그리 늘어나지 않았는데, 1670년대에 30만 필이던 군포액이 1700년대에는 50만 필로, 1720년대에는 70여만 필로, 영조 26년(1750)에는 100만 필로 늘어났다.40) 여기에 수납과정에서 실무를 담당하는 수령·아전들의 농간까지 겹쳐 白骨徵布, 黃口簽丁, 隣徵, 族徵 등의 폐단이 자행되었다. 부세수취과정에서의 봉건적 착취는 날로 심화되어 부세의 본래 모습을 상실케 할 정도에 이르렀다. 죽은 사람에게서까지 군포를 받아내는 백골징포, 어린아이도 군포 대상자로 등록하는 황구첨정, 친척과 이웃 사람의 몫까지 부담해야 하는 족징·인징 등의 작폐는 농민들로 하여금 더 이상 고향땅에 머물러 있지 못하게 하였다. 15세기에는 농민들에게 가장 가혹한 착취수단이 전세였는데, 16세기에는 공납제도가 농민을 제일 못살게 하였다. 이에 대하여 17세기 이후로는 군포의 수탈이 농민의 삶을 가장 고달프게 하였다. 이 시기에 군포에 의한 착취가 전에 없이 가혹하게 행해졌기 때문에, 마침내 농민들은 고향땅을 버리고 도망갈 수밖에 없게 되었다.41) 군포 수탈은 남의 소작인으로서 가뜩이나 모진 생활고에 시달리던 농민들을 더욱더 도탄속에 몰아넣었다.

군포를 비롯한 부세수취체계를 기화로 봉건정부에 수탈을 당하고 있던 농민들은 지주들에 의해 무분별하게 소작료를 징수당함으로써 이중적 고통에 허덕이고 있었다. 파행적 토지소유구조로 인하여 일부 지주가 대부분의 토지를 소유함에 대하여 대다수 농민들은 토지를 상실하고 소작농이 되어 가고 있던 현실이 17세기 이후의 조선사회였다. 경종 원년(1721) 사간원 정언 柳後明은, 백성으로서 1결의 땅을 가진 사람이 과연 몇 사람인가, 열 집이 있다면 제 땅을 가지고 있는 사람은 한두 사람밖에 없으며, 태반은 남의 땅을 소작하는 사람들이라고 했다.42)

---

40) 《增補文獻備考》 권 156, 財用考 2.
41) 《增補文獻備考》 권 156, 財用考 3.
《肅宗實錄》 권 60, 숙종 43년 8월 신해.
《備邊司謄錄》 80책, 영조 2년 10월 6일.
42) 《景宗實錄》 권 4, 경종 원년 9월 갑오.

수단과 방법을 다하여 토지를 집적한 지주들은 병작관계를 확대하여 수확의 절반 이상을 소작료로 착취하였다. 끝없는 탐욕으로 가득찬 지주들은 더 많은 소작료를 징수하기 위해 여러모로 농민을 괴롭혔다.[43] 뿐만 아니라 지주들은 소작인들을 불러다가 자기 집 일을 시키기도 하고, 짐을 나르게 하는 등 사적으로도 농민들의 노동력을 착취하였다.[44] 비위에 거슬리거나 경제외적 강제에 잘 응하지 않으면 여러 구실을 붙여 소작권을 박탈하였다. 소작권을 박탈당한 농민들은 생산수단인 토지로부터 떠나지 않으면 안되었다.

조선 후기, 특히 17세기 이래 자행된 부세수취와 소작료 징수에서의 수탈은 농민을 절대적 빈궁 속으로 빠지게 하였으며, 마침내 토지로부터의 이탈에 박차를 가하게 하였던 것이다. 더욱이 봉건정부와 지주계급은 아무리 흉년이 심해도 감면 규정을 무시하고 이미 정한 액수를 농민으로부터 빼앗아냈다. 조선 후기에는 재난과 질병이 유난히도 심했다. 가뭄과 홍수, 그리고 전염병이 전국을 강타한 적이 한두 번이 아니었다. 당시 농민들은 각종 자연재해나 전염병에 거의 무방비 상태로 노출되어 있었다. 영조 9년(1733) 충청도·경상도지방의 기근 때에는 40여만 명의 飢民이 발생했고 그 중에서 1만 3천 명이 굶어 죽었다고 한다.[45] 이와 같은 기근은 농토의 황폐화를 가져왔고, 이로 인하여 농민들의 이농 현상은 심화될 수밖에 없었다. 봉건적 착취가 가혹해지고 있던 조건하에서 흉년은 농민 파산의 도화선으로 작용하였던 것이다.

요컨대 조선 후기에는 여러 가지 요인에 의해 농민층이 분해하여 다수의 농민들이 생산수단인 농토에서 유리되어 갔고, 그들은 결국 다른 생산부문에서의 노동예비군으로서 역할이 부여되어야 했다. 토지소유구조의 모순, 농업경영상의 변화, 봉건적 착취의 강화 등으로 인해 농토를 떠날 수밖에 없었던 농민들은 다시는 농토로 돌아갈 수 없게 되었고, 그러한 노동력은 사회적 분업이 분명해지고 상품화폐경제가 발달하는 속에서 형성된 노동시장에 공급

43) 《備邊司謄錄》 76책, 영조 즉위년 12월 29일.
44) 허종호, 앞의 책, 267쪽.
45) 趙 珖, 〈19世紀 民亂의 社會的 背景〉(《19世紀 韓國傳統社會의 變貌와 民衆意識》, 高麗大 民族文化硏究所, 1982), 188쪽.

되어 가게끔 역사적 조건이 형성되고 있었다. 더구나 부역제는 더 이상 현실에 맞는 노동형태로서 기능하지 못하고 있었던 것이다.

2) 임노동자의 출현

(1) 유민의 증대와 대책

조선 후기의 사회경제적 변화는 농촌사회에도 영향을 주어 농민층 분화를 촉발시켜서 농민층이 부농과 빈농의 양극으로 나뉘었다. 즉 토지의 상품화, 경영의 확대, 상업적 농업 등을 통해 양반관료·토호들은 더욱 더 많은 토지를 집적해갔고, 일부 경영형부농들도 재화를 축적하여 지주층으로 성장해 갔는가 하면, 다른 한편에서는 그들의 성장에 희생되어 대부분의 농민들이 몰락의 길을 재촉받았다. 이에 더하여 고율소작료와 불합리한 지주·전호관계 등으로 인한 지주적 생산구조의 모순과 부세수취구조의 모순, 세제운영상의 폐단 등 봉건정부의 착취는 더 이상 그들을 토지에 묶어 두지 못하였다.

농민층의 분해는 17·18세기를 통해 인구가 크게 증대함으로써 더욱 촉진되었다. 자료의 신빙성에 다소 의문이 있다고 하여도 기록에 의하면, 인조 17년(1639) 150여만 명이던 인구수는 효종 2년(1651) 200만 명을 돌파하고 현종 7년(1666) 400여만 명을 기록하더니, 숙종 4년(1678) 500만 명을 넘어서고, 숙종 19년에는 700만 명을 상회하였다.[46] 급속도로 인구가 증가한 것이다. 조선 후기 상품유통경제가 활성화되고 그리하여 도시가 발달하여 도시로의 농촌인구의 이동이 두드러지게 전개되고 있었다고는 하지만, 당시 전국 인구의 태반은 농촌에 머물러 있었다. 특히 17세기에는 더욱 그러하였다. 그런데 일자리는 제한되어 있었다. 그렇지 않아도 여러 가지 요인에 의해 농촌에서는 노동력 수요가 감축되고 있는 상황에서 인구의 증대로 인한 노동력의 과잉공급은 농민들로 하여금 더욱 농토에서 유리하게 하였던 것이다.

---

46) 權泰煥·愼鏞廈, 〈朝鮮王朝時代 人口推定에 관한 一試論〉(《東亞文化》14, 서울大, 1977), 317~320쪽.

자신의 노동력밖에 생활수단이 없는 無田農民들은 이앙법의 보급, 경영의 확대로 소작농조차 여의치 않게 되자 임노동자로서 삶을 영위해야 했다. 그들은 우선 농촌에서 고용기회를 찾았지만, 그것도 쉽지 않자 도시나 광산·포구 등으로 일자리를 찾아 헤매지 않으면 안되었다. 당시 상공업이 발달하면서 도시·광산·포구 등에서는 그들에게 고용기회를 주고 있었다.

그러나 농토에서 방출된 직후에는 고용기회를 얻지 못하고 유리걸식해야만 했다. 그들은 노동력의 수요가 창출됨에 있어서는 고용예비군이 될 수 있다고 하지만, 당장은 정처없이 고향을 떠나야 했고, 집단적으로 무리를 지어 다니며 전국을 헤매야만 했다.47)

유리걸식하는 流民 현상은 비단 조선 후기에만 있었던 것은 아니다. 흉년이나 전염병, 그리고 탐관오리의 수탈이 심하여 견딜 수 없을 때는 언제라도 보여지고 있었다. 防納 등으로 인해 가혹한 貢賦의 부담을 견딜 수 없었던 농민들은 16세기말 대대적으로 유랑의 길을 나선 바 있다. 그리하여 고향을 떠나 타향에 가서 토호의 소작인이 되어 호구를 강구했는데, 선조 16년(1583) 황해도 순무어사 金誠一의 보고에 의하면 큰 고을엔 수백 명, 작은 고을도 80~90명 이상의 유민이 생겨나고 있다고 하였다.48) 17세기에 이르러 그 경향은 심화되었는데, 인조 때 趙翼의 보고에 의하면 마을마다 유민이 태반을 차지한다고 하였다.49) 18세기에 이르면 그 현상은 더욱 심화되었다. 숙종 37년 전라도 務安지방에서는 5천 호 가운데서 2천 호가 떠났고, 경종 3년(1723) 평안도 龜城 고을에는 8천 호 가운데서 남아 있는 호수가 3천 호도 되지 않았다.50) 영조 5년(1729) 충청도와 평안도 일대에 가뭄이 계속되면서 46만여 명의 飢民이 발생하였다.51)

고향을 떠난 유민·기민들은 대개 서울을 비롯한 도시로 모여들어 행랑살이로 고역에 시달리거나 품팔이로 연명하기도 하였지만, 산 속이나 바닷가로

47) 李大圭, 《農圃問答》 均田制.
48) 金誠一, 《鶴峰全集》 續集 권 2, 黃海道巡撫時疏.
49) 趙翼, 《浦諸集》 권 2, 因求言論時事疏.
50) 《備邊司謄錄》 61책, 숙종 37년 2월 20일.
《景宗實錄》 권 11, 경종 3년 3월 경자.
51) 《正祖實錄》 권 35, 정조 16년 6월 을축.

찾아가는 경우도 있었다. 경종 3년(1723) 평안도 昌城지방에는 수많은 외지의 유민들이 산 속에서 화전을 일구고 있었고, 전라도 바닷가, 섬에도 많은 유민들이 모여들어 새로운 정착촌을 만들고 있어 정부에서는 새로이 고을을 설정하자는 견해도 제기된 바 있었다.52)

유민들의 상당수는 서울로 모여들었다. 서울에서 인구가 급증한 것은 17세기 후반부터였다. 효종 8년(1657) 8만여 명이던 서울의 인구수는 현종 10년(1669) 19만여 명으로 늘어나, 2배가 넘는 급속한 인구증가 현상을 보였다. 이는 인구조사에 다소 의심이 가게 하는 사실이지만, 유민의 서울 집중은 이 시기에 연중행사처럼 전개되고 있었다.53) 서울에는 그래도 일자리가 있었기 때문이다. 봉건정부가 미봉적으로 실시하던 구휼책도 서울이 우선이었기에 호구지책을 어느 정도 해결할 수 있었기 때문이기도 하였다. 유민들은 서울의 도시빈민층을 형성하면서 변두리의 龍山·西江·麻浦·뚝섬·왕십리 등지에 집단거주지를 이루어 갔다. 특히 18세기에 들어서서는 이같은 城外 지역주민들이 크게 늘어나고 있었다. 농촌에서 들어온 유민들이 서울 변두리에 정착한 결과였다. 서울은 15세기 이래 행정과 군사의 중심지로서 전형적인 중세 봉건도시였지만, 18세기를 전후하여 상품화폐경제가 활성화되면서 전국의 물산이 집산되는 대상업도시로 성장해가고 있었다. 물산이 하역되는 곳은 용산·서강·마포·뚝섬 등의 京江浦口였다. 따라서 대량의 상품이 하역되는 이들 포구에는 물건을 운반하고, 지키고, 하역하는 등의 일이 끊일 새 없이 있었다. 농촌에서 쫓겨난 유민들이 정착할 수 있게끔 고용의 기회를 제공하고 있었다.54)

그런데 농민의 이농과 유민의 증대는 심각한 사회문제를 야기하는 것이었다. 우선 그것은 사회현상적으로도 불안한 정국을 조성하고 있었다. 유민들이 집단적으로 무리를 지어 다니며 도시로 모여들어 걸식하는 부랑아가 되거나 산 속에 모여 도적이 된다는 것은 일반 주민들에게는 불안의 요소로

52) 《備邊司謄錄》 74책, 경종 3년 2월 21일.
《備邊司謄錄》 61책, 숙종 37년 2월 8일.
53) 金甲周, 〈18세기 서울의 都市生活의 一樣相〉(《東國大論文集》 23, 1984), 218쪽.
54) 李世永, 앞의 글, 213쪽.

작용하였다. 대규모의 기근이 휩쓸어 굶주린 사람들이 자식을 버리거나 심지어 人肉을 먹을 수밖에 없는 상황이 전개되기도 하였다.[55] 이는 정치도의상으로도 묵과할 수 없는 문제였다. 더구나 民本과 仁政을 정치 이념으로 내세운 조선왕조의 위정자들로서는 무엇보다도 우선적으로 해결하여야 할 과제였다. 이 때문에 봉건국가로서도 일찍부터 義倉·常平倉 등을 설치하고 구호활동을 실시하였으나, 조선 후기의 국가 재정은 그것을 뒷받침할 수 있는 상황이 아니었다. 그뿐만 아니라 봉건지배층도 자신들의 권력다툼에만 혈안이어서 민생문제에는 거의 관심이 없었기 때문에 정부시책이라는 것은 미봉적일 수밖에 없었다. 즉 농민의 부세 부담을 일시적으로 연기하거나 감축시켜 주고, 기근이 특히 심할 때는 納粟策 등을 실시하여 부민들의 양곡을 수집함으로써 기민들에게 양식을 나누어 주거나 죽을 쑤어서 먹여 주는 것이 고작이었다.[56]

한편, 유민의 증대는 궁극에 가서는 범죄를 유발하게 된다. 현실적으로 살길이 막막한 일부 유민들은 법을 초월하여 자신의 생존권을 유지할 수 있는 방안을 모색하였다. 당시의 도적들은 거의 굶주린 농민들이었다. 따라서 자연발생적이었다. 그런데 이러한 상황에서 말세의 도래, 變亂의 예고 등 근거 없는 秘記·圖讖이 널리 유포되면 상황은 급박해진다. 18세기에는 사회 불안이 심화됨에 따라 각처에서 보다 공격적인 상황이 전개되고 있었다. 즉 도적들 중에는 무기를 휴대한 火賊이나 水賊도 있었는데, 그들은 점차로 집단화하는 경향을 띠었다. 유민임을 자처한 도적 집단도 있었으니, 流團이 그것이다.[57] 이 시기 대표적인 도적으로는 張吉山의 무리가 유명하였다.[58] 이에 대하여 봉건정부는 무력을 동원하여 그들을 토벌하려 하였지만, 그것은 쉽지 않았다. 근본적인 대책이 없는 한 유민의 발생은 불가피하였고, 나아가 도적들의 횡행 역시 불가피한 것이었다.

유민의 증대는 봉건적 체제의 유지와 관련하여서도 심각한 문제를 제기하

---

55) 《肅宗實錄》 권 31, 숙종 23년 5월 정축.
《英祖實錄》 권 58, 영조 19년 11월 계해.
56) 《顯宗實錄》 권 19, 현종 12년 5월 갑술.
57) 裵亢燮, 〈壬戌民亂 前後 明火賊의 活動과 그 性格〉(《韓國史硏究》 60, 1988), 187쪽.
58) 鄭奭鍾, 《朝鮮初期 社會變動硏究》(一潮閣, 1983), 164~167쪽.

고 있었다. 조선사회는 봉건사회로, 사회 구성의 물질적 토대는 토지에 있었다. 따라서 전국의 토지를 장악한 봉건국가는 농민을 수취의 기본 대상으로 하고 있었다. 이 때문에 농민의 토지에서의 이탈은 비록 그들이 무전농민이었다고 하여도 봉건체제의 토대를 동요시키는 것이었다. 이에 그러한 현실을 묵과할 수 없게 된 위정자들은 수취체제를 다소 조정하고, 賑恤정책을 표방하면서 농민들을 무마하는 척하면서 농민을 토지에 얽어매고자 하는 정책을 강구하기에 이르렀다. 즉 종래 시행된 바 있던 號牌法, 5家作統法을 강화하여 농민들이 농토에서 벗어나지 못하도록 법제적으로 통제하였다. 그리고 각 고을 수령들에게 책임지고 유민을 쇄환하도록 강력히 독촉하였다.[59] 그러나 그렇다고 해서 해결될 문제는 아니었다. 고식적이고 미봉적인 대책으로는 문제가 해결될 수 없게끔 역사적 현실이 바뀌어가고 있었다.

확실히 조선 후기의 유민현상은 그 원인과 상황이 전과 달랐다. 조선 전기에는 봉건적 착취나 자연재해가 주로 유민을 발생시켜 일시적이고 우발적인 경우가 많았다. 따라서 이전에는 고향에서 유리하게 되면 타향에 가서 소작을 하다가 다시 고향으로 돌아가든가, 아니면 그 곳에서 계속 정착하는 것이 일반적이었다. 유민이라 하더라도 생산수단인 토지에서 완전히 떠나는 것은 아니었다. 그러나 조선 후기에는 봉건적 수탈, 자연재해의 압박뿐 아니라 토지소유구조의 모순, 상품화폐경제의 농촌침투, 농촌노동력의 과잉증대, 농업기술과 경영의 변화 등으로 인해 농촌사회의 분해가 이루어지면서 유민이 형성되고 있었다. 즉 농업노동력의 수요에 비해 농업노동자의 공급이 초과되는, 농촌사회 내부에서의 분해 작용으로 유민화가 촉발되고 있었다. 따라서 조선 후기에는 고향을 떠나 타향에 가더라도 그 곳이 농촌이라면 고용의 기회가 별로 주어지지 않았다.

(2) 고용관계의 수립

유민의 증대, 그로 인한 노동력의 과잉공급은 노동시장을 확장하여 고용관계를 합리적으로 처리함으로써만 근원적으로 해소될 수 있는 것이었다. 실제

59) 《備邊司謄錄》 117책, 영조 23년 4월 2일.
《備邊司謄錄》 119책, 영조 25년 2월 17일.

로 18세기 전후에는 노동시장도 전술한 바와 같이 점차 확장되고 있었다. 기록에 의하면, 땅없는 농민이 여기저기 구걸하러 다니다가도 마침내는 고용되어 살아간다고 하였는데,60) 고용노동이 이 시기에 다양하고 보편적이었음은 《흥부전》에 잘 나타나 있다. 즉 흥부는 가래질하기, 나무베기, 짐신기, 물긷기, 등짐지기 등 다양한 노동에 고용되고 있었다. 당시 떠돌아다니던 유민들은 흥부와 다를 것 없이 생산부문, 비생산부문에서 또는 도시와 농촌에서 품팔이로 삶을 영위하고 있었다고 보인다.

이에 위정자들 중에는 현실을 직시하여 유민의 실태를 인정하고 그들을 새로운 일자리에 고용하자는 적극적 자세를 보인 사람도 있었다. 정조 4년(1780) 영의정 金尙喆은 서울로 모여드는 유민들이 고향에 돌아가도 농토가 없어 자기의 노동력을 팔아 생계를 유지할 수밖에 없는 경우에는 굳이 쇄환시킬 필요가 없다면서 차라리 일자리를 마련해 주자고 주장하고 있다.61) 그런데 정부에서는 이에 앞서 유민을 京江民의 雇工, 즉 머슴으로 수용케 하는 방안을 논의한 바 있었다. 실제로 고공으로 立案받은 자도 많았다. 그리고 종래 봉건정부가 부역노동으로 충당하던 축성·능묘·도로 등의 노동력도 이 시기에는 부역제가 역할을 하지 못하여 일꾼을 고용해 쓰고 있는 상황이었다. 유민들은 그러한 곳의 일꾼으로 고용되었을 가능성이 많다.

물론 無田農民 중의 일부는 계속 농촌에 남아서 농업노동에 고용되고 있었다. 소작지 확보에 실패한 농민일지라도 농사지을 기회는 있었다. 농업경영 방법의 개선으로 경작지를 확장하고 또 상업적 농업을 시도한 경영형부농층은 그 경영을 가족노동만으로는 감당할 수 없었고, 특히 이앙법이 보급되면서 이앙기에 단시일 동안 많은 노동력이 필요하게 되어 임노동자의 고용이 불가피해졌기 때문이다. 영조 35년(1759) 충청도 永春현감 李敬玉의 보고에 의하면, 영춘현의 호수는 4년 전에 2,300여 호였으나, 그 동안 840호가 파산하거나 유망하였고, 현재 남아 있는 가호 중에도 300여 호는 구걸하여 먹거나 품팔이로 연명하고 있다고 하였다.62)

---

60) 《承政院日記》 431책, 숙종 32년 8월 16일.
61) 《備邊司謄錄》 161책, 정조 4년 2월 26일.
62) 《英祖實錄》 권 93, 영조 35년 6월 경신.

그런데 농촌사회에서의 임노동에는 무전농민뿐 아니라 자기 땅이나 소작지를 어느 정도 경작하는 영세농민의 경우에도 家計의 유지가 곤란할 때, 또는 좀더 소득을 올리고자 할 때는 임노동에 참여하였다. 이러한 경우의 임노동을 '日雇' 또는 '날품팔이'라고 하는데, 일고라고 하여도 때로는 며칠, 몇 달 동안 고용되기도 하였다. 그렇다고 하여도 이들은 머슴살이 즉 고공이나, 행랑살이 즉 挾戶와 같은 계층과는 구별되어 '計日取直'이라 하여 노동일수를 계산, 품삯을 받고 있었다.[63] 자기 땅이나 소작지를 경작하고 있는 농민까지 임노동에 참여하고 있었기 때문에 무전농민의 임노동 기회는 그만큼 적어질 수밖에 없었다. 그런데 무전농민의 수는 농촌사회의 분해가 심화되면 될수록, 따라서 시간이 흐르면 흐를수록 더욱 늘어났다. 18세기초의 경상도와 충청도에는 각각 5만 명, 10만 명이 넘는 무전농민이 발생하고 있음이 보고되고 있다.[64]

무전농민들은 농촌에서 안주할 수 없었으므로 고향을 떠나야 했다. 농토는 고용의 기회를 별로 주지 않았다. 이에 많은 농민들은 생산수단인 토지를 포기하고, 그리하여 농민으로서의 사슬을 과감히 끊어버리고 유랑의 길을 나섰다. 그들은 고용시장을 찾아 나섰다. 이제 그들은 자신의 노동력만이 생계의 수단임을 알고 자유로운 임노동의 길을 택했다. 이에 상응하여 비록 제한적이지만 도시·광산·포구 등에는 노동시장이 전개되고 있었다. 도시에서는 봉건정부가 토목공사, 물건만들기, 잡일 등으로 일을 시키면서 품삯을 주고 있었고, 상공업이 발달하면서 심부름이나 짐나르기 등 허드렛일이 그들을 기다리고 있었으며, 때로는 틈을 타서 장사할 수 있는 기회도 마련되고 있었다.

그리고 광산에는 작업과정이 복잡하여 많은 사람의 일손이 필요하였는데, 개별적으로 참여하는 일 자체는 단순노동이었다. 당시 정부에서도 광산개발을 촉진하고 유민을 처리하는 하나의 방편으로서 임노동을 적극 추진하고 있었다. 또한 이 시기에는 원격지거래가 활발해지면서 전국 해안이나 강변에

63) 金容燮, 앞의 책(1971), 184쪽.
64) 《肅宗實錄》 권 41, 숙종 31년 3월 임인.
《肅宗實錄》 권 59, 숙종 43년 3월 계해.

포구가 발달하고 있었는데, 예컨대 京江浦口나 江景浦口 같은 곳에는 稅穀船이나 商船이 끊임없이 드나들고 있어 물품을 싣고 내리는 작업이 항시 기다리고 있었다.

이에 유민들은 그들의 노동력이 요구되는 사회 현실에 부응하여 임노동자로서의 자신의 길을 찾게 된 것이다. 즉 임노동의 수요와 공급이 부합되는 속에서 새로운 고용관계의 수립을 위한 여건이 현실적으로 마련되어 가고 있었고, 노동예비군·고용예비군으로서의 유민들은 이러한 상황에 적극 부응하게 된 것이다. 이제 유민들은 정부의 각종 쇄환책에도 아랑곳하지 않고 농촌을 떠나서도 생계를 유지할 수 있는 방도를 발견하게 된 것이다. 그것이 바로 '賃傭爲業'하는 길이었다. 봉건정부는 이들을 문제시하여 '游手之徒', '無賴之輩'로 간주하면서도 토목공사 등 각종 작업에 이들을 고용하고 있었다. 그것은 종래의 부역노동이 이 시기에 이르러서는 한계에 도달하였기 때문이기도 하지만 한편으로는 봉건정부로서도 노동력을 상품화하고 있던 이들 전업적인 임노동자층의 존재를 인정하지 않을 수 없었던 것이다.[65] 즉 유민들은 이후 오로지 자신의 노동력만을 생계의 수단으로 하면서, 그 어떤 존재에서도 해방되어 전업적인 임노동자로 발돋움하게 된 것이다.

물론 이 시기의 임노동은 근대 자본주의사회에서의 그것과는 일정한 거리가 있는 것이었지만, 기본적으로는 거기에 가까운 것으로서 자본주의적 생산관계의 맹아라 할 수 있다. 생산수단뿐 아니라 그 누구에게도 예속되어 있지 않은 자유로운 노동력이 시장에서 자본과 대립하고 접촉할 때 그것은 자본주의적 임노동이 된다.

조선 후기 임노동자의 출현은 그 외형에서 보편화, 전문화의 모습을 보여주고 있었을 뿐 아니라 그 성격에서도 노동형태의 전환을 의미하는 것이었다. 고용노동은 고공에서 엿볼 수 있듯이 일찍부터 존재해왔다. 그러나 그것은 가부장적, 예속적 고용이었다. 경제외적 강제가 노동활동 전반에 작용하였다. 이에 대하여 조선 후기 보편화된 임노동은 예속에서 벗어난 경제적 노동형태였던 것이다.

---

65) 尹用出, 《17·18세기 徭役制의 변동과 募立制》(서울大 博士學位論文, 1991), 173쪽.

3) 임노동의 양상

(1) 임노동의 종류

조선 후기의 임노동 양상은 18세기에 이르러서는 매우 다양하였고, 비교적 보편화되었다. 업종별로 보면 임노동은 농업·광업·수공업·어업·임업·상업·건설·토목·운송·경비·잡역 등 각종 부문에 걸쳐 있었고, 그것은 생산부문뿐 아니라 비생산부문에서도 행해지고 있었다. 임노동자들은 관부의 작업장에서도 일했고, 민간의 사역도 담당하였다.

임노동은 우선 관부의 작업장에서 그 모습이 두드러지고 있었는데, 궁궐수리 같은 작업장에서는 17세기초부터 임노동이 행해지고 있었다. 그것은 임진왜란의 전후 복구사업의 하나이기도 했다. 전국을 유린한 임진왜란은 농촌을 황폐화시켰을 뿐 아니라 서울을 비롯한 도시의 주요 건물도 방화·파괴하였다. 경복궁 등 궁궐과 불국사 등 수많은 사찰이 불타버렸다. 궁궐의 건축이 시급하였으나 전란 직후 궁궐을 새로이 짓는다는 것은 도저히 힘들었다. 이에 부분적으로 파손된 昌德宮을 수리하여 왕궁으로 쓰기로 하였다. 부분적인 수리라고 하여도 공사는 대규모 역사였다. 종래 이와 같은 공사는 부역군을 징발하여 일을 수행하였다. 그러나 전란 직후 그것은 여의치 않았다. 농민 역시 삶의 터전을 복구하는 일이 시급하였다. 그리고 이제까지 토목공사에 많이 동원되었던 군인들도 국방에 더 치중하지 않으면 안되었던 당시의 상황 속에서 징발하기가 곤란하였다. 이에 품값을 주고 役軍을 모집하게 되었으니, 募軍이 그들이었다.[66] 그 재원은 각 도의 田結에 대해 부과한 布를 바탕으로 하였다.[67] 모군들은 창덕궁뿐 아니라 宗廟 중건에도 참여하였다. 그러나 이 때의 임노동은 조건과 상황 때문에 활발하지 않았던 것 같다.

---

66) 《宣祖實錄》 권 201, 선조 39년 7월 기사.

67) 尹用出, 앞의 책, 154~160쪽.
위 연구에서는 募軍을 중심으로 임노동의 전개와 그 양상을 구체적으로 밝히고 있어 김용섭·강만길 교수의 연구와 더불어 본고를 정리함에 토대가 되었다. 그러나 이들 연구는 관부에서의 작업 중심이어서 민간에서의 임노동문제는 앞으로의 과제가 되고 있다.

다음 山陵役에서도 점차 임노동이 행해졌다. 국왕이나 왕족이 죽어 그 무덤을 만드는 산릉역도 본래 부역노동으로 해결하였으나, 농민들의 반발로 부역노동이 쉽지 않게 되자 일부는 부역노동으로 하면서 일부는 모군을 雇立해 썼다. 인조 8년(1630) 선조의 穆陵을 이장하면서 3,500명의 모군을 동원하였고, 효종 즉위년(1649) 인조의 長陵 공사에 2,000명, 현종 즉위년(1659) 효종의 寧陵 공사에 3,000명의 모군을 고용하였다.68) 이어서 대동법이 실시되면서 숙종 37년(1711)부터는 산릉역에서의 부역동원을 금지하고 고용노동으로 함을 원칙으로 하였다. 왜냐하면 대동법은 貢納의 전세화를 의미하지만, 공물은 그 대부분이 민호의 요역노동으로 생산되었고 따라서 요역의 상당 부분이 대동세에 흡수되어 부역노동의 의미가 사라지고 있었기 때문이다.

임노동은 성곽수축에서도 행해지고 있었다. 숙종 18년 남한산성을 수축할 때 1,000명에 이르는 성안 주민들이 소정의 품값을 받고 고용되고 있었다. 같은 왕 37년 북한산성을 쌓는 데 동원된 모군들의 품삯은 월별로 쌀 9말과 베 20필이었다. 그 밖에도 각지의 성곽수축에서 임노동이 행해지고 있었다. 그런데 한편 성곽수축에서는 18세기말까지도 부역노동이 존속하였다. 그것은 성곽과 같은 방어시설에서의 작업은 일종의 자체방어적 성격을 띠고 있어서 의무적 성격이 강했기 때문이라고 보이는데, 당시의 풍조도 1년에 3일간 성곽수축에서의 부역은 관례로 인식되고 있었다. 그러나 축성역에서도 점차 임노동의 비중이 높아졌고, 정조 18년(1794) 경기도 華城의 축성역에서는 임노동이 전면적으로 채택되었다. 이 때 고용된 인부는 연인원 70여만 명이었고, 한 번에 동원되는 인부는 많을 때는 2,400명에 이르렀다. 모군의 일부는 匠人·석공 등 기술자도 있었지만, 대부분은 단순노동에 참여한 잡역부였다.

관부의 토목공사는 이 밖에도 많았다. 제언수축, 도로건설, 개천준설, 교량건설, 관아수리 등의 토목공사가 수시로 벌어졌는데, 이들 크고 작은 토목공사에도 모군들이 고용되고 있었다.69)

토목공사 외에 관부가 주관한 작업으로는 운송부문이 주목된다. 세곡은

68) 尹用出, 위의 책, 158쪽.
69) 尹用出, 〈17·8세기 役夫募立制의 성립과 전개〉(《韓國史論》 8, 서울大, 1982), 180쪽.

국가재정의 토대였기 때문에 봉건국가는 그 운반에 매우 유의하였는데, 이를 위해 漕運制를 마련하였다. 그리고 세곡 선박을 운항할 전문적 담당자로서 漕軍을 확보하고 있었는데, 그들은 부역제에 의해 동원되고 있었다. 조군의 역은 그 어떠한 일보다도 고되고 생명이 위태로울 수 있기 때문에 일찍부터 避役이 행해지고 있었다. 그리하여 봉건정부는 賃船制를 채택하면서 한편으로는 남아 있는 漕船에 船人을 고용하기 시작하였다. 조군들의 부역노동은 숙종 30년(1704) 혁파되고, 이후 조선·私船을 막론하고 선인이 고립되었다. 선인은 조선 1척당에 沙工 1인, 格軍 15명 등 16명으로 구성되는 것이 일반적이었는데, 漕倉이 설치된 고을의 지방관이 선인을 선발하는 것이 원칙이었다. 그러나 대개는 사공만 선발하였고, 격군은 사공이 책임지고 고립하고 있었다. 영조 때 설치된 경상도 昌原의 馬山倉의 경우에서 보면 사공들은 각기 자신이 거주하는 고을에서 격군을 고립하였다.[70)]

그리고 조창 소재지나 조선이 도착하는 경강포구에서는 세곡을 배에 싣거나 배에서 내리는 작업이 뒤따랐다. 이들 일은 완전히 고용노동에 의거하였다. 포구에는 세곡선뿐 아니라 상선의 출입도 빈번하여 하역·운송작업이 많았다. 이들 작업은 임노동자들의 중요한 호구수단이었다. 농촌에서 쫓겨나 유랑의 길을 헤매다가 서울에 정착한 대부분의 사람들은 용산·마포·서강·뚝섬 등을 생활근거지로 하였는데, 이들 포구에는 자신의 노동력밖에 생계수단이 없던 그들에게 많은 일자리를 제공하였기 때문이다.[71)] 17세기 후반 도성 주변지역 인구가 급속히 증가하였고 그 중에서도 용산·마포·서강 일대의 인구가 크게 늘어났다. 이는 이 지역이 이 시기의 활발한 경제 활동과 관련하여 다른 지역보다 고용기회가 많았기 때문이다.

세곡을 배에서 하역하여 江倉에 들이고, 이를 다시 남대문 안의 宣惠廳 창고로 옮기는 負持軍役·馱軍役은 본래 강변의 주민 또는 上番軍이 부역의 일환으로 담당하였다. 그러나 17세기에 이르러 품삯을 주고 인부를 고용하게 되었는데, 그 일이 점차 이롭다는 것이 인식되면서 일부 노동자들이 馬契·運負契를 조직하여 하역과 운송작업을 독점해갔다.[72)] 이에 경강 연변의 빈민

70) 崔完基,《朝鮮後期船運業史硏究》(一潮閣, 1989), 60~62쪽.
71) 孫禎睦,《朝鮮時代都市社會硏究》(一志社, 1977), 214~276쪽.

들은 하역·운송작업에서의 임노동도 마음대로 할 수 없게 되자, 영조 11년(1735) 용산방에 거주하는 馬契人의 집을 습격, 가재도구를 부수고 가족을 구타하며 재물을 약탈하는 사건을 일으키기도 하였다.[73] 하역·운송작업에서의 임노동은 그만큼 그들의 중요한 생계수단이었던 것이다.

관부의 운송작업은 왕실용 사기제조장인 경기도 廣州의 分院에서도 이루어지고 있었다. 사기제조에는 땔나무와 백토가 많이 소요되었다. 이들은 주변에서 구하기가 쉽지 않았다. 특히 백토는 강원도의 原州·楊口, 충청도의 西山·忠州·陰城, 경상도의 慶州·晋州·河東, 황해도의 鳳山 등지에서 산출되었는데, 이를 굴취하고 운반함에는 많은 노동력이 소요되었다.[74] 이들 노동력은 오랫동안 부역노동으로 충당했지만, 점차 임노동으로 해결되어 갔다.

조선 후기에는 도로보수공사도 임노동으로 이루어지고 있었다. 정조 8년(1784)의 한 암행어사의 보고에 의하면, 도로보수공사에 동원되는 농민들이 매일 쌀 3升이나 13文의 錢貨를 노임으로 지급받았는데, 이 노임은 비교적 만족할 만한 액수였다고 한다. 그것은 또 당시 일반 농가에서 농업노동자를 고용했을 때의 노임보다 높았기 때문에 농촌의 품팔이꾼들은 농업노동에 고용되는 것보다 도로보수공사에 고용되기를 원했다고 한다.[75]

이 시기에는 관아의 잡역도 고립되고 있었다. 즉 궁궐이나 관아에서 잡무에 종사하는 差備軍, 관리의 호위·수행이나 형집행을 담당한 아전으로서의 皂隷·羅將은 본래 신역의 일종으로서 부역노동으로 충당되고 있었다. 그 중에서 국왕이나 왕족의 거동 때, 정부가 주관하는 각종 祭享 때, 그리고 중국으로 가는 방물의 짐을 쌀 때 동원되는 차비군은 그 수가 대략 3천 명 정도였는데, 본래 외방의 選上奴로서 입역토록 하고 있었다. 이들의 대부분이 조선 후기에 이르면 역시 고립되고 있었다.[76] 조선 후기 차비군의 동원은 1회

72) 金東哲, 〈18세기 坊役制의 변동과 馬契의 성립 및 都賈化 양상〉(《韓國文化硏究》 1, 釜山大, 1988), 156쪽.
73) 《承政院日記》 799책, 영조 11년 윤4월 11일·12일.
74) 姜萬吉, 〈分院硏究〉(《亞細亞硏究》 20, 1965), 95쪽.
75) 《日省錄》 정조 8년 2월 19일.
《日省錄》 정조 16년 2월 24일.
76) 全炯澤, 〈朝鮮後期 奴婢勞動에 있어서의 雇立制의 전개〉(《邊太燮博士華甲紀念史學論叢》, 1985), 714~724쪽.

에 1천 명 이상인 경우도 적지 않았는데, 숙종 23년(1697) 종묘 제향시 동원된 차비군 600명은 전원 고립된 사람들이었다.[77] 서울에는 이들 勞役에 고립될 충분한 고용예비군이 이 시기에 형성되고 있었던 것이다.

그리고 別陪, 丘從, 使令, 喝道 등으로도 불리운 조예·나장 역시 조선 전기에 농민들의 부역동원으로 충당하였는데, 이들도 조선 후기에는 고립되고 있었다. 조예·나장은 西班衙前으로서 행정실무를 담당하는 관리였지만, 그 업무가 매우 고되어서 이른바「七般賤役」에 속해 있었다. 그리하여 16세기에 들면서 그 자체가 가지는 불합리성과 관료들의 탐학 때문에 代立이 일반화되더니, 17세기에 대동법이 실시되면서 고립제가 합법화되었다. 즉 대동세를 재원으로 雇價를 지급하고자 하였는데, 점차 국가재정이 악화되면서 조예·나장의 운영도 여의치 않았고, 그리하여 15세기에 2천 명에 이르던 그 수효가 18세기에는 165명으로 감소되었다.[78]

한편 임노동은 민간용역 부문에서 보다 널리 보급되어 갔다. 임노동은 우선 농촌에서 부호들이 농지개간을 할 때 개간에 필요한 노동력으로 공급되고 있었다. 부호들은 농지개간에 노비를 사역하기도 하고, 관권과 결탁하여 농민을 징발하기도 하였지만, 임노동도 활용하였다. 그러나 민간의 임노동은 농촌 밖에서 보다 널리 활용되고 있었다. 조선 후기에는 상품화폐경제가 진전되고, 그리하여 도시를 중심으로 상공업이 발달하였다. 그리고 생산원료를 공급하기 위해 광업이 발달하였다. 상공업·광업 등은 점차 민간자본에 의해 영위되었는데, 자본가들은 경영을 합리화하고 생산을 증대시키기 위하여 노동을 합리적으로 수용하고자 하였으니, 그것이 바로 임노동이었다.

농업생산력이 증대되고 대동법이 실시되면서 私商이나 貢人들의 활동이 활발해지고, 마침내 그들은 전국적 교역망을 구축하면서 상업자본을 집적하여 갔다. 화폐가 보급되면서 상업자본은 화폐자본으로 전환되어 고리대 활동에 투자되기도 하고,[79] 광업·제지·조선 등 생산부문에 투자되기도 하였다.

---

77) 姜萬吉, 〈朝鮮後期 雇立制 發達〉(《韓國史硏究》 13, 1976), 67쪽.

78) 姜萬吉, 〈官業에서의 賃金勞動制 發達(2)〉(《朝鮮時代商工業史硏究》, 한길사, 1984), 394쪽.

79) 元裕漢, 《朝鮮後期貨幣史硏究》(韓國硏究院, 1975), 172쪽.

그런데 본래 수공업은 관영수공업이 중심이었고 그것도 匠人의 노동력을 무상으로 징발하는 부역제로 운영되었던 것이나, 16세기 이후 부역제가 해체되면서 그 유지가 어려워졌고, 조선 후기에는 이에 대신하여 민영수공업이 활기를 띠어 갔다. 철기와 鍮器같은 비교적 규모가 큰 제조업소에서는 장인의 힘만으로는 수요를 충당할 수 없어 임노동자를 고용하여 제품을 생산하였다. 이러한 분위기 속에서 조선 후기에는 관영수공업장에서도 기술자를 고립하는 추세를 보였다.

민영수공업의 발달은 곳곳에 수공업촌인 店村을 형성하였는데, 전술한 바와 같이 철기점·유기점·자기점·옹기점 등이 대표적이었다. 이 시기의 장시에서는 이들 점촌 생산품이 다수 출하되고 있었다. 비교적 규모가 컸던 것으로 알려진 평안도 价川의 철기점에는 철을 제련하는 크고 작은 작업장이 50~60개소가 있었는데, 한 곳의 작업장에는 약 30명의 노동자들이 고용되고 있었다.[80] 이들은 가마솥·남비·화로·다리미·괭이·가래·호미·낫·쇠시랑 등의 제품을 생산하고 있었는데, 그 제작과정이 비교적 분화되어 있었다. 가마·솥 등을 제작하는 작업장의 제작과정을 보면, 크게 용해공정, 주형공정, 주물공정으로 나뉘어지며, 각 공정의 책임자는 원대장·도래대장·불편수 등의 전문기능공으로서 각기 휘하에 소정의 일꾼을 거느리고 작업을 진행하였다. 그런데 원대장 등 전문기능공을 포함한 작업인부들은 모두가 상당한 자본을 가지고 작업장을 경영하는 物主에 고용되어 품삯을 받는 임노동자들이었다. 특히 품무질 등에 동원되는 보조원들은 그 작업이 진행되는 기간에만 고용되었는데, 이들은 대개 유민 출신이었다.

이와 같은 임노동의 양상은 놋그릇 생산지로 유명한 경기도 安城, 평안도 定州의 유기 작업장에서도 유사하였으리라 본다. 놋그릇의 제작과정에서도 많은 노동력이 소요되었는데, 비교적 규모가 큰 곳에서는 거의 자본주의적 고용노동에 토대하여 작업장을 경영하고 있었다.[81] 즉 작업장에 고용된 장인·인부들은 자기의 기술과 노동력 이외에는 아무 것도 가진 것이 없는 無産者였다. 그들은 인격적으로도 경영주에게 빚을 지고 있지 않는 한 자유로운 노동

80) 전석담·허종호·홍희유, 앞의 책, 192~200쪽.
81) 金泳鎬, 〈安城鍮器産業에 관한 調査報告〉(《亞細亞硏究》 23, 1965) 참조.

자로서 언제든지 그 작업장을 떠날 수 있었다. 그들은 자기의 노동력만큼의 임금만을 받고 있었으며, 생산물의 그 어떤 분배에도 참여하지 못하였다.

수공업 제품의 유통 및 수요의 증가는 그 원료 생산을 촉진시킴으로써 광업을 발달시켰다. 조선왕조는 당초 광업을 국가가 직접 경영하고자 하여 사적으로 광산을 개발하는 것을 통제하였다. 봉건국가의 광산 개발은 정부가 수요 액수를 정하여 부과하면 해당 고을의 수령들이 부근의 농민들을 부역 동원하여 채취하는 형식이었다. 그런데 16세기 이래로 농민들은 광산에서의 부역 동원을 거부하기 시작하였다. 생산량도 저조해졌다. 이에 정부는 민간의 광산 개발을 허용하였다. 그리하여 사람들은 기술을 개발하여 생산량을 증대시켰고, 더구나 17세기에 대청무역에서 은의 수요가 늘어나면서 은광의 개발이 활기를 띠었다. 동전이 널리 보급되면서 동광의 개발도 촉진되고, 철기의 제작이 활발해지면서 철광의 개발도 활발하였다.

광산개발은 그 수익성이 높은 것으로 알려지면서 상업자본이 이 부문에 적극 진출하였다. 그리고 농토에서 쫓겨난 농민들이 쉽게 고용기회를 찾은 곳이 광산촌이었다.[82] 더구나 광산은 깊은 산 속에 있어 봉건지배층의 억압이 덜 미치고 있었다. 숙종 28년(1702)의 조사에 의하면, 은광의 경우만 하더라도 端川·成川·盈德 등의 큰 광산을 비롯하여 당시 세를 걷고 있던 광산수는 60개 이상이나 되었다.[83] 이와 더불어 18세기에는 봉건정부의 허가를 받지 않고 몰래 광산을 경영하는 潛採가 유행하였는데, 이들 광산의 수도 적지 않았다.

이들 광산의 경영주는 富商大賈 등 상업자본을 집적한 물주였으나, 직접 채굴작업에 종사한 광부들은 대개 농촌에서 유리된 무전농민들이었고, 그 일부는 빈농들로서 계절적으로 참여하기도 하였다. 광산노동에 고용된 광부의 수는 광산 규모에 따라 다르지만 대체로 100명을 넘었고, 많을 경우 수천 명이 모여든 곳도 있었다.[84] 정조 22년(1798) 황해도 遂安금광의 경우, 39개의

---

82) 柳承宙, 〈朝鮮後期 鑛業史의 時代區分에 관한 一試論〉(《朝鮮後期 社會經濟史硏究入門》, 民族文化社, 1991), 147쪽.

83) 《萬機要覽》 財用編 4, 金銀銅鉛.

84) 《日省錄》 철종 9년 2월 3일.

金穴에서 550여 명의 광부들이 고용되어 일하고 있었는데, 그들은 대개 10명을 단위로 하여 채굴·운반·건조·분쇄·선별·도금 등의 공정을 분업에 기초하여 일하였다.85)

이로써 볼 때, 조선 후기의 임노동 양상은 매우 다양하였고, 비교적 보편적이었다. 그것은 관부에서도 행해졌고, 민간에서도 행해졌으며, 또한 생산부문에서도, 비생산부문에서도 행해지고 있었다. 임노동이 주요한 생계수단이 되어 가고 있었던 것이다.

(2) 임노동의 조건

조선 후기, 특히 18세기의 농촌사회에서는 많은 농민들이 토지에서 유리되어 노동력만을 생계의 수단으로 여기고 있었고, 그렇지 않다고 하여도 가난한 빈농이어서 날품팔이로 생계를 보조하지 않으면 안되는 경우도 적지 않았다. 이들은 우선 농업노동자로서 자작농가나 경우에 따라서는 규모가 큰 소작농가에 고용되기도 하였는데, 한편 관부에서 벌이는 능묘·축성·도로공사 등에 고용되어 품을 팔기도 하였다.

농촌사회의 양극 분해가 촉진되고 봉건적 착취가 심해지면서 토지에서 유리된 농민은 날로 증대되었고, 그들은 마침내 고향을 버리고 유민화되어 갔다. 그들은 도시로 모여들어 도시빈민층을 형성하면서 고용의 기회를 기다리고 있었다. 그러나 그들에게는 별다른 일자리가 없었고, 오로지 임노동의 길만이 기다리고 있었다. 그들은 役事가 있다는 소문만 듣고도 벌떼처럼 모여들었다.86)

이들 이른바 '賃傭爲業之類'는 당초에는 호구지책에 급급하여 관부의 작업장이건, 민간의 작업장이건 가리지 않고 고용되기를 원했다. 그러나 그것도 여의치 않으면 도적이라도 되어야 했다. 이에 봉건정부로서도 대책을 강구하지 않을 수 없어 가급적 고향으로 쇄환시키고자 하면서 한편으로 고용의 기회를 주고자 하였다. 즉 유민을 모아 屯田을 개간시키는가 하면 광산 개발에 참여시키면서 공사를 벌여 그들에게 일터를 주고, 부호들에게도 유민을 고용

85) 《備邊司謄錄》 188책, 정조 22년 7월 27일.

86) 《承政院日記》 1724책, 정조 17년 12월 8일.

하도록 권장하는 방안이 시도되었다.[87]

임노동을 생업의 방편으로 삼은 노동자들은 이제 보다 많은 노임과 보다 좋은 작업조건을 추구하기에 이르렀다. 임노동자들은 자유롭게 일터를 찾아다니던 무리였다. 그들은 주어진 작업환경이나 작업의 강도, 그리고 특히 노임의 정도 등이 불리하다고 판단되면 처음부터 응모하지 않거나 응모한 뒤라도 개선을 요구하곤 하였다. 그리고 그것이 뜻대로 이루어지지 않으면 늦장부리고 허술하게 하든가, 아예 작당하여 흩어지고는 했다. 예컨대 영조 7년(1731) 인조의 장릉을 이장할 때, 작업이 끝날 즈음에 관부에서 부대작업을 꾀하여 작업을 연장시키려 하자 인부들은 일제히 이에 저항하고 즉시 흩어졌다. 이에 관부에서는 그들을 회유하고 협박하기도 했지만 끝내 귀환하지 않았다.[88] 당시의 임노동자들은 이처럼 노임이나 작업조건에 따라 자유롭게 이합 집산할 수 있는 존재였다. 효종 8년(1657) 창덕궁 보수공사에서 노임에 불만을 품고 인부의 일부가 달아나 버린 일이 있다. 숙종 원년(1675) 현종의 산릉역에서 관부가 동절기라서 일조기간이 짧다는 이유로 노임을 감하고자 하자, 인부들은 동절기 작업이 더 고되고 힘들다는 이유를 내세워 거칠게 항의하였고, 관부도 그들의 요구를 수용하지 않을 수 없었다.

전문적 임노동자로서 작업에 참여한 인부들은 종래의 징발 役軍과 달리 자신의 자유의사가 존중되고 있었다. 따라서 아무리 관부의 공사라 하더라도 관부의 의향과 관계없이 작업에 응모하고 또 불참할 수 있었다. 이는 민간의 임노동에서는 그 경향이 더 심했다. 丁若鏞은《牧民心書》에서 당시 고용주와 품팔이꾼 사이에 분쟁이 심함을 예고하고, 지방관은 이에 공정하게 대처해야 한다고 권고하고 있다.[89] 인신적 예속성이 제거된 임노동체제하에서는 관부로서도 작업을 원만히 수행하기 위하여는 다각적인 대책을 강구해야 했다. 인적 사항을 철저히 확인하고 관리자를 엄선해야 했다. 그러나 더 중요한 것은 고용관계를 분명히 해야 했다. 경제적 관계로서만 인부를 고용할 수 있는

87)《備邊司謄錄》173책, 정조 12년 8월 18일.
88) 尹用出, 앞의 책, 236쪽.
이후의 임노동 사례는 위의 연구에서 제시된 募軍의 활동을 중심으로 제시하였다.
89)《牧民心書》赴任六條 莅事.

상황하에서, 인부를 작업장으로 유인하여 안정적으로 사역하기 위해서는 노임으로서의 雇價가 적절해야 했고, 작업조건이 양호해야 했다.

가. 노 임

노임은 임노동자가 그들이 제공한 노동력의 대가로 그들을 고용한 고용주에게서 받는 품삯이다. 흔히 고가, 役價, 募立價 등으로 불렸는데, 매일 지급되는 때도 있고, 월별로 지급되는 때도 있었다. 노임은 노동자의 입장에서는 생활비의 유일한 원천이기에 보다 많이 받기를 원하며 고용주의 입장에서는 작업비·생산비에 포함되기 때문에 보다 적게 지급하고자 한다. 생산성이나 능률에 견주어 노임의 수준을 결정하는 것이 원칙이다. 그러나 조선 후기에는 원칙대로 결정되지 않았다. 그렇다고 하여도 임노동자의 의식이 향상되면서 가급적 원칙에 가깝게 조절되어 갔다. 즉 당시에도 노임의 수준은 작업의 종류, 응모자의 성격 등에 따라서 결정되었다. 관부의 작업이라고 하더라도 일방적으로 노임이 책정될 수는 없었다. 노임이 미리 결정되었다고 하여도 작업이 극히 고되고 힘들다든지, 작업장의 사정이 인부들에게 매우 불리하다든지 하면 인부의 모집이 쉽지 않았다. 따라서 노임이 인상되고, 그 인상폭은 인부들을 작업장으로 유인할 수 있을 만한 수준에 이르러야 했다. 영조 7년 선조의 목릉을 이장할 때 처음에는 관부에서 책정한 모립가에 불만을 갖고 응모하는 사람이 한 사람도 없었는데, 노임을 인상시키자 비로소 인부들이 모여들었다.

한편 노임은 노동력의 수요·공급의 상황에 따라서 조절되고 결정되었다. 즉 숙종 25년(1699) 한강에서 얼음을 떼 내는 작업을 하려고 하였는데, 때마침 전염병이 만연하여 인부로 응모하는 자가 거의 없었다. 이에 부득이 노임을 인상시킬 수밖에 없었다. 이와 달리 흉년이 들고 기근이 계속되면 인부로 응모하려는 자들이 많이 몰려들었다. 이 때의 노임은 낮게 책정되었다. 정조 17년(1793) 북한산성 수축공사에서는 기근으로 인부들이 줄을 이어서 고가를 낮게 책정하여 하루에 쌀 3 되, 돈 1전을 지급하였는데, 이는 호구지책도 될 수 없는 것이었다.

〈표 1〉 조선 후기 시기별 산릉역의 노임

(月給)

시 기	지 급 형 태			煥米額數
인조 8년(1630)		布 7필		米 21두
10년(1632)		布 7필		米 21두
23년(1645)	米 20두	布 2필		米 26두
27년(1649)	米 15두	布 3필		米 24두
효종 5년(1654)	米 15두			米 15두
10년(1659)	米 8두	布 3필		米 17두
현종 4년(1663)	米 9두			米 9두
8년(1667)	米 24두			米 24두
11년(1670)	米 15두			米 15두
14년(1673)	米 8두	布 3필		米 17두
15년(1674)	米 9두		錢 3냥 1전	米 15두
숙종 6년(1680)	米 9두		錢 3냥 6전	米 16두
9년(1683)	米 9두		錢 6냥	米 21두
14년(1688)	米 9두		錢 6냥	米 21두
21년(1695)	米 9두	布 2필		米 15두
24년(1898)	米 9두	布 2필 반		米 16.5두
27년(1701)	米 9두	布 1필	錢 6냥	米 24두
44년(1718)	米 9두	布 3필		米 18두
경종 2년(1722)	米 9두	布 3필		米 18두
영조 4년(1728)	米 9두	布 3필		米 18두
15년(1739)	米 9두	布 3필		米 18두
20년(1744)	米 9두		錢 6냥	米 21두
27년(1751)	米 9두	布 3필		米 18두
33년(1757)	米 9두	布 3필		米 18두
38년(1762)	米 9두	布 3필		米 18두
40년(1764)	米 9두	布 3필		米 18두
45년(1769)	米 9두	布 2필		米 15두
52년(1776)	米 9두	布 3필		米 18두
정조 7년(1783)	米 9두		錢 6냥	米 21두
9년(1785)			錢 7냥 5전	米 15두
10년(1786)	米 9두	布 3필	(錢 7냥 5전)	米 15두
13년(1789)			錢 7냥 5전	米 15두

비고 : 1. 표의 작성은 尹用出·姜萬吉의 연구조사를 토대로 하였음.

2. 日給의 형태는 1개월=30일로 하여 月給으로 통일하였음.

3. 換米는 시기에 따라 값의 차이가 심했으리라고 보이지만, 통상 쓰인 布 1필=米 3두로, 錢貨는 《續大典》의 1石=7.5냥의 비율로 환산하였음.

〈표 2〉 조선 후기 시기별 궁궐·축성역의 노임

(月給)

시 기	지 급 형 태		煥米額數
인조 11년(1633)	米 10두 布 2필		米 16두
25년(1647)	米 6두 布 2필		米 12두
26년(1648)	米 5두 布 2필		米 11두
현종 8년(1667)	米 10두 布 2필		米 16두
숙종 3년(1677)	米 9두 布 2필		米 15두
19년(1693)	米 3두 布 3필		米 12두
30년(1704)	米 9두 布 2필		米 15두
영조 원년(1725)	米 9두 布 2필		米 15두
24년(1748)	米 6두 布 3필		米 15두
25년(1749)	米 9두 布 2필		米 15두
28년(1752)	米 9두 布 2필		米 15두
40년(1764)	米 9두 布 2필		米 15두
48년(1772)	米 6두 布 3필		米 15두
52년(1776)		錢 8냥	米 16두
정조 8년(1784)		錢 7.5냥	米 15두
11년(1787)		錢 7.5냥	米 15두
17년(1793)	米 9두	錢 3냥	米 15두

비고 : 표의 작성과 환산형태는 山陵役 노임과 같음.

〈표 3〉 조선 후기 관서별 皀隷의 노임

(月給)

관 서	노 임	
	18 세기	17 세기
의 정 부	米 9두 田米 2두	
중 추 원	米 9두 田米 2두	
의 빈 부	米 8두 田米 1두	
돈 녕 부	米 9두 田米 1두	
의 금 부	米 9두 田米 2두	米 12두
사 헌 부	米 9두 田米 2두	
승 정 원	米 10두 田米 2두	
사 간 원	米 9두 田米 2두	
홍 문 관	米 9두 田米 2두	米 10두
종 부 시	米 8두 田米 2두	
선 혜 청		米 15두

비고 : 표의 작성은《度支志》소재 皀隷雇立價에 의함.

당시 임노동자들의 노임은 체계적인 자료가 없어 정확히 파악할 수는 없으나, 18세기초 山陵役에 고용된 인부들의 노임은 월급으로 쌀 9두, 면포 3필의 수준이 관례화되었고, 궁궐수축역에서는 쌀 9두, 면포 2필로 일정해지고 있다. 물론 같은 작업이라도 시기에 따라서 같지 않았고 같을 수도 없었다. 그리고 같은 작업장에서도 작업의 종류가 다양하여 숙련노동이 있는가 하면 단순노동이 있어서 노임의 차등이 불가피하였다. 노동자들은 그 신체적 조건, 성별, 노소에 따라서 노임에 차가 있었다. 그리고 노임은 같은 일이라도 지방에 따라서 다르고, 광산같은 곳에서는 광산마다 차이가 있어 조건이 좋은 일자리를 찾아 이동하기도 하였다.90)

임노동자들은 소정의 노임 이외에도 작업의 종류와 강도에 따라서 특별히 수당을 받기도 했다. 즉 야간작업을 강행하게 될 때, 작업을 빨리 마쳐야 할 때, 기상조건이 나쁠 때는 노임 이외의 보수를 받았다. 그런데 이들이 받는 노임은 그 일이 날품팔이의 형태였기 때문에 관부의 작업장에서건 민간의 작업장에서건 '計日給雇'하는 방식에 의해 일당으로 받는 것이 일반적이었다. 朔料의 형태로 지급된다고 하여도 작업일수가 계산되었다. 그러나 때로는 작업량에 따라 노임이 책정되기도 했는데, 18세기 후반 이래 이같은 방식이 널리 채택되었다. 특히 단기간의 작업에서는 이러한 지급방식이 효과적이었는데, 인부들이 노동기일을 줄이려고 열심히 작업에 임하고, 그리하여 공사가 빨리 진척되었다. 한편 노임의 형태는 초기에는 米·布의 현물로 지급되었으나, 18세기 후반에 이르면 錢貨로 지급함이 관례화되었다. 현물은 그 품질, 값의 변동, 운반문제 등 여러 가지 문제점이 있어 인부들은 가급적 전화로 받기를 희망하였고, 결국은 그렇게 결정되었다. 이 시기에는 전화의 유통도 점차 확대되고 있었고, 조세의 상당한 부분이 금납화되고 있기도 하였다.91)

그런데 이들 임노동자들의 노임은 농업노동에서의 품값이나 관부의 군병·서리보다 결코 낮은 것이 아니었다. 조예의 노임은 서리보다 많았고, 산릉역에 고용된 인부의 노임은 훈련도감 군병의 급료보다 많았다. 匠人이 관

90) 《牧民心書》工典六條 山林.

91) 方基中, 〈17·18세기 前半 金納租稅의 성립과 전개〉(《東方學志》45, 延世大 國學研究院, 1984), 158~188쪽.

부에 예속되어 있었을 때는 이들 숙련기술자보다 단순노동자가 노임이 많았다.[92] 이는 그들의 노동력이 그 누구에게도 예속되지 않아서 자유의사에 의해 노동활동에 종사하였고, 때문에 노임을 스스로 조정할 수 있는 자유의지가 있었기 때문이다.

나. 작업조건

노임 못지 않게 작업조건도 임노동자에게는 중요하였다. 임노동자들이 노동을 원만히 수행하고 삶의 터전으로서 일터에 정착하기 위하여 작업조건이 양호해야 했다. 고용주로서도 일의 능률을 올리기 위해서는 인부들이 불편 없이 작업조건을 개선해 주어야 했다.

우선 임노동제하에서의 인부의 작업시간은 日照時間에 한정되고 있었다. 물론 부역제하에서도 작업시간은 원칙적으로 일조시간에 이루어지고 있었다. 그러나 부역꾼들은 악천후 속에서도 작업을 강요당하고 있었고, 때로는 야간에도 횃불을 걸고 작업을 강행해야만 했다. 임노동자들도 야간작업을 하지만, 그들은 부역꾼들과 달리 무상이 아니라 특별한 대가를 따로 받았다. 작업의 강도가 높아지면 임노동자의 노임 액수도 그에 따라 늘어나고 있었다.

다음, 인부들이 작업장에서 사용하는 작업도구는 특수한 경우를 제외하고는 대개 작업장에서 지급되었다. 이에 대하여 종래 부역꾼들은 작업기간 중에 소모되는 식량과 함께 작업도구를 스스로 지참하는 것이 관례였다. 정조 18년(1794) 수원부 화성축성공사에서 보면 작업에 쓰일 각종 도구를 관부에서 마련하고 있다. 이 때 관부는 곡괭이·괭이·삽·가래 등의 작업도구를 사상 등에게서 구매하고 있었다. 임노동하는 인부들은 장비를 지참하지 않고 맨 몸으로 작업장에 출입하였다. 인부들은 생산도구를 비롯한 일체의 생산수단으로부터 해방된 존재로서의 자유노동자였던 것이다.

이와 같은 모습은 민간이 경영하는 금광에서도 엿보이는데, 여기에서도 작업도구들이 인부들이 사용하기 편하게 개선되기도 하고 새로운 도구들이 도

---

92) 尹用出, 앞의 책, 253쪽.
姜萬吉, 《朝鮮時代商工業史硏究》(한길사, 1984), 362~399쪽.

입되기도 하였다. 당시 광산에서 쓰인 도구로는 곡괭이·쇄가래·정·망치 등과 더불어 유형소차가 주목되고 있다. 유형소차는 18세기 중엽 새로 도입된 운반용구로서 운반능력을 높여 주었다. 괭이와 가래도 광산에서의 작업에 편하게 개조된 것이 공급되었다.[93] 이러한 작업도구들은 각 광산에 계속 존치되고, 광산을 찾아온 인부들이 이용하게 했다.

작업장의 설비도 부역제하에서보다 개선되고 있다. 먼저 대기소나 숙소로서의 기능을 하는 假家가 조성되고, 숙식에 필요한 시설이 마련되고 있었다. 그러한 설비는 관부의 작업장에서는 관부가, 민간의 작업장에서는 민간 고용주가 마련하는 것이 원칙이었다. 때로는 자재를 공급받아 인부들이 가가를 직접 만들기도 하였지만, 이 때에도 인부들은 노동력만을 제공하였다.

또 작업장에는 醫官이 파견되고 약품이 공급되기도 하였다. 이는 건강한 인부의 확보를 위해서도 불가피하였는데, 정조 9년(1785)에 편찬된《典律通補》에서는 이를 법제적으로 규정하고 있다.[94]

인부들은 작업환경을 안전하고 편하게 하고자 환경의 개선을 요구하기도 하였다. 이같은 요구가 받아들여지지 않을 때는 불만을 품고 돌아가버리든가, 집단적으로 소요를 일으켰다. 그만큼 의식이 성장하고 있었다. 종래 부역노동에 동원되던 농민들은 봉건적 압제에 거의 무조건적으로 순응하였지만, 이제 그들은 토지에의 긴박을 강요한 봉건지배층의 명령을 과감히 거부하고 농토에서 이탈한 유민들이 되었기 때문에 삶의 환경을 스스로 개선해 나가지 않으면 안된다는 것을 인지하고 있었던 것이다. 이러한 분위기는 이 시기 여러 곳에서 나타나고 있었기에 일부 위정자들은 몹시 두려워했고, 따라서 당시 인부들의 작업환경은 종래 부역꾼들의 그것에 비해 크게 개선되고 있었다.

한편 관부의 작업 같은 데서는 인부들을 지휘·통제하기 위해 감독기구가 있었다. 보통 대규모의 국가적인 토목공사가 시행될 때에는 都監이 설치된다.[95] 도감에는 도제조 이하 여러 관원이 있고, 그 밑에 실제로 인부들을 직접 지휘하는 하급관리로서 부장·비장 등이 있었는데, 부장·비장 등은 군인

93) 전석담·허종호·홍희유, 앞의 책, 172쪽.
94)《典律通補》권 3, 禮典 惠恤.
95)《萬機要覽》財用編 5, 權設都監.

출신이거나 강건한 자로서 인부들을 못살게 하는 것이 보통이었다. 작업의 능률을 올린다거나 작업장의 기강을 잡는다고 하면서 강권을 행사하고, 때로는 노임을 감하기도 하여 부장·비장 등은 인부들과 수시로 충돌을 일으켰다. 그런데 임노동제하에서의 인부들은 종래 부역꾼들과 달리 순종적이지 않았다. 그들은 어느 누구에게도 예속되지 않고 오로지 자신들의 노동력만이 생존의 토대인 자유로운 노동자였으므로 그들에게 주어진 작업 환경이나 작업의 강도 등 노동조건이 불리하다고 판단되면 그 어느 때라도 떠날 수 있었고, 실제 그렇게 행동하였다. 보다 좋은 조건의 일터를 찾으면 되는 것이었다. 따라서 그들은 억압과 구속이 덜한 곳을 찾게 되니, 광산과 같은 곳이 그러한 곳이었다.

임노동자들이 어떠한 견제도 없이 자신들의 노동력을 자유롭게 상품화할 수 있는 지름길은 광산촌이나 수공업촌에 가서 고용되는 것이었다. 광산촌이나 그에 인접한 수공업촌은 대개 깊은 산간마을이어서 봉건적 억압이 덜 미치고 있었고, 또 그러한 곳에서의 작업장은 부상대고 등 개인이 경영하고 있었기 때문에 고용관계가 비교적 경제적으로 수립될 수 있었다.[96] 그리하여 조선 후기 각지의 광산에는 농촌에서 유리된 무전농민을 비롯하여 신분제의 질곡에서 허덕이다가 도망친 노비 등 유민들이 임노동의 길을 찾아 무리를 지어 모여들었다.[97]

그러나 유민들이 노동의 기회를 확보하고 전업적 노동자로서 자리를 굳혀 갔다고 하여도, 광산이나 수공업촌에서 잡역부로 고용되어 생계를 유지해야 하는 그들의 생활처지는 매우 불안정하고 열악하였다. 황막한 광산촌에 내던져진 광부들은 폐광이 되면 이곳 저곳으로 돌아다니면서 스산한 환경 속에서 굶주림에 시달려야 했다. 물주인 富商大賈와 경제적 고용관계를 맺고 노동한다고 하지만, 약소한 노임만 획득할 수 있을 뿐 생산물은 모두 물주가 차지하였기 때문이다. 그들은 생산물의 분배에는 참여할 수 없었다.[98] 더구

96) 《英祖實錄》 권 125, 영조 51년 9월 계유.
《日省錄》 정조 10년 정월 22일.
97) 柳承宙, 앞의 글(1991), 147~148쪽.
98) 전석담·허종호·홍희유, 앞의 책, 174쪽.

나 거칠고 힘든 노동 활동 속에서 고된 상황을 잊기 위해 주색과 도박에 빠지다 보니, 약소한 노임마저 잃어버리게 되고, 그리하여 빈궁만이 그들을 기다리고 있었다. 이에 그들은 자신들의 불만을 토로하고, 자기들을 빈궁과 기아로 몰아넣은 당대의 사회현실을 부정하였으며, 나아가 최소한의 생존을 위해 당대의 지배체제에 항거하였다. 항거의 대상은 그들을 고향에서 떠나게 한 양반관료·토호, 그리고 광산·수공업장에서 그들을 착취하고 있던 부상대고 나아가 당시 정치를 이끌고 있던 위정자들이었다. 순조 11년(1811) 洪景來가 주동이 된 사회변혁운동은 그들의 의사결집으로서, 농민뿐 아니라 광부·수공업자·이속 등이 대거 참가하고 있었다. 특히 운동의 초기에는 무전농민들인 광부들이 다수 참여하여 결정적 역할을 수행하였다.[99] 그리고 관찬기록에서도 한결같이 광부들의 난으로 규정하고 있다.[100]

요컨대 18세기를 전후한 조선사회에서는 토지소유구조의 모순, 상품화폐경제의 농촌침투, 봉건적 수탈과 억압 등으로 인해 극소수 농민들이 경영형부농으로 성장하고, 대지주의 토지집적이 심화되는 한편으로 대다수 농민들의 빈궁화가 촉진되었다. 이러한 상황 속에서 전개된 농민층 분해는 궁극적으로 다수의 농민을 농토에서 유리시켜 임노동 자원을 생성시켰다. 그런가 하면 상품화폐경제의 진전은 일부 부상대고들에게 상업자본을 집적시켰다. 그들은 자본을 투하하여 상업·수공업·광업 등에서 새로운 생산관계를 조성하였다. 생산수단을 확보한 자본가의 등장과 자기의 노동력밖에 생계수단이 없는 노동자의 발생은 자본주의적 관계의 발생에서 필수적 전제조건이었다. 이러한 상황의 조짐이 조선 후기사회에서 보여지고 있었는데, 특히 임노동자의 출현은 그들의 노임이나 작업조건이 아직 미흡하다고 하여도 그것은 봉건적 사회질서에 대신할 새로운 경제관계의 출현을 예고하는 것이었다. 그들의 노동력은 어떠한 생산수단이나 그 누구에게도 예속되지 않은 자유로운 것이기에 더욱 그러하였다.

〈崔完基〉

99) 鄭奭鍾, 〈洪景來亂의 性格〉(《韓國史硏究》 7, 1972), 202쪽.
100) 《純祖實錄》 권 14, 순조 11년 12월 정묘.

5. 수공업의 발달

1) 자영수공업체제의 형성과 발전

조선 후기에 이르러 京工匠과 外工匠을 근간으로 한 官營手工業은 급속히 붕괴되어 가고 私匠의 自營手工業이 전면에 등장하여 널리 발달하고 있었다. 효종 9년(1658) 承政院에 소속 匠人이 없어 兵曹에서 주는 약간의 價布로 두서너 명의 사장을 雇立하고 있었다고[1] 할 정도로 일부 경공장에서는 소속 공장들이 없어져 사장을 고용하고 있었다. 이후 정조 9년(1785)에 편찬된《大典通編》의 단계에서는 경공장의 30개 司 중 司贍寺·典艦寺·昭格署·司醞署·歸厚署 등 5개 사의 관아 자체가 혁파되었다. 또 內資寺·內贍寺·司導寺·禮賓寺·濟用監·典設司·掌苑署·司圃署·養賢庫·圖畫署 등 10개 사는 소속 공장이 없어지고 나머지 각 사도 공장의 종류와 수가 변동되었으며 수공업자들을 등록하는 법, 즉 工匠成籍法이 폐지되었다.[2]

한편 외공장에서도 사정은 마찬가지였다. 전라도의 경우《經國大典》편찬 당시에는 외공장이 모두 778명으로 규정되어 있었으나 정조 23년에는 '元匠時存者'가 불과 8명뿐이었다.[3] 이는《대전통편》에서 "원전에는 각 도 各營에 모두 공장의 名色이 있었으나 지금은 수공업자를 本道에 등록하여 관리하는 규정이 없어졌다"고 하고 "관청에서 일할 것이 있으면 私工을 賃用한다"[4]고 하는 규정에 의한 것이었다. 관영수공업이 붕괴되고 민간수공업이 발달된 조건하에서 관청에서 일할 것이 있으면 사장을 임노동자로 고용하기로 한 것이다. 더 나아가 고종 4년(1867)의《六典條例》에서는 개인수공업자를 임용하는 경우의 日給賃料를 규정해 놓고 있다.[5]

---

1)《承政院日記》152책, 효종 9년 9월 25일.
2)《大典通編》工典 京工匠.
3)《日省錄》정조 23년 5월 30일.
4)《大典通編》工典 外工匠.
5)《六典條例》戶曹 放料.

물론 이 때부터 바로 관영수공업이 완전히 붕괴된 것은 아니었다. 廣州·楊口 등의 分院은 아직도 관영의 형태로 존속하였으며 고종 2년(1865)에 편찬된 《大典會通》에서는 분원에서 1년에 2차례에 걸쳐서 磁器를 진상하는 규정을 유지하고 있었다.[6] 조선초에 창의문 밖의 蕩春臺에 설치된 관영의 제지수공업체인 造紙署는 表箋咨文紙를 비롯한 제반 紙地를 생산하면서 19세기까지 존속해오다가[7] 고종 19년(1882)에 이르러서야 혁파되었다. 또한 영조 9년(1733)에 尙衣院에서 행하였던 매년의 5織造所는 중지하고 그 제도를 폐지하였으나 정조 10년(1786)에도 비단을 제조하는 일부 직공들이 존속되어 있었다.[8]

그러나 19세기까지 존속하고 있었던 이러한 소수의 관영수공업도 실질적으로는 점차 민영화의 길을 걷고 있었다. 분원의 경우 원래 私造磁器의 판매가 허용되어 분원 안에 따로 私窯가 있었으며 여기에서 분원의 장인들은 '私燔의 利'를 누리고 있었다.[9] 또 이것이 점차 확대되고 여기에 상인자본이 침투하여 物主로 등장하고 있었다. 그리하여 분원은 "30명의 胥吏 가운데서 선출되는 都渚員에 의하여 거의 관권의 지배 없이 경영되었으며…경제적 유력자에게 자금을 차용하여 만들어지는 분원사기는 극히 적은 부분만이 왕실에 납품되고 판매되어 지금의 분원리는 전국 각 처에서 모여드는 사기행상으로 인하여 상설 사기전문시장과 같이 되었다"[10]고 한다. 또한 조지서의 경우에도 영조 29년에는 50명에 이르는 紙匠들이 모두 도산되고 7, 8명이 남아 있는 형편이 되었다.[11] 그나마도 관영의 성격을 차츰 벗어나 "試紙의 조성은 모두 廛人의 물력에서 나오고 우리들이 私備取利하는 것이 아니다"[12]라고 한 것을 보면, 고종 19년 혁파 이전에 이미 실질적으로 민영화의 길을 걷고 있었던 것으로 보인다.

---

6) 《大典會通》 工典 雜會.
7) 《漢京識略》.
8) 《日省錄》 정조 10년 정월 23일.
9) 《分院邊首節目》.
10) 《承政院日記》 370책, 숙종 23년 3월 6일.
11) 姜萬吉, 〈分院研究〉(《亞細亞研究》 20, 高麗大, 1965).
12) 《貢弊》 4책, 造紙署紙匠.
宋贊植, 《李朝後期 手工業에 관한 研究》(서울大 韓國文化研究所, 1973) 참조.

그 밖의 다른 관영수공업의 경우도 사정은 거의 마찬가지였을 것이다. 19세기를 전후해 잔존했던 약간의 관영수공업조차도 민영화가 이루어져 실질적으로 자영수공업체제가 형성되었던 것이다.

그러면 관영수공업이 민영화된 원인은 무엇이었을까? 우선 그 원인의 하나로 관영수공업에 있어서 소속 장인의 기술적 낙후성과 생산의욕의 감퇴로 인한 생산성의 저하를 들 수 있다. 그러나 보다 근본적인 원인은 민간의 자영수공업이 광범하게 발전하고 민간수공업제품이 시장에서 널리 유통됨에 따라 봉건정부와 그 예하 관청에서는 필요한 수공업제품을 전속 官匠을 두어 조달하기보다는 시장에서 구입·조달하는 것이 오히려 훨씬 유리하게 되었기 때문이다. 사실 이 때를 전후하여 정부에서 필요로 하는 각종 물품을 시장에서 조달하는 貢人이 생겨 소위 공인자본을 축적하는 계기가 되기도 하였다.

시장의 수요에 대응하여 상품을 생산하는 私匠의 수공업장은 당시 일반적으로 '店' 혹은 '店村'이라고 불렸다. 가령 유기수공업체는 鍮店이나 鍮店村으로, 철기수공업체는 鐵店으로, 사기수공업체는 沙器店으로 불렸고, 채광과 제련을 겸하고 있었던 광산의 경우에도 銅店·銀店 등의 식으로 불리고 있었다. 「점」이라는 말은 관영수공업의 경우에는 사용되지 않았으며 약간의 예외는 있었으나 유통부문만을 담당하는 순수상업체의 단위로도 쓰이지 않았다. 沙店·土店·甕店 등으로 부르는 장소는 현재 燒物이 있는 곳으로 窯跡이 있으므로 요적이 있는 곳을 店土 또는 釜土라고 부른다고 한다.[13]

조선 전기에도 점이라는 용어가 없었던 것은 아니나 그것이 일반적으로 널리 쓰이고 보편화된 것은 조선 후기에 와서였다. 따라서 「점」 경제는 조선 후기에 '시장을 위한 생산'을 전개하는 소상품생산자적 자영수공업이 전면적으로 발전하는 체제를 상징적으로 표현하고 있다고 할 수 있다. 당시의 매매문서에서도 모두 '유기점'·'사기점' 등으로 표시하고 있다. 柳壽垣은 餠店의 경우를 들어 설명하면서 傭保를 고용하여 '造得於店中'하는 것이 훨씬 이익이 많다고 하여, 점 수공업의 보급을 권유하고 점주의 역할을 강조하였다.[14]

13) 淺川巧, 《朝鮮陶磁名考》(東京 ; 八潮書店, 1931), 248쪽.
14) 柳壽垣, 《迂書》 권 8, 論商販事理額稅規制.

丁若鏞도 그러한 자영수공업체를 '점' 혹은 '점촌'이라고 부르면서 수공업점촌에서는 이윤이 비교적 많고 관리들의 착취는 비교적 적다고 지적하였다.[15] 禹禎圭도 "은이 있는 곳에 富商大賈들이 점을 설치하도록 허가할 것"[16]을 주장하였다. 이러한 예는 일일이 다 들 수도 없을 만큼 일반적이었다. 조선후기의 자영수공업체제를 「점」 경제라고 부르는 까닭도 여기에 있다.

그러면 이러한 자영수공업 「점」의 사회경제적 성격은 어떠했을까. 「점」의 사회경제적 성격을 봉건정부와의 관계, 임노동관계 및 상업자본과의 관계로 나누어 살펴보기로 한다.

먼저 봉건정부 및 그 예속관청과의 관계는 어떠하였을까? 원래 조선 봉건체제하에서 일반 사장들은 "和會薦狀"[17] "取才擇定"[18]하여 소위 '番次都目'에 의해 "分二番別" 혹은 "分三番別"[19]로 교대로 일정 기간에 걸쳐 「公役」 혹은 「國役」을 담당하였던 것으로 보인다. 이리하여 경공장과 외공장에 징용되어 온 장인들은 노동의 대가를 받지 못하고 자기의 영업활동과는 분리되었다. 따라서 공역을 위해 무상의무로 부담하는 잉여노동과 자기를 위한 필요노동이 시간적, 공간적 및 심리적으로 분열되었다. 단지 공역 일수에 대해서는 匠稅가 면제되고 자기경영 활동에 대해서만 장세를 지불하였다.

그러나 이제 관청수공업의 폐지로 공역에 나가는 일이 없어졌으므로 자영수공업자의 봉건적 의무는 공역징발이 아니라 장세로 되었으며 따라서 종래 직접노동의 형태로 급부하였던 것을 이제는 그 노동이 실현한 생산물의 일부를 실물 혹은 그 가격으로 지불하게 된 것이다. 공역이 없는 대신 그만큼 장세가 증가된 것도 사실이다.

이것은 경영적인 측면에서 보면 봉건적인 직접수취제인 「공역」의 해체에 의한 소규모 자영 상품생산업의 일반적 확립을 나타낸다. 물론 이 경우에도 봉건국가가 잉여노동 생산물 또는 그 가격을 상품교환법칙의 매개에 의해서

15) 丁若鏞, 《牧民心書》 권 6, 戶典 六條 平賦·권 7, 禮典 六條 賓客 및 권 12, 工典 六條 匠作.
16) 禹禎圭, 《經濟野言》 銀店勿禁之議.
17) 《經國大典》 兵典 番次都目.
18) 《大典通編》 工典 工匠.
19) 《經國大典》 兵典 番次都目.

가 아니라 장세로서 직접적으로 영유해간다는 점에서 아직 봉건적 본질을 갖고 있다. 그러나 봉건적 수취의 방법 또는 경제외적 강제의 방법은 적어도 원칙적으로는 對人的인 것에서 對物的인 것으로 전화하여 종래와 같은 봉건정부의 교란적인 專斷과 우연의 개입에서 점차 벗어날 수 있는 방향에 서게 된 것이다. 자기를 위한 필요노동과 봉건국가에 수취되는 잉여노동의 시간적, 공간적 및 심리적 분리가 한 단계씩이나마 줄어들어 전 노동시간을 자기의 계획과 계산하에 처리할 가능성이 생겨 생산력 발전의 기점이 봉건국가의 직접 지배에서 벗어나 자영수공업 경영 내로 이행되었다. 이에 따라 스스로를 재생산의 궤도 위에 위치시켜 소규모 경영이 봉건적 외압에 항거하거나 이를 회피하면서 시장발달=민간수요의 증대에 대응하여 점차 성장·발전해갈 수 있었던 것이다.

이러한 소규모 상품생산업체인「점」은 봉건적 태내에 잉태된 것이며 공장제적 수공업(Manufacture)과는 단계적으로 거리가 있지만 수공업에서 자본주의 발생의 기초적 전제－필요한 경과점－가 되는 것이다.

그러나 자영수공업 단위로서의「점」의 전면적 확립과「점」에서의 소상품생산의 발전에도 불구하고 자본주의적 형태로 전개해 가는 데에는 아직도 봉건정부와의 사이에 허다한 문제점이 놓여 있었다. 지방관청에서 사장을 임용하는 경우, 임료에 관한 문제만 하더라도 현실적으로는《대전통편》의 규정대로 잘 시행되고 있었던 것은 아니다. 실학자 柳馨遠은 관청에서 민간수공업자를 임용할 때 "官役은 賃價를 적게 지급한다"[20]고 지적하였다. 정약용도 지방관청에서 '賃用私工'의 명목으로 심한 착취를 하고 있음을 개탄하고 무릇 청렴을 배우려는 수령이 사장을 고용하여 놋사발·놋접시·가마솥·괭이·삽·자기·옹기·가죽신 등을 만들 때에는 수령 자신의 印帖을 사용할 것을 권하였다.[21] 정약용이 당시 관청에서 방석을 만드는 것을 예로 든 것을 보면, '임용사공'의 경우 工價로 1錢, 糧米價로 2전이 지급되어 工賃은 결국 겨우 식량을 충당하고 좀 남을 정도였던 것 같다.[22] 분원에 고용된 장인의

20) 柳馨遠,《磻溪隨錄》권 1, 田制 上 雜說.
21) 丁若鏞,《牧民心書》권 12, 工典 六條 匠作.
22) 丁若鏞,《牧民心書》권 3, 奉公 六條 守法.

경우도 1년에 價布 4疋, 朔料 7석 남짓을 받았는데[23] 우선 그 절대액이 적은 데다가 장인에게 지급될 임금의 재원이 흉년 등으로 징수되지 못할 때에는 그나마도 지급하지 못하여 장인 중에는 굶어 죽는 자까지도 생겼다고 하니[24] 그간의 사정을 대략 짐작할 수 있다. 이것은 후술하는 바와 같이 당시 노동자들이 자영수공업체에서 받는 임금에 비하여 매우 적은 편이다.

따라서 개인수공업자들은 '임용사공'이라는 명목에도 불구하고 관청이나 양반세도가에게 임용되기를 꺼리고 소문이 나지 않게 '潛造'하는 경향이 있었다. 이 점에 대하여 유형원은 다음과 같이 증언하였다.

> 《경국대전》에 의하면 서울 안의 수공업자들도 稅가 있으나 지금은 모두 상정할 세가 없고 다만 관의 일이 있으면 소문을 듣고 잡아다가 부리고 이르기를 관의 일이라 하여 그 값을 적게 주며 外方에서는 세가 있거나 없거나를 물론하고 소문만 듣고 억지로 불러다가 부릴 뿐이다. 관부에서 이와 같이 하니 세력이 있는 집이나 양반집에서도 또 따라 본받아서 그 소위 값을 준다는 것이 품삯도 되지 못한다. 그러므로 工匠을 업으로 하는 자는 오히려 그 기술의 소문이 남에게 들릴까 두려워하니 이것은 百工이 법도가 없고 추악하여 모양을 이루지 못하는 까닭이다(柳馨遠, 《磻溪隨錄》 권 1, 田制 上 雜說).

한편 헌종 13년(1847)에 전라우도 암행어사는 任實현감이 당시의 다른 곳 현감들과는 달리 유기 등을 제 값을 주고 제작시켰다고 하여 그를 특별히 표창하였다.[25] 「임용사공」 체제에서 자영수공업자를 고용하여 임금을 제대로 주었다는 사실이 표창의 대상이 되고 있는 점에서 우리는 '임용사공'의 한계를 엿볼 수 있다.

그러나 이러한 봉건권력의 자의적 수탈이 이제는 불법으로 규정되고 탄핵의 대상이 되고 있다는 점에서[26] 우리는 수탈의 한계 또한 엿볼 수 있다. 그리고 그러한 수탈은 이미 자영수공업자들의 노동 그 자체의 직접적인 수탈

23) 《承政院日記》 303책, 숙종 10년 3월 17일 및 434책, 숙종 33년 2월 2일.
24) 《承政院日記》 370책, 숙종 23년 윤3월 2일 및 498책, 숙종 42년 9월 4일.
25) 《日省錄》 헌종 13년 11월 26일.
26) 丁若鏞, 《牧民心書》 권 12, 工典 六條 匠作.
《日省錄》 헌종 13년 11월 22일.

이 아니라 노임의 절하에 의한 잉여가치의 수탈이라는 점에서 관영수공업체제하의 상태와는 단계적인 차이가 있는 것이다.

그러면 둘째로 「점」과 상업 내지 시장과의 관계는 어떠하였던가?

주지하는 바와 같이 조선 후기에는 시장이 발달하고 상업활동이 활발하게 전개되었다. 《萬機要覽》에는 19세기초 전국의 정기적인 場市수를 1,061개로 소개하고 있다. 徐有榘의 《林園經濟志》에서는 1,052개로 소개하고 있는데 그 중 325개의 장시에 대해서는 유통되는 상품을 적고 있다. 면포유통 장시는 240개소, 명주는 60개소, 마포는 139개소, 모시는 45개소, 유기는 79개소, 철물은 91개소, 자기는 90개소, 토기는 94개소 등으로 되어 있다. 그러나 그 당시 서울과 지방의 자영수공업자들은 유형원의 증언처럼 소문이 나는 것을 싫어하여 몰래 만들고 몰래 파는 '潛造貨賣'가 일반적이었으므로 실제 수공업제품의 유통 정도는 이보다 훨씬 많았으리라고 판단된다.

뿐만 아니라 조선 후기의 자영수공업에서는 아직도 주문생산이 압도적이었기 때문에 정기적인 장시에 상품을 출품하여 소위 '전내기' 혹은 '장내기'를 하는 것은 전체 상품유통의 일부에 지나지 않았다는 점도 간과할 수 없다.

이러한 보다 큰 상품세계를 염두에 두고 자영수공업점과 상업과의 관계를 검토하면 크게 보아 두 방향에서 복잡한 양상을 띠면서 전개되었다는 것을 알 수 있다. 그 하나는 자영수공업자들이 원료의 구입과 생산물의 판매를 위하여 부단히 시장과 접촉하지 않으면 안되는 소상품생산자로서 자기의 노동생산물을 스스로 상품으로 전파하고 화폐로 실현시켜 시장수요가 증가함에 따라 萌芽이윤을 축적하면서 점차 초기적인 기업가로 성장·발전해 가는 것이다. 이것은 이른바 자본주의 성립의 「두 개의 길」 가운데서 소위 생산자가 상인으로 된다는 제1의 길과 비슷한 형태로 보아도 좋을 것 같다.

가령 유기에 대한 시장수요의 증가에 대응하여 유점이 발전해 가는 모습을 서유구는 다음과 같이 서술하고 있다.

> 東國의 풍속으로 유기를 가장 귀하게 여기므로 아침·저녁으로 登盤하는 그릇으로 모두 유기를 쓰고 있다.…옛날에는 오직 권세 있는 집이나 부유한 집에서만 유기를 사용했으나 오늘날은 荒村의 오두막집에서도 유기를 쓰지 않는

곳이 없고 대개 3, 4벌씩은 다 갖고 있다. 그러므로 곳곳에서 鍮匠들이 爐를 개설하고 유기를 주조한다. 호남 求禮의 유기가 나라 안에 이름이 나 있지만 근년에는 松都인이 만드는 유기도 역시 좋다고 한다(徐有榘,《林園十六志》贍用志 권 4).

종래 서울의 양반들만이 유기를 사용하더니 지금은 시골의 농민들도 즐겨 유기를 쓰고 있으니, 이러한 수요의 증가에 대응하여 전국 도처에 유점이 생겼다는 것이다. 이러한 경향은 유기만이 아니라 다른 수공업의 경우도 마찬가지였다.

17세기 후반 이래 화폐가 전국적으로 보급되는 시장이 발달함에 따라 일반적으로 상공업에 종사하는 경향이 크게 늘어갔다.[27] 李瀷은 농업에 종사하는 사람은 힘껏 일해도 먹고 살기 조차 어려운데 상공업에 종사하는 자는 "하루 벌어 닷새는 먹는다"[28]고 하였다.

이러한 실정이었기 때문에 18세기 후반의 사회상을 묘사한 朴趾源의《許生傳》에서는 굶주리고 있던 허생의 처가 굶주림을 면하는 방법으로서 대뜸 수공업을 할 것을 제의하고 있다.[29] 이것은 이익의 말처럼 수공업에 종사하면 하루 벌어 닷새나 먹을 수 있었기 때문이며, 정약용도 "수공업이 농업을 초과한 지 오래되었다"[30]고 하였다. 그러므로 서북지방 농민의 태반은 금·은·동 등을 채광하고 제련하는 광업으로 가고 있었다고 한다.[31] 또 충청감사 李翊漢의 보고에 의하면, "백성들의 습속이 모두 수공업을 업으로 삼고 있으며, 비록 여자라 할지라도 반드시 駿笠을 만들어 육지에 팔아 생활하고 있다"[32]라고 할 정도가 되었다. 실제로 순조 2년(1802)에 편찬된 황해도의《平山邑誌》에 기록된 자영수공업자의 수가 모두 430여 명인데 이는 원래《경국대전》에서 규정한 평산 외공장 정원 7명의 15배가 넘는 숫자이다. 이 430여

27)《肅宗實錄》권 30, 숙종 22년 12월 무술.
28) 李 瀷,《星湖僿說類選》권 4, 下 人事編 6, 治道門 3, 先禁末作.
29) 朴趾源,《熱河日記》권 5, 一齊本 進德齊夜話.
30) 丁若鏞,《丁茶山全集》上, 詩文 議 策門議 農政疏.
31) 禹禎圭,《經濟野言》銀店勿禁之議.
《正祖實錄》권 17, 정조 3년 2월 신사.
32)《顯宗實錄》권 8, 현종 5년 3월 갑자.

명의 자영수공업자는 수공업 장세를 내는 단위 수공업체의 대표자이므로, 여기에는 고용된 노동자들이 포함되어 있지 않다. 따라서 이것은 당시 평산 한 고을에 있던 독립 자영수공업체인 店이 430여 개가 되었다는 것을 가리키지 않을까.[33] 그럼에도 아직 등록되지 않은 업체가 많았으므로 《續大典》에서는 "閑雜人이 爐冶處를 만들면 호조에서 적발하는 대로 案에 올린다"[34]고 규정하고 있다. 이것은 말할 것도 없이 冶匠들이 水鐵店이나 유점 등을 만드는 것을 가리킨다.

이와는 다소 성격이 다르지만 서울의 12座의 잡화전 중 수공업자들이 스스로 廛을 만든 1좌가 급격히 성장하여 다른 11좌의 전을 모두 몰락시켰다.[35] 이것 역시 수공업자가 상인으로 되면서 자기의 수공업을 소기업으로 발전시키는 하나의 유형이라 할 수 있을 것이다.

이것은 모두 자영수공업자가 상인의 역할까지 겸하면서 소기업가로 성장해 가는 향방을 가리키는 것이며 그 중에서 앞선 것은 이미 매뉴팩처적인 단계에까지 접근하고 있었다. 그런데 이와는 반대로 수공업자가 기업가적 발전을 하지 못하고 상업자본에 예속되어 先貸制的 지배를 받는 방향도 나타나고 있었다. 이에 대해서는 다음 항에서 살펴보기로 한다.

「점」의 성격을 규명하기 위해 마지막으로 자영수공업점의 생산양식문제를 살펴보기로 한다. 이 문제를 본질적으로 접근하기 위하여 생산양식의 기초를 이루는 노동력의 사회적 존재형태를 분석하기로 한다.

자영수공업체로서의 점에는 '점주' 또는 '물주'라고 부르는 고용주가 있었고 그 고용주는 많든 적든 일정한 노동자를 고용하고 있었다. 이들 노동자는 농민분해과정을 통하여 분출된 이른바 '농토가 없어 농사를 짓지 못하는 농민(無土不農之民)'으로서 구성되어 있었다. 농촌에서의 농민분해과정을 통해서 나타난 광범한 토지 없는 농민들은 소작인 혹은 雇工으로서 농촌에 눌러 있기도 했지만 도시로 몰려들어 조선 후기에는 일정한 인구의 도시집중화 현

33) 《平山邑誌》 軍摠.
34) 《續大典》 工典 工匠.
35) 《承政院日記》 531책, 경종 원년 윤6월 19일.

상을 초래하기도 했고,[36] 수공업점이나 鑛店에 들어가 임금노동자가 되기도 했던 것이다.

이들 점에 고용된 雇人들은 종래 농촌 지주집에 있는 고공 또는 婢夫, 즉 머슴들이 隷農的인 형태로 장기간 인간적으로 예속되어 있는 것과는 달리 日傭 또는 月傭, 季節傭 등으로 고용되었다. 이들에 대한 하루의 평균 雇價는 25文이 일반적이었고,[37] 월급으로 주는 경우는 후술하는 바와 같이 9냥(900문)이 되는 경우도 있었다. 이들 임금노동자들은 고가의 고저에 따라 점촌과 점촌 사이를 "문득 왔다 문득 갔다"[38]고 하며 그 숫자가 매우 많아 일종의 노동시장을 이루고 있었다고 한다.[39] 노동자들이 농촌을 떠나 광공업부분으로 몰리기 때문에 농촌에서는 하루에 품삯을 100전을 준다 해도 고용할 사람이 없다고 할 정도였다.[40]

이러한 임금노동자들이 자영수공업의 점주 또는 물주와 상품교환의 방식으로 대립 혹은 결합할 때 노동력은 하나의 상품으로서의 자본의 구성적 계기로 대상화되는 것이며 그것은 계약관계로 이루어지는 것이다. 따라서 자영수공업이 이러한 임금노동자를 고용하여 소상품생산업체로서 발전해갈 때 그러한「점」은 적어도 단순 協業의 단계, 즉 매뉴팩처의 선행단계에 있었음을 알 수 있다. 그러나 아직도 가족노동의 비중이 큰 자영수공업점도 적지 않았으며 고용주와 임금노동자의 관계가 순수한 '대물적'인 계약관계에 의해서 지배되기보다는 오히려 춘프트(Zunft)적인 강제규정에 의하여 지배되는 경우도 없지 않았다.

그러나 그러한 遺制에도 불구하고 자영수공업으로서의 점은 대체로 소상품생산업체로서, 수공업에 있어서 매뉴팩처 발생의 역사적 기점이 되었으며 그 중 앞선 것은 先貸制 내지 매뉴팩처적인 단계에까지 나아갔다.

---

36) 金泳鎬, 〈朝鮮後期에 있어서의 都市商業의 새로운 展開〉(《韓國史硏究》 2, 1969) 참조.
37) 禹夏永, 《千一錄》 권 7, 觀水漫錄.
38) 《秋官志》 권 6, 雇工立案.
39) 《正祖實錄》 권 27, 정조 13년 5월 병술.
40) 丁若鏞, 《丁茶山全書》 上, 詩文 策問議 農政疏.

2) 상업자본의 생산적 전회와 선대제의 발생

조선 후기에는 상품화폐경제의 발전에 조응하여 상업자본이 광범하게 축적되었다. 그 중 몇 가지 형태를 든다면 서울·개성·수원 등에서의 市廛을 토대로 한 시전자본, 시전에 대항하면서 새롭게 성장한 亂廛자본, 시장과 시장 사이를 연결하는 褓負商자본, 시장과 都邑에 정주하는 客主·旅閣자본, 봉건정부에 필요한 상품을 조달하는 貢人자본, 농촌시장과 도시 사이를 편력하는 私商자본, 청국 및 일본과의 교역을 담당하는 무역자본 그리고 이러한 각종 형태의 상업자본에서 더욱 성장·발전하여 대자본을 이룩한 都賈자본 등이 있다. 그리고 그러한 상업자본을 소유한 상업자본가는 흔히 '富商大賈'라고 불렸다.

원래 상업자본은 봉건적 생산양식의 寄生者이면서 동시에 그 蠶食者이다. 이러한 기생적 기능과 잠식적 기능의 모순에서 타인의 생산물의 유통과정을 장악하여 轉渡된 이윤을 축적하던 상업자본은 점차 유통과정에만 머무르지 않고 생산과정에 침투하게 된다. 상업자본이 생산으로 전회하는 데 있어서 흔히 수공업자에게 원료나 자금을 미리 선대(Putting-out)하거나 직접적으로 장악하는 선대자본으로 나타나고 그러한 선대자본을 운영하는 경영형태로서 선대제(Putting-out system)가 발생하였다. 이리하여 범주적으로는 상업자본-선대자본-산업자본이라는 역사적 계보가 형성된다.

그러나 현실적으로는 이러한 범주가 엄격히 단계지워 나타난다고 할 수 없다. 오히려 선대제와 매뉴팩처가 동시에 병행해서 나타나는 경우가 일반적이었다. 최근의 경제사학의 연구성과에 의하면, 서구에서의 이른바 「매뉴팩처기」(16세기 후반~18세기 전반)에도 선대제가 지배적이었다고 한다. 조선 후기에도 18세기 전반부터 이미 선대제에서 벗어나려는 수공업자들의 노력이 줄기차게 나타났지만, 19세기에도 선대제는 아직 단계적으로 극복하기에는 먼 형편에 있었다.

정조 12년(1788)에 禹禎圭는 《經濟野言》에서 부상대고들이 제각기 재물을 분담하고 고용노동자를 모집하여 銀店을 경영하게 할 것을 제의한 바 있다.[41] 또한 순조 17년(1817)에 함경감사를 지낸 李義甲은 "銀鑛은 사상의 채취에 맡길 것"[42]을 제안한 바 있다. 이것은 상업자본을 산업자본에 전환시키는 하나의 방법이라고도 볼 수 있다. 물론 광업이 제조업은 아니지만 우정규의 상소에 나타난 바와 같이 은의 채광과 제련을 함께 한다는 것이 전제되어 있으므로 산업자본으로의 전화를 시도한 것이라고 보아도 무방하다.

그런데 상인으로 하여금 은점을 경영하게 하자는 제안은 실상은 이미 사상들이 현실적으로 은점을 경영하고 있는 사실을 공식화하려는 것이었다. 그 실례로, 영조 51년(1775)에 한 松都富商이 遂安에 있는 은광의 물주로 있었으며[43] 洪景來亂에 자금을 대었던 부상대고 李禧著 역시 광산을 경영하고 있었다.[44] "여러 도에서 은점·동점·鉛店 등의 각 점을 신설하는 자는…이미 허다한 재력을 쓰고 있다"[45]고 하는 경우의 재력가는 상당한 부분이 상인이었음은 말할 것도 없다.

이 밖에 시전인의 상업자본이 생산부문에 투하된 경우도 엿볼 수 있다. 가령 縇廛은 중국에서 白絲를 수입하여 그것으로 비단을 짜서 팔았으며 綿紬廛은 국내에서 생산되는 常絲로 명주를 짜서 팔고 있었다.[46] 이 때 선전에서 비단을 짜는 생산형태나 면주전에서 명주를 짜는 생산형태는 알 수 없으나 상업자본이 생산부문을 그의 지배하에 두고 있었던 것 같다. 그런데 순조 29년에는 선전의 상인들이 장인들과 '부동하여' 몰래 중국 것과 같은 비단을 짜서 팔고 있었다.[47] 이 때 선전상인이 수공업자들과 부동했다는 것의 구체적인 내용은 알 수 없으나 선전의 상업자본이 생산부문에 침투했던 것은 틀림없고 그것도 그 규모가 전국의 원료를 '一並都聚'할 정도이고 보면 매우 컸었다는 것을 알 수 있다.

또한 條里木廛의 경우에도 비슷한 형태를 찾아볼 수 있다. 철종 8년(1857)

---

41) 禹禎圭, 《經濟野言》 銀店勿禁之議.
42) 《備邊司謄錄》 206책, 순조 17년 4월 5일.
43) 《英祖實錄》 권 125, 영조 51년 9월 계유.
44) 《辛壬錄》.
45) 《備邊司謄錄》 173책, 정조 12년 11월 20일.
46) 《備邊司謄錄》 173책, 정조 12년 11월 7일.
47) 《備邊司謄錄》 217책, 순조 29년 2월 1일.

의 기록에 의하면, 다음과 같이 조리목전에서 수공업자를 고용하여 생산활동을 하고 있었다.

> 조리목전 시전상인이 말하기를, 引鉅匠은 즉 우리 시전이 돈을 주고 고용한 工匠인데 매월 9냥씩의 임금을 지급해온 것이 상례였으나 작년에는 갑자기 매월 26냥씩 받겠다고 하여 繕工監에 고소하였다(《備邊司謄錄》 244책, 철종 8년 정월 28일).

그런데 그 때 수공업자가 받는 임금이 한 달에 9냥이었으니 하루 30문이 되는 셈이다. 이것은 그 당시의 하루 평균 노임 25문보다 높았던 것이다. 기록에는 조리목전에 고용된 임금노동자의 수효가 명시되어 있지 않으나 급료를 당시의 평균액보다 더 많이 주고 그것도 월급제로 실시하였다고 하니 매우 주목되는 사실이다. 앞에서 언급하였듯이 광주의 分院에서도 沙器匠은 '逐朔給料'로 사역하고 있었다.

또한 紙廛의 경우에도 製紙匠과의 관계가 깊었다. 《貢弊》에 나타난 造紙署 紙匠들의 호소에 의하면, "試紙의 조성은 모두 지전상인의 物力에서 나오고 우리들이 사적으로 갖추어 이익을 취하는 것이 아니다"[48]라고 하여 지전상인의 자금을 前貸받고 완성품은 그대로 지전에서 가지고 간다고 말하고 있다. 이것만으로는 지전상인과 수공업자와의 관계가 선대제로 제도화되었다고 말하기는 어려우나 그러한 방향으로 나아가고 있었음은 분명하다. 그런데 정조 23년(1799)의 지전인들의 상소에 의하면, 당시 지전에 화재가 발생하여 저장해둔 科紙 등이 불에 타버려 목하 房事를 수리하고 종이를 만들 원료 확보에 고심하고 있었다고 한다.[49] 여기에서 말하는 방사는 곧 지전에 부설된 수공업장을 가리키는 것으로 보인다. 한말 러시아 大藏省에서 발간한 《韓國誌》에서도 서울의 각 시전에는 뒷편에 따로 '助工場'을 갖고 있는 것이 상례라고 하고 있는 것을 보면 크든 적든 상업자본과 수공업자와의 직접적인 관계를 알 수 있다. 그 관계의 경제사적 성격은 역시 선대제적인 한 형태로 볼 수밖에 없을 것 같다.

---

48) 《貢弊》 4책, 造紙署紙匠.
49) 《備邊司謄錄》 189책, 정조 23년 12월 17일.

한편 개성상인의 상업자본이 생산부문에 침투하는 경향도 많아졌다. 앞에서 광산투자의 경우를 보았거니와 정조 12년(1788)에는 송상들이 종이를 제조하는 중들과 '締結'하여 최우량의 종이를 독점해갔다.[50] 이 때 송상과 제지수공업자인 중들이 '체결'하고 있다고 하는 것의 구체적인 내용은 알 수 없으나 송상이 자본을 그들에게 선대하고 완성된 종이를 독점적으로 확보했으리라는 것, 그리고 가격면의 협정 등과 관련된 내용이었음을 짐작할 수 있다. "송상의 무리가 각 사찰에 屯聚하여 방물지를 몰래 구입하고 있다"[51]고 하는 기록도 거의 비슷한 사정을 말해주는 것 같다.

개성상인은 무엇보다도 인삼장사로 이득을 보았다는 것은 다 아는 사실이지만 동시에 순조 21년(1821) 개성유수 吳翰源이 "개성에 사는 사람은 種蔘을 業으로 삼는 자가 많다. 매년 청나라에 가는 홍삼은 이 지방에서 전적으로 나간다"[52]고 한 것을 보면 송상의 상업자본이 인삼의 재배와 가공에 상당히 투자되고 있었음을 알 수 있다. 따라서 순조 10년에는 包蔘製造所로서의 蒸包所가 서울에서 개성으로 옮겨져[53] 송상은 인삼의 판매만이 아니라 그 재배와 가공을 공식적으로나 비공식적으로나 장악하게 되었다. 고종 3년(1866)에는 개성상인 朴京琰이란 자가 청주에서 암암리에 홍삼제조장을 만들다가 발각된 일도 있었다.[54]

한편 京主人의 자본이 인삼제조업에 선대되어 있는 것도 볼 수 있다.

> 江界의 경주인인 金重瑞가 매우 간교한 사람으로서 수십년 동안 貿蔘을 빙자하여 강계에 오래 체류하면서 蔘戶에 미리 싼값으로 지급하여 下山한 후에 官納은 하지 않고 몰래 사고 팔면서 마침내 都賈가 되었으니 이로 인하여 근래에 강계에 인삼이 絶貴해졌다(《備邊司謄錄》 160책, 정조 13년 정월 10일).

50) 《備邊司謄錄》 172책, 정조 12년 정월 8일.
51) 《備邊司謄錄》 170책, 정조 11년 정월 1일.
52) 《純祖實錄》 권 24, 순조 21년 11월 병자.
53) 《中京誌》 2, 土産.
姜萬吉, 〈開城商人研究〉(《韓國史研究》 8, 1972) 참조.
54) 《備邊司謄錄》 251책, 고종 3년 8월 18일.

일찍이 유수원은 상업자본의 전환투자에 의해 경영되는 수공업「店」을 설명하면서, 그 점주는 자금을 내어 傭保를 모집하여 상품을 제조・판매하고 월말에는 執役者와 점주가 각각 '各受機分'을 받게 된다고 밝히고 있다.[55] 이러한 유수원의 '造店' 구상에서 우리는 점주와 집역자가 구성적으로 대립되어 있고 거기에 각기 이윤범주와 임금범주가 설정되어 있는 것을 볼 수 있다. 또한 점의 경영문서로서 店歷을 들고 점역에 의거하여 월급제가 실시되고 있는 것도 주목하게 된다.

3) 매뉴팩처의 발생

(1) 유기산업부문

19세기의 실학자 서유구가 지적한 바와 같이 종래에는 서울의 양반들만이 유기그릇을 사용하였으나 19세기에 와서는 시골의 오막살이 농가에서도 으레 3, 4벌의 유기를 쓰는 지경이 되었고 이에 따라 도처에 유기수공업장인 鍮店이 생겨나게 되었다.[56]

이러한 유점은 유기원료의 산지와 판매시장을 따라 점차 지역별로 특화하여 경기도의 安城과 개성, 평안도의 定州 納淸, 전라도의 求禮, 경상도의 慶州 등은 전국적으로 유명한 유기산지가 되었다. 이러한 지역에서는 유점이 몇 개의 마을을 이루어 소위 유점촌을 형성하고 있었다. 19세기 중엽무렵에 안성에는 약 40여 개의 유기점이 있었고 납청에는 약 50여 개의 유기점이 있었다.

이러한 유점 가운데 앞선 것은 어느 정도 매뉴팩처적인 경영형태에 접근하고 있었다. 매뉴팩처를 규정함에 있어서는 무엇보다도 자유로운 임금노동자와 생산수단을 함께 가지고 있는 부르주아적 기업가가 對物的으로 결합하는 것이 전제가 되며 아울러 공장제적인 분업노동으로 생산을 담당하는 것이 핵심을 이룬다.

---

55) 柳壽垣, 《迂書》 권 8, 論商販事理額稅規制.
56) 徐有榘, 《林園十六志》 贍用志 권 4 "處處鍮匠開爐鼓冶".

그러면 당시의 수많은 유점 가운데 비교적 자료가 자세한 몇 개의 사례를 살펴보기로 한다. 그 한 예로 헌종 8년(1842) 평안도 祥原의 한 유기수공업장에서 벌어진 살인사건의 전말을 살펴보자.[57] 그 유점의 점주이면서 물주이었던 韋明圭는 자기 집 주변에 銅店도 병설하고 있었다. 그리고 동점에서는 야장을 고용하고 있는 것으로 보아 단순히 採鑛만 하는 것이 아니라 제련도 겸하고 있었다. 말하자면 광산업과 제련업, 유기제조업을 상호 연관시켜 일종의 계열화를 이룩하고 있었다.

이러한 위명규의 유기제조장에는 각종의 생산수단 내지 생산도구를 갖추고 있었고 많은 임금 노동자를 고용하고 있었다. 유점에는 유기제조 기술자로 李順之·朴云成·崔仲陸 등의 이름이 나오고 있으며 동점의 야장으로서는 李亨鎭 등의 이름이 나오고 있다. 때마침 살인사건이 일어난 것이 작업을 하지 않을 때였으므로 현장에 없었던 노동자들의 이름은 나오지 않고 있다. 그런데 위에 이름을 소개한 노동자들은 모두가 각처에서 모여든 자유노동자로, 위명규의 유기장에서 임금을 받고 노동하고 있었다. 이순지는 황해도 載寧사람으로 위명규의 유점에 와서 유기그릇을 만드는 장인을 직업으로 삼고 있으면서 10냥의 임금을 받고 있었다. 박운성은 이순지와 함께 고용되어 있던 鍮器匠이었고 이형진은 平壤사람으로서 높은 임금을 찾아 온 유장이었으며 최중목은 평안도 咸從사람으로 사정은 비슷하였다. 이형진은 위명규가 유점과 함께 병설한 동점에서 야장으로 고용되어 있었다. 여기에 이름이 나오지 않은 그 밖의 많은 사람들도 거의 비슷한 입장이었을 것으로 추측해도 무리가 없을 것이다. 결국 그들은 거의 다 임금의 고저에 따라 유점과 유점 사이를 "문득 왔다 문득 갔다"[58] 하는 소위 '以賃傭爲業者'에 속하는 사람들이라고 하겠다.

점주 위명규는 이러한 자유노동자들을 고용하여 유점을 경영하던 경영가인 동시에 그 유점에 자본을 투하한 물주이며, 아울러 유점의 제품을 시장에 파는 상인으로서 말하자면 초기적인 기업가였다. 흔히 초기 기업가가 그러하듯이 그도 역시 자본공급자이면서 동시에 기술자요 또한 상인이었던 것으로 보인다. 우리가 점주를 초기 기업가의 한 유형으로 중시하는 까닭이 여기에 있다.

---

57) 《平安監營啓錄》 12책, 道光 22년 임인 5월 15일.
58) 《秋官志》 권 6, 雇工立案.

그런데 19세기 전반에 유기를 생산하는 기술수준에 조응하여 일정한 노동분업이 나타나고 있었다. 분업의 형태는 '붓배기' 유기의 경우와 '방짜' 유기의 경우가 각각 다르다. '붓배기'란 유기원료를 고열에 녹인 후 鑄型에 부어서 만드는 방식이며 '방짜'란 유기원료를 높은 열로 가열한 후 器物로 두들겨서 만드는 방식이다.

먼저 붓배기 유기를 제조하는 노동분업을 보면 다음과 같다.[59]

대장	: 1명
鑄物夫	: 1명(대장이 겸임하는 수도 있음)
조수(풀무군)	: 1명
旋盤工(일명 가질)	: 2명
참나무숯·젓토·물 등을 담당하는 작업부	: 1명

이렇게 유기의 한 제조공정에 약 5~6명의 노동자가 한 조가 되어 보통 1일에 약 20벌의 유기를 제조한다고 한다. 안성의 현지조사 결과 유기업이 쇠퇴하기 시작했던 19세기말경에 보통 한 유점에 3~4조가 있었다고 하니 대략 15명 내지 20명의 노동자를 고용하고 있었던 셈이다.

한편 방짜 유기의 제조공정은 한층 복잡하고 분업도 고도화되어 있었다.[60]

鑄物工程(부질)	
겹대장(鑄物夫)	: 1명
반풍구	: 1명
壓延工程(내피)	
대장	: 1명
앞망치(제 1 망치군)	: 1명
곁망치(제 2 〃)	: 1명
제망치(제 3 〃)	: 1명
네핌가질(壓延旋盤工)	: 1명
네핌앞망치(연연망치군)	: 1명
안풍구(숙련 풍구 책임자)	: 1명
旋盤工程(가질)	
旋盤工	: 2명

59) 金泳鎬, 〈安城鍮器産業에 관한 調査報告〉(《亞細亞硏究》 20, 1965).
60) 위와 같음.

이와 같이 방짜 유기 제조공정은 3개의 공정으로 나누어지고 약 11명의 노동자가 있어야 한 조를 이룰 수 있었다. 그런데 안성에는 주로 붓배기 유기를 제조하였고 정주의 납청에서는 방짜 유기를 제조하였다고 하니 지역적 기술특화가 이루어진 셈이다. 19세기 중엽 납청에서는 지주 겸 상인출신의 박명조가 11명의 노동자를 고용하여 유기수공업장을 경영하였는데 이것은 방짜 유기수공업의 경우를 말하는 것 같다.[61] 안성이나 납청이나 유기제조 노동분업이 비슷한 것을 보면 그 당시 구례나 개성의 경우도 거의 비슷했으리라고 짐작된다.

이러한 배경을 미루어 앞서 본 위명규의 유점을 방짜 유기를 제조하는 일종의 매뉴팩처적 형태로 보아도 무리가 없을 것 같다.

또한 당시 유기점의 매매문서를 통하여 대규모의 유점이 있었음을 확인할 수 있다. 九山里라는 곳에 都景春이란 점주가 경영하는 유점이 있었는데 이 유기제조장은 초가로 무려 39間이나 되었고 그 곳에는 유기를 만드는 器機가 49座나 있었으며 쓰다 남은 것으로 보이는 원료도 백철이 126근, 동철이 123근, 황철이 273근이 있었다. 이러한 규모라면 수많은 유장을 고용하였으리라는 것은 명백하다. 그런데 이 유기점을 팔 때 매입자를 '金生員重玉'으로 표기하고 자기자신은 '店主 都景春'으로 표기한 것을 보면 도경춘은 평민신분이었으며 노동자들과는 임노동관계에 놓여 있었던 것이 분명하다. 여기에서 붓배기 유기를 제조했건 혹은 방짜 유기를 제조했건 간에 이만한 규모라면 점주 도경춘은 꽤 큰 유기매뉴팩처를 경영하던 초기 기업가라고 할 수 있을 것이다.[62]

또한 순조 21년(1821)에 유기 점주 姜泰周는 자기가 오랫동안 경영하던 유기제조장을 판매하였는데 규모가 역시 28칸이었으며 周鉢 등 190개의 유기와 채 완성시키지 못한 유기 등을 합쳐 매매하고 있었다.[63]

한편 서울에서는 1800년 이래 대상공업자인 吳漢柱가 '吳漢柱輿昌處'라는

---

61) 전석담 · 허종호 · 홍희유, 《조선에서의 자본주의적 관계의 발생》(과학백과사전종합출판사, 1970 ; 이성과 현실, 1989) 참조.

62) 金泳鎬, 〈朝鮮後期 手工業의 發展과 새로운 經營形態〉(《大東文化硏究》 9, 成均館大, 1972), 199~200쪽.

63) 金泳鎬, 위의 글, 200쪽.

대규모 수공업장을 만들어 유기를 비롯한 각종의 철기물을 생산하고 있었다. 그리고 이들 철기물을 匙召廛 등 여러 시전에 판매하였고 또 직접 시판도 하고 있었다. 철종 10년(1859)에는 다른 30여 명의 장인들과 함께 정부의 鑄錢 사업을 위탁받기도 했다.64) 그런데 1850년대의 주전위탁 사업문서인 〈鑄錄〉에 의하면, 이곳에서는 30爐의 주전시설과 각종 부속시설을 갖추고 있었는데 각 노에서 사용하던 연장의 종류와 수량은 70여 종에 150여 기가 되었다고 한다. 주전이 행해지는 작업 공정은 세분화되어 磨鍊匠·洗鐵匠·鐵春匠·注匠·磨光匠·作貫匠·方正匠 등이 해당 공정에서 작업을 하게 되었다. 이렇게 관련지워 본다면 '오한주홍창처'는 유기제조장으로서만 아니라 주전 사업장으로서도 일종의 특권매뉴팩처적 형태로 주목된다.

이상의 여러 사례를 통해 볼 때 당시 전국 각처에서 성업을 하고 있던 유기점 가운데 많은 부분은 상당한 규모를 갖춘 일종의 유기매뉴팩처라고 보아도 큰 무리는 아닐 것 같다.

(2) 야철산업부문

철의 제련과 주조 및 段冶 등과 관계되는 冶鐵수공업에서도 미약하나마 매뉴팩처적 경영형태를 찾아볼 수 있다.

먼저 水鐵수공업의 경우를 살펴보기로 한다. 조선 후기에는 광산업이 발달함에 따라 광석을 제련하여 생쇠 즉 무쇠를 만들고 다시 그것으로 각종의 농기구를 만드는 수철 수공업장이 널리 번창하고 있었다. 19세기의 각종 자료에 나오는 水鐵店들이 바로 그것이다.

그러한 여러 수철점 가운데서 특히 자료가 풍부한 것은 19세기 중엽 평안북도 寧邊에서 李甲圭가 경영하던 수철점이다. 이 수공업체는 철종 11년에 살인사건이 발생하여 감영에서 심문하는 가운데 기록으로 전해지게 되었다.65) 이 기록에 의하면 점주 이갑규가 경영하던 수철점에는 수많은 임금노동자가 고용되고 있었다. 成器片手로 劉仲涉, 役軍으로 方濠京·金成實·申

64) 《備邊司謄錄》 190책, 정조 24년 2월 11일.
《日省錄》 철종 10년 6월 13일.

65) 《平安監營啓錄》 28책, 寧邊府.

洪夫, 帖首로 李昌環, 점인으로 金以權, 團速軍으로 金石喆·金同允·金允卜 등이 있었다. 여기에 소개된 노동자들은 살인사건에 관련되는 사람들이고 그 밖에도 '店漢이 잡다하여 그 성명을 모두 쓰기 어렵다'고 하는 형편이었다. 이 노동자들은 모두 이갑규의 수철점에 임금노동자로 고용되어 생계를 이어 갔으며 雇主로부터 「雇錢」을 받고 있었다.

이러한 기록으로 보아 점주 이갑규는 일종의 초기기업가로 보여진다. 단지 기술전문가인 편수 내지 첩수 등을 두고 있는 것을 보면 그 자신은 자본가 겸 상인으로서 기능을 하는 기업가가 아닐까 한다. 그의 수철점은 일종의 수철매뉴팩처로 보아도 좋을 것으로 생각한다.

그 밖에 평안북도 价川에서 安宅俊이 수철점으로 생업을 삼고 있었고,[66] 朔州에서는 수철장세로 1냥 6전을 징수하였으며,[67] 昌城에서 水鐵食鼎 4좌에 대하여 수철장세를 징수하였다고 한다.[68] 영업세를 내고 있는 이들 수철수공업의 경영형태는 구체적인 기록이 없어서 자세한 내용을 알 길이 없고 영변 이갑규의 수철점을 기준으로 추측할 수밖에 없다.

수철수공업과 밀접한 관련을 갖는 것으로서 鎔鑛수공업을 들 수 있다. 당시에는 철을 제련하는 노를 '德' 또는 '鐵德'이라고 하였는데 이것은 오늘날의 용광로의 전신이라고 볼 수 있다. 이러한 용광수공업은 특히 개천 일대와 경상북도 雲門山 일대, 강원도 洪川 일대에서 발전하고 있었다.

당시의 제련기술은 19세기의 실학자 李圭景에 의하여 소개되었다. 즉 풀무 왼쪽에 9개의 바람구멍을 만들고 야로를 만들 때는 먼저 4廓을 쌓고 곽 내에다 9개의 골을 만들어 골마다 바람이 통하게 하여 철을 용광한다는 것이다.[69] 이러한 제련법에 따른 실제의 작업분업 실태를 이규경은 소개하지 않았지만 운문산 일대 용광수공업장의 현지 답사보고에 의하면 다음과 같다.[70]

66) 《題判抄錄》 民訴論題, 권 61, 병술 5월 1일.
67) 《賦役實摠》 朔州.
68) 《賦役實摠》 昌城.
69) 李圭景, 《五洲衍文長箋散稿》 煉鐵辨證說.
70) 權丙卓, 〈李朝末期의 鎔鑛手工業〉(《韓國經濟史特殊硏究》, 嶺南大 産業經濟硏究所, 1972) 참조.

錢主 : 1명
관리인 : 2명
원불편수 : 1명
뒷불편수 : 1명
골편수 : 1명
둑수리 : 1명
풀무군(풀무대장 외) : 16명
숯쟁이(숯대장 외) : 8명
쇠쟁이(겉대장 외) : 8명
공양주(炊事 노파) : 2명

이렇게 모두 41명이며 거의가 임금을 받는 노동자이다. 실제 분업과정에 참여하지 않는 인원은 전주·관리인·공양주 등이며 규모에 따라서 숯쟁이와 쇠쟁이는 인원을 약간 줄일 수도 있으나 그 외는 모두 어느 한 부분만 빠져도 전체공정이 돌아가지 않는 분업적인 작업이었다. 실제 작업의 진행과정을 보면 다음과 같다고 한다.71)

전주는 미리 土炭과 木炭을 작업장의 지정된 장소에 산더미처럼 구입해 둔다. 이 때 목탄의 부피는 토철의 몇십 배가 되지만 중량은 거의 비슷하다. 골편수는 조수격인 기능직인 둑수리를 데리고 골일을 전담하는데 부리작업을 하기 3일 전에 풀무와 통하는 골무구멍과 골바닥을 점흙으로 손질한 다음 열을 받아도 깨어지지 않는 불목돌을 놓고 초롱구멍을 뚫을 자리를 마련해 둔다. 이 때 풀무구멍과 골바닥의 각도라든지 방향이 잘못 잡히면 공기와 쇳물이 한쪽으로 치우쳐 작업이 수포로 돌아간다. 불편수는 뒷불편수와 숯대장·불매대장 등을 지휘하면서 부리작업 전반을 담당하는 공장장 격이다. 즉 불편수는 골편수가 손질해 둔 골바닥에 점화할 불사르게를 알맞게 하고 숯대장(겉대장)에게 지시하여 토둑 안에 숯을 가득 채우도록 지시한다.

숯대장의 감독하에 8명의 숯쟁이가 지게로 숯을 채우는 동안 불매대장은 선거리 8명의 풀무군으로 하여금 정해진 장소에 대기하게 한다. 이 때 불편수는 미리 뒷불편수가 준비해 둔 불씨를 불사르게에 붙인다. 불사르게에 불

71) 위와 같음.

이 붙어 토둑 위에 연기가 무럭무럭 오르기 시작하면 불편수는 '불매 올려라'라고 소리친다. 풀무군의 동작은 차츰 빨라지고 불이 토둑 위에까지 돈다. 이윽고 토둑이 이글거리기 시작하면 불편수는 쇠대장에게 '쇠 넣어라'고 지시한다. 2명의 쇠쟁이는 교대로 앞창을 단 바소쿠리에 토철을 알맞게 담아 토둑 위에 넣고 이 때 겉대장도 역시 숯쟁이로 하여금 2명씩 교대로 숯을 져다 놓도록 한다. 풀무바람은 강할수록 좋으므로 선거리·후거리가 교대하면서 전력을 다하여 풀무를 밟는데 겉대장과 숯대장이 불편수의 지시에 따라 기민하게 움직이면서 화력에 따라 알맞게 숯과 토철을 투입하지 않으면 쇳물이 적게 나거나 곧 구멍이 막히기 일쑤이다. 點火한 지 7~8시간이 지나 강한 풀무바람을 받은 도가니의 화염은 하늘을 찌른다. 이 때 골편수는 토둑의 바깥벽을 쇠망치로 가볍게 쳐보면서 쇳물이 고인 정도를 확인한다.

한편 둑수리는 초통구멍 아래 땅바닥에 판장쇠바탕자리를 좌우로 4개씩 8개를 깨끗하게 준비해 둔다. 점화한 지 8~9시간이 지나면 가장 조건이 좋아지는데 이 때 골편수는 쇠창으로 초롱구멍을 뚫는다. 쇳물은 골을 따라 흘러내려 첫째 바탕에 고이고 이어서 둘째, 셋째로 차례로 고여서 강엿처럼 굳어진다. 굳어지기 전에 둑수리는 감나무 고무래로 쇳물 위에 뜨는 찌꺼기를 조심성있게 끌어낸다.

쇳물이 멎으면 골편수는 초롱구멍을 점토로 다시 막는다. 이러한 일련의 작업 중 일체의 종업원은 자신의 업무 외에 어떠한 작업에도 가담할 수 없으며 심지어 다른 작업자가 죽어가는 불상사가 발생하더라도 관여치 못하도록 엄격히 금지되어 있다고 한다.

작업조건에 따라 동일하지는 않지만 보통 24시간에 3회에 걸쳐 쇳물을 뽑으며 80근짜리 판장쇠(中三鐵)를 1회에 평균 3개씩만 얻으면 작업은 성공적이라고 한다. 이러한 작업은 여타의 조건만 구비되면 불을 끄지 않고 몇 개월이고 계속하는데 단위작업에서 15일간을 계속할 수 있으면 전주에게 손해가 가지 않는다고 한다.

이 작업공정은 이규경이 《五州衍文長箋散稿》에서 부분적으로 밝히고 있는 연철 기술형태와 대체로 일치하고 있고, 19세기 중엽 평안남도 개천지방의 용광수공업의 작업분업에 대한 회고담의 조사 결과와도 거의 일치하고 있다. 또한 북한학계에서 이루어진 개천 용광수공업의 조사에 의하면 1개의 용광로를 움직이기 위해서는 약 30여 명의 인원이 필요하였다고 한다. 그 내용은 다음과 같다.[72]

대보수군(쇳물 용해 담당자)	: 2명
웃거리군(광석과 숯을 배합하여 용광로에 넣는 기술자)	: 4명
너울군(풍구질군)	: 16명
숯패쟁이(숯 공급 담당자)	: 2명
돌패쟁이(광석 공급 담당자)	: 2명
보조노동자	: 4~5명

이 중에서 대보수군·웃거리군·숯패장이·돌패쟁이 등은 쇠부리 물주에게 상시적으로 고용된 전업적 기술자로서 비교적 높은 임금을 받았다. 너울군과 기타 보조노동자 등은 그때그때 작업이 있을 때만 단기적으로 고용되는 임금노동자로서 이들은 半農半工의 형태로 주로 농한기를 이용하여 철덕에 가서 일하는 단기적인 노동자였다고 한다.

당시의 전국의 용광수공업이 모두 이와 같은 분업체제하에서 작업이 진행되는 매뉴팩처형태였는지는 알 수 없다. 그러나 정약용이 "지금의 爐店은 모두 奸民이 私設한 것이다"[73]라고 지적한 노점의 대부분은 이와 비슷한 분업형태로 작업을 했으리라고 짐작한다. 다만 이러한 형태는 아직 지배적이지는 않았을 것이다.

한편 솥을 만드는 鎔銑수공업에 관한 조사보고에 의하면 다음과 같은 분업작업을 하고 있었다. 즉 재래식 기술로 주조한 솥을 '익부리'라고 하고 근대식 솥을 '생부리'라고 하는데 익부리 솥을 만드는 작업은 바숨(鑄型)작업, 불(鎔鑛)작업, 골(送風)작업, 오리(鑄造)작업 등의 4개의 공정으로 분화되어 있었다. 이들 각 공정은 다시 각각 분업적으로 진행되고 있었다.[74]

---

72) 홍희유, 《19세기 개천(평안남도)지방 야철(冶鐵) 수공업에서 발생한 경제적 변화에 대하여》.

73) 丁若鏞, 《牧民心書》 권 11, 工典 六條 山林.

74) 權丙卓, 〈李朝末期의 鎔銑手工業〉(앞의 책).

바숨(鑄型)작업

흙건즈리기	: 2명
손짓군	: 2명
허드렛군	: 2명
질불군	: 1명
송쇳군	: 1명
도래질편수	: 1명
수중군	: 1명
계	: 10명

골(送風)작업

골편수	: 1명
둑수리	: 1명
쇠치기	: 16명
불멧군	: 2명
허드렛군	: 5명
계	: 25명

불(鎔鑛)작업

적집쌓기	: 10명
원불편수	: 1명
뒷불편수	: 1명
계	: 12명

오리(鑄造)작업

큰쾽이군	: 2명
솥내기	: 2명
솥굴리기	: 2명
오릿군	: 6명
가래지금군	: 1명
발매깃군	: 1명
쪼준쇠잡이	: 1명
나빗줬군	: 1명
계	: 16명

이와 같이 전통적 익부리 솥을 만드는 수공업은 4개의 공정으로 분화되고 각각 기능을 달리하는 60여 명의 노동자가 분업적으로 작업을 진행하는 매뉴팩처적 형태였다. 이는 곧 19세기의 분업형태라고 할 수 있다.

이러한 용광·용선수공업이 운문산 일대에 얼마만큼 있었는지는 명확히 밝혀져 있지 않으나 개천지방의 경우에 대해서는 《朝陽邑誌》에 다음과 같이 소개되고 있다.

> 개천의 동북면은 산이 험하고 골이 깊어서 잡목이 무성하여 주민들은 숯을 구어 資生하고 있으며, 서남지역의 주민들도…철석을 채광하여 판매하고 있다. 곳곳에 爐를 설치하여 무쇠와 강철을 제련하고 가마를 주조하며 器機를 鍛造한다. 이로써 상업이 크게 일고 物貨가 사방으로 유통하여 이 읍의 生利가 성행하고 있다(《朝陽邑誌》).

곳곳에 용광로를 설치하여 무쇠·강철을 제련하고 가마솥을 주조하며 기기들을 단조하고 있다는 것이 구체적으로 어떠한 경영형태를 가리키는 것인지는 알 수 없으나 이규경이 소개한 제련기술과 운문산 용광수공업의 분업과정과 크게 다르지는 않을 것이다.

강원도 洪川지방에서도 용광수공업이 일정하게 번창하고 있었던 것 같다. 특히 그 곳에서는 여러 철덕들이 경합을 하다가 그 중 철덕도고가 출현하여 대규모의 용광수공업을 경영하고 있었다.[75] 도고는 독점적인 상업자본의 한 형태로 발전한 것이지만 야철수공업에서도 독점적인 산업자본의 한 형태로 나타났던 것으로 보인다. 이러한 철덕도고의 출현에 대하여 홍천 주변의 중소 德主들은 반대 투쟁을 벌이기도 하였다.

(3) 직물산업부문

직물수공업은 전국의 각 지방에서 농촌부업의 형태로 광범하게 발전하였으나 도시에서는 직물을 자급자족하지 않고 시장에 의존하는 경향이 커져갔고 이에 따라 18세기말 이래 보다 대규모로 직물을 생산하는 직물제조장이 나타나고 있었다. 정약용은 그것을 '織稍家'라고 하였다.

> 요즈음 직초가에서는 새로운 紡車를 쓰고 있다. 이것은 西關에서 흘러들어온 것인데 제도가 비교적 편리하고 민첩해서 잠사·면사 모두 이로 해서 거리낌이 없다. 향촌에는 아직 이런 것이 없다(丁若鏞, 《丁茶山全書》 1집 9권, 詩文集 文 應旨論思政疏).

이로 미루어 보건대 '직초가'는 絹織과 면직을 겸하고 있었으며 종래의 물레와는 다른 새로운 방거를 도입하여 실을 대량으로 뽑고 그것으로 다시 織造하고 있었다.

그런데 당시 비단 등 직물을 짜는 노동분업은 대략 다음과 같이 3개의 공정으로 나뉘어져 있었다.[76]

---

75) 《日省錄》 철종 8년 11월 27일.

76) 《大典續錄》 工典 雜令.
古老들의 회고담과 현지답사에 의해 삼남지방을 중심으로 한 직물수공업의 분업이 제사과정, 정리·加糊과정, 織布과정으로 나뉘어져 있었다고 주장하는 견해도 있는데(權丙卓, 〈李朝末期의 織物手工業〉, 앞의 책) 여기에 대해서는 좀더 엄밀한 분석과 문헌적 방증이 필요하다.

織造工程
織匠 : 약간 명
引紋工程
引紋匠 : 약간 명
緯工程
緯奉走 : 약간 명

각 공정에 필요한 노동자의 수는 생산규모에 따라 달랐다. 정약용이 말하는 '직초가'의 경우에는 몇 명의 노동자를 고용하였는지 알 수 없으나 방거를 쓰고 있는 것으로 보아 또 하나의 생산공정으로서 製絲공정이 있었다.

그리고 앞에서도 본 바와 같이 순조 29년(1829)에는 서울의 立廛 상인들이 국내의 常絲를 전국적인 규모로 都聚하여 활발하게 판매하고 있었다.[77] 이 경우 상사를 원료로 하고 있으므로 제사공정은 없다고 할지라도 직조공정·인문공정·위공정은 당연히 있었을 것이다. 원료를 전국적인 규모로 대량 구입하고 있는 것을 보면 그들의 비단생산의 규모가 얼마나 컸는지 짐작할 수 있다. 그들 때문에 당시 綿紬廛이 크게 낭패를 당하고 있었다.

(4) 광업부문

광산업은 엄밀히 말해서 채취산업으로 제조업이라고 보기는 어렵다. 그러나 조선 후기의 광산에서는 흔히 채광만 하였던 것이 아니라 채광한 광물들의 제련도 하고 있었다. 따라서 채광과 제련이 연결되고 다시 제련이 분업적으로 진행되었기 때문에 일종의 광산 매뉴팩처가 나타날 수 있었다.

가령 앞에서 유기수공업장을 경영하던 위명규는 銅店까지 경영하고 있었는데 이 동광에 야장이 고용되고 있는 것을 보면 채광과 제련을 같은 장소에서 함께 진행하고 있었음을 알 수 있다. 이는 "각 도에 銀店·銅店·鉛店 등 각 점을 새로 설립한 자들은…이미 허다한 재력을 들여서 掘取, 合鑄를 한다"[78]고 하는 기록에서도 알 수 있다. 이러한 상황에 대해 정약용은 "사적으로 채광을 시작하려는 자에게는 그 吹鍊하는 것을 금지하여야 한다"[79]고

---

77) 《備邊司謄錄》 217책, 순조 29년 2월 1일.
78) 《備邊司謄錄》 173책, 정조 12년 11월 20일.

하여 채광과 제련이 함께 이루어지고 있는 것을 막아야 한다고 주장하였다.

광산업을 채광공정과 제련공정으로 나누어 볼 때 제련공정은 앞서 본 야철수공업의 분업형태와 거의 비슷하였을 것이다. 단지 채광부분은 정약용이 마련한 採金 규제를 통하여 짐작할 수 있다. 정약용은 채금을 하는 데 있어서 고용노동자로서 掘土者를 100명, 負土者를 50명으로 하는 것이 좋다고 보고 금을 精出하는 데에는 火陶法을 쓸 것을 제의하고 있다.[80] 화도법의 분업형태나 雇人의 수에 대해서는 언급하지 않고 있는 것으로 보아 정약용의 채금 규제는 일종의 금광 매뉴팩처경영론이라고 보아도 좋을 것이다.

이러한 작업분업은 당시에 규모가 큰 금광의 표준적인 형태였다. 이러한 분업형태는 순조 6년 호조판서 서영보의 啓言에서 "요사이 들으니 畿湖·兩西·東北 등 6도에 금맥이 점점 성하여 潛採의 무리가 없는 곳이 거의 없다"[81]고 한 것이라든가 헌종 6년(1840)에 "금을 캐는데 백성들에게 주는 돈이 230냥이 된다"[82]고 하는 기록에서도 나타난다.

정조 22년(1798) 遂安郡의 경우를 보면 그 곳에서 성업중인 3개의 금점이 99개의 金穴을 파고 있었는데 거기에는 약 550여 명의 임금노동자가 고용되고 있었고 그들이 받는 '料價'가 1천여 냥이 넘었으며 금점에서 내는 점세만도 1천여 냥이 되었다.[83] 또한 고종 13년(1876) 개항 당시에 한국에 왔던 한 일본인은 당시 조선의 금광에 대하여 "永興府 관하만도 砂金을 산출하는 곳이 십수 개처나 되며…갱부가 4만 명"[84]에 달한다고 소개하였다. 이 기록이 사실이라면 금점에는 수천 명의 광산노동자가 모여 있었다는 것이 된다.

硫黃店의 작업공정도 採黃부분과 연황부분으로 나뉘어져 유황의 생산이 분업적·협업적으로 이루어지고 있었다. 채황부분은 掘土·負土·排水 등으로 분화되고 있었고, 연황부분은 夢同이라는 水鐵기구를 주도구로 사용하는 공정과 瓶缸을 주도구로 사용하는 공정으로 나뉘어져 있다. 이 밖에 연료를

79) 丁若鏞, 《牧民心書》 工典 6, 山林.
80) 위와 같음.
81) 《日省錄》 순조 6년 12월 10일.
82) 《日省錄》 헌종 6년 9월 12일.
83) 《備邊司謄錄》 188책, 정조 22년 7월 27일.
84) 黑田淸隆, 《還遊日記》 上編.

조달하는 노동자가 필요하여 유황점에서는 보통 100여 명 이상의 노동자를 고용하고 있었다.

銅鑛의 경우도 채광과 제련이 연속공정으로 이루어지고 있었다. 원래 우리 나라는 조선 후기에 이르기까지도 동을 채굴할 수는 있었으나 제련하는 법을 몰랐으므로 주로 일본으로부터 수입해서 쓰고 있었다.[85] 그러나 19세기에 들어와서는 점차 동을 제련하는 기술이 도입되어 甲山 동점과 같은 곳에서는 실제로 이를 적용하여 일본산 동에 손색이 없는 동을 생산하고 있었다.[86] 앞서 본 위명규의 동점도 동의 제련기술을 도입함으로써 개광된 것으로, 제련공정을 담당하는 冶匠이 고용되어 있었다.

동의 채광방식은 앞서 본 금의 채광방식과 크게 다르지 않을 것이다. 그러나 제련방식은 매우 복잡하고 고도로 분업화된 것이었다. 동의 제련과정은 크게 보아 세 개의 공정으로 나뉘어져 있었다. 첫째는 燒鑛공정이다. 여기에는 黃鐵桶이라고 부르는 燒釜를 맡은 기술자가 있었다. 둘째는 용광과정인데 '고가리통'이라고 부르는 素吹床과 風驅櫃를 중심으로 수십 명의 기술자가 붙어 있었다. 앞서 본 용광수공업의 분업 실태가 이 경우와 관련된다. 셋째로 製銅공정이다. 여기에는 동집(銅家)이라고 부르는 眞吹床과 풍구를 중심으로 수십 명의 기술자가 붙어 있었다. 이러한 각 공정을 전체적으로 지휘하는 기술자를 製鍊主라고 하였는데 경영주격인 德大가 흔히 그 소임을 담당하였다.

끝으로 은점의 경우를 살펴보자. 조선 후기에 은광은 금광이나 동광보다 더욱 크게 발전하고 있었고 이러한 은광에 대하여 정부는 은점을 설치한 뒤 민간인으로 하여금 세금을 내고 採銀토록 하는 「設店收稅制」를 실시하였다. 은점도 역시 채은과 제련이 병행해서 이루어지고 있었다. 은의 제련은 원래 端川 은점에서 발전하여 당시에는 '端川鍊銀法'으로 통하고 있었다. 이 단천연은법의 대강을 살펴보면 다음과 같다.[87] 먼저 개울을 파서 熱灰로 쌓고 그 위에 鉛片을 놓은 다음 채광부분에서 채취한 생은을 가져다 놓고 개울의 사방에 장

85) 徐有榘,《林園十六志》贍用志 권 4, 工制總纂 攻金.

86)《純祖實錄》권 30, 순조 28년 9월 임인.

87) 徐有榘,《林園十六志》贍用志 권 4, 工制總纂 端川鍊銀法.
여기서 소개된 단천연은법은《端川邑誌》에 소개된 연은법과 내용이 거의 같다.

작을 덮고 불을 붙인다. 그러면 연편이 먼저 녹고 생은은 차차로 용해되어 鉛水가 서로 비등하는 皮面 중간에 홀연히 銀精이 모인다. 다음에 灰 중에 남아 있는 것을 다시 녹여서 爐火하면 회는 없어지고 연만 남는다는 것이다.

철종 9년(1858) 함경도지방을 둘러 본 암행어사 洪承裕는 "금·은·동·연은 각처에서 산출되고 있는데 한 점이 열리면 팔방에서 노동자들이 모여들어 광산마다 모인 수가 기천 명이 넘을 정도로 많다"[88]고 보고하였다. 이것은 앞서 본 영흥부 관하의 금광에 모인 노동자들의 수가 광산마다 수천 명이었다는 기록과 일치한다.

이러한 금점·은점·동점 등의 광업매뉴팩처는 대체로 통치권력이 잘 미치지 않는 곳에서 잠채의 형식으로 발전되거나 「설점수세」의 형태로 전개되고 있었다.

조선 후기의 수공업은 관영수공업의 민영화와 농촌부업 수공업의 전업화를 기반으로 봉건적 수취체계 속에서 왜곡·변형되면서도 상당한 발전을 이룩하였다. 그러한 발전은 상업자본의 수공업 투자로 인한 선대제의 등장, 민영수공업에 있어서의 임노동제의 전개, 공장제적 수공업의 등장이라는 형태로 나타났다. 그것은 조선 후기의 시장경제의 발전에 제약되면서 다시 시장경제의 발전을 촉진하는 형태로 전개되었다.

〈金泳鎬〉

6. 광업의 발달

1) 18세기 「별장」제하의 광업 실태

(1) 「별장」제의 성립과 군수광업의 몰락

17세기에 번창했던 「監官」制下의 은광업은 동세기말에 가서 쇠퇴해갔고 새로운 광산 경영형태인 「別將」제하의 군수광업이 성장하였다.

---

88) 《日省錄》 철종 9년 2월 3일.

감관제에서 별장제로의 이행에는 감관제가 지닌 비현실적인 구조적 모순을 극복하려는 광산 종사자들의 끈질긴 노력과 국내외의 정세변화에 따른 정부의 정책전환이 배경으로 작용하였다. 감관제하의 광산 경영형태에서 벗어나려는 움직임은 軍·營門 소관의 鉛店이 아닌 戶曹 소관의 銀店에서부터 비롯되었다. 광산 종사자들의 부역노동에 기초한 관영광업형태를 무너뜨려간 움직임은 두 갈래로 진행되었다.

하나는 광산의 부역농민들이 身役으로 부과된 광물을 採納하는 임무를 수행하는 동시에 당해 광산의 사적인 생산도 허락할 것을 요구하고 나선 것이다. 부역농민의 이러한 요구는 조선 후기 최초의 관영광업장인 端川貢銀店에서 비롯되었다. 단천은점은 선조 26년(1593)에 재개발되어 단천민의 부역노동으로 채굴되어 왔는데, 같은 왕 36년에 이르러 정부가 단천민의 土貢과 民役으로 채납하도록 규정한 곳이다.[1] 그런데 단천민의 줄기찬 요구와 저항에 부딪히자 정부는 인조 3년(1625) 貢銀을 채납하는 여가에 사적인 생산을 허용하고 일정량의 稅銀을 수취하기로 양보하였다.[2] 그리하여 단천은점은 호조 소관이지만 단천민으로부터 공은과 세은을 수취하면서 단천민의 사적 생산을 허용하는 일종의 分益制 형태의 운영체제로 전환한 것이다. 단천공은점의 분익제적 운영형태는 군·영문 소관 연점의 경영형태에도 영향을 미쳐 胡亂과 북벌정책기를 지낸 17세기 후반에는 연점의 募軍들도 자신의 신역가로 부과된 연액을 채납하는 여가에 사사로이 은을 채취하였고 군·영문 또한 모군이 私採한 은의 양에 따라 세은을 수취하였다.[3]

이처럼 감관제하의 경영형태를 내부로부터 와해시키는 분익제적인 운영형태가 발생하던 시기에 또 하나의 새로운 광산 경영형태가 은점에 적용되어 감관제의 존립을 위협하였다. 倭亂 후 은의 화폐적 가치가 증대됨에 따라 민간인의 은광업에 대한 관심이 높아져 갔고, 정부에서도 官採에 의한 재력과 인력의 손실없이 세은을 수취할 목적으로 17세기초부터 민간인의 은광개발을 허락해왔다. 따라서 민간인에 의한 은광의 채굴이 시도되었고[4] 진보적인

1) 《萬機要覽》 財用編 4, 金銀銅鉛.
2) 《仁祖實錄》 권 9, 인조 3년 6월 신묘.
3) 南九萬, 《藥泉集》 疏箚 五十度呈辭後乞免兼論採銀事箚.

관원들에 의하여 은광의 民採制 적용이 주장되기도 하였다.[5] 그러나 17세기 전반에는 정부의 수세가 과중하고 민간자본이 성숙하지 못한 단계에서 은광의 민채가 성공하지 못하였다.

이 때문에 정부는 호조에서 은점을 설치한 뒤 민간인으로 하여금 '納稅採銀'토록 한다면 富商大賈들이 기꺼이 참여할 것이라는 의도하에 이른바「設店收稅法」을 제정하였다.[6] 그러나 부상대고가 은점의 경영자로 참가하는 사례는 볼 수 없었다. 그것은 광업의 속성이 사업의 성패를 미리 가늠하지 못하는 투기사업인데다가 또 당시로는 은광개발의 분위기가 그들을 유치할 만큼 전혀 조성되어 있지 않았기 때문이다.

그러나 그 후 숙종 10년(1684)경에 이르는 30여 연간 군·영문은 호조와는 달리「各邑月課鉛丸」의 防納權을 흡수하면서 자체 내의 수용 연환과 각읍월과연환을 조달하기 위해 감관제하의 은광개발을 경쟁적으로 추진하였다. 여기서도 募軍들에 의한 은의 사적 생산이 이루어졌고 은의 생산성도 점차 높아지고 있었다. 곧 숙종 10년을 전후한 시기에 이르면 모군들의 요구로 부역노동이 점차 분익제하의 부역노동으로 전환되었고 모군들은 더 나아가 부역노동에서 완전히 벗어나기 위해 광산의 민영화를 지향했던 것이다.

그리하여 점차 서울의 부상대고들도 은광업을 하나의 利源으로 인식하게 되었고 앞 시기에 실현하지 못했던 은점의 설점수세법을 준용할 기회를 모색하였다. 그러나 당시에 개발된 전국의 연·은광산은 모두 군·영문에서 장악하고 있었기 때문에 군·영문으로부터 광산을 탈취하지 않는 한 그들은 어떤 형태로도 참여할 수 없었다.

그런데 이 무렵의 국내외 정세는 이들에게 유리한 방향으로 전환되고 있었다. 淸나라가 숙종 7년에 三藩의 亂을 평정하고 국력이 신장되자 국내의 北伐論 또한 명분론으로 흘렀으며[7] 따라서 정부의 관심도 군사상의 문제에서 벗어나 외교무역상의 문제로 기울어져 갔다. 淸使 접대비와 使行 경비 및

4)《度支志》外篇 8, 版籍司 財用部 金銀事實, 선조 38년.
5) 柳夢寅,《默好考》中, 安邊三十二策贈咸鏡監司韓益之令公序 其七 博採銀.
6)《承政院日記》120책, 효종 2년 8월 11일.
7) 柳承宙, 〈朝鮮後期 鑛業政策論〉(《韓國思想大系》II, 社會經濟思想篇, 成均館大 大東文化硏究院, 1976), 594쪽.

公私貿易費가 모두 은으로 지불되었고 이 외교무역상의 경비를 분담하고 있던 호조와 常平倉은 경비 마련을 위해 허덕이고 있었다.[8] 이 때 서울의 부상대고들은 이들 관서와 결탁하여 군·영문의 鉛店을 탈취할 계획을 추진하였다. 군·영문 중에서도 특히 대부분의 연점을 장악했던 군문의 연점을 탈취하려는 계획이었고 그 방법은 군문의 연철수요를 격감시켜 더 이상 연점을 많이 보유해야 할 명분이 없도록 하는 것이었다.

이같은 계획하에 부상대고들은 상평창과 결탁하여 三南各邑月課鉛丸契를 조직한 후 숙종 11년(1685) 군문의 각읍월과연환 방납권을 탈취하였다.[9] 이에 따라 군문들은 소속군사의 수용 연환만 조달하면 되었기 때문에 그 이상의 연환을 보유해야 할 명분을 상실하였다. 이러한 상태에서 서울의 부상대고들은 요로와 결탁하여 호조로 하여금 군·영문의 연점을 탈취하도록 종용하고 자신들이 기존 은점의 수세청부업자가 되거나 신설 은점의 「設店」·「收稅」 업무를 대행하려 하였다.

이처럼 제반여건이 조성된 단계에서 비로소 호조는 숙종 13년 군·영문 소관 연점에 대한 專管收稅權을 주장하였다. 호조는 부상대고를 「別將」으로 파견하여 관리·수세토록 하였다. 호조는 우선 군문의 반발을 막기 위하여 각 연점으로부터 은과 연을 함께 수세한 뒤 은은 호조에서 차지하고 연은 군문에 이송할 것을 약속하였다.[10] 이 수세 방안은 일단 호조와 군문의 이해를 동시에 해결할 수 있는 합리성을 지녔기 때문에 군·영문의 반발이 다소 있었지만 결국 실현되었다.

호조는 이 때의 수취규정에 의거하여 군·영문의 연점을 흡수해갔지만 호조만이 독점적으로 연·은점을 설치·수세할 권한을 획득한 것은 아니었다. 연점을 호조로 빼앗긴 군·영문에서는 다시금 경쟁적으로 연·은광을 개발

---

8) 《增補文獻備考》 권 160, 財用考 7, 附金銀銅.
《備邊司謄錄》 23책, 현종 4년 3월 8일.
《承政院日記》 309책, 숙종 11년 6월 3일.

9) 柳承宙, 〈朝鮮後期 貢人에 관한 一硏究－三南月課火藥契人의 受價製納實態를 中心으로－(上)〉(《歷史學報》 71, 1976), 22~23쪽.

10) 《備邊司謄錄》 41책, 숙종 13년 정월 2일.
南九萬, 《藥泉集》 4, 疏箚 五十度呈辭後乞免兼論採銀事箚.

하여 호조의 은광개발을 제약하였다. 이 때문에 호조는 군·영문과의 분쟁을 계속하였고 마침내 숙종 28년에는 군·영문의 연·은점을 모두 흡수하였을 뿐 아니라 독점적인 설점수세권을 입법화하였다.[11]

같은 시기에 군·영문의 硫黃店과 鐵店에 대한 침탈정책이 병행되고 있었다. 정부는 진휼청의 경비를 보충하기 위하여 숙종 30년대에 이르러 삼남월과총약가의 대부분을 진휼청에 이속하고 소관하의 三南月課鳥銃契와 火藥契로 하여금 각 읍에 방납토록 하였다.[12] 군·영문의 월과총약 방납권을 탈취함으로써 군·영문이 여러 곳의 유황점과 철점을 보유할 이유를 상실케 한 것이다. 이러한 정부정책의 의도는 진휼청의 경비 보충과 군·영문의 광산보유 규제에만 있었던 것은 아니었다. 정부에서는 군·영문의 유황점과 철점에 속한 屯土 등 각종 재원과 수많은 모군들을 수괄하여 재정과 인력을 확충하려 하였다. 이러한 정책은 강력하게 추진되어 18세기초에 이르러서는 訓鍊都監의 慶州·求禮·忠原 유황점[13] 외의 모든 유황점이 潛採鑛山化하고, 훈련도감 소관 鐵峴鎭 鐵店과 禁衛營 소관 葛山屯 철점[14] 외의 철점들은 민영화되었다.

(2)「별장」제하 은점의 경영 실태

호조는 군·영문의 鉛店을 銀店으로 흡수하면서 서울의 부상대고들을 별장으로 파견하였고 새로 개발하는 은광에도 별장을 파견하여「설점」·「수세」하였다. 18세기에는 별장에 의한 설점수세제하의 은광업이 주종을 이루었다. 별장제하 은점의 설점 절차와 내용은 대체로 다음과 같다.

첫째, 은점의 설점은 별장으로서의 경력을 갖추었거나 별장이 되고자 하는 사람이 새로운 산은지의 채굴 허가를 호조에 요청하여 허가를 받으면서부터 착수되었다. 호조에서는 대체로 이들을 별장으로 삼아 현지에 파견하고 공문을 발송하여 당해 읍의 수령과 함께 은광맥과 銀品 및 민폐를 조사토록 하

11) 《備邊司謄錄》 52책, 숙종 28년 6월 26일.
12) 柳承宙, 〈朝鮮後期 貢人에 관한 一硏究(上·中·下)〉(《歷史學報》 71·78·79, 1976~1978) 참조.
13) 《備邊司謄錄》 86책, 영조 5년 6월 20일·윤7월 29일.
14) 《備邊司謄錄》 111책, 영조 18년 12월 15일.

였다. 이러한 사전조사 행위를 흔히 '看色'·'看審'·'摘奸'이라 표현하였다.

둘째, 별장과 수령의 현지 조사에서 은맥이 풍부하고 은품이 양호하더라도 그 곳의 설점이 민폐를 끼칠 우려가 있으면 수령은 호조의 설점을 거부하였다. 따라서 입지조건이 좋아도 민폐가 없는 곳이라야 가능하였다.[15]

셋째, 설점에 필요한 모든 경비는 호조에서 전담하였다.[16] 店所에는 수 개 또는 수십 개의 광석 제련용 冶爐와 숯불을 일구는 風箱 등의 생산시설, 별장·店匠·鉛軍들의 막사, 그 밖의 부대시설을 구비해야 했다. 그러나 은점은 생산물 자체가 화폐적 가치를 지녔기 때문에 생산 전단계의 시설비와 운영비만이 필요했다.

넷째, 설점시의 선결과제는 무엇보다도 인력과 연료 조달문제였다. 당시는 良·賤을 막론하고 신역을 지고 있었으므로 호조는 별장으로 하여금 임의로 인부를 모취하여 鉛軍을 삼을 수 있도록 조처하였고 건축설비에 필요한 재목이나 제련용의 연료인 炭木을 조달토록 하기 위하여 禁松이 아닌 이상 주변의 산야에서 자유로이 수목을 채벌할 수 있게끔 허가하였다.[17]

이와 같이 은점의 설점은 점소만을 설치하는 일이 아니라 제반 절차와 내용을 포함하는 것이었다. 은점의 명목상 관리자는 별장이었다.[18] 별장은 호조에서 파견하였고, 호조를 대신하여 은점을 관리하였다. 이들 별장은 호조가 은점을 관리하도록 임시로 차송한 자들이었고 국왕이 임명한 정식관리는 아니었다. 이 때문에 이들을 흔히 '差人' 또는 '私差'로 표현하였고, 서울에서 차송되었다 하여 '京差'로도 표시하였으며 군·영문의 감관과 혼동하여 '監官'으로 잘못 부르는 경우도 있었다. 당시 호조 소관 은점의 별장들은 군·영문의 감관과는 달리 대부분 서울에 거주하였으며 감영에서 차송한 별장 곧 營差들까지도 서울에 거주하던 자들이었다. 군·영문의 감관들은 광산에 대한 기술과 식견을 갖추고 또 광산을 개발한 지방민들이었지만, 은점의 별

15) 柳承宙, 앞의 글(1976a), 588~589쪽.
16) 《備邊司謄錄》 52책, 숙종 28년 2월 13일.
《承政院日記》 875책, 영조 14년 7월 22일.
17) 蔡濟恭, 《樊巖集》 論扶安蝟島銀鑛設店便否啓.
18) 이하 별장의 호칭과 신분 등에 대해서는 柳承宙, 《朝鮮時代鑛業史研究》(고려대출판부, 1993), 304~305쪽 참조.

장에는 종래 군수용의 광물을 군·영문에 買納하여 포상을 노렸던 서울 상인들이 가담하고 있었다. 즉 이들 부상대고는 대신·중신들의 '사인'으로서 그들의 청탁에 힘입어 호조의 別將帖을 따내 별장으로 파견되고 있었다. 한편 호조로서도 그들이 서울에 거주하는 부상대고이자 대신·중신이 보증하는 자들이며 영리에 밝고 재력과 신원이 확실하였으므로 이른바 "勤幹可信人"[19]으로 여겨 택차하게 마련이었다.

별장은 호조를 대신하여 설점을 주관하지만 나름대로 사업을 영위하던 자들이었기 때문에 설점이 끝나면 店所에 머물지 않고 서울에 거주하면서 수세시에만 현지에 내려갔다. 그러나 별장이 설점과 수세 임무를 담당하면서 그 대가로 은점에서 수취하는 이득은 상당하였다. 별장의 몫은 은점의 생산량에 따라 차이가 컸지만, 당해 은점의 월간 또는 연간 총생산액 중 2/3 가량을 수취하였다.[20] 따라서 은맥이 풍부한 곳의 별장이면 가히 일확천금을 실현했던 셈이다. 이 때문에 조선 후기의 위정자들도 은점의 생산품이 대부분 별장의 돈주머니로 들어감을 지적하였고, 그러한 별장의 모리행위를 경멸하여 흔히 '別將輩'·'差人輩'라 지칭하기 일쑤였다.[21] 별장의 모리행위는 은점의 생산물에 대한 공식적인 분배 몫에만 있지 않았다. 이를테면 李旭과 같은 자는 숙종초에 군·영문에 군수물화를 '收價貿納'하고 영직의 포상을 받았지만,[22] 趙泰采의 사인이기도 한 부상대고였다. 그는 조태채가 평안감사로 있을 때 成川銀店의 별장이 되었는데, 營庫錢 42,500냥을 빌어 사리를 도모하고 은점의 연군들에게도 교묘한 명목을 붙여 정은 1,672냥과 전문 7,685냥을 수탈하였기 때문에 숙종 28년(1702)에 고발되어 같은 왕 30년 4월 평양에서 주살되었다.[23]

이처럼 별장들은 은점의 분배 몫뿐 아니라 때로는 관료와 결탁한 영리행위나 연군의 착취를 통해 사리를 도모하였다. 그러나 그들이 은점에 자본을 투입한 것은 아니었기 때문에 호조는 언제든지 별장직을 박탈할 수 있었다.

---

19) 《承政院日記》 905책, 영조 16년 정월 20일.
20) 《備邊司謄錄》 52책, 숙종 28년 6월 26일.
21) 柳承宙, 앞의 책, 306쪽.
22) 《備邊司謄錄》 41책, 숙종 13년 3월 25일.
23) 《肅宗實錄》 권 37, 숙종 28년 7월 경신 및 권 39, 숙종 30년 4월 갑자.

그리고 때로는 한 별장에게 한 곳의 은점만이 아니라 2~3곳의 은점 수세를 맡기기도 하였다. 별장은 결국 수취제도가 미비했던 당시에 호조 소관 은점의 수세청부업자로 기생한 셈이다.[24]

은점을 현장에서 실질적으로 운영한 것은 店匠이었다. 점장들은 은석을 식별할 수 있는 식견을 지녔거나 채광과 제련 기술을 갖춘 전업적인 광산기술자들이었으며 이들에 의하여 은광이 개발되었다. 이들이 광맥을 발견하면 설점의 허가를 따낼 만한 능력과 재력을 갖춘 자를 찾아 별장으로 삼았으며, 기존 은점의 광맥이 단절되면 다시 새로운 광맥을 찾아 나섰다. 이들은 각기 분화된 공정에 따라 연군을 거느리고 채굴·제련작업을 주도하였다. 이처럼 점장들의 역할이 컸기 때문에 호조는 점장들을 과세 대상인원에서 제외하여 연군들과 엄격히 구분하였고,[25] 그 대신 이들에게는 생산한 은괴에 반드시 점명과 점장의 이름을 새기도록 하여 품질을 보장해야 하는 책임을 지웠다.[26] 이들 점장의 수는 일정하지 않지만 적게는 10여 명에서, 많게는 20~30명에 달하였다.[27]

이들 중 한 사람이 「두목」이 되어 점역을 총관하였다. 별장이 서울에 머무는 기간은 물론, 별장이 현지에 머무는 동안에도 점소는 사실상 두목의 감독하에 운영되었다. 두목은 은점의 채굴·제련작업을 지휘 감독하면서 생산한 은을 관장·분배하는 일을 전담하였다. 곧 두목이 실질적인 은점의 관리 경영자였으며 별장은 호조에 바치는 稅銀과 자기 몫으로 분배된 은을 받아가는 자에 불과하였던 것이다.[28]

점장들에 의하여 은맥이 발견되고 점장들이 선정한 별장이 호조의 공문을 받아 설점에 착수하면 본읍과 인근의 농민들, 농촌에서 유리된 농민들이 일시에 운집하였다. 이들이 이른바 「鉛軍」들이었다. 연군이란 칭호는 군·영문

---

24) 柳承宙, 앞의 책, 306~307쪽.
25) 《備邊司謄錄》 52책, 숙종 28년 2월 13일.
26) 《備邊司謄錄》 95책, 영조 10년 6월 21일.
27) 《備邊司謄錄》 52책, 숙종 28년 6월 26일.
《承政院日記》 470책, 숙종 38년 8월 3일.
28) 《承政院日記》 679책, 영조 5년 2월 21일.
《備邊司謄錄》 85책, 영조 5년 2월 26일.

의 鉛店에 종사하던 모군에게 붙여졌던 것으로서 은점에도 전용된 셈이다. 그것은 연점이 곧 은점이었기 때문이다. 연군에는 元定鉛軍과 加募鉛軍의 구분이 있었다. 원정연군은 설점시 정원으로 등록된 연군이며 가모연군은 은맥이 풍부하여 추가로 모집·등록한 연군이다. 어쨌든 당시 별장제하 은점의 연군들은 대체로 다음과 같은 네 가지 사실로 그 성격을 간추려 볼 수 있다.

첫째, 연군은 세은의 수취대상이었고, 연군수는 곧 세은액을 산정하는 기준이 되었다. 호조에서는 원정연군과 가모연군의 장부를 작성하여 해마다 한 사람당 은 5전씩을 기준으로 한 세은을 수취해왔다.[29]

둘째, 연군들에게는 군역과 잡역을 면제해 주었다. 호조는 소관 은점의 연군들에게 帖文을 발급하여 군역과 잡역을 면제하는 표징으로 삼게 하였다.[30]

셋째, 연군들에게는 매달 또는 매년 일정액의 노임이 지급되었다. 연군은 군·영문의 군수광산에 징발된 부역 농민과는 달리 생업을 찾아 투신한 노동자들이었다. 연군에게 지불된 노임의 형태는 구체적으로 알 수 없지만 대개 은점의 총생산량 중에서 1/3 가량이 이들의 몫으로 분배되었다고 한다.[31]

넷째, 연군들은 본읍 및 인근 읍의 농민과 농촌에서 유리된 빈민들이었으며 이농민의 대다수는 세역을 도피한 처지였다. 따라서 위정자들은 이들을 흔히 "생활할 터전도 없고 호적에도 들어 있지 않은 무리",[32] "의지할 곳 없는 부류들로 세역을 피해 투입한 자들"[33]이라고 하였다. 그리고 연군수는 정수가 밝혀져 있지 않지만 몇몇 자료를 통해서 볼 때 앞에 서술한 군·영문 연점의 연군수보다는 훨씬 많았던 것 같다. 이를테면 "곳곳마다 수백 명씩 무리를 지어 있는 모군들",[34] "각 도에 널리 가득찬 연군들"[35]이라고 할 정

29) 《備邊司謄錄》 41책, 숙종 13년 정월 2일 및 141책, 영조 38년 3월 17일.
《承政院日記》 509책, 경종 원년 2월 5일.
南九萬, 《藥泉集》 4, 疏箚 五十度呈辭後乞免兼論採銀事箚.
李恭遇, 《換几翁漫錄》 10, 暗行御史書啓.

30) 위와 같음.

31) 《備邊司謄錄》 52책, 숙종 28년 6월 26일.

32) 《承政院日記》 324책, 숙종 13년 9월 13일.

33) 《承政院日記》 470책, 숙종 38년 8월 3일.

34) 南九萬, 《藥泉集》 4, 疏箚 五十度呈辭後乞免兼論採銀事箚, 숙종 13년 3월 15일.

35) 《備邊司謄錄》 52책, 숙종 28년 2월 13일.

도였다.

이처럼 연군들이 빈민들로 구성되고 또 그 수가 엄청났기 때문에 사회적으로 물의가 일어나고 정치적인 문제도 심각하였다. 은점의 연군들이 남의 재물을 훔치거나 부녀자를 약취하는 등의 불상사도 없지 않았지만 연군들은 살 길을 찾아 은점에 투신하였기 때문에 그들이 소속한 은점을 다른 관청의 연군들이 침해할 때에는 칼부림도 서슴지 않았고 사사로이 끌어다가 처벌하는 등 피나는 싸움도 일으켰다.36) 이 때문에 위정자들은 이들에 대한 단속과 규제를 게을리할 수 없었으며 특히 李麟佐의 난이 일어난 후에는 더욱 이들을 경계하였다. 위정자들은 연군 중에 도적들이 투입되어 절도행위가 잦음을 걱정했을 뿐 아니라37) 흉년에는 이들이 도적떼로 변모하여 불의의 사태를 유발하지 않을까 두려워하였다.38) 심지어는 벼슬자리를 얻지 못한 무과의 出身들이 연군과 결합하여 명말의 流賊들처럼 반란을 일으키지 않을까 두려워하였다.

어떻든 별장제하의 은점은 점장들에 의하여 광맥이 발견되고 별장이 선정된 후 호조의 경비로 설점이 이루어졌다. 두목의 총관하에 채굴·제련·벌목·운반작업이 이루어졌으며 각 공정에 점장들의 지휘 감독을 받는 수많은 연군들이 분속되어 분업적 협업으로 점역이 이루어졌다. 두목은 실질적인 경영자로서, 생산한 은에서 호조 납세은과 별장·연군들의 몫을 나누고 그 나머지를 점장들과 분배하였다. 이러한 별장제하 은점의 경영형태는 일종의 관청 선대적 민영광업이라고 해야 할 것이다.

2) 18세기말 19세기 전반「물주」제하의 광업 실태

(1)「별장」제의 폐지와「수령수세」제의 성립

호조 별장제하의 은광업도 18세기 초·중엽부터 점차 쇠퇴해갔다. 별장제하의 은광업 발전을 저해한 세력은 軍·營門과 군·영문 소관하에 있었던

36)《承政院日記》530책, 경종 원년 4월 30일·5월 27일.

37)《承政院日記》688책, 영조 5년 7월 19일 및 875책, 영조 14년 7월 22일.

38) 李恭遇,《換几翁漫錄》10, 暗行御史書啓別單.

監官・鉛軍들이었다.

숙종 28년(1702)에 호조가 군・영문의 연점을 흡수하고 設店收稅權을 독점함으로써 군・영문은 稅鉛・稅銀을 수취할 재원을 상실하였고 감관과 연군들도 나름대로의 이권과 생활터전을 잃게 되었다. 따라서 군・영문과 감관・연군들은 상호간에 이해를 같이하면서 호조의 독점적인 설점수세권에 철저히 도전하였다. 호조의 독점적인 설점수세권에 도전하는 방법은 새로운 광산을 비합법적으로 개발하는 길과 호조 소관 광산을 갖가지 방법으로 수탈하는 길이었다.

우선 군문의 경우, 호조에서 세연을 군문에 분송토록 한 숙종 28년의 규정을 전혀 지키지 않았기 때문에 군사들의 수용 연환을 조달하기 위하여 때로는 연점의 설치를 요구하기도 하고 때로는 호조 소관 은점의 세연 수취권을 요청하기도 하였다. 금위영이 숙종 38년에 谷山銀店의 세연 수취권을 따낸 데[39] 이어 경종 2년(1722)에는 수어청이 淸風・丹陽銀店을 소관하에 두었고[40] 이듬해에 다시 高原銀店의 세연 수취권을 갖게 되었다.[41] 그리고 어영청도 경종 4년에 錦山銀店을 소관하에 흡수하였고[42] 훈련도감은 영조 16년(1740)에 역시 곡산은점의 세연 수취권을 차지하였다.

한편 호조가 군・영문의 연점을 흡수하는 과정에서 배제된 대부분의 감관과 연군들은 산은지가 풍부한 평안도와 황해도로 투속하였고 그 곳에서 다시금 은광개발에 착수하였다. 그런데 각 도 감영 중에서도 특히 황해・평안 양도의 감사는 管餉使를 겸대하고 있음을 구실로 도내의 호조 소관을 제외한 산은지를 찾아 은점을 신설할 수 있는 권리를 취득하게 되었다. 나아가 황해도의 수안이나 평안도의 성천 등 은광맥이 풍부한 지역에서는 호조 소관 은점의 근처에도 은점을 설치하여 상호간에 관할권을 둘러싼 분쟁을 야기하였다.

감영소속 별장・은군과 호조소속 별장・은군 간에는 협박과 칼부림이 자

39) 《承政院日記》 470책, 숙종 38년 8월 3일.
40) 《承政院日記》 546책, 경종 2년 10월 2일.
41) 《備邊司謄錄》 75책, 경종 4년 5월 3일.
42) 위와 같음.

행되었고 전자는 때로는 후자를 관아로 납치하여 고문하기도 하였다.[43] 호조와 양도 감영 간의 분쟁을 계기로 정부는 경종 원년(1721)에 황해감영 소관의 은점을 모두 호조에 이속시키고 설점수세권을 박탈하였으나 평안도만은 감사가 국방·외교상의 중요성과 호조의 '分戶曹'라는 재정상의 유관성을 내세워 설점수세권을 고수하였다.[44] 따라서 평안도에는 호조와 감영이 경쟁적으로 은광개발을 장려하고 설점 수세했기 때문에 18세기초 평안도의 은생산은 7도의 은점 생산을 능가했다고 한다.[45]

한편 각 도 감영에서도 진휼비를 염출한다는 명목으로 호조 소관 은점의 수세권을 차용하기도 하고 각종 명목의 잡세를 부과하기도 하였다. 감영에서는 차인들을 호조 소관 은점에 파견하여 風爐稅·幕稅·路稅·穴稅·地稅 등의 잡세를 수탈하였는데 이는 호조가 소관 은점에서 수취하는 원정세액보다 훨씬 많았다.[46] 하지만 호조와의 분쟁 끝에 노세를 제외한 잡세들은 호조의 새로운 세목으로 전환되어 갔다.[47]

설점수세권이 박탈되자 각 도의 감사와 수령들은 호조의 은점설치를 철저하게 방해하면서 관내 은광업자들의 잠채를 비호하였다. 각 도의 감사와 수령들은 호조의 설점을 방해하기 위하여 갖가지 사유를 제시하였다. 이를테면 호조의 별장·은군들의 작폐와 良役문제를 위시하여 산은지가 관아·사직단·향교·서원·봉수대와 가깝다든가 山城主脈·嶺阨成脈·邑基來脈이라든가 土豪의 養山·墳山이라든가 도적의 우려, 민폐, 흉년 등 잡다한 명목을 붙여 은점의 설치를 방해하였다.[48]

이처럼 감사와 수령들은 호조의 설점을 방해하여 관내의 산은지를 보존하는 한편 은광업자로 하여금 잠채토록 하고 일정량의 세은을 수취하려 한 것이다. 일례로 함경도의 定平 산은지는 영조 6년(1730) 12월에 연군 2명이 잠

43) 《承政院日記》 530책, 경종 원년 4월 30일·5월 27일.
44) 柳承宙, 앞의 글(1976a), 621~622쪽.
45) 《備邊司謄錄》 84책, 영조 4년 12월 17일.
46) 柳承宙, 앞의 글(1976a), 625~630쪽.
47) 柳承宙, 〈朝鮮後期 鑛業의 經營形態에 관한 一硏究〉(《歷史敎育》 28, 1980), 95~96쪽.
48) 柳承宙, 앞의 글(1976a), 651쪽.

채를 시도하다가 정평부 관원에게 체포되어 형벌을 받은 적이 있는 곳이다.[49] 이 사건을 계기로 호조에서 알고 설점 수세하려 하였으나 감사나 수령의 방해로 실현되지 않았다. 그런데 이듬해 10월 본부의 토호가 생은 수십 태를 잠채하다가 호조의 별장에게 발각되었다.[50] 이는 정평부의 수령이 관내 토호의 잠채를 비호하기 위하여 호조의 설점을 방해한 사례였다. 이처럼 설점수세권이 박탈된 각 도의 감사나 수령이 비합법적으로 허락한 잠채광업은 순수 민간자본으로 운영되었으며 뒷날 물주제하 광산 경영형태 발생의 단서를 이루었다.

이상과 같이 18세기 전반에 걸쳐 호조와 군문·영문 특히 설점수세권이 박탈된 각 도 감사·수령과의 연은광산 개발을 둘러싼 분쟁이 계속되자 정부는 영조 16년 이를 규제하기 위하여 금령을 제정하였다. 이 금령은 좌의정 兪拓基의 다음과 같은 발의에 의한 것이었다.

> 은점의 설치로 산을 벌거숭이로 만들고 수원을 고갈케 하며, 10여 장 내지 수십 장에 달하는 갱 내에 많은 사람이 압사되지만 시신도 찾지 못한다. 그리고 은점에서는 각처의 놀고 먹는 무뢰배가 몰려들어 서로 싸우고 살상하고 도둑질하는 폐단이 일어난다. 明末 流賊의 난이 鑛稅로 인해 야기되었던 점을 고려하여 호조나 각 군문 및 각 도, 각 읍을 막론하고 朝令없이 연·은점을 설치할 경우 중죄로 다스려야 한다(《承政院日記》 905책, 영조 16년 정월 20일).

이 때 중죄에 대한 처벌 규정은 영조 22년에 간행한 《續大典》에 등재하였다. 곧 "호조와 각 군문 및 각 영, 각 읍을 막론하고 조정에 稟達하지 않고 은·연점을 신설한 자는 道臣 이상은 파직하고 수령 이하는 拿問한다"[51]는 것이다.

이 금령이 지니는 의미는 두 가지로 설명할 수 있다.

첫째, 숙종 28년(1702)의 조처는 호조의 독점적인 설점수세권에 대한 원칙을 설정했을 뿐 처벌 규정은 없었다. 따라서 이 금령이 반포되기 이전에는

---

49) 《巡歷日錄》 권 8 참조.
50) 《備邊司謄錄》 90책, 영조 7년 10월 12일.
51) 《續大典》 戶典 雜稅.

설점수세권이 배제된 각 군문이나 영읍의 관장이 조정의 허가를 받지 않고 설점수세하거나 잠채를 비호해왔다. 호조에 발각되지 않는 한 계속 영위할 수가 있었고 또 발각되었다 하더라도 잠채자만이 처벌될 뿐 관장이 처벌받지 않았으며 또 처벌할 법적 근거도 없었다. 그러나 이후의 군문과 영읍의 관장들은 조정의 허락을 받지 않고는 은점을 설치할 수도, 잠채를 비호할 수도 없게 되었다. 발각될 때는 본법에 의해 처벌되기 때문이었다.

둘째, 호조는 전국의 기존 연·은점에 대한 전관수세권을 박탈당하지는 않았지만 독자적인 설점권은 상실하였다. 군문이나 영읍과 마찬가지로 은점을 신설할 경우에는 사전에 반드시 왕의 허락을 받아야만 하게 되었다. 종래 호조는 전국의 연·은산지에 대한 독자적인 설점수세권을 쥐고 있어서 은점을 신설할 때에 설점의 가부를 사전에 상주하지 않았다. 다만 감사와 수령이 설점을 방해하거나 은점을 침해할 때 이를 금제하기 위하여, 또는 군·영문의 연·은점을 탈취하거나 수세권을 차용하기 위해서만 왕의 동의를 구하였다. 그러나 앞으로는 구점을 흡수하거나 신점을 설치할 경우 반드시 왕의 허락을 받아야 했다.

결국 이 금령은 은광개발의 폐단과 반란의 소지를 두려워한 영조와 유척기 등이 호조와 군문 및 영읍의 자의적인 설점행위를 억제함으로써 연·은광산개발을 저지할 의도에서 취해진 조처였다. 이후 호조의 은점설치는 둔화되었고 오래된 기존의 은점들도 광맥의 단절로 폐쇄되어 갔다. 금령이 발효되고부터 영조 51년(1775)에 이르기까지 35년간 구점으로서 복설된 곳이 平山·安州·三陟 등 3개소이고 신설된 은점이 江界·江陵·定州 등 3개소로, 모두 6개소가 설치된 데 불과한 반면 기존 은점 중 폐쇄된 곳은 成川·端川 은점과 영남의 6~7개소였고, 신설이 허가되지 못한 곳은 淮陽·理山·碧潼·綾州·永興·昌城·南陽·咸昌 등 8개소에 달했다.[52]

호조가 왕의 허가를 얻지 못해 은점의 신설과 복설이 둔화되고 기존의 구광들이 계속 폐쇄됨에 따라 은점에서 유리된 은군의 수는 해마다 증가되어 갔다. 은점에서 유리된 은군들은 점차 설점권이 약화된 호조에 의존하기보다

---

52) 柳承宙, 앞의 글(1976a), 675쪽.

는 영읍의 비호하에 잠채를 도모할 방도를 더욱 강구하게 되었다. 따라서 18세기 후반에는 호조 소관 은점이 줄어들었던 것과는 달리 영읍 간에 은광의 잠채문제가 표면화되고 있었다.[53]

잠채은점은 전술한 정평은점과 같이 영읍의 비호하에 순수한 민간자본에 의해 설치 운영되었다. 잠채은점이 호조에 발각되면 호조 소관 은점으로 치부되지만 반드시 별장을 파견·수세해야 할 이유는 없게 되었다. 영읍에서는 별장의 폐단과 모리행위를 규탄하면서 조세의 수취원칙에도 위배되는 별장수세제를 폐지하고 수령수세제를 채택할 것을 강력히 요구하였다. 정부는 영조 27년에 理山·碧潼銀店을, 같은 왕 40년에는 江界銀店을 각각 영읍으로 하여금 관장·수세케 하고 별장을 파견하지 않았으며 같은 왕 51년에는 별장제를 완전히 혁파하고 본읍의 수령으로 하여금 관장·수세토록 하였다.[54] 은광업에 적용된 수령수세제는 민간자본에 의한 광산경영, 곧 물주제하의 광산업이 발달함에 따라 정조 4년(1780)에 동광업에도,[55] 순조 6년(1806)에는 사금광업에도 적용되어 갔다.[56]

(2) 물주제하의 광산경영 실태

당시의 물주들은 형편에 따라 금광에 투자하기도 하고 은·동광업에 투자하기도 하였으므로 금·은·동광업을 막론하고 그 성격은 다를 바가 없었다.[57] 그리고 당시 금·은·동점의 물주를 기록상으로 식별하기 또한 용이하지 않다. 그것은 첫째 금·은·동점의 수령수세제가 동시에 적용되지 않았고 5년 또는 35~36년간의 시차를 두고 실시되었기 때문에 적어도 정조연간에는 금광을 제외한 은·동점에서만 물주를 찾아야 하는 등의 문제가 있었다. 둘째는 금·은·동점의 물주란 명칭이 고유한 역사적 용어였으나 그때그때의 상황에 따라 호칭되고 있었기 때문이다.

---

53) 柳承宙, 위의 글, 672~675쪽.
54) 《度支志》 外篇 8, 版籍司 財用部 金銀事實, 영조 51년 정월.
55) 《日省錄》 정조 4년 5월 29일.
56) 《備邊司謄錄》 197책, 순조 6년 12월 12일.
57) 《備邊司謄錄》 176책, 정조 14년 4월 4일.
《日省錄》 정조 23년 12월 8일.

금·은·동점의 물주는 기록상 대체로 물주로 표현되었지만[58] 그들의 대부분이 상인이었기 때문에 私商으로도 불려졌으며, 물주의 모리행위를 지탄하여 모리배·奸民·駔儈로도 불렀다.[59] 그런데 금·은·동점의 물주의 호칭은 설점 이전과 이후가 달랐다. 설점 전 물주가 호조에 산지를 보고하는 단계에서는 陳告人, 入聞者, 또는 聽聞者로 지칭되었고 호조의 관문을 얻었을 때에는 '圖得京關'·'圖出戶曹關文'·'圖得公文'·'圖得京司關文'한 자로 표현되었다. 그리고 설점한 뒤에는 물주가 호조 소관 점의 점주이자 호조에 광세를 납부토록 지명된 공인이었기 때문에 호조의 '差人'[60]으로 지칭되기도 하였다. 그 밖에도 금·은·동점의 물주들은 점소의 여러 사람들과 더불어 店民 또는 店漢輩로 혼칭된 경우도 흔히 있었다.

어떻든 당시 금·은·동점의 물주들은 대부분 상인들이였고 그 중에는 송도의 부상 등 지방 상인도 있었고 토호나 부민자제들도 끼어 있었다. 또 물주는 호조의 관문과 영읍의 허락을 얻어내기에 유리한 여건도 갖추어야 했기 때문에 서울의 太醫가 물주가 되기도 하고 심지어는 掌務官과 閑良도 물주가 되고자 하였다. 곧 금·은·동점의 물주는 서울과 지방의 상인과 지주 및 하급관원 등 어느 정도 재력을 갖추고 관부의 허가를 얻을 수 있는 자들이었다.

설점의 허가는 원칙적으로 호조에서 받아야 했지만 정조 말년부터는 영읍에서도 사채를 허가하였으므로 설점허가 문제를 일률적으로 말할 수는 없다. 더욱이 호조나 영읍이 허가없이 소규모로 잠채하던 금·은·동점의 경우는 물주가 설점허가의 부담을 질 필요조차 없었다. 그러나 원칙상 물주는 전술한 바와 같이 호조에 산지를 陳告하고 호조에서 당해 도에 관문을 띄운 후 計士(정조 연간)나 물주 자신이 간색 적간하여 영읍의 허가를 받는 동시에 호조에 납부하는 세액을 수납할 의무와 책임을 지고 있었다.[61]

---

58) 《關西平亂錄》 13책, 임신 2월 8일.
《左捕廳謄錄》 9책, 嘉慶 무인 3월 21일·23일.

59) 이하 물주의 호칭과 신분, 자격요건 등에 대해서는 柳承宙, 앞의 책, 381~384쪽 참조.

60) 《日省錄》 정조 22년 6월 11일.

61) 《日省錄》 정조 4년 5월 29일.

그리고 물주는 店을 설치 운영하는 데 필요한 자금을 투입해야 했다. 사금광산은 甘土層이 매장된 전토를 매입해야 하였지만 은·동광산은 채굴 및 제련장을 설치하고 각종의 생산도구를 구입하거나 제련용의 연료를 조달하는 등 각기 당해 광산의 종류와 작업과정이 다름에 따라 물주의 투자 대상이나 자본규모가 상이하였다.

순조 11년(1811)에 禹君則은 洪景來亂에 가담할 군사를 모으기 위하여 서울의 물주가 채금비용으로 錢 수천 냥을 보냈다고 하였다.[62] 이것은 당시 사금광산에 투입된 물주들의 자본규모가 어느 정도였는가를 보여주는 기록이다. 그리고 같은 왕 18년에 호조의 허가를 받지 않은 채 잠채를 시도한 서울 근교 延曙驛村의 은광은 시굴단계에 불과하였고 광맥도 보잘것이 없었지만 물주는 300냥을 투자하도록 되어 있었다.[63] 당시 금·은·동광에 투입된 물주의 자본은 최소한 300여 냥에서 많게는 수천 냥에 이르고 있었던 것이다. 호조의 허가를 받아내어 설점한 물주는 그가 투입한 자본금에 대해 높은 이윤을 수취하였고 광산물의 판매과정에서도 상당한 이득을 취했던 것으로 보인다.[64]

물주는 穴主나 德大를 정하여 광산을 운영하도록 하였다. 혈주나 덕대는 대개 현지에 거주하는 자들로서 광산의 실질적인 운영을 맡고 있었지만 물주의 자본에 예속된 상태여서 항시 물주의 감시 감독을 받고 있었다.[65] 곧 혈주나 덕대 등은 호조의 관문을 얻고 설점 채광할 자본을 마련하기 위하여 물주를 물색하였고 물주는 광산에서의 횡재를 꿈꾸며 그것을 현지에서 실현하기 위하여 혈주·덕대를 필요로 하였던 것이다. 따라서 물주는 자기 자본을 효과적으로 운영하기 위하여 믿을 만한 혈주·덕대를 택하는 것이 중요하였고 동시에 혈주·덕대는 물주의 자본에 힘입어 광산을 경영하였으므로 물주의 감시 감독을 배제할 수 없었다.

혈주·덕대는 설점할 때 참여한 자들을 각 혈과 각 공정에 배치하여 광군

---

62)《關西平亂錄》13책, 임신 2월 8일.
63)《左捕廳謄錄》9책, 嘉慶 무인 3월 30일.
64) 柳承宙, 앞의 책, 384~385쪽.
65)《日省錄》정조 22년 2월 6일.

의 작업을 지시 감독하였다. 혈주·덕대는 점소의 채광·제련작업을 총관하는 동시에 생산된 광물을 수합하고 물주를 통해 판매하였다. 곧 혈주·덕대는 광산의 채굴·제련작업과 생산물의 수합 및 분배를 담당한 광산의 실질적인 경영주였고 설점시 동참한 자들과 더불어 물주의 자본에 의지하여 광산업을 영위한 소생산자들이었다. 따라서 혈주·덕대와 설점에 동참한 자들은 광산의 생산물 중에서 관청세납액과 물주의 몫, 그리고 연군들의 雇價를 제하고 난 나머지를 서로 공동분배하였던 것으로 보인다.[66] 이러한 점에서 혈주·덕대와 설점에 동참한 자들은 자본의 성격은 달라도 별장제하 은점의 두목·점장들과 유사하였다.

다음 금·은·동점의 연군들은 광산의 채굴 및 제련작업에 종사한 자들로서 그들에 대한 당시의 고유한 명칭은 「鉛軍」[67]이었지만 店民이라고도 하였고 나쁜 뜻으로 店漢輩라고도 하였다. 금점의 연군들에 대해서는 별도로 金軍, '採金之人', '採金之徒', '採金爲業者', '淘採之類'라고 하여 연·은·동점의 연군과 구분할 때도 있었다.[68] 당시의 점소에는 농촌에서 유리된 빈민들이 연군으로 투입되었고 정조연간에는 이농민의 대다수가 금점으로 몰려들었다. 정조연간에 금점에 투입되었던 연군의 수는 일일이 밝힐 수 없지만 정조 4년(1780)에 朴趾源은 성천사금지의 경우 사방에서 몰려든 '無賴遊手'들로 촌락이 형성되었고 그 수는 무려 10여만 명에 달한다[69]고 하였다. 정조 8년에 전평안감사 朴性源은 '食力之民'의 태반이 金穴에 투입되었다고[70] 하였고 같은 왕 19년 熙川과 定平의 사금지에는 각각 수백 명의 금군이 채금하고 있었다.[71] 같은 왕 20년에 사간 李羽逵는 연군들이 당을 지어 채금하는데 "수백, 수천 명에 달한다"[72]고 하였다. 정조연간의 금점에는 곳에 따라 다르지만 수백, 수천 내지 십여만 명에 가까운 연군들이 투입되고 있었던 것이다.

66) 《左捕廳謄錄》 9책, 嘉慶 무인 3월 30일.
67) 《備邊司謄錄》 169책, 정조 10년 8월 23일.
68) 柳承宙, 앞의 책, 385쪽.
69) 朴趾源, 《燕巖集》 熱河日記 太學留館錄.
70) 《正祖實錄》 권 17, 정조 8년 2월 신사.
71) 《箕牒》 2, 정조 19년.
《日省錄》 정조 19년 4월 2일.
72) 《日省錄》 정조 20년 10월 14일.

정조연간의 금점에 수백, 수천 명의 연군들이 몰려 금을 채취하고 있었지만 철종 9년(1858)의 함경도 암행어사 洪承裕의 서계에 의하면 금점만이 아니라 은·동·연점을 막론하고 하나의 광산이 개발되면 그 곳에 투입되는 연군이 기천 명을 넘게 된다고 하였다.[73] 당시 금·은·동점의 연군들은 대다수가 농토를 잃고 힘으로 벌어 먹기 위하여 농촌을 떠난 유민들이었다. 그 때문에 정부가 수 차례에 걸쳐 채광을 엄금하고 연군을 쫓아냈지만 연군들은 쉴새없이 광산에 숨어들어 잠채하였고[74] 때로는 里任을 매수하거나 里尊이나 風憲을 회유하여 채광을 시도하였다. 또 때로는 처벌을 무릅쓰고 '擊錚原情'하였으며 광산의 규모에 따라서는 영읍수령을 종용하여 공식적인 설점도 요구하였다.[75] 심지어 그들은 방해자를 살해하기까지 하면서 광산을 채굴하려 하였다.

연군들은 물주의 자본에 예속되는 동시에 점역에서는 혈주나 덕대의 지시와 감독을 받으며 채광·제련작업에 종사하고 있었다. 물주는 연군을 모취하기 위하여 선금을 지불하였고 연군의 수를 한정하였으며 연군들이 사용할 채굴·제련도구들을 마련해 주었다.[76] 이에 따라 연군들은 물주의 자본에 예속되어 갔으나 점소에서의 작업과정에서는 혈주나 덕대의 지시를 받고 있었다. 연군들의 점역은 사금광일 경우와 은·동광일 경우에 따라 달랐다. 당시 주로 水淘法에 의하여 채취되고 있었던 사금광산에서는 小鑿·布帒·木瓢 등 간단한 소도구로 甘土를 채굴하고 강물에 운반하여 淘沙하고 있었다. 사금광의 연군들은 굴토군·운반군·도사군으로 분리되어 각각 작업을 분담하여 협업형태의 생산조직을 갖추고 있었다.[77] 그러나 은·동광산은 사금과는 달리 광석을 제련해야 하기 때문에 제련용의 풍상과 야로를 설치하고 연료

73) 《日省錄》 정조 9년 2월 3일.
74) 《備邊司謄錄》 197책, 순조 6년 12월 12일.
《箕牒》 5, 정조 19년.
75) 柳承宙, 〈李朝開港前後의 鑛業政策硏究〉(《亞細亞硏究》 19-1, 高麗大, 1976), 217~218쪽.
76) 순조 18년에 잠채한 서울 근교 연서역촌 향현은광의 경우에 사용된 채광도구는 부자·철추·철정·장도리 등이었다(《左捕廳謄錄》 9책, 嘉慶 무인 3월 30일).
77) 丁若鏞, 《增補與猶堂全書》 권 5, 牧民心書 11, 工典六條 山林.
《辛未西賊日記》 大陳班師之日.

를 조달하는 작업이 필요하였다. 따라서 은·동광산에서는 공정이 더욱 세분화되어 연군들은 각기 채광·운반작업과 제련작업 그리고 연료를 채취·조달하는 작업들을 분담하는 분업적 협업이 운영되었다.[78]

금·은·동광 중 임금노동제가 최초로 발생한 것은 역시 수령수세제가 먼저 적용되고 물주의 투자가 선행되었던 은·동광산이었다. 은점은 영조 51년(1775)에, 동점은 정조 4년(1780)에 각각 수령수세제가 적용되어 물주의 자본에 의하여 운영되고 있었다. 이러한 사실은 정조 12년 禹禎圭가 상소한 다음의 〈疏陳冊子〉에서 살펴볼 수 있다.

> 근래 정부가 은점이 민폐가 크다는 이유로 상주하여 설점을 금하고 동점만 주전하기 위하여 허가하였는데 만약 은점이 폐가 된다면 동점도 마찬가지입니다. 신의 생각으로는 은점이나 동점이 모두 폐가 될 것이 없습니다. 그 이유는 만약 조정에서 각 도에 공문을 띄워 산은읍으로 하여금 은을 채굴·상납토록 하면 지방관이 부득불 역정을 징발하여 채굴·제련할 것이므로 농업을 폐하니 실로 민폐가 되겠지만 조정에서 산은지의 설점을 허가한다면 부상대고들이 각기 물력을 내어 傭民을 모취하면 無土不農之民이 점민이 되고자 그 곳에 모여들 것이고 채굴·제련하여 지부와 영읍에 납세하고 나머지를 물주에게 돌리면 토지없는 백성들도 힘입어 살아갈 수가 있으니 공사 간에 이로운데 어찌 민폐가 되겠습니까. 신은 초야에 살았기 때문에 은점의 폐단이 없음을 익히 알고 있으므로 이에 감히 앙진하니, 전하는 은점을 많이 설치하도록 허가하십시요(禹禎圭, 《經濟野言》 銀店勿禁之議).

금·은·동광의 임노동은 18세기말에 은점과 동점에서 발생하고 있었으나 금점에서도 순조 6년(1806)에 수령수세제가 적용되고 물주의 자본에 의하여 점역이 이루어지면서 다음과 같은 사례에서 알 수 있듯이 임노동이 발생한 것으로 여겨진다.

그것은 첫째 丁若鏞이 《牧民心書》에서 사금광산의 관영론을 제기한 가운데 "인부를 고용하여 금광을 채굴하고 매일 인부들에게 약간의 임금을 지급한다(본토의 풍속이 각기 다르므로 일률적으로 적용해서는 안된다)"[79]라고 한 점이

78) 《左捕廳謄錄》 9책, 嘉慶 무인 3월 30일.
79) 丁若鏞, 《增補與猶堂全書》 권 5, 牧民心書 11, 工典六條 山林.

다. 정약용이 사금광산의 관영론을 제기할 당시에는 이미 금광에도 수령수세제가 적용되고 물주의 자본에 의한 경영형태가 일반화한 시기였다. 그 때문에 매일 雇錢을 지급하되 고전의 다소나 지불방법 등은 현지의 관례에 따르도록 부언하였고 그 한 사례로서 "금군들에게 비록 임금을 지급하였지만 돌려보낼 때는 사금광의 일부를 떼주어 3일 동안 私採토록 한다"[80]라고 하는 방법도 제시하였던 것이다.

둘째는 순조 12년 洪景來亂 때 그 군사들이 정주성에 물러나 있으면서 성밑에 굴을 파고 화약을 매설하여 성을 폭파하였는데 그 때 굴토군 중 慈山굴토군 8명에게 선봉장이 금점의 하루 役價를 묻자 1인당 3전이라고 대답한 사실이다.[81] 즉 당시 물주의 자본으로 운영되고 있었던 금·은·동점에는 임노동이 널리 행해지고 있었던 것이다. 이 때 임금은 사금지의 연군이 3전 가량이고 연·은광의 연군이 주야 1일 2냥 정도였다.[82] 금점의 경우 곳에 따라서는 연군에게 고가 대신으로 사금지의 일부를 시한부로 채취하게 하였지만 고가는 동전으로 지불하는 것이 통례였던 것 같다. 당시 광산에 투자한 물주의 자금이 동전이었으므로 연군들의 고가도 동전으로 지불하는 것이 간편하고 용이한 일이었을 것이다.

당시 금·은·동광에서 생산한 금과 은·동은 제품의 용도가 각기 달랐기 때문에 판로도 역시 상이하였다. 금은 종래 귀금속으로만 이용되었으나 점차 화폐적 기능을 갖게 되었고 19세기초에는 이미 국가재정상 중요한 몫을 차지하게 되어 관비로 사금을 구입하였다.[83] 그러나 사금은 대청 사무역에서 특히 높은 상품적 가치를 지니고 있었기 때문에 주로 赴燕譯官과 燕商들에 의하여 매입되고 있었다.[84] 은은 이 시기에도 국내외의 공사거래에 화폐로서 널리 사용되었으므로 관아의 차인과 국내외의 상업에 종사한 상인들이 주로 店銀을 구입하고 있었다.[85] 동은 동전과 군기를 제조하기 위하여 호조와 선

80) 위와 같음.
81) 《辛未西賊日記》 大陳班師之日.
82) 《韓國鑛業調査報告》(함경도), 61~62쪽.
83) 《備邊司謄錄》 200책, 순조 10년 4월 18일.
84) 丁若鏞, 《增補與猶堂全書》 권 5, 經世遺表 7, 地官修制 田制 19, 井田議 1.
85) 柳承宙, 앞의 글(1980), 99~107쪽.

혜청·진휼청 및 三軍門에서 차인을 동점에 파견하여 구입하였고 사상인들이 각종 그릇의 제조원료로 구입하고 있었다.[86]

따라서 금·은·동광산의 점촌에는 서울과 지방의 관청에서 파견한 차인들과 국내외의 상업에 종사하는 상인들이 금·은·동을 구입하기 위하여 몰려들었다. 또 수천, 수백 명의 연군과 그 가족들에게 생필품을 팔기 위하여 坐賈들도 상주하였으므로 茅幕과 土室이 즐비하고 상거래가 성행하여 점촌은 하나의 큰 도회를 이루었다. 그리고 점촌은 일시에 형성되고 많은 인구가 갑자기 몰려들었기 때문에 금·은·동점이 설치되는 고을은 물론 인근의 도읍에서도 米·布를 비롯한 생활필수품의 가격이 폭등하는 사태가 빚어지고 있었다.[87]

수령수세제하에서의 금·은·동점에서는 매달 店稅(원정 금·은·동세)를 본읍에 납부하도록 되어 있었고 점세를 수납하는 의무는 전술한 대로 물주에게 지워져 있었다. 물주가 납부한 점세는 본읍의 담당 감관과 이속이 수봉하였고 호조의 銀色으로 올려 보내졌다.[88] 그리고 금·은·동광에는 본읍의 수령이 호조에 수납하는 점세 외에도 호조와 영읍이 점소나 점촌에서 수취하던 잡세도 있었다. 정조 5년(1781) 호조 계사제하 성천·자산금점에는 人摠稅가 있었고 같은 왕 22년 장용외영 소관 수안금점에는 幕稅·土稅·廛稅 등 잡세의 명목이 한두 가지가 아니었다고[89] 한다. 그 밖에 물주제하의 은·동점에는 看色稅가 있었다.[90]

그런데 별장제하의 은점과 차인제하의 금점에서 거뒀던 풍로세·혈세·토세·노세·막세·전세·인총세 등이 물주제하의 금·은·동점에 모두 적용되었으리라고는 여겨지지 않는다. 우선 풍로세는 사금광산이 아닌 은·동광산의 제련기구인 풍상과 야로에 부과한 제련장의 세목이었다. 그리고 별장제하 은점의 풍상과 야로는 호조의 경비로 제작된 것이므로 수세가 가능하지

---

86) 《日省錄》 정조 4년 5월 29일.
《備邊司謄錄》 211책, 순조 23년 4월 3일.
87) 《書啓輯錄》 9-6, 정조 14년 3월 24일.
88) 柳承宙, 앞의 책, 396쪽.
89) 《備邊司謄錄》 162책, 정조 5년 3월 15일 및 188책, 정조 22년 7월 27일.
90) 禹夏永, 《千一錄》 4, 採銀便否說.

만 물주제하 은·동점에는 적용할 명분이 없었을 것 같다. 혈세와 토세의 경우에도 혈세는 은·동광혈의 채광장에 부과한 잡세였고 토세는 사금광산에 부과한 잡세였다. 수령수세제하의 사금광산에서는 광산이 농토일 경우 물주가 매입하여 채취하는 것이 관례였는데 과연 토세가 부과되었는지 의심스럽다. 노세는 감사가 파견한 營裨가 점촌에 출입하는 행상들로부터 수취한 일종의 통행세로서 금·은·동점에 다 같이 있었던 세목이다. 막세와 전세는 점민의 묘막·토실에 부가한 가옥세와 좌고들의 상점에 부과한 점포세와 유사한 것들로서 본읍에서 모두 수취한 것으로 여겨진다.

요컨대 물주제하의 금·은·동점에서 실제로 물었던 세금은 매달 본읍에 납부하는 원정 금·은·동세가 상세였고 잡세로서 간색세와 금점의 토세나 은동점의 혈세가 부과된 듯하며 다른 잡세들은 점소와는 상관없이 점민이나 좌고 행상들에게 부과한 세목들이었다.

〈柳承宙〉

7. 어 · 염업의 발달

1) 어 업

(1) 상품화폐경제의 발달과 어업의 발달

어업은 농업과 함께 식량생산 산업이기는 하나, 그 생산물인 수산물은 自家에서 소비하는 자기 수요의 비율이 농산물보다 훨씬 낮다. 수산물은 농산물과 같은 주식물이 아니고 부식물이기 때문이다. 따라서 어업생산은 처음부터 상품생산적 성격을 농후하게 지닌다. 이러한 특징으로 말미암아 어업은 상품화폐경제가 발달되어야 크게 발전할 수 있다. 상품화폐경제의 발달에 의한 수산물 수요의 증가는 수산물 생산의 증대를 촉진시키기 때문이다.

조선 후기에 이르러 상품화폐경제가 발달함에 따라 어업의 발전도 촉진되었다. 봉건 지배층의 가혹한 어민 수탈이 어업의 발달을 크게 저해하기는 하였으나, 그것은 여건의 성숙으로 강력한 생명력을 지니고 진전되는 어업의 발달을 정지시키거나 크게 억제하지는 못하였다.

어업의 발달로 수산물은 조선 봉건사회의 중요한 생산물이 되어, 서울에서는 어류가 六矣廛의 취급 물품이 되었고, 지방에서는 방방곡곡에서 열린 定期市(鄕市)에 각종의 수산물이 출회되었다. 그 결과 수산물의 양산체제를 갖춘 대규모 어업도 출현하였고, 주요 수산물이 전국적 규모로 대량 유통되기도 하였다.

많은 자금과 노동력을 필요로 하는 대규모 어업의 발달은 경영면에서 자본제적 어업 경영형태를 발생시켜, 자본제적 어업의 조기적 전개를 가능하게 하기도 하였다.

(2) 수산물의 종류

가. 도별 수산물

조선 후기의 수산물의 종류나 수산자원의 분포 상태를 밝히는 데 가장 중요한 자료는 《輿地圖書》 物産條이다.[1] 이 책은 영조대 후반기에 각 읍에서 편집한 《邑誌》를 종합 편성한 것이므로 이 책에 실린 수산물은 18세기 후반 중에 생산되고 있었다. 여기에 실린 수산물을 도별로 정리해 보면 〈표 1〉과 같다. 이 중에는 동일한 것인데도 한자표기가 두 가지 이상인 것도 있고, 명칭 자체가 두 가지 이상인 것도 보인다. 이들에 대하여 당시에 가장 많이 사용된 명칭과 현재의 명칭을 보면 다음과 같다.

> 鯽魚(鮒魚 ; 붕어), 餘項魚(槷目魚·軟項魚?·淵項魚? ; 열목이), 鰱魚(連魚), 洪魚(紅魚), 錢魚(鱄魚·鯛魚·箭魚 ; 箭魚는 살치일 수도 있음), 道味魚(刀味魚·道味), 麻魚(磨魚 ; 삼치), 魟魚(望魚 ; 망둥이), 鰈魚(比目魚·加魚 ; 가자미), 石首魚(石秀魚·石魚 ; 조기), 古刀魚(古道魚 ; 고등어), 鯊魚(魦魚·沙魚·床魚·鮫魚 ; 상어), 魴魚(方魚), 鰒(生鰒·全鰒 ; 전복은 마른 전복), 紅蛤(淡菜), 小螺(螺), 藿(甘藿 ; 미역).

1) 《輿地圖書》(國史編纂委員會, 1979).

〈표 1〉 《輿地圖書》 物産條의 수산물

道	魚類	貝類	甲殼類	海藻類	기타 水産動物	기타
京畿道	秀魚 白魚 訥魚 葦魚 石首魚 錦鱗魚 洪魚 鱸魚 蘇魚 眞魚 民魚 鯽魚 錢魚 兵魚 黃石首魚 鯉魚 銀口魚 廣魚 麻魚 河豚 鮬魚 烏鱗魚	石花 土花 竹蛤 黃蛤 小螺 蛤 生蛤 大蛤 小蛤	蟹 中蝦 靑蟹 紫蝦 大蝦 白蝦 生蟹 靑蝦 蝦 紫蟹		絡蹄 烏賊魚 好獨魚 海膿	魚鰾
忠青道	秀魚 鯽魚 石首魚 鱸魚 訥魚 錢魚 鯊魚 錦鱗魚 民魚 麻魚 洪魚 靑魚 葦魚 眞魚 銀口魚 白魚 刀魚 大口魚 鯉魚 吹沙魚 密魚 道味魚 川魚 鐵魚 烏鱗魚 細尾魚 黃小魚 冬白魚	石花 蛤 鰒 小螺 紅蛤 江瑤柱	蟹 大蝦 紫蝦 蝦 荒蟹	海衣 細毛 黃角 靑角 甘苔	烏賊魚 絡蹄 海蔘 骨獨	魚鰾
江原道	餘項魚, 訥魚 錦鱗魚 銀口魚 大口魚 廣魚 松魚 魴魚 鰱魚 古刀魚 黃魚 鯊魚 秀魚 銀魚 赤魚 鰈魚 麻魚 鯽魚 鱸魚 明太魚 靑魚 洪魚 錢魚 雙足魚 鳳川小魚	紅蛤 生鰒 鰒 大蛤 回細蛤	蟹 紫蟹	藿 海衣 早藿 黃角 細毛	海蔘 文魚 海獺	
平安道	秀魚 錦鱗魚 餘項魚 洪魚 石首魚 訥魚 鱸魚 鯽魚 民魚 銀口魚 眞魚 鯊魚 蘇魚 廣魚 鯉魚 葦魚 麻魚 錢魚 頸長魚 鯨長魚 鮎魚 銀魚 細魚 長魚 鰻鱺 軟項魚 淵項魚 吹沙魚 赤頂魚 中魚 渭魚	石花 蛤 土花 輪花 小螺 小蛤	蟹 蝦 白蝦 紫蝦 大蝦 中蝦 紫蟹		絡蹄 文魚 烏賊魚	魚鰾 魚卵 蝦卵
黃海道	秀魚 鯽魚 訥魚 洪魚 靑魚 石首魚 民魚 葦魚 鱸魚 錦鱗魚 銀口魚 鯊魚 鯉魚 蘇魚 白魚 鱻魚 眞魚 麻魚 廣魚 魴魚 大口魚 道味魚 黃石首魚 細魚 河豚 長頭魚	石花 蛤 竹蛤 鰒 小蛤 紅蛤 小螺 土花	蟹 紫蝦 白蝦 大蝦	絲藿 藿 黃角 海衣 海苔 靑角 牛毛 細毛	絡蹄 海蔘 烏賊魚	魚鰾 魚卵

道	魚類	貝類	甲殼類	海藻類	기타 水産動物	기타
咸鏡道	鰱魚 松魚 黃魚 古刀魚 靑魚 魴魚 銀魚 大口魚 洪魚 䱽魚 鰈魚 秀魚 廣魚 銀口魚 鯽魚 瓜魚 鯊魚 餘項魚 白魚 道味魚 鯉魚 明太魚 無泰魚 錢魚 蠡魚 臨淵水魚 鱸魚 雙魚 河豚 川魚 筆魚 羅魚 鱅魚 鼠赤魚	紅蛤 蛤 鰒 石花 白蛤 江瑤柱 大蛤 小螺 沙蛤	蟹 紫蝦 川蟹	藿 塔士麻 昆布 古里麻 海藿	海蔘 文魚 海獺	
慶尙道	銀口魚 大口魚 鯽魚 赤魚 洪魚 鱸魚 黃魚 鯊魚 石首魚 廣魚 秀魚 魴魚 錢魚 古刀魚 鯉魚 松魚 鰱魚 葦魚 占察魚 白條魚 道味魚 蘇魚 白魚 眞魚 矢魚 烏鱗魚 三串魚 道也味	鰒 紅蛤 石花 蛤 白蛤 土蛤 黃蛤 小螺 江瑤柱	蟹 紫蝦 紫蟹	藿 海衣 靑角 牛毛 烏海藻 絲藿 細毛 昆布 塔士麻 加士里	海蔘 文魚 絡蹄 烏賊魚 海獺	
全羅道	秀魚 銀口魚 鯽魚 石首魚 眞魚 民魚 鱸魚 葦魚 白魚 鯊魚 刀魚 古刀魚 䱽魚 靑魚 生魚 洪魚 蘇魚 廣魚 兵魚 行魚 魟魚 錦鱗魚 銀魚 道味魚 玉頭魚 加不魚 錢魚 河豚	石花 鰒 甘蛤 紅蛤 蛤 竹蛤 黃蛤 小螺 大蛤 土花 小蛤 海螺 鸚鵡螺貝	蟹 大蝦 蝦 白蝦 中蝦 紫蝦	藿 甘苔 黃角 海衣 莓山 牛毛 黃藿	絡締 烏賊魚 文魚 海蔘	魚鰾 魚膠 蠙珠 玳瑁

* 비고 : 대체로 빈도수 순으로 나열하였으나 각 부류의 말미 부분은 대개 1번으로 빈도수가 같다.

수산물의 종류는 조선 초기에 비해 추가된 것이 많다. 그 가운데 현재의 이름을 알 수 있는 것은 담수어로서는 吹沙魚(모래무지)·密魚·鐵魚·頸(鯨)長魚·長魚(鰻鱺)·矢魚(사루기)·白條魚·蠡魚(가물치) 등이 있고 鹹水魚로서는 鮐魚·河豚(복, 하돈은 황복일 것임), 長頭魚(짱뚱어) 등이 있고, 연체 동물로서 好獨魚(꼴뚜기)가 있다.

현재의 이름을 알기 어려운 것은 烏鱗魚·錦魚·川魚·鳳川小魚·冬白魚·赤頂魚·中魚·渭魚·筆魚(피리, 즉 피라미?)·羅魚·鱅魚·鼠赤魚·三串魚·道也味·魟魚 등이다. 이들은 대부분 기재된 빈도수가 적다. 특정 지방 어류의 방언을 기재한 것도 있을 것이다.

특기할 만한 것은 함경도와 강원도의 물산에 明太魚가 들어 있는 점이다. 조선 후기에 이르러 「명태」라는 명칭이 널리 통용되고 있었음을 알 수 있다. 영조 17년(1741)의 貢人市民 등의 弊瘼에 대한 비변사의 啓辭에도 명태라는 명칭이 보인다.[2)]

어류 이외의 수산물의 종류는 조선 전기와 대동소이하다. 해조류에 塔士麻라는 것이 보이는데, 이는 조선 초기의 多絲ケ와 같은 것으로, 昆布 즉 다시마를 가리킨다. 丁若鏞은 《經世遺表》에서 北道의 곤포는 천하에 진기한 것인데 곤포의 작은 것을 방언으로 多士麻라고 하고, 이것은 오직 咸興바다에서만 생산된다고 하였다.[3)] 그런데 앞의 표에서 경상도에서도 탑사마가 산출되는 것으로 되어 있는 것은 이해하기 어렵다. 다시마는 경상도에서는 자생하지 않았다. 경상도의 탑사마는 곤피가 아니면 다른 해조류를 가리키는 것으로 보아야 할 것이다.

19세기초에 저술된 丁若銓의 《玆山魚譜》, 金鑢의 《牛海異魚譜》, 徐有榘의 《蘭湖漁牧志》 魚名攷 등에도 각종 수산물이 실려 있다. 《여지도서》에는 보이지 않으나 오늘날 많이 잡히고 있는 것으로 《자산어보》에는 멸치와 정어리가, 《우해이어보》에는 멸치·정어리·삼치가, 《난호어목지》에는 쥐치가 실려 있다.

나. 주요수산물

한반도의 3면을 둘러싸고 있는 연안 어장은 황금 어장이라고 불릴 정도로 다종 다양한 수산자원이 매우 풍부하였다. 남획으로 자원이 고갈되고 있는 오늘날에는 상상하기 어려울 정도였다. 어류는 많은 어군이 연안에 서식하거나 육지에 가까운 연안까지 來游하였으므로 비교적 쉽게 많이 잡을 수 있었다. 특히 漁具의 규모가 큰 경우에는 단기간에 대량으로 어획하였다. 그 양은 생산지의 국지적 수요를 훨씬 초과하는 것이었으나 상품화폐경제의 발달로 광범위한 지역에서 판매될 수 있었기 때문에 그러한 대량 생산이 가능하였다. 대량으로 생산되어 염가로 팔림으로써 많은 사람이 소비하는 어류를

---

2) 《備邊司謄錄》 109책, 영조 17년 11월 18일.

3) 丁若鏞, 《經世遺表》 권 14, 均役事目追議 1, 海稅.

多獲性 大衆魚라고 한다. 조선 후기의 다획성 대중어를 대표하는 것은 명태·조기·청어·대구·멸치 등이었고, 갑각류에 속하는 새우도 많이 잡혔다. 이들의 양산 상황을 개별적으로 살펴보기로 한다.

가) 명 태

조선 후기의 다획성 대중어의 왕자는 명태였다. 명태는 함경남도를 중심으로 하여 함경북도와 강원도에서 어획되었다. 명태는 17세기에 이미 많이 생산되어 閔鼎重은 "내가 元山을 지날 때 물고기(명태)가 五江(漢江·龍山·麻浦·玄湖·西江)에 땔나무 같이 쌓여 있는 것을 보았는데, 그 수를 헤아릴 수 없었다"[4]고 하였다. 19세기초 徐有榘도, 함경도에서 생산되는 명태는 마른 명태로 만들어져 사방의 상인이 모이는 원산에 집하되고, 거기에서 배에 실어 동해를 돌아 운수하거나 말에 실어 鐵嶺을 넘는데 밤낮없이 人馬의 왕래가 끊이지 않았으며, 그 수량이 많아 전국에 넘쳐 흘렀는데 우리 나라 해산물 중에서 명태는 청어와 더불어 가장 많은 것이라고 하였다.[5] 원산은 바닷길로 六鎭과 통하므로 6진과 연해 여러 읍의 상선이 모두 여기에 정박한다고[6] 하였는데, 이 원산이 명태의 집산지가 되어 있었던 것이다. 李圭景은 《五洲衍文長箋散稿》에서 마른 명태가 전국에 두루 유통되고 그 값이 1尾에 數文인데 사방의 값이 같다고 하여 명태가 염가로 널리 유통되었음을 전하고 있다. 또 그는 명태는 날마다 먹는 반찬으로, 여염의 빈민은 제사지낼 때에 쓰고, 儒家에서도 가난한 사람은 역시 제수용으로 쓰는데 천하게 쓰면서도 귀한 것이라고 하였다.[7] 19세기 중엽에도 명태는 어족 중 많이 잡혀 깊은 산골과 僻邑일지라도 모두 이를 싫도록 먹는다고 하였고[8] 그 후엽에도 매년 수천 石씩 잡혀 전국적으로 꽉 찼다고 한다.[9]

명태는 산지가 동해안 북부지역에 한정되어 있었으나 대량으로 어획되어 그 건제품이 광범위하게 유통되었던 것이다. 마른 명태인 北魚는 경상

4) 李裕元, 《林下筆記》 권 27, 春明逸史 明太.
5) 徐有榘, 《蘭湖漁牧志》 魚名攷 海魚 明鮐魚.
6) 李重煥, 《擇里志》 八道總論 咸鏡道.
7) 李圭景, 《五洲衍文長箋散稿》 권 11, 北魚辨證說.
8) 趙在三, 《松南雜識》 3, 漁獵類 14, 魚鳥類 北魚明太.
9) 李裕元, 《林下筆記》 권 27, 春明逸史 明太.

도는 물론, 생산지에서 멀리 떨어진 충청도의 恩津과 황해도의 新溪지방 시장에도 출하되었다.[10)]

나) 조 기

조기는 石首魚라고 표기하였는데 이는 주로 참조기를 가리킨다. 조기는 전라도의 서부 해안을 중심으로 하여 서해안 일대에서 많이 잡혀, 과거에는 '전라도 명태'라는 별명을 얻기도 하였다. 전라도에서 함경도 명태처럼 많이 잡히는 물고기라는 뜻이다. 서해안의 다획성 대중어를 대표하였던 조기는 생산량에 있어서 명태와 백중지간이었다.

조기는 조선 초기부터 많이 잡혔으나 후기에는 보다 많이 잡혔다. 19세기 초 조기를 어망으로 잡을 때 내유하는 어군을 만나면 산더미처럼 많이 잡혀 배에 다 실을 수 없을 정도였다고 한다.[11)] 대어군이 회유하면 延坪島 바다의 조기 우는 소리가 우레소리처럼 시끄럽게 서울에 들려왔다고 한다.[12)] 참조기는 산란기에는 떼를 지어 바다 바닥 가까이 헤엄쳐 다니다가 개구리 소리와 비슷한 울음소리를 내는 특성이 있으므로 이러한 표현을 한 것이다. 조기가 시끄러운 소리를 내면서 농밀한 대어군을 이루며 내유할 때 대형 어망으로 잡으면 대량으로 잡을 수 있었다.

서유구는《난호어목지》에서 조기의 북상 회유경로를 설명한 뒤 "장사하는 사람이 운집하여 배로 사방으로 운수한다. 굴비와 조기젓이 전국에 흘러 넘친다. 귀한 사람이나 천한 사람이 모두 이를 진중시한다. 海族 중에서 가장 많고 가장 맛이 있는 것이다"[13)]라고 하여 조기의 가공품이 전국에 유통되었음을 밝히고 있다. 조기가 많이 잡혔던 群山島(古群山群島)에서는 해상에서 조기를 매매하는 波市가 열리기도 하였다. 즉 "앞에는 魚梁이 있는데 매년 봄과 여름의 어기가 되면 각 읍의 상선이 구름이나 안개처럼 빽빽히 모여들어서 해상에서 판매한다. 주민은 이로써 부유해져 집과 의복을 다투어 다듬는데 그 호사함이 육지 백성보다 심하다"[14)]고 하여 많은 상선이 어장에 나

10) 徐有榘,《林園十六志》倪圭志 권 4, 貨殖 八域場市.
11) 丁若銓,《玆山魚譜》권 1, 鱗類 石首魚.
12) 丁若鏞,《經世遺表》권 14, 均役事目追議 1, 海稅.
13) 徐有榘,《蘭湖漁牧志》魚名攷 海魚 明鮐魚.
14) 李重煥,《擇里志》卜居總論 山水.

가 어선으로부터 조기를 사가지고 와서 팔았음을 알 수 있다. 이러한 상선 중에는 冷藏船 또는 氷藏船이라고 하여 빙장 시설을 갖춘 것도 있었다.

다) 청 어

청어는 지금은 우리 나라 연안 어장에서 거의 잡히지 않는다. 수온의 상승으로 冷水性 어류인 청어가 연안에 내유하지 않는 것이 주된 원인으로 생각된다. 조선시대에는 전라남도의 남해안을 제외하고는 전 연안에서 청어가 잡혔고, 그 생산량도 많았으나 17세기초에 청어의 내유가 한때 중단되는[15] 등 자원의 변동이 심하였다.[16] 18세기에는 청어가 많이 잡혀 흔히 먹는 생선으로 손꼽혔고[17] 19세기초에도 초여름에 청어가 사방 수백 리 사이의 바다를 메우고 이를 먹지 않는 사람이 없었는데 海州·延安·白川·安岳·信川 사이에 가장 많았다고 한다.[18] 청어가 회유하여 마지막으로 해주 앞바다에 이르면 더욱 살이 찌고 맛이 있었는데, 그것이 회유할 때에는 무수히 많은 청어가 떼를 지어 조수를 따라서 바다를 메웠고 3월이 되면 회유를 그쳤다고 한다.[19]

다음의 기록에서 이와 같은 해주를 중심으로 한 청어의 대량 생산과 자원 변동상황을 상세히 알 수 있다.

> 대개 연해에서 나는 곳에는 모두 그 시기가 있으나 동서남북을 막론하고 사시로 언제나 있으며 초여름에 해주에 이르러 그친다.…대체로 해주에서 생산되는 것이 나라 안에 넘친다. 기미년(1799) 이후부터 20미를 엮어서 1級으로 하여 동전 2~3문과 바꾸었다. 순조조의 경인·신미년(1830~1831)간에는 1급의 값이 40~50문이었고 점차 등귀하였다. 헌종조 을미년(1835) 이후에는 다시 점차 흔하여졌으나 끝내 기미년 이후만은 못하였다(李圭景,《五洲衍文長箋散稿》권 11, 鱅魚辨證說 附帶魚).

15) 許筠,《惺所覆瓿藁》권 26, 說部 5, 屠門大嚼 青魚.
16) 청어 자원 변동에 관해서는 朴九秉,〈韓國청어漁業史〉(《釜山水産大學論文集》17, 1976), 1~38쪽.
17) 李瀷,《星湖僿說》萬物門 青魚.
18) 徐有榘,《林園十六志》倪圭志 권 3, 貨殖 八域物産 總論.
19) 徐有榘,《蘭湖漁牧志》魚名攷 海魚 青魚.

한편 정월에 갯가에 들어와 해안을 따라 회유하면서 산란하는 청어는 영남에서 나는 것과 호남에서 나는 것이 각각 척추골 수가 달랐다.[20] 청어는 서해안산과 동·남해안산이 계통군을 달리하는 어류이기 때문이다.

서해안의 청어는 19세기 후반부터 점차 감소되었다. 蝟島 앞바다에서는 19세기 중반부터 청어 자원이 감소하였고,[21] 그 뒤 서해안의 각처에서 청어의 내유가 점차 중단되었다. 그러나 경상도의 남해안과 동해안에서는 계속하여 청어가 잡혔다.

라) 멸 치

멸치가 오늘날과 같은 명칭으로 문헌에 등장하는 시기는 18세기 중엽부터이다. 《均役行覽》에 의하면 영조 26년(1750)말 전라도 均稅使의 稟議에 '滅致網'이라는 것이 보인다.[22] 조선 전기에는 보이지 않았던 멸치라는 명칭이 후기에는 사용되고 있었음을 알 수 있다.

어보류 중에서 멸치가 처음으로 실려 있는 것은 1803년에 저술된 《牛海異魚譜》이다. 이 책에는 멸치를 鱴兒라고 하고, 지방민은 이를 幾라고 하는데 이는 방언인 鱴을 말하는 것이라고 하였다.[23] 《오주연문장전산고》에서도 멸치를 幾魚 혹은 旀魚라고 한다고 하였다.[24] '기'는 '멋'과 통한다. 《자산어보》에서는 멸치를 鯫魚라고 하고 그 속명을 蔑魚라고 한다고 하였다.[25]

19세기 이전의 멸치 어획 상황은 잘 알 수 없으나 19세기로 넘어온 뒤에는 멸치가 많이 잡히고 있었음을 실학자들의 저서를 통하여 알 수 있다. 《난호어목지》에는 멸치를 한자로 鰊鰡라고 쓰고 한글로는 '멋'이라고 썼는데 이에 대하여 다음과 같은 설명을 하고 있다. 즉 멸치는 동·남·서해에 모두 있다는 것, 동해의 멸치가 방어에 쫓겨 대량으로 몰려올 때에는 그 세력이 바람·물결과 같아서 어부는 이를 보고 방어가 온 것을 안다는 것, 큰 그물

---

20) 丁若銓, 《玆山魚譜》 권 1, 鱗類 靑魚.
21) 《備邊司謄錄》 241책, 철종 5년 10월 11일.
22) 《均稅行覽》 報備局稟議成冊.
23) 金鑢, 《牛海異魚譜》 鰄鱴.
24) 李圭景, 《五洲衍文長箋散稿》 권 11, 鰛魚辨證說.
25) 丁若銓, 《玆山魚譜》 권 1, 鱗類 鯫魚.

로 이를 포위하여 잡으면 온 그물이 모두 멸치로 차므로 그 중에서 방어를 골라내고 멸치는 사둘(攩網)로 퍼내어 모래사장에서 말려 육지에 파는데 값이 한 웅큼에 1전이라는 것, 비가 계속 내려 부패될 때에는 비료로 쓴다는 것, 서·남해산은 동해에서 많이 생산되는 것보다는 못하나 역시 나라 안에 흘러 넘치고 野人이 먹는 식품이 된다는 것 등이다.[26)]

전연안에서 멸치가 잡혔으나 동해안에서 가장 많이 잡혔고 19세기초에는 대량 생산되어 이를 건조한 마른 멸치가 전국적 규모로 유통되고 있었던 것이다. 멸치는 한 그물로 배를 채우고 산처럼 많이 잡는다고 표현할 정도로 어획량이 많았고 마른 멸치는 매일 먹는 반찬이 되었으나 마른 명태인 북어가 전국에 두루 넘치는 것보다는 못하였다고 한다.[27)]

마) 대 구

한자로 吴魚라고 쓰는 대구는[28)] 동·서·남해안에서 모두 잡혔다. 《惺所覆瓿藁》에서 대구에 대하여 "동·남·서해에서 모두 생산되는데 북쪽 지방 것이 가장 크고 빛깔이 누렇고 살이 쪄 있다. 동해 것은 빛깔이 붉고 작은데 중국인이 이를 가장 좋아한다. 서해 것은 더욱 작다"[29)]고 하여 우리 나라 연안에 분포하는 대구가 동해계와 서해계의 2계통이 있고, 서해계는 동해계보다 작음을 전하고 있다.

조선 후기에 대구가 대량으로 어획되었음을 직접적으로 전하는 문헌 자료는 보이지 않는다. 그러나 대구의 주산지였던 鎭海를 중심으로 한 경상남도 남해안에 후술하는 바와 같이 청어·대구 어획용 대규모 防簾이나 대규모 정치망이 많이 설치되었던 것을 볼 때 대구도 다획성 대중어의 하나였음을 알 수 있다. 구한말에 대구 생산 금액은 청어의 생산액과 큰 차이가 없을 만큼 많았다.[30)] 명태가 동해안을, 조기가 서해안을 대표하는 어류였다면 대구는 남해안을 대표하는 어류였다고 할 수 있다.

---

26) 徐有榘,《蘭湖漁牧志》魚名攷 海魚 鱴鰌.
27) 李圭景,《五洲衍文長箋散稿》권 22, 鯨鰐辨證說.
28) 徐有榘,《蘭湖漁牧志》魚名攷 無鱗魚 吴魚.
29) 許 筠,《惺所覆瓿藁》屠門大嚼 大口魚.
30) 農商工部水産局,《韓國水産誌》1(1908), 256·259쪽.

바) 새 우

갑각류에 속하는 새우도 많이 잡혔다. 앞서 본 바와 같이《여지도서》에 의하면 새우는 大蝦·中蝦·紅大蝦·白蝦·紫蝦 등 여러 가지가 잡혔는데, 많이 잡힌 것은 새우젓 가공용 새우였다. 곤쟁이젓(紫蝦醢)은 조선 초기부터 생산되고 있었고 19세기초에는 새우를 젓갈로 가공한 것이 전국적으로 널리 소비되고 있었다.

새우젓을 담그는 소형 새우는 주로 서해안에서 잡혔는데 이것을 糖鰕라고 하였다. 당하는 쌀새우를 말하며, 쌀새우는 細鰕라고도 하였는데, 이것이 곧 젓새우이다. 젓새우는 마른 새우로도 많이 가공하였는데 이것을 米鰕라고 하였다.[31] 새우를 잡으러 갈 때에는 어선에 독과 소금을 미리 싣고 나가서 새우를 잡는 즉시 젓갈을 담갔는데, 모두 서남해산이었고, 해주 앞바다에서 생산되는 것이 보다 잘고 부드러워 맛이 좋았다고 한다.[32]

(3) 어구·어법

가. 어전·어조·어장·어기

영조 26년(1750) 均役法의 실시로 良布의 징수가 2필에서 1필로 반감되었으므로 이로 인한 재정상의 결손을 보충하기 위하여 選武軍官布 및 結作의 징수와 함께 海稅, 즉 漁稅·鹽稅 및 船稅를 빠짐없이 징수하게 되었다. 이 해세 징수를 위하여 연해지방을 실지 조사한 결과를 토대로 해세 징수 규정인 〈海稅節目〉을 작성하였다. 이에 의하여 조선 후기의 어업 실태를 이해할 수 있다.

영조 28년에 편찬된《均役事目》海稅條에서는 각 도의 어업을 총괄하여 다음과 같이 정리하고 있다.

> 연해의 물고기잡이에는 漁箭과 漁條·漁場·漁基가 있다. 어로를 따라 防竹을 세우고, 섶발(薪簾)을 배열하고, 袛桶을 설치하여 이로써 물고기를 받는데, 全洋을 차단하기도 하고 半洋을 차단하기도 하는 것을 어전이라고 한다. 물고기

31) 徐有榘,《蘭湖漁牧志》魚名攷 無鱗魚 鰕.
32) 徐有榘,《林園十六志》佃漁志 권 3, 弋獵 取細鰕法.

떼는 먼 바다로부터 폭주하는 길이 있는데 마치 路條와 같으며, 여기에 배를 세우고 그물을 치는 것을 어조라고 한다. 一洋을 둘러싸고 어족이 모이는 곳에서 대소 어선이 물을 따라 그물을 쳐서 물고기를 잡는 것을 어장이라고 한다. 지세가 편리하고 좋아서 물고기 잡이에 알맞은 곳을 어기라고 한다. 어조·어장·어기는 대체로 보아서 대동소이한데, 그 배를 세운 것의 다소와 이득의 厚薄에 따라 세금을 정한다(《均役事目》, 奎章閣圖書 1124, 海稅 4).

어전은 조선 전기에도 많이 있었던 어구로, 양쪽 날개가 모두 있는 것과 한 쪽 날개만 있는 것이 있었음을 알 수 있다. 어조는 어망을 가리키는데 어망의 종류는 지방에 따라 달랐다. 어장은 후릿그물과 같은 어망을 치는 곳을 가리키고 어기는 구체적으로 무엇인지 알 수 없으나 구한말에는 정치망을 설치하는 어장을 가리켰다.

나. 어 망

조선 전기에도 여러 가지 종류의 어망이 사용되고 있었으나 어망의 명칭은 균역법 실시 이후 균역법과 관계있는 문헌에 비로소 보인다. 주요한 문헌은 《균역사목》과 이보다 수년 뒤에 편찬된 《均役廳事目》,[33] 《經世遺表》 권 14, 均役事目 追議, 《萬機要覽》 財用編 3, 海稅條 등이다. 이들에 의하여 도별로 어망 또는 어망설치 장소를 보기로 한다.

《균역청사목》에 의하면, 경기도에는 網機·漁基·漁條·溫堗이 있었다. 망기와 어조·온돌은 어망을 가리키고 어기는 어망설치 장소로 생각된다. 온돌은 "해변에서 물고기를 잡는 곳"[34]이라는 기록이 있는데 구체적으로는 柱木網을 가리키며 현재 연평도에서는 주목망을 '왼돌'이라고 한다. 주목망은 자루 모양의 긴 그물의 網口를 큰 지주 2개로 고정시켜 조류를 따라 그물에 들어오는 물고기를 잡는 어망이다. 조수의 간만차가 크고 조류가 빠른 서해안에 설치되었던 중요한 어망의 하나였는데 조기가 많이 잡혔다.

《균역청사목》에 의하면, 황해도에는 網基·온돌·洋中立船揮罹가 있었다. 망기는 어망을 설치하는 장소 또는 그 곳에 설치된 어망을 가리키는 것으로, 개막이그물(建干網)로 생각된다. 이것은 기다란 그물을 간석지에 설치하여 놓

33) 《均役廳事目》(奎章閣圖書 17253).

34) 《正祖實錄》 권 36, 정조 16년 12월 무자.

고 간조 때에 그물에 의하여 차단되거나 그물에 걸린 물고기를 잡는 어망이다. 온돌은 과거에는 '연돌'이라고도 하였는데 역시 주목망으로 보아야 할 것이다. 숙종 34년(1708)의 각 도의 宮家 折授 어장에 관한 기록에 온돌이 보인다.[35] 양중 입선 휘리는 洋中 즉, 육지에서 좀 멀리 떨어진 바다 가운데에 배를 세우고 휘리, 즉 후릿그물로 물고기를 잡는 것을 말한다. 후릿그물은 양쪽 끝에 긴 끌줄이 달린 띠처럼 생긴 기다란 어망인데, 고기잡는 법은 그물의 한쪽 끝을 물속으로 끌고 들어가 물고기를 포위한 뒤 양쪽 끌줄을 육지에서 끌어당겨 잡는 것이다. 그런데 후릿그물을 바다 가운데에 세운 어선에서 끌어올린다면 그것은 방그물(手繰網, 배후릿그물)이었을 것이다. 방그물이 18세기에 이미 개발되어 있었다는 것은 주목되는 일이다.

《균역사목》에 의하면, 충청도에는 注朴이라는 어망이 있어 "볏짚으로 그물을 떠서 조수가 진퇴하는 곳에 설치하는 것"이라고 하였다. 《경세유표》에서는 이를 索罟라고 하였는데 볏짚으로 꼰 새끼로 만든 어망이라는 뜻이다. 주박도 주목망의 일종으로, 현재 연평도에 주목망이 남아 있는데, 수심이 깊고 조류가 빠른 곳에 설치하는 것은 '윈돌', 수심이 얕아 간조 때에 어망이 노출되는 것을 '주복'이라고 부르고 있다. 주박과 주복은 어원이 같은 것으로 보인다.

전라도에는 여러 가지 어망이 있었다. 《均役行覽》에 나오는 영조 26년(1750) 전라도 균세사의 보고에 의하면, 土箭·狮擡·防口簾·扈箭·編簾·土場·紗月網·足臺網·布網·竹網·眞絲行網·小邊網·碇耳網·叱音網·鼓網·小弓網·滅致網·擧沙土網·浮板 등의 어구가 있었다. 이 중 오늘날 어떠한 어망을 말하는지 알 수 있는 것을 살펴보면 다음과 같다.

사월망은 사달망, 즉 사둘이다. 전라남도에서는 지금도 사둘을 '사달'이라고도 한다. 족대망은 족대이다. 포망은 젓새우 어획용 어망을 가리키는 것으로 보인다. 현재 전라북도에서 사용하고 있는 것을 보면 어망의 형태가 족대와 비슷한데 이를 밀고 가면서 젓새우를 잡는다. 이를 포망이라고 하고 '밀방'이라고도 한다. 진사 행망은 명주실로 만든 행망으로, 행망은 일종의 걸그물(刺網)이었다. 걸그물은 물고기가 그물코(網目)에 꿰이게 하여 잡는 어망이

---

35) 《備邊司謄錄》 59책, 숙종 34년 12월 30일.

다. 소변망은 작은 변망을 말하는데, 변망은 개막이그물을 말하는 것으로 보인다. 정이망은 과거에 볼 수 있었던 닻배그물(碇網)로 보인다. 닻배그물은 바다의 바닥에 설치하는 걸그물(底刺網)로, 어망을 큰 닻으로 고정시켰다. 소궁망은 작은 궁망을 말하는데, 궁망은 과거에 많이 있었던 弓船網을 가리키는 것으로 보인다. 궁선망은 들그물(敷網)류에 속하는 어망으로서 어선의 뱃머리에서 어망을 내밀어 물 속에 잠기게 하여 조류를 타고 들어오는 새우나 기타 어류를 잡는 것을 말한다.《林園十六志》에서는 이 어망을 杈網이라고 소개하고 속명을 '횃배'라고 한다고 하였다.[36] 멸치망은 焚寄抄網으로 보인다. 멸치는 불빛을 좋아하는 성질, 즉 趨光性이 있는 어류이므로 불빛을 밝혀 멸치를 모은 다음 초망으로 떠올려 잡는데 이 어망이 분기초망이다.《자산어보》에 밤에 불빛으로 멸치를 유인하여 분기초망으로 잡는 어법이 실려 있다.[37] 이 밖의 어망들은 정체를 알 수 없는데 대개 소규모의 어구로서 시골의 노인이나 어린이가 반찬거리를 잡기 위하여 사용한 것이라고 하였다.

《균역청사목》에 보이는 전라도의 漁條는 어망으로 보이는데 "蝟島 앞바다 宗船 1척 100냥, 좌우 2등 2척 각 90냥, 3등 2척 각 80냥,…좌 7등 1척 40냥"이라고 되어 있다. 각 어선은 정해진 각자의 어장에서 조업하고 어장의 豊度에 따라 차등 과세하였던 것이다. 이 어선들이 사용한 어망은 中船網이었을 것이다.[38] 영조 24년(1748) 위도에서는 "도내에서 물고기잡이하는 中船이 立船하는 곳은 큰 漁利가 있다"[39]고 하여 중선망 어업이 활발하였음을 보여주고 있다. 중선망은 기다란 자루그물을 어선의 양현 밑에 달고 조류를 따라 들어오는 어류나 새우를 잡는 어망이다. 주목망과 같이 조수의 간만차가 크고 조류가 빠른 서해안에서 발달된 독특한 어망으로서 조기나 청어를 많이 잡았고,[40] 새우를 잡는 것도 있었다. 후자는 '醢船網'이라고 하는데 지금도 젓새우 어획용으로 쓰이고 있다.

---

36) 徐有榘,《林園十六志》佃漁志 권 3, 弋獵 杈網.
37) 丁若銓,《玆山魚譜》권 1, 鱗類 鯫魚.
38) 徐有榘,《林園十六志》佃漁志 권 3, 漁條網.
39)《承政院日記》1036책, 영조 24년 11월 28일.
40) 전라도에서는 중선이 어장에서 청어를 잡은 뒤 돌아가서 배를 강변에 정박시켜 두고 그 다음해의 어기를 기다렸다고 한다(《均稅行覽》報備局稟議成冊).

《균역청사목》에 의하면, 전라도의 靈光 등 읍에는 무명실로 만든 후릿그물(綿揮網)·개막이그물(綿邊網)·大罟·葛網 등이 있었는데, 세금은 어망의 길이를 기준으로 매겼다. 대고는 대형 후릿그물이고 갈망은 칡덩굴 껍질로 만든 어망이었을 것으로 생각되는데 어망의 종류는 알 수 없다.

경상도에도 몇 가지 어망이 있었다.《균역사목》에 의하면, 경상도의 어조는 물고기가 왕래하는 어로에 어선이 각자 정하여진 곳에서 그물을 치고 물고기를 기다리는 것이었다. 어조는 바다에만 있었는데 대구 어조와 청어 어조가 있었고, 각각 일정한 장소가 정해져 있었다. 그렇다면 여기서 말하는 어조는 중선망이 아니라 주로 구한말에 볼 수 있었던 줄살(乼矢)·장살(杖矢) 등과 같은 정치망이었다고 보아야 할 것이다. 청어·대구 등은 '洋中去處條'라는 어망을 어선에 싣고 대양에서 잡기도 하였는데 이 어망은 정치망이 아니라 걸그물류였던 것으로 보인다. 이 경우 순조 14년(1814) 통제사 徐英輔의 보고에서 알 수 있듯이 어망을 싣고 나가 물고기를 잡고, 잡는데 따라 '洋中去處稅'라는 세금을 냈다.41)

《균역사목》에 興海·延日·長鬐·蔚山 등 청어 어장의 揮罹船과 細網船에 대한 수세 규정이 있는 것으로 보아 경상도에서도 후릿그물이 사용되었음을 알 수 있다. 바다에 대구·청어 어장, 문어 어장이 있었고, 강에도 江魚 후리 어장이 있었다고 한다. 세망선은 세망을 사용하는 어선인데, 세망은 주로 청어를 어획한 걸그물이었고 세간에서 '시망'이라고 하였다.42) 고종 31년(1894) 경에는 경상북도지방의 세망선 중 양중 거처조에 속하는 것도 있었다.43)

또 경상도의 어망 중에는 '洋中擧揮罹'라는 것이 있었다.《균역사목》에 의하면, 이것은 "그 網具가 심히 크고 결군(格軍)이 아주 많아서 비록 바다 가운데서 물고기를 잡을지라도 이익이 많으므로 지금 20냥으로 세금을 매긴다"고 하였다. 거휘리는 일제시대까지도 많이 사용한 우리 나라의 전통적 두리그물(旋網)로, 물고기를 포위하여 잡는 어망이고 주로 청어를 잡는 데 사용되었다.

41)《日省錄》순조 14년 정월 21일.

42) 조선 말기의 세망에는 명주실로 정교하게 뜬 우수한 것도 있었다(下啓助·山脇宗次,《韓國水産業調査報告》, 1905, 鰊刺網 圖解).

43)《慶尙道內沿江海邑庚寅條船鹽藿漁稅總數都執》(奎章閣圖書 18099).

함경도와 평안도에 대해서는 《균역사목》에서 德源의 청어 휘리세를 간단히 언급하고 있을 뿐으로 지극히 간략하게 다루었다. 《만기요람》에 의하면 강원도에는 후릿그물이 곳곳에 있었는데 과거에는 멸치 후릿그물 어업이 가장 성하였다고 한다.

이상과 같이 조선 후기에는 여러 종류의 전통적 어망이 사용되고 있었고, 지역별로 자연적 조건에 알맞는 어망이 사용되고 있었다. 그물감(網地)을 명주실로 만든 우수한 어망도 사용되고 있었다.

《林園十六志》佃漁志에는 우리 나라뿐만 아니라 중국과 일본의 어망을 여러 가지 다루고 있다. 우리 나라 것으로는 위에서 본 것 이외에도 명주실로 만든 빙어 어획용 걸그물, 반두, 쾡이(投網), 사둘 등이 소개되어 있다. 그리고 그물코가 촘촘한 어망인 數罟를 명주실로 만드는 방법이나 뜸(浮子), 발돌(沈子),[44] 染網法 등을 설명하고 있다. 뜸은 소나무 껍질 등 가볍고 잘 뜨는 나무로 만들고, 발돌은 흙을 구워 만들기도 하고, 기와나 벽돌 조각을 갈아서 君遷子 모양으로 다듬은 뒤에 양변에 홈을 파서 만들기도 하였다고 한다. 그리고 염망은 黃蘗나무를 도토리즙에 섞은 것으로 물들였다고 한다. 또 荒梨木 껍질을 다린 물로 물들이기도 하였다고 한다.[45]

(4) 어전·방렴류

어전과 방렴은 발 어구이다. 어전의 원명은 漁梁이고 한글로 '어살',[46] 또는 '살'[47]이라고 하였다. 어전은 《균역사목》에 언급되어 있듯이 나무·대·갈대 등으로 엮은 발을 조수가 흘러오는 쪽을 향하여 V자형으로 벌려 세워 말목으로 고정시키고, 양쪽 날개의 거리가 좁혀진 곳에 함정 장치인 임통을 설치한 어구이다. 이러한 전형적인 형태 외에도 지형에 따라 한쪽 날개가 없는 것 등 변형도 많았다. 다음의 金弘道가 그린 漁箭圖에 표현되어 있는 어전은 특수한 형태였다.

---

44) 뜸의 원래의 우리말은 '그물버굿'이었고, 발돌은 '그물돗'이었다(金弘喆, 《譯語類解補》佃漁補).
45) 徐有榘, 《林園十六志》佃漁志 권 3, 弋獵 數罟.
46) 金弘喆, 《譯語類解補》佃漁補.
47) 柳 僖, 《物名考》권 2, 有情類 水族.

〈그림 1〉 金弘道의 漁箭圖

어전은 조선 초기부터 서해안을 중심으로 많이 설치되어 있었으나 시대가 내려올수록 수가 증가하고 규모가 커졌다. 충청도의 경우에 《世宗實錄地理志》를 편찬할 때에는 140개소였는데, 영조 26년(1750)에는 340개소로 늘어났다.48)

어전에 대한 세금의 징수액은 어전의 규모나 수익의 다소에 따라 달랐다. 어전에는 물고기의 종류별로 靑魚箭, 石魚(조기)箭, 眞魚(준치)箭, 잡어전 등의 명칭이 붙은 것도 있었다. 《균역사목》에 의하면, 충청도에서는 청어와 조기 어전이 가장 유리하였고, 황해도에는 대나무와 삼(麻)으로 발을 엮은 土箭이 있었는데 잡히는 것이 새우나 게에 불과하여 이득이 아주 적으므로 세금을 매기지 않았다고 한다.

방렴은 어전과 유사한 어구이나 간석지가 아닌 물살이 센 물 속에 설치하였다. 《균역사목》에 의하면, 가장 성행했던 경상도의 방렴은 대를 엮어 발을 만들고 나무를 박아 기둥을 삼아 어로를 가로로 절단하는 것이었다. 그리고 방렴은 강과 바다에 따라 이름이 달랐는데, 바다에 있는 것은 簾, 강에 있는 것은 箭이라고 하였다. 또 바다에는 청어렴과 대구렴이 있고 강에는 江魚箭이 있었다. 방렴은 지금도 南海島나 三千浦에 거의 원형을 유지한 상태로 남아 있다. 오늘날 이를 竹防簾이라고 하는데 어민들은 '살'이라고 한다.

48) 《均役行覽》 御使 韓光肇書啓.

《균역사목》에 의하면, 잡어 방렴은 수 발에 불과한 대발을 조수가 왕래하는 곳에 설치하는 것으로 조수가 빠지면 땅이 드러나므로 이를 乾防簾이라고 하였다. 서해안의 어전과 다를 바 없는 것이었음을 알 수 있다.

경상도의 방렴 어법은 영조대에 白가라는 성을 지닌 사람에 의하여 함경도에 전파되었다.[49] 원산에서는 옛날에는 후릿그물을 사용하여 물고기를 잡았는데 영조 42년(1766)에 방렴을 사용하는 방법을 알게 된 후 방렴의 수가 점차 증가하여 정조 4~5년(1780~1781)에는 근 200坐에 달하게 되었다.[50] 이곳의 방렴은 주로 청어를 어획하였다. 영홍만 일대는 청어의 농밀한 어군이 내유하였는데 그 곳이 방렴 설치의 적지였으므로, 방렴 어업이 도입되자 방렴의 수가 급속도로 증가하였던 것이다. 조선 후기 어업 발달의 한 단면을 여기서 엿볼 수 있다.

《균역청사목》의 전라도의 어전세 항목에 萬頃·扶安·務安·沃溝·光陽·順天·茂長에 防口簾, 蘆扈桶, 扈桶, 토전 등이 있다고 되어 있다. 이들은 모두 소규모의 발 어구였다. 방구렴은 하구에 설치되었던 어전이었을 것이고 호통은 소형 어전이나 통발이었을 것이다. 이를 갈대로 만든 것이 노호통이다. 《균역행람》에 보이는 扈箭·編簾 등도 역시 위의 것과 유사하였을 것이다.

라. 낚 시

조선 후기에 우리 나라에서 사용된 낚시 어법은 投餌釣漁法, 流釣法, 萬燈釣法, 三鋒釣法, 鴨釣法, 捕古刀魚法 등이 있었다.[51] 투이 조어법은 깻묵이나 술지게미로 만든 미끼를 풀어 물고기를 낚는 어법이다. 유조법은 견지가 달린 대낚시로 여울에서 물고기를 낚는 어법이다. 삼봉조법은 오늘날 강의 얼음에 구멍을 뚫고 잉어를 낚는 것과 같은 삼봉 낚시로 물고기를 낚는 어법이다. 만등조법은 모릿줄에 낚시가 달린 여러 개의 아릿줄을 달아 물고기를 잡는 주낙(延繩) 어법이다. 압조법은 2개의 갈구리가 달려 닻과 같은 모양을

---

49) 《日省錄》 정조 14년 4월 30일.

50) 《備邊司謄錄》 180책, 정조 16년 윤4월 25일.

51) 徐有榘, 《林園十六志》 佃漁志 권 3, 弋獵 釣.

지닌 낚시로 숭어를 낚는 어법이다. 소뼈를 종이처럼 얇게 다듬어 낚시에 달아 물 속에서 숭어가 지나가는 것이 잘 보이게 하여 낚아채는 것이었는데 미끼는 달지 않았다. 이와 같은 특수한 낚시 어법도 개발되어 있었던 것이다. 포고도어법은 추광성을 이용하여 밤에 횃불로 고등어를 모아 외줄낚시(一本釣)로 낚는 어법이었다. 고등어의 습성을 잘 파악하여 낚는 어법을 개발하였던 것이다.

쥐치는 입이 작아 낚시를 삼키지 못하고 미끼를 쥐처럼 갉아먹기 때문에 이를 잡기가 매우 어려우므로 낚시를 녹두 크기로 작게 만들어 7~8개의 날카로운 가시를 蒺藜처럼 달고 여기에 보리밥풀 한 알을 꿰어 외줄낚시 어법으로 낚았다.[52]

마. 잡어구 · 어법

이 밖에 잡종의 어구 · 어법이 있었다.《임원십육지》佃漁志 釣箔條에는 다음과 같이 다양한 어법이 소개되어 있다. 활을 쏘아 물고기를 잡는 射魚繳, 작살줄이 달린 삼지창 모양의 작살로 얼음 밑의 잉어를 잡는 刺鯉法, 해녀가 오늘날과 같은 방법으로 잠수하여 전복 · 홍합 · 해삼 등을 잡는 採鰒法 · 採淡菜法 · 採海蔘法, 진흙과 모래 속에 엎드려 있는 자라를 작살로 찔러 잡는 捕鼈法, 말여뀌의 뿌리와 줄기를 찧어서 물 속에 넣어 물고기를 잡는 藥魚法, 보쌈 어법인 冪袱取魚法, 베의 좌우에 대 자루를 단 어구를 조수가 왕래하는 강변의 모래사장에 펼쳐 놓았다가 그 위에 밀어가 올라오면 자루를 잡고 어구를 올려 잡는 張衾取魚法, 사람이 탄 작은 배가 빈 작은 배를 끌고 順流를 타고 서서히 내려가 물고기가 뛰어서 스스로 빈 배에 들어가도록 하는 聯舠取魚法, 숭어를 잡는 특수한 방법으로서 빈 섬을 수십 장 연결하여 물 위에 띄우고 그 밑에 많은 새끼를 달아 숭어가 있는 곳에 끌고 가면 숭어가 새끼를 보고 그것을 해치는 물건으로 의심하고 뛰어올라 섬 위에 떨어지도록 하여 잡는 浮苫取魚法, 물 속의 모래를 밟고 가면서 모래 속에 숨은 횟대나 모래무지를 잡는 踏沙取魚法, 수수 이삭을 주낙처럼 새끼에 달아 물 속에 넣어 게를 잡는 懸蜀黍捕蟹法 등이다.

52) 金鑢,《牛海異魚譜》鼠鰮.

이상과 같이 기발한 방법으로 물고기나 기타 수산동물을 잡았고 다시마나 미역과 같은 해조류를 채취하는 데에도 특이한 방법이 사용되었다. 영·정조 때의 학자 洪良浩가 지은《北塞記略》에 의하면, 昆布와 海藿은 明川지방과 慶興의 西水羅串에만 있는데, 3~4월에 배를 타고 가서 이를 채취할 때 물고기 기름을 수면에 뿌려 물 밑이 잘 보이게 하여 長木으로 캐었다고 한다.[53] 물고기 기름을 뿌리는 어법은 지금도 강원도에서 토막배로 미역을 채취하는데 사용하는 경우가 있다.

바. 어 선

어업의 발달은 어업의 주요한 생산수단인 어선수의 증가와 대형화를 초래하였다. 18세기의 선박수에 관한 전국적인 통계는 보이지 않으나 일부 도의 통계는 있다. 영조 26년(1750) 대장에 올라 있는 충청도의 배는 848척이었다.[54] 정조 16년(1792) 경상도의 대장에 올라 있는 과세 대상 배는 6,163척이었고, 황해도에는 실제로 1,113척의 배가 있었다.[55] 이들 중 약 절반을 어선(운반선 포함)이라고 보면 전국 어선의 총수는 1만 척 정도에 달했던 것으로 추정된다.[56]

《균역사목》에는 선박의 등급과 세액이 비교적 상세히 규정되어 있고 각 도의 선박의 대소는 배 길이의 把수를 기준으로 하여 정하였다. 이 사목에 의거하여 각 도의 선박에 대해 살펴보기로 한다.

경기도와 황해도의 선척은 5등급으로 나누어 과세하였는데 제일 큰 대선은 길이가 6파 이상, 제일 작은 小小艇은 1파 반 이하였다. 1파는 약 1.5m이었으므로 길이가 9m 이상으로부터 2.25m 이하의 것까지 있었다. 그러나 이보다 작아 말구유처럼 생긴 소형선으로서 등급에 들지 않는 槽船과 다름없

53) 洪良浩,《北塞記略》孔州風土記.

54)《均役行覽》御使 韓光肇書啓.

55)《正祖實錄》권 36, 정조 16년 12월 무자.

56) 1911년의 한국인의 어선 총척수는 10,081척이었고, 수산물 제조·운반·판매용 선박은 1,019척이였는데, 이중 경상남북도는 전자가 3,513척, 후자가 133척, 합계 3,646척이었던 것을 감안함(朝鮮總督府,《朝鮮總督府統計年報》, 1911, 190·191쪽).

는 것도 있었다. 경기도와 황해도에는 돛대가 2개 있는 '唐道里船'이라는 배가 있었는데 이것은 해양에 출입하여 漁利가 많다고 하여 대선, 중선, 소선으로 나누어 세금을 매겼다.

충청도의 선척은 11등급으로 나누어 8파 이상은 1등, 2파 반은 小小船이라고 하였다. 어전 어업 전용어선인 看水船이라는 것이 있었는데 《경세유표》에서는 이를 썰물 때 임통에 가서 물고기를 잡는 배라고 하였다. 廣船이라고 하여 바다에는 나가지 못하는 배도 있었다.

전라도에서는 6파 반 이상은 대선, 2파 이하는 소소선이었다.

경상도에는 杉船, 桶船, 櫓船, 광선, 漁艇 등이 있었다. 杉은 舷을 말하므로 삼선은 보통의 배이다. 삼선으로서 2파 반 이하의 작은 것은 해안에서 미역이나 조개를 채취하는 데 불과하였다. 통선은 현이 없는 배였고, 노선은 강과 바다가 교차하는 곳을 왕래하는 배였다. 광선은 강에만 있는 배로, 16파 이상을 대광선이라 하였고, 3파 이하를 소소광선이라 하였다. 강을 왕래하는 배는 바다를 왕래하는 배보다 길이가 길었다. 어정은 일엽 편주의 소형 어선이었다.

함경도에는 삼선, 亇尙船 및 耳船이 있었고, 강원도에는 水上船이 있었다. 마상선은 매생이였고 수상선은 《경세유표》에서 冽水의 배라고 하였다. 이선은 어떤 배인지 알 수 없다.

어선의 구조는 자세히 알 수 없으나 오페르트(Ernst Oppert)가 그의 저서에서 언급한 1860년대의 어선은 당시의 어선 구조를 이해하는 데 도움이 된다. 그는 서해안을 왕래하면서 본 어선에 대하여 다음과 같이 말하였다.

> 조선의 어선은 중국의 그것보다는 도리어 일본 것과 더 비등한 것이었으나 그 만든 솜씨는 조잡하였다. 밖의 판장은 나무못으로 서로 짜여져 있고 짜서 만든 자리로 돛을 삼았다. 대단히 깊기는 하나 甲板이 없고 하나씩 떨어져서 옆으로 놓여 있는 배들뿐이었으며, 선실에는 덮는 것이 전연 없고 잡은 물고기는 그 안에 그대로 던져진다. 배는 어느 것이나 30 내지 40명이 탈 수 있음직하게 보였으나 뒤에는 60명이 타고 있는 것을 보았다(Ernst Oppert, *Ein verschlossenes Land, Reisen nach Korea*, Leipzig, 1880 ; 한우근 역, 《금단의 나라 조선기행》, 문교부, 1959, 172쪽).

또 오페르트는 한강 강구에서 꽤 많은 어선들이 닻을 내리고 있는 것을 보고 그 배 중의 여럿을 가 보았는데, 이들 배는 모두 각각 30~90명의 선원을 태우고 있었고 배에는 갑판은 없으나 그 대신 고정되지 않은 널 쪽이 가득 차 있어 잡힌 고기가 그 속에 들어 있었다고 하였다.[57)]

서양인이 서양의 기준으로 본 당시의 어선은 보잘것없었지만 비교적 규모가 큰 어선이 서해안에서 활동하고 있었음을 알 수 있다. 조선 후기의 어선의 구조는 취약하였다. 그것은 당시의 우리 나라 조선 기술의 수준이 낮았기 때문이라기보다는 당시의 어업이 견고하고 성능이 뛰어난 대형 어선에 대한 의존도가 적었던 결과였다고 생각된다. 이 때의 어업은 해면 어업에서도 육지에서 가까운 연안의 범위 안에서 행해지고 있었다. 그리고 어구·어법도 어군의 내유를 기다려서 이를 잡는 수동적인 것이 주류를 이루고 있었다. 당시는 수산 자원이 극히 풍부하였기 때문에 이러한 어구·어법으로도 수산물의 사회적 수요를 충족시키기에 크게 부족함을 느끼지 않았던 것이다. 따라서 당시의 어선은 이러한 어업에 적합한 것을 건조하여 사용하였던 것이다.

(5) 대규모 어업의 발달

조선 후기에는 어구가 대형화하고 어업 경영규모가 큰 대규모 어업이 발달하였다. 대규모 어업은 어전 어업이나 방렴 어업과 같은 발 어구를 사용하는 어업과 어망을 사용하는 망어업에서 발달하였다.

《균역사목》에 의하면, 전라도의 어전은 대·중·소의 3등급으로 나누어 과세하였는데 大箭은 발의 길이가 500~600파 혹은 300파, 임통의 수심은 2丈에 이르렀다. 양쪽 날개를 이루는 발의 길이가 최대 900m에 달하고 수심도 상당히 깊은 곳에 설치되었던 것이다. 이같은 어전으로 주로 조기와 청어를 잡았기 때문에 그것들의 대량 생산이 가능하였다. 황해도의 어전도 규모가 컸다. 《균역청사목》에 의하면, 황해도의 청어 어전은 漁利의 다소에 따라 세금을 매겼는데 최고액이 250냥이었다. 잡어 어전의 최고액이 20냥이었던

57) Ernst Oppert, *Ein verschlossenes Land, Reisen nach Korea*, Leipzig, 1880(한우근 역, 《금단의 나라 조선기행》, 문교부, 1959, 228쪽).

것과 비교하면 청어 어전은 그 규모가 매우 크고 어획량도 엄청나게 많았던 것으로 추측된다.

길이가 근 1㎞에 달하는 것도 있었던 대형 어전은 경영에 많은 자금이 소요되었다. 영조 27년(1751) 충청도 관찰사 李益輔는 상소를 올려 균역법 실시 이후의 어세의 중과에 따르는 폐단을 다음과 같이 지적하였다.

> 어전 · 배 · 鹽盆을 물론하고 각 관청 혹은 富民이 모두 그 본 임자가 되어 어전의 기계, 배의 노, 염분의 鉤鐵 등의 물건을 맡아서 변통하여 준비하였는데, 거의 4, 5백 냥을 들여야 어전을 설치하고 배를 건조하며 염분을 설치할 수 있습니다. 그런데 지금은 본 임자가 주장할 수 없게 되어 있기 때문에 소위 본 임자가 모두 손을 떼고 물러나고 있습니다. 저 船人 · 漁漢 · 鹽夫는 다 아침에 모였다가 저녁에 흩어지는 거지와 다름없는 사람들로서 그러한 일 중의 하나에 노역을 하며 입에 풀칠을 하는 데 지나지 않는 자들입니다. 이미 物主가 없어진 마당에 허다한 경비를 그들이 무슨 수로 변통하여 마련해 내겠습니까. 실상이 이러하므로 벌써 이산하여 도피한 자가 있어, 배나 어전은 자연히 파괴되기 전에 스스로 파괴되고, 염분 역시 陳廢되고 설치되지 않습니다(《承政院日記》 1067책, 영조 27년 4월 28일).

균역법 실시 이전에 어전이나 염분은 궁가 · 관청 · 토호 등에 의하여 私占되어 있었는데 어전의 기계(지주용 말목, 발 등), 배 등을 마련하는 데 400~500냥이 소요되었다는 것으로 보아 어전의 규모가 컸음을 알 수 있다. 그리하여 대규모 어전의 경우에는 어전의 어장주가 어전 어업을 직영하는 경우가 있었으나 균역법의 실시를 계기로 사점 어전이 모두 혁파되어 어장주인이 어업 경영에서 손을 떼게 되었다고 한다.

경상도의 방렴이나 어조도 규모가 컸다. 정조 원년(1777) 좌의정 金尙喆은 임금에게 여쭌 말 가운데, 통영에 소속시킨 경상도 오른쪽 연안 어전은 物力을 마련하기 어려워 熊川의 방렴 3곳과 巨濟의 어조 3곳만 골라 시설을 하였는데, 지난 해에 든 물력이 租 390석, 돈 2,310냥이었고, 이듬해 겨울의 어조와 방렴의 물력의 경비가 700여 냥에 달할 것인데, 6곳에서 얻는 이익은 500냥에도 미달한다고 했다.[58] 이 어장은 영조 51년 균역법 시행 전의 소유

58) 《備邊司謄錄》 158책, 정조 원년 5월 16일.

주였던 통영에서 되돌려 받은[59] 후 직영한 것인데 3개의 방렴과 3개의 어조, 즉 정치망을 설치하는 데 막대한 물력이 소비되었던 것이다. 18세기 중엽에 쌀 1석이 7냥이었던[60] 것을 참작하여 조 390석을 쌀 195석으로 치고 이를 돈으로 환산하면 1,365냥이 된다. 처음에 신규로 설치할 때에는 비용이 많이 드는데 1개당 평균 600냥 정도가 들었다면 그 규모가 매우 컸을 것으로 추측된다. 이러한 어구로 주로 대구와 청어를 잡았으므로 그 어획량이 많았다.

함경도에 설치된 방렴도 규모가 컸다. 정조 14년(1790) 함경북도 암행어사 徐榮輔의 書啓에 보이는 別單에 의하면, 방렴수가 많아져 각 방렴에 잡히는 물고기는 적어졌는데 방렴에 드는 人費는 수백 냥에 달하고 이는 모두 빚으로 마련한다고 하였다. 또 방렴마다 균역세를 내야 하는데 한번 失利하면 재산을 기울여 빚을 갚고, 里徵·族徵으로 세금을 납부한다고 하였다. 그리고 방렴 하나를 설치하는 데 연간 잡는 소가 數百千을 내리지 않는다고 하였다.[61] 방렴어업을 경영한 사람은 원근에서 모인 무뢰배였고 이들은 公私 債錢을 내어 방렴을 설치하였다고 한다.[62]

중선망 어업은 가장 중요한 어선 어업의 하나로서 어선과 어망의 규모가 컸고 종사 어부의 수도 많았다. 《임원십육지》에는 중선망의 제작 방법과 사용 방법이 비교적 상세히 기술되어 있다. 그 규모를 보면, 벼실을 꼬아서 만든 포대처럼 생긴 자루그물은 길이가 45파였고, 그물 입구의 둘레가 48파였다.[63] 길이가 45파라면 약 68m이고, 망구 둘레가 48파였다면 망구 지름이 약 23m에 달하였다. 19세기초에 이미 초대형 어망이 사용되었던 것이다. 중선 어선은 이러한 대형 어망을 하나도 아닌 2개를 어선 양현의 밑쪽에 달고 조업하였다. 이 어업의 경영에 대해서는 濱海의 富戶가 1천 냥을 들여 배를 건조하고 그물을 떠서 고기를 잡는데 1년의 어획량이 아주 많아 巨萬을 얻

---

59) 《備邊司謄錄》 158책, 정조 원년 3월 27일.
《正祖實錄》 권 7, 정조 3년 3월 계묘.

60) 《續大典》 권 2, 戶典 收稅.

61) 《日省錄》 정조 14년 4월 30일.
《正祖實錄》 권 30, 정조 14년 4월 경진.

62) 《正祖實錄》 권 16, 정조 7년 11월 정유.

63) 徐有榘, 《林園十六志》 佃漁志 권 3, 漁條網.

는다고 하였다. 이러한 대규모의 어망으로 서해안에서 조기와 청어를 잡았으므로 그 어획량이 많을 수밖에 없었다.

후릿그물에도 규모가 큰 것이 있었다. 칡을 캐어 그 덩굴 껍질을 벗겨 가늘게 꼬아서 큰 그물을 만드는데 길이가 수십 자가 되고 너비가 수백 파에 이르기도 하여 이로써 강물을 막기도 하고 조수가 왕래하는 해안을 포위하기도 하는데 이루 다 헤아릴 수 없을 정도로 많은 물고기를 잡았으며 豪富는 그물을 명주실로 만들기도 하였다고 한다.[64] 수백 m나 되는 대규모의 후릿그물이 있었던 것이다. 멸치는 이러한 대형 후릿그물을 사용하여 잡기도 하였으므로 다획성 대중어가 될 수 있었던 것이다.

명태는 원래 주낚으로 잡았으나 《난호어목지》에서 함경도의 명태는 12월부터 어망을 설치하여 잡기 시작한다고 한 것을[65] 보면 19세기에는 어망으로도 잡았음을 알 수 있다. 구한말에 걸그물이 명태의 주어구의 하나였던 것을 보면 위에서 말한 어망은 걸그물이었을 것이다. 명태가 대량으로 어획되었던 것을 보면 이 걸그물도 규모가 매우 큰 것이 사용되었을 것이다.

늦어도 18세기 후반부터는 화폐와 상품이 농촌사회 전반에 침투되어 교환경제가 발달하였다. 균역청 해세가 화폐로 납부하는 金納制로 된 것도 이를 반영한다. 이에 따라 상품생산으로서의 어업이 크게 발달하였을 것이다. 그 대부분은 가족 노동을 기반으로 하는 영세 漁家 단위의 비자본제적 단순 상품 생산이었으나, 가족 노동의 범위를 넘어선 노동력이 필요한 대규모 어업에서는 그 경영형태가 상품화된 노동력에 의존하는 자본제적 어업 경영으로 발달하였다. 그런데 대규모 어업이라고 해서 모두 자본제적으로 경영된 것은 아니었다. 복수의 어가가 횡적으로 결합하여 공동 출자, 공동 노동, 공동 분배의 형태로 경영할 경우는 어업 경영규모가 크더라도 그것은 확대된 어가 경영에 불과하였다. 영조 7년(1731) 동부승지 李匡世의 계품에 의하면, 방렴어업에 있어서 海夫輩가 힘을 합하여 돈이나 재물을 공동으로 모아 가을에 방렴을 설치하여 물고기를 잡는다고 하였는데,[66] 이는 공동 경영형태였을 것

64) 徐有榘, 《林園十六志》 佃漁志 권 3, 弋獵 捷網.
65) 徐有榘, 《蘭湖漁牧志》 魚名攷 海魚 明鮐魚.
66) 《備邊司謄錄》 90책, 영조 7년 8월 30일.

이다. 군영이나 관청에서 대규모 어업을 직영하는 경우도 자유 노동자를 고용하여 어업을 경영하는 자본제적 경영은 아니었다.

원근의 무리배가 모여 공채나 사채를 내어 방렴을 경영한 것과 같은 경우는 그 경영형태가 자본제적이었을 것이다. 이 경우에 어업 경영자는 평민 출신의 기업가였을 것이다. 그들이 고용한 노동자들은 농민층 분해과정에서 발생한 무산노동자로서 경영자와 신분적 주종관계가 없는 자유 노동자였음에 틀림없다. 이 이외에 富民이나 豪富가 경영한 대규모 어업에서도 대부분 자본제적 경영을 하였을 것이다. 조업 인원이 20명 이상이나 필요하였던 중선망 어업 같은 것은 규모가 큰 자본제적 어업이었을 것이다. 旅閣이나 客主, 수산물 운반업자 등이 어업 유통부문에서 前期的 상업자본을 축적하여 이를 산업자본으로서 어업에 투하하여 자본제적 어업을 직영하는 경우도 있었을 것이다. 또 그 사례가 드물었을지는 몰라도 영세한 어민이 자본을 축적하여 어업 경영규모를 확대하고 이를 자본제적으로 경영하는 수도 있었을 것으로 생각된다.[67]

(6) 수산양식업

수산양식업에서 주요한 것은 어류 양식, 패류 양식 및 해조류 양식이다. 조선 후기까지는 어류 양식이나 패류 양식은 거의 하지 않았다. 양식업은 자연산의 어획만으로는 수요를 충족시키기 어려울 때 특정 수산물의 선택적 생산확대 방법의 하나로 행해지는 것이다. 조선시대에는 어류나 패류 자원이 매우 풍부하였기 때문에 이들에 대한 양식의 필요성이 거의 없었다. 양식업으로서 발달한 것은 해조류 양식의 일종인 김 양식업뿐이었다.

최초의 김 양식 방법은 가지가 붙은 나무나 대, 즉 섶(섶나무)을 바다에 꽂아 김을 부착시키는 섶꽂이(一本篊)법이다. 이 방법에 의한 김 양식은 명확하지는 않지만 조선 초기부터 이루어졌을 가능성이 있다. 즉 《東國輿地勝覽》의 전라도 光陽郡 토산조에 海衣, 즉 김이 있다고 되어 있는데 광양만에는 자연산 김인 돌김이 전혀 나지 않으므로 광양의 김은 섶꽂이 양식에 의해 생산

67) 자본제적 어업 경영에 관해서는 朴九秉, 《韓國漁業史》(正音社, 1975), 177~184쪽 참조.

된 김일 것으로 추정되었다.[68] 그러나 이를 확증할 길은 없다. 일찍부터 발달한 어전의 날개 중 일부는 섶을 세워 만든 것도 있었으므로 이 섶에 김이 착생하는 것을 보고 섶꽂이식 김 양식업을 개발하게 되었을 것이다.

김 양식의 기원에 관해서는 여러 전설이 있으나[69] 신빙성이 있는 것은 太仁島에서 인조 때 김 양식이 개시되었다는 전설이다. 이를 뒷받침하는 자료가 근래에 발견되었는데 金汝瀷이라는 사람의 묘비가 그것이다. 이 비문에 의하면, 그는 선조 39년(1606)에 영암에서 태어난 사람으로서 병자호란 때 그의 형과 함께 의병을 일으켰다가 조선이 청에 항복한 뒤 인조 18년(1640) 태인도로 가서 그 곳에서 김을 양식하기 시작하였다고 한다. 이로써 태인도에서는 17세기 중엽에 김 양식이 시작되었음을 확인할 수 있다.

조선 후기에는 김이 많이 양식되었다. 《輿地圖書》의 물산조에 김이 포함되어 있는 곳을 보면, 충청도의 靑山 · 結城 · 庇仁, 황해도의 長連 · 康翎 · 瓮津, 전라도의 靈岩 · 興陽 · 羅州 · 長興 · 珍島 · 寶城, 경상도의 慶州 · 盈德 · 東萊 · 淸河 · 迎日 · 長鬐 · 機張 · 寧海 · 蔚山 · 興海 등이다. 이들 중 일부 지방에서 김이 양식되고 있었을 것이다. 구한말의 양식지를 참작할 때, 전라도와 경상도의 남해안 일부 지역에서 많이 양식되고 있었을 것으로 생각된다.

섶꽂이 양식보다 발달한 방법은 대발을 설치하여 김을 양식하는 떼발(簾箔)양식이다. 옛부터 전해 내려오는 이야기에 의하면, 이 양식은 莞島郡 助藥面 藏龍里에 살던 鄭時元이 그 곳 앞바다의 竹島 부근에 어전을 설치하였는데, 그 어전의 대발에 김이 부착하여 발육이 좋은 것을 보고, 어전의 발을 모방하여 떼발을 만들어 김을 양식하면서 시작되었다고 한다.[70] 장용리에 많이 살고 있는 文獻公派 鄭氏의 족보에 정시원이 실존 인물로 나오고 그의 출생연도가 정조 21년(1797)으로 되어 있으므로 떼발식 김 양식법은 19세기 초엽이나 중엽무렵에 개발된 것으로 보인다. 이 방법의 개발은 김 양식업에 있어서 기술 혁신이었으며, 후일 일본에서 뜬발(浮箔)식 양식법의 개발에 응

68) 鄭文基, 〈朝鮮海苔〉(朝鮮水産會, 《朝鮮之水産》 144, 1937), 31쪽.
69) 松野二平, 〈朝鮮水産養殖業の現況(其の一)〉(《朝鮮之水産》 2, 1927), 57쪽.
金善昻, 《海苔養殖論》(全羅南道水産課, 1953), 1쪽.
70) 金善昻, 위의 책, 2쪽.
朝鮮漁業組合中央會, 《朝鮮漁業組合要覽》(日之出印刷所, 1942), 253쪽.

용되기도 하였다. 김 양식업의 조기적 발달을 자랑하는 일본에 앞서서 우리 나라에서 김 양식법이 개발되었던 것이다.

김은 우리 나라 사람이 일찍부터 즐겨 먹었던 기호 수산물로 수요가 많았다. 수요가 증가됨에 따라서 양식법을 개발하여 김을 대량으로 생산하게 되었던 것이다.

(7) 수산제조업

조선시대의 수산가공품의 제조는 수산물의 변질·부패를 방지하여 저장성을 강화하는 것이 주류를 이루고 있었다.《세종실록지리지》에 의하면 각종 가공품이 제조되었고 그 중에서도 어류나 패류의 건제품, 어류나 새우의 젓갈, 魚油 등이 주종을 이루었다.

조선 후기에 상품화폐경제의 발달과 수산물 생산의 증가에 따라 수산제조업도 발전하여 가공품의 종류가 다양해졌다. 영조대에 편찬된《御製宣惠廳定例》와《貢膳定例》에 실려 있는 供上 수산물 중 가공품을 추려 보면 다음과 같다.

> 乾大口魚, 半乾大口魚, 仇非(굴비)石首魚, 貫目靑魚(마른 청어), 乾銀魚, 乾秀魚(마른 숭어), 乾黃魚, 乾錢魚, 乾廣魚, 乾鰈魚(마른 가자미), 乾加兀魚(마른 가오리), 乾鰱魚, 乾餘項魚(마른 열목이), 乾瓜魚(마른 빙어), 乾烏賊魚, 乾大文魚, 乾小文魚, 半乾文魚, 乾海蔘, 乾紅蛤, 乾大鰕, 乾全鰒, 搥鰒, 條鰒, 長引鰒, 引鰒, 乾鰒短引(이상 鰒은 전복의 가공품임), 乾秀魚卵, 葦魚假造開(마른 웅어), 鹽銀口魚, 鹽松魚, 鹽鰱魚, 靑蟹醢(청해젓), 紫鰕醢(곤쟁이젓), 蟹醢, 秀魚醢(숭어젓), 大口魚卵醢, 大口古之醢(대구 이리젓), 石首魚卵醢, 古刀魚腸臟醢(고등어 내장젓), 葦魚食醢(웅어 식해), 蘇魚食醢(밴댕이 식해), 灸仇非石首魚(구운 굴비).

이들을 부류별로 보면 대부분이 건제품과 발효제품이다.《여지도서》의 進貢條에는 이 밖에도 함경도의 乾古刀魚·古刀魚醴醢·銀口魚醢·鰱魚醢·鰱魚食醢·松魚醢, 충청도의 小螺醢·秀魚食醢·錢魚食醢·生鰒食醢 등이 보인다. 발효제품의 종류가 많은 것을 알 수 있다. 고등어 장장해는 지금은 만들지 않지만 과거에는 기호식품이었던 것 같다.《惺所覆瓿藁》에서는 고등어의 설명에서 동해에 이것이 있는데 腹臟醢가 가장 좋다고 하였다.[71] 복장해는 장장해와 같은 것이다. 식해(생선젓의 일종)의 종류가 많은 것도 오늘날과 다르다. 조선시대까지만 하더라도 함경도를 중심으로 한 동해안에 연어 · 송어가 많이 잡혔기 때문에 이들의 가공품이 많았다.

대량으로 어획된 수산물은 저장성과 운반성을 높이기 위하여 각각 독자적 가공법이 발달되어 있었다. 그 대표적인 것이 마른 명태 제조이다. 명태는 살을 머리 · 꼬리와 함께 햇볕에 말려 건제품(鮝)으로 만드는데, 정월 것이 살이 부숭부숭하여 상품이고 2~3월 것은 그 다음이고 4월 이후의 것은 살이 여물어 하품이라고 하였다.[72] 이 가공법은 소금을 치지 않고 素乾品을 만드는 것을 말하는데, 엄한기에 말리는 凍乾法을 사용하였다. 명태의 동건법은 우리 나라에서 개발한 독특한 가공법이다. 내장을 제거한 명태를 건조가(架)에 걸어 저온을 이용한 냉동, 태양열을 이용한 용해와 건조의 과정을 반복시켜 동건품을 만들었다. 낮은 기온에서 만들어진 것일수록 살이 해면처럼 부드러워 품질이 좋으므로 정월에 말린 것이 가장 좋다. 이를 통하여 19세기초에 명태의 동건법이 개발되어 있었음을 알 수 있다. 이러한 가공법이 발달되어 있었기 때문에 대량 생산된 명태를 무난히 처리하고 그것을 전국적으로 유통시킬 수 있었던 것이다.

한편 명태를 말리기 전에 배를 갈라 내장을 제거하면서 명태 알을 골라 젓갈을 담갔다. 알을 들어내면 황색이고 이를 소금에 절이면 홍적색이 되는데,[73] 이 명태 알젓을 明卵이라고 하였다.[74] 마른 명태가 많이 제조되었기 때문에 이 명란의 생산량도 많았을 것이다.

조기의 가공품도 대량으로 생산되었다. 조기는 명태와 반대로 부패하기 쉬운 고온 다습한 시기에 잡히는 일시다획성 물고기이므로 부패를 방지하기 위하여 소금을 쳐서 염건품으로 가공하였다. 조선 후기에는 조기를 소금에 절여 젓갈을 담근 것과 소금을 쳐서 말린 것이 나라 안에 흘러 넘쳤다고 한

71) 許　筠, 《惺所覆瓿藁》 屠門大爵 古刀魚.
72) 徐有榘, 《蘭湖漁牧志》 魚名攷 海魚 明鮐魚.
73) 위와 같음.
74) 李圭景, 《五洲衍文長箋散稿》 권 11, 北魚辨證說.

다.[75] 소금을 쳐서 말린 것이 바로 굴비이다. 《增補山林經濟》에서는 조기에 대하여 말하기를, 탕과 구이가 모두 좋고 소금을 쳐서 통째로 말린 것의 맛이 배를 갈라 펴서 말린 것보다 낫다고 하였고, 그 알젓도 먹을 만하다고 하였다.[76] 굴비의 맛이 가조기의 맛보다 낫다는 것이다. 굴비는 옛날부터 기호식품이기도 하였으므로 많이 생산되었던 것이다.

청어는 소건품과 燻製品으로 가공되었다. 《난호어목지》에 의하면, 청어는 등을 가르지 않고 새끼로 엮어 햇볕에 말려 건제품을 만드는데 그 빛깔이 紫赤色을 띠는 것이 귀한 것이라고 하였다. 이렇게 말린 청어는 멀리까지 수송할 수 있고 오래 두어도 부패하지 않는데 이를 보통 貫目이라고 하였다. 관목이라고 한 것은 양 눈이 투명하여 새끼로 관통할 수 있을 것 같기 때문이었다. 그리고 청어를 잡는 즉시 배 위에서 말린 것이 품질이 좋았다.[77] 청어는 훈제품으로도 가공되었다. 청어를 굴뚝에서 薰하여 살이 뭉크러지는 것을 막았는데, 그 이름을 烟貫目이라고 하였다.[78] 이는 청어에 연기를 스며들게 하여 부패를 방지하는 훈제법으로, 예로부터 유럽에서 많이 만들어지던 훈제 청어가 우리 나라에서도 만들어졌던 것이다.

멸치도 일시 다획성 물고기이므로 부패를 방지하기 위한 가공이 필요하였다. 멸치는 회로 먹거나 구어 먹을 수 있고, 마른 멸치로 만들 수 있으며, 지방을 채취하여 어유를 만들 수도 있고, 부패하면 비료로 쓰기도 하였다.[79] 이 가운데 가공품은 마른 멸치와 멸치 어유이다. 마른 멸치는 잡은 멸치를 모래사장에서 말려서 만들었는데 오늘날처럼 삶아서 말리는 煮乾品도 만들었는지는 알 수 없다. 멸치는 말려서 포를 만들기도 하고 미끼로 쓰기도 하였으며 국이나 젓갈로 만들어지기도 하였다고 하므로,[80] 멸치를 원료로 한 젓갈을 만들기도 하였음을 알 수 있다. 멸치의 대량 처리는 소건품과 젓갈로 가공함으로써 가능하였던 것이다.

---

75) 徐有榘, 《蘭湖漁牧志》 魚名攷 海魚 石首魚.
76) 柳重臨, 《增補山林經濟》 治膳下 石首魚.
77) 徐有榘, 《蘭湖漁牧志》 魚名攷 海魚 青魚.
78) 李圭景, 《五洲衍文長箋散稿》 권 11, 鱅魚辨證說 低帶魚.
79) 李圭景, 《五洲衍文長箋散稿》 권 22, 鯨鰐辨證說.
80) 丁若銓, 《玆山魚譜》 권 1, 鱗類 鯫魚.

대구도 건제품으로 가공하였고 겨울에 반쯤 건조한 것이 가장 좋았다.[81] 소건품에 속하는 통대구를 많이 만들었던 것으로 보인다.

새우는 소건품도 만들었으나 주로 젓갈로 제조되었는데 젓새우가 그 대표적인 것이다. 앞에서 배에 독과 소금을 싣고 출어하여 새우를 잡는 즉시 젓갈로 담갔다고 하는 것을 언급한 바 있는데 그것이 바로 白蝦醢, 즉 젓새우젓이다. 곤쟁이도 많이 잡혀 젓갈로 가공되었다. 곤쟁이로 담근 젓갈인 甘冬醢는 기호식품이었다. 새우를 많이 잡아 전국적으로 소비할 수 있었던 것은 새우젓 가공법이 개발되어 있었기 때문이다.

이와 같이 수산물 각각의 자연적 속성과 생산 시기 등에 알맞는 가공법을 개발하여 수산물의 강한 부패성과 비보존성을 극복함과 동시에 품목에 따라 부가 가치도 증가시켰기 때문에 생산과 소비가 증대할 수 있었다.

조선 후기에는 수산물의 조리법도 발달하였다. 17세기부터 몇 가지 조리서가 나왔는데, 이들에는 각종 수산제품의 가공법과 수산식품의 조리법이 잘 밝혀져 있다. 광해군 8년(1616)에 李時明의 繼室 張夫人이 만년에 쓴 것으로 보이는《飮食地味方》(《閨壼是議方》)은 순 한글로 쓰인 조리서로서 여기에는 각종 수산물의 조리법이 소개되어 있다. 18세기에 저술된 洪萬選의《山林經濟》와 이를 柳重臨이 증보한《增補山林經濟》에도 수산물의 조리법이 실려 있다. 19세기에는 실학자들의 저서 가운데에도 수산물의 조리법을 취급한 것이 있다. 徐有榘의《林園十六志》鼎俎志에서는 당시까지 전해왔던 많은 국내외 문헌을 참고하여 다종 다양한 수산물의 가공법, 조리법, 보장법 등을 체계적으로 기술하고 있다. 19세기의 조리 전문서로서 대표적인 것은 서유구의 백씨 徐有本의 부인이었던 李氏가 순 한글로 순조 15년(1815) 경에 쓴《閨閤叢書》인데 이 책에도 여러 가지 수산물 조리법이 실려 있다. 이들 책에 실려 있는 수산물을 원료로 한 발효제품의 조리법을 보면, 아주 뛰어난 것이 있어, 오늘날 이를 참고하여 발효제품을 개발할 필요가 있다.

〈朴九秉〉

81) 柳重臨,《增補山林經濟》治膳下 大口魚.

2) 염 업

조선 후기는 조선 전기와는 달리 정치·경제·사회 등 여러 측면에서 급격한 변화가 일어나고 있었다. 그 가운데서도 경제상의 변화는 더욱 심하여, 특히 산업에 있어서는 종전보다 그 폭과 파장이 훨씬 컸으니 염업도 결코 예외는 아니었다.

(1) 소금과 염업의 중요성

인간이 살아가자면 단 하루도 없어서는 안될 소금과, 그것을 생산하는 염업은 어느 시대를 막론하고 중요하겠지만 특히 조선 후기에 와서는 더욱 그러하였다. 왜냐하면 이 시기에 이르러 전란과 기근이 빈발하였기 때문이다. 정부는 군량미 확보와 救荒에서 가장 큰 비중을 차지하는 소금의 생산을 독려하기 위하여 고관을 소금 생산지인 바닷가 고을에 파견하였다.[1] 전근대사회에서 전란이 발생했을 때 소금이 매우 중요한 구실을 했다는 사실은 다음의 기록을 통하여서도 확인할 수 있다.

> 병란이 일어났을 때 소금의 이익을 얻는 것이 가장 급한 일입니다. 우리 나라는 사방이 바닷가이므로 소금의 생산을 많이 할 수 있으나 적절한 조치를 취하지 못하고 있습니다.…전라도와 충청도 등과 같은 바닷가의 소금이 생산되는 지방을 여러 가지로 잘 다스려 그 생산량이 많으면 그것을 곡식과 바꾸어 군량으로 보충하시고 비록 그 생산량이 적더라도 식염으로 이용하면 될 것입니다(《宣祖實錄》 권 88, 선조 30년 5월 무술).

이 글은 왜란이 계속되던 선조 30년 비변사에서 왕에게 건의한 내용으로, 왜군의 침공이 비교적 적은 전라도와 충청도 등지의 소금 산출지에서 그 생산량을 증대시켜 군량을 확보하고 식염도 보급하자는 것으로서 전란시에는 소금의 증산이 무엇보다도 긴요하다는 것을 강조하고 있다.

그러면 당시 기근이 발생하였을 때 어떻게 대처했는지 하나의 사례를 보기로 하자.

---

1) 《光海君日記》 권 76, 광해군 6년 3월 임오.

> 지금 三南지방에 큰 흉년이 들었습니다. 만일 보리농사까지 흉작이 되면 삼남지방의 억만 백성을 모두 죽이는 길 이외에 살릴 희망이 실로 없습니다.…兩南지방과 海西지방에서 당연히 소금을 구워야 합니다. 만약 저를 그 곳에 보내주신다면 힘을 다하여 국가에 보답하겠습니다(《承政院日記》 735책, 영조 7년 11월 17일).

이 사료는 영남절도사인 朴文秀가 영조에게 올린 글로서, 하삼도지방인 경상·전라·충청도에 대기근이 발생하여 그 곳 백성들이 모두 굶어 죽기에 이르렀으니 이같은 절박한 처지를 구출하는 유일한 방법으로 소금 생산조건이 양호한 영·호남과 황해도의 바닷가에 자신을 파견하여 생산을 독려함으로써 구황하자는 내용이다.

전근대적인 농경사회에서 흉년이라는 문제는 심각한 것이며, 이 문제를 해결하는 데 있어 가장 중요한 구실을 하는 것은 말할 나위도 없이 소금이다. 왜냐하면 기근을 만나 곡식의 수확이 불가능하더라도 일단 소금만 있다면 채소 등과 섞어 먹을 수 있어 우선 연명은 가능하며 아울러 흉년이 들지 않은 다른 지방의 곡식과 이를 교환하여 기근을 극복할 수 있었기 때문이다.[2] 이와 같이 전란과 기근이 자주 발생했던 조선 후기에 소금은 그러한 문제를 극복하는 데 가장 중추적 기능을 수행하였고, 소금을 생산하는 염업의 비중은 매우 컸다고 하지 않을 수 없다.

(2) 소금 생산방법

가. 염장의 입지조건

鹽場이란 소금을 생산하는 단위 장소를 말하는데, 전통적인 생산방식은 煮鹽을 주로 했기 때문에 이에 유리한 입지조건이 충족되어야 발달할 수 있었다. 염장의 입지상 먼저 고려할 조건은 부근에 땔감이 풍부해야 한다는 사실이다. 왜냐하면 당시의 제염법은 바닷물을 직접 끓이거나, 조성된 짠물을 솥에 넣고 달여서 제염하기 때문에 무엇보다도 땔감이 우선적으로 고려되었기 때문이다.[3]

2) 《中宗實錄》 권 18, 중종 8년 8월 계묘.
3) 《承政院日記》 1070책, 영조 27년 6월 9일.

두번째 조건으로는 평탄한 간석지와 미세한 土砂가 부근에 풍부히 있어야 한다. 그것은 바닷물을 그대로 달이는 원시적 제염법을 제외하고는 鹹水를 채취할 염전이 필요하며 그러한 염전의 설치에는 간석지와 미세한 토사가 필수적이기 때문이다.

세번째는 石花를 비롯한 조개류가 부근에 많아야 한다. 그 이유는 이 시기에 이르면 연료 부족으로 땔감의 소모가 많은 鐵釜의 사용이 억제되는 대신, 연료의 소모가 적은 土釜가 권장되었으므로 토부 제작에 불가결한 조개류가 많이 필요했던 것이다.

네번째로 빼놓을 수 없는 입지조건은 생산된 소금을 수송하기 쉬운 교통이 편리한 곳이라야 한다. 당시 육상교통은 그다지 발달하지 못했기 때문에 대량 수송은 주로 水路를 이용하였다. 그러므로 강과 바다가 서로 통하는 수상교통의 요충지가 훨씬 유리하였다.

마지막으로 들 수 있는 입지조건은 염장의 배후지에 인구가 많아야 한다. 왜냐하면 주변에 거주하는 사람이 많아야 생산된 소금의 수요가 클 뿐만 아니라, 염장 경영에 필요한 노동력 공급이 용이하기 때문이다.

나. 생산형태

이 당시의 소금 생산형태는 크게 海水直煮式과 鹽田式으로 구분할 수 있는데, 그것은 각 지방의 문화적 배경 차이에서 유래되는 것이다. 각 생산형태의 특징을 간단히 살펴보기로 하자.

가) 해수직자식 제염법

이 형태는 염전이나 기타 다른 장치를 마련하지 않고 다만 釜屋에 바닷물을 실어와서, 솥에 붓고 많은 연료를 사용하여 오랫동안 달여서 제염하는 양식으로, 우리 나라 동해안 일부지방에서 시행하던 방법이다. 따라서 이것은 별다른 기술을 필요로 하지 않는 가장 원시적인 방법으로, 동해안지방의 특이한 지형과 문화적 배경 때문에 부분적으로 실시되었으나, 연료부족 문제로 확대와 보급에 많은 제약을 받았다. 그리하여 생산된 소금의 수량도 많지 않았으므로 상품으로서의 구실은 거의 하지 못하고 생산지에서 대부분 그대로 소비되는 수준에 머물렀다.

나) 염전식 제염법

염전식 제염법에는 無堤式 염전과 有堤式 염전의 두 가지 종류가 있다. 먼저 무제식 염전의 경우를 보면 이는 간석지에 제방을 축조하지 않고 한 달에 두 차례 형성되는 大潮 때 밀려오는 조수를 그대로 이용하는 방법이다. 따라서 이것은 상당히 오래 전부터 사용되어 오던 염전형태로, 제염방법은 대조 때 바닷물이 염전 표면을 스치고 지나가면 다음 대조가 밀려올 때까지 여러 차례 반복하여 미세한 모래와 흙이 충분히 염분을 함유할 수 있도록 작업을 실시함으로써 소금기가 많이 포함된 鹹砂를 얻는 방법이다. 다시 말하면 上弦과 下弦 때 조수가 밀려나가면 소금 굽는 작업을 전개하는데, 이 사이 3일 동안 햇볕으로 바닷물이 듬뿍 흡수된 미세한 砂土를 건조시켜 4일째 되는 날 그것을 긁어보아 함수를 만들어 달이는 것이다.[4] 18세기 중엽 무제식 염전형태의 鹽盆 한 곳에서 한 달에 1백여 석에 달하는 소금을 생산하는 경우도 있었다.[5]

다음으로 유제식 염전의 경우를 살펴보자. 이것은 무제식 염전보다는 진보된 형태로 염전 주위에 제방을 쌓아 바닷물의 침투를 막게 되어 있다. 그런데 염전의 표면은 대개 평탄하므로, 염전 안에 있는 여러 장소의 도랑에는 바닷물의 흐름이 용이하게 된다. 그리하여 염전 표면에 모래나 흙을 골고루 뿌린 뒤 여기에 바닷물을 듬뿍 흡수시켜 햇볕에 건조시킨 다음 염분을 많이 포함하고 있는 사토에 海水를 부어 농후한 소금물을 얻는다.[6]

유제 염전은 대부분 入濱式이므로 高潮 때 물 문을 열기만 하면 조수가 밀려 들어올 수 있었다. 그래서 소금굽는 일은 별다른 제약없이 필요에 따라 수시로 할 수 있었으므로 유제 염전법은 소금의 수요 증대에 어느 정도 부응할 수 있는 방법이었다. 그러나 소금을 굽기 위한 방법과 시설은 18세기 중엽의 실학자 安鼎福이 지적한 바와 같이 각 지방의 자연환경과 문화적 배경에 따라 그 형태가 다르게 나타나고 있었다.[7]

---

4) 《承政院日記》 1069책, 영조 27년 윤5월 7일.
5) 《均役廳節目》(奎章閣圖書 古 4256-23).
6) 山口精, 《朝鮮産業志》 中(寶文館, 1910), 273쪽.
7) 安鼎福, 《雜同散異》 制國用 山澤之利 上.

(3) 제염기술의 발전

조선 후기의 소금생산에서 주류를 이루는 것은 염전식 煮鹽法이었다. 이 방법은 採鹹과정을 통하여 염분을 많이 함유한 鹹砂를 얻고, 이것을 다시 鹽井에서 바닷물로 용해시켜 농후한 짠물을 확보하는 방식이다. 이 제염법은 땔감이나 노동력을 많이 필요로 하는 심각한 문제점을 안고 있었다.

그러나 이러한 문제점을 해소시키기 위한 노력은 계속되고 있었다. 그 가운데 두드러진 몇 가지 사례를 들어보기로 하자.

첫째로 曬鹽法을 들 수 있으니, 이것은 바닷가 간석지에 구덩이를 파서 저수지 5개를 만든 뒤 이를 차례로 연결시킨 다음 그 바깥에 도랑을 만드는 것이다. 그리하여 조수가 밀려오는 것을 기다려 제1 저수지를 채운 후 5~6일 동안 햇볕을 쬐여 제2 저수지로 옮긴다. 이렇게 번갈아 햇볕을 쬐면서 차례 차례로 제4 저수지에 이르면 그 바닷물은 매우 짜게 변한다. 이것을 다시 햇볕에 쬐여 제5 저수지로 옮겨서 다시 한번 더 햇볕에 쪼이면 서리와 눈처럼 희게 소금이 엉긴다.[8] 이 방법은 지금까지도 시행되고 있는 天日製鹽法에 유사한 것이다. 주지하는 바와 같이 우리 나라에서 근대적인 천일제염법을 처음으로 시작한 것은 1908년 일본인 기사들인데[9] 위의 내용은 그것보다 적어도 100여 년 이상 앞서서 우리 나라 사람 스스로가 천일제염방식을 개발하고 있었다는 사실을 말해준다.

둘째로는 바닷가 간석지에 구덩이를 파고 그 위에 대나무를 편 다음 쑥이나 띠로 덮은 뒤 다시 그 위에 모래로 덮는 형태이다. 이렇게 하면 언제나 조수가 밀려와 덮힌 모래와 부딪쳐 염분이 많은 물이 구덩이 안에 떨어지게 된다. 그 다음에 조수가 물러간 뒤 횃불을 만들어 쪼이면 아주 진한 소금물을 얻을 수 있는데, 이것을 달여서 소금을 만든다.[10] 이러한 방식은 제염과정에 필요한 노동력과 연료비를 한꺼번에 줄일 수 있는 진보된 방법으로 생각된다.

---

8) 《硏經齋集》 外集 第六, 雜綴類 鹽.
이것은 18세기말의 실학자 成海應이 말한 것이다.

9) 朝鮮總督府, 《朝鮮專賣史》 3(1936), 297쪽.

10) 徐有榘, 《林園經濟志》 味料之類 煮海鹽方.

세번째는 서해안에 위치한 瑞山과 泰安지방에서 17세기경에 부분적으로 시행되던 제염법으로, 다른 지방의 염전은 비가 오는 여름이나 추운 겨울 동안에는 제염활동이 거의 이루어지지 않았으나 이곳에서는 계절에 구애됨이 없이 자염활동을 하고 있었다. 염전을 다룰 때도 소를 사용하지 않았으므로[11] 이 방법은 염업기술상의 한계를 부분적으로나마 극복하고 있었음을 시사한다.

지금까지 보아온 일련의 사실들은 우리의 전통사회에서도 종전의 관습만을 답습하지 않고 제염기술의 발전에 꾸준히 노력하고 있었음을 보여주는 유력한 증거이다. 이와 같이 부진하지만 제염상의 기술이 계속적으로 발전되고 있었던 배경은, 조선 후기에 이르러 급격한 사회변동에 따라 산업이 발달하면서 바닷가에서는 염업이 하나의 독립된 산업으로 성장할 수 있었기 때문이다.[12] 더욱이 18·19세기에 와서는 농민층의 토지소유 상태에 커다란 변동이 일어나 농촌사회의 분화가 촉진되면서 몰락한 농민층의 일부는, 그들의 생계를 염업에 의지하게 되었으므로 더욱 제염기술 향상에 노력하였을 것으로 이해된다.

(4) 소금의 유통구조

조선 후기에 이르러 산업이 발달하면서 상품의 유통량은 크게 늘어나고 있었다. 더구나 이 시기에 와서 性理學이 향촌사회의 서민들에게까지 침투되었으므로 《朱子家禮》에 의한 冠婚喪祭가 보편화되었다. 따라서 鹽藏 처리한 祭需用品으로서의 수산물 유통은 더욱 활기를 띠지 않을 수 없었다.

더구나 농업기술 발달에 따른 미곡 생산량 증대는 상대적으로 쌀밥의 소비를 촉진시켜, 필연적으로 부식물로서의 수산품에 대한 수요를 증대시켰다. 한편 조선 말기에 가까울수록 통치력이 약화되어 治山治水를 제대로 할 수 없었기 때문에 당연한 결과로서 흉년이 빈발하여 구황의 필요성도 늘어나게 되었다. 그러므로 구황 등에 있어서 큰 구실을 하는 소금의 유통량은 더욱 늘어나지 않을 수 없었다. 소금의 유통 상황을 수도권과 지방으로 구분하여 살펴보기로 하자.

---

11) 《增補文獻備考》 권 158, 財用考 5, 魚鹽.
12) 禹禎圭, 《經濟野言》 漁稅革罷議.

가. 수도권에서의 유통

당시 수도인 한양을 중심으로 한 부근 일대는 지금과 마찬가지로 인구가 집중되어 있었고[13] 생활수준도 다른 지역보다는 높았으므로 부식품에 대한 요구가 커 魚鹽의 유통을 촉진시켰다. 그 결과 소금에 대한 수요도 증대되어 그 유통량은 매우 많았다.

수도권에서의 소금유통 상황을 보면 처음에는 六矣廛을 비롯한 市廛에서 주로 이루어지고 있었다. 그 중 국역을 부담하는 京鹽廛이 소금유통의 중심을 이루고 麻浦鹽廛과 鹽水廛·南門外鹽廛 등이 유통을 분담하였다.

이들 소금 상점들은 대체로 정부의 일정한 보호를 받으면서 그들의 이익 추구에 몰두했기 때문에 백성들로부터 저항을 받았다. 그 가운데 어물전을 비롯한 염전 상인들이 乾鹽魚를 뱃사람들로부터 헐값으로 사들인 뒤, 이것을 다시 한양 백성들에게 비싸게 팔아 폭리를 취함으로써 물의를 일으킨 것은 그 하나의 두드러진 사례이다.[14]

시대의 변화를 의식하지 못하고 단순히 정부의 보호 아래 기득권만을 유지하고자 하는, 시전계통의 염전들은 이제 쇠퇴하지 않을 수 없었다. 반면 이와 같은 분위기를 재빨리 포착하고 능동적으로 상술을 개발한 私商들이 수도권에서 어염유통상 우위를 차지하게 되었다. 이들은 배를 타고 상품생산지에 직접 가서 대량으로 구입함으로써 한양을 중심으로 한 그 일대에서 어염 등의 시세까지 조종할 수 있게 되었다.[15]

이러한 시대적 분위기는 사회 전반에 걸쳐 이익을 추구하는 풍조를 만연시켜 남산 봉수대에 근무하는 烽燧軍조차도 그들의 본분을 망각하고, 소금생산지에 출입하면서 수도권 소금유통에 가담하고 있었다.

> 십여 년 전부터 목멱산(남산) 봉수군 너댓 명이 작은 배를 준비한 뒤 소금을 판매하고 있습니다.…그 봉수군들은 그 후 마음대로 소금을 싣고 와서 판매함으로써 이익을 취합니다. 그들은 소금판매 이익이 매우 높다는 것을 알고는 다투어 큰 배를 만들었는데, 지금은 수십 척에 이르고 있습니다. 그리하여 그

13) 《正祖實錄》 권 22, 정조 10년 12월 기사.
14) 《備邊司謄錄》 172책, 정조 12년 정월 8일.
15) 《備邊司謄錄》 206책, 순조 17년 3월 25일.

배를 타고 소금 제조장에 베틀의 북과 같이 드나들면서 이익 취하는 일에만 몰두하고 있습니다(《市弊》 권 3, 奎章閣圖書 15085, 廡浦鹽田).

이와 같은 사실을 통하여 당시의 사회적 분위기를 어느 정도 파악할 수 있다. 다시 말하면 시전의 어염상들이 國役을 일부 부담한다는 이유만으로 국가의 보호 아래, 도성 안에서 고압적인 자세로 상행위를 함으로써 유통체계상 뒤로 밀리게 되었다. 이에 반하여 어염을 거래하는 사상들은 창의적인 상술과 적극적인 상행위로 어염유통을 주도하였기 때문에 그들의 이익을 증대시킬 수 있었다. 이러한 풍조는 이윤추구 행위를 자극하여 사상 이외의 사람들까지도 충동시켜 위에서 보는 것처럼 수도권 어염유통에 가담하도록 했던 것이다.

이러한 사회경제적 추세로 말미암아 시전들은 위축되어 갔다.[16] 시전 가운데 대표적인 육의전은 정조 15년(1791) 「辛亥通共」의 대상에서 제외되어 특권을 계속 구사하고 있었지만 시대의 진전을 막을 수는 없었다.

이러한 결과 사상들의 집합소이면서 백성들의 구매장이었던 梨峴·七牌 등은 나날이 번창해 나갔다. 특히 칠패장은 한강과 서해로부터 들어오는 어염의 판매장소로 유명했기[17] 때문에 수도권 어염유통에 있어서 큰 구실을 하였다.

조선 후기 수도권 소금유통상 중요한 역할을 수행한 또 하나의 집단은 船商들이었다. 육상교통이 제대로 발달되지 못한 당시에 소금의 수도권 반입은 주로 水運에 의지하였다. 그러므로 선상의 활약이 커질 수밖에 없었는데, 이들은 상업활동상 船主人이 필요하였다. 즉 선상들이 소금을 팔기 위하여 수도권에 들어오면 우선 이들에게 의존하였으므로[18] 양자간의 관계는 매우 밀접하였다.

한강을 무대로 상업활동을 하는 선상들의 배는 소금 등을 대량으로 운송해야 할 필요성 때문에 선박의 규모도 지방의 그것보다 훨씬 컸다.[19] 이같은 큰 배로 수도권 일대에서 소금 등을 유통하는 사업에 종사하기만 하면, 경제적 풍요를 누릴 수 있는 가능성은 매우 컸던 것이다.[20]

---

16) 《各廛記事》 天卷, 임자 5월.
17) 朴元善, 〈商人〉(《韓國史論》 11, 國史編纂委員會, 1982), 86쪽.
18) 《所志》(奎章閣 古文書 86920) 병진 3월.
19) 《承政院日記》 429책, 숙종 32년 4월 10일.
20) 《擇里志》 八道總論 京畿道 安山.

나. 지방에서의 유통

수도권을 제외한 지역에서의 소금유통 실태를 규명하는 작업에는 여러 가지 제약이 따른다. 그 이유는 대상범위가 광범하고 분산적이어서 체계적으로 살펴보기가 어렵기 때문이다.

조선 후기에 소금이나 어물의 유통은 지방에서도 그 성격상 밀접한 관계가 있었으나, 소금이 어물보다 더 활발하게 유통되고 있었다. 왜냐하면 어물은 다른 물건으로 대체할 수 있을 뿐만 아니라 쉽게 변질되었기 때문이다.

인구가 많고 기후가 따뜻한 下三道 내륙지방에서는 특히 무더운 여름철에 음식물의 부패 변질이 심하였으므로, 이를 방지하는 데 중요한 구실을 하는 소금이 매우 필요하였다. 그 결과 소금에 대한 수요는 다른 어느 지방보다 컸으며, 특히 경상도 내륙지방은 더욱 그러하였다. 따라서 당시 경상도지방에서의 소금유통 실태를 살펴봄으로써 다른 지방의 그것을 유추하고자 한다.

이 시기에 들어와 경상도지방에서 소금생산지로 유명한 곳은 金海의 鳴旨島였는데,[21] 이 섬은 낙동강 河口에 있었다. 여기서 생산된 소금은 낙동강을 통하여 내륙의 각 고을로 유통되었으므로, 그 곳은 소금을 거래하기 위하여 몰려온 선박들로 붐볐다.[22] 그러므로 포구 일대에는 어염거래를 중개하는 선주인들이 크게 활동하고 있었으며, 그들의 이윤 또한 많았으므로 19세기에 들어와서도 魚鹽商船主人 자리는 비싼 값으로 매매되고 있었다.[23]

낙동강 하구에서 선주인의 중개로 소금을 사들인 상인들은 배를 이끌고 상류쪽으로 강을 거슬러 오면서 소금을 판매하였다.[24] 당시 낙동강은 수상교통의 중추적 역할을 했을 뿐만 아니라, 유역에 산재한 각 지방의 육상교통까지 발달시켜 그 부근에 도회지를 이루게 하였다. 이러한 곳을 중심으로 조선 후기에 들어와 場市가 형성된 것은 전국 각 지방의 공통적인 현상이었다.[25]

21)《承政院日記》1791책, 정조 22년 4월 27일.
22)《備邊司謄錄》159책, 정조 2년 윤6월 7일.
23)《商賈船旅客主人文記》(서울大 圖書館 古文書 15043).
24)《度支志》권 8, 版籍司 漁鹽事實.
25)《增補文獻備考》권 165, 鄕市.

특히 尙州지방의 洛東場은 낙동강 하류로부터 이곳까지는 강폭도 넓고 수량이 많아, 선박을 통한 수상교통이 발달하여 소금을 비롯한 상품의 집산지로 이름이 높았다. 이와 같이 수운이 편리한 지방은 선박에 의하여 소금이 주로 유통되고 있었으나, 그렇지 못한 곳은 수운이나 육운 양면을 통하여 유통되거나 육상운송 위주로 유통되는 지방도 있었던 것이다.

安東지방의 경우를 보면 이곳은 낙동강 상류지역으로 낙동강 수로를 통하여 소금이 유통되기도 했으나, 상류의 수량이 풍부하지 못하여 동해안에서 생산된 것이 육로를 거쳐 들어오는 일도 많았다. 육로운송의 대표적인 유통시장은 안동부의 동쪽 약 50리 지점에 위치한 鞭巷場으로, 이곳을 중심으로 경상도 북부지방의 소금과 어물유통이 비교적 활발하였다. 그러나 수로가 통하기 어려운 산골 내륙지방에서는 우마차나 등짐을 이용한 육상운송이 소금유통의 주류를 이루었다.

조선 후기 지방의 소금유통에 있어서 褓負商들의 역할도 빼놓을 수 없다. 그 가운데 부상은 소금이나 기타 수산물 등을 주로 육상을 통하여 유통시켰는데, 이 시기에 이르러 각 지방에 장시가 증설되자 이곳을 서로 연결하면서, 수산물 거래를 통하여 많은 이윤을 확보하였다.[26]

그러나 세도정치 등으로 정치기강이 문란해지자, 각 지방의 관리들도 이에 편승하여 장시에서 무리한 場稅 징수를 강화하였다.[27] 따라서 지방에서 소금유통에 종사하던 사람들도 이익의 상당 부분을 빼앗기게 되어 자율적으로 성장하는 데에는 한계가 있었다.

(5) 염업에 대한 정책

소금과 염업은 인간의 생명유지와 국가의 존립상 매우 중요한 기능을 수행했기 때문에 당시 정부는 이에 대한 정책수립과 그 추진에 상당한 관심을 갖게 되었다. 그것은 公鹽과 私鹽에 대한 정책으로 나누어 볼 수 있다.

---

26) 柳壽垣, 《迂書》 권 8, 論魚鹽征稅.
27) 《承政院日記》 638책, 영조 3년 5월 5일.

가. 공염정책

公鹽이란 대체로 국가가 직영하는 鹽場에서 생산되는 소금을 주로 지칭하지만, 때로는 각 관청이 자체의 경비충당을 위하여 생산하는 소금과 宮房이 관리하면서 세금을 거두는 소금까지 포괄적으로 말하는 경우도 있다. 왜냐하면 국가재정과 각 관청 및 궁방의 경비 사이에 구별하기 어려운 부분이 종종 있었기 때문이다.[28] 그러나 후자의 경우는 사염의 성격이 보다 강하였으므로 여기서는 공염의 개념을 정부나 그 산하기관이 직영하는 염장에서 생산되는 소금으로 제한하고자 한다.

조선은 건국 당시부터 각 도별로 鹽場官이 중심이 되어 국가재정에 충당하고자 공염을 생산했으나 그것이 갖는 부정적 성격 때문에, 부분적으로만 시행하였다. 따라서 경영형태는 사염의 성격도 지니는 애매한 모양으로 곧잘 추진되었다.[29]

그런데 조선 후기에 이르러 재정난이 심해지자 정부가 앞장 서서 철저한 공염제 실시를 주장하였다.

> 우리 나라는 3면이 바다로 둘러싸여 소금의 이익이 많으나 개인적으로 판매하는 것을 금하지 않기 때문에 그 이익을 많이 얻을 수 없습니다. 비록 중국과 같이 전면적으로 소금의 專賣制는 실시할 수 없겠지만 어느 정도 공염제를 시행하여 국가에 보탬이 되도록 합시다(《備邊司謄錄》 3책, 인조 2년 4월 17일).

이와 비슷한 시기에 經筵知事 韓汝稷도 공염제 추진을 적극 주장하였다. 즉 그는 소금생산지로 유명한 서산과 태안지방에 국가에서 소금굽는 일을 전담하는 관리를 파견하여, 이것을 주관하도록 하면 국가재정이 넉넉해질 것이라고 역설하였다.[30] 그 후 18세기초에 이르러 삼남지방을 비롯하여, 전국에 흉년이 닥치자 당시 우의정 趙文命은 중국 齊나라의 소금 전매제를 모방하여 기근과 재정난을 동시에 해결하자고 주장하였다.[31]

28) 水産廳,《韓國水産史》(1968), 79쪽.
29)《太宗實錄》권 28, 태종 14년 9월 무인.
30)《備邊司謄錄》5책, 인조 16년 정월 28일.
31)《英祖實錄》권 30, 영조 7년 11월 신사.

이와 같은 일련의 강력한 주장에도 불구하고 공염제가 안고 있는 부정적 측면 때문에 철저한 공염정책은 추진되지 못하고,[32] 그것마저도 반대의견에 부딪쳐 좌절되는 경우가 많았다. 그러나 공염제에 반대하는 의견이 이처럼 많기는 했지만,[33] 국가는 기근을 당하거나 재정적으로 궁핍하게 되면 이것을 타개하기 위하여 폐단이 많은 공염제를 제한된 범위 안에서 한시적으로 시행하는 정책을 추진하였다.

공염제를 전면적으로 실시하기 어려웠던 또 다른 배경은 조선 후기에 이르러 시대의 일반적인 추세가 모든 산업분야에서 관권의 개입과 통제를 축소하고 개인의 자유로운 영업행위를 확대하려는 경향이었으므로, 공염정책 추진의 입장이 더욱 불리했다는 데 있다.

나. 사염정책

앞에서 살펴본 바와 같이 조선은 처음부터 전란 등 부득이한 경우를 제외하고는 가능한 한 공염을 억제하고 私鹽을 확대하려는 정책을 추구하였다. 더욱이 소금 산출지는 대부분 궁벽한 해안지방이나 외딴섬에 위치하고 있었으므로 당시 지방 관청조차 파악할 수 없는 사염장이 존재할 가능성이 높았다.[34]

당시 국가의 사염에 대한 정책의 기본 바탕은 사염장을 모두 파악한 다음 鹽民들의 생산활동은 도와주되 소정의 세금만은 징수하자는 것이다. 그러나 사염장에는 많은 관리들이 출입하면서 갖가지 명목으로 수많은 雜稅를 징수하여 사염업 발달에 지장을 주었을 뿐 아니라 업자들의 불평을 샀다. 이같은 상황은 사염업자나 정부 그 어느 쪽도 원치 않는 일로서 정부는 새로운 정책을 모색하지 않을 수 없었다. 그래서 우선 각 도의 監營에서 軍官을 통하여 징세하던 방식을 시정하여 염장이 소속된 고을의 守令 책임하에 定式대로만 염세를 걷도록 대책을 세웠다.[35] 그러나 사염에 대한 획기적인 조치는 18세기 중엽에 실시된 均役法이었다.

32) 처음에 공염제를 주장한 우의정 趙文命도 安眠島 이외에는 공염제를 실시하지 말자고 태도를 바꾸었다(《承政院日記》 740책, 영조 8년 3월 5일).
33) 《正祖實錄》 권 50, 정조 22년 11월 무자.
34) 《經世遺表》 권 14, 均役事目追議 2, 總論.
35) 《英祖實錄》 권 47, 영조 14년 6월 기해.

균역법은 외견상 염장을 모두 국가에 귀속시켜 공염장으로 만든 것 같이 보였으나, 사실은 여러 곳에 바치던 잡다한 염세를 균역청에만 바치도록 조치한 것이고 사염장을 합병하는 것으로서 염세도 종전보다 가벼워졌다.[36] 여하튼 당시 정책입안자들은 불가피한 경우를 제외하고는 가급적 사염을 확대하는 정책을 추진하였다. 그리하여 국가의 간섭과 통제를 억제하고 염민들로 하여금 자유롭게 종사하면서 그 이익을 누릴 수 있도록 노력하였다. 그렇기 때문에 땔감부족으로 소금굽기가 어려울 때면 귀중한 선박제조용 소나무까지도 일부 베어쓰도록 허용하는 융통성을 보였다.[37]

이와 같은 조치는 염업과 선박 모두가 국가존립에 매우 중요하여 어느 것도 포기할 수 없었기 때문에, 두 가지를 적당한 선에서 조정하려는 당시 위정자들의 고민으로 이해할 수 있다.

다. 염업정책의 추이

예로부터 소금은 인간이 생존을 유지하거나 국가재정을 보충하는 데 있어서 중요한 역할을 수행하였다. 조선 후기에도 정부는 염업을 보호하고 권장하는 정책을 계속 추진하였다.

우선 17세기 정부의 염업보호와 권장정책은 어떠했는지 인조 2년(1624) 비변사에서 인조에게 올린 다음의 글을 통하여 그 대체적인 윤곽을 파악해 보기로 하자.

> 우리 나라는 삼면이 바다에 면하고 있어 소금의 이익이 가장 큽니다.…만약 바닷가 고을에 소금생산을 적극 권장할 유능한 수령을 파견한다면 백성들에게 폐를 끼치지 않고서도 재정에 크게 보탤 수가 있습니다. 泰安군수 申鑑은 鹽戶와 船人을 불러들여 법규 그대로 권장하니 염업이 크게 번성하였습니다(《備邊司謄錄》 3책, 인조 2년 4월 17일).

태안군수와 같이 능력있는 수령을 바닷가 고을에 파견하여 염업을 권장한다면 염업과 염민이 안정되고 재정도 크게 도움을 받으므로, 이런 시책을 전

36) 《英祖實錄》 권 73, 영조 27년 윤5월 임신.
37) 《度支志》 권 8, 版籍司 漁鹽事實.

국적으로 확대 실시할 것을 역설한 것이다. 이같은 주장은 상당히 타당성을 갖는 것으로 이해된다. 왜냐하면 당시 수령은 왕권의 대행자로서 해당 고을의 전권을 거의 장악하고 있었으므로,[38] 그가 유능하다면 소기의 성과를 거둘 수 있었기 때문이다.

이러한 정책은 18세기 중엽에 와서도 거의 변하지 않고 유지되었다.

> 어물과 소금을 균역청에 이속시킨 것은 군포를 줄이고 海民들의 폐단을 제거하여 보호하려는 것이다. 이후 만약 수령들이 이 같은 법을 어기고 이염세를 누락시켜 사유로 하거나 토호들만 유리하게 한다면 법으로 다스리겠다(《承政院日記》 1082책, 영조 28년 5월 29일).

균역법 실시 후 각 고을에 지시하여 염업과 염민보호를 제대로 하지 못하는 수령은 처벌하겠다는 것으로서, 영조대에는 수령의 책임을 더욱 강조하여 보다 효과적으로 염업보호정책을 추진했다고 볼 수 있겠다.

그러나 18세기말에서 19세기 중엽에 이르면 이와 같은 평면적인 보호책에서 벗어나 염업자들의 복리를 증진하고 더욱 구체적으로 권장하는 정책이 보다 자주 나타났다. 이를테면 封山의 나무를 부분적으로 베어 소금굽는 땔감으로 제공하기도 하였고[39] 철종은 한때 종전의 관례를 파기한 다음 파격적으로 염세를 1/5로 경감시켜, 염업과 염민을 보호하는 정책에 한층 더 적극성을 보이기도 하였다.[40]

이상과 같이 조선 후기에는 일련의 정책에 힘입어 염민과 염업이 보다 성장할 수 있었으나, 개항과 더불어 외부에서 밀려드는 파행적인 사태로 인하여 그 발전에 제동이 걸렸다.

〈金昊鍾〉

---

38) 《正祖實錄》 권 10, 정조 4년 12월 계축.
39) 奎章閣圖書 18288-18.
40) 《日省錄》 철종 원년 8월 을유.

8. 운수업의 발달

1) 육상운송

(1) 조선 후기 역의 운영 실태

조선사회는 16세기 이후 兩亂을 거치면서 지배체제의 모순과 함께 격심한 사회변동으로 크게 변모해갔다. 즉 영농기술의 발달과 농업생산력의 증대는 농민층의 분해를 촉진하였으며,[1] 상품화폐경제의 발달과 그로 인한 재화의 축적 현상과 유통은 삶의 양식을 변화시켰다.[2] 특히 농업 및 수공업 등에서의 생산력의 증대로 인해 場市가 발달하였고, 전국적인 시장권이 형성되었다. 나아가 그것은 물자의 지역 간 이동을 촉진하는 운송체계의 발달을 가져오게 하였다.

17세기 이후 大同法의 실시로 貢人이 대두하면서 貿納制에 의하여 공공물자의 조달이 이루어졌으며, 인구증가에 따라 도시가 성장하면서 상품경제가 현저하게 발달하였다. 그리하여 도시에서는 亂廛을 중심으로 새로운 상인층이 출현하였고 지방에서는 장시와 浦口 및 店幕 등을 중심으로 상품유통이 촉진되었다. 이러한 사회변화 속에서 물자유통도 활발하게 진전되었고, 그 결과 육상운송체계도 크게 발달하게 되었던 것이다.

수취체제의 변동과 함께 노동력을 동원하는 徭役制도 크게 변화하였다. 이른바 雇立制의 실시[3]가 그것이다. 고립제의 발달로 각종 토목공사는 물론, 여러 가지 물자의 운송에 있어서도 '給價雇立'에 의한 募軍의 고용으로 擔軍·負持軍 등이 등장하게 되었다. 도성 안에서도 車夫·馬夫 등이 국가로부

---

1) 金容燮, 《朝鮮後期農業史硏究－農村經濟·社會變動－》 Ⅰ(一潮閣, 1970).
　——, 《朝鮮後期農業史硏究－農業變動·農學思潮－》 Ⅱ(一潮閣, 1971).
2) 姜萬吉, 《朝鮮後期 商業資本의 發達》(高麗大 出版部, 1973).
　——, 《한국근대사》(창작과비평사, 1984).
3) 姜萬吉, 《朝鮮時代商工業史硏究》(한길사, 1984), 339~401쪽.
　尹用出, 《17·18세기 徭役制의 변동과 募立制》(서울大 博士學位論文, 1991).

터 운반값을 지불받고 운송업에 종사하게 되었다.

또한 대동법의 실시로 공인이 대두하게 되자 운송업에 있어서도 다양한 貢契가 조직되었다.[4] 즉 전세·대동미의 하역과 운송을 맡은 宣惠廳募民契, 공공물자를 운송하는 貰馬契, 내수사의 郊草를 운반하는 運負契와 각종 공용물자를 운송하는 車契·馬契·金契 등이 바로 그것이다.

그리하여 조선 후기의 육상운송 활동에서는 종래의 驛을 이용한 驛路운송과 위에서 열거한 민간운송업이 주류를 이루게 되었다. 여기서는 역로를 이용한 육상운송의 실태를 주로 살펴보고자 한다. 역은 중앙과 지방의 공문서를 전달하고, 공공물자를 운송하며, 사신왕래에 따른 영접과 숙박제공 등을 담당하는 교통기관의 하나였다. 역은 통신기능, 숙박기능 그리고 운송기능을 수행함으로써 중앙집권적 통치체제를 유지하는 데 중추적인 동맥의 구실을 다하였던 것이다.[5] 그러나 壬辰倭亂 이후 明나라의 擺撥制가 도입되면서 역제는 그 영향을 받아 그 기능상 많은 변화가 초래되었다. 그 결과 변경의 군사정보 등 군사통신기능은 파발이 맡게 되고, 역은 주로 진상이나 공물 등 관수물자의 운송이나 사신접대에 따른 迎送과 卜物의 운송, 수령 등 지방관의 교체에 따른 여러 가지 雜物을 운송하게 되었다. 이로써 역은 통신기능보다는 교통운송상의 역할이 더 증대되었다.

조선 후기에 이르러 역로를 이용한 육상운송은 주로 공공물자의 운송이 대부분이었다. 그 중에서도 전세·대동미의 일부를 포함하여[6] 대부분의 진상이나 貢賦 등은 대개 역로를 이용한 역마에 의해 운송되었다. 역이 공공물자의 운송을 담당한 사실은 태종 4년(1404) "각 도의 驛吏는 토지를 지급받아 역마를 세우고 다른 요역이 없는 대신 官物을 운송하는 것이 바로 그들의 직무이다"[7]라고 한 기록에 잘 나타나 있다. 여기서의 관물은 주로 進上이나 공부 등 국가재정과 공공물자를 말한다.

특히 진상이나 공부는 대개의 경우 역로를 이용하여 운송하였다. 진상은 外

---

4) 金東哲, 《18, 19세기 貢人연구》(釜山大 博士學位論文, 1993).
5) 趙炳魯, 《朝鮮時代 驛制 硏究》(東國大 博士學位論文, 1990).
6) 전세·대동미의 운송에 대해서는 崔完基, 《朝鮮後期船運業史硏究》(一潮閣, 1989), 85~95쪽 참조.
7) 《太宗實錄》 권 7, 태종 4년 2월 신사.

官의 국왕에 대한 진헌의 하나로서 각 도 관찰사·병마절도사·수군절도사를 비롯한 지방관이 국왕에게 지방토산물을 奉上하는 것이다. 진상은 통상 物膳進上·方物進上·祭享進上·藥材進上 등으로 나누어, 왕실의 수요에 따라 감영·수영·병영 등에 분정되어 각 관의 책임 아래 官府에서 조달하거나 일반 민호에 부과되었다.[8] 그러나 진상 역시 전세·공물과 같이 민호에게 전가됨으로써 그 課徵을 엄격히 규제하였음에도 불구하고 많은 민폐를 초래하였다.

이러한 진상·공부의 운송에 대해 일찍이 세조 3년(1457) 7월 경상도지역에서는 역마를 이용하여 忠州의 可興倉까지는 직접 납부하고 그 나머지 지역은 站船을 이용하여 京倉에 납부하고 있음을 알 수 있으며,[9] 安東이나 盈德의 진상 그리고 일본인들이 바치는 토산품은 丹陽의 長林驛을 거쳐 水山驛(淸風)→黃澗驛(청풍)→連原驛(충주)→可興驛(충주)→安平驛(驪州)→新津驛(여주)→楊花驛(여주)→阿川驛(利川)→吾川驛(이천)→慶安驛(廣州)→德豊驛(광주)→平丘驛(楊州)을 지나 서울로 운송하였다.[10] 특히 생선과 같은 어물류는 썩지 않도록 운송해야 하기 때문에 역리들이 받는 고통은 상당히 컸다. 이에 충청도·경상도지방에서는 생선을 진상할 경우는 역로를 이용하여 운송하지만 건어물 등은 수로를 통하여 운송할 것을 제시하기도 하였다.[11]

이와 같이 역마를 이용한 진상물의 운송과 그에 따른 역리들의 고통은 매우 심하였다. 이는 평안·함경도의 경우도 예외는 아니었다. 예를 들면 평안도지방에서는 각 站에서 해마다 진헌하는 물건과 조정 사신들이 가져가는 잡물은 단지 참로의 아전만으로는 쉽사리 운반하지 못하여 각 고을의 백성으로 하여금 운송하게 하였는데, 이 때문에 참로만 피해를 당하는 것이 아니라 각 고을도 또한 곤핍하게 되어 그 폐단이 끝이 없으니 각 참에 수레와 소를 적당하게 둘 것을 요청하였다.[12] 함경도에서도 당시 사헌부 장령 高荊山이 "高山驛의 폐단으로 말할 것 같으면 본영을 咸興으로 하고, 安邊 등의 관아에서 진상하는 물품을 모두 함흥에 바쳐 서울로 이르게 하는데, 그 왕래

8) 金玉根,《朝鮮王朝 財政史 硏究》(一潮閣, 1984), 15~21쪽 참조.
9)《世祖實錄》권 8, 세조 3년 7월 무인.
10)《燕山君日記》권 28, 연산군 3년 10월 병오.
11)《中宗實錄》권 44, 중종 17년 5월 을해.
12)《世宗實錄》권 54, 세종 13년 10월 신유.

에 모두 역마를 사용하여 실어 나르고 부족하면 혹 소바리로 실어 나르며 소가 부족할 때면 남녀가 이고 지고 실어 날라도 지탱하지 못하니 그 괴로움은 이루 다 말할 수 없습니다"[13] 라고 실토하고 있는 데서 그 폐단을 엿볼 수 있다. 이와 같이 진상·공부 등은 대체로 역마를 이용하여 운송하는 것이 상례였다.

그러나 조선 후기에 이르러 그 방법의 변화가 나타났으니 이른바 「刷馬雇立制」의 실시였다. 쇄마고립은 진상물의 증가, 잦은 사신왕래에 따른 卜物의 증대, 신·구관 수령의 왕래와 그에 수반한 잡물의 운반과 더불어 역마의 부족사태에 따라 민간인 말을 사서 운송하는 것이었다. 이러한 사실은 영조 7년(1731) 4월 영의정 洪致中이 다음과 같이 아뢴 데서 잘 알 수 있다.

> 高陽·坡州·長湍 3읍의 쇄마는 그 폐단이 지극하여 백성이 능히 감당하지 못하고 있습니다. 대개 진상이나 勅行時에 필요한 쇄마는 민간에서 責出합니다. 전에는 면포 1필 운반하는 값이 쌀 3斗였는데 그 후 차차 삭감하여 2두 또는 1두 5升이 되었고, 지금은 1두 2승입니다. 그런데 그 값이 적기 때문에 백성들이 실어 나르지 않고 심지어는 말을 가진 자는 모두 말을 팔아버려 임시로 責立하는 바람에 멀리 있는 촌락까지 파급되어 경내가 소란스럽고, 그 폐단이 적지 않아 도처에서 호소하고 있는 지경입니다(《備邊司謄錄》 89책, 영조 7년 4월 14일).

이와 같이 진상 등의 공물을 운송하는 데 있어 쇄마를 사용하는 것은 조선 후기에 거의 전국에 걸쳐 상당히 보편화되고 있었다.[14]

한편 方物이나 歲幣의 운송도 초기에는 역로를 이용하였으나 후기에 이르러서는 쇄마에 의존하는 것이 상례였다. 우리 나라 사행이 중국에 연례적으로나 別使로 갈 때 연례방물이나 별사방물을 진배해야 했다. 이러한 방물은 각 시전이나 해당 관청에서 '造作進排'하거나 貿納하여 준비하는 것이 통상의 관례였다. 이와 같이 마련한 방물은 作駄하여 운송하였는데 《萬機要覽》에 의하면 서울에서 平山까지는 1·2所監考와 金契貢人이 운송을 담당하였고, 金川·평산에서 義州까지는 쇄마고립에 의해 차차 운송되었던 것이다.

---

13) 《燕山君日記》 권 36, 연산군 6년 정월 신사.
14) 《大典會通》 권 4, 兵典 迎送.

조선 후기에는 진상·공물, 세폐·방물 외에 사신의 짐 등의 물자운송도 대부분 쇄마제도에 의해 실시되었고[15] 신·구관 수령의 교체에 따른 여러 가지 잡물도 점차 쇄마고립에 의해 운송되었다. 쇄마고립제는 民結의 토지로부터 쇄마가를 징수하여 그 값으로 민간인 말을 사서 운송에 사용하는 방식이었다.[16] 특히 수령의 교체에 따른 왕래시의 각종 잡물과 迎送支待는 모두 대동미에서 쇄마가를 징수하여 三南지방과 海西·關東의 고을에는 20필, 군현 이하는 15필씩 말을 지급하고 영남 대읍의 上道는 3필, 中道는 4필, 下道는 6필을 더 주고 중읍은 4필, 소읍은 3필을 추가로 지급하였다. 그리고 호남의 상도는 3필, 중도는 5필, 하도는 7필을 더 주고, 경기는 州·府는 17필, 도호부·군·현은 13필로 정하였다.[17]

이와 같이 조선 후기에 이르러 사신의 복물이나 진상의 운송 그리고 신·구관 수령의 교체에 따른 영송과 잡물운송도 대부분 쇄마법에 의해 실시하게 되었다.[18] 또 쇄마비용은 대개 大同法 실시 이전에는 민결에서 징수하였으나 대동법 시행 이후에는 쇄마가 명목으로 대동미에서 일괄 징수하게 되었다. 그러나 대동법 실시 이후 쇄마가의 지나친 濫徵의 폐단으로 지역에 따라서 民庫[19]의 형태인 雇馬廳을 설치·운영하여 그 경비에 충당하기도 하였다.[20] 고마청은 雇馬庫 또는 立馬廳 등의 다양한 명칭으로 설치되었는데 민호의 잡역 부담을 덜어주기 위해서 일정한 자금을 바탕으로 '給債殖利'하고 그 수입으로 각종 잡세를 납부하였다. 고마청은 군현과 마찬가지로 역에 설치되었으며, 주로 사신들의 왕래에 따른 支供이나 수령교체시의 迎送刷馬價, 京司求請 등의 경비를 마련하기 위하여 운영되었다.

경기도 果川驛의 경우 고마청을 설치·운영하였는데 과천은 삼남지방으로 나아가는 直路上의 頭站이기 때문에 처음에는 公物을 운송하는 데 民戶의

15) 柳馨遠,《磻溪隨錄》권 22, 兵制後錄 郵驛.

16)《光海君日記》권 7, 광해군 즉위년 8월 갑술.

17)《續大典》권 2, 戶典 外官供給.

18) 趙炳魯, 〈조선후기 交通發達에 관한 硏究-교통수단으로서의 驛馬確保를 중심으로-〉(《國史館論叢》57, 國史編纂委員會, 1994), 147~152쪽 참조.

19) 金容燮, 〈조선후기의 民庫와 民庫田〉(《東方學志》23·24, 延世大 國學硏究院, 1980).

20) 趙炳魯, 앞의 글, 152~156쪽 참조.

우마를 동원하였으나 정조 때 園陵行幸 이후부터 民馬를 입역시키는 폐단을 염려하여 고마고를 창설하고 常賑租 1,500石을 획부하여 '存本取耗'케 함으로써 그 비용에 충당하였다.[21]

이와 같이 쇄마가의 비용은 일반인의 토지인 민결에서 징수하거나 大同留置米, 그리고 고마청을 설치하여 운영함으로써 마련되었다.

(2) 파발제의 성립과 발달

한편 조선 후기에 이르러 역참제는 제도상 변화에 따라 그 기능이 크게 분화되었다. 임진왜란을 전후하여 변경의 급보를 알리던 봉수의 기능이 마비되자 그에 대한 대비책으로서 명나라의 擺撥制를 본받아 파발을 설치하게 되었다.[22]

파발제의 실시는 선조 30년(1597) 5월 韓浚謙의 건의에 따라 西撥·北撥·南撥의 3대로를 근간으로 하여 騎撥은 25리마다 1站, 步撥은 30리마다 1참을 둠으로써 파발제가 성립하게 되었다. 우리 나라 파발은 唐·宋代의 馬遞·步遞·急脚遞[23]의 영향을 받아 보발과 기발로 구성된 것이 특징이며 역로를 따라 서발·북발·남발의 3대로를 근간으로 하여 성립되었다.

파발제도는 종류에 따라 기발과 보발로 구분되며 지역적인 중요도에 따라 直撥과 間撥로 나뉘었다. 기발은 말을 이용하여 전송하며 25리마다 1참을 두었으나 곳에 따라서는 20리 혹은 30리인 경우도 있었다. 기발에는 참당 撥將 1명, 色吏 1명, 기발군 5명과 말 5필이 배치되었다. 한편 보발은 사람이 속보로 달렸는데 30리마다 1참을 두었으며 발장 1명과 軍丁 2명을 배치하여 편성하였다. 파발은 기존의 역명과 동일하게 나타나는데 이것으로 파발은 종래의 중요 역 위에 설치되었음을 알 수 있다.

파발의 조직은 지역에 따라 서발·북발·남발의 3撥路로 조직되었다. 서발은 기발로서, 의주에서 한성까지 모두 41참, 1,050리에 이르는 길이고, 북발은 보발

21) 《備邊司謄錄》 246책, 철종 10년 12월 20일.
22) 南都泳, 〈朝鮮時代 軍事通信組織의 發達〉(《韓國史論》 9, 國史編纂委員會, 1981), 108~126쪽 참조.
23) 劉廣生, 《中國古代郵驛史》(北京, 人民郵電出版社, 1986).

로서 함흥에서 한성까지 64참, 2,300리이며, 남발은 보발로서 동래에서 한성까지 31참, 920리에 이르는 길에 발참을 세우고,[24] 긴급한 변방의 사정이나 공문서를 전송하였다.

파발조직망은 《만기요람》·《大東地志》·《輿地圖書》·《靑丘圖》 등에서 그 내용을 알 수 있는데 그 중 《대동지지》에 나타난 것을 살펴보면 아래와 같다.

〈조선 후기 파발망〉

◉ 西撥(41참, 1,050리)

▲直撥

京都 畿營站(敦化門外) 23 黔巖站(楊州) 22 碧蹄站(高陽) 20 梵修院站(坡州) 20 馬山站(파주) 20 東坡站(長湍) 30 調絃站(장단) 25 靑郊站(開城) 25 靑石洞站(개성) 25 餠麞歧站(金川) 20 官門站(金州) 30 官門站(平山) 25 石隅站(평산) 25 安城站(평산) 30 官門站(瑞興) 23 西山站(서흥) 22 山水院站(鳳山) 25 官門站(봉산) 20 洞仙站(봉산) 20 官門站(黃州) 20 貯卜站(황주) 25 官門站(中和) 25 大井站(平壤) 25 官門站(평양) 25 斧山站(평양) 25 官門站(順安) 30 冷井站(永柔) 30 官門站(肅川) 30 雲巖站(安州) 30 官門站(안주) 25 廣通院站(博川) 25 官門站(嘉山) 30 求井站(定州) 30 官門站(정주) 30 雲興站(郭山) 30 林畔站(宣川) 30 淸江站(선천) 30 車輦站(鐵山) 30 良策站(龍川) 30 所串站(義州) 30 官門站(의주)

▲間撥

① 江界一路(18참) : 安州官衙站(東北) 30 修毛老站 30 官門站 30 國司站 30 天水站 30 開平站(이상 寧邊) 30 官門站 30 法興站 30 福竹站 30 黑站 30 白山站(이상 熙川) 30 坡院站 30 立石站 20 武州站 20 城干站 30 高巖站 30 夫老只站 20 梁坡站 30 官門站(이상 강계).

② 渭原一路(13참) : 寧邊 國司站 30 官門站 30 泥城洞站 40 長城洞站(이상 雲山) 30 牛峴站 30 牛場站 40 板院站 50 古邑站 50 乾站(또는 松站) 50 官門 站(이상 楚山) 30 界洞站 30 四德站 30 官門站 30 古堡站(이상 위원).

③ 碧潼一路(12참) : 安州官門站 40 官門站(博川) 30 栗峴(영변) 30 官門站(泰川) 30 釜淵站 30 官門站 40 八營站(이상 龜城) 25 大舘站 25 界畔站 30 官門站(이상 朔州) 49 官門站(昌城) 60 小吉號里站 60 官門站(이상 碧潼).

◉ 北撥(64站, 2,300里)

▲直撥

24) 《萬機要覽》 軍政編 1, 驛遞 附撥站.

京都 50 豆驗川站(楊州) 50 安奇站(抱川) 30 梁文站(永平) 40 豊田站(鐵原) 50 官門站(金化) 50 官門站 30 昌道站(古金城) 40 新安站 30 官門站(이상 淮陽) 50 高山站 30 引豆門 30 方下山(이상 安邊) 40 官門站(德源) 30 官門站(文川) 50 官門站(高原) 40 官門站(永興) 40 草原站 50 蓬臺站(이상 定平) 50 平原站 50 德山站(이상 咸興) 50 新恩站 30 大門站(이상 洪原) 30 舊院基站 30 五川站 30 大峴站(이상 北靑) 30 羅下洞站 30 施利站 30 谷口站(이상 利原) 30 忠信院站 30 基原站 50 麻谷站(이상 端川) 60 嶺東站 60 臨溟站 30 山城院站 30 碓平站(이상 吉州) 35 古站 45 明原站(이상 明川) 35 雲委院站 35 朱村站 30 永康站 45 吾村站 45 輸城站(이상 鏡城) 35 獐項站 35 官門站 30 虛古院站(이상 富寧) 30 古豊山站 30 獨德站 30 官門站 25 高嶺站(이상 會寧) 35 防垣站 30 官門站 25 潼關站(이상 鐘城) 30 永達站 30 官門站 25 黃拓坡站(이상 穩城) 25 訓戎站 30 官門站 30 安原站 25 乾原站 25 阿山站(이상 慶源) 30 阿吾地站 20 官門站 25 撫夷站 35 造山站 20 西水羅站(이상 慶興).

▲間撥

① 厚州一路(13참) : 北靑五川站 75 濟仁站 40 黃水院站(이상 北靑) 30 終浦站 40 熊耳站 30 呼獜站 40 虛川站 40 虛獜站(이상 甲山) 50 積生站 35 仁遮外 30 羅暖 40 갈坡知 20 舊乫坡知(이상 三水) 70 厚州

② 茂山一路(8참) : 寧虛古院 20 廢茂山站(富寧) 50 麻田站 50 官門站 25 梁水萬洞 30 穴巖站 30 豊山站(이상 茂山) 25 朢下站 50 官門站(이상 會寧)

• 會寧官門站 45 行營撫安站(鐘城) 30 驚巖站 35 德明站(이상 穩城) 30 阿吾地站(慶興)

• 行營 70 燕基站 50 官門站(이상 慶源).

• 行營 20 細川站 50 官門站(이상 鍾城).

◉ 南撥(31참, 920리)

京都 20 新川站 20 栗木站 20 黔北站 20 慶安站 20 雙橋站(이상 廣州) 20 高尺站 20 大浦站 20 素沙站(이상 利川) 20 官門站(陰竹) 20 林烏站 40 崇善站 50 丹月站(이상 忠州) 50 安富站(延豊) 50 聊城站 40 大灘站(이상 聞慶) 20 德通站(咸昌) 30 洛原站 40 洛東站(이상 尙州) 40 迎香站(善山) 40 楊原站(仁同) 40 高平站(漆谷) 30 官門站(大邱) 30 梧桐院站(大邱) 40 鰲西站 40 楡川站(이상 淸道) 30 官門站(密陽) 20 無訖站(密陽) 30 內浦站(梁山) 30 蘇山站 20 官門站 20 釜山站(이상 東萊).

* 숫자는 참과 참 간의 거리를 뜻함.

한편 기발과 보발의 주임무는 관문서의 遞送인데 주로 懸鈴傳送이 사용되었고, 그 밖에 관리 및 외국사신의 편리제공, 사사로운 문서의 전달 등을 말았다. 관문서의 체송은 기밀을 요하였으므로 관인을 찍어 皮角帒에 넣어 체송하였는데, 이를 皮角이라 하였다.[25] 국가 기밀문서를 전할 때에는 문서의 분실 및 도난을 방지하기 위하여 발군에게 무장을 시켜 체송하게 하였다.

파발제 운영에 있어서 급선무는 撥馬의 확보문제였다. 임란 직후 역의 쇠잔으로 말미암아 발마의 공급문제는 상당한 어려움과 민폐를 끼쳤다. 따라서 이러한 문제의 해결을 위해 인조 2년(1624) 2월 將領이 거느리는 軍門에서 잘 달리는 '能走馬'를 充立토록 하거나[26] 역마를 立待토록 하였다.[27] 한편 발마를 담당하고 있는 계층을 살펴보면 주로 立撥役에 차정된 기·보병이 주된 대상이었다. 그것은 마발을 설치할 때 각 읍의 연소하고 建馬를 지닌 무과 합격자가 차정되거나[28] 말이 있는 무사들이 입대하는 것으로 알 수 있다.

다음으로 파발제의 기초조직인 발참에 종사한 이들의 신분을 살펴보면, 먼저 발참에는 그 운영의 책임자로서 撥將이 배치되어 있었다. 발장은 유식층인 '解文者'의 신분을 가지고 있었으며, 발장은 권설직으로 종9품에서 정6품의 녹을 받았다.[29]

발군은 閑雜人이나 潰軍·防軍·正軍·老殘軍·農軍·精抄軍 및 壯武隊에서 주로 충원되었다. 한잡인을 초모하여 발군에 충정시킨 것은 임란 당시의 와중에서였다. 그러나 그들의 신분은 정확히 확인할 수 없으며 다만 역로의 황폐화로 인한 임시 대책으로 충원되었다고 생각된다.

이와 같이 성립된 파발제는 그 운영과정에서 많은 폐단을 가져왔다. 첫째 파발제의 폐단은 撥傳의 지체문제였다. 특히 서발은 중국과의 사신왕래에 따른 장계의 신속한 전달이 지체되었을 때에는 외교상의 문제가 되었다. 둘째 宣傳官이나 禁軍 등이 官權을 배경으로 작폐를 일삼았으며, 셋째 기밀을 요하는 공문서가 누설되는 폐단 등이었다. 이같은 파발제의 폐단은 여러 차례 그 시정이 요구되다가 고종 32년(1895)에 현대식 전화통신 시설이 국내에 설치되면서 파발제 자체가 폐지되었다.[30]

---

25) 《高麗史》 권 82, 志 36, 兵 2, 站驛.
26) 《備邊司謄錄》 3책, 인조 2년 2월 7일.
27) 《備邊司謄錄》 5책, 인조 16년 3월 20일.
28) 《備邊司謄錄》 10책, 인조 24년 4월 2일.
29) 《續大典》 권 1, 吏典 京官職 權設職.

(3) 역마확보의 변화와 고립제

가. 마호입역제의 실시

교통운송 수단으로서의 역마확보는 역제운영에 있어서 무엇보다도 중요한 과제였다. 조선 초기에 역마를 확보하는 방법의 하나는 驛民의 立役에 의한 것이었다. 다시 말하면 驛吏나 驛卒 그리고 館軍 등을 驛戶로 편성하여 국역 대신 身役의 하나로서 立馬役을 부과함으로써 역마를 확보하였던 것이다.[31]

그러나 이와 같은 역호에 의한 입마는 그리 쉽지만은 않았다. 그것은 역리나 역노비 그리고 관군이 겪어야 하는 고통이 컸고, 그리하여 그 부담을 견디지 못하였기 때문이다. 그들은 잦은 사신의 왕래로 쉴 틈 없이 迎送과 支待업무에 종사해야 했으며 심지어는 역마값이 앙등함에 따라 재산을 다 팔아서 입마해야 하였던 것이다.

이와 같이 역호의 고역과 말값의 앙등, 나아가 이를 견디지 못한 역호의 유망 등으로 역로가 조잔해지고 또한 역마확보가 어렵게 되자 이에 대한 대책의 수립이 요구되었다. 그리하여 역호를 확보하여 입마케 하는 방안과 목장마 등의 관마를 분급해주는 방안 등이 제기되었으며, 역 부근의 민호를 뽑아 助役戶로 삼아 입마케 하거나 하삼도 및 타도의 역리를 刷出하거나 윤번 입역시키는 방법 등도 나왔다.[32]

그러나 이러한 방법에는 한계가 있어 역마확보 방안이 새로이 모색되었다. 즉 종래 驛役을 세습하지 않던 평민들도 자원하여 馬位田를 경작케 함으로써 입마역을 부담하게 하였던 것이다. 그 결과 역호에 의한 입마역은 새로운 전기를 마련하게 되었다. 이른바 馬戶에 의한 입마역의 대두가 그 하나이다.

'馬戶立役'이란 입마자의 하나인 마호에게 마위전이나 復戶田를 지급하여 거기서 얻은 수확으로써 입마역을 부담하는 것을 말한다. 원래 마호라는 것은 지방 수령의 신·구관 영송시에 입마와 책응을 맡은 자인데, 마호가 말값

30) 《增補文獻備考》 권 126, 兵考 18, 驛遞.

31) 趙炳魯, 〈조선전기 驛路의 정비와 驛馬의 확보〉(《素軒南都泳博士古稀紀念 歷史學論叢》, 1993).

32) 趙炳魯, 〈조선초기 驛의 助役戶와 驛保·雇工〉(《何石金昌洙敎授華甲紀念 史學論叢》, 1992).

의 앙등으로 감당하지 못할 때에는 馬戶保를 정하여 保價를 징수함으로써 입마가를 보충하였던 데서 유래했다.[33] 말값의 마련이 마호에게만 부담된 것은 아니었다. 지역에 따라서는 民結에서 징수하는 등 여러 가지 방법이 있었지만 대부분 마호가 입마역을 주로 담당하였다.

한편 마호는 연산군 8년(1502) 3월에 평민들에게 마위전을 경작하는 대신 입마역을 허락하고 있는 사실에서 이 때를 전후하여 형성되지 않았나 추측된다.[34] 신분적으로는 마호는 역졸 등의 역민이나 평민 등으로 편성된 것으로 추정된다.

이와 같이 형성된 마호는 마위전과 복호결의 경제적 토대 위에 역마를 공급하였다. 원래 마위전은 역마의 등급에 따라 대마 7結, 중마 5결 50負, 복마 1필에 4결씩 지급하도록 하는 것이 원칙이었으나[35] 지역 사정에 따라 원칙이 꼭 지켜진 것은 아니었다. 마위전의 경작은 마호가 직접 경작하여 수세하는 것이 원칙이었음에도 불구하고 토호의 침탈이나 그 밖의 여러 사정으로 병작제에 의한 賭地를 수세하는 경우가 흔하였다.[36] 한편 복호결은 역리·역졸을 포함하여 관군이나 마호에게 경제적인 어려움을 도와주고자 지급한 免賦出稅田이었다.[37] 원래 복호는 호역을 면제하는 것을 뜻하였으나 조선 후기에 이르러 田結에 대한 부역을 면제하게 됨으로써 '田結給復' 혹은 '給復田'이라고도 하였다. 이와 같은 급복전은 마호에게 지급되어 수세함으로써 역마가를 마련하는 데 주로 사용되었다.

그러나 마호에 의한 역마공급은 그렇게 순탄하지만은 않았다. 그 이유는 역민들이 역역을 천역시하여 軍門에 편입되거나 마위전의 사적인 매매, 복호결의 預買[38] 또는 和賣 등의 폐단으로 마호가 실업하여 유망·도산하는 지경에 이르자 마호에 의한 역마공급은 커다란 난관에 직면하게 되었다. 그리하여 보완책으로 「驛馬雇立制」를 시행하게 되었다.

33) 《商山錄》 坤, 을축(영조 21년) 11월 29일.
34) 《燕山君日記》 권 43, 연산군 8년 3월 갑신.
35) 《經國大典》 권 2, 戶典 諸田.
36) 《備邊司謄錄》 167책, 정조 8년 7월 5일.
37) 《續大典》 권 2, 戶典 徭賦.
38) 《備邊司謄錄》 163책, 정조 5년 2월 29일.

나. 역마고립제의 시행과 고마가확보

역마고립제란 '雇貰' 또는 '驛馬雇價' 등의 용어에서 알 수 있듯이 고가를 지급하고 역마를 사들여 각 역에 분급하는 것을 말한다. 이것은 역호나 마호의 조잔·유망이나 역전의 사적인 매매, 그리고 복호 예매 등으로 마호에 의한 역마확보책이 난관에 부닥친 데 따른 보충방법으로 실시된 것이다. 나아가 이것은 조선 후기에 점차 보편화되었던 賦役勞動의 雇立化 현상이나[39] 요역에서의 募立制의 발달,[40] 즉 노동력의 임금고용화 추세에 수반하여 나타난 사회경제적 변화를 반영한 것이라고 볼 수 있다.

역마고립제의 유래는 사신왕래에 따른 역마부족을 해결하기 위해 일부 지역에서 부분적으로 실시되었던 仍把·補把法에서부터 비롯되었다.[41] 물론 조선 전기에도 역마가 부족하면 다른 도의 역마를 刷出하여 입마시키거나 鄕吏·日守 등의 말을 刷馬하는 경우가 있었다. 그러나 조선 전기의 이와 같은 쇄마는 어디까지나 부수적인 방법이었다. 양란 이후 부족한 역마를 보충하기 위하여 여러 가지 방법이 강구되어 마호입역제 등이 실시되었으나 역부족이었다. 그리고 임진왜란 이후 역전이 황폐화되고 역민이 거의 유망하다시피한 현실 속에서 각 군현의 말을 쇄마하는 것 또한 많은 폐단이 있었다. 이렇듯 임란 이후 역마확보가 초미의 관심사가 되었고 또한 사신왕래에 따른 영송으로 驛馬價가 많이 필요하게 되었다.

이런 시대적 배경 속에서 역마고립제는 하삼도의 역마를 이동시켜 역마를 보충하게 하고 민결에서 말값을 징수하여 쇄마고립하게 된 데서부터 비롯되었다. 특히 대중국교통로의 중요한 통과지점으로 다른 역로보다 사신영송 등의 일과 연관이 깊었던 경기·평안·황해도는 해당 도의 역마가 부족할 때 다른 도의 역마를 仍把하거나 補把하는 방법이 유효하였다. 경기도의 경우에는 하삼도에서, 평안도의 부족한 역마는 함경도에서, 황해도에서 필요한 것은 강원도 등에서 말을 보충하였다.

---

39) 姜萬吉, 〈조선후기 雇立制 발달－差備軍과 造墓軍 등의 雇立化를 중심으로－〉(《韓國史硏究》 13, 1976).
40) 尹用出, 〈17·8세기 役夫募立制의 성립과 전개〉(《韓國史論》 8, 서울大, 1982).
41) 《備邊司謄錄》 18책, 효종 7년 5월 4일 및 34책, 숙종 4년 3월 15일.

그러나 다른 도의 역마를 먼 곳으로 이동하여 立馬시키는 것은 많은 폐단을 가져왔다. 이에 먼거리를 왕래해야 하는 것은 물론이려니와 補馬價를 마련하여 지급할 바에야 차라리 가까운 곳에서 역마를 고용하는 편이 훨씬 유리하다는 의견이 제시되었다. 이러한 필요성이 곧바로 현실로 나타났고 그리하여 현종 9년(1668) 보파법은 폐지되고 雇馬法 즉 역마고립제가 실시되었던 것이다.[42]

그런데 역마고립제가 원만하게 실시되기 위해서는 무엇보다도 雇馬價가 확보되어야 했다. 고마가는 첫째, 역리·역졸이나 마호로부터 징수한 身貢錢에서 보충되었다.[43] 둘째, 역마고립제가 실시되면서 일반 민호에서도 징수되었다.[44] 그런데 여기서 주목해야 할 점은 각 역에서 직접 관장하지 않고 감영이 민호로부터 布를 거둬 역마를 구입하여 각 역에 분급하였다는 사실이다. 이러한 사실은 역과 감영이 재정적 측면에서 상호보완 관계에 있음을 말해주는 것이지만 찰방과 감사와의 재정관리상의 마찰도 많았다.

셋째, 兵曹木·監營木 또는 管餉穀·詳定米 등 국가재정의 일부로써 역마가 충당되는 경우도 많았다.[45] 이외에도 入居木이나 貰把米로써 충당되었다. 입거목이란 종전에 삼남 및 영동지방의 각 역의 人馬를 경기감영에 立番하게 하던 것을 京驛의 침학이 심하여 폐지하는 대신 입거목을 거둬들여 六驛에 분급하던 데서 유래된 것이다.[46] 이 입거목은 주로 畿驛의 驛馬故失에 따른 역마가를 보충하기 위해 징수한 것인데 지방 각 역들은 역민으로부터 징수하여 경기감영에 상납하였다. 그리고 세파미 역시 경역의 재정과 역마가를 보충하기 위해 징수한 것으로, 강원도 및 삼남의 각 역으로부터 復戶米 3/100을 기역에 移給한 것을 말한다.[47] 이 세파미는 대동미에 포함시켜 징수하여 선혜청에서 出給하였으나 나중에는 경기감영에 직납토록 요구하였다. 이와 같이 역마고립가는 주로 병조 또는 감영의 재정이나 민결로부터 고마

42) 《備邊司謄錄》 30책, 현종 12년 12월 12일.
43) 《備邊司謄錄》 122책, 영조 27년 2월 26일.
44) 《備邊司謄錄》 3책, 인조 2년 정월 16일.
45) 《備邊司謄錄》 14책, 효종 원년 2월 8일 및 36책, 숙종 8년 2월 8일.
46) 《備邊司謄錄》 109책, 영조 17년 7월 2일.
47) 《備邊司謄錄》 90책, 영조 7년 8월 15일.

가를 징수하여 보충하였으나 그것은 역의 지역에 따라 차이가 있었다.

여기서 역마고립가의 확보 실태를 영남지방의 각 驛誌에 수록된 사례를 통해 살펴보면 크게 세 가지 형태가 있었다.[48] 첫째 屯田畓을 경작하여 그 소출로써 충당하는 경우, 둘째 역민이나 保人으로부터 身貢錢을 징수하는 경우, 셋째 각 역과 역리·역졸에게 지급된 복호결에서 징수하는 경우가 그것이다.

이와 같이 역마고립제는 역호나 마호에 의한 立馬役만으로 역마를 확보할 수 없게 되자 그 해결 방안으로 강구된 변통책이었다. 이 때 雇立價는 민결로부터 징수하거나 병조·감영·병영 등의 지원을 받아 마련하였다. 특히 민호로부터 징수함으로써 역호의 입마역은 민호에게 분담되는 결과를 초래하였다.

다. 쇄마고립제의 실시와 고마청 운영

刷馬雇立制는 광해군 즉위년(1608) 8월 중국 勅使를 영송하는 데 필요한 역마 330필을 하삼도 각 역에 배정하고 나머지 쇄마 200필은 외방의 민결에서 刷馬價를 징수하여 쇄마고립한 것을 계기로 실시되었다.[49] 앞에서 살펴보았듯이 조선 후기에 이르러서는 사신의 잡물운송, 進上·方物·歲幣의 운반 그리고 신·구관 수령의 교체에 따른 영송은 대부분 쇄마고립에 의해 이루어지게 되었다. 쇄마고립제는 원래 민결에서 쇄마비를 징수하여 그것으로 민간인 말을 고립하여 사용하는 제도였으므로 종래에 역호에게만 부담시켜왔던 입마역이 일반 민호에게 전환되는 계기가 되었다. 이로 인하여 이 제도는 民役으로서 커다란 폐단을 자아내기도 했으나 역의 운송기능을 크게 강화시키는 결과도 가져왔다.

이와 같이 쇄마고립가는 대동법 실시 이전에는 민결에서 징수하였다. 그러나 민결에서의 징수는 민호 수탈의 폐단을 가져왔기 때문에 대동법 실시와 더불어 給馬 및 쇄마비에 관한 상세한 규정을 만들어 각 지방의 大同留置米에서 劃給토록 하였다.[50] 그리하여 영남·호서·호남의 수령이 임기만료로 교체할 때 영송쇄마가는 모두 대동미로 지급하게 되었다. 그러나 교체가

48) 《嶺南驛誌附事例》 長水道本外驛事例冊 召村道驛誌 등.
49) 《光海君日記》 권 7, 광해군 즉위년 8월 갑술.
50) 《續大典》 권 2, 戶典 外官供給.
《忠淸道大同事目》.

잦아 쇄마비가 없는 경우에 한하여 人吏나 민호에게 특별 課徵을 허락하였기 때문에 수령과 吏胥들의 양민에 대한 수탈이 자행되었다. 쇄마비 남징의 폐단이 그치지 않자 새로운 형태의 쇄마가 확보방법이 나타나게 되었는데 雇馬廳의 설치와 운영이 그것이다. 즉 고마청의 설치는 대동미만으로는 쇄마비를 충분히 마련할 수 없었던 데 기인한다.

고마청은 흔히 雇馬庫 또는 立馬廳 등으로 설치되었는데 이것은 民庫의 한 형태였다.[51] 민고란 민호의 잡역 부담을 경제적으로 덜어주기 위하여 설치된 것으로, 일정한 자금을 받아 그것을 '給債殖利'함으로써 그 수입으로 각종의 잡세를 납부하였다. 민고는 使臣供億, 신·구관 수령의 영송쇄마, 京·營主人役價, 京司求請 등을 마련하기 위해 운영되었는데, 수령영송을 위한 쇄마가는 주로 고마청에 의존하였다.[52]

이와 같이 칙사의 잡물이나 赴京使臣의 卜物, 그리고 진상 및 신·구관 수령·감사의 교체에 따른 영송을 위해 마필을 쇄마법에 의해 고립하였으며, 그 쇄마가는 민결에서 징수하거나 대동유치미, 場稅 그리고 민고의 하나인 고마청을 설치·운영함으로써 확보하였다.

〈趙炳魯〉

2) 수상운송

중세적 질서로 강하게 편제된 듯이 보였던 조선사회는 16세기에 이미 여러 면에서 분해의 조짐을 보이기 시작하였고, 兩亂을 겪은 조선 후기에 이르러서는 지배체제의 모순을 크게 드러냈다. 그러한 과정에서 격심한 사회변동과 아울러 경제성장의 현상이 두드러지게 나타났다. 특히 18세기 이후에는 사회적 분업이 진전됨에 따라 농업경영에서 생산력의 증대 현상이 주목되었고, 상공업분야에서는 자본의 집적 현상이 가시적으로 나타나고 있었다.

---

51) 張東杓, 〈조선후기 民庫운영의 성격과 운영권〉(《碧史李佑成敎授停年退職紀念論叢 民族史의 展開와 그 文化》上, 창작과비평사, 1990).

52) 고마청의 설치와 운영사례는 각 《邑誌》 事例 참조.

조선 후기사회에서 생산력이 증대되고, 그 잉여생산물이 처분되면서 자본의 집적이 가능했다고 하면, 그것을 매개하는 기본적 역할은 운송체계가 담당하였다고 하겠다. 운송체계란 物貨의 지역 간 이동을 내용으로 하고 있는데, 특히 생산력이 증대되고 있는 사회에서 주목된다. 운송은 생산능력에서뿐만 아니라 물화의 가치에 있어서도 그 효과를 증대시켜 준다. 실로 자본축적의 전제가 되는 전국적 市場圈 또는 원격지무역을 위하여는 운송체계의 발달이 필수적이라 하지 않을 수 없다.

봉건적 조선왕조는 모든 산업을 국가가 규제하여 초기에는 생산활동이 상품의 유통을 자극할 만큼 활발하지 못하였다. 그러나 조선 후기에는 물화의 생산이 늘어나고 인구의 증가와 도시의 성장이 진전되면서 상품화폐경제가 눈에 띄게 발달하였다. 전국 곳곳에 상품유통의 장이 마련되어 갔으니, 도시에서는 종래의 市廛 이외에 亂廛이라는 새로운 시장이 생겨났고 지방에서는 場市와 浦口가 상품유통의 거점으로서 자리잡아 가고 있었다. 조선 후기라 하더라도 17세기에는 국지적 商圈을 중심으로 상품이 유통되었으나, 18세기 중엽 이후에는 장시와 장시, 장시와 포구, 포구와 포구가 서로 연계되면서 전국이 하나의 상권으로 형성되어 갔다.

이러한 상황 속에서 물화의 유통이 활발히 이루어지고 있었는데, 그것은 거의 선박에 의해 이루어졌다. 즉 육상운송보다는 수상운송이 중추를 이루고 있었다. 그 이유는 車 등이 보급되지 않은 때문이기도 하였지만, 수로가 육로보다 대량의 화물을 운반하는 데 편리하였기 때문이다. 그리고 실제로도 세곡운송 용역과정에서 수상운송의 경험이 축적되고 있었다. 그리하여 원격지교역은 그것이 官物이건 私物이건 간에 수로가 주로 이용되었으며, 육로는 수로를 통하여 교역된 상품을 지역적 유통권 내부에서 분배하는 역할을 맡는 것이 일반적이었다.

이 시기에는 학자들 사이에서도 수상운송의 중요성에 대하여 그 인식이 제고되고 있었다. 실학자 朴齊家는 가난을 구하는 길은 농사짓는 것보다는 장사하는 길뿐이라고 하였다.[1] 그런데 상업이 발달하려면 우선 교통이 발달

1) 朴齊家, 《貞蕤集》 北學議 內編 車 및 船.

되어야 한다. 즉 수레와 선박을 쓰면 상품유통이 활발해지고, 전국적인 시장이 발달하며, 그렇게 되면 농업과 수공업도 아울러 발달하게 된다는 것이다. 그러면서 그는 통상하는 자는 반드시 물길을 좋아하는데, 그 까닭은 수레 백 채에 싣는 양이 배 한 척에 싣는 것에 미치지 못하고, 육로로 천 리를 가는 것이 뱃길로 만 리를 가는 것보다 편리하지 못하기 때문이라 하였다. 이에 그는 수상운송의 중요성을 강조하고 그 대책의 강구를 요구하였다. 《擇里志》의 저자인 李重煥도 물화의 유통에는 말이 수레보다 못하고, 수레는 배보다 못하다고 하면서 다음과 같이 주장하였다.[2] 즉 사람들은 산이 많고 들이 적어서 수레가 다니기에 적합하지 않다고 하면서 모두 말에다 물화를 싣고 다닌다. 그러나 말에 짐을 싣고 다니면 길이 멀 때는 비용만 많이 허비하고 소득은 적으므로 물화의 운송은 船運에 의해야 한다. 해로와 수로의 활용을 강조한 것이다. 이는 《林園經濟志》에서도 그 이유가 구체적으로 설명되고 있다.[3] 확실히 수상운송이 경제적이었고 현실적으로도 수상운송의 역할이 날로 증대되고 있었다.

조선 후기 수상운송을 주도한 船人들은 일찍이 16세기 이래로 세곡과 소작료운송에서 토대를 굳힌 私船人들이었는데, 조선 후기에는 京江船人·地土船人 등으로 이름을 드러내고 있다. 그들은 관물과 사물을 가리지 않고 운송해야 하는 화물은 모두 운송하고자 해서 운송용역을 전문화시키고자 했고, 그러한 가운데 합법적인 운임의 취득뿐 아니라 불법적인 수단까지 강구하여 영리를 꾀하였다.

선인들은 전국을 활동무대로 하였다. 徐有榘에 의하면, 조선 후기 수상운송의 무대는 3개의 유통로로 이루어지고 있었다.[4] 첫째는 한강 어구에서 충청도·전라도 연해안을 거쳐 남해안에 이르는 유통로이고, 다음은 한강 하구에서 북쪽으로 황해도·평안도 연해안에 이르는 유통로이며, 그리고 동해안에 위치하여 경상도·강원도·함경도 연해안을 잇는 유통로가 그것이었다. 이들 중 첫째의 서·남해안 유통로는 조선 전기 이래로 주로 세곡 운송로와

---

2) 李重煥, 《擇里志》 卜居總論 地理.
3) 徐有榘, 《林園經濟志》 倪圭志 권 2, 貨殖 貿遷.
4) 위와 같음.

소작료 운송로로 이용되었는데, 조선 후기에는 상품의 유통로로서 그 기능이 강화되었다. 서·북해안 유통로는 군량미 운송로로서 정부가 주로 이용하였으나, 16세기 이후 이들 지역에 농장이 다수 생겨나면서 소작료 운송로로서 주목되었다. 동해안 유통로는 뱃길이 서해안·남해안의 그것과 달라서 그 지역의 지토선이 주로 운항하고 있었다. 북어와 같은 해산물의 운송이나 진휼미의 운송이 종종 이루어지고 있었다.

(1) 관물의 운송

가. 세곡의 운송

가) 조운제의 변질

조선 후기에 상품화폐경제가 발달하고 있었다 하더라도 운수업, 특히 수상운송에서 큰 비중을 차지하고 있었던 것은 관물의 운송이었고, 그 중에서도 세곡의 운송이었다. 세곡은 18세기 이후 부분적으로 金納化되고 있었지만, 대부분은 현물로 운송되었고, 또 漕運에 의함이 원칙이었다.[5] 조운은 집권적 봉건사회에서 봉건지배층이 토지에서의 생산물, 즉 세곡을 선박에 의해 중앙으로 이송하는 운송체계로서, 원칙적으로 賦役制에 토대를 둔 중세적 질서로 운영되고 있었다. 봉건사회에서의 세곡은 국가재정의 명맥이었기 때문에 봉건정부는 조운을 정상적으로 가동시키기 위하여 온갖 봉건적 수단과 방법을 동원하였다.

그런데 조선 후기에 이르면 그것이 무리한 노력임이 드러나고 있었다. 漕船을 직접 건조하고 漕軍을 강제로 입역하여 운영하는 봉건적 조운제의 강행은, 조선왕조의 기본 통치질서가 내부로부터 동요되어 가고 있던 조선 후기의 사회·경제적 형세에 역행하는 것이어서 그 실시에는 많은 문제가 드러날 수밖에 없었다.

첫째, 구조적 모순으로서 조군과 조선의 확보가 용이하지 않았다. 조운제는 役制가 붕괴되어 가고 있는 상황에서는 정상적인 운영을 기대할 수 없는 제도였다. 즉 조군은 당초부터 漕役을 감당할 수 없을 만큼 온갖 잡역에 동원되었고, 익사의 위험이 항시 도사리고 있어 누구나 싫어하는 身役에 강제

5) 《大典通編》 권 2, 戶典 漕轉.

로 그리고 무상으로 동원되고 있었다. 마침내 그 고통을 이기지 못한 조군은 역을 기피하게 되고, 도산·流亡하게 되었다. 조군의 피역 현상은 16세기를 전후하여 널리 파급되고 있었는데, 17세기 이후에는 조군의 확보가 거의 이루어지지 않았다.[6] 조운제가 동요하게 된 또 하나의 계기는 조선건조 작업이 점차로 여의치 않았던 점이다. 당시 조선의 건조는 官匠制의 일환으로 이루어지는 것이 원칙이었고, 실제로 그러하였다. 그러나 15세기말 이래로 관장제 역시 잘 운영되지 않았고, 여기에 船材의 조달도 어렵게 되자 16세기말에는 불가피하게 민간에서 선박을 조달 받는 경우도 있었고, 兵船을 조선으로 활용하는 상황까지 나타났다.[7] 이러한 상황이 계속되면서 조운제의 정상적 운영은 기대할 수 없었던 것이다.

조운제는 17세기에 이르면 거의 파탄 직전에 이르고 있다. 전란이 끝나자 조운의 중요성을 절감하고 있던 위정자들이 즉시 그 복구책을 모색하였으나, 거의 모든 漕倉이 파괴되고 조선이 부서지고 조군이 흩어져 예전의 모습대로 복구하는 것은 거의 불가능하였다. 인조 16년(1638) 해운판관 尹鳴殷의 狀啓에 의하면, 당시 실제 운영되고 있었던 조창은 貢津倉 등 4개 조창뿐이었다.[8] 더구나 그들 조창도 각 지역의 세곡을 《經國大典》에서와 같이 조운하는 것이 아니었다. 〈漕軍式〉에 의하면 내륙지방의 세곡에 한해서만 조선으로 운송하고 있었고, 연해지방에서는 대체로 私船을 세내어 직접 京倉으로 운송·납부하고 있었다.[9] 그리하여 조운제 자체를 폐기하자는 주장까지 제기되고 있었다. 조운제가 거의 허구화되고 있는 현실 속에서 그 시행을 계속 고집한다는 것은 정책적으로도 무의미한 일이었다. 그리하여 17세기 후반에 이르러서는 조운제 전반에 대한 검토가 다각도로 시도되었다.

당시 논란이 거듭되는 속에서 대책으로서 제시된 방안은 크게 두 가지 유형으로 구분될 수 있다. 그 하나는 문제가 드러난 조운제의 병폐를 시정하여

---

6) 崔完基, 《朝鮮後期船運業史硏究》(一潮閣, 1989), 51쪽.
7) 《宣祖實錄》 권 7, 선조 6년 2월 갑술.
《中宗實錄》 권 65, 중종 24년 4월 신미.
《中宗實錄》 권 48, 중종 18년 6월 기축.
8) 《度支志》 권 7, 版籍司 漕轉部 漕船節目.
9) 《度支志》 권 7, 版籍司 漕倉 漕軍式.

조운제의 기능을 강화하자는 것이고, 다른 하나는 조운제의 변질을 역사적 사실로서 인정하고 漕役을 혁파함과 더불어 賃船制를 도입해야 한다는 주장이었다. 조운제의 폐단이 날로 심각해지면서 이에 관심을 가진 사람들로서는 우려하지 않는 이가 거의 없었다. 현실사회의 모순을 다각도로 분석하고 나름대로 대책을 제시하였던 磻溪 柳馨遠도 조군의 도산을 크게 염려하였다.[10] 유형원은 일생을 거의 전라도 扶安지역에서 보냈기 때문에 인접한 法聖倉 조운의 실태를 비교적 소상하게 파악하고 있었다고 여겨진다. 그런데 조군의 도산을 매우 염려하였던 유형원도 조운 문제의 본질에 대하여는 깊이 이해하지 못하였던 듯하다. 17세기에 이르러 더 이상 유지될 수 없을 정도로 한계에 이른 漕役制의 와해 현상과 이를 전후하여 나타난 賃運活動을 중세질서의 이완 또는 새로운 질서의 생성으로 주목하지 아니하고, 기강의 확립과 제도의 정비를 통해서 官船漕運制의 강화를 추구하였다. 그는 연해의 여러 고을에서 세곡을 조창에 들이지 않고 사선을 세내어 직접 경창에 상납하고 있다면서, 이는 타당하지 않은 처사이니 원래의 제도로 회복시켜야 한다고 주장하였다.

봉건정부가 세곡운송을 직접 관장하기에는 역사적 현실이 이미 달라지고 있던 상황 속에서 유형원이 관선조운제로의 복구를 주장한 데에는 나름대로 이유가 있었다. 즉 당시에는 京江船을 비롯한 사선인들의 임운활동이 널리 행해지면서 부작용으로서 그들에 의한 작폐가 크게 노출되고 있었던 것이다.[11] 사선인들은 세곡운송을 통해 취득한 합법적인 船價(운임)에 만족하지 않고 여러 가지 불법행위를 자행하여 세곡을 횡령하였는데, 그 결과 국가재정에 막대한 손실을 초래하였고 또한 민폐를 가중시켰다. 실제로 당시 세곡선의 침몰사고가 빈발하였는데, 사고 원인의 대부분은 사선인들의 故敗로 인한 것이었다. 유형원은 제도의 정비와 기강의 확립이 이루어진다면, 조운의 효과를 충분히 달성할 수 있을 것이라고 주장하였다. 그는 우선 조창을 원래대로 복구시켜야 한다고 하였다.[12] 현재의 조창 외에 지역의 형세를 헤아려 부안·海南·順

10) 崔完基, 〈17세기의 조운문제와 이해의 시각〉(《龍巖車文燮敎授華甲紀念 朝鮮時代史硏究》, 신서원, 1989), 196쪽.

11) 姜萬吉, 《朝鮮後期 商業資本의 發達》(高麗大 出版部, 1973), 62쪽.

12) 柳馨遠, 《磻溪隨錄》 권 3, 田制後錄 上 漕運.

天·瑞山·泗川·昌原 등지에 조창을 더 두어 조운제의 기능을 강화시켜야 한다는 것이다. 그리고 조선·조군의 수효도 실제에 맞게 확보되어야 한다고 주장하였다. 먼저 조선은 각 조창에서 받아들이는 세곡의 수량을 참작하여 그 수효를 정하는데, 대체로 《經國大典》에 정해진 바에 준하도록 하였다. 그리고 조군의 수효도 원래대로 조선 1척당 36인으로 하여 조군의 番次를 지켜주면 조군들의 괴로움이 줄고 조운의 기능도 회복될 것이라고 보았다.

조운문제의 본질은 漕役制에 있다. 조역은 '勿差他役 世傳其任'이라는 규정에서 알 수 있듯이 봉건적 신분제와 결부되어 조군을 괴롭히고 있던 근원적 응어리였다.[13] 따라서 조운문제를 해결하고자 한다면 조역의 문제를 바로 처리해야 한다. 그런데 17세기의 위정자들은 조운의 중요성을 인식하면서도 조역의 문제에 대하여는 그다지 유의하지 않았다. 유형원도 조역에 대하여는 기본적으로 용인하는 입장이었다. 조역의 문제를 근원적으로 해결하기보다는 세곡의 안전한 운송에 더 관심이 많았다. 조역제의 모순에 이의를 제기하고, 그 불합리함에 반발한 것은 조역의 당사자인 조군들이었다. 지금까지 조역을 일방적으로 강요받고 있었기 때문에, 조군들이 조역의 혁파를 요구한 것은 당연하였다. 16세기에 이미 代立·유망 등의 방법으로 봉건적 입역에 저항하였던 조군들은 17세기에 이르러서는 적극적으로 자신들의 입역조건을 개선하고자 하였다. 즉 인조 16년(1638) 충청도 아산 貢津倉 소속의 조군 廉九龍 등은 민생문제에 관심이 많은 金堉이 충청감사로 부임함을 계기로 자신들의 처지를 호소하고, 나아가 자신들을 봉건적 굴레에 얽매고 있던 조역의 혁파를 호소하였다.[14] 조군들은 조역 혁파의 당위성을 다음과 같이 제시하였다. 첫째, 각 고을이 인근의 포구에서 賃船하여 세곡을 운송한다면, 농민들이 멀리까지 직접 운송하는 노고가 없게 되고 조창에 납부할 때 드는 役價 등의 쓸데없는 비용을 줄일 수 있다. 둘째, 조군은 조역에의 강제적 긴박에서 벗어나 수탈을 면할 수 있고 또한 그 隣族 역시 삶을 지탱할 수 있으며, 셋째 각 고을에서 임의로 임선하여 세곡을 운송하게 되면 침몰의 염려가 적고, 혹

13) 《經國大典》 권 4, 兵典 番次都目 漕卒.
《仁祖實錄》 권 23, 인조 8년 7월 임인.
14) 《度支志》 권 7, 版籍司 漕轉部 罷漕議.

침몰하더라도 선인들에게 변상토록 하면 된다. 넷째, 조군에게 지급된 給復田에서 수세할 수 있으며 조군에게서도 役價를 받을 수 있어 국가재정에도 도움이 된다는 것이다. 조역의 혁파는 실로 조운제로 인하여 온갖 고통을 겪어야 했던 당시 조군들의 열망이었던 것이다.

사회경제적 천대와 아울러 온갖 수탈의 대상이었던 조군의 유망은 조역제가 혁파되지 않는 한 불가피한 것으로서, 17세기에는 그 현상이 날로 심화되고 있었다. 인조 27년(1649) 사헌부 집의 金弘郁의 보고에 의하면 고된 조역으로 인하여 유망하거나 도산하는 조군이 10명 가운데 8~9명에 이른다고 하였다.[15]

나) 세곡임운의 보편화

17세기 후반에 이르면 위정자들로서도 조역의 문제가 심각하고, 조운제가 정상적으로 운영되는 데는 한계가 있음을 점차 인지하기에 이르렀다. 더구나 이 시기는 良役 전반에 걸쳐 개혁논의가 제기되던 때였다. 위정자들은 해난사고가 빈발하자 관선조운제의 정상적인 운영을 위하여 漕渠의 개설을 시도하고 감독을 철저히 하도록 하는 등 다각적인 노력을 기울이면서,[16] 아울러 조역의 혁파문제도 검토하기에 이르렀다. 숙종 7년(1681) 강화유수 李選은 당시 조군의 수효는 3,200명인데, 이들을 부리기 위해 드는 비용이 조운하는 세곡에 비하여 매우 과다하다면서, 조선이라고 해서 반드시 유익하고 사선이라고 하여 반드시 손해를 끼친다는 보장이 없으니 관선조운제를 혁파하고 사선임운제를 시행하는 것이 좋겠다고 하였다.[17] 그러나 조역의 혁파는 위정자들이 늘상 내세우는 '祖宗之法'의 포기를 의미하는 것으로서, 중세적 질서를 대변하고 있던 大典體制의 전환을 의미하는 것이기도 하였다. 따라서 호조판서 李尙眞, 전라감사 李師命, 예조판서 申最, 우참찬 趙師錫 등이 지지하고 동의하였지만, 조역의 혁파는 쉽지 않았다. 실제로 사선의 임운도 용이한 것이 아니었으며, 전반적으로 운송 선박이 부족하였다. 그리하여 오랫동안 논란을 거듭하다가 결국은 조운제의 기본 골격은 그대로 유지하되 조역의

15) 《備邊司謄錄》 13책, 인조 27년 3월 19일.

16) 李鍾英, 〈安興梁對策으로서의 泰安漕渠 및 安民倉問題〉(《東方學志》 7, 延世大 國學硏究院, 1963), 104쪽.

17) 《肅宗實錄》 권 11, 숙종 7년 5월 계유.

폐단을 제거하기 위해 운영상의 문제점만 약간 개선하는 선에서 조운문제는 매듭지어졌다.[18]

이처럼 문제가 크게 노출되고 있던 상황에서는 근원적인 해결책이 마련되지 않는 한 조운제의 정상적 운영을 기대할 수 없었다. 더구나 17세기 후반에 이르러서는 大同法이 전국적으로 확대 실시되어 갔고, 뿐만 아니라 일부 지방에 흉년이 계속되어 賑恤米를 대량으로 운송하게 되면서 운송해야 할 물량이 전과 비교할 수 없을 만큼 증대되었으니, 運穀船의 부족은 불가피하였다. 그래서 1년에 두 번 이상 조선을 동원해 보기도 하고, 선박의 적재량을 증가시켜 보기도 하였다. 그렇게 해도 해결되지 않자 병선을 조운에 겸용해 보기도 하였지만, 운곡선의 부족사태는 타개될 수 없었다. 그리하여 비공식적이기는 하지만 훈련도감의 待變船, 각 관부의 案付船 또는 경강선·지토선 등의 사선을 세내어 세곡을 운반하여야 했다. 대안으로 제시된 여러 방안이 널리 시행되면서 관선조운제는 점차 무의미해져 갔다. 마침내 봉건정부는 18세기초에 이르러서는 형식적인 조운제의 운영을 포기하기에 이르렀다. 그 구체적인 이유나 전말에 대하여는 잘 알 수 없지만, 숙종 30년(1704) 조역은 공식적으로 혁파되었다.[19] 인조 16년 조군 廉九龍 등이 조역의 혁파를 주장한 지 66년만의 성과였다. 조역의 혁파는 세곡운송체제의 새로운 국면 전개를 의미하는 것이었다. 물론 조역의 혁파가 단행되었다고 하여도 관선조운제를 완전히 철폐한 것은 아니었다. 각 조창에는 다소의 조선이 비치되어 있었고, 조역에서 해방되었다고 하지만 원래의 조군들은 雇立制에 의해 다시 조선에 승선하고 있었다. 따라서 그것은 조운제로서는 그리 의미가 없었다. 그것은 어디까지나 조운제에서 임운제로 넘어가는 과도기적 조치에 불과하였다.

18세기 이후 세곡의 운송은 私船賃運이 일반적 수단이었다. 17세기에는 비공식적으로 세곡을 주도하였으나, 이후에는 공식적으로 세곡운송을 주도하였다. 《大典通編》에 의하면, 조운하지 않는 각 지역의 세곡은, 내륙지방에서는 무명이나 삼베로 바꾸어 납부하고, 연해지방의 강변에서는 선박을 세내어 운반하도록 규정하였다.[20] 세곡의 임운이 보편화됨에 따라서 이를 법제화한

18) 崔完基, 앞의 책, 35~37쪽.

19) 《肅宗實錄》 권 39, 숙종 30년 정월 정사.

것이다. 조운이 용이하지 않자 일부 지방의 세곡을 作木·作布시켜 상납케 하기도 하였지만, 조선 후기 각 고을의 세곡은 상당수가 임운으로 상납되었다. 전세곡의 운송에 있어서만도 한계에 이르고 있었던 조운제는 새로이 나타난 大同米의 운송을 도저히 감당할 수 없었다. 세곡의 물량은 종래보다 대체로 배 이상 증대되었다(〈표 1·2〉 참고).

조운제가 그 기능을 다하지 못하고 있는 상황에서 운송물량의 비약적 증대는 자연히 私船人들의 활동을 자극하였고, 그들의 성장에 중요한 토대를 마련해 주었다. 한때 훈련도감의 대변선이 관부의 배려하에 운송권의 확보를 위한 경쟁을 시도한 바 있었으나,[21] 세곡의 임운은 대체로 17세기에는 地土船, 18세기 전반에는 京江船 그리고 18세기말 이래로는 舟橋船이 주도하였다. 효종 5년(1654) 호조의 보고에 의하면, 전라도 전세곡운송에 지토선이 참여하고 있는데, 이 때에 지토선 1척은 200~300석의 세곡을 적재하여 운항하고 있었다.[22] 물론 당시 세곡의 임운에 참여하고 있던 선박은 지토선만은 아니었다. 경강선도 호서·호남의 세곡운송에 참여하고 있었다. 그러나 위정자들은 경강선보다는 지토선을 더 배려하고 있었다. 숙종 24년에 정리된《受敎輯錄》에 의하면, 각 고을의 전세곡은 경강선에 실을 수 없으며, 반드시 본 고을의 지토선이나 인근 고을의 지토선을 세내어 운송토록 규정하였다.[23] 초기에 200~300석을 싣던 지토선은 18세기에는 1천 석까지 적재하기에 이르렀으며, 그 활동무대도 가까이는 경기도 연해에서 멀리는 경상도 남부 연해까지 걸쳐 있었다.[24] 전세곡운송에서 일정한 수준의 활동을 보이고 있던 지토선은 대동법의 실시와 더불어 그 운송수단으로 주목되면서 본격적으로 세곡임운에 참여하였다.《忠淸道邑誌》를 살펴보면, 可興倉이 소재하고 있어서 조선에 대동미를 적재 상납토록 지정된 충주의 경우에도 대동미를 지토선에 실어 상납하고 있었다.[25]

---

20)《大典通編》권 2, 戶典 漕轉.
21) 崔完基, 앞의 책, 236~244쪽.
22)《備邊司謄錄》17책, 효종 5년 5월 28일.
23)《受敎輯錄》권 2, 戶典 漕轉.
24)《續大典》권 2, 戶典 漕轉.
《承政院日記》1173책, 영조 35년 9월 21일.
25)《忠淸道邑誌》忠州邑事例 站船都庫.

〈표 1〉 18세기 各邑 田稅穀 上納額과 賃運航路

道 別	邑 名	田稅穀 上納額 (石)	賃 運 航 路	日 程	地土船數
京畿道	驪 州	576	주 驪江-양근 大灘-광주 斗尾江-광주 松坡-과천 銅雀津-京倉	6	45
	竹 山	385	여주 驪江-…		
	陰 竹	265	여주 麗江-…		
	陽 智	164	여주 梨浦-양근 大灘…		
	利 川	481	여주 梨浦-…	5	
	砥 平	116	여주 梨浦-…		
	楊 根	214	양근 葛山江-양근 大灘…	3	15
	朔 寧	290	삭령 羽花亭-연천 澄波渡-장단 高浪浦-파주 文山浦-고양 幸州津-京倉	3	1
	漣 川	155	연천 澄波渡-…		
	麻 田	116	마전 朽淵-장단 高浪浦-…		
	積 城	102	적성 如意津-장단 高浪浦-…		
	坡 州	294	파주 文山浦-…		10
	長 湍	212	풍덕 蟹岩浦-교하 深岳江-…고양 幸州津-…	2	
	喬 桐	99	교동 海倉-통진 祖江-교하 深岳江-…	3	
	豊 德	398	풍덕 昇天浦-통진 祖江-…	2	
	通 津	529	통진 甲串津-통진 祖江-…	2	
	交 河	245	교하 深岳江-…	2	
	金 浦	225	김포 江倉-고양 幸州津-…		37
	加 平	74	가평 安盤灘-광주 斗尾江-…	2	
	安 城	463	평택 新城浦-수원 靈興海-남양 都里海-인천 八尾海-강화 孫乭項-통진 祖江		
	陽 城	337	양성 瓮浦-수원 靈興海-…	5	
	振 威	379	진위 黑津-수원 靈興海-…		
	水 原	2,003	수원 里浦津-남양 都里海-…		
	南 陽	468	남양 海倉-인천 八尾海-…	4	
		8,490			
忠淸道	公 州	3,599	은진 江景浦-…	15	
	定 山	579	정산 江津-부여 白馬江-은진 江景浦-임천 南塘津-임피 西施浦-서천 長巖津-보령 元山津-태안 安興鎭-당진 蘭芝島-수원 靈興海-…		
	扶 餘	850	부여 白馬江-…	8	26

道 別	邑 名	田稅穀上納額(石)	賃 運 航 路	日 程	地土船數
忠淸道	鴻 山	1,164	부여 白馬江－…	30	
	石 城	524	석성 猪浦－은진 江景浦－…	31	
	連 山	1,068	은진 市津浦－은진 江景浦－…	20	
	尼 山	931	이산 烏山浦－은진 江景浦－…		
	恩 津	1,310	은진 江景浦－…	30	
	林 川	1,252	임천 南塘津－…	21	88
	韓 山	1,209	한산 瓦浦－서천 長巖津－…	20	
	舒 川	1,250	서천 海倉浦－비인 桐柏島－보령 元山鎭－…		
	庇 仁	567	비인 長津浦－보령 元山鎭－…		146
	鹽 浦	684	남포 看入浦－보령 元山鎭－…	20	20
	保 寧	804	보령 海倉－보령 元山鎭－…	8	
	洪 州	2,621	보령 熊浦－보령 元山鎭－…	6	
	結 城	882	결성 石串浦－보령 元山鎭－…	7	83
	瑞 山	1,137	서산 鳴川浦－당진 蘭芝島－…		
	海 美	565	해미 外倉浦－당진 蘭芝島－…		167
	唐 津	624	당진 北倉浦－수원 靈興海－…		
	沔 川	884	면천 江門浦－아산 牛坪浦－수원 靈興海－…		52
	德 山	966	면천 江門浦－…		9
	禮 山	721	예산 孤頭浦－면천 江門浦－…		
	靑 陽	592	예산 孤頭浦－…		
	大 興	730	예산 孤頭浦－…		
	新 昌	442	신창 新宮浦－아산 牛坪浦－…		
	稷 山	828	아산 屯浦－수원 大津－수원 靈興海－…		3
	平 澤	280	평택 老山浦－수원 大津－…		
	永 春	273	춘 香山遷－단양 下津－청풍 黃江－제천 北津－충주 木溪－원주 興原倉－여주 麗江－…	5	
	丹 陽	256	단양 下津－…	5	
	淸 風	550	청풍 黃江－…		
	堤 川	586	제천 北津－…	5	
	延 豊	210	충주 達川－충주 牧溪－…		
		28,938			
全羅道	求 禮	756	동 斗置津－순천 左水營－흥양 呂島鎭－흥양 鹿島鎭－해남 右水營－영광 七山海－홍덕 蝟島－만경 古群山島－비인 冬栢島－…		
		1,182	광양 海倉浦－순천 獐島－순천 左水營－…		39

道 別	邑 名	田稅穀 上納額 (石)	賃 運 航 路	日 程	地土船數
全羅道	順 天	4,414	순천 龍頭浦－홍양 呂島鎭－…	24	
	樂 安	1,412	낙안 眞石浦－홍양 呂島鎭－…	20	
	興 陽	2,731	홍양 南星浦－홍양 鹿島鎭－…		518
	寶 城	2,514	보성 安波浦－해남－해남 右水營－…	17	19
	長 興	3,273	장흥 海倉－장흥 會寧浦－해남 右水營－…	15	
	康 津	2,910	강진 南原浦－해남 右水營－…	20	125
	海 南	2,500	해남 海倉－해남 右水營－…	17	89
	珍 島	1,369	진도 海倉－무안 多慶浦－영광 七山海－…	15	
	羅 州	7,141	나주 榮山浦－무안 木浦鎭－무안 多慶浦－…	20	
	南 平	1,767	나주 榮山浦－…	20	
	綾 州	1,715	나주 榮山浦－…		
	務 安	2,615	무안 沙湖浦－무안 木浦鎭－…	25	
	靈 巖	4,036	영암 龍堂津－무안 木浦鎭－…		
	咸 平	3,068	함평 道里浦－영광 七山海－…		
	茂 長	2,390	무장 石橋浦－홍덕 蝟島－…	7	
	興 德	1,310	홍덕 沙津浦－만경 古群山島－…		
	扶 安	2,061	부안 長信浦－만경 古群山島－…		
	古 阜	2,629	고부 海倉－만경 釜浦－비인 桐栢島－…		142
	金 堤	2,951	김제 太極浦－만경 釜浦－…		15
	萬 頃	849	만경 釜浦－…		
	礪 山	1,554	여산 羅岩津－임천 南塘津－…		66
	龍 安	698	용안 黃浦津－임천 南塘津－…		
	臨 陂	2,049	임피 羅里浦－서천 長巖津－…	10	62
		59,814			
慶尙道	玄 風	1,001	풍 回山江－영산 密津－밀양 三浪浦－양산 甘同浦－웅천 薺浦－고성 統營－남해 露梁－순천 左水營－…		4
	昌 寧	1,551	창녕 梨知浦－영산 密津－…		15
	宜 寧	1,555	의령 鼎岩－영산 密津－…		4
	咸 安	1,140	창녕 合浦－…		
	靈 山	872	영산 密津－…		39
	漆 原	536	창원 合浦－…		
	密 陽	2,689	밀양 三浪浦－…		
	梁 山	466	양산 甘同浦－…		
	金 海	1,829	김해 芳浦－웅천 薺浦－…		
	熊 川	495	웅천 濟浦－…		153

道 別	邑 名	田稅穀上納額(石)	賃 運 航 路	日 程	地土船數
慶尙道	昌 原	1,602	창원 合浦－統營－…		134
	鎭 海	334	진해 時落浦－統營－…		
	巨 濟	665	거제 見乃梁－統營－…		1,428
	固 城	1,096	고성 海倉－남해 露梁－…		648
	晋 州	4,022	진주 長岩津－남해 露梁－…		
	丹 城	784	진주 長岩津－…		
	泗 川	862	사천 三千浦－남해 露梁－…		137
	昆 陽	838	곤양 海倉－남해 露梁－…		156
	南 海	869	남해 露梁－…		
	河 東	1,024	하동 斗置津－순천 左水營－…		284
		24,230			
江原道	寧 越	94	영월 錦障江－영춘 香山遷－丹陽 下津－…	3	
	原 州	380	원주 興原倉－…	3	
	橫 城	135	원주 興原倉－…	6	
	楊 口	41	양구 西湖浦－낭천 南江－가평 安盤灘－…	5	
	狼 川	58	낭천 南江－…	5	
	春 川	414	춘천 昭陽江－가평 安盤灘－…	5	
	麟 蹄	31	춘천 昭陽江－…	8	
	洪 川	41	홍천 冠川江－광주 斗尾江－…	4	
	伊 川	173	이천 古城津－안협 猪仇里灘－연천 澄波渡－장단 高浪浦－…	5	
	安 峽	34	안협 猪仇里灘－…	4	
	平 康	78	연천 澄波渡－…	3	
	鐵 原	198	연천 澄波渡－…	3	
		1,677			
黃海道	黃 州	2,970	황주 主浦－삼화 甑南浦－장연 梨串－풍천 椒島－장연 長山串－강령 澄山串－해주 延坪島－풍덕 昇天浦－교하 深岳江－…		
	載 寧	856	재령 栗串津－삼화 甑南浦－…		
	鳳 山	1,338	재령 栗串津－…		
	信 川	1,227	재령 栗串津－…		
	安 岳	1,858	안악 沙津－삼화 甑南浦－…		
	長 連	391	장연 大津關－장연 梨串－…		
	豊 川	478	풍천 松浦－장연 長山串－…		
	殷 栗	421	풍천 松浦－…		

道 別	邑 名	田稅穀上納額(石)	賃 運 航 路	日 程	地土船數
黃海道	文化	819	풍천 松浦-…		
	松禾	684	풍천 松浦-…		
	長淵	1,006	장연 助泥浦-강령 登山串-해주 延坪島-…		
	甕津	409	옹진 船滄浦-강령 登山串-…		
	康翎	341	강령 邑前浦-강령 登山串-…		
	海州	2,923	해주 結城浦-해주 延坪島-…		
	延安	1,131	연안 那津浦-풍덕 昇天浦-…		
	平山	2,140	평산 猪灘浦-금천 助邑浦-개성 碧瀾渡-풍덕 昇天浦-…		
	金川	1,053	금천 助邑浦-…		5
	白川	685	배천 金谷浦-개성 碧瀾渡-…		18
	兎山	412	토산 淺灘-삭령 狗項浦-연천 澄波渡-…		
		21,192			

비고 : 1. 표의 작성은 《輿地圖書》(國史編纂委員會, 1973)·《大東輿地圖》(韓國史學會, 1965)·《邑誌》(亞細亞文化社, 1982) 등을 참고하였다.

2. 일정과 지토선수는 자료에 밝혀진 것만 제시하였다. 금강유역의 고을에서는 일정이 많이 걸리고 있는데, 사실 여부는 재고되어야 할 것이다.

〈표 2〉 17세기 諸邑 田稅收納狀況

( )안은 漕倉別·地域別 稅納邑數

收納狀況 / 道 別	區 分	邑數	邑 名
京 畿 道 (38)	賃 運	24	驪州, 利川, 砥平, 陰竹, 陽智, 竹山, 楊根, 水原, 南陽, 安城, 振威, 金浦, 陽城, 通津, 坡州, 積城, 交河, 加平, 長湍, 豊德, 朔寧, 麻田, 漣川, 喬桐(24)
	陸 運	9	龍仁, 安山, 果川, 衿川, 陽川, 富平, 仁川, 永平, 抱川(9)
	州倉會錄	3	江華, 廣州, 開城(3)
	陵寢免稅	2	楊州, 高陽(2)
忠 淸 道 (54)	賃 運	32	公州, 林川, 韓山, 定山, 恩津, 連山, 尼山, 扶餘, 石城, 洪州, 舒川, 瑞山, 沔川, 平澤, 鴻山, 德山, 靑陽, 大興, 庇仁, 藍浦, 結城, 保寧, 新昌, 禮山, 海美, 唐津, 稷山(27) 堤川, 永春, 丹陽, 淸風, 延豊(5)
	漕 運	12	牙山, 木川, 天安, 溫陽, 燕岐, 全義(6) 忠州, 陰城, 槐山, 淸安, 鎭川, 淸州(6)

收納狀況 / 道別	區分	邑數	邑名
忠淸道	作木	9	義, 懷仁, 懷德, 鎭岑, 報恩, 靑山, 黃澗, 沃川, 永同(9)
	江都會錄	1	泰安(1)
全羅道 (56)	賃運	25	臨陂, 金堤, 萬頃, 礪山, 龍安(5)
			興德, 扶安, 古阜(3)
			咸平, 求禮, 茂長(3)
			羅州, 順天, 康津, 珍島, 樂安, 光陽, 興陽, 務安, 靈巖, 寶城, 長興, 海南, 南平, 綾城(14)
	漕運	27	咸悅, 益山, 珍山, 高山, 雲峰, 錦山, 龍潭, 南原(8)
			沃溝, 全州, 鎭安, 長水, 金溝, 泰仁, 任實(7)
			靈光, 淳昌, 玉果, 高敞, 谷城, 昌平, 長城, 潭陽, 光州, 和順, 同福, 井邑(12)
	作木	1	茂朱(1)
	州倉會錄	3	濟州, 旌義, 大靜(3)
慶尙道 (71)	賃運	23	昌原, 咸安, 漆原, 鎭海, 巨濟, 熊川, 宜寧, 固城, 晋州, 昆陽, 河東, 丹城, 南海, 泗川, 密陽, 玄風, 昌寧, 靈山, 金海, 梁山(20)
			豊基, 榮州, 醴泉(3)
		9	安東, 比安, 龍宮, 尙州, 聞慶, 咸昌, 禮安, 奉化, 順興(9)
	作木	22	義城, 永川, 淸道, 慶山, 河陽, 新寧, 眞寶, 義興, 開寧, 金山, 知禮, 居昌, 咸陽, 陜川, 靑松, 軍威, 三嘉, 彦陽, 英陽, 安義, 慈仁, 山淸(22)
	倭洪	17	慶州, 大邱, 仁同, 漆谷, 蔚山, 星州, 善山, 草溪, 高靈, 東萊, 機張(11)
			寧海, 盈德, 淸河, 興海, 延日, 長鬐(6)
江原道 (26)	賃運	12	伊川, 安峽, 平康, 原州, 寧越, 橫城, 春川, 洪川, 麟蹄, 楊口, 鐵原, 狼川(12)
	作布	12	旌善, 平昌, 金化(3)
			江陵, 三陟, 襄陽, 杆城, 高城, 通川, 歙谷, 蔚珍, 平海(9)
	州倉會錄	2	淮陽, 金城(2)
黃海道 (24)	賃運	20	山, 兎山, 海州, 延安, 白川, 甕津, 康翎, 牛峰, 江陰(9)
			黃州, 豊川, 載寧, 信川, 長淵, 安岳, 文化, 松禾, 長連, 殷栗, 鳳山(11)
	作錢	4	新溪, 谷山, 瑞興, 遂安(4)

비고 : 1. 표의 작성은 《輿地圖書》와 《度支志》의 사실을 토대로 하였다.

2. 江陰은 효종 8년(1657) 牛峯縣과 합하여 金川郡으로 승격되어 일부 자료에서는 황해도 邑數에 있어서 차이를 보이고 있다.

〈표 3〉 17세기 諸邑 大同米收納狀況

收納狀況 / 道別	區分	邑數	邑名
京畿道 (38)	賃運	24	驪州, 利川, 砥平, 陰竹, 陽智, 竹山, 楊根, 南陽, 安城, 振威, 金浦, 陽城, 通津, 積城, 抱川, 加平, 永平, 長湍, 豊德, 朔寧, 麻田, 漣川, 喬桐, 水原
	陸運	11	龍仁, 安山, 果川, 衿川, 陽川, 富平, 仁川, 坡州, 交河, 楊州, 高陽
	州倉會錄	3	江華, 廣州, 開城
忠淸道 (54)	賃運	34	公州, 林川, 韓山, 定山, 恩津, 連山, 尼山, 扶餘, 石城, 洪州, 舒川, 瑞山, 沔川, 平澤, 鴻山, 德山, 靑陽, 大興, 庇仁, 藍浦, 結城, 保寧, 新昌, 禮山, 海美, 唐津, 稷山, 溫陽, 泰安, 天安, 忠州, 陰城, 堤川, 鎭岑
	漕運	1	牙山
	作木	13	文義, 懷仁, 懷德, 報恩, 靑山, 黃澗, 沃川, 永春, 丹陽, 淸風, 延豊, 槐山
	作米作木	6	木川, 燕岐, 全義, 淸安, 鎭川, 淸州
全羅道 (56)	賃運	23	臨陂, 金堤, 萬頃, 礪山, 龍安, 興德, 扶安, 古阜, 咸平, 茂長, 羅州, 順天, 康津, 珍島, 樂安, 光陽, 興陽, 務安, 靈巖, 寶城, 長興, 海南, 井邑
	漕運	7	咸悅, 益山, 沃溝, 全州, 靈光, 高敞, 長城
	作木	21	茂朱, 南原, 光州, 泰仁, 潭陽, 淳昌, 任實, 南平, 綾城, 鎭安, 昌平, 谷城, 錦山, 同福, 高山, 求禮, 玉果, 和順, 龍潭, 珍山, 金溝
	作布	2	雲峰, 長水
	州倉會錄	3	濟州, 旌義, 大靜
慶尙道 (71)	賃運	22	昌原, 咸安, 漆原, 鎭海, 巨濟, 熊川, 宜寧, 固城, 晋州, 昆陽, 河東, 丹城, 南海, 泗川, 密陽, 玄風, 昌寧, 靈山, 金海, 梁山, 蔚山, 機張
	作木	45	豊基, 榮州, 醴泉, 義城, 永川, 淸道, 慶山, 河陽, 新寧, 眞寶, 義興, 金山, 陜川, 軍威, 彦陽, 慈仁, 慶州, 大邱, 仁同, 漆谷, 星州, 善山, 草溪, 高靈, 東萊, 盈德, 淸河, 興海, 延日, 長鬐, 比安, 龍宮, 尙州, 聞慶, 禮安, 奉化, 咸昌, 開寧, 知禮, 三嘉, 順興, 英陽, 安東, 靑松, 寧海
	作布	4	咸陽, 居昌, 安義, 山淸

收納狀況 / 道 別	區 分	邑數	邑 名
江 原 道 (26)	賃 運	10	伊川, 安峽, 寧越, 楊口, 鐵原, 狼川, 春川, 洪川, 橫城, 原州
	作 布	16	旌善, 平昌, 金化, 金城, 平康, 麟蹄, 江陵, 三陟, 襄陽, 杆城, 高城, 通川, 歙谷, 蔚珍, 平海

* 표의 작성은《度支志》·《萬機要覽》·《大典通編》의 大同條를 토대로 하였다.

그러나 17세기말에 이르러 선박의 조달이 여의치 않게 되고, 또 상당수의 선박이 궁방·아문·권세가에 점탈되면서 지토선은 점차 쇠축하여 갔다. 더구나 이 시기를 전후하여 京江船의 활약이 주목되자 지토선은 세곡운송의 무대에서 점차 그 역할을 상실해갔다. 이후의 세곡임운활동은 경강선이 주도하였다. 京江船人들은 이미 조선 초기 이래로 京江에서 그 발판을 굳히고 있었다. 조선 후기에 와서 그 활동이 본격화될 수 있었던 것은 특히 18세기에는 정치적 안정과 더불어 인구의 증가, 생산력의 증대, 유통망의 확대 등 당시의 사회경제적 변화가 일어나고 있었고, 이러한 시대적 상황을 바탕으로 하면서 아울러 자체의 내재적 성장이 가능하였기 때문이다. 특히 자본력, 항해술, 造船術 등이 우세하고 우수하였던 경강선인들은 그들의 근거지인 경강의 입지적 조건을 최대로 활용하면서 활로를 개척하여 갔는데, 운송용역이 활로의 중요한 몫임을 인식하면서 지토선·대변선 등과의 경쟁에서 주도적으로 활동하였다.[26] 경강선은 임운활동이 공식적으로 인가되면서 세곡운송에 본격적으로 참여하였는데, 봉건정부도 그 역량을 인정하지 않을 수 없었다. 숙종 30년에 반포된 〈兩湖船節目〉에 의하면, 정부는 이제까지 강행해오던 조역을 혁파하면서 경강선에 의해 전세곡을 운송하고자 하였다.[27] 지토선에 의해 운송토록 되어 있는 대동미의 운송도 지토선의 기능이 약화되면서 경강선에 그 용역을 첨부시켰다. 당시 대동미운송에 참여하고 있던 경강선은 90여 척에 이르렀고, 적재능력은 대체로 400~500석 이상을 싣고 있었다.[28]

26) 崔完基, 앞의 책, 213쪽.
27)《肅宗實錄》권 39, 숙종 30년 정월 정사.
《度支志》권 7, 版籍司 漕轉部 漕船節目.
28)《承政院日記》408책, 숙종 28년 12월 18일.
《備邊司謄錄》82책, 영조 3년 12월 13일.

〈그림 1〉 조선 후기 田稅穀賃運圖

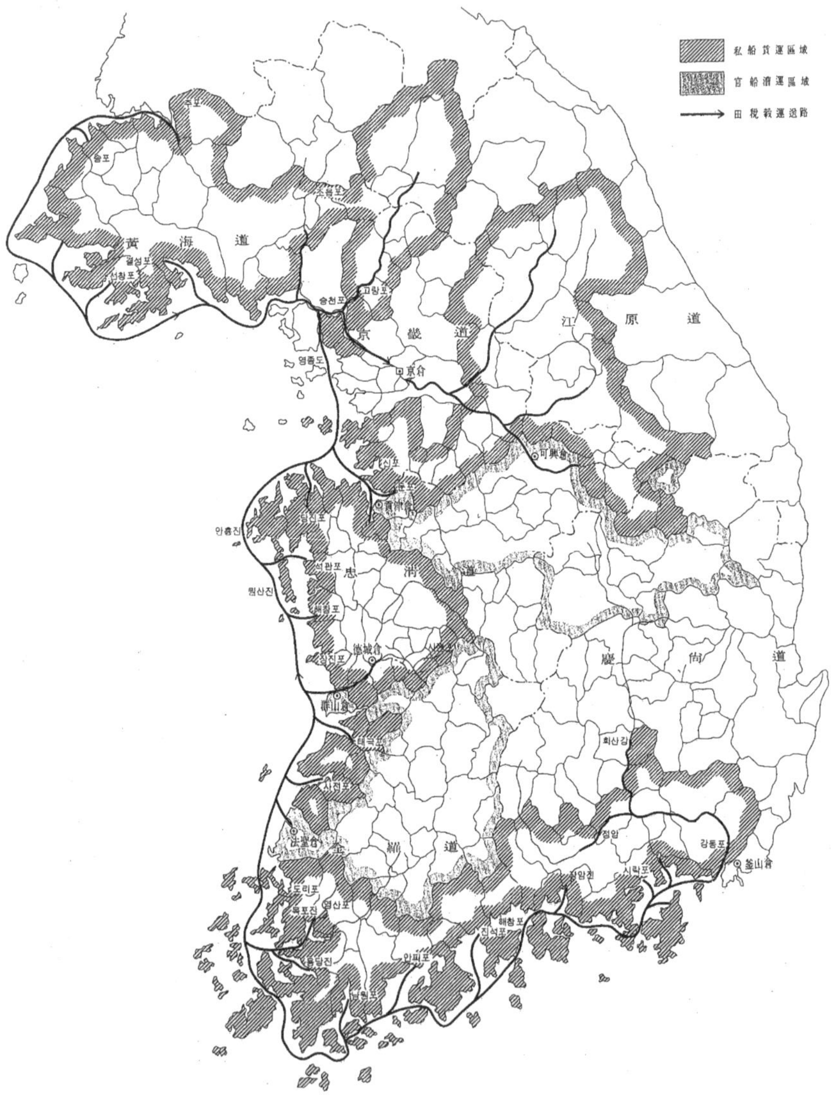

〈그림 2〉 조선 후기 大同米賃運圖

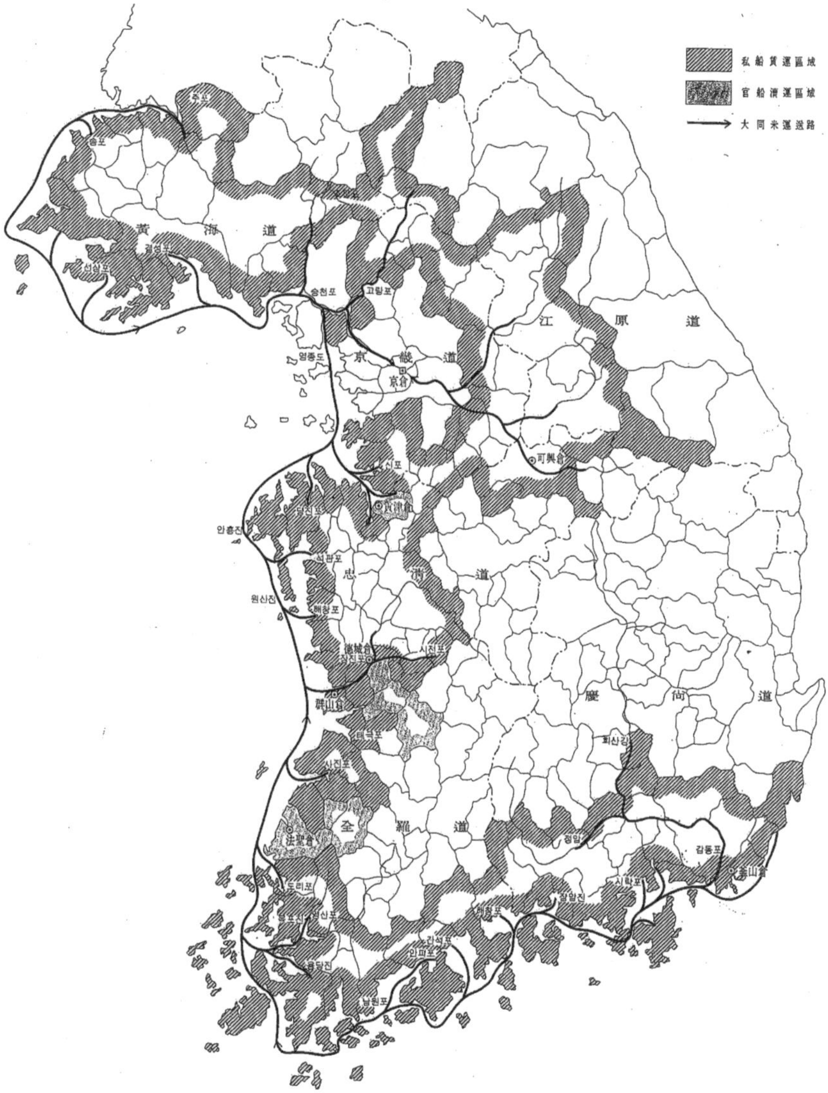

다) 작대제의 실시

세곡운송을 비롯한 곡물운송 용역이 경강선인의 전문적 영업분야였음은 여러 기록에서 확인된다. 영조 4년(1728) 기록에 의하면, 경강선인들 스스로 그들의 생업이 오로지 세곡운송에 있음을 밝히고 있는데, 그들은 京倉에 세곡을 수납하는 과정에서의 용역까지도 그들의 이권으로 헤아리고 있었다.[29] 경강선인들은 운송용역을 독점해 가면서 아울러 이득의 추구에 보다 적극성을 보여 주었다. 운임의 취득을 기본 목적으로 하는 운송용역에서 경강선인은 이익 추구의 길을 다양하게 모색하고 있었다. 경강선인들은 치부수단의 하나로서 添載, 故敗, 和水, 偸食 등의 묘책을 강구해 냈는데, 그같은 행위는 분명히 불법적이고 부당한 행위였다. 그러나 부정행위에 의한 이득은 船價의 취득이라는 정당한 방법을 통한 것보다도 훨씬 營利性이 있었다. 예컨대 경강선인들이 즐겨 쓰던 화수는 곡물에 일정량의 물을 타서 곡물을 불게 함으로써 그만한 양의 곡물을 횡령하는 것이었다. 영조 8년의 기록에 의하면 해주에서 3척의 선박이 세곡 700석을 싣고 상경하였는데, 낭청이 검사하였더니 검사용의 100석을 제외하고는 모두가 화수되었으며 심지어는 너무 물에 젖어 덩어리를 이루고 있었다고 한다.[30] 이같은 부정행위로 인해 손실되는 세곡이 매년 수천 석에 이르렀다. 그리하여 호조에서는 경비가 부족한 실제의 이유가 거기에 있다고까지 보고하였다.[31] 세곡선의 침몰사고도 대부분 故敗로 파악되었다. 고패의 경우 대부분의 선인들은 무사하고, 그들의 선박도 큰 손실이 없었다. 선인들은 고패를 자행하면서 합법적 사고임을 가장하여 국가에 선박 건조비용까지 요구하는 경우도 있었다. 선인들의 부정행위가 심화되면서 영조 초년에 발생한 두 차례의 대형사고를 계기로 봉건정부는 세곡임운제 자체를 재고하기에 이르렀다. 이 문제는 영조의 왕권강화책과도 결부되어 관선조운제의 강화라는 측면에서 해결이 시도되었다. 즉 여러모로 왕권의 강화를 시도하고 있던 영조는 국가재정의 토대가 되는 세곡운송에 있어서도 조

29) 《備邊司謄錄》 83책, 영조 4년 2월 28일.
30) 《備邊司謄錄》 91책, 영조 8년 4월 23일.
31) 《備邊司謄錄》 83책, 영조 4년 4월 22일.
《備邊司謄錄》 102책, 영조 13년 11월 28일.

군·조선을 정비하고, 조창을 증설하여 국가가 직접 세곡운송을 주관하는 관선조운제를 다시 강화하는 것이 보다 효과적이라고 보았던 것이다.[32] 이 때에 경상도의 세곡운송을 위해 馬山倉·駕山倉·三浪倉이 설치되었다.[33] 그러나 조운정책을 강행하는 데에는 막대한 비용이 요청되었고 船材의 조달 역시 용이하지 않았다. 더구나 세곡의 임운화, 조군의 고립화 추세 속에서 관선조운책을 강행하려 한 것은 시대에 역행하는 것이었다. 봉건질서의 해체화과정에서 정부가 세곡운송을 봉건적으로 강행한다는 것은 그 자체가 무리였다.

이에 여러 각도에서 당시의 현실을 확인한 정조는 경강선의 철폐보다는 경강선의 보호 육성이라는 측면에서 대책을 강구하고자 하였다. 예컨대 作隊制가 그것이었다.[34] 작대제는 흔히 執籌制라고도 불리는데, 경강선으로 하여금 船隊를 이루게 하여 선인들이 자율적으로 奸弊를 통제토록 하고, 관리들의 탐학을 제거하여 경강선인의 활동을 보장함으로써 세곡운송을 원활히 하고자 한 방안이었다. 作隊船 또는 執籌船은 곧 京江船이었던 것이다. 舟橋司에 의해 관리되었다고 하여 舟橋船이라고도 하였다.

작대제는 일찍이 17세기말 대동미 운송에서 행사직 李寅燁에 의해 시행된 바 있었고, 그 후 영조 때에도 경강선을 작대시킨 바 있었다.[35] 그러나 작대제는 경강선인에게는 그들의 활동을 보장해주는 조처로서 유리하였지만 농민들로서는 일방적으로 지정된 경강선에 세곡을 실어야 했고, 또한 과중한 선가를 부담해야 하는 사정 때문에 싫어하였다. 더구나 조운정책을 선호한 영조는 세곡의 임운을 그다지 탐탁하게 여기지 않았다. 그리하여 시행한 그 이듬해에 곧 혁파되었다.

정조가 즉위하면서 작대제는 세곡운송의 기본대책으로서 자리를 잡았다.

---

32) 崔完基, 〈18세기의 稅穀運送動向〉(《邊太燮博士華甲紀念 史學論叢》, 三英社, 1985), 471쪽.

33) 《備邊司謄錄》 139책, 영조 36년 8월 21일.
《備邊司謄錄》 148책, 영조 41년 11월 15일.

34) 崔完基, 앞의 책, 125~136쪽.

35) 《承政院日記》 408책, 숙종 28년 12월 18일.
《備邊司謄錄》 82책, 영조 3년 12월 13일.
《備邊司謄錄》 148책, 영조 41년 10월 6일.
《承政院日記》 1494책, 정조 5년 9월 24일.

관선조운책의 강행으로 다소 그 기능이 약화되었지만, 정부가 경강선인에게서 세곡운반권을 일방적으로 박탈할 수 없을 만큼 운수업에서 경강선인의 위치는 확고하였다. 세곡운송용역을 자신들의 고유한 영업으로 자처하고 있었던 경강선인들은 정부의 고관까지 사주하여 세곡운송용역의 이권을 고수하고자 적극적으로 노력하였다. 즉 영조 36년(1760)경부터 그 때까지 경강선에 의해 세곡을 임운하고 있던 경상도에 조운제가 확대 실시되었는데, 이로 인하여 경강선인들은 생업의 기회가 감축되었다. 이에 선인들은 대사간 金養心을 매수, 사주하여 이를 환원시키고자 하였다.[36] 그들의 노력은 대사헌 李湍에 의해 결탁 사실이 밝혀지면서 실효를 거두지 못하였으나, 위정자들로서도 점차 그들의 영업권을 존중해주지 않을 수 없을 만큼 선인들의 지위는 성장해가고 있었다. 경강선인들은 정조의 즉위를 계기로 작대제를 복구시켜 세곡운송용역에서 그들의 활동을 법제적으로 보장받고자 하였다. 즉 그들은 정조의 특명을 받아 여론을 수렴하고 있던 八江宣諭御史 徐龍輔에게 작대제의 실시를 적극 요청하였다.[37] 우승지 趙時偉에게는 만일 사고가 일어나서 세곡에 결손이 있게 되면 자신들이 作聽하여 손실된 세곡을 납부하고 농민들에게 징수하는 일이 없게 하겠다고 약조하였다.

그리하여 오랜 논란 끝에 정조 9년(1785) 마침내 〈作隊事目〉이 제정되었다.[38] 즉 세곡의 운송이 특히 문제가 되고 있었고, 그런데도 조운제가 형식적으로 운영되고 있던 충청도·전라도에 경강선을 중심으로 작대제를 시행케 한 것이다. 그 주요 내용은 다음과 같다.

첫째, 船契制를 채택하였다. 즉 경강선인들로 하여금 선계를 만들고, 선인들의 명부인 船案을 작성하여 선혜청에 보고하게 하였다.

둘째, 각 고을에서는 收租案을 작성, 선혜청에 보고토록 하여 경강선을 執籌 분송할 때 근거 자료로 삼게 하였다. 한 고을의 상납액이 선박 1척에 차지 않으면 이웃 고을의 것을 함께 싣도록 하였다.

36) 《備邊司謄錄》 156책, 영조 50년 12월 18일.
《備邊司謄錄》 157책, 영조 51년 정월 9일.
37) 《承政院日記》 1494책, 정조 5년 9월 29일.
38) 《正祖實錄》 권 9, 정조 9년 정월 신미.

셋째, 執籌制를 채택하였다. 각 선박에 대하여는 집주제에 의해 제비뽑기로써 고을을 지정하는데, 집주 후 사사로이 바꾸어 다른 고을에 가는 경우에는 선주와 사공을 엄벌에 처하도록 하였다.

넷째, 윤번제를 실시하였다. 즉 수로에는 멀고 가까움이 있고, 船價도 많고 적음이 있기 때문에 형평을 기하고자 윤번으로 선박을 내려 보내도록 하였다.

다섯째, 再運制를 택하였다. 즉 경강선의 확보가 여의치 않아서 부득불 재운하게 되는데, 初運에서는 호남·호서의 遠道에 먼저 보내고, 再運에서는 호서 近道에는 호남 遠道의 初運船을, 호남 근도에는 호서 원도의 초운선을 보내도록 하였다.

요컨대 작대법의 핵심 내용은 선계제·집주제·윤번제·재운제에 있었다. 즉 운곡 선척의 부족을 예방하기 위해 경강선인을 선계로 묶어 통제하면서, 그 운영 실제에 있어서는 수고와 이해의 형평을 기하고자 제비뽑기식으로 돌려가며 선박을 고을에 배정하였고, 그래도 부족한 운송능력을 보완하기 위해 재운하는 조처를 강구하기에 이르렀던 것이다.

작대법에 의해 세곡이 운송되면서 성과가 나타나고, 그리하여 세곡운송대책으로서 그 의미가 인정되면서 일부 식자들은 작대법의 확대 보급을 요청하였다. 즉 정조 12년 비변사우통례 禹禎圭는 경강선의 작대제는 매우 편리한 방법이라면서 조운제를 시행하고 있는 경상도지방에서도 경강선으로 작대하여 세곡을 운송토록 하자고 주장하였다.[39]

그러나 작대제는 순조롭게 시행된 것만은 아니었다. 왜냐하면 당초부터 선척의 확보가 여의치 않아서 재운해야 하는데, 이에 세곡선의 운송기일이 자연 지체되어 장마철에도 운항하지 않으면 안되었고, 그로 인하여 세곡선의 작대가 흩어지고 다수의 선박이 파선하는 사고도 적지 않았다. 뿐만 아니라 선인들은 재운해야 하는 현실을 빌미로 운항기일을 고의로 지체하면서 和水·故敗 등의 부정을 자행하기도 하였는데, 그같은 움직임은 기강이 크게 무너지고 있던 순조대 이후에 보다 심화되고 있었다. 순조 16년(1816) 호조의 보고에 의하면, 당시 세곡선의 허다한 奸弊는 모두 주교사 집주선에 의해 이

39) 《承政院日記》 1645책, 정조 12년 8월 18일.

루어지고 있었다고 한다.40) 그리하여 일부에서는 재운 규정을 철폐하자고 주장하기도 하였다. 심지어 비변사도제조 韓用龜 같은 사람은 작대제 자체를 혁파해야 한다고 주장하였다.

작대제는 운영과정에서 다소 문제가 제기되어 논란이 있기도 하였지만, 고종 19년(1882) 철폐될 때까지 근 100년간에 걸쳐 세곡운송에서 역할을 나름대로 수행하였다.41) 더구나 京江船人의 입장에서는 선운업의 전문화를 추구하고 있던 상황 속에서 작대제라는 특혜적 조처를 바탕으로 그들의 지위를 확고히 할 수 있었고, 영리활동을 보다 적극적으로 펼 수 있는 소지를 마련했다는 점에서 의미가 있었다고 하겠다.

나. 군량미·진휼미의 운송

세곡의 운송과 같이 지속적으로 행해진 것은 아니었지만, 군량미·진휼미의 운송도 그 규모가 적지 않았다. 비록 간헐적으로 행해졌지만, 군량미 운송의 경우, 그 운송물량이 수십만 석에 이르는 때도 있었다. 일반적으로 조선시대에는 주변 국가와 친선관계가 이루어져 국방체제에 그다지 관심이 기울여지지 않았다. 왜란·호란을 겪은 조선 후기에도 국방체제는 수도권 방어에 중점이 있었다. 訓鍊都監을 비롯한 5군영도 그 근본 의도는 수도권 방어에 있던 군대시설이었다. 따라서 군량미의 비축도 수도권에 한정되었으니, 강화도·남한산성·북한산성 등이 그러한 곳들이었다. 그리하여 군량미는 별도로 운송될 여지가 거의 없었다. 그러나 그렇다고 하더라도 조선의 적대집단은 北狄과 南倭였고, 특히 호란을 전후하여 대륙에서 국제정세가 미묘해지면서 국경지대에 대비책을 강구하지 않으면 안되었다. 관방시설을 정비하고 군비를 강화하면서 군량미를 비축시켜야 했다. 국경지대의 군량미 확보를 위해 조선정부는 초기부터 평안도·함경도의 세곡을 그 지방에 그대로 두어 군수에 충당케 하였다. 그러나 이들 지역은 매우 척박하여 세곡량이 많지 않았으므로, 남부지방에서 군량미를 확보하여 국경지대로 운송해야 했다.

군량미의 운송은 원칙적으로 兵船이 전담하고 있었다.42) 그러나 운송해야

40) 《承政院日記》 2077책, 순조 16년 11월 20일.
41) 《備邊司謄錄》 263책, 고종 19년 11월 30일.

할 군량미는 때로 수만 석 내지 수십만 석에 이르고 있었다. 예컨대 세종 30년(1448) 24만여 석, 세조 13년(1467) 10만여 석, 인조 14년(1636) 4만여 석이 국경지대로 운송된 바 있었다.[43] 운송물량이 많아서 병선만으로는 그 운송을 모두 감당할 수 없었다. 그리하여 일찍부터 사선이 운송용역에 동원되었다. 조선 후기에는 京江船이 군량미운송에 참여하고 있다.[44]

조선 후기 국경지방으로 군량미를 운송해야 했던 것은 군비강화책에 의해서가 아니라 광해군 13년(1621) 明나라의 장수 毛文龍의 군대가 後金에게 빼앗긴 요동지방을 되찾고자 평안도 철산군 椵島에 진을 치면서부터였다. 그에 앞서서 광해군은 국경지대의 군비를 강구했지만, 다행히도 당시 의주에는 7만여 석이 비치되어 있어서 남쪽에서 별도로 운반시키지 않았다. 그러나 모문룡의 군대가 장기간 주둔하면서 그것은 거의 소모되었고, 이로 인해서 서북지방의 군비 확보가 시급하게 되었다. 더구나 모문룡의 군대는 그들에게 소요되는 군량을 전적으로 조선에 의탁하고 있었다. 그 운송도 전적으로 조선측에서 담당해야 했다. 인조 2년(1624) 1만 2천 석이, 그 이듬해 2만 6천여 석이 모문룡 군영에 운반되었다.[45] 모문룡의 군대는 인조 7년(1629) 청군에 의해 격퇴되었지만, 이후 反淸의 기운이 드세지면서 국경지대의 방어체제가 강화되고, 그에 따라서 군량미가 확보되어야 했기 때문에, 군량미의 국경지대로의 운송은 계속되었다. 이 때에 그 운송을 위해 동원된 것은 경강선 등 사선이었다. 漕船이 명맥상 존재하고 있었지만, 조선은 세곡운송 자체도 부담스러워 하고 있어서 결국 군량미의 운송은 사선을 세내어 운송하기에 이르렀다. 이후 군량미를 비롯한 긴급한 운송은 대개 賃船을 통해서 이루어졌다.[46]

---

42) 金鎔坤, 〈朝鮮前期 軍糧米의 確保와 運送〉(《韓國史論》 7, 國史編纂委員會, 1980), 285쪽.

43) 《世宗實錄》 권 120, 세종 30년 4월 신유.
《世祖實錄》 권 42, 세조 13년 6월 갑인.
《仁祖實錄》 권 31, 인조 14년 7월 정축.

44) 《備邊司謄錄》 30책, 현종 12년 2월 1일.

45) 《仁祖實錄》 권 7, 인조 2년 11월 무인.
《仁祖實錄》 권 8, 인조 3년 정월 정묘.

46) 金容坤, 앞의 글, 157쪽.

병자호란 후의 대규모 군량미운송은 西糧米운송이었다. 즉 병자호란으로 조선으로부터 항복을 받은 淸은 그 여세를 몰아 중국 본토로 진격하면서 군량미를 조선에 요구하였는데, 조선은 그 요구에 응하지 않을 수 없었다. 그리하여 인조 22년(1644) 5만여 석의 군량미를 天津으로 운반하였고, 그 이듬해에는 10만 석을 寧遠으로 보냈다.[47] 이를 위해 漕船은 동원할 수도 없었고, 여러 가지로 논의 끝에 각 도에 運米船이 책정되었는데, 그 대부분은 사선이었다. 당시 동원된 선박은 관선·사선을 합하여 도합 300척에 이르렀다.[48] 그러나 이후 국경지대로의 군량미운송은 거의 없었다. 청나라와 관계가 진전되면서 국방책은 의미가 약화되었고, 그리하여 군량미는 오히려 일반재정 또는 진휼미로 전용되어 갔다. 현종 12년(1671)의 기록에 의하면, 흉년으로 국가재정이 악화되어 평안도에 비축되었던 군량미로써 변통하고자 하였다.[49] 그리하여 이제는 역으로 국경지대에서 서울로 군량미가 운송되어야 했는데, 당시 본도 地土船으로서 바다를 운항할 수 있는 선박은 그 수효가 많지 않아서 예전과 같이 경강선에 운송용역을 의뢰하고 있었다. 병선의 동원도 여의치 않고, 조선의 기능은 거의 탈진된 상황에서 군량미운송은 경강선 등 사선이 맡을 수밖에 없었던 것이다. 이 때문에 삼남지방의 세곡을 운송하는 데 차질을 빚는 경우도 있었다.[50]

다음 賑恤米도 사선들이 운송하고 있었다. 조선시대에는 세곡·군량미 못지않게 진휼미도 그 운송물량이 적지 않았다. 조선 후기의 기록을 면밀히 검토하여 보면, 유난히도 기근과 재난이 심하였음을 알 수 있다. 수재·한재·질병 등으로 기근이 계속되어 그 피해가 전국적으로 파급된 때가 있었는가 하면 몇 년 동안 흉년이 계속되기도 하였다. 그리하여 救荒廳·賑恤廳 등이 설치되어 진휼업무를 주관하면서 곳곳에 진휼창을 설치하여 곡물을 비축하였다. 예컨대 전라도 임피의 羅里浦倉, 경상도 연일의 浦項倉, 그리고 순천·나주·사천·비인 등지의 濟民倉 등이 그러한 진휼창으로서 각 창고에는 3

47) 《仁祖實錄》 권 45, 인조 22년 11월 기축.
《仁祖實錄》 권 46, 인조 23년 3월 병신.
48) 《仁祖實錄》 권 46, 인조 23년 3월 갑신.
49) 《備邊司謄錄》 30책, 현종 12년 2월 1일.
50) 《承政院日記》 736책, 영조 7년 12월 21일.

만 석 내지 6만 석의 곡물을 비축하고 있어야 했다.[51] 이들 진휼미의 운송은 대개 기근 지역의 지토선으로 운반토록 되어 있었으나, 실제로 해당 지역의 선박 사정은 그리 좋지 않았다. 그리하여 진휼미도 대개 경강선이 운송하고 있었다. 숙종 16년(1690) 기록에 의하면, 경강선은 영남지방에서 소요되는 진휼미 3만 석을 운송하고 있었다.[52]

무릇 세곡·군량미·진휼미 등 관물의 운송은 원칙적으로 관선이 담당해야 했지만, 조선 후기에는 관선이 그 역량을 발휘하지 못하면서 사선이 맡아갔다. 경강선 등 사선들은 당초에는 봉건정부의 강제적 징발에 대하여 기피하였지만, 그 반대급부로서 선가가 결코 적지 않은 것이었고, 게다가 부수적으로 이득을 취할 수 있어서 점차 관물의 운송용역에 자율적으로 참여하기에 이르렀다. 급기야는 관물의 운송도 활로의 하나로서 간주하여 적극적으로 그 길을 개척하여 나갔다. 숙종 28년 행사직 李寅燁의 보고에 의하면, 경강선인들에게 희망하는 경우에 한하여 船案에 등록시키고 官穀을 운송케 한다고 하였더니, 선인들 모두가 立案하고자 하였다고 한다.[53] 이는 관부와의 관계라 하더라도 운송관계가 비교적 합리적으로 이루어지고 있음을 뜻하는 것이며, 선인들은 그러한 가운데서 나름대로 위치를 굳혀 가고 있었음을 의미한다고 하겠다.

(2) 사물의 운송

가. 소작료의 운송

조선 후기에 세곡운송을 중심으로 船運業이 일정한 수준에 이를 만큼 발달하고 있었음이 확인되었는데, 이 시기에 선운업은 관부용역에서뿐만 아니라 민간용역에서도 그 위치를 어느 정도 굳혀가고 있었다. 민간용역은 주로 小作料운송과 상품운송에서 이루어지고 있었다. 그것도 초기에는 소작료운송이 중심이었는데, 소작료의 금납화가 행해지고 상품화폐경제가 보다 활발해지면서는 상품운송이 주목되어 갔다.

---

51) 《萬機要覽》 財用編 5, 救荒 및 財用編 6, 諸倉.

52) 《備邊司謄錄》 44책, 숙종 16년 11월 23일.

53) 《承政院日記》 408책, 숙종 28년 12월 18일.

소작료의 운송은 地主制가 널리 보급되면서 활기를 띠었다. 조선 후기의 토지소유는 일부 봉건지주 또는 경영형부농에게 집중되었고, 대다수의 농민들은 영세한 소작농이었다. 당시의 지주제는 조선사회의 농촌을 규제하고 반영한 토지소유관계로서, 16세기 收租權的 토지지배가 약화되고 양반·토호층이 소유권에 의해 토지를 집중하면서 전면적으로 확대되어 갔다.[54] 즉 職田法이 16세기 중엽 완전히 폐지되면서 현직관료들은 녹봉에만 의지할 수 없음을 알고 토지를 개간하기도 하고, 사들이기도 하며 때로는 강탈하기도 하여 私有地를 확대해갔다. 그리하여 이미 당시에 남방 여러 지방에서는 수백결의 땅을 차지한 지주들이 생겨났다. 조선 후기에 이르러서는 정부의 개간정책을 토대로 양반·토호들이 토지를 더욱 방대하게 소유하였다. 지주의 대토지소유, 즉 농장에서의 소작료는 그 대부분이 처분되어야 했다. 소작료는 殖利活動, 전답의 매입, 생필품의 구입 등 현지에서 처분되기도 하였지만, 서울에 거주하는 不在地主의 경우에는 상당량이 서울로 운송되었다.

소작료의 운송도 세곡의 운송에서와 같이 船運에 의존하였다. 왜냐하면 당시로서는 별도의 운송수단이 없어 선운에 의하는 것이 가장 용이하였기 때문이다. 지주들이 소작료를 운반하기 위하여 필요한 선박을 독자적으로 확보하기는 쉽지 않았다. 그리하여 그들은 소작료의 운반을 위하여 대개 두 가지의 방법을 택하였다. 하나는 국가의 세곡선을 은밀히 이용하는 것이고, 다른 하나는 당시 역량을 보이고 있던 사선을 세내어 운송하는 것이었다.[55] 그런데 국가의 세곡선에는 원칙적으로 私物의 첨재가 금지되어 있었다. 《大典會通》에 의하면 私穀 10석 이상을 첨재한 자는 3년의 금고형, 100석 이상을 첨재한 자는 5년의 금고형에 처하고, 그 사곡은 모두 몰수한다고 하였다.[56] 세곡선의 사물 첨재를 금지한 것은 過積으로 인한 침몰사고의 염려 때문이었다. 당시 漕軍들은 조운 도중에 부당 이익을 꾀하여 배의 하중을 고려하지 않고 '貪價重載'하고 있었다. 사선인 경우에는 그 현상이 보다 심했다. 현종 9년(1668) 宋時

54) 李載龒, 〈科田法의 崩壞와 土地私有化의 進展〉(《한국사》 10, 국사편찬위원회, 1974), 262~268쪽.

55) 崔完基, 앞의 책, 80~82쪽.

56) 《大典會通》 권 2, 戶典 漕轉.

烈의 보고에 의하면, 뱃사공들은 요행을 바라고 불법적으로 사물 첨재를 거침없이 자행하고 있었는데, 그 수량은 公物보다 배나 된다고 하였다.57)

양반관료들은 소작료운송을 위해 그들의 권력을 이용하여 관선을 이용하기도 하였지만, 이는 어디까지나 합법적인 방법이 아니어서 일시적 수단일 수밖에 없었다. 조선 후기 소작료의 주요 운송수단은 당시 나름대로 위치를 확보해가던 사선이었다. 사선은 일찍이 조선 전기에도 소작료운송에서 주도적 역할을 하였다. 중종 때의 沈貞·申公濟 등은 이같은 사선의 역량에 주목하여 사선의 활동을 지원해 주어야 한다고까지 하였다.58) 외방의 소작료가 서울에 운송되어야 물가가 안정되는데, 그 운송을 사선이 맡고 있음을 상기시키고 있다. 이들 사선이 어떠한 선박이었는지는 분명치 않다.

그러나 조선 후기에는 확실히 경강선이 소작료의 운송에서 그 역할을 증대시켜 나가고 있었다. 관계 자료가 官撰記錄 중심이어서 세곡이나 군량미운송과는 달리 소작료운송에 대하여는 그 자세한 전말을 알 수가 없다. 숙종 28년(1702) 기록에 의하면, 당시 경강선 300여 척 가운데 약간의 선박을 제외하고는 모두가 宮房·衙門에 소속된 선박으로서, 그 소유는 실제로는 船稅의 징수가 목적이었다고 하더라도 표면상의 이유는 해당 궁방과 아문 소유의 농장에서 수취하는 소작료의 운송에 있었다.59) 위정자들이 경강선의 확보를 위해 노력한 이유의 하나도 세곡의 운송과 아울러 소작료운송에 있어서 경강선의 역할을 주목하지 않을 수 없었기 때문이다. 그리하여 위정자들은 경강선인의 부정행위 등이 문제화되는데도 불구하고 그들의 생업인 운송용역의 길을 막는 조처를 취할 수가 없었다. 정조 5년(1781) 기록에 의하면, 당시 전라도관찰사가 조선 29척을 더 건조하여 선박의 부족 현상을 해결하고 나아가 경강선인의 병폐를 제거하자고 건의한 데 대하여, 정조는 이는 경강선인의 생업과 직결되어 있는 문제라면서, 비록 국가로서는 다소 이득이 있다 할지라도 경강선인들로서는 잃는 바가 크니, 백성들의 삶을 염려하지 않을 수 없다고 대답하였다. 나아가 그는 차라리 수천 석의 곡물을 잃을지라도 어

---

57) 《增補文獻備考》 財用考 4, 漕運.
58) 《中宗實錄》 권 65, 중종 24년 5월 을묘.
59) 《承政院日記》 408책, 숙종 28년 12월 18일.

찌 수만 선인들의 생업을 잃게 하겠느냐면서, 船利가 끊어지면 장차 선박이 없어질 것이고, 그렇게 된다면 京中의 사대부들 역시 장차 소작료를 운송하는 길이 막힐 것이라고 하면서, 소작료운반에 있어서의 경강선의 역할을 환기시켰다.[60]

정조 9년(1785) 좌승지 柳義養의 보고에 의하면, 당시 서울에 거주하는 양반지주들이 외방농장에서 거두어오는 秋收穀은 대략 20만 석 가량이었던 것 같다.[61] 즉 한양의 연간 쌀 소비량 1백만 석의 20%가 소작료로 충당되었다고 보이는데, 그 대부분이 경강선에 의해 운송되고 있었던 것이다.

소작료운송에 있어서 경강선의 역할이 증대됨과 상응하여 경강선인들은 실제로 그 생업의 일부를 소작료의 운송용역에서 찾고 있었다. 소작료의 운송은 세곡운송과 더불어 당시 가장 큰 운송용역이었다. 영조 4년(1728) 기록에 의하면, 경강선인의 부정행위가 극심해지자 호남어사 李匡德이 경강선인의 호남지방 왕래를 금한 바 있었다. 그리하여 세곡은 물론이거니와 소작료를 비롯한 곡물의 운송용역이 불가능해졌고, 이로 인하여 경강선인들은 생업을 잃게 되었다. 이에 경강선인 1백여 명은 궁궐문 밖에서 입궐하는 대신의 길을 막고서 그 조처의 철회를 요구하였다.[62] 이같은 움직임은 경강선인의 생업이 세곡운송뿐만이 아니라 소작료운송에도 있었음을 확인할 수 있는 것으로서, 그들은 활로의 확보를 위해서 적극적으로 대처하고 있었던 것이다. 실제로 영의정 李光佐는 당시 70~80%의 서울 성민들이 호남지방의 私穀에 식량을 의존하고 있다고 밝히고 경강선의 활동을 일체 금지시킨다면 서울은 식량난에 허덕이게 될 것이라면서 선인들의 편을 들었다.[63] 즉 소작료의 운송은 그 운송물량에 있어서도 세곡의 운송물량에 버금갔으니, 그것은 세곡의 운송과 더불어 경강선인이 보유하고 있던 중요한 생업수단의 하나였던 것이다. 더구나 소작료운송에 있어서는 세곡의 운송보다도 선가가 후하였다고 보이는데, 운곡선이 부족한 현실 속에서 그것은 당연하였다.

---

60) 《日省錄》 정조 5년 9월 24일.
61) 《承政院日記》 1540책, 정조 9년 9월 9일.
62) 《備邊司謄錄》 83책, 영조 4년 정월 23일.
63) 위와 같음.

나. 상품의 운송

선박을 이용한 상품의 운송은 일찍이 조선 전기에도 제한적 범주에서나마 이루어졌다. 그러나 그 당시까지의 선운업은 세곡운송이 중심이었다. 16세기에 도처에서 농장이 생겨나면서 선운업은 소작료의 운송을 통해 그 역량을 다소 증대시켰지만 상품의 운송은 그리 활발하지 않았다. 곡물과 같은 상품이 유통될 수 있는 조건들이 서서히 마련되고 있었지만, 16세기의 곡물거래 역시 시장경제 속에서 이루어졌다기보다는 봉건정부의 군자곡·진휼곡 확보 정책에 편승하여 이루어졌다.

그런데 조선 후기에 이르면 상황이 크게 달라졌다. 상품의 운송은 상품화폐경제가 진전되면서 활발해졌다. 조선 후기에는 상품화폐경제가 눈에 띄게 발달하였다. 생산력의 발전을 토대로 농산물·수산물·공산품 등의 잉여가 교환시장으로 공급되었고, 농민층의 분해현상이 촉진되면서 도시로의 인구집중은 상품의 수요를 진작시켰다. 그리고 생산자로부터 소비자로 상품을 이전시켜 주는 상인, 시장, 운송매체 등 유통의 장이 널리 형성되고 있었다. 18세기 이후로는 상품의 물량과 종류도 크게 늘어나고 있는데, 이들을 소화하고 있던 상품유통의 거점이 場市와 浦口였다. 장시는 이 시기에 이르면 전국적으로 형성되어 국지적으로 상품을 유통시키면서, 때로는 전국적으로 상품을 유통시키고 있었다. 그리고 대부분 어염의 생산에 머물고 있던 포구도 조선 후기에 이르러서는 상업 중심지로 성장해갔는데, 그 배후에 규모가 큰 장시가 형성되어 있는 포구의 경우에는 전국적 상품유통의 거점으로서 발돋움하고 있었다.[64]

선운업의 발달은 그 중에서도 특히 포구의 발달과 맥을 같이하였다. 포구는 선박이 접안할 수 있는 시설을 갖추고 있었고, 浦口主人이 있어 선인들을 안내하거나 상품의 매매를 중개해주고 있었다. 더구나 장시와 연결된 큰 포구에서는 선박으로 싣고 온 대규모의 물량을 빠른 시일 내에 처분해주었다. 徐有榘는 당시 나라 안의 큰 포구로서 서울의 한강, 즉 京江포구와 外方의

64) 高東煥, 〈18, 19세기 外方浦口의 商品流通發達〉(《韓國史論》 13, 서울大, 1985), 238~243쪽.

江景浦·七星浦를 꼽고 있었는데, 이 밖에 元山浦도 동해의 해산물 때문에 경강포구와 비교될 정도로 발전하고 있었다.[65)]

포구에서의 상품유통은 운송수단으로서의 선박과 유통주체로서의 선인이 전제되고 있다. 선인들은 그 활동의 근거지에 따라서 京江船人과 地土船人으로 구분된다. 경강선인은 경강포구를, 지토선인은 외방포구를 주된 활동무대로 삼았다. 때로는 경강선인들이 외방포구로 진출하는 경우도 적지 않았다. 경강선인들은 일찍부터 세곡운송이나 소작료운송과정에 참여하면서 꾸준히 새로운 유통로를 개발하여 그 위치를 굳혀 갔는데, 특히 서울을 배경으로 하였기 때문에 성장에 유리하였다. 서울은 최대의 소비도시였다. 도성민들의 일상 생활용품은 그 수요량이 적지 않았는데, 대부분 외지에서 구입하여야 했다. 양식으로서의 곡물뿐만 아니라 柴炭·魚鹽·목재 등이 거의 모두 외지에서 공급되어야 했는데, 그 대부분이 경강포구를 통해서 공급되었다. 예컨대 麻浦에서는 어염이, 西江과 龍山에서는 곡물이, 뚝섬과 豆毛浦에서는 목재가 집산되고 있었다.[66)] 이처럼 경강의 여러 포구에는 일찍부터 물화의 집산이 활발하였으므로, 조선 전기 이래로 경강 연변에는 많은 상인들이 몰려들어 상업을 영위하고 있었다. 그들 중에서도 경강선인들은 선박으로 곡물과 어염 등을 대량으로 운송하고 있었는데, 특히 곡물은 도성민 수요량의 대부분이 경강선인에 의해 조달되었다. 이와 같은 현상은 정부의 세곡과 지주층의 소작료가 점차 금납화됨으로써 더욱 발전하였다. 특히 18세기 이후 서울은 종래의 행정중심지에서 상공업도시로 그 성격이 한층 짙어짐으로써 곡물을 공급하는 경강선인의 위치는 더욱 확고해졌다. 경강선인들은 당초 한강·서강·용산 등의 포구를 중심으로 활동하였는데, 이들 지역은 조선 초기 이래로 조운로의 집결지였으므로, 그들도 세곡운송용역에 참여하면서 활로를 개척한 바 있었다. 18세기 이후로는 근거지를 위의 포구 외에 松坡·廣津·뚝섬·두모포·西氷庫·露梁·楊花津 등의 포구로 확산하면서, 상품운송에 보다 치중하였다. 경강선인들이 상품운송에 참여하였다

65) 徐有榘,《林園經濟志》倪圭志 권 2, 貨殖 貿遷.
《備邊司謄錄》120책, 영조 25년 10월 22일.

66) 孫禎睦,《朝鮮時代 都市社會研究》(一志社, 1977), 250~263쪽.

고 하면, 그들의 활동은 전문적 운송업으로서보다는 직접 상품을 구입하여 처분하는 상업으로서의 길을 가고 있었다고 하겠다. 조선 후기의 여러 기록은 物主를 겸한 경강선인의 활동을 예시하고 있다. 숙종 45년(1719) 서강에 거주하는 경강선인 金世萬은 스스로 선박을 이끌고 지방으로 가서 미곡 100여 석을 구입해오다가 조난을 당한 바 있다.[67] 선박을 구입하고 상품을 구매하기 위하여는 막대한 자본이 소요되는데, 수만 석의 미곡을 구입할 만큼의 자본을 보유한 경강선인들도 있었다고 한다.[68] 그리하여 그들은 '京江富漢', '京江巨富', '江上富民', '江船主人', '五江富商' 등으로도 불렸는데, 주로 상업활동을 했다고 해서 京江商人이라 부르기도 한다. 그러나 경강선인들 가운데 일부는 물주의 상품을 운반만 해주는 전문적 운수업자인 경우도 있었다. 그들은 세곡운송이나 소작료운송의 용역을 주로 맡으면서 때로는 상인들의 물품을 운반해주기도 하였다. 영조 43년(1767) 서빙고에 근거를 둔 경강선인 鄭時奉은 그의 선인들로 하여금 경강에서 평양까지 商賈들의 미곡을 운반케 하였는데, 선인들이 일을 마치고 돌아오면서 황해도 谷山의 목기장 金頓男 등의 물건을 싣고 개성으로 향하던 중 長山串에서 풍랑을 만나 표류하였다.[69]

관물이든 사물이든 운송화물을 가리지 않고 운송용역에 참여한 경강선인들은 항해술과 조선술이 다른 선인들의 그것보다 뛰어났기 때문에 당시 선운업계를 주도할 수 있었다. 이미 17세기에 경강선인의 항해술은 내륙하천에서 주로 운항하는 水上船을 가지고 칠산도·安興梁 등 위험한 곳이 많은 호남지방에까지 가서 운송활동을 펴고 있었다.[70] 18세기에는 운송용역 도중에 故敗를 자주 자행하고 있었는데, 그것은 뛰어난 항해술이 아니고서는 감히 할 수 없는 수법이었다. 경강선인들은 항해술과 더불어 조선술에서도 뛰어난 솜씨를 보이고 있었다. 즉 그들은 본래의 江船 구조에 海船의 구조를 응용하여 과다한 적재량도 감내하면서 운항의 안전성·신속성까지 고려

67) 《肅宗實錄》 권 64, 숙종 45년 7월 임자.
68) 《承政院日記》 601책, 영조 원년 9월 24일.
69) 《備邊司謄錄》 150책, 영조 43년 10월 1일.
70) 《備邊司謄錄》 28책, 현종 10년 2월 10일.

하고 있다. 그들의 선박건조술이 알려지면서 마침내 관부의 선박건조용역까지 청부받아 조달하기도 했다.[71]

그런데 이들 경강선인들이 경강포구에 물화를 하역할 경우에는 京江主人이나 船主人의 안내를 받아야 했고, 그러한 과정에서 침탈을 당하는 경우가 적지 않았다. 즉 외방의 각 포구에서 穀商主人으로부터 인계받거나 직접 장시를 열어 매집한 곡물을 싣고 경강에 이르면, 상품의 매매를 중개하는 경강주인·선주인 등에게 상품을 넘겨야 했다. 그들은 다시 시전상인에게 상품을 공급하고, 시전상인들은 일반 소비자에게 다시 매매하였다. 따라서 경강주인 등은 가격을 임의로 조정하거나 상품을 숨겨두었다가 값이 오르면 처분하는 등 문제를 자주 일으켰다. 순조 33년(1833)에 일어난 이른바 「쌀폭동」 사건도 미곡의 매점과 가격의 등귀를 조종한 경강주인 金在純 때문에 일어난 것이었다.[72] 경강주인들의 횡포로 일반 시민들이 피해를 입게 되었지만, 경강선인들도 그 활동에 제약을 받았을 뿐 아니라 값을 제대로 받지 못하는 등 어려움을 겪어야 했다. 더구나 主人權을 궁방·양반관료·부호들이 장악하면서 상품운송과정에서의 폐해는 증대되어 갔다.[73]

한편 18세기에 이르면 외방포구 역시 경강포구에 못지않게 상업중심지로 발전해가고 있었다. 이들 포구는 이전에는 주로 세곡운송의 기점으로서 역할을 보여주고 있었는데, 18세기를 전후하여 상품의 유통이 전면적으로 전개되면서 상업중심지로 변모하고 있었다. 포구가 상품유통의 거점으로 기능하고, 포구에서의 상품유통이 활발해지면서 종래에 포구가 없던 지역에도 새로이 포구가 설치되고, 폐기되었던 포구도 다시 복구되는 현상이 일어났다. 여러 포구 중에서도 강과 바다가 만나는 곳 또는 원산포처럼 특정 생산물의 집산지의 경우는 큰 포구로 성장하고 있는데, 이들의 배후에는 규모가 큰 장시가 있어서 물화의 매집과 처분이 용이하였다. 예컨대 강경포 주변의 강경장·공주 읍내장·전주 부내장과 칠성포 주변의 밀양 삼랑진장·창원 마산포장 등이 그러한 곳이었다. 더구나 이들 장시 주변에는 상품으로서 구매력이 가장

---

71) 《日省錄》 216책, 정조 12년 정월 13일.
72) 《純祖實錄》 권 33, 순조 33년 4월 갑신.
73) 李炳天, 〈朝鮮後期 商品流通과 旅客主人〉(《經濟史學》 6, 1983), 133쪽.

높은 미곡의 생산지대가 전개되고 있었다. 그리고 큰 포구는 선박에 의해 다른 포구와 쉽게 연결되어 원격지교역을 용이하게 하였다. 예컨대 강경포는 금강유역에 위치하여 교통상 및 유통상 위치로 인하여 지역적 유통권의 중심지 및 원격지교역의 창구가 되고 있었으니, 주변 곡창지대에서 생산되는 미곡을 비롯하여 면포·마포·어염 등을 서울을 비롯한 전국의 소비지로 공급하고 있었으며, 안성의 鍮器, 전라도의 竹物, 서해안의 어염 그리고 함경도의 북어까지 포항·창원 등의 포구를 거쳐 강경포로 유입되어 매매되었다. 그리하여 강경포에는 수시로 선박과 상인들이 모여 교역을 하였다. 정해진 날에 큰 장이 열릴 뿐 아니라 서울의 시전과 같은 큰 상설점포도 개설되어 있었다.[74] 당시 조금이라도 활기를 띠는 포구는 흔히 都會로서 인식되고 있었는데, 강경포는 전국 각지의 상선과 상인들이 모여드는 대도회였다.

한편 평양은 북쪽으로는 安州·義州로 통하고, 남쪽으로는 개성·서울로 통하는 교통의 중심지에 위치하여 국내상업뿐 아니라 대외무역에도 관계되어 일찍부터 상공업이 발달하여 상업도시로 커가고 있었다. 더구나 내륙의 광산물도 거의 이곳으로 유입되고 있었는데, 이에 대하여 水田이 적어 쌀값이 항상 비쌌다. 그리하여 일찍부터 곡물의 거래가 활발하였는데, 의주·철산·안주·풍천·송화·해주 등지의 미곡이 유입되었다. 특히 황해도지방은 조선 후기 궁방전이 대량으로 절수되고 서울의 권세가와 부호들의 토지겸병이 심했던 곳으로 한강 이북 중에서는 곡물생산량이 가장 많았다. 따라서 각 포구마다 곡물을 매입하려고 찾아 온 선박들이 줄을 이었다. 이들 선박들은 대체로 평양을 상대로 상업활동을 하고 있었다.

외방포구에서는 경강선인들도 활동하였지만, 대체로 地土船人들이 뛰어난 역량을 보이고 있었다. 지토선인들은 대부분 지토선이라는 소형 선박으로 상품운송에 참여하였다. 지토선은 소형이어서 원격지교역을 하기는 어려웠지만, 포구와 포구 사이를 오감에는 지장이 없었고 하천의 상류로 깊이 거슬러 올라갈 수 있어 생산지에 가까이 이르렀다. 지토선은 한마디로 지방에 소재한, 지방민이 소유한 선박이다. 해안이나 강변에 인접한 고을에는 그 고을 주민

74) 李榮昊, 〈19세기 恩津 江景浦의 商品流通構造〉(《韓國史論》 15, 서울大, 1986), 205~207쪽.

들이 생업을 위해 선박을 보유하고 있었다. 《輿地圖書》에 의하면 서산에 167척, 비인에 146척, 옥구에 102척, 부안에 142척, 강진에 125척, 흥양에 518척, 하동에 284척, 사천에 137척, 고성에 648척, 거제에 1,428척, 창원에 134척, 웅천에 153척의 지토선이 소재하고 있었다.[75] 지토선은 道의 명칭을 따서 경기선, 호서선, 호남선, 관동선, 해서선 등으로 불리기도 했고, 고을 이름을 따서 송도선, 수원선, 순천선, 홍산선 등으로 불리기도 했다. 지토선은 지방주민들의 私船으로서 행상·어로 등의 생계활동을 영위하는 데 중요한 자산이었다. 인근 지역에서 필요한 곡물·생선·소금·목재·시탄 등이 거의 모두 지토선으로 운반되었다. 이들 물자는 교역의 분화에 따라 전문화되어 갔고, 운반선도 역시 전문화되어 갔으니, 곡물을 싣는 배는 곡물선, 생선을 싣는 배는 생선배, 소금을 싣는 배는 소금배, 목재를 싣는 배는 목재선, 시탄을 싣는 배는 시탄선 등으로 불렸다. 다른 물자를 함께 싣는 경우도 있었으나 점차 분화되어 갔다. 그런데 이들은 각 고을의 세곡은 반드시 지토선으로 실어 나른다는 규정에서 알 수 있듯이 전업적으로 상품운송에 참여하였다기보다는 필요에 따라 겸업적으로 상품운송에 참여하고 있었다. 이는 강경 인근의 어부들이 고기를 잡아 이를 강경포구로 운반하여 처분한 사실에서도 입증되고 있다.[76]

그러나 17세기 후반 이래 상품화폐경제가 활기를 띠면서 지토선인들은 전업적으로 상품유통에 참여하였다. 이들은 한 포구에서 물화를 매입하여 다른 포구로 운송·판매하면서 유통로를 확장시켜 나갔다. 19세기에 이르러 지토선인 내부에서는 物主와 船主가 분화되기도 하였는데, 고종 23년(1886) 경상도 영덕에 거주하는 지토선인 崔化景은 물주 金仁九의 돈 1,300냥을 갖고 함경도 북청에 가서 북어 30駄를 매입, 영일·포항 등지에서 처분하였다.[77] 철종 5년(1854) 황해도 풍천·송화·문화 등지에서 곡물을 거래한 평양의 지토선인 池景濬도 부호 金用淡의 자금을 갖고 행상활동을 폈는데, 이 시기에 이러한 사례는 자주 보이고 있다.[78]

75) 崔完基, 앞의 책, 174쪽.
76) 李重煥, 《擇里志》 卜居總論 生利.
77) 《金等狀啓》(奎章閣圖書 18125), 光緖 12년 병술 2월 5일.
78) 李世永, 〈18·9세기 穀物市場의 형성과 流通構造의 변동〉(《韓國史論》 9, 서울大, 1983), 242쪽.

〈그림 3〉 조선 후기 地土船의 분포도

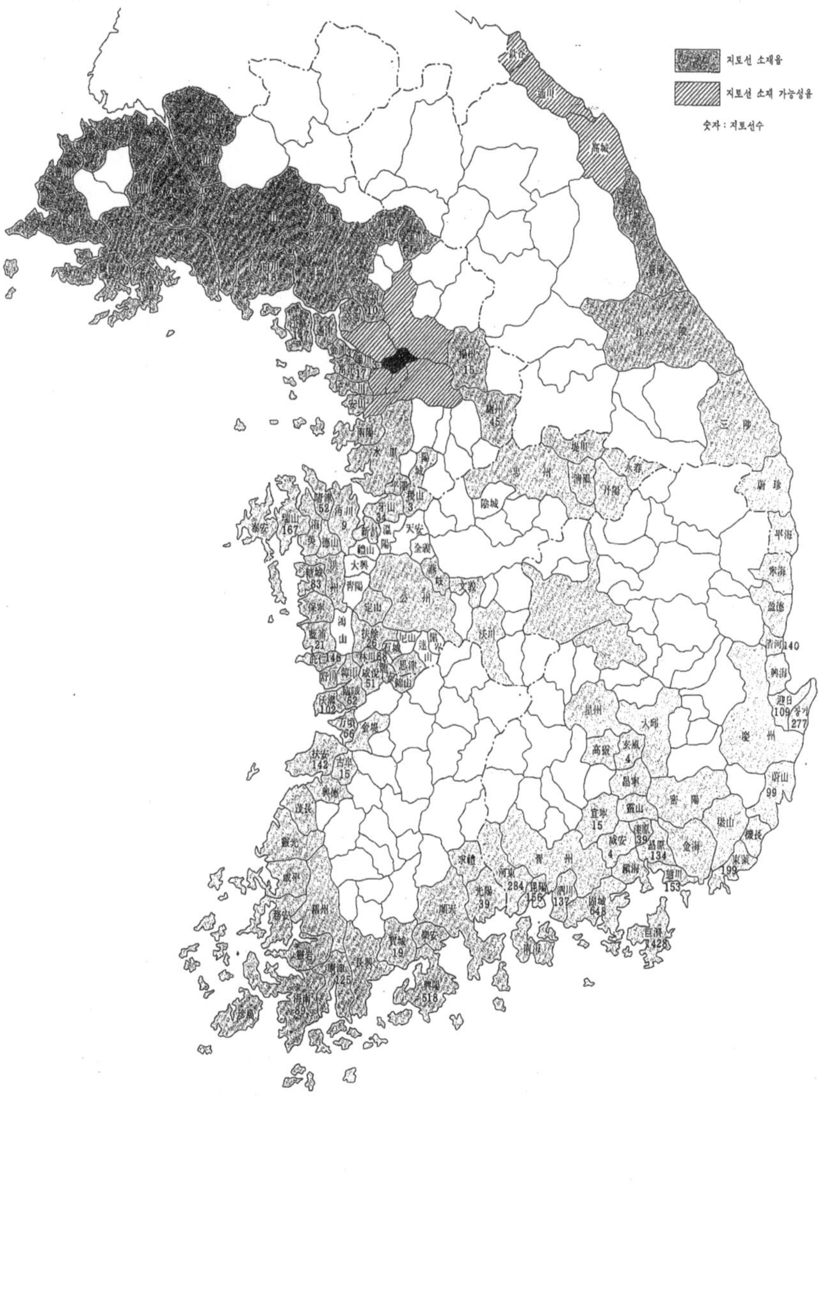

〈표 4〉 三南 邑別 地土船의 船隻數와 船稅額

道 別	邑 別	船隻數	船 稅 額
忠淸道	稷 山	3	56.0
	平 澤		72.0
	牙 山	34	156.4
	新 昌		
	沔 川	9	568.9
	唐 津	52	763.0
	瑞 山	167	1,000.0
	泰 安		779.0
	海 美		47.7
	洪 州		764.7
	結 城	83	700.0
	保 寧		305.0
	藍 浦	21	334.0
	庇 仁	146	849.7
	舒 川		250.0
	韓 山		86.4
	林 川	88	144.0
	石 城		86.4
	扶 餘	26	19.0
	恩 津		41.0
	公 州		47.3
	燕 岐	1	0.5
	文 義		5.5
	沃 川		3.0
	定 山		5.2
	忠 州		54.5
	淸 風		19.5
	丹 陽		17.0
	堤 川		4.0
	永 春		6.0
全羅道	礪 山		13.1
	龍 安		55.0
	咸 悅	51	152.0
	臨 陂	62	350.0
全羅道	沃 溝	102	383.0
	萬 頃	66	
	金 堤		5.5
	全 州		20.0
	扶 安	142	1,215.0
	古 阜	15	283.5
	興 德		125.0
	茂 長		175.0
	靈 光		1,150.5
	咸 平		68.0
	務 安		460.6
	羅 州		1,283.0
	靈 巖		1,411.3
	海 南	89	486.0
	珍 島		735.0
	康 津	125	1,142.0
	長 興		644.0
	寶 城	19	66.0
	興 陽	518	1,438.0
	樂 安		232.0
	順 天		2,066.8
	光 陽	39	328.5
慶尙道	河 東	284	290.0
	南 海		992.8
	昆 陽	156	697.9
	晋 州		311.3
	泗 川	137	157.0
	固 城	648	2,587.8
	巨 濟	1,428	2,841.7
	鎭 海		307.2
	昌 原	134	480.0
	熊 川	153	1,582.7
	金 海		1,044.9
	梁 山		125.0

道 別	邑 別	船隻數	船 稅 額	道 別	邑 別	船隻數	船 稅 額
慶尙道	密 陽		211.7	慶尙道	尙 州		11.0
	靈 山		7.5		東 萊	199	1,303.9
	漆 原	39	130.6		機 張		858.0
	咸 安	4	2.0		蔚 山	99	212.0
	宜 寧	15			慶 州		400.1
	昌 寧		13.1		長 鬐	277	2,585.8
	玄 風	4	3.5		延 日	109	1,073.9
	高 靈		0.9		盈 德		1,494.4
	星 州		72.9		寧 海		762.7
	大 邱		8.0		興 海		326.5
	善 山		14.9		淸 河	140	374.3

지토선인들도 경강선인들과 마찬가지로 포구에 자리잡고 있던 江主人·船主人 등에게 침탈당하고 있었다. 외방포구에서 포구주인의 역할이 주목되는 것은 19세기에 이르러서였다. 포구에 선박이 출입하거나 상품을 거래할 때는 반드시 주인의 안내 또는 중개를 받아야 했다. 포구주인은 浦主人, 강주인, 선주인 등으로도 불렸는데, 한결같이 포구에서 상품의 유통을 매개하고 있었다. 주인층을 중심으로 상품의 유통이 이루어지면서 상품을 싣고 다니는 지토선인으로서는 이윤 축적의 기회가 줄어들었고, 자유로운 상업활동이 저해되었다. 포구주인들은 상품유통을 매개하는 대가로 口文을 과도하게 떼는가 하면 물건값을 헐값으로 지불하거나 지불을 고의로 늦춤으로써 피해를 주기도 하였다.[79]

포구주인에 의한 횡포와 침탈이 있었다고 하지만 외방포구에서의 선인들의 활동은 활발히 전개되었고, 그리하여 운송되는 상품의 물량은 날로 늘어났으며 물화의 종류도 다양화되어 갔다. 포구에서 상업이윤을 취득할 수 있고 地土稅·행상세·포구세 등의 세금을 징수할 수 있게 되자 포구를 설치하려는 움직임이 일어났고 이와 더불어 각 포구 사이에는 상선을 유치하려는 경쟁도 나타났다. 그리하여 포구주인의 횡포가 심한 큰 포구보다는 그렇지 않은 작은 포구가 선인들에게 주목되었고, 선인들이 점차 큰 포구를 회피

79) 高東煥, 앞의 글, 266쪽.

하면서 강경포구나 원산포구는 19세기에 이르러 상대적으로 쇠퇴하게 되었다. 그러나 이러한 쇠퇴 현상은 일반적인 상품거래의 쇠퇴를 의미하는 것이 아니라 지역적 유통권의 발전에 따라 전국적인 시장이 형성됨을 의미하는 것이었다. 한편 이는 각 포구마다 독자적인 소비시장이 형성되고 있음을 뜻하는데, 그만큼 이 시기에는 장시가 널리 형성되고 있었던 것이다.

요컨대 선운업의 발달과정은 조선 전기에는 관선이 주도하고 사선이 보조적이었는데, 조선 후기에는 사선이 선운업을 주도하면서 17, 8세기에는 세곡과 소작료의 운송이, 그 후 금납화가 진전되면서 상품운송이 중심을 이루었다. 상품운송은 경강포구와 외방포구에서 모두 활발히 이루어지고 있었는데, 그 형태는 초기에는 겸업적 형태였으나 점차 전문화되어 전업적 선상활동이 전개되었다. 그것도 19세기에는 물주와 선주가 분화되는 양상을 보였다.

3) 원과 주막

조선시대, 특히 15세기에는 교통·운수활동이 자연적이기보다는 정책적이었다. 중앙집권체제가 강화됨에 따라서 통치체제를 효과적으로 운영하기 위하여 교통과 통신 그리고 운수조직이 정비되어 갔다. 새 왕조의 교통정책도 이같은 중앙집권화 운동의 일환으로서 추진되었다. 숙박시설도 초기에는 그러한 방향에서 운영되었다. 예컨대 院이 그러한 시설이었다. 즉 원은 공무로 여행하는 사람들에게 숙식의 편의를 주기 위하여 교통로의 요충지나 인가가 드문 깊은 산 속에 설치되었는데, 국가가 직접 관리하였다. 조선왕조는 국초에 숭유정책을 내세워 사찰을 정리함과 더불어 종래 사찰이 운영하던 원까지 모두 국유화하여 驛站制의 보조기관으로 삼고, 환속한 승려 또는 인근 주민 중에서 덕망있는 사람에게 그 운영의 책임을 맡겼다. 그리고 미미하나마 소정의 院主田을 지급하여 원의 경비로 쓰게 하였다. 《東國輿地勝覽》에 의하면, 전국 원의 수효는 대략 1,300개소였다. 대체로 도로 연변에 설치된 원은 30리마다 하나씩이었으나, 지형조건에 따라서 평탄한 곳의 간격은 길었고, 험한 곳에서의 간격은 짧았다.[80] 유명한 원으로는 서울 부근의 梨泰院·弘濟院·普濟院, 수안보, 동래의 溫井院, 경기도의 長湖院·退溪院·廣惠院, 충청도의 鳥致院·新禮院, 황해도의 沙里院, 평안도의 陽德院 등이 있었다. 지역별로는 경상도에 468개소, 전라도에 245개소, 충청도에 212개소가 있었다.

그러나 이용자가 한정되어 있었고, 재정 기반이 취약하였을 뿐만 아니라, 특히 집권체제가 해이해지면서 봉건정부의 경영 의지도 약화되어 16세기 중엽부터는 방치되는 원이 속출하였다. 《磻溪隨錄》에 의하면, 17세기 당시 원은 주인이 없고, 오랫동안 방치되어 거의 파괴되어 있었다고 한다. 운영되는 곳도 관리자가 있는 경우는 드물었고 땔나무와 음료수만 준비되어 있을 뿐이라고 하였다.[81] 그리하여 공무로 여행하는 사람들은 이후 고을 관아 부근에 있던 客館(客舍)이나 큰 역에 부속되어 있던 驛館을 주로 이용하였다. 일부 원이 존속하여 그 명맥을 유지하고는 있었으나 원의 기능은 점차 쇠퇴하였고, 대부분 소멸되어 갔는데, 이에 따라 조선 후기에는 사사로이 설치된 酒幕이 그 기능을 대신하였다. 《大東地志》에 의하면 각 驛路 주변에 국가가 공무 여행자들의 숙식을 위하여 원을 세웠으나, 임진왜란 이후 대부분이 문을 닫고 店舍가 새로이 생겨났고 원 이름이 그대로 점 이름으로 된 곳이 많다고 하였다.[82]

주막은 길가에 위치하여 술과 밥을 팔고 또 나그네에게 잠자리도 제공하던 집으로, 炭幕·旅店·夜店·店幕 등으로도 불렸는데 흔히 주막집이라고 하였다. 조선 후기에는 농업과 수공업이 결합된 종래의 자급자족적 경제질서가 무너지면서 사회가 분업화되고 이에 따라 생산력이 향상되고 그 잉여생산물이 유통되면서 상품화폐경제가 눈에 띄게 발달하였다. 그리하여 도처에 장시가 생겨나고 장시를 오가는 상인들이 급증하였다. 뿐만 아니라 서울을 중심으로 사회활동이 활발히 전개되면서 각 지방에서 서울로 오가는 사람들이 날로 늘어났다. 이들이 먼 거리를 왕래하면서 곳곳에 여행객을 위한 휴식시설·숙박시설이 생겨났다. 새로이 생겨난 주막집은 원과 달리 누구나 이용할 수 있었는데, 소정의 대금을 받고 잠자리는 물론 음식물을 비롯한 여러 가지 편의를 제공하였으므로 이용하는 사람이 매우 많았다. 특히 그 이름에

---

80) 崔永俊, 《嶺南大路》(高麗大 民族文化硏究所, 1990), 267~283쪽.
81) 柳馨遠, 《磻溪隨錄》 권 1, 田制 上 站店.
82) 金正浩, 《大東地志》 권 27, 程里考.

서와 같이 술을 팔았기 때문에 많은 사람들이 모여들었다. 19세기에 이르러서는 거의 촌락마다 주막이 설치되어 전국적으로 여행에 불편이 없었다. 이들 주막은 특히 장시가 열리는 곳이나 교통의 요지에 있었다. 주막에서는 음식값 외에는 숙박료를 따로 받지 않아 '봉놋방'이라고 하는 온돌방에서 10여 명이 혼숙하게 되어 있었다.

주막은 원과 달리 영리를 목적으로 운영되었던 상업적 숙박업소였기 때문에 여행객의 수가 적을 경우에는 폐업이 불가피하였다. 따라서 여행자가 많은 곳에 주로 설치되었고, 그리하여 장시와 거의 같은 장소에 위치하고 있었다. 장시는 15세기말에 전라도에서 처음 발생하였는데, 16세기에 이미 삼남지방에 널리 보급되더니, 조선 후기에는 곳곳에 설치되었다. 19세기초에는 1,000여 개소의 장시가 5일마다 정기적으로 장을 열었다.[83] 이러한 장에서는 사람들의 왕래도 많았고, 물화의 거래도 활발하여 사람들은 자연히 주막으로 모여들어 서로 한담을 하거나 정보를 교환하기도 하였다. 조선 후기에는 화폐가 널리 보급되면서 여행자나 이용자들은 미곡이나 포목을 휴대할 필요없이 常平通寶와 같은 엽전으로 숙박비나 술값을 지불하였다.

장시에 주막이 생겨난 경우와 달리 교통의 요지에 주막이 설치되고 그 이웃에 인가들이 늘어나 酒幕村이 형성되는 경우도 있었다. 술막, 떡점거리, 무수막, 주막거리, 주막뜸, 말죽거리 등으로도 불린 주막촌은 사람들이 사사로이 주막을 개설하면서 형성되어 형태와 구조가 비교적 단순하였다.

일반적으로 전통사회에서는 도로에서 멀리 떨어진 산기슭에 '背山臨水'하여 취락을 형성하였다. 그러나 주막촌은 도로변에 주로 위치하여 후일의 교통도시로 성장하는 토대가 되었다. 따라서 주막촌은 삼거리, 사거리, 오거리 등을 유발하는 경우가 많았다.

한편 보다 큰 장시나 포구 등에는 客主와 旅閣이라는 고급 여관도 있었다. 주막이 대개 한두 개의 침실과 술청으로 이루어진 작은 건물이었던 반면에 객주와 여각은 여러 개의 침실과 대청·마굿간·창고 등이 있는 큰 집이었다. 이들 장소에서는 독방을 사용하였기 때문에 대개 돈많은 부호나 벼슬이

83) 金大吉,《朝鮮後期 場市硏究》(國學資料院, 1997), 143쪽.

높은 고관들이 유숙하였다.[84] 객주와 여각은 서로 뚜렷이 구분되는 것은 아니었다. 객주가 보다 일찍 생겨났는데, 조선 후기 상품화폐경제가 발달하면서 객주도 번창하였다. 객주는 그 기능면에서 步行客主와 物商客主로 나뉘는데, 숙박업은 주로 보행객주가 행하였다. 물상객주도 풍부한 자본과 창고시설 등을 갖고 상품판매·위탁판매·창고업·운수업 등을 영위하였는데, 荷主의 편의를 위하여 숙박업도 겸하였다. 여각은 주로 연해안 포구에서 해산물과 농산물을 거간하고 위탁판매를 하면서 그 하주를 상대로 여관업도 하였다. 여각주인들은 때로 중앙의 권력자와 결탁하여 그 위세로 상선이 포구에 들어오면 거의 강제로 하주를 여각에서 묵게 하고 화물을 옮기지 못하게 해서 숙박료·화물보관료·화물중개료를 임의로 징수하기도 하였다.

〈崔完基〉

84) 崔永俊, 앞의 책, 290쪽.

Ⅱ. 상품화폐경제의 발달

1. 상인층의 성장과 도고상업의 전개
2. 상품의 유통
3. 금속화폐의 보급과 조세금납화
4. 대외무역의 전개

Ⅱ. 상품화폐경제의 발달

1. 상인층의 성장과 도고상업의 전개

1) 관상도고의 활동

17세기 후반부터 본격화되기 시작한 상업계의 변화는 18세기 이후 都賈[1)]商業이라는 새로운 상업형태를 낳게 하였다. 상업인구의 증가에 따라 상인간의 경쟁이 심화되기 시작하였고, 그 과정에서 일부의 상인들이 관권과 결탁하여 특권적 매점상업을 영위하게 되었다. 이러한 상인 가운데 대표적인 사람들은 市廛상인(도고)과 貢人, 그리고 京主人·營主人·營邸도고 등이었다. 이들을 편의상 官商 또는 관상도고라 부른다.[2)]

1) 도고는 기록에 都賈, 都庫, 都雇 등의 표현으로 나오고 있으나, 모두 상품을 매점하거나 독점하는 상행위, 혹은 상행위를 벌이는 조직을 의미한다.

2) 관상도고라는 용어가 사용되기 시작한 것은 姜萬吉,《朝鮮後期 商業資本의 發達》(高麗大 出版部, 1973)부터이다. 이 밖에 이 시기의 상인을 독점(특권)상인과 신흥(자유)상인(劉元東,《韓國近代經濟史硏究》, 一志社, 1977), 어용상인과 민간상인(安秉珆,〈商品生産の發展と私商〉,《朝鮮史硏究會論文集》5, 1968), 신특권상인과 구특권상인(李炳天,〈朝鮮後期 商品流通과 旅客主人〉,《經濟史學》6, 1983) 등의 개념으로 구분하는 견해가 있다. 그러나 官商層과 私商層이 제각기 다른 성격을 시종 유지·지속시켜 나갔는가 라는 점이 문제가 된다. 이들은 상호간에 출입하는 경우가 적지 않았으므로 관상과 사상으로 분류하여 상인을 이해한다면, 이는 지나치게 도식적일 뿐만 아니라 극히 유동적인 양자의 관계를 설명하기가 어렵다(河原林靜美,〈18·9世紀における廛人と私商について〉,《朝鮮史硏究會論文集》12, 1975 ; 吳 星,《朝鮮後期 商人硏究》, 一潮閣, 1989). 하지만 공인·시전상인 등 특권상인과 사상의 본질적인 차이는 무엇이며, 관상과 사상의 범주는 어떻게 다른가 라는 문제들은 여전히 남아 있다(金東哲,〈書評 : 吳星 著, 朝鮮後期 商人硏究〉,《歷史學報》124, 1989). 따라서 위에서 언급된 문제들을 모두 포괄할 수 있는 명확하고도 적합한 개념은 현재로서는 마련되어 있지 않은 형편이다. 이에 여기에서는 서술의 편의상 일단 관상과 사상으로 나누어 살피기로 한다.

(1) 시전도고의 활동

시전도고는 서울에 설치되었던 시전이 중앙정부와 관계를 맺으면서 특권상인화함으로써 이루어졌다. 즉 시전상인의 도고상업은 정부로부터 부여받은 禁亂廛權을 바탕으로 형성된 것으로, 시전상인의 금난전권 행사가 곧 도고상업행위였던 것이다.[3] 금난전권이란 조선정부가 시전에게 부여한 특정 물종의 독점적 유통권으로서, 금난전권을 갖게 되면 平市署와 漢城府의 廛案에 등록되어 해당 물품은 금난전권을 가진 시전만이 독점적으로 취급할 수 있게 된다. 즉 시전상인에게만 주어진 상업적 특권이었던 셈이다.[4] 따라서 전안에 등록되지 않은 사람이 임의로 해당 물종에 관한 상행위를 벌일 경우, 시전은 이를 亂廛으로 규정하여 이들의 행위를 금지시킬 수 있을 뿐만 아니라 소유 물품까지도 압수, 혹은 거래 물품에 대한 일정액의 수세를 가할 수가 있었다.[5]

시전의 금난전권은 '一物一市'의 원칙에 따라,[6] 하나의 물종에 대하여 주어지는 것이 상례였으나, 반드시 이 원칙이 지켜졌던 것은 아니었다. 동일한 물종을 여러 시전이 매매하는 경우도 있었고, 특정 시전의 취급 물종이 점차 증가하는 예도 있었다. 米廛의 경우 국초부터 上·下·門外米廛이 있었고, 이후 西江미전과 麻浦미전이 설립되기도 하였다. 刀子廛의 경우도 처음에는 粧刀類의 전매권만을 가지고 있었으나, 점차 전매물종이 증가하여 나중에는 方物廛으로 불려지기도 하였다.[7]

한편 시전상인의 도고상업은 정부와 시전 양측의 필요가 일치되어 나타난

---

3) 姜萬吉, 위의 책, 169쪽.

4) 시전상인의 특권을 舊特權과 新特權으로 나누고, 公貿 등 국가적 물자 수요에 의해 지급되는 특권을 구특권, 관아·궁방과 유착하여 발생한 특권을 신특권으로 분류한 견해도 있다(須川英德, 〈十八世紀朝鮮における經濟動向について－亂廛·辛亥通共の再檢討－〉, 《朝鮮學報》 143, 1992, 4쪽).

5) 금난전권이 수세권으로 전환되는 것은 신해통공 이후에 나타난 일반적 경향이었다(高東煥, 《18·19세기 서울 京江地域의 商業發達》, 서울大 博士學位論文, 1993 ; 卞光錫, 〈18세기 市廛商人과 商權〉, 《國史館論叢》 59, 國史編纂委員會, 1994).

6) 《各廛記事》 地卷, 신미 2월 일.

7) 《漢京識略》 권 2, 市廛.

결과였다. 壬亂 이후 극심한 재정 곤란을 겪고 있던 조선정부는 17세기 초엽 六矣廛과 같은 대규모 시전으로부터 國役이라는 명목으로 일종의 특별세를 징수하게 되었다. 이후 국역 징수의 범위가 확대되어 감에 따라 종래의 상업세보다 훨씬 부담이 무거워진 국역을 부과하고, 그 대가로 정부는 금난전권이라는 독점적 상업특권을 시전상인에게 부여한 것이다.

한편 시전상인들은 새로이 일어나고 있던 비시전계 상인과의 경쟁을 배제하기 위하여 독점적 상업권을 절실히 필요로 하고 있었다. 조선 초기에도 서울의 종로 일대에 시전상인 이외의 상인이 있었고, 場市도 열리고 있었으나, 이 무렵만 하더라도 상업인구가 그리 많지 않았고 상거래도 활발한 편은 아니었다. 시전상인과 일반 私商人들 사이에 상권 다툼을 벌여야 하는 상황은 아니었던 것이다. 그렇지만 16세기 이후부터 서울 등 대도시지역에는 상업인구가 급증하게 되었고, 그 결과 지금까지 평온하던 도회지 상업계에는 심한 商權 경쟁이 야기되었다. 농민층의 분화에 따라 농촌인구의 일부가 도시로 유입되었고, 금속화폐의 유통과 민간수공업의 발달, 對淸·對日무역 등 대외무역의 성행에 의해 상업인구가 급격하게 늘어나게 되었던 것이다. 심지어는 군인·아전·노복까지도 상행위에 가담하고 있던 형편이었다. 이러한 상황속에서 시전상인들은 商利를 독점하기 위한 수단으로 정부와 결탁, 법제적으로 사상인들을 규제코자 하였다. 금난전권은 바로 위와 같은 상업계의 변화의 산물이었다. 결국 시전상인들은 금난전권을 바탕으로 특권적 매점상업을 영위하려 하였던 것이다.

시전의 금난전권은 처음에는 육의전과 같은 대규모 시전에게만 주어졌던 것으로 보인다. 하지만 이 특권은 일상 생활용품을 취급하는 군소시전에게도 주어져, 지방의 소도시와 농촌에서 생산되어 대도시로 유입되는 상품을 특권적으로 매집함으로써 농민과 수공업자의 소생산품을 시장에서 차단, 상업적 이익을 독점할 수 있도록 하였다.[8] 결국 시전상인의 도고상업은 16세기 이후의 상업 발전을 배경으로 정부와 시전상인 간의 이해관계가 일치하는 상황속에서 형성된 특권적 매점상업의 한 형태였다.[9]

---

8) 姜萬吉, 앞의 책, 171쪽.
9) 姜萬吉, 위의 책, 171쪽.

이처럼 시전의 금난전권이 확대되어 감에 따라 새로이 생겨나는 시전도 증가하게 되었고 시전상인들이 취급하는 물종도 다양해져 갔다. 《萬機要覽》에 따르면, 국역의 의무를 지는 有分各廛으로 線廛(10), 綿布廛(9), 綿紬廛(8), 紙廛(7), 苧布廛(6), 布廛(5), 靑布廛(5), 內魚物廛(5), 外魚物廛(4), 生鮮廛(3), 煙草廛(3), 雜穀廛(3), 上米廛(3), 下米廛(3), 床廛(2), 綿子廛(2) 등 37개의 시전이 있었다.[10] 또한 국역의 부담을 지지 않는 無分各廛이 채소전, 刀子廛, 雜鐵廛, 鹽廛, 木器廛, 針子廛, 簇頭里廛, 種子廛 등 50여 개에 이르고 있었다. 이들 시전은 도성내뿐만 아니라 남대문밖・龍山・마포・서강 등 성밖에도 존재하고 있었다.

시전상인들은 금난전권을 이용하여 특정한 상품을 독점적으로 매점, 시세의 차이를 보아 매각함으로써 상당한 상업적 이익을 누리고 있었다. 백성들의 생활필수품 가운데 하나였던 소금의 경우 염전인이 이익을 독점하는 까닭에 魚鹽船商들이 실업할 지경이라든가[11] 가격이 전보다 5~7배나 뛰었다는 이야기[12] 등은 시전상인들의 독점적 매매와 그에 따른 이윤의 수취를 말해 주는 좋은 예일 것이다. 유푼각전으로서 1푼의 의무를 지고 있던 內長木廛이라든가 門外長木廛・條里木廛 등의 시전도 목재 판매의 독점권을 쥐고 뚝섬 등지에 집하되는 목재를 매집, 소비자에게 매각함으로써 목재와 관련된 상업적 이익을 전유하고 있었다.

시전상인들은 그들만이 지니고 있던 금난전권의 적용 범위를 이미 상품화된 물품에만 그치려 하지 않았다. 즉 가공상품의 원료에 대해서도 금난전권을 발동, 원료를 매개로 상품을 생산하고 있던 수공업자들을 자신들에게 예속시키려 하였던 것이다. 육의전이면서 국역의 부담이 가장 많았고, 또한 그만큼 영업규모가 컸던 선전이 휘양을 만들어 팔고 있던 毛衣匠을 고발하였던 것은[13] 휘양의 재료에 선전이 취급하는 물종인 비단이 들어가기 때문이었다. 이 사건은 모의장이 비단으로 휘양을 제조하는 것 자체를 위법으로 규

10) ( ) 안의 숫자는 국역을 100으로 했을 때 부과된 할당 비율을 의미한다. 즉 선전의 경우 10/100에 해당되는 국역을 부담하고 있었다는 뜻이다.

11) 《備邊司謄錄》 127책, 영조 30년 9월 15일.

12) 《備邊司謄錄》 151책, 영조 44년 2월 5일.

13) 《備邊司謄錄》 163책, 정조 5년 11월 12일.

정함으로써 결말을 보게 되었지만, 궁극적으로는 시전상인들이 수공업자의 생산품에 대하여 전매권을 확보하고 그것을 매점하여 수공업자와 소비자를 격리시키고자 한 데에서 비롯된 것이었다. 즉 시전상인들은, 장인은 물건을 만들고 전인은 장인에게서 그 물건을 사서 상품화하는 것이 법칙인데, 만약 장인이 스스로 시전을 개설하면 전인은 상품을 구할 수가 없어 모두 파산하게 된다면서 장인이 제조한 물품의 판매권을 독점하고자 하였던 것이다.[14) 이후 시전상인들은 수공업자들의 제품판매를 난전으로 규정하고, 그 물품을 저가에 매점해 나갔다. 도자장이 장도를 만들어 팔면 도자전에서, 鬃匠이 말총제품을 만들어 팔면 상전에서, 가칠장이 소반을 만들어 팔면 칠목기전에서, 冶匠이 철물을 만들어 팔면 잡철전에서 난전이라 고발하여 그 물건들을 매점, 폭리를 취했던 것이다.[15)]

위와 같은 시전상인의 금난전권 행사는 도시의 영세상인들은 물론 소비자들에게도 커다란 문제를 던져주었다. 도시민의 생활용품의 대부분이 시전의 전매품이 됨에 따라 물가가 앙등하게 되어 도시민의 생활에 큰 지장을 주게 된 것이다. 또한 민간수공업자나 소상품생산자들 역시 이들의 원료품과 생산품이 시전의 금난전권으로 말미암아 직접적인 자유 매매가 저지되어 커다란 타격을 입게 되었다. 이에 따라 도시의 영세상인층과 소비자·민간수공업자들의 금난전권에 대한 반발과 저항이 거세지기 시작하였다. 이들의 움직임은 결국 시전상인의 금난전권 행사와 정부의 상업정책에 적지 않은 변화를 가져오게 하는 계기로 작용하기에 이르렀다.

(2) 공인의 활동과 공인자본의 성격

가. 공인의 등장과 유형

貢人은 大同法 실시 이후 등장한 특권상인이다. 이들은 대동법이라는 새로운 수취체제의 시행에 따라 정부의 수용물품을 조달하던 공물청부업자였다. 물론 대동법 실시 이전에도 각 지방에서 관부에 바치는 공물을 중간에서 防納하던 상인들은 있었다. 그러나 이들은 합법적인 존재라기보다는 특정 공

---

14) 최완기, 《조선시대 서울의 경제생활》, 서울시립대 서울학연구소, 1994), 55쪽.
15) 崔完基, 위의 책, 63쪽.

물의 납부 의무를 진 지역의 공물대납권을 얻어 그 공물을 관부에 납부한 후 해당 지역민으로부터 과다한 대가를 징수하던 사람들이었다. 그렇지만 공인은 정부가 공물 대신 田結을 기준으로 징수한 米·布·錢을 지급받아 관부가 필요한 물품들을 구입·조달하는 공적으로 인정된 상인들이었다.

貢物主人이라고도 불리우는 공인은 본래 일반 '坊民' 중 지정토록 되어 있었다.[16] 이들 방민이 구체적으로 어떠한 사람들을 뜻하는지는 분명하지 않다. 다만 공인이 되었거나 공인의 기능을 행한 사람들 중에는 이전의 방납상인이었던 사람들과 시전상인의 일부, 匠人, 其人 등이 포함되어 있었다. 즉 원칙상 비합법적이었던 방납배들의 일부가 대동법 실시와 더불어 국가의 공인된 상인으로 전환되어 갔으며, 시전상인의 일부가 공인과 마찬가지로 貢價를 지급받아 배당된 관부 수용물품을 조달하였다. 또한 사영수공업의 발전에 따라 직접 물품을 제조하여 관에 납품하는 장인들이 공인의 기능을 행하기도 하였으며, 향리의 자제로서 서울에 올라와 있던 기인들이 연료와 기타 관부 수요품을 조달하기도 하였다.

지방 수령이 서울에 파견한 아전이었던 京主人 역시 공납청부업자의 기능을 수행하였다.[17] 또한 각 읍의 아전 출신으로 감영에 파견된 營主人도 공인의 역할을 담당하고 있었다. 영주인역은 본래 부역적 성격이 강하였으나 18세기 중엽 이후 영주인의 성격 변화와 役價·進上價의 증가 등으로 인해 영주인의 공인으로서의 기능이 강해지게 되었다. 공인의 기능은 이들 이외에 역관이 수행하는 예도 있었으며,[18] 貢契의 증가에 따라 양반관료·부민계층

16) 《續大典》 권 2, 戶典 歲貢.

17) 경주인을 공인의 범주에 넣을 수 있는가에 대해서는 이견들이 있다. 金玉根은 극히 예외적인 경우를 제외하고는 경주인은 공인의 역할을 담당하지 않았으며, 경주인에게 지급하는 역가는 공인에게 지급하는 공가와 성질이 다르므로 공인의 범주에 속하지 않는다고 하였다(金玉根, 〈貢人〉, 《朝鮮後期經濟史硏究》, 瑞文堂, 1977, 337~338쪽). 이에 대해 德成外志子는 공인에는 공물뿐만 아니라 役務만을 제공하는 공인도 있으므로 경주인도 광의의 공인으로 볼 수 있다는 견해를 제기하였다(德成外志子, 〈朝鮮後期 貢物貿納制와 貢人役價-官府와의 關係를 통해 본 貢人의 性格-〉, 高麗大 碩士學位論文, 1983, 142~143쪽). 이후 金東哲도 德成外志子의 의견을 받아들여 경주인·영주인을 광의의 공인으로 보고 공인의 범주에 포함시켰다(金東哲, 《朝鮮後期 貢人硏究》, 韓國硏究院, 1993, 15쪽). 여기에서는 후자의 견해를 좇아 경주인을 공인의 범주에 넣었다.

등이 공계 창설에 가담하기도 하였다.

공인은 공물납부의 방식에 따라 두 가지로 분류된다. 공가를 지급받아 공물을 사서 납부하는 상인적 공인과, 공물을 제조하여 납부하는 수공업자적 공인이 그것이다.[19] 전자에는 紙契공인·馬契공인·蔘契공인·면화계공인 등이 속하며 후자에는 금계공인·칠계공인·水鐵契공인·채색계공인 등이 속했는데, 후자의 공인들은 조선 전기 당주동 일대의 관영수공업장에서 일하던 장인들이 주로 맡았다.[20]

또한 공인은 납품하는 물품의 종류와 납품하는 기관에 따라 그 종류가 매우 많았다. 元貢의 경우 선혜청과 6道의 지방청에 57공이 있었으며, 진휼청·상평청·균역청에 17공이 있었다. 하나의 관부에 납품하는 공물의 종류도 매우 많아서 자연히 공인도 납품 물품과 기관별로 대단히 다양한 이름으로 존재하고 있었다.

공인은 공가를 기준으로 원공공인과 別貿공인으로 대별된다. 원공공인은 정기적인 공물상납을 맡았던 공인들이었으며, 별무공인은 원공만으로 부족한 경우나 貢案에 들어 있지 않은 새로운 물품의 조달이 필요할 때 공물을 납부하던 사람들이었다. 원공공인의 공가는 선혜청에서, 별무공인의 공가는 호조에서 지급되었다. 공가의 책정은 공가를 지급하는 관청의 재정 상태와 공물 구입과 관련된 상품경제의 발달 정도에 따라 규정되었지만,[21] 공가를 미리 지급받아 공물을 납부하던 원공공인이, 물품을 먼저 납부하고 후에 공가를 지급받는 별무공인보다는 영업 여건상 보다 유리한 위치에 있었다.[22]

공인들은 납품하는 물건이 많은 경우 같은 관청에 물품을 조달하는 공인

---

18) 숙종 20년(1694)에 창설된 弓角契는 水牛角무역을 독점하려는 동래상인과 倭學역관의 의도가 합치되어 성립된 것이었다(金東哲, 〈水牛角貿易과 弓角契貢人〉, 위의 책).

19) 宋贊植, 〈三南方物紙貢考-貢人과 生産者와의 關係를 중심으로-(上·下)〉(《震檀學報》 37·38, 1974).

20) 崔完基, 앞의 책, 56쪽.

21) 金東哲, 앞의 책, 240쪽.

22) 하지만 원공공인이라 하여도 정부의 재정 상태의 변화 등에 따라 '先進排 後受價'의 공가지급제에 놓여 있는 경우도 있었다. 關東蔘契貢人이 좋은 예이다(吳星, 〈人蔘商人과 禁蔘政策〉, 《朝鮮後期 商人硏究》, 一潮閣, 1989, 16~17쪽).

들끼리 공동으로 출자하여 조합과 같은 계, 즉 貢契를 조직하였다. 또한 조달해야 하는 물품이 다양한 관청의 경우에는 물품마다 따로 공계를 조직하기도 하였다. 공계의 종류도 납부 물종이 많아지면서 다양해져 갔다. 호조의 경우 모두 39종의 공계 조직이 있기도 하였다.

나. 공인의 활동과 그 추이

공인들은 관부의 막대한 수요물품을 독점적으로 조달하는 특권을 누리면서 상업활동을 펴 나갔다. 공계인들은 이러한 특권을 바탕으로 관아에 조달할 물품을 매점하기 위하여 도고를 차리고 이를 통해 관부에의 납부를 구실로 상품생산자로부터 헐값에 강제 매입하기도 하였다.[23] 또한 紙契공인과 같은 상인적 공인들은 생산자를 장악하기 위하여 先貸制的인 지배를 가하려고도 하였다. 공인들은 공가면에서도 매우 후한 가격을 지급받도록 법제적인 지원도 받고 있었다.[24] 대동법 실시 초기 공인을 위하여 시가의 10배를 공가로 지급하였다는 이야기[25]가 있을 정도였다. 물론 이와 같은 후한 공가가 계속해서 지급되었는가에 대해서는 부정적으로 보이지만, 적어도 일정 시기까지는 공인에게 시가보다 후한 공가를 주어 이들의 활동을 경제적으로 지원해주려는 움직임이 대세였을 것으로 보인다.

이와 같은 정부의 지원과 보호, 그들 스스로가 도고라 불렀던 독점적 매점활동을 통해 공인들은 상당한 부를 쌓아 갔다. 영조 45년(1769) 평안도와 함경도를 제외한 전국 6도에서 공인들에게 지급한 공가가 미곡 130,656석, 布木 97,823필, 錢貨 249,688냥에 달하고 있었다.[26] 목재공인 가운데 가장 규모가 컸던 外繕工監공인의 경우 원공가 2,200여 석, 별무가 560~800석 정도의 공가를 지급받고 있었다.[27] 수공업자적 공인 중에는 공물뿐만 아니라 사사로운 수용물품까지 제조·판매함으로써 더욱 많은 이익을 누리기도 하였다. 생산시설을 보유한 부민들로서 공장을 고용, 公私수용품을 제조·판매하

23) 崔完基, 앞의 책, 57쪽.
24) 《續大典》 권 2, 戶典 歲貢.
25) 《備邊司謄錄》 98책, 영조 11년 12월 12일.
26) 《增補文獻備考》 권 153, 田賦考.
27) 《度支志》 6책, 권 10, 版籍司 貢獻部 2, 貢弊 貢契改式.

던 三南月課火藥契공인의 경우를 보면, 삼남월과화약을 공가로 지급받아 납품하고 있었을 뿐만 아니라 관·사수용 화약을 私造·판매함으로써 상당한 이익을 남기고 있었다.[28]

정부로부터 부여받은 공인권은 상업활동을 보장하는 특권으로서의 가치를 지녔던 만큼 상업적 이윤을 추구하려는 사람들에게는 매력의 대상이자 투자의 효용성이 매우 높은 것으로 인식되고 있었다. 광범한 공인권 매매의 사례가 이를 대변해주지만, 공인권의 소유권과는 별개의 경영권인 分主人權이 성립되기도 하였으며,[29] 17세기말 이후에는 새로운 공인권 창설운동이 본격적으로 나타나기도 하였다.[30] 경주인권과 영주인권 역시 일정한 이익을 담보한 권리로서 고가로 매매되었다.

그렇지만 공인들의 자본집적이 순탄했던 것만은 아니었다. 앞서 예로 들었던 삼남월과화약계공인의 경우 영조 4년 李麟佐의 난을 계기로 다음해 화약의 사조·私賣가 금지되자 사적 판로를 잃게 되었고, 이후 이들은 겨우 명맥만 유지한 채 민간인들의 潛造·潛賣가 주류를 이루게 되었다.[31] 물론 삼남월과화약계공인의 경제적 처지가 변화하게 된 주요 원인은 이인좌의 난이라는 외부적 계기에서 찾을 수도 있다. 그러나 공인이 안고 있던 문제는 공인의 발생과 기능 유지가 정부의 필요와 재정적 지원에 바탕을 두고 있다는 보다 근본적인 구조에서 찾아져야 할 것이다. 즉 대동법 실시 초기와 같은 후한 공가의 지급과 같은 재정 지원이라든가 국가의 공물정책의 일관성과 지속성, 공물상납과정에서의 貢弊 유무에 따라 공인의 활동 자체가 심대한 영향을 받게 되어 있던 것이다. 또한 공인의 활동에 대항하여 상업적 이윤을 잠식하려는 상인집단의 존재 여부도 공인의 지속적인 영업활동에 무시할 수 없는 변수로 작용할 수 있었던 것이다.

---

28) 柳承宙, 〈朝鮮後期 貢人에 관한 一研究－三南月課火藥契人의 受價製納實態를 中心으로－(上·中·下)〉(《歷史學報》 71·78·79, 1976·1978).

29) 吳美一, 〈18·19세기 貢物政策의 변화와 貢人層의 變動〉(《韓國史論》 14, 서울大, 1986).

30) 吳美一, 〈18·19세기 새로운 貢人權·廛契 창설운동과 亂廛活動〉(《奎章閣》 10, 서울大, 1987).

31) 柳承宙, 앞의 글 참조.

이러한 우려는 결국 현실로 나타나게 되었고 적지 않은 공인들이 공계를 떠난다거나 공계 자체가 해체되는 결과를 맞기도 하였다. 공인에게 있어 가장 큰 관심사는 이윤이 보장되는 수가와 進排, 즉 시가보다 후한 공가의 수납과 납부해야 할 공물의 원활한 조달이었다. 하지만 시가보다 헐한 공가가 지급된다든가 상납해야 할 공물의 구입이 어려워지게 되면 공인의 경제적 처지와 사정 역시 영향을 받을 수밖에 없게 되는 것이다. 예를 들어 인삼을 납부하던 공인의 경우 초기에는 비교적 후한 공가가 지급되어 인삼의 상납 과정에서 일정한 이윤을 누릴 수가 있었다.[32] 그렇지만 점차 인삼의 품귀 현상이 나타나면서 蔘價가 지속적으로 앙등하게 되자 공인이 받고 있던 원공가로서는 삼가의 상승을 당해낼 수가 없는 형편이 되고 말았다. 이에 공인들은 원공가 이외에 다음해의 공가까지 미리 지급 받아 해결해 보려 하였지만, 결국은 나라에 대한 부채만 늘어나는 결과만을 가져오고 말았다.[33] 인삼납부 공인의 하나였던 嶺蔘契人 역시 시가와 應役價의 차이를 감당하지 못한 채 위조인삼을 상납하였다가 行首가 유배되는 경우까지 겪게 되었다.[34] 시가와 공가와의 현격한 차이는 분명 공인에게는 貢弊였다. 정부에서도 이 점을 인지하지 못하고 있던 것은 아니었다. 그렇지만 정부가 택한 길은 공가의 증가가 아닌 私貿였다. 공인 발생 초기에 정부가 채택했던 공물정책이 변화하게 된 것이다. 즉 원공으로부터 공가가 낮은 별무로, 별무로부터 사무의 방향으로 전환하게 된 것이다. 이러한 상황하에서 공인의 지속적인 경제적 성장을 기대하기는 어려운 일이었다.

이와 같은 경우는 선혜청 57공 속에 들어 있던 關東蔘契人 경우에 극명하게 나타나고 있다. 영조 35년(1759)에 창설된 관동삼계는 창설될 당시 이미 인삼의 시가가 공가를 훨씬 넘어서고 있었다. 더구나 관동삼계가 관동인삼을 京貿하기 위하여 설립된 것인데도 다른 지역의 인삼까지 납부해야 하는 처지에 있었다. 또 다른 형태의 공폐였던 셈이다. 결국 관동삼계는 헌종 11년(1845) 16만 냥의 엄청난 부채를 탕감 받은 채 혁파되고 말았다.[35]

32) 吳　星, 앞의 책, 11~12쪽.
33) 吳　星, 위의 책, 13쪽.
34) 吳　星, 위의 책, 13~15쪽.

이와 같은 양상은 목재를 조달하던 공인의 경우도 별다른 차이가 없었다. 시가의 변동에 따른 공가의 부족이라든가, 본래의 예에도 없는 공가의 지급 없이 납부해야 하는 경우, 혹은 上司의 黜退, 지방 營邑의 강제적인 수세 등 여러 형태의 공폐로 인하여 공인들의 사정은 처음과는 달리 점차 어려운 상태로 되어 나갔다. 예컨대 상사의 횡포로 말미암아 유한한 재력의 공인이 무한한 주구를 어떻게 견디겠느냐 라는 말[36]은 목재공인의 사정이 어떠했는가를 잘 보여주는 것이라 하겠다.

이러한 형편 속에서 공인들 가운데에는 상당액의 부채를 지게 된 사람들이 나오게 되었고, 국용 목재의 공급을 포기하는 일까지도 생겨나게 되었다. 영조 25년 목재공인 가운데 가장 규모가 컸던 외선공감공인이 1차 혁파되었고, 6년 후 외선공감공인의 일부의 요청에 따라 다시 목재공납이 수행되었지만, 같은 왕 44년 균역청·濬川司·각 軍門 등에 진 42,000냥의 공·사부채만을 안고 완전 혁파되게 되었다. 공가가 목재시가의 절반 정도밖에 되지 않는 공폐의 시정 내지 극복이 이루어지지 못한 것이 가장 큰 원인이었다.[37]

숙종 20년(1694) 水牛角 조달을 위하여 창설된 弓角契 역시 초기에는 공계라는 합법적 공간을 통해 수우각무역을 독점할 수 있었다. 궁각의 원활한 조달을 바라는 정부의 뜻과 수우각무역을 독점하려는 東萊商賈와 역관의 의도가 합치되어 성립된 궁각계는 일본 對馬藩으로부터 公貿易으로 수입되는 동과 납 가운데 生銅 20,836근 8냥, 常鑞 15,613근 8냥을 동래부로부터 공가로 지급받았다. 1710년대 이후에는 동의 공무역 수입량의 70% 이상이 공가로 주어져 동전 주조의 원료로 판매되기도 하였다.[38]

그러나 궁각계공인들은 점차 수우각무역이 부진해지면서 공폐를 겪게 되었다. 공폐는 주로 공가 지급의 부족에서 빚어졌다. 더욱이 일본동의 수입 부진으로 말미암아 공가를 제대로 지급받지 못한 채 '無價進排'를 해야 하는 일까지 생겨나게 되었고, 이러한 공폐는 더욱 증가하는 양상을 보이게 되었

35) 吳 星, 위의 책, 16~18쪽.
36) 《備邊司謄錄》 156책, 영조 50년 4월 30일.
37) 吳 星, 앞의 책, 65쪽.
38) 수우각무역과 궁각계공인에 대해서는 金東哲, 앞의 책, 25~72쪽 참조.

다. 결국 1830년대 이후 대마번으로부터의 공무역 수우각수입은 중단되게 되었다. 물론 이후에도 궁각계가 혁파되거나 궁각계공인이 사라진 것은 아니었다. 적어도 철종 12년(1861)까지는 궁각계가 존속하고 있었다. 조달 공물이 수입되지 않는 상태에서도 궁각계가 존재하고 있었던 것을 보면,[39] 궁각계공인들이 과거의 독점무역에서의 막대한 이윤을 뒤로 한 채 새로운 돌파구를 열어 나갔는지도 모른다. 하지만 수우각을 통한 궁각계공인의 상업적 이익은 더 이상 기대할 수 없는 것이었으며 이들의 경제적 사정 역시 여전하였던 것으로 단언하기는 어려울 것이다.

공인들의 경제적 처지와 사정이 초기와는 다른 모습을 띠게 되었다는 점을 언급하였지만, 모든 공인이 그러했던 것으로 단정하기는 어려울 것이다. 특히 18세기 이후 공물상납의 營作貢이 추진되면서 지방의 營貢을 담당하고 있던 영공인들은 공물진상에서 얻어지는 상당한 상업적 이윤을 누리고 있었다. 예를 들면, 관동인삼의 상납을 맡고 있던 인삼 영공인들의 경우 수령과 결탁하여 공납권을 장악하고 원가의 수 배에 이르는 添價를 지급받으면서 인삼진상에서의 상업적 이익을 충실하게 얻고 있었다.[40] 경공인에게는 인삼공인들의 호소에도 불구하고 여간해서는 지급되지 않던 첨가가 지방의 영공인에게는 충분하게 지급되고 있었다. 이는 영공인들이 대부분 營下人으로서 감영과의 결탁이 용이하였고, 그 결과 원가보다 훨씬 높은 첨가를 책정할 수 있었기 때문이다.[41] 수령과 결탁한 이들은 후한 첨가 이외에도 궐봉을 구실로 한 橫侵과 거간조종 등의 농간을 통하여서도 이윤을 획득하였다. 공삼상납이라는 점에서는 경공인과 동질적이었는지 모르나, 공납 수행과정에서 얻어지는 이윤의 수취와 경제적 처지는 사뭇 달랐던 것이다.[42]

다. 공인자본의 성격과 공인층의 변화

앞서 본 바와 같이 공인들은 대동법 실시 초기부터 일정기간까지는 관부수요품의 독점적 조달과 시가보다 후한 공가의 수납 등으로 상당한 자본을

39) 金東哲, 위의 책, 70쪽.
40) 《正祖實錄》 권 16, 정조 7년 11월 정유.
41) 吳 星, 앞의 책, 20~22쪽.
42) 吳 星, 위의 책, 19~23·56쪽.

집적할 수가 있었다. 하지만 특권의 형식과 내용이 점차 괴리를 보이면서 그들의 상업활동 역시 지장을 받게 되었고 상인으로서의 위치도 자연 일정할 수가 없었다. 공인에서 벗어나려는 사람들도 나오게 되었고, 거액의 부채만을 지고 혁파되는 공계도 생겨나게 되었다.

그러나 그렇다고 하여 공인이나 공계가 모두 사라진 것은 아니었다. 상당수의 공계는 어떠한 방식으로든 유지되고 있었으며, 새로운 공계 창설의 움직임도 있었다. 이러한 현상은 어떻게 설명되어야 할까. 이 점과 관련하여 무엇보다도 먼저 언급되어야 할 것은 정부의 공물정책의 변화와 이에 대한 사상층 등 부호민들의 공인권 획득과 그에 따른 도고상업활동에의 의지, 이와 같은 움직임을 뒷받침해줄 수 있을 정도로 변화된 상품유통경제의 발달상 등일 것이다.

먼저 조선 후기의 공물정책에 대하여 살펴보면, 공물수요의 증가로 인하여 공가의 추가 지출이 과다해짐에 따라 정부로서는 공가지급을 줄이려는 의도를 갖게 되었다. 이러한 정부의 의도는 비싼 공가를 지급할 필요가 없이 시가로도 공물의 구입·조달을 가능케 했던 유통경제의 발달이라는 객관적인 조건의 성숙에 뒷받침되어 공물조달정책이 점차 원공→별무→사무의 방향으로 전환되어 갔다.[43] 이러한 과정 속에서 제도적으로 보장된 공가 자체만의 이윤을 추구하던 사람들은 18세기 이후 점차 도태되어 갔으며, 공가 자체의 이윤 외에 유통 및 물품제작과정에서 적극적으로 상품유통에 개입했던 상인층은 계속 공인권에 투자하면서 활동을 벌여 나갔다.[44] 18세기 이후 별무공인의 창설이 증가한 것은 바로 위와 같은 움직임을 말해주는 것이라 하겠다. 즉 공가 자체보다 공인권이 보장해주는 특권을 자신들의 상업활동에 이용해보려는 사람들이 늘어났던 것이다. 별무공인은 양반관료·부상·부민 등 다양한 계층에 의해 창설되었고, 별무공인 창설의 증가에 따라 공인은 물론 京江상인이나 경강변의 富民, 東萊상인 등 기왕의 사상이었던 사람들의 상인으로서의 성격에도 변화가 오게 되었다.

43) 吳美一, 앞의 글(1986), 121~131쪽.
44) 吳美一, 위의 글.
鄭亨芝, 〈朝鮮後期의 貢人權〉(《梨大史苑》 20, 1983) 참조.

예를 들면, 앞서 언급된 외선공감공인이 1차 혁파된 뒤 이들을 대신하여 목재조달을 담당하게 된 사람들은 外都庫貢人이었다. 그런데 외도고공인들은 본래 목재를 사사로이 매매하던 목재상인이었으며, 공인은 아니었다.[45] 즉 경강지역에서 목재상업에 종사하던 '근실'한 사상이었던 것이다.[46] 따라서 이들은 공인권을 획득함으로써 기왕의 자본력과 새로운 권리를 바탕으로 유통과정에서의 우위를 확보, 보다 활발한 상업활동을 전개해 나가려 했던 것이다.

본래 목재는 국가의 강력한 통제하에 놓여 있었다. 비변사나 각 아문에서 발급하는 벌목허가증인 關文이 없이는 누구도 합법적인 벌목을 할 수가 없었다. 따라서 사상이었던 사람들이 외도고공인이 되었다는 것은 벌목에 필요한 관문을 원활하게 발급받을 수 있는 이점을 확보한 셈이며, 경강변의 근실한 부민들이 외도고공인으로 나서게 된 근본적인 까닭도 바로 여기에 있었다. 바꾸어 말하면, 조선 후기의 공물정책이 원공에서 별무로 변화해가는 움직임 속에서 공인권이 보장하는 특권을 상업활동에 이용하기 위해 경강의 사상들이 외도고를 창설한 것이다.[47] 목재를 조달하는 공인은 계속 존속되었으나, 공계의 구성원은 이전과 전혀 다른 성격의 상인들로 대체된 셈이다.

경강의 부민들을 중심으로 숙종 32년(1706) 성립된 馬契 역시 坊役制의 변동과 함께, 일정한 경제력을 가진 사람들이 공인권이라는 특권의 획득을 통하여 경강지역 하역운송업에서의 우위 독점권을 장악하려는 의도가 맞물려 이루어진 새로운 공계였다.[48] 18세기초 負指軍役을 담당하게 된 折草廛이나 治道軍役을 맡게 된 爈造契의 경우도 廛契 창설이나 새로운 공물을 통해 획득된 권리를 상업활동에 필요한 특권으로 이용하려는 양상을 보여주는 예이다.[49]

18세기 초반경부터 행해지기 시작한 위와 같은 새로운 공인권 창설의 경

45) 《貢弊》 2, 外繕工木物差人.
46) 《備邊司謄錄》 153책, 영조 45년 4월 2일.
47) 吳 星, 앞의 책, 66~67쪽.
金東哲, 앞의 책, 81~84쪽 참조. 오미일은 외도고공인이 된 목상을 京江船商으로 보고 있는데(吳美一, 앞의 글, 1986, 173쪽), 사상들이 외도고공인이 된 것으로 파악하고 있는 점에서는 거의 동일한 견해로 보여진다. 다만 德成外志子는 외도고공인이 된 사람들을 市廛市民으로 보고 있다(德成外志子, 앞의 글, 46쪽).
48) 金東哲, 위의 책, 127쪽.
49) 金東哲, 위의 책, 124~127쪽.

향은 공물상납제와 공인층의 변화, 나아가 이 시기 상업계의 구조와 상인층의 변동을 가져온 것으로 매우 주목되는 현상이라 하겠다. 하지만 정조 15년(1791) 辛亥通共에 의해 금난전권·공인권 등 특권을 바탕으로 한 도고활동이 혁파되면서, 또한 난전활동 등에 말미암은 상품유통구조의 변화에 따라 19세기 이후에 가서는 새로운 공계의 창설이 거의 이루어지지 않은 점이 간과되어서는 안될 것이다.[50]

(3) 경·영주인과 영저도고의 활동

가. 경주인의 도고활동

대동법 실시 이후 방납권의 정비를 통한 특권상인체계의 확립과정에서[51] 공인으로 전환되어 간 사람들로 우선 京主人을 들 수 있다. 알려져 있듯이 경주인은 본래 중앙과 지방의 연락기관으로 서울에 설치된 각 군·현의 邸舍인 京邸를 맡아 경영하던 사람이었다. 이들의 임무는 지방민의 접대와 보호, 문서의 연락, 지방 歲貢의 책임 납부, 選上노비의 上番·입역 등의 주선, 신구수령의 迎送 등이었지만,[52] 가장 중요한 것은 지방 공물의 상납과 주선이었다. 지방의 공물상납을 맡고 있는 관리인 貢吏는 경주인의 알선에 의해 공물을 상납하는 것이 일반적이었다.[53]

향리층의 요역이었던 경주인역은 17세기 전반까지는 고역인 것으로 인식되고 있었다.[54] 16세기 중반 무렵부터 공물의 구매·상납을 전업적으로 청부받는 防納私主人이 형성·성장함에 따라[55] 경주인이 쥐고 있던 공물방납권과 같은 이권이 쇠퇴하게 되었고, 各司의 침탈과 貢吏의 서울 투숙도 감소하

50) 吳美一, 앞의 글(1987).
金東哲, 위의 책, 251쪽.

51) 이지원, 〈16·17세기 전반 貢物防納의 構造와 流通經濟的 性格〉(《李載龒博士還曆紀念 韓國史學論叢》, 1990).

52) 李光麟, 〈京主人硏究〉(《人文科學》 7, 延世大, 1962).
田川孝三, 《李朝貢納制の硏究》(東洋文庫, 1964).

53) 田川孝三, 위의 책, 341쪽.

54) 金炫榮, 〈17세기 안동지방의 惡籍, 〈人吏諸官屬記過〉에 대하여〉(《古文書硏究》 1, 1991), 81~83쪽.

55) 이지원, 〈16·17세기 전반 공물방납의 전개와 구조〉(연세대 석사학위논문, 1984), 29~31쪽.

게 되었기 때문이다.[56]

그러나 경주인 모두가 방납활동과 전혀 무관한 존재가 되었던 것은 아니었다. 방납사주인의 성장에 따라 경저가 쇠퇴하게 되었다고는 하지만, 경주인의 방납활동은 계속되었다. 경주인 가운데 일부가 사주인층과 결탁하여 여전히 방납에 관여, 활동을 벌이고 있었다.[57] 이에 정부에서는 대동법을 실시하면서 경주인의 방납 폐단을 제거하기 위해 지방민의 경주인 입역을 폐지하고, 대신 서울 거주자를 경주인으로 정하고 그에 대한 역가를 지급하는 조치를 내리게 되었다.[58] 이에 따라 경주인은 선혜청에서 역가를 지급받는 선혜청 57공의 하나로서 공인의 임무와 기능을 수행하게 되었다.

18세기 이후 경주인권은 이권화되기 시작하였으며, 양반관료, 각 사의 吏胥輩, 경강상인, 공인 등 경제력을 가진 자들의 재산 증식의 대상이 되었다. 특히 경주인이 관권과 유착된 형태로 이권화되면서 경주인권은 상당한 경제력을 소유한 자가 아니면 소유할 수 없게 되었다. 그 결과 소수의 특정인이 공인권과 아울러 경주인권 등 각종의 주인권을 소유하는 경향이 나타나게 되었다. 18세기초에는 이미 각 사의 이서가 경주인역을 담당하고 있었고,[59] 심지어는 판서의 지위에 있는 사람까지 경주인권을 소유하고 있을 정도였다. 경주인권에 대한 투자는 신분과는 무관한 사정이 되었다. 丁若鏞이 이전과 달리 문무고관을 비롯하여 권력있는 이서배나 권세가의 傔從들이 경주인역을 맡고 있다고[60] 말한 것은 경주인에 대한 당시의 인식의 변화상을 말해주는 것이 아닐까 한다. 결국 경주인권은 상당한 정도의 권력 내지 경제력을 지닌 소수인의 몫이 되었고, 이는 곧 경주인 내부에도 분화를 일으켜 소유권과 경영권을 분리시킬 정도가 되었다.[61]

경주인권은 18세기 이후 매매가가 상승되면서 다른 주인권에 비해 고가로

---

56) 李光麟, 앞의 글, 258쪽.
田川孝三, 앞의 책, 617쪽.
金鎭鳳, 〈朝鮮前期의 貢物防納에 대하여〉(《史學硏究》 26, 1975), 177쪽.
57) 金東哲, 앞의 책, 165~166쪽.
58) 韓榮國, 〈湖南에 실시된 大同法(2)〉(《歷史學報》 20, 1963), 76쪽.
59) 《承政院日記》 449책, 숙종 35년 6월 13일.
60) 丁若鏞, 《經世遺表》 권 2, 秋官刑曹 5, 刑官之屬 掌胥院.
61) 金東哲, 앞의 책, 169~170쪽.

매매되었다. 다소 과장된 이야기로도 들리지만, 정약용이 경주인의 역가가 날마다 증가하고 이익이 매우 많아 경주인권의 매매가가 수십 년 전에 비해 백 배나 올랐다고 말한 것도[62] 경주인권의 매매가가 예전과 달라졌음을 보여주는 말일 것이다. 경주인권의 가치를 결정하는 지표는 그들에게 주어지는 역가와 공물·진상 등의 상납과정에서의 잉여, 경주인권이 보장하는 특권을 상업활동에 이용하여 얻는 이윤 등에 의해 규정되었다.

경주인은 경주인권이라는 특권과 자신들의 경제력을 바탕으로 공물·진상 상납 등 부세징수구조에 편승하여 도고활동을 벌여 나갔다. 江界경주인의 경우 서울의 군문과 결탁하여 주전소에서 인삼가를 미리 지급받아 도고활동을 하거나, 강계좌수·부사, 京商과 결탁해 蔘戶를 선대제적으로 지배하면서 도고활동을 벌였다. 19세기초 濟州의 경주인은 제주의 사상, 서울의 笠匠과 결탁하여 서울에서 涼臺를 매매함으로써, 양대도고를 벌이고 있던 개성상인과 함께 서울 涼臺廛의 상권을 크게 위축시켰다. 함경도 鏡城의 경주인은 함흥감영의 營主人과 결탁하여 녹용·인삼·細布·貂皮 등 함경도 진상물의 담당을 독점하고 있었다. 경주인들은 또한 곡물유통구조의 지역적·계절적 차이를 이용하여 逋欠도 하였고, 농민에 대한 고리대적 수탈도 가하고 있었다.

요컨대 경주인은 부세징수구조에 편승하여 경주인권이 보장하는 특권을 바탕으로 상업활동을 벌여 나갔으며, 그들의 상업활동은 부등가교환에 의한 상업자본과 고리대자본을 기반으로 한 도고활동이었다 하겠다.[63]

나. 영주인의 도고활동

영주인은 각 감영에 설치된 營邸를 관장하는 각 읍의 아전 출신으로 감영과 군현의 연락사무를 주로 담당하던 사람이었다.[64] 초기에는 읍리가 영주인으로 選上立番하거나, 賤隷·하졸들이 담당하는 부역적 성격이 강했으며, 역가도 얼마되지 않았고 권력도 별반 없었다.[65]

62) 丁若鏞, 《經世遺表》 권 2, 秋官刑曹 5, 刑官之屬 掌胥院.
63) 이상 경주인에 대한 서술은 金東哲, 앞의 책, 163~204·246~248쪽에 주로 의존하였다.
64) 李光麟, 앞의 글.
65) 丁若鏞, 《經世遺表》 권 2, 秋官刑曹 5, 刑官之屬 掌胥院.

그러나 18세기 이래 현물로 바치던 외방공물이 營作貢으로 전환되면서 영주인은 영작공의 담당자로 편입되었고, 이 과정에서 역가·진상가의 증가를 도모하였다. 영주인이 영작공을 담당하게 된 것은 각 군현이 진상품을 현물로 바치는 데에서 오는 폐단을 막기 위한 것이었지만,[66] 영공을 담당하기 위한 영주인 자신들의 노력의 결과이기도 하였다.[67] 세력있는 營屬이나 부상들이 영주인역을 담당해가는 추세 속에서 관권과의 결탁과 경제력을 바탕으로 진상 담당에서 생기는 이익을 차지하기 위해 영작공을 추진했던 것이다.[68] 영주인역은 이제 천예·하졸들의 단순한 부역이 아니라 권력과 경제력을 담보한 권리로 정착되었으며, 역가·진상가의 증가에 따라 영주인권의 매매가 역시 상승하게 되어 경주인권보다 훨씬 높은 고가로 매매되기도 하였다.

영주인의 영공 담당은 감영의 營邸都賈와의 결탁이나 영주인 자신에 의해 이루어졌다. 외방공물의 상납이 영작공화된 것은 감영이 공물을 직접 구입·조달할 수 있는 유통구조의 발달을 전제로 한 것이었다. 따라서 감영 소재지의 유통구조는 영주인과 같은 營屬과 이들과 결탁된 도고상인에 의해 장악되고 있었다. 영주인권은 실리와 권력을 담보한 권리로서 고가로 매매되었고 대대로 전수되었다.[69]

영주인은 진상물의 영공 등을 통하여 집적한 상인자본을 고리대자본으로 활용하였다. 즉 곡가가 앙등하였을 때 數年條의 환곡을 미리 지급받아 곡물시장에 판매, 作錢하여 이를 토대로 고리대활동을 하였던 것이다. 영주인은 일반 농민이나 수령·관속을 대상으로 대차관계를 맺으면서 고율의 邸債를 활용하여 식리활동을 벌이기도 하였다. 저채는 철종 13년(1862) 농민항쟁시 농민군의 주요 폐정개혁의 대상이 될 만큼 많은 모순을 안고 있는 문제이기도 하였다.[70] 결국 영주인은 경주인과 유사하게 공물진상을 독점하면서 도고상업을 벌이고 있었고, 이를 통해 축적한 상인자본을 기초로 고리대자본과의

66) 丁若鏞, 《經世遺表》 권 7, 地官修制 田制 7.
67) 《承政院日記》 1684책, 정조 14년 12월 29일.
68) 金東哲, 앞의 책, 221쪽.
69) 金東哲, 위의 책, 249쪽.
70) 金東哲, 위의 책, 249~250쪽.

결합을 꾀하고 있었던 것이다.

다. 영저도고

영저도고는 지방의 관상도고 가운데 가장 넓게 존재하고 있던 사람들로서, 지방관아에서의 진상물 수납과 관련되어 발달한 상인층이었다.[71] 영저도고는 지방관아의 진상물 수납에 있어서 농민생산품의 납부는 대부분 거부되고, 관부와 결탁한 상인의 상품만이 용납되는 사정 속에서 발달하게 되었다. 감영 소재지에서 발달한 도고상인은 서울의 시전과 달리 금난전권과 같은 특권을 가진 것은 아니었다. 그러나 이들은 감영의 영리들과 깊이 결탁되어 있었고, 따라서 그들의 상품이 아니면 실질적으로 진상품이 될 수 없었던 실정을 고려한다면, 지방관아 도시에서의 도고상인의 특권성은 충분히 보장되었을 것으로 보여진다.[72]

영저도고는 감영의 관속, 영주인, 사상 등과 결탁, 농촌사회에서의 상품경제의 발달에 적극 개입하여 도고상업을 벌여나갔다. 예를 들어 함흥지역의 영저도고의 경우를 보면, 영주인·審藥 등과 결탁하여 진상과정에서 각종 點退를 자행하면서 자신들이 판매하는 녹용만을 진상물로 수납함으로써 녹용 진상을 매개로 한 녹용 매매를 독점하고 있었다.[73] 경상도에서도 영저도고로 보이는 '관속도고배'가 진상삼의 조달과 관련하여 인삼을 매점하고 가격을 조절함으로써 인삼상납과정에서 상당한 이익을 얻고 있었다.[74] 함흥의 부상도고의 경우, 貂鼠皮의 매점을 위해 三水와 甲山民들을 선대제적으로 지배하기도 하였으며,[75] 황해도감영의 試紙都賈는 이 지역에서 실시하는 과거에 사용되는 시지를 독점적으로 조달하여 시지의 가격이 폭등되는 결과를 야기시

71) 姜萬吉, 앞의 책, 172쪽.
72) 姜萬吉, 위의 책, 173쪽.
73) 《正祖實錄》 권 30, 정조 14년 4월 경진.
姜萬吉, 위의 책, 172~173쪽.
許在惠, 〈18세기 醫官의 經濟的 活動樣相〉(《韓國史硏究》 71, 1990).
金東哲, 앞의 책, 225~229쪽 참조.
74) 《正祖實錄》 권 30, 정조 14년 4월 경진.
姜萬吉, 위의 책, 173쪽.
75) 《承政院日記》 1725책, 정조 18년 정월 9일.

키기도 하였다.[76] 지방관아와 영주인·사상·심약·경주인 등 공물 진상과 관련된 여러 계층과 결탁·유착되어 구조적으로 깊은 연결고리를 유지하고 있던 영저도고들은 감영을 중심으로 한 상품유통권을 장악하고 있었을 뿐만 아니라 군현과 연계된 지역적 市場圈에 대해서도 장악해 나갔다.[77]

요컨대 영저도고의 활동은 수취체제에 있어서 농민과 지방관아 사이의 중개자로서 상인의 개입을 가능하게 할 정도로 발달한 지방의 상품경제의 유통구조 속에서 활발하게 전개되었다. 관권과의 결탁에 기초를 두기는 하였지만, 이러한 특권적 매점상업의 발달은 개별 상업자본의 가치액을 증대시켰고, 나아가 상업자본의 집적을 가능하게 하였다.[78]

2) 사상도고의 활동

조선 후기의 상업계는 국내의 상품화폐경제의 발달과 대외무역의 성행에 힘입어 예전에 볼 수 없었던 활기를 띠며 발전해가고 있었다. 앞에서 살펴본 시전상인과 공인·경주인·영주인·영저도고 등 官商都賈의 활동도 이와 같은 상품유통경제의 발달에 기초한 것이지만, 이들의 도고상업은 그들이 지녔던 특권성으로 인하여 근본적으로 자유상업의 발전을 가로막는 것이었다. 이에 관상도고에 강력히 도전하면서 새로운 상업체계를 수립하려는 상인층이 광범하게 대두하게 되었다. 이들 가운데에는 私商都賈와 수공업자·소상인·소비자 등 여러 분야의 사람들이 있었지만, 가장 대표적인 상인은 사상도고였다. 사상도고는 대규모의 자본력과 전국적인 상업조직망, 경영능력 등을 바탕으로 관상도고의 특권에 대항하면서 점차 조선 후기 상업계의 중심적 위치로 자리잡기 시작하였다. 여기에서는 이들의 상업활동을 서울과 같은 대도시지역과 그 주변지, 상품의 생산지 및 집산지 등 그들의 활동 근거지별로 나누어 살펴보도록 하겠다.

---

76) 《海營日記》 을묘년(철종 6) 12월 3일.
姜萬吉, 앞의 책, 174쪽.
77) 金東哲, 앞의 책, 230쪽.
78) 姜萬吉, 앞의 책, 175쪽.

가. 서울지역에서의 사상의 활동과 신해통공

조선 후기 전국적인 규모로 유통경제가 발달하고 상업활동이 번창해짐에 따라 서울·평양·대구와 같은 대도시들은 행정도시로서의 성격을 유지하면서도 상업도시로서의 면모와 기능이 강하게 부각되어 갔다. 특히 서울은 최대의 소비도시로서 전국 각지의 생산물이 집하·거래되는 곳으로, 시전상인들이 자리잡고 있던 鐘樓 이외에 梨峴(배오개)·七牌·마포·용산 등지에 새로운 상품 교역처가 생겨나게 되었다.

그렇지만 사상도고는 처음부터 사상으로서의 활동을 벌이려 했던 것은 아니었다. 이들 역시 어느 정도의 자본을 축적하게 되면 시전을 설립하고자 하였다.[79] 이는 무엇보다도 시전을 설립할 경우에는 상행위가 합법화되고 정부로부터 보호를 받을 수 있어 유리하였기 때문이다. 실제로 折草廛의 경우에서 보듯이 사상들이 정부와 교섭하여 시안에 편입, 시전이 된 예도 있었고,[80] 적지 않은 시전이 새롭게 생겨나기도 하였다. 일부 무뢰배들까지 수단과 방법을 가리지 않고 시전의 설치에 가담할 정도였다.

그러나 시전의 금난전권 행사로 인한 물품의 매점과 물가앙등 현상이 심화되고 이에 따라 소상인·소비자들이 막대한 피해를 입게 되자, 정부의 정책이 新廛 규제의 방향으로 바뀌게 되었다. 기존의 시전상인들도 신전의 증가가 자신들의 이익을 침해하는 것이기 때문에 여러모로 신전의 설립을 제지하였다.[81] 이처럼 신전의 설립이 규제되고 기존의 시전체계가 고정화되어 가자 시전화에 실패한 사상인들은 새로운 활로를 모색하지 않을 수 없었다. 이제 그들은 금난전권이 적용되는 서울 경내를 벗어나 상행위를 벌이든가, 아니면 시전상인과 대립하면서 상업적 투쟁을 벌여 나갈 수밖에 없게 되었다. 이러한 과정에서 이현과 칠패·용산·마포·서강 등 서울 곳곳에 사상들의 활동 거점이 생성되었고, 나아가 서울의 상업계의 구조가 변화되게 되었던 것이다.

---

79) 吳美一, 〈상품경제의 발전과 자본주의적 관계의 발전〉(《한국사》 9, 한길사, 1994), 188쪽.
80) 《備邊司謄錄》 110책, 영조 18년 4월 10일.
81) 崔完基, 앞의 책, 91쪽.

서울의 사상도고는 대부분 시전과 같이 자체 내의 조직을 가지고 있어서 정부로부터 공인을 받지 못하고 있었을 뿐 규모면에서는 시전과 다름이 없었다.[82] 경우에 따라서는 시전을 능가하는 자본력을 가지고 시전의 상권을 압박하기도 하였다. 사상도고는 서울에서도 시전상가가 있던 종로 부근, 즉 이현에 기지를 마련하고 이어 남대문 밖 칠패에도 거점을 확보하였다. 시전상인과 이현·칠패의 상인 간의 상권 경쟁이 그다지 치열하지 않았을 때에는 양자가 도매상과 소매상이라는 관계 속에서 나름대로 협조하고 있었다.[83] 시전상인들이 소매로 직접 처분하기가 어려운 경우 거래 물량의 일부를 이현과 칠패 상인에게 전매하였고, 이현·칠패의 상인들은 시전의 中都兒 역할을 담당하면서 시전에서 구입한 물건을 소매하기도 하였던 것이다.[84]

그러나 사상인들의 활동이 활발해지고 이현과 칠패가 서울의 가장 큰 상업 중심지의 하나로 발전해 나가면서 양자의 상권 경쟁은 피할 수 없는 것이 되었다. 18세기 전반기에 이미 칠패의 亂廛들이 서울로 들어오는 수백, 수천 바리(馱)의 어물을 매점하여 시내 각처에 판매하는 등 시전상인의 기득권을 위협할 정도였다.[85] 어물도매시장으로서의 칠패의 기능은 육의전의 어물전에 비해 거의 손색이 없을 정도였던 것이다. 또한 사상인들은 서울 근교의 소상품생산자·소상인들과 연결·결탁하여 농·수산물과 수공업제품을 매입, 소비자에게 직접 판매하거나 다른 지역에 전매함으로써 시전상인의 상업활동에 대해 침해를 가하였다. 자본 집적에 성공한 사상인들이 유통구조에서 시전상인을 배제하면서 도고상인으로 성장해가는 모습을 보여주고 있다 하겠다.

시전상인들에게 상권 침해를 가하고 있던 사람들은 물론 사상들만은 아니었다. 양반관료를 비롯한 권세가와 그들의 노복, 각 관아의 서리와 군병들까지 난전활동을 벌이면서 시전상인들의 상권을 침해하고 있었다. 그렇지만 시전인들에 대한 이와 같은 상권 침해의 선봉은 말할 것도 없이 사상들이었으며, 이들은 상공업의 자유화 추세를 이끌어 나가고 있었다.

---

82) 姜萬吉, 앞의 책, 176쪽.
83) 崔完基, 앞의 책, 59쪽.
84) 姜萬吉, 앞의 책, 175쪽.
85) 《各廛記事》 地卷, 乾隆 11년(영조 22) 11월 일.

정부와 시전상인의 규제에도 불구하고 사상을 비롯한 난전활동은 그치지 않았으며, 앞서 본 바와 같이 이현과 칠패를 거점으로 한 사상들의 상업활동도 활발해져 갔다. 사상들은 금난전권이 적용되지 않는 서울 외곽지대에 상업 기지를 설치하고 서울 내의 사상들과 상업적으로 깊이 연결된 유기적 연계망을 형성하면서 시전상인의 상권을 제압해 나가기 시작하였다. 정부로서도 사상들의 활동을 더 이상 막기는 어렵게 되었고, 시전상인들의 금난전권의 무분별한 행사에 따른 피해도 컸다. 그 피해는 어느 누구보다도 都民들이 입고 있었다.

결국 정부는 정조 15년(1791) 당시 영의정이었던 蔡濟恭의 건의에 따라 시전상인에 대한 지금까지의 일방적인 보호정책을 철회하고 사상인들에게 상업활동의 활로를 터주는 통공정책을 취하게 되었다. 「辛亥通共」으로 불리우는 상업정책의 일대 전환으로 인하여, 30년 이내에 설치된 시전은 모두 철폐되었고, 금난전권도 六矣廛에 국한되게 되었다.

통공 이후 사상인들은 더욱 활발한 상업활동을 벌여 나가게 되었다. 이들은 그동안 축적하였던 자본력을 활용하여 다소 고가라 하더라도 상품을 매집하여 창고에 보관하였다가 가격이 오르게 되면 출매하는 방식을 통하여 막대한 상업적 이윤을 획득하였다.[86] 더욱이 이들은 전국 각지에 형성된 유기적 연결망을 통하여 물량의 출하와 집산, 물가의 고저 등에 대한 신속한 정보를 확보함으로써 효율적인 상업활동을 펼치고 있었다. 또한 이들은 궁방이나 아문·양반관료들과도 연결·결탁하여 영업상의 장애가 될 수 있는 요인들도 효과적으로 제거·예방하고 있었다.

이현과 칠패는 종루와 더불어 서울의 3大市로 불리워지고 있던 사상의 근거지로서,[87] 행상의 집합소이자 시민의 일상적 구매장이었다. 특히 이현은 시전이 있는 종로에 위치해 있어서 시전상인과의 상권 경쟁이 어떠한 양상으로 전개되는가를 나타내주는 지표 역할을 하던 곳이었다. 이현과 칠패에서 거래하는 물량은 시전의 그것에 비해 10배나 된다고 할 만큼 사상의 영업 규모는

86) 崔完基, 앞의 책, 100~103쪽.
87) 朴齊家, 《貞蕤集》 詩集 권 3, 成市全圖詩.

시전의 그것을 능가할 정도가 되었다. 행상들은 모두 이현과 칠패의 사상에게서 물건을 구입하고 있었고, 시전은 소상인들에게 외면당하고 있었다.[88]

이현·칠패의 사상들은 서울 외곽지대의 사상들과 상업적 연계망을 구축하고 상호 협조하면서 상행위를 벌이기도 하였다. 이들은 元山 등지에서 반입되는 건어물의 매점을 위해 樓院店의 도고상인들과 결탁하여 서울로 들어오는 동북지방의 상인들의 물품을 중도에서 매입하여 창고에 보관해 두었다가 가격이 오를 때에 판매함으로써, 최대한의 영리를 꾀하기도 하였다. 나아가 이들은 직접 생산지에 가서 물건을 매집·독점하여 가격을 조절하는 방법으로 이윤을 추구하기도 하였다. 19세기초 내·외어물전인들이, 이현·칠패의 사상들이 추동기에 원산까지 가거나 중도에서 상품을 매점하는 까닭에 자신들은 상품을 구하지 못해 폐업 상태에 이르고 있다고 호소하고 있는 것은,[89] 통공 이후 사상도고의 활동이 더욱 활발해졌을 뿐만 아니라 상품시장에서의 유통과정을 장악하고 시전인들에 대한 확고한 상업적 우위를 강화해 나가고 있었음을 말해주는 것이라 하겠다.

이처럼 이현·칠패를 중심으로 형성·발전된 사상인들의 상업활동은, 물론 그들만의 역량으로 이루어진 것은 아니었지만, 신해통공이라는 상업정책상의 일대 전환을 가져오게 하였고, 사상도고로서의 위치도 더욱 굳건하게 해주었다. 도성안에서는 육의전의 금난전권이 유효한 것이어서 이들의 활동에 대한 제약이 완전히 제거된 것은 아니었지만, 자본과 조직면에서의 이들의 상업적 성장과 발전은 새로운 상인층의 주역으로서의 모습을 보여주는 데에 부족함이 없었다.[90]

---

88) 崔完基, 앞의 책, 61쪽.

89) 《各廛記事》 人卷, 嘉慶 21년(순조 16) 9월 일.

90) 사상이라 하여 순수한 자본력과 상업적 조직망에만 의지하여 상업활동을 벌였다고는 여겨지지 않는다. 일부이기는 하지만 사상 역시 영업상의 필요에 따라 궁가나 권세가·양반관료층과 결탁하고 있었으며, 그와 같은 일은 실제로도 적지 않이 있었다. 관상도고의 경우처럼 공식화된 특권은 아니었지만, 특권과 결부된 상업활동의 전개라는 면에서 볼 때 사상의 성격을 다른 각도에서 짚어 보아야 하지 않는가 라는 생각이 든다. 학계의 숙제이기도 하지만, 상인의 성격과 유형을 분류할 때 보다 다양한 기준을 설정하여 다각적으로 상인을 이해·파악하는 작업이 요망된다.

나. 서울 주변지역에서의 사상도고의 활동

사상도고가 활동하고 있던 또 다른 주요 거점은 경강변을 비롯하여, 松坡·누원점·松隅店 등 서울 외곽지대에 발달한 상업중심지였다. 이 지역들은 지방의 생산품이나 물자가 서울로 반입되는 길목이었고, 시전의 금난전권 밖에 있으면서도 서울과 비교적 가까워서 도성 내의 사상도고와의 연결이 용이하였을 뿐만 아니라 서울의 사상도고가 직접 상품을 매점하기에도 유리한 곳이었다.[91]

이들 서울 주변지역에서 활동하던 사상도고 가운데 대표적인 사람들은 한강 연변에 기지를 갖고 있던 京江商人을 꼽을 수가 있다.[92] 이들 가운데에는 조선 초기부터 세곡운송에 종사하면서 치부하게 된 사람들도 있었고,[93] 처음에는 楊花津·西江·麻浦·銅雀津 등 한강변의 나루터에서 渡江業에 종사하거나 소상인으로 출발하였지만, 점차 자본을 모아 커다란 선박을 여러 척 소유할 만큼의 경제적 성장을 이룬 사람들도 있었다.[94] 이들이 취급하던 물자는 주로 미곡을 비롯한 곡물과 船材 등이었다. 경강상인들의 매점활동은 18세기 전반에 이미 상당한 규모에 이를 만큼 커져 있었고, 특히 백성들의 주곡이었던 미곡분야에서의 이들의 상업적 비중은 도성민의 생계 유지가 이들의 손에 달려 있을 정도라는 말이 나올 만큼 컸다. 더욱이 서울지역이 대규모의 소비도시로 변모한 데 따른 인구의 집중과 곡물소비량의 증가 현상은[95] 미곡시장에서의 이들의 활동기회와 영역을 더욱 넓혀주는 조건으로 작용하고 있었다. 정조 9년(1785)의 경우 서울의 미곡소비량은 대략 100만 석 정도로 추정되고 있는데, 이 가운데 公家所出量 20여만 석, 사대부의 私穀 20여만 석을 제외한 60여만 석이 미곡상인에 의하여 공급되고 있을 정도로 이 시기의 서울지역에서의 미곡공급은 상인들의 활동에 대한 의존도가 매우

---

91) 姜萬吉, 앞의 책, 179~180쪽.

92) 경강상인의 도고상업에 대해서는 姜萬吉, 위의 책, 59~83쪽 참조.

93) 姜萬吉, 위의 책, 59~69쪽.

94) 劉元東, 〈近世 漢江邊 新興商人의 發達〉(《斗溪李丙燾博士九旬紀念 韓國史學論叢》, 1987), 602쪽.

95) 李佑成, 〈18세기 서울의 都市的 樣相〉(《鄕土서울》 17, 1963).
李世永, 〈18, 9세기 穀物市場의 형성과 流通構造의 변동〉(《韓國史論》 9, 서울大, 1983).

높았다.[96] 이는 곧 경강상인을 비롯한 미곡사상들이 광범하고도 풍부한 미곡시장에 적극 가담하고 있었음을 말해주는 것으로 미곡분야에서의 사상도고의 성장을 뜻하는 것이기도 하다.[97]

경강상인들이 벌인 미곡매점상업의 일반적인 양상은 船商을 통해 각 지방에서 올라온 미곡을 경강에서 매점함으로써 서울의 米價를 조종하는 것이었다.[98] 京中富民과 五江富商輩가 미곡을 쌓아 놓고 10배의 이익을 기다려 내지 않는 까닭에 미가가 오르고 있다는 이야기라든가,[99] 江上富民輩가 미곡을 매입한 다음 미가 앙등을 기다려 출매하지 않고 있어 서울의 미가가 그들의 손에 좌우되고 있다는 말들은[100] 모두 경강상인의 미곡매점 양상을 나타내주는 것이라 하겠다. 또한 경강상인들은 공인에게 지급되던 貢米[101]를 도매함으로써 미가를 조종하여 이윤을 취하기도 하였고,[102] 鑄錢이 시행될 것을 사전에 알아내어[103] '錢賤米貴'에 의한 미가 앙등을 기다려 미곡을 대량으로 매집, 미가 등귀에 의한 이익을 누리기도 하였다.[104]

---

96) 《承政院日記》 1540책, 정조 9년 9월 9일.
《備邊司謄錄》 131책, 영조 32년 10월 22일.
姜萬吉, 앞의 책, 80~81쪽.
李世永, 위의 글, 230쪽.

97) 姜萬吉, 위의 책, 75~80쪽.
吳 星, 앞의 책, 117~124쪽 참조.

98) 姜萬吉, 위의 책, 76쪽.

99) 《備邊司謄錄》 160책, 정조 3년 정월 10일.

100) 《備邊司謄錄》 182책, 정조 18년 10월 6일.

101) 공인이 선혜청에서 지급받던 공미는 약 30만 석 규모로 이 가운데 15만 석은 錢·木으로, 나머지 15만 석은 미곡으로 지급되고 있었다(《備邊司謄錄》 120책, 영조 25년 9월 20일). 조선 중기의 현상이기는 하지만, 지주의 소작료, 농민의 식량곡, 정부의 방출곡 등이 貿穀船商에 의해 매집되고 있었는데(崔完基, 〈朝鮮中期의 貿穀船商-穀物의 買集活動을 중심으로-〉, 《韓國學報》 30, 1983), 이러한 현상은 조선 후기에 와서도 별다른 차이가 없었을 것으로 보인다.

102) 《備邊司謄錄》 157책, 영조 51년 8월 1일.

103) 주전이 시행될 것이라는 사실을 경상들이 미리 알아냈다는 것은 이들이 궁궐 혹은 양반관료와 어느 정도 연결되어 있지 않았을까 라는 추측을 일게 한다. 이 무렵 양반관료 중에는 미곡유통에 깊이 개입되어 있던 사람들이 있었고(《備邊司謄錄》 160책, 정조 3년 정월 10일), 따라서 경강상인과 같은 미곡도고상들이 이들과 상업적으로 밀착 내지 결탁되어 있지는 않았나 짐작된다.

104) 《備邊司謄錄》 90책, 영조 7년 10월 8·17일.

경강상인들의 미곡매점을 통한 이윤 취득의 양상에 대하여 언급하였지만, 이들은 서울지역만을 대상으로 미곡 취리활동을 벌인 것은 아니었다. 즉 풍흉에 따라 형성되던 지역 간의 미가 차이를 이용하여 서울에 매집해 놓은 미곡을 미가가 비싼 지역으로 이송·판매함으로써 이익을 얻기도 하였던 것이다. 강상모리배가 지방의 미가가 상승하는 것을 이용하여 남도지방에 강상미를 내려 보내 판매하고 있다는 말이라든가,[105] 강상의 米商輩가 남쪽에서 올라온 미곡을 거꾸로 외읍에 買送한 것이 강상미의 1/3에 달하고 있어 백성들의 양식이 염려스럽다는 이야기들은[106] 모두 그같은 모습을 나타내주는 말일 것이다. 부상이 집적해 놓은 미곡이 미가가 비싼 兩湖지방으로 보내어져 매각되고 있는데, 수삼일 동안 빠져 나간 미곡이 幾千包에 달하고 있다는 지적도[107] 동일한 현상을 말해주는 것이라 하겠다.

위에서 살펴본 경강상인의 미곡도고활동은 곧 그들의 미곡매매활동이 다량의 미곡을 장기간 매점해 둘 수 있을 만큼 자본의 규모가 커졌음을 보여주는 것일 뿐만 아니라, 각 지역의 미가의 차이를 신속하게 파악할 수 있을 정도로 광역적인 조직망을 형성하고 있었음을 나타내준다. 이제 미곡을 매개로 한 사상도고의 경제적 성장은 시전상인의 상권을 압도할 정도가 되었고, 미곡도고상으로서의 위치도 확고하게 되었다.

더욱이 미곡을 취급하던 시전들은 서로 간의 지리한 상사분쟁에 휘말려 있었기 때문에 경강상인의 경제적 진출을 제어한다는 것은 용이한 일이 아니었다.[108] 물론 上米廛·下米廛·雜穀廛·南門米契 등의 시전상인들이 처음부터 미곡도고상에게 상권을 제압당했던 것은 아니었지만, 서울인구의 증가와 상품유통이 확대되면서 기왕의 시전 조직으로서는 그같은 유통경제의 발달에 적절하게 대처하기가 어려워지게 되었다. 결국 시전상인들은 旅客主人과 中都兒라는 중개역을 두어 시전이 수행해야 할 매집과 판매 기능의 일부를 맡기게 되었다. 이러한 양상은 선상·鄕商→여객주인→시전→중도아→소

105) 《備邊司謄錄》 141책, 영조 38년 6월 21일.
106) 《備邊司謄錄》 141책, 영조 38년 6월 27일.
107) 《備邊司謄錄》 199책, 순조 9년 6월 12일.
108) 吳 星, 앞의 책, 110~116쪽.

비자의 형태로 이루어지고 있던 서울에서의 물자유통구조[109]와 궤를 같이하는 것이었다.

물론 미곡시전은 이들로부터 일정액의 수세를 가할 수 있는 권리를 가지고 있었다. 그러나 그것은 금난전권보다 훨씬 위축된 형태의 권리였으며, 그 액수도 대단한 것이 아니었다. 그럼에도 미곡전인들은 자신들의 기지 내에서의 수세권이 여타 미곡전에게 침탈당하는 것에만 관심을 기울일 수밖에 없었다. 그것은 그만큼 시전상인들의 상세가 위축되었음을 말해주는 것인 동시에, 사상도고의 상업적 위치를 나타내주는 것이기도 하다. 이러한 현상이 나오게 된 데에는 미곡전인과 일정한 상업적 관계를 맺고 있으면서도 어느 정도 독자성을 띠고 있던 여객주인의 역할에 기인하는 바도 컸을 것으로 헤아려진다. 단언하기는 어렵지만 미곡을 취급하던 사상도고들이 자신들의 경제적 성장과 능력을 바탕으로 여객주인을 그들의 상업적 활동권 내에 끌어들여 이들과 깊이 결탁함으로써 미곡시장에서의 시전상인의 상권을 위축·배제시켜 나갔던 것이 아닐까 싶다.

경강상인이 벌이고 있던 도고상업의 주요 물품은 미곡 이외에 鹽類·목재·柴木 등이었다. 서울에서 소비되는 시목과 건축용 목재는 대부분 목재상들의 활동에 따라 강원도에서 벌채되어 뚝섬을 비롯한 경강변에 집하되고 있었는데,[110] 경강상인들은 이 목재들을 매점·취리하면서 시전의 상권을 압박·침해하였다. 목재를 취급하던 內長木廛·門外長木廛 등 시전상인들이 목재가 流下되는 뚝섬에 '有錢輩'가 목재를 쌓아 놓고 가격을 조종하여 전인에게 발매하니, 국역을 봉행하는 전인들은 앉아서 市利를 잃게 되어 어찌 보존할 수 있겠느냐고 호소하고 있는 것은[111] 경강상인들의 목재도고가 어느 정도였는가를 잘 나타내주는 예라 하겠다.

이러한 현상은 목재사상과 경강상인이 상업적으로 깊이 연결된 데에도 그 원인이 있었겠지만, 기본적으로는 시전인이 제시하는 목재가격보다 고가에

---

109) 高東煥, 《18·19세기 서울 京江地域의 商業發達》(서울大 博士學位論文, 1993).
110) 姜萬吉, 앞의 책, 81쪽.
　　吳 星, 앞의 책, 75~90쪽 참조.
111) 《市弊》 2, 內長木廛·門外長木廛.

매입할 수 있을 정도의 경강상인의 경제적 능력이 뒷받침되지 않고서는 이루어질 수 없는 일이기도 하였다. 동시에 목재시전의 상세 위축과 경제적 쇠퇴를 말해주는 것이기도 하다. 통공 이후에는 이와 같은 양상이 더욱 심화되어 갔으니, 長木廛人이 난전의 활동으로 인하여 모두 흩어질 지경에 이르렀다고 호소하면서 난전을 금해줄 것을 요청하고 있는 데에서도[112] 잘 나타나고 있다.

위와 같은 유통과정의 장악을 통하여 집적된 경강상인들의 자본은 단순한 매점활동이나 상품 독점에만 투입된 것은 아니었다. 완도·변산·안면도·장산곶 등 서해안가에서 올라오는 船材를 도고하고 있던 경강상인들은 그들의 발달된 造船術을 활용하여 조선업에 나서면서 조선도고로서의 위치도 확보해 나갔다.[113] 미곡도고를 벌이고 있던 경강상인의 활동 역시 19세기 중엽 이후에도 계속되고 있었으며,[114] 개항 이후에 가서는 일본상인에 의해 시장의 일부를 잠식당하였지만, 그러면서도 조선인 시장의 주요 부분의 상권을 여전히 유지해 나가고 있었다. 근대적인 정미공업을 발전시킨 것도 그들이었다.[115] 이처럼 경강상인들이 상인자본에서 상업자본으로, 이를 다시 산업자본으로 전화시켜 나갈 수 있었던 밑거름은 다름아닌 이 시기 경강상인들의 도고활동에서 비롯된 것이었다.

서울 주변지역에서의 사상도고의 활동은 앞서의 경강변 이외에도 누원과 송파 등지에서 두드러지게 나타나고 있었다. 먼저 누원에서의 사상의 상업활동에 대하여 알아보도록 하겠다.

누원은 조선 후기의 상업중심지가 그러하듯 장시를 토대로 번성하였다. 18

---

112) 《備邊司謄錄》 199책, 순조 9년 3월 14일.
장목전인의 금난전권 부활에 대한 호소는 통공해제에 따른 이윤 독점의 폐단과, 도고는 공공의 利가 아니라는 이유로 받아들여지지 않았다.

113) 姜萬吉, 앞의 책, 94~95쪽.
吳 星, 앞의 책, 79·87~88쪽 참조.

114) 韓㳓劤, 《韓國開港期의 商業硏究》(一潮閣, 1970), 262~263쪽.

115) 安秉直, 〈三·一運動 이전의 勞動運動〉(《雲巖李相球博士華甲記念論文集》, 1979), 329~332쪽.
李炳天, 《開港期 外國商人의 侵入과 韓國商人의 對應》(서울大 經濟學科 博士學位論文), 220~221쪽 참조.

세기 후반 누원장은 상설시장화되고 있었으며, 주변의 마석우장·동두천장·송우장·신천장 등의 장시와 연결되어 있었다. 뿐만 아니라 송파·뚝섬·용산, 멀리는 鐵原·원산 등지와도 상업적 연결을 맺고 있었다. 주변 장시로부터 미곡·약재·건과·면포 등이, 멀리 원산으로부터는 삼베와 북어 등 건어물류가 집하되고 있었다.[116]

그렇지만 누원에 본래부터 장시가 있던 것은 아니었다. 시전을 중심으로 특권적 경제질서를 유지하고자 한 조선정부는 시전의 활동을 원활하게 하고 또한 보호하기 위해서 서울 근처에 장시가 설립되는 것을 규제하였다.[117] 그런데 누원은 서울로 들어가는 길목인 도봉산 기슭에 자리잡고 있으면서 함경도지방에서 생산되는 포목과 어물의 주요 집하처였으므로, 상인들은 이곳에 장시를 설치하려고 하였다. 누원상인들의 이러한 노력은 시전상인들의 반대에 부딪혀 처음에는 뜻을 이루지 못하였으나,[118] 18세기 후반에 이르러 누원은 한강변·송파와 더불어 서울 근교의 상업중심지로서 성장하였다.

누원상인의 상업적 성장에서 간과되어서는 안될 점은 시전상인에 물건을 중개해주고 있던 中都兒의 존재이다. 서울의 물품 유통량이 증가하면서 상품의 매집과 분산의 기능을 시전인들이 모두 감당하기가 어렵게 되자, 시전인들은 그들이 지정한 중도아로 하여금 그 기능의 일부를 담당케 하였다. 특히 어물류와 같이 부패성이 높아 단기간 내에 판매해야 하는 물종의 경우에는 시전인 이외의 상인의 도움을 받지 않으면 안되었다. 따라서 중도아는 본래 시전에 예속된 하청업자와 같은 존재였다.[119]

그러나 상품화폐경제가 발달하고 난전의 활동이 활발해지면서 이들은 난전과 결탁, 난전이 매집한 물건을 시전에 판매하기도 하였다. 난전의 활동을 제어하기 위해 두었던 중도아의 존재가 시전의 상권 장악에 도움을 주기는커녕, 오히려 난전활동에 이익이 되는 방향으로 전환된 것이다. 18세기말에 이르러서는 중도아가 본격적으로 난전활동에 나설 정도였다.[120]

116) 崔完基, 앞의 책, 237쪽.
117) 崔完基, 위의 책, 239쪽.
118) 姜萬吉, 앞의 책, 180~181쪽.
119) 崔完基, 앞의 책, 240쪽.
120) 崔完基, 위의 책, 240쪽.

난전에 대한 정부와 시전의 규제가 강화되자 중도아의 일부는 금난전권이 적용되지 않는 서울 외곽지역, 바로 누원·송파 등지로 자리를 옮겨 서울에 반입되는 상품의 매집활동을 벌였다. 중도아 출신의 상인들이 주축을 이루고 있던 누원상고들은 칠패·이현의 도고와 연결하여 동북지방에서 들어오는 각종 어물을 매집, 도고활동을 벌였으며, 서울에 남아 있는 중도아들로 하여금 자신들의 물품을 서울의 시장에 유통시키기도 하였다. 또한 이들은 서울 도성안의 사상도고뿐만 아니라 인근의 송우점상인이라든가 송파상인 등과 자금합자 및 정보교환을 통한 상업적 연계망을 형성하면서 대규모로 매점활동을 펴나갔다. 이들의 상권은 이미 시전상인의 그것을 압도할 정도가 되었고, 통공 이후에는 그 양상이 더욱 심화되었다.

송파사상의 도고활동은 송파장을 기반으로 전개되고 있었다. 송파장은 安城 邑內場, 恩津 江景場, 德源 元山場 등과 함께 전국에서도 손꼽히는 대표적인 장시로서 삼남지방의 물화가 모여드는 곳이었다. 본래 5일장이었던 송파장은 18세기 중엽 이후 장시 내부의 질적 변화의 추세에 따라[121] 인근 장시와 연계하여 하나의 시장권을 형성하고 있었다. 더욱이 18세기 이후 해안가나 강변에 포구가 개설되면서 선박을 이용한 상품운송이 활성화되어 가자,[122] 한강 연안의 송파·마포 등지는 시장권의 중심지로 더욱 뚜렷하게 대두되기 시작하였다.

송파의 상인들은 상품유통경제의 발달과 확대를 배경으로 송파장을 전국적 장시로 발전시켜 나가는 동시에 지역 간의 상품가격의 차이를 이용한 매점매석 행위를 통하여 이윤을 추구하였다. 이들은 먼저 삼남지방과 동북지방으로부터 육로·수로를 통해 서울로 들어오는 어물을 매집하였다. 이들은 어물뿐만 아니라 담배·곡물·채소류·목면 등 각종의 물품을 매점해 두었다가 가격 상승을 기다려 판매함으로써 많은 이익을 취하였다. 송파의 사상도고들은 중간 매집형태 이외에 직접 지방의 생산지나 장시에 나아가 물품을 다량으로 구입하여 송파장에 처분하기도 하였다. 이는 중간매점행위보다도 한걸음 더 나아간 적극적인 도고행위로서, 그들은 抱川 등지에서 어물을 도

121) 金大吉, 《朝鮮後期 場市에 대한 硏究》(中央大 博士學位論文, 1993), 112쪽.
122) 高東煥, 〈18, 19세기 外方浦口의 商品流通發達〉(《韓國史論》 13, 서울大, 1985).

집한다든가,[123] 廣州·利川·驪州·龍仁 등 미곡산지에 내려가 현지의 곡물을 매집·판매하였다.

이들은 또한 칠패상인과 같은 서울 성내의 사상도고와 누원상인, 포천의 송우점상인 등과 연계하여 상업적 연결망을 구축하고 있었다. 특히 칠패의 상인들과는 대단히 돈독한 연계관계를 맺고 있었는데, 이는 송파상인들 중 일부가 칠패 출신이었다는 점과 무관하지 않을 것이다.[124] 이들은 그와 같은 연계망을 바탕으로 시전상인의 상권을 압박하면서 상품유통과정에서의 시전상인의 존재를 배제시키려 하였고, 실제로 이러한 시도는 상당한 성과를 거두고 있었던 것으로 판단된다. 순조 4년(1804) 송파의 三田渡에 살고 있던 '要路亂廛窩主' 孫道康이 양주·광주 등지의 부호들로부터 수만 냥의 자금을 조성, 직접 원산에 가서 어물을 매점하여 중도아들에게 전매하였는데, 이 과정에서 그가 싣고 오던 어물 30여 바리를 시전상인이 취체하려다가 도리어 손도강 일행에게 구타당한 것을 보면,[125] 이 무렵의 시전상인과 사상도고 간의 상업적 관계와 위치에 대해 짐작이 간다. 다음해인 순조 5년에도 退溪院에서 송파의 삼전도민 20여 명이 북어·대구 등 어물 50여 바리를 싣고 오는 것을 보고, 시전인들이 전매할 것을 요구하였다가 오히려 구타당한 일도 있었다.[126]

송파의 도고상업이 성행하고 그로부터 막대한 경제적 이윤이 생겨나자 새로운 계층이 상업활동에 참여하기 시작하였다. 그들은 곧 양반관료들이었다. 이들은 주로 자신의 노복을 내세워 송파장에 旅客을 차려놓고 主人權을 행사하면서 상거래의 중개권을 독점하여 갔다. 여객주인들은 단순한 상품의 중개에서 나아가 직접 자본을 투입하여 상품을 매점하는 도고활동을 펼쳤으며, 따라서 여객주인권은 상당한 자본력을 지닌 사람들만이 취득할 수 있는 것

123) 《各廛記事》 人卷, 乾隆 47년(정조 6, 1782), 11월 일.
124) 이 점에서는 누원상인도 예외가 아니다. 송파상인과 누원상인들의 상당수가 서울의 칠패상인과 그 상업적 뿌리를 같이하고 있는 셈이다. 이 점에서 송파시장의 상권을 장악하고 있던 사람들을 서울의 사상도고였던 것으로 짐작하는 견해는(姜萬吉, 앞의 책, 183쪽) 큰 무리가 없지 않나 싶다.
125) 《各廛記事》 地卷, 嘉慶 9년(순조 4, 1804) 2월 일.
126) 《各廛記事》 人卷, 嘉慶 10년(순조 5, 1805) 8월 일.

이었다. 더욱이 여객주인권이 자본의 동원이 가능하면서도 권력과 결탁할 수 있었던 소수인에게 집중되면서 주인권의 독점 현상도 나타나게 되었다. 순조 29년 이후 거의 전시기에 걸쳐 양반계층들이 주인권을 쥐고 상품의 거래를 독점하고 있던 것도[127] 우연한 일은 아니었다.

서울 주변에서 사상도고가 활동을 벌이고 있던 주요 근거지의 하나는 포천의 송우점이었다. 여기에는 원산에 사는 상인들과 송우점에 거처하는 상인의 두 계통이 존재해 있으면서, 동북지방으로부터 들어오는 물품을 매집하고 있었다. 또한 이들은 通川 등 수산물 생산지의 상인들과도 관계를 맺고 매일 60~70바리에 달하는 다량의 어물을 거래하고 있었다.[128] 결국 송우점상인들은 원산지역의 사상이라든가 생산지 상인들에 의해 수집된 동북·관동지방의 어물을 대량으로 매입하여 이를 누원점의 사상도고에게 넘겨주는 역할을 수행하고 있었다고 보여진다.

다. 상품생산지 및 집산지에서의 사상도고의 활동

사상도고중에는 앞에서 본 바와 같이 서울과 그 외곽지대에서 활동하면서 시전상인의 상권을 위축시키고 상업계의 새로운 주역으로 떠오른 사람들도 있었지만, 상품생산지와 집산지를 주무대로 전국적인 범위에서, 나아가 대외무역에 종사하면서 도고상업을 벌이는 사람들도 있었다. 이들 가운데 가장 대표적인 상인들은 누구보다도 일찍부터 행상활동을 벌이면서 전국적인 유통망을 형성하고 있던 개성상인일 것이다.

개성사람들은 알려져 있듯이 조선왕조 개창 이래 계속해서 정치적 진출을 차단당하고 있었고 지역적 차별을 받아 왔다. 군인의 習操時 행상이 많은 지역 사정을 고려하여 춘추로 시행토록 되어 있는 다른 지역과 달리 연 1회만 실시하는 행정적 특례를 적용받았다고는 하여도,[129] 이들이 받아야 했던 정치적 차별과는 비교할 수가 없는 것이었다. 이들은 자신들의 활로를 경제적 진출에서 찾게 되었고, 스스로를 결속시키면서 여느 도시와는 다른 독특한

---

127) 李炳天, 〈朝鮮後期 商品流通과 旅客主人〉(《經濟史學》 6, 1983), 132쪽.
128) 《各廛記事》 天卷, 乾隆 53년(정조 12, 1788) 4월 일 무신.
129) 《承政院日記》 939책, 영조 17년 12월 25일.

도시 분위기를 형성하고 있었다.[130] 양반관료로서의 출세보다는 대자본을 소유한 物主·錢主가 되는 것이 대부분 개성사람들의 소망일 정도였다.

개성상인들은 왕조 초기부터 행상에 나서고 있던 까닭에 전국의 상품생산지와 집산지를 연결할 수 있는 조직적 연락망과 유통망을 지니고 있었다. 松房이라는 지점망을 형성할 수 있었던 것도 그와 같은 장기간에 걸친 상업활동의 결과였다. 개성의 富商들은 대개 그들의 差人을 전국 각지의 상업중심지에 파견하여 송방이라는 지점을 설치해 놓고 각지의 상품생산과 가격의 동향을 파악하여 매점·판매하는 것이 일반적이었다. 일제시대의 경우이기는 하지만 개성에서 지방으로 出商하는 4,000~6,000명 정도 가운데 절반은 자영업자이고 나머지 절반은 송방에 파견되는 차인들이었던 것으로 미루어 보면,[131] 송상의 상업조직의 규모가 대략 짐작 간다.

개성상인의 도고활동 대상으로는 우선 포물류를 들 수 있다. 이들은 원산에 근거지를 두고 서울로 반입되는 포물을 중간에서 매점하여 가격을 조종하여 시전인에게 큰 타격을 주고 있었다.[132] 또한 평안도와 황해도지역의 목면을 매집하기도 하였으며,[133] 경기도지방은 물론 멀리 경상도지방까지 그들의 활동범위에 넣어 포물을 교역하였다.

개성상인의 도고상업은 凉臺(갓) 교역에서도 두드러졌다. 제주도에서 대량생산된 양대는 康津과 海南 등지를 거쳐 중간상인의 손에 의해 서울의 양대전에서 판매되고 있었다. 그러나 19세기에 들어와 개성상인들이 강진·해남에 진출하여 제주도의 양대를 매점, 전국 각 지역에 판매함으로써 서울의 시전이 물품을 구할 수 없는 상태가 되었다.[134] 앞서의 포물 교역이나 양대의 매점과 판매 모두 송방이라는 전국적 상업조직에 바탕을 두었음은 물론이다.

포물과 양대 교역에서의 개성상인의 도고상업에 대하여 언급하였지만, 개성상인이 취급하였던 물품 가운데 가장 중요하게 다루어졌던 것은 어느 무

---

130) 吳 星, 〈韓末 開城地方의 戶의 構成과 戶主－南部 都助里 戶主의 職業分布와 관련하여－〉(《李基白先生古稀紀念 韓國史學論叢》下, 一潮閣, 1994), 1708쪽.
131) 吳 星, 위의 글, 1725쪽 주 33).
132) 《備邊司謄錄》 201책, 순조 11년 3월 19일.
133) 《備邊司謄錄》 206책, 순조 17년 11월 11일.
134) 《備邊司謄錄》 200책, 순조 10년 정월 10일.

엇보다도 인삼이었다. 오래 전부터 신비의 靈藥으로 인식되어 온 인삼은 국가에 의해 철저히 보호받던 귀중품으로서 수출 금지품으로 지정되어 있었다. 인삼상인은 누구나 호조와 관서, 송도 등지에서 帖文을 받아야만 인삼의 매매가 가능하였다.[135] 또한 인삼상인은 당시 최대의 자연삼 산지였던 江界에 들어가기 전 강계부에 1/10세를 선납해야 했으며, 입거한 다음에는 관에 첩문을 올리고, 관은 이를 일일이 살펴 成冊토록 되어 있었다.[136] 뿐만 아니라 산지민과의 거래에도 일정한 한도가 있었으며, 京人에게 1근 이상을 매각할 경우에는 매매자를 반드시 관에 보고하도록 되어 있었다. 이를 어길 경우에는 潛商으로 간주되어 처벌되었다. 인삼상인은 국가의 철저한 통제와 엄격한 규제에 놓여 있었다.[137]

이와 같은 국가의 금삼정책이 제대로 지켜졌다면 인삼의 매매는 극히 소량에 그쳐야 하였다. 그러나 실상은 그렇지 않았다. 倭館을 통한 일본과의 무역에서 인삼은 가장 많은 商利를 남길 수 있는 품목이었고, 일본으로부터의 수요도 매우 높았다. 인삼은 중국산 白絲와 더불어 이 시기 대외 중개무역을 성행케 한 중요한 물품이었다.[138] 특히 17세기 중엽 이후 인삼에 대한 인식이 보편화되어 가면서 일본으로부터의 수요는 폭발적인 증가 현상을 보였다.[139]

인삼상인은 점차 국가의 규제와 통제를 피해 잠상화되기 시작하였고, 이러한 상인들 가운데 대표적인 사람들이 바로 개성상인이었다. 인삼잠상은 모두 송도인인데 蔘權과 8包가 모두 松都富人에게 돌아갔다는 말[140]을 들어보아도 개성상인과 인삼매매와의 관계가 어떠하였는가를 잘 알 수 있을 것이다.

---

135) 《備邊司謄錄》 59책, 숙종 34년 3월 29일.
136) 《增補文獻備考》 권 132, 刑考 6, 숙종 14년 江界禁蔘節目.
137) 吳 星, 앞의 책, 24~30쪽 참조.
138) 金鍾圓, 〈朝鮮後期 對淸貿易에 대한 一考察－潛商의 貿易活動을 중심으로－〉(《震檀學報》 43, 1977).
139) 姜萬吉, 앞의 책, 120쪽.
吳 星, 앞의 책, 33~35쪽.
———, 〈朝鮮後期 人蔘貿易의 展開와 蔘商의 活動〉(《世宗史學》 1, 1992), 29~34쪽.
140) 《承政院日記》 918책, 영조 16년 8월 5일.

개성상인이 얼마만큼 활발하게 인삼매매활동을 벌이고 있었는가는, 京外의 蔘路가 모두 끊긴 것은 관서와 송도의 잠상 때문이라는 이야기[141]에서도 짐작된다. 인삼무역의 주도권을 장악한 개성상인들은 인삼의 판매처인 동래의 상인 및 역관들과 결탁되어 있었으며, 京商·安州상인, 강계의 삼상 등 각지의 상인들과도 연결하여 인삼 밀매에 나서고 있었다.[142] 자연삼이 주였던 이 시기의 對日 인삼무역은 개성상인의 주도하에 18세기 중엽까지 약 1세기 가량 전개되었다.

개성상인들의 활동과 자본 집적은 대일 인삼무역이 가장 큰 요소로 작용하고 있었지만, 이들은 義州상인과도 연결하여 對淸무역과 관련된 국내 상품의 도고활동도 게을리하지 않았다. 즉 개성상인들은 종래 공인들의 전유물처럼 되어 있던 동해안의 水獺皮를 獵夫들에게 미리 값을 지불하고 물품을 확보하는 선대제적 지배를 통하여 수달피를 매점, 중국에 수출함으로써 이윤을 취득하였을 뿐만 아니라, 공인의 물품 구입에 타격을 주어 상세를 크게 위축시켰다.[143] 개성상인과 의주상인이 부상대고 등과 결탁하여 수달피를 다량으로 매점하여 중국에 수출하는 까닭에 狗皮契貢人들이 方物用 수달피를 구할 수가 없는 실정이라는 말[144]에서도 짐작되듯이, 공인을 제압하고 국내의 수달피시장의 상권을 장악해 나갔던 것이다.

이처럼 개성상인들은 국내의 각 상품생산지와 집산지를 우세한 상업조직망과 자본력을 바탕으로 장악해갔으며, 동래상인과 의주상인을 조종하여 대일무역과 대청무역에서 주도권을 행사하고 있었다.[145] 이와 더불어 개성상인들은 수달피시장의 예에서 볼 수 있는 바와 같이 관상도고의 상권을 제압하면서 국내시장의 상품유통권을 장악해 나가는 동시에, 청·일본 간의 중개무역을 주도하면서 여기에서 얻어지는 상업적 이윤의 획득을 통하여 자본을 축적해 나갔다.

한편 18세기 중엽 이후 자연삼이 絶種되고 대일무역도 쇠퇴하게 되자 개

141) 《承政院日記》 889책, 영조 15년 4월 23일.
142) 吳 星, 앞의 책, 40~43쪽.
143) 《備邊司謄錄》 168책, 정조 10년 정월 5일.
144) 《日省錄》 정조 16년 11월 20일.
145) 姜萬吉, 앞의 책, 122쪽.

성상인들은 또 다른 영업 활로를 모색하게 되었다. 그것은 인삼의 인공재배와 가공을 통한 대청무역에의 종사였다. 더욱이 18세기 중엽부터 청국 내에서는 자국의 蔘種이 고갈되어 가고 있었고, 이에 따라 청인이 인삼 채취를 위해 조선으로 犯境하는 사례가 늘어나고 있던 형편이었다.[146] 이러한 시기에 조선에서는 인삼이 인공으로 재배되어 점차 확산되어 가고 있었다.[147] 재배삼의 보급과 확산은 청국이라는 거대한 인삼시장의 존재와 결합되어 개성상인을 비롯한 인삼상인으로 하여금 대청 인삼무역을 전개시켜 나갈 수 있는 확실한 바탕을 제공하게 되었다.

개성인들은 蔘圃를 설치하여 대량으로 인삼을 재배하기 시작하였고, 그 결과 개성은 대표적인 인삼 생산지로 떠오르게 되었다. 인삼을 홍삼으로 가공하는 蒸包所가 개성에 설치되게 되었고, 청국으로 수출되는 包蔘額이 급격히 증가하면서 개성상인의 삼포 및 증포소 경영도 더욱 활기를 띠어 갔다. 정조 21년(1797) 120근이었던 포삼액은 그 후 급증되어 철종 2년(1851)에 와서는 무려 40,000근으로 증가되었다.[148] 이러한 과정에서 개성상인들은 의주상인과 결탁하여 대청 홍삼수출권을 쥐게 되었다. 즉 의주상인이 包蔘別將을 담당하였고, 개성상인은 포삼주인, 즉 包主로서 청나라에 수출하는 인삼의 조달을 맡았던 것이다.[149]

하지만 개성상인들의 보다 큰 자본 집적의 배경은 공식적인 포삼수출보다 홍삼의 밀조와 밀수출에 있었다. 밀삼의 수출이 성행하게 된 것은 정부가 허가하는 포삼액으로는 청국의 수요를 충족시킬 수가 없었을 뿐만 아니라, 개성인들이 밀매하는 홍삼가가 포삼가의 1/3에 지나지 않는 염가였기 때문이다. 정부가 홍삼의 밀조와 밀수출을 금단하려 했지만, 송상의 홍삼 밀조·밀매는 더욱 보편화되어 갔다. 육로에서의 취체가 심해지면 해상에서 조직적으

---

146) 《萬機要覽》 財用編 4, 江界蔘把.

147) 인삼의 인공재배에 대해서는 다음의 글이 참고된다.
姜萬吉, 앞의 책, 123~124쪽.
吳 星, 앞의 책, 48쪽.
——, 앞의 글(1992), 42~48쪽.

148) 《中京誌》 권 2, 土産.

149) 姜萬吉, 앞의 책, 127쪽.
吳 星, 앞의 글(1992), 53쪽.

로 밀매가 행해졌다.[150]

개성상인이 대량으로 인삼을 재배하고 가공할 수 있었던 것은 개성의 토양과 기후가 인삼재배에 적합한 때문이기도 하였지만, 재배삼 출현 이전부터 개성상인들이 인삼의 국내외 상업의 주도권을 가지고 상업자본을 집적할 수 있었기 때문이다.[151] 또한 18세기 중엽 이후 인삼의 인공재배에 따른 상품생산과 판매의 확대는 기왕에 축적되어 있던 개성상인의 자본이 상업자본으로부터 산업자본으로 전화되어 가는 모습을 보여주는 것으로서 보다 주목되어야 할 것이다. 19세기 말엽 개성지방의 1,000칸 이상의 대규모 삼포가 상인이나 농업자본가들에 의해 추진되고 있던 사실들은[152] 개성상인들이 인삼재배에 성공한 뒤 지속적인 성장을 이루어 온 결과였다.[153] 인삼재배와 가공이라는 개성상인에 의한 농업분야에서의 산업자본주의화는 개성상인 자체의 성장이라는 차원에서 한 걸음 더 나아가 조선 후기 사회경제의 역사적 성과물의 하나로 보다 적극적인 평가가 요망된다 하겠다.

3) 반도고활동의 전개와 상업계의 동향

가. 관상도고에 대한 반도고운동

조선 후기의 상업계가 띠고 있던 가장 큰 형태상의 특징과 성격은 도고상인에 의한 도고상업의 전개일 것이다. 관상이든 사상이든 이들이 추구한 상업형태는 상업적 이윤을 극대화할 수 있는 독점적 도고상업이었다. 즉 상품유통과정을 독점적으로 장악하여 자본을 축적하려는 것이었다. 그 결과 상품의 생산과 유통을 둘러 싼 상인 간의 치열한 경쟁이 벌어지게 되었고, 이러한 양상은 상품경제의 발전을 자극·촉진시키기도 하였다. 또한 상인

---

150) 《松營啓錄》 고종 원년 6월 9일 갑자.
《右捕盜廳謄錄》 15책, 신유 11월 10일.

151) 姜萬吉, 앞의 책, 132쪽.

152) 洪淳權, 〈한말시기 開城地方 蔘圃農業의 전개양상(上·下)〉(《韓國學報》 49·50, 1987·1988).
吳 星, 〈韓末 開城地方의 蔘圃主〉(《古文書硏究》 3, 1992) 참조.

153) 李泰鎭, 〈國際貿易의 성행〉(《韓國史市民講座》 9, 一潮閣, 1991), 83쪽.

가운데 일부는 대자본을 형성한 사람들이 출현하게 되었고, 대규모 자본이 투하되어야만 가능한 상업활동이 이들에 의해 이루어지기도 하였다.

하지만 정부로부터 부여받은 특권에 기반을 둔 관상의 도고상업은 기본적으로 자유상업의 발전을 저해하는 것이었고, 생산부문에 투입된 도고자본이라 하더라도 산업자본으로 전환·정착되기 위해서는 자본 자체가 지니고 있는 특권성과 독점성은 배제되어야 할 것이었다.[154] 특히 금난전권을 가지는 시전의 증가는 동종 시전간의 소모적 경쟁을 심화시켰을 뿐만 아니라 전매물종의 급증으로 인한 물가앙등과 유통질서의 문란이라는 부작용만 야기시켰을 뿐이었다.

관상도고의 반도고세력은 난전으로 불려지던 사상층이었다. 이들은 시전상인으로 대표되는 관상도고와 맞서 치열한 상권 경쟁을 벌였다. 상품화폐경제의 발달에 따라 상품의 유통량이 급증하고, 서울을 비롯한 대도시지역의 상권이 확대되어 가면서 이들의 활동 기반도 확장되어 가고 있었다. 지방에서는 장시가 발달되어 상설시장화된 장시가 곳곳에 생겨나게 되었으며, 선박운송에 의한 물자유통의 범위도 확대되어 상품의 시장권과 유통권이 확산되고 있었다. 이와 같은 서울을 비롯한 전국의 상업계의 변화는 사상들로 하여금 시전상인의 금난전권에 강력히 도전할 수 있는 경제적 배경을 만들어 주었고, 사상들은 이를 토대로 시전도고의 상권을 끊임없이 침해하면서 자신들의 상세를 확대시켜 나갔다. 시전상인에 대한 사상의 상권 도전은 시전도고로 하여금 기왕의 특권체제를 강화시켜 무분별한 금난전권의 행사와 그에 따른 여러 경제적 혼란과 부작용을 초래하기도 하였지만, 궁극적으로는 시전도고체제의 해체에 결정적 역할을 하게 된「辛亥通共」을 이끌어 내게 하였다.

한편 시전체제의 해체에 중요한 역할을 한 사람들로 도시수공업자를 빼놓을 수가 없다. 특히 스스로 상품을 제조하여 판매하고 있던 민간수공업자들은 상업자본에 예속되어 있지 않은 상태에서 시전에 대항하였다. 하지만 이들은 도고상업체제에 편승하여 스스로 판매장, 즉 시전을 개설함으로써 도고

154) 姜萬吉, 앞의 책, 189쪽.

체제의 해체에 일익을 담당함과 동시에, 또 다른 특권도고상업을 만드는 모순을 낳기도 하였다. 그럼에도 이들의 신전 창설은 折草廛의 예에서와 같이 동일한 물종에 대한 전매권의 분산을 통하여 특권상업체제를 와해시키는 데 자극제가 되었다는 면도 아울러 지니고 있었다.[155]

통공 이후 시전도고들은 잃어버린 그들의 특권을 회복하기 위한 노력을 다각도로 경주하였지만, 별반 효과가 없었다. 물론 19세기초 일부의 시전이 도고권을 부활시키기도 하였고,[156] 19세기 중엽에는 사소한 잡전들까지도 금난전권을 가지지 않는 시전이 없고 도고되지 않는 상품이 없다고 할 정도로 시전의 금난전권이 부활되는 양상을 보이기도 하였지만,[157] 시전상인의 금난전권 부활에 대한 정부의 대응은 통공 정신의 유지가 대세였다고 보여진다.[158]

---

155) 姜萬吉, 위의 책, 190~191쪽 참조.

156) 《備邊司謄錄》 198책, 순조 7년 7월 29일.

157) 《備邊司謄錄》 233책, 헌종 12년 정월 25일.

158) 한편 영조 11년(1735)에 호위군관을 비롯, 연강 방민에 의해 일어난 馬契 습격사건을 역의 유무에 관계없이 家座에 따라 동전을 징수하는 동전징수 강화에 대한 반발이라는 항세적인 성격뿐만 아니라, 마계가 運負契와 통합하고 또한 마계 내에 말단 종실·서리·경각사 이서배가 가담하여 모리행위를 하면서 도고화해 가는 추세에 대한 반발인 반도고적 성격을 지니는 것으로 보는 견해가 있다. 즉 마계의 도고활동에 대한 반발로 일어난 18세기 전반 경강변을 중심으로 한 도시 하층민의 대표적인 저항운동의 하나라는 것이다(金東哲, 앞의 책, 128~149쪽). 이에 대해 高東煥은 용산운부도고에 대한 반도고운동이 전개된 것은 1780년대에 나타나므로 이 사건은 운부역에 대한 독점권을 둘러싼 대립이라기보다는 증세에 반대한 비특권적 경강상업세력의 반대투쟁으로 보아야 한다는 의견을 제시하고 있다(高東煥, 앞의 책).
18세기 전반과 18세기말이라는 시기의 차이는 있지만, 반도고운동의 전개라는 점에서 앞으로 보다 깊은 검토가 요망된다. 이외에 상인이나 수공업자의 동업조합, 군대·종교집단·貰馬契·運石契 등 특정한 이익 또는 목적을 추구하는 이익집단 조직 등, 여러 형태의 조직이 사회운동의 발생과 운동에 하층민을 동원시키는 중요한 요인으로 작용해왔다고 하여 세마계·운석계가 하층민 저항운동의 동원 조직으로 작용했음을 지적하는 견해도 있다(조성윤, 〈'임오군란'의 사회적 성격〉, 연세대 사회학과 석사학위논문, 1982, 99쪽).
아울러 언급하고 싶은 것은 세마운부계의 용산운부도고가 정조 15년(1791) 신해통공 이후에도 봉건관료나 권력기관과 결탁하여 도고활동을 계속 유지하고 있었다는 점이다(金東哲, 위의 책, 161쪽). 앞으로 통공 이후의 계인들의 활동과 그 성격에 관한 다양한 연구가 요청된다 하겠다.

나. 사상도고에 대한 반도고운동

관상도고의 독점활동에 대한 반발과 저항으로 사상층이 성장하게 되면서 시전상업체제로 대표되는 특권상업체제는 해체의 방향으로 나아가게 되었다. 그러한 과정에서 사상들 가운데에는 우세한 자본력과 영업망을 바탕으로 상품유통과정을 주도하면서 독점적 매집과 판매를 통한 도고상인이 나타나게 되었다. 출현의 배경은 관상과 달랐지만, 자본 집적을 위한 영업행위의 성격은 별반 다름이 없었다. 물품의 독점에 따른 물가의 앙등과 그에 따른 백성들의 생계에 대한 심대한 타격 등 도고활동이 가져오는 폐해 역시 관상도고의 그것과 큰 차이가 없었다. 도시의 소비자층과 소상인층을 보호하기 위한 시전도고체제의 해체는 이 점에서 별다른 효과가 없었다. 사상도고의 소상인층·소상품생산자층에 대한 경제적 압박도 시전도고의 경우와 다름이 없었다.[159] 신해통공의 주창자로서 통공 이후 시전상인들로부터 격렬한 항의를 받았던 蔡濟恭이 통공을 실시한 지 불과 수개월 후 도고를 혁파하지 않으면 백성의 생활과 상품의 유통이 염려된다고 한 것도[160] 사상도고의 독점행위의 폐단에 대한 인식의 결과였을 것이다.

이처럼 통공 이후 시전도고가 해체되었지만, 사상의 도고상업에 대한 폐단이 제기되면서 사상도고에 반대하는 반도고의 움직임이 일게 되었다. 사상도고의 독점적 매점에 의한 물가등귀의 피해를 직접 느끼고 있던 도시소비자층이 사상도고에 대해 반발하기 시작하였고, 전국에 번성해가던 농촌시장을 상대로 활동을 벌이고 있던 소상품생산자들도 사상도고에 저항하기 시작하였다. 소비자층의 반발은 순조 33년(1833) 서울에서 일어난 「쌀소동」을 대표적 예로 꼽을 수 있다.[161] 이는 미곡을 도매하던 일부 미곡도고상들이 서울 시내의 미전과 결탁하여 미곡을 매점매석한 결과 미가가 폭등하게 되었고, 이에 격분한 도시빈민층들이 미전을 방화·파괴하고 미곡을 매점해 둔 江上의 가옥 15호를 불지른 사건이었다. 도고상업체제에 저항하는 도시빈민층의 대규모적인 반도고운동이었던 것이다.

---

159) 姜萬吉, 앞의 책, 196쪽.
160) 《正祖實錄》 권 32, 정조 15년 6월 임술.
161) 姜萬吉, 앞의 책, 84~91쪽.

이러한 반도고운동의 분위기는 지방으로 확산되어 농촌시장에서 성장하고 있던 소생산자의 반발을 불러 일으켰으며, 농민항쟁의 한 원인이 되기도 하였다. 洪景來亂 이후 제기된 민심 수습책 가운데 각종 물화의 도고를 혁파해야 한다는 내용이 들어 있던 것도 이같은 현상과 무관한 것은 아닐 것이다.

이와 같은 움직임에도 불구하고 도고자본은 계속해서 유지·성장해간 것으로 보인다. 개항기에 이르러서도 도고상업의 혁파에 대한 주장은 지속되고 있었다. 그렇지만 개항 이후에 가서는 밀려오는 외국상인의 침탈로 말미암아 도고자본에도 점차 위축된 현상이 나타나게 되었고, 그 성격에도 적지 않은 변화를 가져오게 되었던 것으로 여겨진다.

〈吳 星〉

2. 상품의 유통

1) 농촌장시의 발달

(1) 상업적 농업과 농촌수공업의 발달

조선사회는 17세기 이래 사회적 생산력의 발전에 기초한 사회적 분업의 진전으로 점차 농업과 수공업에서의 상품생산이 발달하기 시작하였다. 특히 도시인구의 증가는 농산물의 수요를 증대시켜 상업적 농업이 진전되는 토대를 마련하였다.

조선 후기 상업적 농업의 전개 양상은 매우 다양하였다. 우선 상업적 농업의 가장 낮은 형태는 곡물생산이나 목화재배업과 같이 생산물의 적지 않은 부분을 자가소비에 충당하고 나머지 부분을 상품화하는 것이었다. 이와 달리 이 시기 가장 전형적인 상업적 농업의 형태는 인삼재배업이나 도시주변의 채소재배 등과 같이 전적으로 시장판매를 목표로 하여 재배하는 것이었다. 이 외에도 판매를 목적으로 생산하되 농산물을 그대로 판매하는 것이 아니라 그 일부 또는 전부를 가공해서 파는 상업적 농업과 수공업적 소상품

생산이 결합되어 있는 형태도 있었다.[1]

상업적 농업은 대체로 도시주변과 교통이 편리한 지역 그리고 특정한 작물의 재배에 적합한 자연적 조건을 갖춘 지역들에서 먼저 일어났다.[2] 특히 17세기 후반 이후 상업도시로 급속하게 전환되었던 서울 근교에서 상업적 농업은 두드러지게 성장하였다. 왕십리에서는 무우, 살곶이다리에서는 순무, 석교에서는 가지·오이·수박 등이 재배되었으며, 연희궁에서는 고추·부추 등이, 청파에서는 미나리, 이태원에서는 토란이 재배되었다. 이들 중에서도 왕십리나 청파의 미나리가 가장 유명하였다. 이와 같은 도시근교의 상업적 농업을 통해 벌어들이는 이익도 상당하였다.[3]

도시근교에서는 채소나 과일작물의 재배가 성행한 반면, 농촌지역에서는 특정 농산물을 전업적으로 생산하는 상업적 농업지대가 형성되어 갔다. 李重煥은《擇里志》에서 전국적으로 이름난 농작물 생산지로서, 鎭安의 煙草, 全州의 생강, 林川·韓山의 모시, 安東·禮安의 龍鬚田 등이 부자들에 의하여 이익독점의 바탕이 된다고 하였다. 그 밖에 특정 작물의 재배지로서 서울·開城·水原 등 대도시 부근의 채소, 康津의 고구마, 개성·江界의 인삼, 경상·전라도지방과 公州·黃澗·懷德·黃州 등지의 면화 등을 이름난 것으로 꼽고 있다.[4]

한편 17세기 이래 농촌에서 생산된 다양한 물품들이 상품화되었는데, 그 가운데 으뜸을 차지하는 것은 미곡이었다. 이는 비농업인구의 증가와 도시발달을 배경으로 나타나는 것으로, 각 지역의 미곡이 특정 이름이 붙어 전국적으로 유통되었다. 전주·金堤·萬頃의 完米, 황해도 연백평야의 메쌀, 鳳山의 長腰米, 驪州·利川지역의 細稻 등이 대표적인 미곡이었다. 미곡 외에 공예작물인 경우도 자연지리적 및 사회경제적 조건에 따라 일정한 생산지역을 형성하고 있었다. 평안도와 황해도지역은 뽕밭을 경영하는 견직 원료생산이

---

1) 전석담·허종호·홍희유,《조선에서 자본주의적 관계의 발생》(과학백과사전종합출판사, 1970 ; 이성과 현실, 1989), 34~39쪽.
2) 金容燮,《朝鮮後期農業史硏究-農業變動·農學思潮-》(Ⅱ)(一潮閣, 1971).
3) 高東煥,〈朝鮮後期 서울의 商業都市로의 成長〉(《東洋都市史속의 서울》, 서울市政開發硏究院, 1994).
4) 李重煥,《擇里志》卜居總論 生利.

발전하였고, 충청도와 전라도 일부지역은 상품생산을 위한 모시밭경영이, 함경도와 강원도에는 삼밭경영이 확대되었다.[5]

농촌지역에서의 수공업도 부업적이고 자급적인 형태에서 발전하여 전업화, 상품생산화되었다. 이는 농업생산에서의 전업화를 반영한 것이었다. 모시는 충청도 한산·임천·舒川·洪州, 명주는 평안도의 安州·价川·成川, 삼베는 함경도 吉州·明川·安邊, 왕골돗자리는 경상도의 안동, 면포는 경상도·전라도 일대, 담배는 평안도의 성천·三登·陽德, 전라도의 전주·진안 등이 유명하였다.[6] 인삼은 개성을 중심으로 하여 재배되었는데 이곳에서는 홍삼으로 가공하여 淸國에 수출도 하였다.[7] 이른바 특산지라는 명칭이 생기기 시작한 것도 바로 18세기 이후에 진전된 사회적 분업의 결과인 것이다. 예컨대 면화는 경상도·전라도·충청도에서 대량 재배되었기 때문에 이 지역에 면직업이 발달하였으며, 뽕나무를 전업적으로 재배하였던 평안도·황해도지역에는 성천·영변을 중심으로 하는 견직업이 발달하였다. 또한 충청도·전라도 일부지역에서 재배된 모시는 임천·한산지역에서 전업적으로 직조하여 상품화하였다. 여기에서 보듯이 18·19세기 공예작물재배와 직조업은 상호 밀접한 관련 속에서 발달하였고, 그 결과 공예작물에서의 상품생산은 비약적으로 성장하였다.

한편 관영수공업체제가 붕괴되고 민영화되면서 민간수공업도 발전하였다. 민간수공업자들은 뛰어난 기술을 배경으로 도시민의 수요에 맞춰 상품을 생산, 공급하여 생산자와 상인의 역할을 동시에 수행하였다. 鍮器·漆器·磁器와 같은 수공업제품의 생산도 지역적으로 특화되어, 이 시기에는 鍮器店·철기점·자기점과 같은 수공업촌락이 발달하였다. 이 중에서도 일찍 발달한 경기도 安城과 평안도 定州의 유기산업은 19세기 중반에 이미 공장제 수공업(매뉴팩처)단계에까지 도달하였다.[8]

---

5) 홍희유, 《조선상업사》(고대, 중세편)(과학백과사전종합출판사, 1989), 192~202쪽.
6) 李永鶴, 《韓國 近代煙草業에 대한 硏究》(서울大 博士學位論文, 1989).
7) 吳　星, 〈조선후기 蔘商에 대한 고찰－私商의 擡頭와 관련하여－〉(《韓國學報》 17, 一志社, 1979).
8) 김광진·정영술·손전후, 《조선에서 자본주의적 관계의 발전》(과학백과사전종합출판사, 1973 ; 열사람, 1988).

이와 같은 농업과 수공업에서의 상품생산의 발전은 곧 상품유통시장의 확대를 동반하는 것이었다. 즉 각 지방의 장시나 포구시장과 밀접한 관련을 맺으면서 농업과 수공업에서의 상품생산이 성장하였던 것이다. 18·19세기 삼남지역의 장시가 다른 지역에 비해 숫적으로 월등하게 나타나는 것도 결국 다른 지역에 비해 이 지역의 상품생산이 훨씬 발달하였기 때문인 것이다.

(2) 육상교통의 발달과 장시의 증가

가. 육상교통의 발달

18세기 이후 상품유통의 발전에 따라 육상교통도 발달하였다. 그리하여 민간뿐만 아니라 관료·왕에 이르기까지 도로 교통에 큰 관심을 보이고 있었다. 이러한 도로에 대한 관심은 幹線道路網의 확대로 이어졌다. 영조 46년(1770)에 申景濬에 의해 쓰여진 《道路攷》에 의하면 전국을 연결하는 大路(간선도로)는 서울－義州路, 서울－慶興 西水羅路, 서울－東萊路, 서울－濟州路, 서울－平海路, 서울－江華路의 6대로였지만, 19세기 전반 편찬된 《林園經濟志》에는 서울에서 太白山(奉化)에 이르는 길이 간선도로로 승격되어 7대로가 되었으며, 19세기 중엽에는 9대로, 그 후기에는 10대로가 되었다. 이것은 간선도로가 아니었던 別路나 支路들이 이용율의 증가에 따라 간선도로로 승격했기 때문이다. 이러한 간선도로의 확대는 주로 행정중심지나 군사요충지를 연결하는 차원이 아니라 상품유통권을 연결하는 방향으로 나타나고 있었다.

간선도로망의 확대와 더불어 실제 기존 도로에 대한 정비와 새로운 도로의 개설이 뒤따랐다. 숙종 30년(1704)에는 서울－강화로가 정비되었고, 정조 연간에는 수원성의 축성으로 수원과 서울을 연결하는 도로가 새로 개설되거나 더욱 확장되어, 이 길은 新作路로 불리웠다.

한편 서울과 外方지역을 연결하는 도로도 새로 뚫리고 있었다. 18세기 전반까지 서울에서 함경도지역으로 가는 통로는 鐵嶺을 통과하는 길이 주된 길이었다. 그러나 18세기 중엽에는 평강을 지나는 三防間路가 개척되었다. 삼방간로가 개설된 이후 다시 평강의 雪雲嶺을 통과하는 길도 새로 뚫려, 19

세기초 상인들이 함경도지방으로 가는 길은 예전에는 철령 한 길밖에 없다가 세 가지로 늘어나게 되었다.

서울에서 영남지역으로 통하는 길도 새롭게 개척되고 있었다. 嶺南路에는 17세기 후반 이후에는 鳥嶺과 竹嶺 외에도 사잇길로서 고갯길들이 개척되었다. 이 중에 대표적인 것은 尙州와 西原(淸州)지방으로 통하는 고갯길과 聞慶과 槐山 사이의 고갯길이었다. 이 길은 모두 경상도와 충청도지방을 연결하는 지름길이었으므로, 상인들은 모두 이 두 길을 이용하였다. 이 시기에는 서울에서 關北지역으로 통하는 길, 서울에서 영남으로 가는 길 외에도 함경도와 평안도 사이를 잇는 교통로가 개설되었고, 함경도 내의 六鎭지역의 교통로도 대거 확대되었다. 이 때 생겨난 도로들은 이전 시기와 달리 모두가 상인들이 상품유통을 빠르게 하기 위해 개척한 捷路였다는 점에서 공통점을 가지고 있었다. 이로 인해 18세기 이후 전국의 모든 지역은 도로교통의 발달로 그전에 비해 보다 빠르게 연결되었다. 이는 조선 후기 장시의 발달을 촉진한 중요한 요소였다.[9)]

나. 장시의 증가

이와 같은 육상교통의 발달에 따라 장시도 점차 증가하기 시작하였다. 장시는 성종 원년(1470)경부터 전라도 지역에 場門이 설치된 것을 시초로 하여 발생하였다. 초기 장시는 전라도 務安지역에서 가로상에 '장문'이라 하여 매달 두 차례씩 열렸으나, 15세기말까지 전라도 전지역을 대상으로 확대되었다. 전라도지역에서 장시가 제일 먼저 출현할 수 있었던 까닭은 이 지역이 해상무역의 오랜 전통과 풍부한 물산, 교통로의 발달, 그리고 해안선이 길고 포구가 발달했다는 점에 있었다. 그와 더불어 정부의 상업통제가 다른 지역에 비해 상대적으로 약했다는 것도 장시가 출현할 수 있었던 중요한 원인이었다. 16세기 전반에는 충청도에 장시가 보편화되었고, 그 중엽에는 경상도지역에서도 장시가 보편화됨으로써, 16세기 중엽을 전후하여 삼남지역 농촌에는 장시가 일반화되었다.[10)]

---

9) 高東煥, 〈조선후기 交通發達과 全國的 市場圈의 형성〉(《문화역사지리》 8, 1996).
10) 李景植, 〈16세기 場市의 成立과 그 基盤〉(《韓國史硏究》 57, 1987).

이와 같은 15~16세기 농촌장시의 대두·발전은 조선사회만이 아니라 중국·일본에서도 공통적으로 나타나는 현상이었다. 그 원인은 3국이 그 앞 시기에 다 같이 농업기술상의 일대 혁신으로 농업경제력이 크게 신장되고, 이를 토대로 발생한 경제적 잉여를 소농민들이 판매할 수 있었기 때문이다.11)

초기 장시의 개시횟수는 한 달에 3차례 열리는 열흘장이 일반적이었다. 이처럼 삼남지역을 중심으로 개시되었던 장시는 임란을 계기로 경기지역에까지 확대되었다. 경기지역에 대해서는 서울에 상품을 모으기 위해 조선 전기에 정부에서 철저하게 장시 금압정책을 펼쳤지만, 임란 이후 정부의 금압정책을 극복하고 경기지역에까지 농민적 상품이 유통되는 장시가 보편화된 것이다. 나아가 17세기 이후에는 중부 이북의 황해도·평안도지역까지 확대 발전하였고, 숙종 26년(1700)에는 谷山과 같은 산간고을에까지 장시가 열려 전국에 장시가 고르게 분포하게 되었다. 이처럼 장시가 확대된 결과 〈표 1〉에서 보듯이 18세기 중엽에 이르러 우리 나라 전지역은 1,000개 이상의 장시가 존재하여 전국을 조밀하게 연결할 수 있게 되었다.

〈표 1〉 18세기 후반~19세기 전반 문헌에 따른 각 도별 장시현황

文獻 / 道	道路攷	東國文獻備考	萬機要覽	林園經濟志
경기	102	102	102	92
충청	158	157	157	157
전라	215	215	214	187
경상	278	276	276	269
강원	68	68	68	51
황해	82	82	82	109
평안	142	134	134	143
함경	28	28	28	43
합계	1,073	1,062	1,061	1,052

11) 李泰鎭, 《朝鮮儒敎社會史論》(지식산업사, 1989), 96~98쪽.

(3) 농촌장시의 발달과 시장권 확대

농촌장시는 농촌의 소상품생산자가 상품유통을 매개하는 출발점이고, 또한 장시가 포괄하는 주변 촌락이 생산권이자 소비권인 재생산권으로서 기능하였다. 대체로 농민들은 교통관계 등을 고려하여 항상적으로 출입하는 장시가 정해져 있었고, 각 장시는 이러한 고객들이 거주하는 한정된 지역을 포섭하고 있었다.

이러한 장시는 17세기 이후 상품화폐경제의 성장에 따라 더욱 발달하였다. 17세기 후반 이후에는 열흘장이었던 장시가 대부분 5일장으로 바뀌어, 전국의 장시는 한 달에 여섯 번 열리는 5일장체제로 단일화되었다. 또한 장시가 개설되지 않은 벽지에도 장시가 신설되었다. 이와 같은 장시의 발달은 정부의 장시에 대한 정책을 변화시켰다. 초기에 장시를 금압했던 정부는 점차 지방관의 차원에서 이를 허용하고 場稅를 거두어 지방재정에 충당하도록 하였다. 또한 지방관청에서 장세를 걷는 방식도 17세기까지는 현물로 받았으나, 18세기 이후에는 화폐로 받는 변화가 나타났다.

이처럼 장시가 5일장체제로 단일화되면서 장시간에 연계관계도 자연적으로 생성되었다. 전주의 경우를 예로 들면 전주부 내의 大場인 南門外場・西門外場은 2・7일에, 小場인 北門外場과 東門外場은 4・9일에 각각 개시되었으며, 전주 부근의 參禮場은 3・8일, 鳳翔場은 5・10일, 仁川場은 2・7일, 石佛場은 1・6일, 上牙場은 3・8일, 利城場은 1・6일, 沃野場은 4・9일에 각각 열렸다. 여기서 보듯이 전주부 내의 장시와 전주 부근의 장시들은 서로간에 개시일을 달리하면서 장시간 연계관계를 형성하고 있었던 것이다.[12] 통상 한 군현 내에서 設場日을 달리하는 장시 사이는 하루안에 오고 갈 수 있는 거리에 있었다. 개별 장시는 비록 닷새에 한 번 장이 서지만, 한 군현 전체에서는 매일 장이 서는 형태로 각 장시망이 운영되고 있는 것이다. 장시망 운영형태를 이렇게 파악한다면, 18세기 후반 확립된 5일장체제는 미약하지만 한 군현 내에서 상설시장의 기능을 어느 정도 수행하고 있었다고 평가할 수 있을 것이다. 이러한 장시 유통권의 형성 즉 5일장체제의 형성은 적어도 한 군현의 범위에서 교환이 일상적으로 진행되는 군현단위의 시장권이 형성되었음을 의미한다.

---

12) 金大吉,《朝鮮後期 場市에 대한 硏究》(中央大 博士學位論文, 1993), 135쪽.

이와 같은 장시시장권은 18세기 이후 점차 확대·강화되어 갔다. 즉 군현을 단위로 한 시장권을 넘어 몇 개 고을을 묶는 시장권이 형성되고, 일부는 지역적 시장권을 벗어나 전국적 범위로 시장권을 확대해갔던 것이다. 예컨대 모시산지인 충청도 한산·서천·庇仁·藍浦·扶餘·鴻山·定山·임천의 장시는 褓負商들이 각기 하나의 시장권을 형성하여 교역했던 장시유통망이었으며, 전주 읍내장에서는 중국과 일본의 상품이 유통되어 나라 안의 '鉅市'라고 일컫고 있었다.

장시간의 연계망이 확대되어 지역적 시장권이 형성됨에 따라 장시간에는 흡수·통합·신설·폐지라는 장시시장권의 변동이 나타났다. 18세기말 19세기초 경상도지역의 장시망 변동을 살펴보면, 大邑에서는 장시수가 감소하였고, 中小邑에서는 장시가 증가하였으며, 殘邑에서는 별다른 증감이 없었다. 대읍의 장시가 감소한 것은 1830년대 大場이 형성되면서 주변장을 흡수하였기 때문이고, 중소읍에서 장시가 증가한 것은 신설장시가 시장권 형성이라는 형태로 나타났기 때문이다.[13] 이러한 장시망의 변동은 경상도만이 아니라 영조 46년(1770)~순조 30년(1830)의 전라도지역에서도 확인되며, 충청도지역에서도 동일한 변동양상이 확인된다.[14]

또한 도시시장의 발달에 따라 도시시장을 연결하는 중간지점에 장시가 새로 생겨나기도 했다. 18세기 이후 교통발달로 인해 사람과 물자의 유통이 활발해졌고, 그 결과 주요 교통로에는 여행객들이 묵고 가는 店幕이 발생하였다. 이들 점막의 주된 이용자가 상인이었기 때문에 점막도 단순한 숙박시설에서 벗어나 상품교환이 행해지는 시장의 기능을 지니게 되었다. 이러한 점막들 중에서 대도시 시장을 연계하는 중간지점의 점막들은 18세기 후반에 이르면 대부분 장시로 변하는 것이 일반적이었다. 대표적인 곳이 서울-원산 간을 잇는 대로변인 포천의 松隅店과 양주의 樓院店이었다. 점막의 장시화만 아니라 후술하듯이 해상교통의 발달에 따라 한강연안에 물자의 유통이 활성화되면서,

---

13) 韓相權, 〈18세기말 19세기초 場市發達에 관한 基礎研究-慶尙道地域을 중심으로-〉(《韓國史論》 7, 서울大, 1981).
14) 李憲昶, 〈朝鮮後期 忠淸道地方의 場市網과 그 變動〉(《經濟史學》 18, 1994).
金大吉, 앞의 책.

한강 상류를 오가는 배(水上船)가 수심이 낮은 여울을 통과하는 기간에 부정기적으로 열렸던 갯벌장이나 한강 하류의 포구들도 점차적으로 정기적인 장시로 발전하였다. 대표적인 곳이 남한강 연안의 白崖村, 북한강 연안의 홍천장·인제장, 그리고 한강 하류의 덕은장이었다. 이와 같은 점막의 장시화, 갯벌장·포구의 장시화현상은 결국 농촌 잉여생산물의 처분의 장으로서 성격을 지닌 농촌장시 외에 새로운 성격의 장시가 출현한다는 점을 의미한다. 즉 농촌만을 대상으로 한 장시가 아니라 대도시 시장을 연계하는 매개시장으로서의 장시가 18세기 후반 이후 주요 간선도로변에 발생하고 있었던 것이다.15) 이와 같은 새로운 성격의 장시의 출현으로 인해 18세기 후반 이후 전국의 장시시장권은 더욱 확대 발전할 수 있었다.

한편 각 도별 장시 사이에서 유통되는 물품을 살펴보면, 각 도별 시장권의 결합 정도에 일정한 차이가 있음을 확인할 수 있다. 〈표 2〉는 《林園經濟志》에 기록된 규모가 큰 장시 325개소에서의 거래물종을 전국 각 군현단위로 통합하여 비교한 것이다. 〈표 2〉에서 알 수 있듯이 전국적으로 유통되는 상품 중에서 가장 많은 장시에서 유통되는 것은 미곡·면포·어물이었다. 그 다음으로 마포나 牛犢, 연초, 斗·牟·麥 등 잡곡류도 전국적으로 유통되었다. 이러한 미곡이나 면직물류에 비해 솥(釜鼎) 등 수공업제품의 전국적 유통은 상대적으로 비중이 낮았다.

또한 〈표 2〉에서 보면, 같은 도 내부에서라 하더라도 각 장시에서 교환되는 상품은 지역적으로 큰 차이가 있었다. 영남, 호남 등지에서도 이러한 편차는 나타난다. 그렇지만 평안도 장시에서 거래되는 물품은 거의 모든 장시에서 예외없이 교환되고 있었다. 또한 거래되지 않는 물품은 평안도의 대부분 장시에서 거래되지 않았다. 이는 평안도 내 장시에서의 상품교환의 내용이 상당한 정도 동일성을 보이는 것으로서, 평안도지역 내의 장시가 유기적인 연결망에 의해 하나로 통합되고 있었다고 해석할 수 있다.

이와 같은 사실은 평안도지역이 단지 對淸貿易의 통로라는 대외무역시장으로서의 특성 외에도 평안도지역 자체 내의 튼튼한 시장권이 이미 성립되

15) 高東煥, 〈조선후기 京畿地域 場市網의 확대〉(《金容燮敎授停年紀念 韓國史學論叢 韓國古代·中世의 支配體制와 農民》, 지식산업사, 1997).

어 있음을 반영하는 것이다. 즉 평안도 내에서의 교환은 영·호남과 달리 군현이라는 자연경제의 울타리를 크게 벗어나 평안도라는 도단위의 지역적 시장권을 단위로 행해지고 있음을 보여주는 것이다. 또한 유통되는 물품도 대부분 수공업 생산품과 곡물, 그리고 연초라는 소비제품이 주류를 이루고 있다는 점에서 평안도의 유통경제가 농업과 수공업생산에 기초한 부를 기반으로 형성되었음을 짐작할 수 있다.

〈표 2〉 19세기 전반 거래물품별 장시현황

구 분	경 기	호 서	호 남	영 남	관 동	해 서	관 서	관 북	계
장시수	92	157	187	269	51	109	145	42	1,052
(가)	34	59(6)	55(2)	72(1)	26	23	42	14	325(9)
米	34	21	55	70	11	23	42	5	260
콩	6	14	24	65	-	22	39	4	175
牟	6	6	18	55	-	22	39	11	157
麥	6	6	19	54	-	22	39	10	156
綿 花	5	12	28	32	6	19	32	2	136
綿 布	32	10	41	68	24	23	42	14	254
麻 布	19	8	24	50	21	15	-	13	150
苧 布	-	6	19	20	-	3	1	-	49
魚 物	28	24	29	62	20	21	39	14	237
牛 犢	20	13	18	56	11	23	32	12	185
煙 草	18	23	15	45	4	22	41	13	181
鐵 物	10	5	15	16	11	3	41	5	106
釜 鼎	5	-	1	5	2	3	-	2	18
鍮 器	4	2	4	26	-	6	35	4	81
紙 地	2	1	18	18	3	1	3	-	46
瓷 器	-	-	16	30	-	8	-	-	54
土 器	-	-	30	24	1	9	-	-	64

* 출전 : 《林園經濟志》 倪圭志 권 4, 貨殖 八域場市(李永鶴, 《韓國 近代煙草業에 대한 硏究》, 서울大 博士學位論文, 1990, 52쪽에서 재인용).

비고 : 1) (가)항은 장시 가운데 거래물품이 기록된 장시수이다.

2) (가)항의 ( )는 한 지역의 2개의 장시에서 거래물품이 적혀 있는 곳이다.

이러한 사정은 평안도가 하나의 지역적 시장권을 중심으로 통합됨을 보여주는 것임과 동시에 다른 한편으로 지역적 시장권을 침해하는 제세력으로부터 공동으로 대응할 수 있는 사회세력이 존재함을 알려주는 것이기도 하다. 19세기 전반 평안도에서는 全道的 규모의 지역적 시장권이 성립되고 있었고, 이는 순조 11년(1811) 발생했던 洪景來 주도하의 평안도 농민전쟁에서 군현이라는 고립적이고 분산적 통치단위를 넘어서서 전도적으로 주도층을 조직화시킬 수 있었던 중요한 조건이었다. 또한 평안도 농민전쟁 당시 농민군이 제시한 '西北民 차별철폐'라는 구호는, 당시 농민군들이 인식했든 안했든 간에, 단순한 정치적 차별철폐라는 슬로건을 넘어서서 평안도라는 지역적 시장권을 방어하려는 평안도지역의 제세력의 공동대응이었음을 짐작할 수 있게 한다.[16]

이처럼 18세기 초반 장시개설이 지역적으로 확산되고, 장시간의 연계가 강화된 결과, 18세기 후반에 이르러 지역적 상품유통의 거점인 大場이 형성되기 시작하였다. 대표적인 대장이 경기 廣州의 沙坪場·松坡場, 安城의 邑內場, 交河의 恭陵場, 恩津의 江景場, 稷山의 德坪場, 전주 읍내장, 南原 읍내장, 昌原 馬山浦場, 平昌의 大化場, 兎山 飛川場, 黃州 읍내장, 봉산 銀波場, 博川 津頭場, 德源 元山場 등이었다.[17]

이처럼 대장의 출현과 더불어 지방장시에는 坐商들이 경영하는 상설점포가 광범하게 발전했고, 일부 장시가 순상업중심지 또는 상업도시로 발전하였다. 그리고 주요장시에는 매점업자이자 고리대업자인 旅客主人層들이 출현하였다. 이 여객주인들은 장시의 폐쇄성과 경제적 분산성을 극복하고 전국적인 국내시장 형성을 위한 전제조건을 조성하는 데 적지 않은 역할을 하였다.

16) 高東煥, 〈1811~12년 평안도 농민전쟁〉(《한국사》 10, 한길사, 1994), 69~71쪽.
17) 《萬機要覽》 財用編 5, 各廛.

2) 포구상업의 발달

(1) 해상교통의 발달과 포구시장권의 형성

가. 해상교통의 발달

조선 후기에는 육상교통만이 아니라 해상교통도 발달하였다. 16세기 이후 선진적인 船人들에 의해 뱃길로 전국이 연결되고 있긴 했지만 일반적으로 17세기 후반까지만 해도 전국적 해상교통에는 많은 장애가 가로놓여 있었다. 특히 뱃길에서 가장 어려웠던 곳이 바로 황해도의 長山串과 충청도의 安興梁이었다. 이러한 險灘은 적어도 18세기 중엽 이후에는 대부분 극복되었다. 이중환은 《택리지》에서 "京江의 선인들은 안흥량을 자기집 뜰을 밟듯이 지난다"[18]라고 기록하고 있다. 또한 18세기 후반 禹禎圭는 關西穀의 漕運을 주장하면서 그 이유로 평안도와 경강과의 뱃길이 자유롭다는 점을 들고 있다.[19]

한편 해상교통의 발전을 반영하여 선박의 규모도 점차 커지고 있었다. 17세기 후반에 漕運船 한 척의 법적 적재량이 500석이었으나 18세기 후반에는 1,000석이었다. 京江船의 적재량은 이보다 규모가 컸다. 조운선의 적재량이 600석에서 800석에 지나지 않았던 18세기 중엽에도 경강선의 적재량은 1,000석으로 규정되었으며, 실제 경강선인들은 이 규정을 무시하고 1,500석을 적재하여 운항하는 것이 일반적이었다. 심지어 경강선인들은 법적 적재량의 한도를 무시하고 2,000석을 실을 수 있는 선박을 건조하기도 하였다.[20]

18세기 이후에는 이와 같은 항해술과 조선술의 발전으로 해상교통의 자연적인 장애들을 극복할 수 있었다. 그 결과 그 동안 元山에 集荷되어 駄運으로 서울까지 반입되었던 北魚도 18세기 후반에 이르러서는 원산의 船商들이 선박을 통하여 동해·남해·서해를 돌아 경강까지 유통시킬 수 있었

18) 李重煥, 《擇里志》 卜居總論 生利.
19) 禹禎圭, 《經濟野言》 關西賦稅上納之議.
20) 高東煥, 《18·19세기 서울 京江地域의 商業發達》(서울大 博士學位論文, 1993), 242~245쪽.

다.[21] 이러한 항해술과 조선술의 발전을 주도한 세력은 바로 京江船人들이었던 것이다.[22]

나. 포구시장권의 형성

18세기 이후 해상교통은 주로 남해안과 서해안 그리고 京江·洛東江·錦江·榮山江·大同江 등을 중심으로 하여 발전하였다.[23] 해상교통의 발전에 따라 17세기까지 漁採, 稅穀운송, 군사적 방어기능을 주로 했던 外方浦口들도 점차 상업중심지로 변모하였다. 그뿐만 아니라 선박이 정박할 수 있는 지역에는 선박접안 시설을 갖춰 포구가 신설되기도 하였다.[24] 조선 후기는 사회적 생산력의 발전에 따라 상품으로 등장하는 물품이 많아지고 보다 편리한 운송수단에 대한 요구가 증가하였다. 많은 실학자들이 지적하고 있듯이 당시 가장 우월한 운송수단은 선박이었으며, 선박을 통한 상품유통에의 사회적 요구가 증가할 때 포구가 유통중심지로 변하는 것은 당연한 추세였다.

상업중심지로 발전하였던 포구들은 주로 강과 바다가 만나는 지점으로, 潮水가 올라올 수 있었던 포구였다. 대포구는 서울의 경강포구 외에도 낙동강 하구의 金海 七星浦, 금강하류에 위치한 은진의 강경포, 그리고 커다란 강은 없었지만 북어생산의 집산지로서 발달한 동해안의 원산포, 그리고 남해안의 창원 마산포가 대표적인 곳이었다. 이들 대포구는 원산장, 마산포 주위의 창원장, 강경포 주위의 論山場 등의 장시와 밀접하게 연계되면서 발전하였다. 이외에도 섬진강 유역의 花開場, 河東의 豆治場이 포구와 연계되면서 크게 발전하였으며, 평안도의 대청무역의 통로구실을 한 박천의 진두장도 대정강 연안에 위치한 포구였다. 또한 영산강 하구의 法聖浦·沙津浦, 전주의 沙灘 등지도 상업중심지로 성장한 포구들이었다.

이와 같은 포구시장권의 발달은 선박에 의해 운송되는 대규모의 물량을 빠른 시일 내에 소비할 수 있는 큰 소비시장이 포구 주위에 생성되었기 때문에 가능한 것이었다. 이와 같은 추세는 점차 대포구 주위의 소포구에까지

21) 《內需司庄土文績》 권 14(奎章閣圖書 19307), 江景浦龍洞宮北魚船會計成冊.
22) 崔完基, 《朝鮮後期船運業史硏究》(一潮閣, 1989).
23) 《英祖實錄》 권 73, 영조 27년 2월 정축.
24) 高東煥, 〈18, 19세기 外方浦口의 商品流通發達〉(《韓國史論》 13, 서울大, 1985).

확산되어 갔다. 18세기 중엽 이후부터 점차 대포구 주위의 소포구들도 점차 주위의 장시와 연결되면서 지역내 시장권의 중심으로서 발전하였다.[25]

18세기 이후 지방의 포구들이 지역내 시장권의 중심으로 성장함에 따라 전국적인 포구시장권이 성립될 수 있었다. 포구간 시장권은 원산포와 부산포, 마산포를 중심으로 하는 동남해안을 포괄하는 유통권, 김해 칠성포와 마산포를 중심으로 한 남해안과 낙동강을 포괄하는 유통권, 영산포와 법성포를 중심으로 하는 영산강과 서남해안을 연결하는 유통권, 강경포를 중심으로 한 서해안과 남해안을 연결하는 유통권, 그리고 경강을 중심으로 하는 서해안 유통권, 그리고 평양의 鎭南浦를 중심으로 하는 대동강과 북서해안을 포괄하는 유통권으로 세분될 수 있다.[26] 이러한 포구 중에서 원산포·칠성포·강경포·마산포·경강 등은 지역적 유통권의 중심일 뿐 아니라 전국적 유통권의 중심포구로서 기능하였다. 마치 장시에서 대장이 형성되어 지역적 시장권의 핵심으로 성장한 것과 마찬가지로 포구에서도 전국적 시장권을 연계하는 중심포구로 이들 포구가 성장하였던 것이다. 이러한 포구시장권의 중심은 경강이었다. 그러므로 《擇里志》에서는 경강을 "海峽을 통하는 이익을 좌우하며, 우리 나라 船運의 이익을 도맡는 곳으로서 이익을 노리어 부자가 되는 자가 가장 많은 곳"[27]이라고 말하고 있다.

조선 후기 포구간 상품유통은 기본적으로 원격지 유통의 성격을 갖는다. 특히 18세기 이후에는 미곡의 상품화가 진전되면서 貿穀船商層이 등장하여 전국적으로 미곡을 유통시키기 시작하였다.[28] 18세기 이후 미곡과 어염의 상품화가 진전됨에 따라, 이들 상품유통도 자연적 분업이 아닌 사회적 분업에 기초한 것으로 변모되어 갔다. 즉 미곡의 경우 흉년이나 國役 부담의 필요에 의하여 이루어지는 일시적이고 우연적인 상품유통이 아니라 서울과 평양을 비롯한 대소비시장이 발전함에 따라 곡물시장이 형성되어 항상적인

25) 高東煥, 〈포구상업의 발달〉(《韓國史 市民講座》 9, 一潮閣, 1991).
26) 高東煥, 〈조선후기 船商活動과 浦口間 商品流通의 양상－漂流關係記錄을 중심으로－〉(《韓國文化》 14, 서울大, 1993).
27) 李重煥, 《擇里志》 卜居總論 生利.
28) 李世永, 〈18, 9세기 穀物市場의 형성과 流通構造의 변동〉(《韓國史論》 9, 서울大, 1983).

상품유통으로 전화되고 있었던 것이다. 또한 수공업제품과 목화·면포류 등도 사회적 분업과 관련하여 유통되고 있었다. 이 상품들은 생산과정 자체가 시장을 향한 생산이었기 때문에 항상적인 상품유통으로 발전되고 있었다. 이러한 항상적 상품유통의 창출은 조선 후기 포구상업을 크게 발전시킨 근본적인 요인이었다.

(2) 경강포구의 상업발달

전국 포구시장권의 중심으로 성장한 경강의 경우도 17세기 중엽 이전에는 상품유통의 중심지로서보다는 어채와 세곡 集荷기능이 중시되었다. 그러므로 이 시기까지 상품매매를 중개했던 旅客主人은 아직 출현하지 않았다. 그러나 포구상업이 발달하면서 경강은 상업중심지로서 비약적으로 발전하게 되었다.

경강이 상업중심지로 발전하게 되면서 나타나는 가장 두드러진 변화는 상업중심지의 확대였다. 18세기 전반까지 漢江·龍山江·西江의 3강을 중심으로 상업중심지가 형성되었지만, 18세기 후반에는 5강(한강·서강·麻浦·望遠·용산), 다시 8강(한강·서강·용산·마포·망원·豆毛浦·西氷庫·뚝섬)으로 확대되고 있었다. 이와 같이 경강의 상업중심지역이 확대됨에 따라 경강주변에는 각종 시전이 생겨나고 있었다. 마포에는 鹽廛·米廛·柴木廛·雜物廛·艮水廛과 土亭藁草廛·土亭柴木廛 등이, 용산에는 鹽廛·柴木廛·瓮里蛤灰廛이, 서강에는 米廛·柴木廛 외에도 黑石里 柴木廛이 설치되었고, 그 외에도 뚝섬 柴木廛, 두모포 柴木廛 등이 개설되어 있었다.

경강은 서울 都城과 관련해서는 미곡·목재·어물·소금과 같은 상품의 도매시장으로서 기능하였다. 소매상이나 행상들은 경강에 와서 어염이나 젓갈·목재·주류 등을 구입한 뒤, 도성 안에 들어가서 일반소비자에게 판매하였던 것이다. 또한 경강은 전국적인 시장과 관련하여서는 전국의 상품가격을 조절하는 중심시장의 기능을 담당하였다. 미곡을 예로 들면, 정조 9년(1785) 左承旨 柳義養은 서울인구 20만 명의 1년 미곡소비량을 100만 석으로 추산하고, 이 중에 20여만 석은 貢價에서, 20여만 석은 서울 사대부들의 외방 田土에서 수확하는 私穀으로 충당된다고 하였다.[29] 나머지 60여만 석은 미곡상인에 의해 조달된다고 보아야 할 것이다. 이들 사대부의 추수곡 20여만 석과 미곡상인에 의해 공급된 60여만 석의 미곡도 모두 경강을 통해 반입·유통되었다. 당시 경강에 집하되는 미곡을 '江米' 또는 '江上米'라고 불렀는데, 이 강상미는 전국 미곡가격의 동향에 매우 민감하였다. 다른 지역에 큰 흉년이 들어 서울지역보다 미가가 높으면 경강의 貿穀商들은 경강에 올라온 미곡을 다시 내려보내 많은 이익을 남겼는데, 그 양은 심할 경우 강미의 1/3에 달하였다.30) 여기서 보듯이 경강은 전국의 모든 물화가 집하되었다가 다시 전국으로 분산되는 전국적 해운의 중심지로 성장하였던 것이다.31)

경강상업의 번성에 따라 경강에서는 각종 영업도 성행하였다. 대표적인 영업이 각종 물자의 하역운수업과 藏氷業이었다. 하역운수업이나 장빙업은 모두 17세기 중엽까지는 주로 江民들의 노동력을 직접 징발하는 부역의 형태로 운영되었는데, 18세기 전반에는 馬契·運負契와 氷契가 결성되어 이를 담당하였다.

경강이 전국 해운중심지로 성장함에 따라 각종 물자의 하역운수업이 발달하였다. 특히 경강변에는 지방에서 이주한 사람들이 거주하였는데, 이들은 이러한 하역운수업에 종사함으로써 생계를 이어갈 수 있었다. 이와 같은 운수역을 담당한 마계·운부계·募民契 등은 막대한 이익을 남길 수 있었다. 그러므로 18세기 후반에는 운수역의 독점을 둘러싸고 민간인과 이들 契人들 사이에 치열한 분쟁이 벌어졌다.

한편 18세기 이후 서울이 상업도시로 변하면서 얼음의 수요도 크게 늘어났다. 얼음은 본래 국가제사용과 궁궐소용에 한정되어 채빙되었다. 그러나 조선후기에는 民需用 얼음의 수요도 급격하게 증가하였다. 18세기 후반 민간 장빙업자가 경강변에 私氷庫를 설치한 곳만 30여 곳이 넘을 정도였다. 민수용 얼음은 18세기에 출현한 냉장선의 일종인 氷魚船과 生鮮廛·懸房 등에서 생선의 저장과 보관이나 육류의 판매에 사용되었다. 당시 민수용 얼음의 수요는 官需用에 비해 네 배에 달할 정도로 광범위했다. 이처럼 얼음수요가 많았으므로 민간장빙업도 많은 이익을 남길 수 있었다. 당시 자료에 의하면 1년에 장빙업자

29) 《承政院日記》 1540책, 정조 9년 9월 9일.
30) 《備邊司謄錄》 141책, 영조 38년 6월 27일.
31) 高東煥, 앞의 책, 172~176쪽.

가 남기는 이익은 10만 냥에 달할 정도였다고 기록하고 있으며, 1908년 農商工部 水産局에서 편찬한 《韓國水産誌》에서도 당시 한강변의 수많은 영업 중에서 장빙업이 가장 큰 이익을 남기는 업종으로 기록되고 있다. 이처럼 이익이 막대했으므로 민간장빙업자들은 대부분 유력 양반이 아니면 불가능했다. 이에 따라 얼음의 제조판매권을 둘러싼 분쟁도 하역운수업에서처럼 치열하게 벌어졌다.

이와 같은 하역운수업과 장빙업에서의 독점에 반대하는 움직임이 민간인을 중심으로 발생하였다. 결국 「辛亥通共」을 전후하여 官權에 의거한 都賈營業은 파산하고, 민간에게 영업권이 넘어갔으나, 이들 세력은 다시 관권과 결탁하여 독점적으로 운수역이나 장빙업을 경영하게 되었다.[32]

(3) 외방포구의 상업발달

포구상업의 발달에 따라 18세기 후반부터 19세기에 걸쳐서 해상이나 강상 교통의 요지에 포구를 신설하거나 또는 폐기되었던 포구를 다시 설치하고, 동일한 항만에 선박의 접안시설을 증설하는 사례가 늘어나게 되었다. 이 사업에는 축항사업, 준설 또는 암초제거사업 등이 병행되었으므로 막대한 자금과 인력이 동원되었다. 이러한 사업에 투자하는 자들은 대부분 포구 주위의 재력가들이었다. 대규모 자본을 투자하는 사업은 중앙정부나 지방권력의 용인하에 이루어지고 있었다. 관청에서는 이들에게 포구에서 독점적으로 상품유통을 담당할 수 있는 권리인 浦口主人權을 인정하였다. 포구주인층이 막대한 자금을 투자하는 이유도 바로 상품유통의 독점권을 이용한 이익을 얻기 위해서였다.

이들 포구주인층들은 자신이 설치한 포구에 상선들이 많이 드나들어야 이익을 크게 남길 수 있었으므로 적극적으로 선상을 유치하고자 노력하였다. 이와 같은 노력에 의하여 신설포구들도 이전부터 발달했던 대포구와 마찬가지로 상업중심지로 변모하였고, 그 결과 18세기 이후 포구는 장시와 더불어 대표적인 상업중심지로 성장할 수 있었다.

조선 후기 포구상업의 발전으로 대포구와 그 주변의 소포구, 그리고 장시를 연결하는 유기적 유통권이 형성되었다. 대포구 주변의 소포구들은 대체로

---

32) 高東煥, 〈조선후기 藏氷役의 변화와 藏氷業의 발달〉(《역사와 현실》 14, 한국역사연구회, 1994).

대포구의 시장권 안에 포섭되면서 발전하였다. 예컨대 江景浦는 전라도와 충청도의 평야과 바다를 연결하는 대포구였으며, 그 주위에 論山浦, 臨陂의 西浦·羅浦, 咸悅의 熊浦, 龍安의 黃山浦와 礪山의 羅岩浦 등이 강경포의 영향력 아래서 발전하였다.[33] 이처럼 강경포의 영향력 아래서 발전하고 있었던 소포구들은 19세기 중엽 이후부터 점차 성장하여 강경포로 가는 선박을 자신의 포구로 유치함으로써 강경포의 상대적인 쇠퇴를 초래하고 있었다. 이제 대포구와 소포구 사이에 상선을 유치하기 위한 경쟁이 벌어지게 된 것이다. 강경포의 경우 각종 궁방이나 지방권력, 그리고 주인층의 침탈로 인하여 대부분의 선상들이 기피하는 바가 되었으며, 소포구의 포구주인들은 이를 적극적으로 이용하여 선상들을 끌어들이고 있었던 것이다. 이러한 대포구와 소포구 사이의 상선유치경쟁은 강경포만이 아니라 원산포 주위에서도 나타났으며, 다른 소포구들 사이에서도 나타나고 있었다.[34]

이와 같이 19세기 포구상업은 포구와 포구 사이의 시장권대립이라는 형태를 취하면서 포구간의 경쟁으로 발전하고 있었다. 이러한 포구 사이의 상선유치경쟁은 조선사회 내에서의 상품화폐경제의 성숙도를 나타내는 징표라고 보여진다. 대포구가 지역간 상품유통의 중심기능을 담당하였다고 한다면, 소포구는 지역내 상품유통의 중심지로서 기능하였다고 볼 수 있다. 소포구의 발전은 당시 5일장으로 체계화되고 있었던 장시와의 유기적 연계망을 형성함으로써 지역내 시장권의 토대를 구축하는 것이었기 때문이다. 이렇게 볼 때 처음에 대포구에 종속되어 있는 소포구가 대포구의 시장을 잠식하면서 새로이 성장하였다는 사실은 지역내 시장의 충분한 발전을 반영하는 것이었다고 하겠다. 지역내 시장은 조선 후기 이래 사회적 분업의 발전에 따라 시장을 향한 생산을 추구하던 소상품생산자 양성의 토양이었다. 다시 말하면 소포구를 중심으로 한 지역내 시장이 지역간 시장의 중심인 대포구와 서로 대립하면서 발전하였다는 사실은 조선 후기 상품화폐경제가 도달한 수준이 점차 우연적이고 계절적인 가격차에 의한 상품유통을 극복하고 소상품생산자를 자립할 수 있게 하는 시장을 지향하고 있음을 의미하는 것이다.

---

33) 李榮昊, 〈19세기 恩津 江景浦의 商品流通構造〉(《韓國史論》 15, 서울大, 1986).
34) 高東煥, 앞의 글(1985), 297~303쪽.

(4) 포구상업세력의 성장과 상품유통

18세기 이후 포구에서의 상업세력은 매우 다양했다. 경강지역에는 선상을 접대하고, 상품의 매매를 주선한 대가로 구문을 받았던 京江旅客主人層, 租稅穀운송을 전담하였던 京江船人層, 우월한 수송능력을 토대로 지역적 가격차를 이용하여 상품유통을 전개했던 京江船商層, 그 외에도 木材商人·鹽商 등 다양한 상인층이 있었다.

경강여객주인들의 최초 영업지는 麻浦였다. 여객주인들은 선상에게 자금을 제공함으로써 주인권을 획득하고 있었다. 선상들은 자금 부족을 메꾸거나 부채를 갚기 위해 자신을 여객주인에게 放賣하였으며, 방매한 客商 자신은 물론 그 후손도 주인에게 예속되었다. 이처럼 여객주인권은 객상와 주인 사이에 개별적인 계약을 통해 성립하였다. 이는 곧 주인권이 경제적 권리로 성장하는 근거가 되었다. 여객주인권은 또한 매매·상속·양도가 자유로운 재산권으로, 법적으로도 보호받았다. 만약에 선상들이 주인이 아닌 다른 사람에게 상품판매를 위탁할 경우, 형조나 한성부에서는 선상들을 '橫叛主人之罪'로 처벌하였다.

이와 같이 성립된 경강에서의 주인-객상관계는 18세기 이후 상품유통에서 필수적인 요소로 자리잡게 되었다. "포구에는 주인이 있는 것이 요즘 세상의 일반적인 규례이다"[35]라는 표현처럼 포구에서 여객주인이 없으면 매매에 곤란을 받을 정도였다. 이처럼 여객주인이 상품유통과정에서 필수적인 요소로 변하자 여객주인이 소유한 선상에 대한 지배권도 점차 강화되었다. 주인권의 권리내용도 상품거래를 중개하여 구문을 얻는 것에서 상품에 대한 주인층의 독점적 판매권으로 轉化하였다. 이제 선상들은 자신들이 싣고 온 상품을 時勢 여부와 관계없이 무조건 주인을 통하여 매매하지 않으면 안되었던 것이다.

한편 18세기 중엽 여객주인의 존재가 필수적인 것으로 자리잡게 되면서 여객주인권도 개별 商賈와 주인 사이에 성립하던 데서 점차 한 개 郡縣이나 面 전체의 상고를 대상으로 주인권을 획득하는 방식으로 변하였다. 한 지역

---

35) 《光緖十一年(1885) 黃海道四邑各浦旅閣都節目》(奎章閣 18288의 10).

전체의 선상과 선인에 대한 지배권을 행사하는 지역주인권이 성립한 것이다. 지역주인권의 성립을 계기로 점차 주인권의 성립과정에서도 봉건권력이 개입하게 되었다. 이 시기 여객주인권을 침탈하고, 집중시켜 갔던 대표적 권력기관은 궁방이었다. 초기 주인권의 성립과 영업이 전적으로 사적인 관계에 의해 성립되었으므로, 다른 어떤 영업보다도 권력의 침탈을 받기 쉬웠다. 이에 따라 주인층은 자신의 영업권을 보호하기 위하여 대부분 궁방이나 아문에 투탁하여 복속하고 있었다.

19세기 이후 대부분의 여객주인권은 양반이나 궁방권력에 의해 장악되었으며, 이들 양반이나 궁방은 여러 지역의 주인권을 집중시켜 소유하였다. 이는 貢物主人權·京主人權 등에서도 동시에 나타나는 현상이었다. 주인권에 투자한 富民이나 양반은 경제력만 소유한 것이 아니라 대부분 권력과 결탁한 자들이었다.[36] 여객주인층은 권력과의 결탁을 공고히 하면서 선상들이 싣고 온 상품에 대한 독점권을 기초로 가격을 마음대로 조종하는 都賈商人으로 성장하였던 것이다.

경강의 선운업자들도 17세기 후반 官船漕運體制가 쇠퇴하고 賃運上納制度가 확대되면서 많은 자본을 축적할 수 있었다. 이들은 평상시에는 전국 각지의 私卜운송이나 貿穀활동에 참여하다가 세곡운송시기가 되면 경강에 모여 세곡을 운송하였다. 17세기 大同法의 실시로 조세곡 운송량이 늘면서 경강선운업은 비약적 발전의 계기가 마련되었다.[37] 漕船이 아닌 경강선에 의해 운송되는 세곡은 18세기 중엽 대체로 호남이 10만여 석, 호서가 6만여 석으로 총 16만여 석 규모였다. 경강선인의 세곡운송 주도권은 정조 13년(1789) 舟橋司의 설치를 계기로 더욱 강화되었다. 주교사에서는 京江大船 80여 척을 소속시켜 추첨으로 윤번제에 의해 호남과 호서지역의 直納邑의 세곡을 전담케 하였다. 주교사 설치는 영조 36년(1760) 복구된 영남지역의 조운과 더불어 조세곡 운송의 모든 과정을 국가기관에서 관할하는 체제를 성립시켰다. 즉 영남지역의 조운은 선혜청에서, 兩湖지역의 조운은 戶曹에서, 양호지역 직납읍은 주교사에서 관할하게 된 것이다. 경강선인들은 주교사 소속을

36) 李炳天, 〈朝鮮後期 商品流通과 旅客主人〉(《經濟史學》 6, 1983).

37) 崔完基, 앞의 책, 95~102쪽.

계기로 세곡운송에서 받는 船價뿐 아니라 각종 戰船·兵船·조선의 退船을 독점적으로 불하받았다. 이들은 퇴선을 木 30疋로 불하받은 뒤, 약간의 비용을 들여 개조한 뒤에 한 척당 700냥에서 800냥을 받고 판매하여 막대한 이익을 남겼다. 경강상인들은 축적된 상업자본을 토대로 조선업에까지 진출하였던 것이다.[38)]

한편 이들은 선운업자이면서 한편으로 무곡선상의 역할도 하였으므로 세곡운송과정에서 防納을 통하여 막대한 부를 축적하였다. 경강선인들은 조세곡을 곡가가 비싼 지역에 가서 판매한 후, 곡가가 싼 경강근처에서 구입하여 상납함으로써 이익을 남겼던 것이다. 경강선상층은 또한 우월한 항해술을 기반으로 전국을 무대로 활약하였다. 그들은 신속한 수송능력과 정보능력을 기초로 지역간 시가의 차이를 이용하고 최대소비시장인 서울에서의 도고활동을 통하여 다른 어떤 상인에 비해 많은 이익을 보고 있었다.

한편 외방포구에서의 상업세력 중 대표적인 세력은 主人層이었다. 이들은 浦口主人·船主人·江主人·舡主人·旅主人·邸店·客主·旅閣 등으로 다양하게 불렸지만, 기능은 경강의 여객주인과 마찬가지로 포구에서의 상품유통을 매개하는 것이었다. 객주·여각이라는 명칭은 주로 개항 이후 쓰여진 것으로 보여지며, 개항 전 이들에 대한 명칭은 포구주인·선주인·여객주인들이었다.

외방포구에서는 대체로 포구 주위의 유력자가 포구신설 등 포구조성에 투자하거나 지방사회의 권력을 배경으로 주인권이라 하여 포구에 드나드는 선상들에 대한 지배권을 행사하고 있었다. 이 때 주인권은 매매·상속·양도 등 자유롭게 처분할 수 있는 하나의 재산권으로서 법적으로 보호받는 권리였다. 이처럼 주인권이 중요한 이권이 되자 외방의 경우는 주인권에 대한 권력기관의 침탈이 계속되었다. 조상 대대로 상속되었던 포구주인권을 지방관청에서 부정하고 새롭게 포구주인층을 임명하여, 포구주인층이 얻는 소득 중 일부를 관청재정으로 삼는 사례가 빈번하게 발생하였다. 때문에 외방에서는 포구주인층이 주인권의 권리를 보장받기 위하여 궁방이나 아문에 투탁하는

38) 姜萬吉, 〈京江商人과 造船都賈〉(《朝鮮後期 商業資本의 發達》, 高麗大 出版部, 1973).

경우도 많이 생겨나게 되었다. 포구주인층은 자신이 얻는 소득 중 일부를 자신이 투탁한 권력기관에 상납하는 대가로 지방권력기관의 각종 침탈에 대하여 보호받고 있었던 것이다.

그러므로 주인층은 상품구매시 선상에게서 시세보다 아주 헐값으로 구매하거나, 그렇지 않으면 가격지불을 고의로 늦춰 선상들을 포구에서 오랫동안 머물게 함으로써 값을 제대로 받지 못하고 떠나게 하여 막대한 이익을 남겼다. 이로 인해 사회적 분업의 진전에 따른 상품유통시장의 확대에도 불구하고 선상층에게 상업이윤이 집적될 기회는 줄어들었다. 주인층은 이와 같은 방법으로 매집한 상품으로 포구에서의 출하시기와 출하량을 적절히 조절하면서 최대한의 독점이익을 축적하였다. 주인층은 선상에 대한 독점적 지배권을 매개로 하여 가장 영향력있는 독점상인으로 성장하였다.[39]

3) 상업도시의 형성

(1) 전국적 시장권의 형성

17세기 후반 이후 농업생산력의 발전과 사회적 분업의 진전에 기초하여 상품화폐경제가 크게 발달하였다. 그 결과 육상교통과 해상교통이 진전되었으며, 이는 각 지역의 유통시장의 번성을 초래하였다. 육상에서는 대장시와 중소장시 사이의 연계망이 형성되면서 지역적 시장권이 형성되었고, 해상에서는 포구가 상품유통의 거점화하는 가운데 대포구는 전국적 상품유통의 중심으로서 성장하였다. 특히 해상교통이 발달하면서 18세기 이후에는 전국 연해지역을 육상으로 연결하는 총 10,526里의 沿路와 더불어 경강에서 함경도 慶興과 두만강으로 들어가는 뱃길, 경강에서 義州까지의 뱃길, 海南에서 濟州에 이르는 뱃길 등 전국을 해상으로 연결하는 세 가지 海路가 경강을 중심으로 완전하게 연결되었다. 조선 후기 교통망은 이와 같은 연로와 해로, 그리고 9대 幹線道路網으로 구성되었고, 이를 통하여 전국이 육상과 해상으로 완전히 연결되고 있었다.

---

39) 高東煥, 앞의 글(1985), 260~267쪽.

또한 17세기말에 유통되기 시작한 금속화폐인 常平通寶의 유통지역도 상품화폐경제의 발전을 반영하여 18세기에 들어서면서 더욱 확대되었다. 상평통보는 서울과 가까운 지역을 중심으로 통용되기 시작하였는데, 경종 초년에는 서북지역과 동남 근해지역에까지 유통지역이 확대되었고, 영조 초년에 이르러서는 함경도의 마천령 이북지역에까지 유통되고 있었다. 이와 같은 화폐의 전국적 유통은 전국이 단일한 상품유통권으로 통합되고 있음을 보여준다.

육상교통·해상교통의 발달로 인한 상품유통권의 확대와 화폐유통의 전국적 확산은 새로운 유통시장의 창출이라는 점뿐만 아니라 18세기말 이후 지방장시의 대형화추세와 연결되면서 상품유통경제를 새로운 단계로 나아가게 하는 계기가 되었다. 장시를 중심으로 형성되었던 지역내의 상품유통권과 전국적 상품유통의 중심지였던 대포구가 유기적으로 연결되면서 조선후기의 상품유통권은 서울을 중심으로 단일한 상품유통권으로 통합되어 갔던 것이다. 즉 포구시장권과 장시시장권이 유기적으로 연결되면서 전국적 시장권이 형성되기 시작한 것이다. 이러한 시장권을 기반으로 농촌에서 생산된 생산물이 농촌장시를 통하여 중간도매상에게 매집되고, 이는 포구가 있는 산지 매집상에게 모였으며, 이는 다시 선상과 포구주인층에 의하여 서울이나 다른 유통지역으로 운반되는 체제가 완성되었다. 이러한 체제는 대체로 18세기 중·후반을 거치면서 완결되었다. 이른바 전국적 시장권이 형성되기 시작한 것이다.[40]

(2) 서울의 상업도시로의 성장

가. 인구증가와 공간확대

조선 후기 상품화폐경제의 발달과 육상·해상교통의 발달에 따라 전국적 시장권이 형성되면서, 점차 전국적 시장권의 중심지였던 서울도 종래 정치·행정중심지에서 상업도시로 변화되었다.[41]

---

40) 이상 전국적 시장권의 형성에 대해서는 高東煥, 앞의 글(1996) 참조.
41) 이하 서울의 상업도시로의 성장에 대한 서술은 高東煥, 앞의 글(1994a)에 의거하였음.

서울이 상업도시로 성장하는 데 가장 중요한 것은 인구의 증가였다. 한성부의 인구통계에 의하면 서울인구는 효종 8년(1657)에 80,572명에서 현종 10년(1669)에는 194,030명으로 증가하였다. 이는 호구파악을 엄밀히 한 결과라고 일단 해석되지만, 실제 인구의 증가를 반영하는 측면도 무시할 수 없는 것이었다. 실 거주인구의 증가를 추정할 수 있는 근거는 1660년대를 전후하여 다수의 시전이 창설된 점이다. 현종 원년경에는 西江米廛이, 숙종 6년(1680)경에는 麻浦米廛과 門外米廛이 창설되었으며, 현종 12년에는 서소문 밖에 外魚物廛이 창설되었다. 이외에도 鷄兒廛·南草廛·凉台廛·門外隅廛·門外床廛 등도 이 시기에 창설되었다. 이러한 신설 시전의 증가현상 중에서 주목해야 할 것은 미전·어물전 등의 증가이다. 미곡과 어물은 都城民의 일용소비품이었기 때문에 이들 시전의 증가는 소비인구의 증가를 상정하지 않고는 생각하기 힘들다. 특히 미전이나 어물전의 설치지역이 도성 밖과 京江邊인 서강·마포 등지였다는 점은 인구증가가 서울 도성 안이 아니라 성밖, 특히 경강변을 중심으로 이루어지고 있었다는 것을 짐작케 한다.

17세기 후반 이른바 小氷期의 자연재해로 말미암아 전국 각지에서 많은 流移民들이 발생하였다.[42] 이러한 유이민에 대한 진휼정책은 자기 고을사람만을 대상으로 한 것이었다. 자기 고을을 떠난 사람은 다른 지역에서는 진휼을 기대할 수 없었다. 그러나 서울에서만은 王都라는 이유로 전국 각지의 유민들을 모두 수용하여 진휼하였다. 때문에 유이민들은 대부분 서울로 몰려들었던 것이다. 이러한 17세기 후반의 자연적·사회적 조건을 고려해 볼 때 이 시기의 서울의 인구증가는 대부분 외부로부터 유입된 인구로 말미암은 것이었다고 추정된다.

더구나 18세기 이후 서울은 상업활동에 부수되는 각종 일거리들이 많이 생겨, 수십만 명의 '遊手之輩'들도 각종 雜務에 종사하면서 먹고 살 수 있는 경제력을 갖추게 되었다. 그러므로 서울에 몰려든 유민들은 각종 대규모 토목공사나 藏氷役 등의 坊役에 雇立되어 생계를 유지하거나, 또는 양반가의 노비신세가 되어 살아가기도 했다. 이외에도 유민들은 '流丐之類'가 되어 서

42) 李泰鎭, 〈小氷期(1500~1750)의 天體現象的 原因〉(《國史館論叢》 72, 國史編纂委員會, 1996).

울의 廣通橋나 孝經橋 아래서 움막을 치고 생활하거나, 하천변에 집을 지어 살고 있었다. 이에 따라 17세기 중엽에는 開川(청계천)변에서 채소 등을 경작하는 '川上居民'이 늘어나고 있었다. 18세기에 이들은 개천변에 주택을 건설하여 거주하였으며, 이들의 집도 매매되었다. 그러므로 영조 31년(1755) 청계천에 대한 대대적인 준설사업을 시행할 때, 특별히 이들 '川邊造家者'에 대한 대책을 마련해야 할 정도였다.

이와 같이 서울에 인구가 증가하자 가옥에 대한 수요도 당연히 늘어났다. 17세기 후반까지 사대부들이 평민가옥을 빼앗는 사례가 많았는데, 이를 '閭家奪入'이라고 했다. 이 시기 《朝鮮王朝實錄》을 비롯한 각종 연대기의 기록에도 사대부의 '여가탈입'을 금지하는 왕의 명령이 계속 실렸지만, 18세기 후반부터는 양반들이 평민들의 가옥을 빼앗는 사례가 거의 사라졌다. 이와 같은 '여가탈입'의 발생은 서울 내에서의 주택부족에 기인하는 것이었고, '여가탈입'의 소멸 또한 평민들의 주택에 대한 권리의식의 성장을 반영하는 것이 아닐 수 없다. 또한 외부에서 유입된 貧殘民들은 개간이 금지된 산허리까지 개간하였는데, 주로 경강변인 萬里峴·西氷庫 등지가 개간되었다. 이러한 것들은 유이민들의 서울 이주에 따라 나타나는 주거공간의 부족을 반영하는 것이었다.

한편 18세기 이후 서울의 공간적 규모도 확대되었다. 서울의 지역적 공간은 세종때에 도성 안은 물론 도성에서 10리까지를 경계로 삼고 있었다. 이른바 '城底十里'를 한성부에 포함시켰던 것이다. 이 '성저10리'는 조선 후기 四山禁標지역과 일치한다. 이와 같은 범위는 18세기 인구증가로 확대되고 있었다. 영조 3년 도성민들이 上言을 올려 사산금표지역의 조정을 요구하였다. 이에 영조는 대신들의 반대에도 불구하고 서울 인구증가에 따라 교외에 一片의 空閑地도 없어 백성들이 시신을 매장할 곳이 부족하다는 점을 이유로 사산금표지역의 조정을 허락하였다. 이에 따라 서울 주민의 도성 밖 거주공간은 더욱 확장되었던 것이다. 이는 유입인구의 주거지가 도성 밖, 특히 경강지역에 몰리고 있음을 반영하는 것이다.

이와 같은 경강변 인구증가와 한성부 공간확대를 반영하여 17세기 후반에는 경강변인 용산·서강·한강·豆毛坊·屯之坊 등지가 한성부의 五部 밑의 행정단위인 坊으로 편입되었다. 또한 18세기 후반에는 동대문 밖의 崇仁·昌信坊지역과 한강 하류지역인 망원·合井지역이 延禧坊·延恩坊·常平坊으로 편제되었다. 이 시기 인구증가 요인이 되었던 유입인구는 대부분 유이민이었고, 이들은 대부분 유동인구로서 한성부의 호구파악에 누락되었다는 점을 감안한다면, 18세기 이후 서울의 실제 거주인구는 30만 명에 달했을 것으로 추정된다.

나. 상업도시로의 성장

서울이 18세기 이후 전국적 시장권의 중심도시로서 성장하면서 서울 외곽에 새로운 상품유통의 거점도 생겨났다. 廣州의 松坡場과 楊州의 樓院店(다락원점)이 그것이다. 이 두 지역은 한성부의 관할이 아니었으므로, 시전상인들이 禁亂廛權을 행사할 수 없는 지역이었다. 그러므로 난전상인들은 누원점과 송파장을 직접 연결하여, 서울을 거치지 않고 동북지역과 삼남지역으로 상품을 유통시켰다. 이 결과 서울에는 시전중심의 상업체제가 붕괴되고, 자유상인인 私商들에 의한 상업체제가 자리잡게 되었다.

조선 후기 서울의 시장과 상가도 이와 같은 과정 속에서 많은 변화를 겪고 있었다. 서울의 전통적인 시장이었던 종로의 시전거리와 더불어 亂廛商人들의 상설시장인 梨峴과 七牌가 서울의 3대 시장으로 성장하였다. 특히 칠패시장은 어물판매에 있어서는 내·외어물전보다 유통물량이 10배에 달할 정도로 성장하였다. 또한 과일을 판매하는 隅廛도 松峴·貞陵洞·典洞, 門外의 上·下 우전과 南門 안의 우전 등 여섯 군데에 이르렀다. 종로 시전이나 이현·칠패 외에 19세기 중엽에는 雜市도 형성되어 소소한 물건을 판매하였다. 조선 후기 서울의 시장은 종로의 시전을 비롯하여 이현, 칠패, 각지의 시전, 경강의 점포, 잡시 등 매우 복잡하게 형성되어 상업도시로서의 면모를 갖추었던 것이다.

이처럼 서울이 상업도시로 성장하면서 서울은 화폐경제가 모든 경제활동을 지배하게 되었다. 南公轍은 이러한 사정을 "서울은 돈으로 생업을 삼으며, 8道는 곡식으로 생업을 삼는다"[43]라고 표현하였다. 또한 헌종 8년(1842)

43) 南公轍,《金陵集》권 10, 擬上宰相書.

가짜 암행어사 행세를 하다가 붙잡혀 포도청에 끌려 온 한 죄수도 "서울은 지방과 달라서 돈이 있으면 안되는 일이 없는 곳"44)이라고 서울의 상업도시로서의 분위기를 실감있게 표현하고 있었다.

18세기 이후 서울은 명실상부하게 전국적 시장권의 중심도시였다. 서울에서는 전국에서 생산되는 모든 것이 판매되었다. 과일의 경우를 예로 들면 '秋香'이라 불리는 황주·봉산의 배, '月華'라 불리는 南陽·安山의 감, 남부지역의 柚子·橘·石榴 등도 반입되었으며, 복숭아의 경우도 '僧桃'·'六月桃'와 울릉도에서 생산되는 '鬱陵桃'도 서울에 반입되었다.

18세기 후반에는 국내상품만이 아니라 외국상품도 서울에서 판매되었다. 이중환도 《택리지》에서 "부유한 상인이나 큰 장사치가 되면 앉아서 물건을 파는데, 남으로는 일본과 통하고, 북으로는 燕京과 통한다. 여러 해 동안 천하의 물자를 수입·수출해서 혹은 수백만금에 이른 자가 있다. 그런 부자는 오직 漢陽에 제일 많고 다음이 開城이요, 또 그 다음이 平壤과 安州이다"45)라 하여, 서울상인들이 국제교역을 통하여 막대한 부를 축적하고 있음을 말하였다. 또한 헌종 10년에 저술된 《漢陽歌》에서도 "팔로는 통하였고, 燕京·일본 다 아는구나. 우리 나라 所産들도 붓그럽지 안큰마는 他國物化 交合하니 百各廛 장홀시고"라 하여 서울이 18세기 후반에 오면 국제도시로서의 면모도 가지게 되었음을 보여준다.

(3) 지방 상업도시의 출현

17세기 후반 이후 상품화폐경제의 급속한 발전에 따라 서울은 물론 지방에서도 상업도시가 성장하였다. 지방에서 상업도시로 성장하는 곳은 대체로 서울의 배후도시로서 성장한 개성과 수원, 서울의 공간확대에 따라 상품유통거점으로 변화된 송파장과 누원점, 평양·대구·전주 등 각 도 감영소재지로서 전통적 행정중심지, 대포구로서 전국적 시장권의 중요거점이었던 덕원 원산포, 창원 마산포, 은진 강경포, 또한 《만기요람》에 15대 장시로 기록된 대장시들, 그리고 국제무역의 중심지였던 동래와 의주 등지였다.

44) 《右捕廳謄錄》 권 2, 壬寅(1842) 3월 29일 罪人 崔東旭 年三十三 供草.
45) 李重煥, 《擇里志》 卜居總論 生利.

개성은 서울과 평양을 잇는 우리 나라에서 가장 중요한 상품유통경로의 중간에 위치하였기 때문에 상품유통의 거점으로 성장하였다. 경강상인이 船運을 통한 상품유통을 장악하였다면, 육로를 통한 상품유통은 개성상인에 의해 주도되었다. 개성상인들은 전국의 주요지역에 지점형태의 松房을 설치하고, 상품의 원료 생산지에 差人을 파견하여 생산과정을 독점하는 등 전국을 무대로 상업활동을 펼쳤을 뿐만 아니라, 동래와 의주를 연결하는 국제무역에도 참여하고 있었다.46) 이러한 활동을 통하여 개성상인들은 막대한 상업이윤을 축적하였다. 개성에는 상업 외에도 유기수공업, 草笠제조공업, 인삼의 상업적 재배와 가공업이 발달하였다. 또한 상업거래의 편의를 위한 신용행표가 광범위하게 유통되었으며, 四介文書라는 독특한 簿記와 差人·書士·首使喚·使喚으로 이루어진 독특한 상업사용인의 체계도 갖추어져 있었다. 이와 같이 상업도시로 성장함에 따라 개성에는 19세기말까지 4개의 큰 시전과 16개의 중소 시전이 존재하였다.

한편 정조대에 계획도시로 건설된 수원도 18세기말 이후 상업유통의 중심지로 성장하였다.47) 계획 당초부터 가장 역점을 둔 것은 수원의 상공업 발전 문제였다.48) 이에 따라 서울의 富豪家나 안성의 紙匠에게 금융지원을 하여 水原 이주를 종용하기도 했으며, 富實한 물주를 모집하여 이들에게 모자와 인삼에 대한 무역권을 부여하기도 하였다.49) 특히 정조연간 노량진과 수원 사이에 新作路가 개설됨으로써 수원의 상업도시화는 더욱 촉진되었다. 수원의 상업도시로서의 성장은 전국적 시장권의 중심지인 서울을 배경으로 한 것이었다.

18세기 중엽 이후에는 서울의 공간확대와 상업번성에 따라 서울 외곽의

46) 개성상인의 자본축적과 상업활동에 대해서는 다음의 연구가 참고된다.
姜萬吉, 〈朝鮮後期 商業資本의 成長-京市廛, 松商 등의 都賈商業을 중심으로-〉(《韓國史硏究》 6, 1968).
姜萬吉, 〈開城商人硏究-朝鮮後期 商業資本의 成長-〉(《韓國史硏究》 8, 1972).
吳 星, 〈朝鮮後期 蔘商에 대한 考察〉(《韓國學報》 17, 1979).

47) 崔弘奎, 〈朝鮮後期 華城築造와 鄕村社會의 諸樣相-正祖代의 水原地方문제와 『觀水漫錄』을 중심으로-〉(《國史館論叢》 30, 國史編纂委員會, 1991).

48) 《正祖實錄》 권 29, 정조 14년 2월 임술.

49) 《正祖實錄》 권 46, 정조 21년 2월 계사 華城富戶帽蔘節目.

송파·누원 등지가 상업중심지로 성장하였다. 특히 한성부 경계 밖에 위치한 이 두 지역은 시전상인의 금난전권이 적용되지 않았기 때문에 사상들의 유통거점이 되었던 지역이었다

송파는 18세기 이래 전국적 유통로의 발달 결과, 영남지방으로부터 충청 내륙지방을 경유하는 上京路와 영남 내륙지방인 태백산·봉화와 관동지방에서 여주·이천을 경유하는 상경로가 만나는 한강변의 유통거점이었다.[50] 송파가 서울에서 영남과 영동으로 가는 교통요지였다면, 누원점은 서울에서 동북지역인 함경도 경흥 서수라로 가는 초입에 위치한 유통로상의 중심지였다. 18세기 이후 동북지역에서 생산되는 北魚·麻布와 삼남지역에서 생산된 綿布 등 의류의 교환이 활발해지면서 누원을 통과하는 상품량도 늘게 되었다.[51] 특히 내·외어물전 밑에 종속되어 어물유통에 참여하고 있었던 이현·칠패시장의 中都兒들은 18세기 중엽부터 개별적으로 동북어상들이 서울에 진입하는 길목인 누원점막에 가서 어물을 都執하여 이를 어물전에 넘기지 않고 행상층에게 직접 판매함으로써 많은 이익을 남기고 있었다.[52]

의주와 동래도 일찍부터 중국과 일본을 매개하는 중개무역의 중심지로서 성장하였다. 또한 17세기 이후 평양이 상업도시로 발전하였는데, 그 까닭은 평안감영 소재지로서 평안도의 지역적 시장권의 중심이라는 점만이 아니라 對淸무역의 통로로서 중국과 동래지방을 연결하는 무역로의 핵심이었다는 점이 중요한 요인이었다. 그러므로 《택리지》에서도 평양을 서울과 개성 다음으로 상업이 가장 번성한 지역으로 꼽고 있었다. 柳商으로 불리기도 한 평양상인들은 다른 지방에까지 진출하여 상업에 종사하였고, 선상활동을 활발히 하는 자들도 있었다. 전라도의 행정중심지인 전주도 주변의 沙灘이라는 수로교통로와 주변 장시들을 포괄하면서 전라도의 가장 중요한 상품유통거점으로 성장하였으며, 경상감영 소재지였던 대구도 상업도시로 변해갔다. 특히

50) 申景濬, 《道路攷》 京城東低平海路第三, 京城東南低東萊路第四.
51) 《各廛記事》 地卷, 辛未(1751) 2월 일.
52) 高東煥, 〈18세기 서울에서의 魚物流通構造〉(《韓國史論》 28, 서울大, 1992), 196~198쪽.

전국적으로 유통되기 시작했던 약재시장이 대구에서 열릴 정도로 대구는 전국적 시장권의 중심도시로서 성장하였다.

한편 18세기 이후 포구상업의 발달을 반영하여 대포구들인 은진의 강경포와 창원의 마산포, 덕원의 원산포 등지도 상업도시로 성장하였다. 금강 하류에 위치한 은진 강경포는 호남평야지대를 배후지로 끼고 있으면서 전라도와 충청도지역에서 산출되는 상품을 서울의 경강으로 반출하는 유통기지였으며, 원산포는 함경도 지역의 모든 상품의 집하처로서, 이 지역 소포구 선박이 원산포를 근거로 활동하였다. 또한 창원의 마산포는 강경포처럼 큰 강을 끼고 있지는 않으면서도 매우 번성한 포구로 발전하였는데 그 이유는 동해안과 서해안을 연결하는 전국적 해운로가 완성되면서 이들 원거리 해상유통의 중개항구로 발전했기 때문이다.[53] 이러한 마산포의 상업적 번성은 순조 33년(1833) 선상주인만 130호에 달한다는 기록에서도 확인된다.[54]

위에서 살펴본 상업도시는 대부분 《만기요람》에서 15대 장시로 꼽고 있는 경기도 광주의 사평장·송파장, 안성의 읍내장, 교하의 공릉장, 은진의 강경장, 직산의 덕평장, 전주 읍내장, 남원 읍내장, 창원 마산포장, 평창의 대화장, 토산 비천장, 황주 읍내장, 봉산 은파장, 박천 진두장, 덕원 원산장 등과 일치하고 있다. 요컨대 상업도시는 대부분 교통상의 요지에 있으면서 주변 장시시장권과 포구시장권을 통합하면서 성장하였던 것이다.

우리 나라에서 가장 먼저 상업도시로 성장한 곳은 정치·경제·행정중심지였던 서울이었다. 서울은 전국적 시장권의 형성을 배경으로 인구가 증가하고, 도시공간이 확대되면서 17세기말 이후 급속하게 상업도시로 전환되었다. 지방에서는 주로 대포구와 대장시, 그리고 전통적인 행정중심도시, 국경도시 등지에서 상업도시로의 전환이 나타났다. 이는 우리 나라의 신흥도시들이 수공업을 비롯한 기타 생산의 중심지들에서보다도 상업이 가장 발전한 지역, 그리고 교통운수가 보다 발전한 지역에서 형성·발전한 것임을 의미한다.

---

53) 高東煥, 〈조선후기 船商活動과 浦口間 商品流通의 樣相－漂流關係記錄을 중심으로〉(《韓國文化》 14, 서울大, 1992).

54) 홍희유, 앞의 책.

4) 상업자본의 축적

(1) 시전상업체제의 변동과 사상의 성장

조선 후기 서울에서 확립된 유통체계는 원래 鄕商·船商－旅客主人－市廛商人－中都兒－행상－소비자로 연결되는 유통구조로서 시전을 정점으로 한 것이었다. 즉 향상이나 선상이 상품을 가지고 서울에 들어오면 먼저 경강 등지의 여객주인에게 상품을 넘기고, 여객주인은 다시 시전상인에게 상품을 인도해야 했으며, 시전상인은 이를 서울의 소비자에게 판매하거나 중간도매상인 중도아에게 넘겼고, 중도아층은 다시 소비자에게 직접 판매하거나 아니면 행상층에게 판매하여 행상층이 최종적으로 소비자에게 물건을 파는 구조인 것이다. 이러한 유통체계는 물론 국가가 시전상인에게 부여한 禁亂廛權을 기초로 형성된 것으로서 市廛體系라고 부를 수 있다.

이러한 시전체계의 중심시장은 말할 것도 없이 종로시전이었다. 그러나 18세기 이후 일반 사상들에 의한 난전활동이 활발해지는 한편, 시전체제에 편입되어 있었던 중도아층이나 여객주인층의 시전 배제노력도 활발해졌다. 그 결과 종로시전 외에 난전인들의 중심시장인 이현과 칠패시장이 중요한 시장으로 자리잡았으며, 서울 외곽의 광주 송파장이나 양주 누원점에서는 경강상인을 비롯한 서울의 부호가 도고활동에 참여하였다. 이와 같은 사상도고들의 활발한 활동의 결과 시전을 정점으로 하는 유통체계는 붕괴되고 새로운 유통체계가 발생하였다.

이와 같은 서울에서의 유통체계의 변화모습은 함경도에서 서울까지 유통되었던 북어의 유통경로를 살펴보면 확인할 수 있다.[55] 누원점의 상인들은 누원점에 乾房을 차려놓고, 안으로는 서울의 중도아와 체결하여 서울의 어물전을 거치지 않고 북어를 전국 각지로 유통시켰다. 양주의 宮洞店이나 抱川의 松隅場에서도 동북어물을 都執하여 서울의 이현이나 칠패 중도아에게 판매하고 있었다. 칠패 중도아만이 아니라 송파의 富商들도 누원보다 훨씬 먼

55) 이하 서울에서의 북어유통체계의 변화에 대해서는 高東煥, 앞의 글(1992a) 참조.

지역인 포천의 장거리 점막까지 나아가 지방상인들이 함경도에서 싣고 오는 북어를 송파장으로 빼돌려 이익을 독점하기도 하였다.

이들 중도아나 부상 등 사상들은 송파장시와 양주의 누원점막, 포천의 송우장 등을 직접 연결함으로써 어물전 시민을 배제하여 독자적인 유통체계를 형성하고 있었다. 그러므로 종전에는 서울의 외어물전에서 북어를 비롯한 함경도지역의 어물을 구입하여 판매하였던 남서부지역 상인들은 이제 서울에 진입하지 않고 송파장에서 동북어물을 구입하여 판매할 수 있었다.

이와 같은 북어유통의 번성으로 함경도지역에서는 북어나 北布만을 운송하는 貰馬業이 출현하였으며, 심지어는 서울시민들도 동북산의 어물과 마포를 구입하기 위하여 포천의 송우장을 찾아야 할 정도였다. 특히 서울의 오지그릇 負商인 安景甫는 포천 新店에서 오지그릇을 떼어다가 서울에 들어와서 판매하는 것을 전업적으로 하고 있었는데, 이로써 보면 포천의 송우장은 북어나 북포 등 동북산 물품만이 아니라 일반 상품의 유통중심지로 성장하고 있음을 알 수 있다.

이와 같은 새로운 유통체계는 서울 주변에 새로운 유통거점이 창출됨으로써 가능한 것이었다. 이제 송우장·누원점－송파장·사평장－서울의 칠패·이현－소비자로 이어지는 유통로와, 송우장·누원점－송파장·사평장－인근장시로 이어지는 유통로가 개발되어 서울의 어물전을 배제하고도 전국적으로 어물이 유통되는 체계가 확립되었던 것이다.

한편 기존 시전을 정점으로 한 유통체계의 하부에 편입되어 있었던 여객주인이나 중도아들도 시전상인을 배제하여 상업이윤을 극대화하려고 노력하였다. 시전상인들은 軍兵이나 勢家 奴子들에 의한 난전보다도 여객주인층의 난전을 가장 중요한 것으로 인식하였다. 왜냐하면 자신의 하부에서 상품을 시전상인에게 넘기는 역할을 했던 주인층이 시전에게 넘기지 않고 중간도매상인 중도아들에게 직접 연결되는 것이 시전상인에게 가장 치명적이었기 때문이다. 따라서 시전상인들은 여객주인층이 난전과 도고상업을 가장 활발하게 행하는 세력으로 지목하고 중앙정부에 이들의 난전행위를 금지할 것을 여러 차례 요구하기도 하였다. 그러나 시전상인의 요구는 수용되지 않고 오히려 금난전권을 폐지하는 通共政策이 실시되었다. 정조 15년(1791)「辛亥通

共」을 계기로 시전체계는 붕괴되고, 사상을 정점으로 하는 유통체계가 확립되었던 것이다.

새로운 유통체계를 장악한 세력은 권세가와 연결된 私商大賈나 여객주인으로서 대부분 송파나 마포 등 경강지역의 富商大賈들이었다.[56] 새로운 유통체계는 생산지에서부터 소비지까지 모든 유통체계를 부상대고가 장악하여 판매하는 것이었다. 이러한 유통체계는 시전상업과는 다른「私商體系」의 성격을 가지는 것이었다.[57] 이들에 의해 구축된 유통체계는 어물의 경우, 換錢冊을 갖추었을 뿐만 아니라, 유통량도 한달에 4,000~5,000냥, 1년에는 수만냥에 달할 정도였다. 이것은 부상대고에 의해 장악된 새로운 유통체계가 우연적·일시적이 아니라 항상적·구조적으로 운영되고 있음을 보여주는 것이라 하겠다.

18세기 후반 새로운 상품유통체계의 형성은 사상층의 참여와 더불어 서울도성 안의 전통적인 상업중심지 이외에 서울주변 새로운 유통거점의 창출이라는 조건 속에서 가능한 것이었다. 즉 시전상인을 중심으로 한 상품유통망에 대항하는 새로운 유통망의 구축을 기반으로 새로운 상품유통체계가 형성된 것이다.

그 동안 조선 후기 상업변동을 얘기할 때 시전상인과 사상층의 교체라는 상인세력의 성격변화를 가장 중요한 점으로 거론해왔다. 시전상인과 사상층을 官商과 私商, 독점상인과 자유상인, 어용상인과 민간상인, 구특권상인과 신특권상인으로 구분함으로써 상업변동의 의의를 설명해왔던 것이다. 그러나 시전상인이나 사상층은 모두 상행위를 통하여 이윤을 추구한다는 점에서 큰 차이가 없었다. 예컨대 조선 후기 蔘商·木材商·米商·鹽商 등의 구체적인 활동에서 관상과 사상 간의 차별은 별로 나타나지 않고 있다.[58] 그러므로 이 시기 상업변동을 얘기할 때 상인의 성격변화라는 측면 외에 유통체계를 비롯한 상업구조의 측면에 주목하지 않으면 안된다. 앞서 살펀 바

56) 《各廛記事》 天卷, 戊申(1788) 5월 일.

57) 安秉珆, 〈商品貨幣經濟의 構造와 發展〉(《韓國近代經濟와 日本帝國主義》, 백산서당, 1975).

姜萬吉, 《朝鮮後期 商業資本의 發達》(高麗大 出版部, 1973).

58) 吳 星, 《朝鮮後期 商人硏究》(一潮閣, 1989).

와 같이 이 시기 상업변동은 상업세력이 특권상인인 시전상인에서 자유상인인 사상으로 변한 것에 그치지 않고, 유통체계·교통로·시장권 등에 이르기까지 상업을 구성하는 모든 요소의 변화를 반영하는 질적인 것이었음을 확인할 수 있다.59)

(2) 도고상업과 상업자본의 축적

19세기에 들어서면서 일반적인 상품유통과정에서의 都賈行爲는 미미한 물종에 대해서도 일반화되었으며, 도고행위의 주체도 시전상인과 사상은 물론 宮房·士大夫家·鄕班·土豪에 이르기까지 확산되고 있었다.60) 이처럼 도고행위가 보편화되는 가운데 가장 적극적인 도고행위를 했던 세력이 포구상업을 장악한 主人層들이었다.

주인층이 도고로 성장할 수 있었던 이유는 그들이 포구에서의 상품유통을 장악할 수 있었다는 조건과 더불어 그들이 일정규모 이상의 재력을 가졌다는 데 있었다. 이들은 적극적으로 상품의 출하시기와 출하량을 조절하면서 최대한의 상업이윤을 확보하였다.

특히 18세기 후반 이후 모든 상거래에서 주인의 개입이 관행으로 자리잡으면서 이들 주인층은 포구시장권을 완전히 장악한 대상인으로 성장하였다. 경강상인들은 초기에는 稅穀운송과정에서 부를 축적하였으나 점차 私穀을 무역함으로써 부를 축적하고 있었다. 경강상인의 중핵을 이루고 있었던 여객주인층의 미곡매점은 서울이라는 도시를 배경으로 하여 지방의 생산지에서 서울로 유입되는 미곡을 매점하는 일반적인 양상에만 그치지 않았다. 그들은 우세한 자금력을 이용하여 船商米나 貢價米를 강변에 매점해두었다가 대도시와 지방의 중소도시 혹은 농촌을 막론하고 가격차가 심한 곳이면 어느 곳이나 운반·판매할 수 있었다. 이는 그들의 상행위가 다량의 미곡을 장기간 매점할 수 있을 만큼 자금력이 컸고 각 지방 사이의 미가 차이를 신속하게 파악할 수 있는 상업망을 갖추었기 때문이다. 그 결과 경강상인들은 18세기 후반에는 전국적인 상품가격을 조절할 수 있는 막강한 영향력을 가진 상인

59) 高東煥, 앞의 책, 298~305쪽 참조.
60) 姜萬吉, 〈都賈商業과 反都賈〉(앞의 책).

으로 성장하였다. 또한 이들 경강의 주인층들은 도고상업뿐만 아니라 점차 造船業에도 눈을 돌려 船材都賈를 경영하다가 경강연변 특히 밤섬 등지를 중심으로 산재하던 船匠을 고용하여 조선업을 직접 경영하기도 하였다. 그야말로 상업자본의 축적을 기반으로 조선업에 투자하여 산업자본으로의 변신을 일정 정도 시도하고 있었던 것이다.[61]

이와 같이 여객주인층이 그전에 비해 훨씬 많은 이윤을 얻을 수 있었기 때문에 여객주인권 가격은 18세기말 200냥에서, 19세기 전반에는 2,000~3,000냥으로 급등하였고, 대부분 서울의 양반부호들이나 권세가에게 여객주인권이 집중되어 갔다.[62] 유력가문들에서는 막대한 자본을 투자하여 대부분의 여객주인권을 집중시켜 나갔다. 뿐만 아니라 자신의 奴子 등을 차인으로 파견하여 경강상업을 지배함으로써 대부분의 상업이윤을 획득하였다.[63] 경강상인이 도고상업을 영위할 수 있었던 배후에는 유력가문과 상업자본의 결탁이 있었던 것이다.

경강상인인 '江上大賈'들은 권세가문과 결탁하였을 뿐 아니라 자신의 이익을 가장 극대화할 수 있는 유통체계를 장악하였기 때문에 상품의 출하량과 출하시기를 유리하게 조절하여 막대한 이익을 얻고 있었다. 이들은 서울의 상권을 계통적으로 장악하여 도고상업을 전개하였던 것이다. 이를 보여주는 대표적인 사례가 바로 순조 33년(1833) 서울의 「쌀폭동」이었다. 이 사건은 경강의 東幕旅客主人 金在純이 경강의 여러 여객주인을 지휘하여 미곡의 판매를 통제하고, 나아가 시전상인들까지도 미곡매매를 중지하도록 영향력을 발휘함으로써 서울의 미곡시장을 붕괴시킨 것이었다. 서울의 쌀가격이 급등하자 서울의 빈민층이 쌀값 폭등에 항의하여 대규모 폭동을 일으켰다. 이 사건은 19세기 경강의 여객주인이 미전상인에 비해 훨씬 강력한 미곡에 대한 유통지배권을 지니고 있었음을 보여주는 사건이었다.

사상들에 의한 도고상업은 상업자본의 일정한 축적단계에 나타나는 현상이었는데, 그들의 상업이윤의 기반은 대자본, 전국적 유통망, 그리고 봉건권

---

61) 姜萬吉, 〈京江商人과 造船都賈〉(위의 책), 96쪽.
62) 李炳天, 앞의 글.
63) 禹夏永, 《千一錄》 권 10, 漁樵問答.

력과의 결탁이었다. 그러나 이들 사상들이 권력기관과 결탁함으로써 확보한 특권은 시전체계의 그것과는 분명히 다른 것이었다. 봉건권력과 결탁한다는 점에서는 차이가 없었지만, 각 체계가 기반하고 있는 유통체계는 본질적 차이가 있었던 것이다. 시전상인들은 서울에 반입되는 상품에 대해서만 독점적 구매권을 행사하였지만, 사상들은 생산지로부터 모든 유통체계를 장악하였다. 이러한 독점은 조직력과 자본력을 기초로 하여 이루어지는 것이었다. 그러므로 시전상인처럼 '廉價勒買'하지 않고, 생산지로부터 상품을 매점함으로써 '貿賤賣貴'가 가능하였다. 또한 시전상인의 독점은 경쟁을 원천적으로 배제한 것이었지만, 사상들의 독점은 같은 종류를 취급하는 다른 상인과의 경쟁을 전제로 한 것이었다. 상품유통의 효율성이나 이윤창출의 면에서 후자가 앞설 수밖에 없었다.

사상세력이 구축한 이와 같은 상품유통체계는 자신에게 최대의 상업자본의 축적기회를 보장하는 것인 동시에, 다른 한편으로 권력이나 시전상인의 침탈에 의해 무너질 수 있는 불안한 것이기도 했다. 때문에 이들은 자신들이 구축한 유통체계를 유지하기 위해서 궁방이나 아문, 또는 권세가문과 상업이윤을 분할하지 않으면 안되었다. 그러므로 경강상인들은 권력기관의 개입으로 자본축적에 큰 제약을 받게 되었다. 더구나 사상세력들은 상업독점에 의해 축적된 자본을 산업자본으로 전화시키기보다는 오히려 토지에 투자하여 경제외적 강제에 기초한 봉건적 토지소유관계를 고수하려는 경향이 있었다. 아울러 획득한 부로써 신분매매와 관직매매를 행하여 봉건적 지배계급에 편승하려 한 경향도 많았다.

(3) 상업자본의 생산자 지배

18세기 이후 상품유통은 대부분 독점을 기초로 한 도고상업체제를 기반으로 한 것이었다. 즉 지역적, 계절적인 상품이동이 원활하지 못한 데서 이러한 독점체제가 형성될 수 있었던 것이다. 도고상업은 바로 이러한 제약요인을 최대한으로 이용하여 이익을 극대화하고자 한 상품유통방식이었다. 그러나 전근대사회의 고립분산적인 생산시스템과 공급의 불안정성으로 인해 도고상업체제는 수시로 위협을 받을 수밖에 없었다. 그러므로 일부 상업세력은 상업이윤을 극대화하기 위하여 생산자를 자신의 수중에 장악해 나갔다. 즉 상인들은 자신이 축적한 자본을 기초로 수공업자에 대한 先貸制的 지배를 실현하였던 것이다.

상업자본의 수공업자에 대한 선대제적 지배는 사상은 물론 시전상인과 貢人 등 모든 분야의 상업자본에서 나타나고 있다. 개성의 蔘商들은 삼을 캐는 사람들에게 미리 蔘價를 주고 정해진 날짜에 삼을 받았는데, 이는 원료나 工錢을 선대하고 생산과정에 관계하는 형태였으며, 松商들도 종이나 말총갓을 만드는 장인에게 미리 자금을 선대하고 생산물을 매점하기도 했다.64)

한편 시전상인인 雜鐵廛人은 무기의 원료인 中方鐵에 대한 전매권을 가진 것을 배경으로, 軍器寺에 소속되어 무기를 제조하는 冶匠에 대한 선대제적 지배를 시도하였다. 이를 둘러싸고 야장과 잡철전 사이에 상당한 분쟁이 야기되었으나, 신해통공 이후 야장은 잡철전에 병합되거나 몰락하였다. 또한 驄匠과 床廛 사이에서도 이러한 분쟁이 야기되었다. 총장은 尙衣院에 소속된 工匠으로서 제조업자인 동시에 판매자였다. 그러나 말총갓에 대한 전매권을 획득한 상전인들은 우세한 자본과 광범한 판매망으로 전국의 총물을 매점함으로써, 총장에 대한 지배권을 강화시켜 나갔다. 이외에 상의원의 刀子匠과 도자전 사이의 분쟁도 이러한 경과를 거쳐 수공업자인 도자장인이 상인인 도자전인에게 예속되어 갔다.65)

또한 紙廛은 造紙署 紙匠都中뿐만 아니라 지방의 전주·진주·宜寧·淸風 등지의 소생산자도 선대제로 지배하였다. 즉 지전에서는 紙匠에게 원료와 공전을 주고 試紙와 方物紙를 주문하였으며, 지전상인의 감독과 지배하에 생산이 이루어졌다. 이러한 주문생산의 관행이 반복되고 규칙적일수록 지전에 대한 의존과 예속도는 강화될 수밖에 없었다. 이 경우 상인은 고객이 아니라 장인의 물주나 雇主로서 역할하게 되고, 장인은 공전을 받고 생산하는 고용인의 처지로 전락하게 된 것이다.66)

---

64) 姜萬吉, 〈開城商人과 人蔘栽培〉(앞의 책).
   吳 星, 앞의 책.

65) 姜萬吉, 〈市廛商業의 工匠支配〉(위의 책).

66) 宋贊植, 《朝鮮後期 手工業史硏究》(서울大 出版部, 1975).

한편 사찰의 지장으로부터 방물지를 구입하여 호조에 進排하는 三南方物紙契공인은 처음부터 지장에게 紙價를 선대하여 종이를 독점하였다. 지계공인들은 공물납부를 근거로 상납할 방물지 이외에 더 많은 수량을 매점하여 시중에 판매함으로써 독점적 이윤을 획득하기도 했다.67)

공인 중에 三南月課火藥契공인들은 선대제보다 한발 앞서서 직접 제조장을 경영하고 있었다. 화약계인들은 각종 시설, 도구의 마련에 공동출자하고, 이윤을 분배받았다. 물론 전업적인 장인을 고용하여 각기 능력에 따라 각 공정에 배치하고 각 공정마다 변수를 뽑아 장인들을 감독하였던 것이다. 장인을 임금노동자로 고용하여 일정 장소의 제조장에서 작업하게 하는 형태는 상인이 단순한 물주의 지위에서 벗어나 일종의 경영자로 전화되고 있음을 보여주고 있다.68)

상인자본의 수공업자 지배형태는 초기에 상인들이 원료를 선대하고, 생산과정에 관계하는 경우가 일반적이었다. 이는 각종 장인들이 제조에 필요한 원료를 독점적으로 공급할 수 있는 권한에 기초하여 이루어지는 것이었다. 특히 신해통공 이전에는 수공업자들은 자신들이 생산한 물건에 대한 독자적인 판매망을 구축하여 자유롭게 매매할 수 있었는데 반해, 신해통공 이후에는 대부분 상인에게 예속되어 갔다. 수공업자들은 독립적인 소상품생산자로서가 아니라 상인자본에 예속된 피고용자의 처지로 전락하였던 것이다.

이와 같은 상인들의 선대제적 경영과 제조장의 직접 경영은 상인자본의 생산부분에의 투자형태로 이해된다. 이러한 사실은 조선 후기 상업자본의 집적수준이 단지 유통부면에서, 즉 계절적, 지역적 가격차를 이용한 양도이윤의 획득이라는 점을 뛰어넘어 생산과정을 장악함으로써 보다 안정적인 이윤확보를 꾀할 정도로 상업자본의 축적수준이 높았음을 의미하는 것이다.

〈高東煥〉

---

67) 宋贊植, 〈三南方物紙貢考－貢人과 生産者와의 關係를 중심으로－(上·下)〉(《震檀學報》 37·38, 1974).

68) 柳承宙, 〈朝鮮後期 貢人에 관한 一硏究－三南月課火藥契人의 受價製納實態를 중심으로－〉(《歷史學報》 71·78·79, 1976·1978).

3. 금속화폐의 보급과 조세금납화

1) 금속화폐의 보급과 상품화폐경제의 발달

(1) 동전유통 정착의 경제적 기반

17세기말에 이르러 명목화폐인 동전이 전국적으로 유통되기 시작하였다. 숙종 4년(1678) 조선봉건정부가 동전유통을 결정한 이래 십수 년이 지나지 않아 동전은 가장 우월한 가치척도·교환수단·지불수단·축장수단, 곧 일반적 等價形態로 정착함으로써 조선 후기 사회경제적 변동에 다대한 영향을 끼쳤다.[1] 이 시기 이와 같이 동전유통이 급속히 정착할 수 있었던 것은 당시 동전을 수용할 수 있는 유통경제적 기반과 함께 동전유통이 불가피하게 요구되는 유통경제적 조건이 조성되어 있었기 때문이다. 봉건사회 내에서 명목화폐가 일반화되기 위해서는 자급자족적 생산과 소비형태를 벗어나 시장판매를 목적으로 하는 일정한 농민층의 상품생산과 교환관계의 발달, 어느 정도 안정된 유통기구의 성장과 시장가격의 형성 등이 요구된다. 이러한 기반은 16세기 이래 점진적으로 형성되었고, 17세기 사회적 생산력이 회복되고 발전하는 가운데 한층 확대되었다. 요컨대 그것은 場市의 발달과 이 시기 일반적 등가형태로 기능했던 추포의 광범위한 유통이었다.

15세기말 호남에서 발생하여 16세기 삼남과 중부지방으로 확산된 장시는 농민·수공업자 등 직접생산자들이 주체가 된 소상품생산의 출현과 이에 따른 교환관계의 진전에 기반을 두고 성립한 農村市場이었다.[2] 장시는 15·16세기 科田法·職田法 등 收租權分給制度의 약화·소멸과 사적 토지소유의

---

1) 조선 후기 화폐유통사 연구성과에 대해서는 다음의 글이 참조된다.
오미일, 〈조선후기 상품유통 연구현황〉(《韓國中世社會 解體期의 諸問題》下, 한울, 1987).
元裕漢, 〈朝鮮後期의 貨幣經濟發達과 그 影響〉(《朝鮮後期 社會經濟史硏究入門》, 民族文化社, 1991).

2) 李景植, 〈16세기 場市의 成立과 그 基盤〉(《韓國史硏究》57, 1987).
李泰鎭, 《朝鮮儒敎社會史論》(지식산업사, 1989) 제5장.

안정·강화, 綿業을 중심으로 한 농업생산력의 증대, 이에 따른 소농경영의 성장과 지주제의 발달, 농민층의 토지이탈과 상인화, 인구의 증가, 사회적 분업의 촉진과 민간수공업의 발달 등 상호 유기적으로 연관된 여러 측면의 사회경제적 변동이 그 배경이 되는 가운데 출현하고 확대되었다. 장시는 조세나 지대에 기초하여 형성되는 전형적인 봉건적 교환관계·유통기구와 달리 직접생산자가 잉여생산물을 임의로 처분할 수 있는 경제적 조건 위에서 새로이 성립한 농민적 유통기구이자 몰락농민·소상인들의 資生機構였다. 그러한 전제 속에 향촌의 지주층 또한 지대 처리를 목표로 장시의 상품유통에 참여하였다.

장시 출현과 발달의 배경이 이러하였기 때문에 유통경제의 독점과 소농민의 안정을 추구하는 봉건정부의 「抑末策」에도 불구하고 장시는 계속 확대되어 17세기초 개설이 엄금되던 서울근교와 경기에까지 남설되었다. 봉건관료들 역시 "곳곳에 사사로이 장시가 열리는 것은 끝내 금할 수 없을 것"[3]이라고 자인하고, 이러한 가운데 농업을 보완하는 의미에서 상업의 성장을 수용하고자 하는 「務本補末論」이 대두하였다.[4] 특히 이 때에는 移秧法이 보급되기 시작하고, 면업을 비롯한 상업적 농업의 성장과 함께 농업생산력의 급속한 발달이 이루어졌다. 이에 따라 농민층의 상품생산과 교환경제는 더욱 활발히 전개되어 한 군현 내에 여러 장시가 5일마다 번갈아 장을 여는 정기 5일장이 보편화되었다. 그리하여 17세기 후반경에는 군현 단위로 엮어진 상설시장권이 중부 이남 곳곳에 형성되었다.[5] 봉건정부는 점차 장시의 발달을 현실로 인정하였고 대신 場税를 수취하여 재정에 충당하였다.

16·17세기 농민적 상품유통과 교환시장이 성장하고 거래관계가 等價化하는 과정에서는 필연적으로 화폐유통도 발달하여 장시에 조응한 독특한 화폐유통체계가 형성되었다. 곧 「麤布流通經濟」의 확립이었다.[6] 추포는 의류품으로서의 사용가치를 완전히 상실한 2, 3升의 粗惡綿布로서 오직 화폐로서만

3) 《仁祖實錄》 권 21, 인조 7년 9월 을유.
4) 白承哲, 《朝鮮後期 商業論과 商業政策》(延世大 博士學位論文, 1996) 제2장.
5) 홍희유, 《조선상업사》(과학백과사전종합출판사, 1989), 349쪽.
6) 方基中, 〈17·18세기 前半 金納租稅의 성립과 전개〉(《東方學志》 45, 延世大 國學硏究院, 1984), 143~145쪽.

사용된 布貨였다.[7] 당초 조선정부가 國幣로서 정한 正布의 품질은 5승 35척이었으나 15세기 후반부터 16세기에 걸쳐 면포를 짧게 잘라서 거래수단으로 사용하는「斷割使用」과 함께 2, 3승의 추포유통이 보편화되었다.[8] 일종의 소액 명목화폐로서 유통된 추포는 장시를 중심으로 하는 민간 교환관계에 적합한 화폐였다. 장시의 유통체계가 항상화·등가화하고 있으면서도 그 거래성격은 아직 농업생산을 보완하고 농민생활을 보충하는 생활필수품의 소규모거래가 일반적이었기 때문이다. 더욱이 추포는 농민에 의해 직접 직조되고 저열한 면직조건에서도 쉽게 생산할 수 있었기 때문에 농민층이 주도하는 장시의 교환수단으로서 급속히 확대되었다. 추포의 이러한 성격과 관련하여 17세기 전후하여 빈민층이 증가하고 비특권적 소상업이 서서히 형성되고 있었던 서울 변두리나 전통적으로 상업이 발달한 開城·平壤 등지에서도 추포가 일반적인 가치척도·교환수단으로 광범하게 유통되었다.

추포유통경제는 부세체계의 변동과도 관련하여 확립되고 있었다. 즉 16세기에는 貢納 및 身徭役 등 각종 부세가 면포수취로 전환되고 貢物防納이 발달하는 등 부세수취에서의 대규모 면포징수가 진행되었는데,[9] 농민층·피지배층은 이에 대한 하나의 저항수단으로서 추포를 조세지불수단으로 활용하였다. 사용가치가 상실된 추포는 봉건정부 입장에서는 쓸모없는 것이었지만 농민층은 이를 교환수단뿐만 아니라 조세지불수단으로까지 확대시켜 나갔다. 요컨대 추포는, 효종 2년(1651) 金堉의 주도로 동전유통을 위해 추포유통을 금지시켰을 때 이를 반대한 남인관료 洪宇遠의 다음 언급과 같이, 유통경제 전반에 걸쳐 일반적 등가형태로서 기능하고 있었다.

---

7) '升'은 면포의 날을 세는 단위로서 '새'라 하며, 1升은 80올(縷)의 날로 구성된다. '升'數는 면포품질(木品)을 결정하는 기본요소인데, 옷감으로 최소한의 가치를 갖는 목품은 5승포이다.
8) 金柄夏, 〈李朝前期의 貨幣流通〉(《慶熙史學》 2, 1970).
宋在璇, 〈16세기 綿布의 貨幣機能〉(《邊太燮博士華甲紀念 史學論叢》, 1986).
9) 田川孝三, 《李朝貢納制の硏究》(東洋文庫, 1964).
李泰鎭, 〈近世朝鮮前期 軍事制度의 동요〉(《韓國軍制史》 朝鮮前期篇, 陸軍本部, 1968).
李智媛, 〈16·17세기 前半 貢物防納의 構造와 流通經濟的 性格〉(《李載龒博士還曆紀念 韓國史學論叢》, 1990).

> 麤木이 통용된 지 오래되어 近中外에 모두 사용되고 있는데 지금 이를 금하면 이는 그 貨泉의 근원을 막는 것입니다.…무릇 추목은 국가에서 볼 때 실로 無用한 것이나 農工이 이를 사용하여 교역을 하고 商賈가 이를 사용하여 재물을 불릴 뿐 아니라 養生送死나 租賦와 徭役을 바치고 모든 일상용품을 구하는데 모두 추목으로 取辦하니 그 무용함이 유용함이 되는 것이 크다고 하겠습니다.…그리하여 추목 禁令이 행해진 후 場市가 크게 동요하고 인민들이 놀라고 두려워하고 있으며…상고가 실업하고 물화가 모이지 않아 市가 비고 稀疎한 기상이 쓸쓸합니다(洪宇遠, 《南波先生文集》 권 4, 疏 應旨封事).

이와 같이 16·17세기에는 농민층·소상인이 주도하는 교환시장과 화폐유통이 전개되어 동전유통이 정착할 수 있는 기반이 형성되고 있었다. 그리하여 실학자 柳馨遠은 "지금 추포가 교역되고 있는 것을 보면 동전은 의심할 바 없이 통용될 것"[10]이라고 확신하였다. 그럼에도 불구하고 17세기 중반까지 동전유통이 실현되지 못한 것은 동전 원료 부족에도 원인이 있었지만 주로 정부의 고식적인 화폐정책 때문이었다.[11] 봉건정부는 추포유통의 기반과 그 의미를 적절히 수용하지 못하고 기존 봉건적 유통기구에 의존하여 동전유통을 재정보전의 한 방편으로 삼는 조선 초기 이래의 화폐정책을 반복하였다.

그러나 17세기 중엽을 전후하여 추포의 화폐 기능이 약화되는 조건이 형성되면서 추포유통은 한계를 맞이하였다. 그 조건은 크게 두 측면에서 조성되었다. 우선 봉건정부의 재정정책·부세정책과 관련하여 추포의 조세지불수단 기능이 급속히 약화되었다. 17세기 이후 봉건정부는 국가재정 악화를 타개하기 위한 한 방편으로 재정 악화에 일익을 담당하고 있는 추포의 조세지불 기능을 배제하고 良布 징수를 강화하였다. 추포에 대응하여 봉건정부가 통제할 수 있는 새로운 명목화폐를 창출하지 못한다면 다른 유일한 대책은 조세에서라도 양포수탈을 강화하는 방법뿐이었다.[12] 그리하여 17세기 중반

10) 柳馨遠, 《磻溪隨錄》 권 8, 田制後錄攷說 下.

11) 元裕漢, 〈朝鮮後期 金屬貨幣流通政策〉(《東方學志》 13, 1972).
宋贊植, 《李朝의 貨幣》(한국일보사, 1975) 제1장.

12) 농민에 의해 화폐가 직접 직조되고 유통되는 추포경제하에서는 '貨權在上'이라는 봉건적 화폐정책 원리는 무의미하였고, 이러한 화폐통제력 상실과 추포의 조세지불수단화는 그대로 국가재정 악화와 직결되는 것이었다. 여기에 방납의

이후 양포수탈이 일약 사회문제로 등장한 바와 같이, 조세부담자·농민층은 면포로 납부해야 하는 조세의 경우 대부분 法定布貨 木品(5승 35척)보다도 고급인 6~8승의 면포를 강요당하였고, 조세부담은 크게 증가하였다. 양포수탈은 17세기 후반 삼남지방에서 大同法 실시가 완료되고 군역의 군포제가 정리되는 등, 이른바 「國家綿布收取體系」가 전면적으로 확립되는 가운데 절정에 다다랐다.

이와 더불어 화폐로서 갖는 추포의 한계 역시 심화되었다. 추포는 일반적 교환수단·가치척도로서 유통되었지만 國幣로 인정받지 못하고 오히려 「法貨」와 대립하는 취약성을 안고 있었다. 또 명목화폐의 기능을 발휘하면서도 그 본질은 사용가치를 상실한 물품화폐였다. 요컨대 추포는 화폐축장 기능을 결여한, 16세기 농업생산력 수준과 유통경제 수준에 조응하여 발달한 민간화폐였다. 따라서 추포는 농업생산력과 유통경제가 발달할수록 불완전한 명목화폐로서의 한계를 드러내지 않을 수 없었다. 17세기 이후 그러한 조건은 농업생산과 유통경제의 양면에서 형성되었다. 특히 후자와 관련해서는 대동법의 실시와 함께 도시상업이 발달하고 서울·지방을 막론하고 비특권상인인 私商이 크게 성장하였다. 對外貿易·潛商·船商活動 등을 통하여 대규모 상업자본을 형성한 사상은 점차 장시와 상품생산지와의 연계를 강화하면서 지방 시장권에 적극 진출하기 시작하였다.[13] 교환거래의 규모가 점차 확대되고 상인들의 자본축적 활동이 활발해지는 가운데 추포의 기능과 역할은 축소되어 갔다.

이와 같이 17세기 중엽을 전후하여 양포수탈이 극대화하고 유통경제가 전반적으로 발달하는 과정에서 추포유통은 현저히 위축되었다. 대신 "근년 이래 추목이 단절되고 公私百物의 매매가 오로지 銀貨에 의존하여 柴炭·菜蔬

발달이 재정악화를 가중시켰다. 봉건정부는 이에 대해 세 가지 타개방안을 추구하였다. ① 공납제 개혁(대동법), ② 동전유통의 시도, ③ 포납의 확대와 양포수탈의 강화 등이 그것이었다. 대동법은 17세기 전반부터 경과적으로 구체화된 반면 동전유통은 계속 실패하였고, 이러한 가운데 부세에서의 양포수탈이 급증하였다(方基中, 앞의 글, 145~156쪽).

13) 柳承宙, 〈朝鮮後期 對淸貿易의 展開過程〉(《白山學報》 8, 1970).
姜萬吉, 《朝鮮後期 商業資本의 發達》(高麗大 出版部, 1973).
高東煥, 《18·19세기 서울 京江地域의 商業發達》(서울大 博士學位論文, 1993).

같은 微物도 반드시 은화가 있어야 교역할 수 있다"[14]라는 말과 같이, 일시적으로 은화유통이 급증하였다. 그러나 당시 대외무역의 특성과 관련하여 다량의 국내은화가 중국에 유출되었고 이 때문에 서울을 중심으로 유통시장에는 심각한「銀貴」현상이 나타났다. 17세기 후반의 유통경제적 조건은 법화로서 추포에 대신할 수 있는 새로운 소액 명목화폐의 출현을 불가피하게 하고 있었다.

(2) 17세기말~18세기 중엽 금속화폐의 유통

가. 숙종대의 동전유통정책

숙종 4년(1678) 정월 봉건정부는 호조·진휼청·상평청 등 중앙 7개 아문에서 일제히 동전을 주조하여 전국에 유통시킬 것을 결정하였다. 이 때 주조된 동전이 葉錢으로 불리는 常平通寶였다.[15] 그리고 그 해 윤3월에는〈行錢節目〉을 마련하고 4월부터 정식으로 동전을 법화로 사용할 것을 결정하였으며, 6월에는 평안도와 전라도의 감영·병영에서도 주전하도록 하였다. 이 때의〈행전절목〉은 효종연간에 시행하였던 行錢策을 바탕으로 작성된 것이었다. 그 주요 원칙은 ① 동전가치를 銀價를 기준으로 정하여(銀錢相準) 동전 400文(4兩)을 은 1냥으로 折定하고, ② 市廛을 동전유통의 기반으로 삼아 市廛出物은 반드시 동전으로 上下하며, ③ 부세의 代錢納(作錢)은 各樣贖木과 賑恤廳 還上만 허용한다는 것 등 크게 세 가지였다.[16]

이같은 동전유통 원칙은 기존의 고식적인 화폐정책을 그대로 답습한 것이었다.「銀錢相準」의 원칙과 어용상인 중심의 행전책은 동전유통을 추포에 기반을 둔 지방 장시망과 연계시키기보다 주로 특권상업이 발달한 은화통용지역에 한정하고 은가를 기준으로 동전가치를 정해 주전이익을 보장받기 위한 것이었다. 동전에 대한 불신은 자연히「銀貴錢賤」현상과 서울에서의 동전적체 현상을 심화시켰고, 동전의 실제 가치는 은 1냥 대 동전 800문까지 폭락

14)《備邊司謄錄》34책, 숙종 4년 윤3월 24일.

15) 동전 1개의 액면가치는 1文이며, 10문은 1錢, 100문은 1兩이다.

16)《備邊司謄錄》34책, 숙종 4년 윤3월 24일.
숙종대의 동전유통정책에 대해서는 元裕漢,《朝鮮後期貨幣史研究》(韓國研究院, 1975); 宋贊植, 앞의 책, 제2장 참조.

하였다.[17] 유통 초기의 일시적 현상이라 하더라도 이는 정책의 한계로부터 발생하는 문제였기 때문에 봉건정부는 동전유통 정착을 위해 적극적인 대책을 모색하지 않을 수 없었다.

봉건정부의 초기 동전유통정책의 중요한 전환점이 된 것은 숙종 6년(1680)에 단행한 「은전상준」원칙의 폐기였다.[18] 이는 정부가 「은전상준」을 통한 주전이득을 포기하고 동전을 명실공히 법화로 삼는 조치였고, 동시에 동전유통의 경제적 기반을 지방 장시권으로 확대시킨다는 것이었다. 따라서 이 조치 이후 동전유통의 확대를 위한 여러 작업이 추진되었다. 우선 동전유통의 기반을 장시까지 확대한 이상 삼남에서의 동전유통을 적극 추진하여 추포유통을 구축시키고자 하였다. 이를 위해 정부는 숙종 7년부터 주전사업을 본격화하여 숙종 23년에 이르기까지 중앙과 지방에서 지속적으로 대량의 주전사업을 벌여 나갔다. 각 아문과 군문들은 재정을 보충하기 위한 목적에서도 주전을 도모하였다. 더욱이 이 때에는 私貿易을 통해 다량의 日本銅이 수입되었기 때문에 동전의 원료난도 크게 해소되었다.[19]

17세기말 이와 같이 동전발행이 급증하는 가운데 추포유통이 위축되어 있는 유통경제 현실과 관련하여 동전의 유통범위는 급속히 확대되었다. 물론 그 정착과정에서는 동전관리체계가 확립되지 못한 데 따라 여러 문제가 발생하였다. 짧은 시기에 다량의 동전이 발행됨으로써 동전가치가 안정되지 못하였고, 특히 주전이익을 증대하기 위한 동전의 惡鑄와 불법적인 私鑄(盜鑄) 행위가 이를 더욱 부추겼다. 정부는 이를 막기 위해 동전주조관리의 획일화를 모색하고 私鑄에 대한 처벌규정을 강화해 나갔지만 큰 효과를 보지는 못하였다. 그러나 이러한 폐단에도 불구하고 동전은 대체로 숙종 15년을 지나면서 일반적 등가형태로 정착되기 시작하였다.

나. 화폐경제의 확립과 영조대의 동전유통정책

18세기에 접어들어 동전유통과 그 가치법칙의 작용 범주는 더욱 확대되었

---

17) 《承政院日記》 272책, 숙종 5년 9월 13일.
18) 《肅宗實錄》 권 9, 숙종 6년 5월 신해.
19) 元裕漢, 앞의 책, 35~36쪽.

다. “근래 각양 물종은 동전이 아니면 매매할 수 없기 때문에 비록 米木이 있더라도 반드시 동전으로 바꾼 후에야 거래할 수 있다”[20]고 하는 바와 같이, 18세기 전반 동전은 추포유통을 구축하고 일반적 교환수단·지불수단으로서의 지위를 증대시켜 나갔다. 일반 거래는 물론 각종 雇價가 대부분 동전으로 지불되었고, 국가재정도 일부 화폐화되었다. 또 화폐유통의 발달은 상호 인과적으로 상품생산과 교환관계를 촉진시켜 상품화폐경제가 더욱 발달하였다. 서울에서는 亂廛과 사상의 활동이 특권시전상업을 위협할 만큼 성장하고 지방 장시의 5일장 체계가 더욱 확대되는 가운데 서울과 장시망을 연결하는 水上·陸上의 상품시장권도 형성되었다.[21]

이와 같이 화폐경제가 사회경제생활의 모든 영역에 침투함에 따라 그것은 농촌사회의 분해를 촉진하고 조선봉건사회의 체제적 변동을 심화시키는 중요한 배경이 되었다. 화폐유통의 발달은 농민층과 화폐경제와의 관계를 더욱 긴밀하게 만들어 농민층은 화폐를 얻기 위한 상품생산과 교환관계에 강제적으로 편입되었다. 이러한 조건은 일부 力農層이나 지주층에게는 상업적 농업을 통한 이윤 축적의 좋은 계기가 되었지만, 경영조건이 열악한 많은 농민층에게는 오히려 몰락의 계기로 작용하였다.[22] 즉 화폐경제가 확립되면서 농민층은 농업생산 재료나 생활필수품을 구하기 위해, 또 조세납부를 위해 어쩔 수 없이 동전 마련을 위한 교환시장에 편입되었다. 이 때 농민층은 시장가격의 계절적·지역적 변동에 의해 농업생산물은 싸게 팔고 필요한 물건은 비싸게 사야 하는 것이 일반적인 실태였고, 많은 경우 자신의 필요생산물까지 값싸게 팔아야 하는 이른바 「窮迫販賣」에 의해 파산하고 몰락하였다.

뿐만 아니라 화폐경제의 확립은 농민층을 전반적으로 高利貸수탈로 몰아넣었다. 화폐유통은 양반귀족·봉건지주들의 재부축적욕과 사치생활을 유인하

---

20) 《備邊司謄錄》 98책, 영조 11년 12월 13일.
물물교환의 경우에도 화폐가치로 표시되는 상품가격에 따라 거래되었을 것이다.

21) 金泳鎬, 〈朝鮮後期에 있어서의 都市商業의 새로운 展開〉(《韓國史硏究》 2, 1968).
韓相權, 〈18세기말~19세기초의 場市發達에 대한 基礎硏究〉(《韓國史論》 7, 서울大, 1981).
李炳天, 〈朝鮮後期 商品流通과 旅客主人〉(《經濟史學》 6, 1983).
高東煥, 앞의 책.

22) 金容燮, 《增補版 朝鮮後期農業史硏究》(II)(一潮閣, 1990) 제3장.

여 이들은 동전을 집적하고 이를 고리대로 활용하였다. 고리대는 오래된 봉건 지배층의 농민수탈 방법이지만 특히 이 시기에는 그것이 화폐유통을 계기로 급속히 확대되었고, 그 수탈성 또한 극히 가혹하였다. 양반지주나 토호들은 필요한 동전을 마련하지 못한 농민이나 식량이 궁한 농민에게 춘궁기에 연 50~100%의 이자로 동전을 빌려주고 곡가가 하락하는 추수기에 동전을 곡식으로 환산하여 원금과 이자를 반환하게 함으로써 실제로는 원금의 5, 6배나 되는 이익을 보았고, 이를 갚지 못한 농민층은 결국 토지를 빼앗기고 몰락하였다.[23] 이를 흔히 「甲利」라고 하는데, 이는 화폐를 이용한 민간고리대 곧 私債 수탈의 가장 전형적인 방법이었다. 화폐를 이용한 고리대는 민간고리대에만 한정되지 않고 또한 봉건국가 차원에서도 광범히 전개되었다. 이른바 「公債」로서, 당시 중앙 및 지방의 관청에서는 재정을 보충하기 위한 방편이나 축재수단으로서 공공연하게 화폐를 퇴장시키고 이를 고리대로 사용하였다.[24]

18세기초부터 대두한 「錢荒」은 이상의 사회경제적 변동을 동반하며 정착한 초기 동전유통의 성과와 한계를 반영한 현상이었다. 전황은 시중에 동전 유통량이 부족하여 화폐가치가 상승하는 현상을 말하는데,[25] 이 시기 전황은 여러 요인이 복합적으로 작용하여 형성되었다. 우선 초기 유통과정을 거치면서 농촌사회에 이르기까지 동전의 유통범위가 광범하게 확대되고 있는데도 봉건정부가 숙종 23년(1697) 이후 장기간 동전을 발행하지 않아 통화량의 부족을 유발시키고 있었다. 또한 양반지주·부상·토호는 물론 봉건관부까지 다량의 동전을 退藏시켜 이를 고리대자본으로 활용함으로써 통화량 부족을 부추겼다. 對淸貿易의 발달에 따르는 지속적인 은화의 중국유출과 그 무역로를 장악하고 있는 私商大賈의 화폐장악 역시 전황의 주요한 요인이 되었다.

요컨대 18세기초의 전황은 동전을 폐지하거나 더 발행하지도 않는 봉건정

---

23) 이 시기 고리대에 대해서는 崔虎鎭, 《近代朝鮮經濟史》(慶應書房, 1942) 後篇 ; 元裕漢, 앞의 책, 171~173쪽 참조.

24) 吳永敎, 〈朝鮮後期 地方官廳 財政과 殖利活動〉(《學林》 8, 延世大, 1986).

25) 장국종, 〈18세기 동화의 주조와 전황문제〉(《역사과학》 1963년 1호).
元裕漢, 〈朝鮮後期 貨幣流通에 대한 一考察〉(《韓國史硏究》 7, 1972).
方基中, 앞의 글.
———, 〈19세기 前半 租稅收取構造의 特質과 基盤〉(《國史館論叢》 17, 國史編纂委員會, 1990) 참조.

부의 현상유지적 화폐정책이 지속되는 가운데 상품생산·시장권의 성장에 기초한 화폐경제의 확대 속에서 동전이 봉건관부·양반관료·지주·부상들에게 집중됨으로써 야기되는 현상이었다. 따라서 전황으로부터 집중적인 피해를 입게 되는 계층은 직접생산자층과 자본력이 열악한 소상인층이었고, 그 중에서도 소농민이 가장 많은 피해를 보고 있었다. 특히 이 시기에는 매년 수십만 냥에서 백만 냥을 헤아릴 만큼 봉건관부에 유입되는 각종 조세 金納量도 급증하였기 때문에, 화폐구득을 위해 농민층이 궁박판매와 고리대수탈에 편입되는 것은 필지의 추세였다. 당시 실학자 鄭尙驥가 "근년에 이르러 동전이 매우 귀해지고 물건이 천해지니 농민과 상인이 함께 곤란해져 능히 견디지 못한다"[26]고 한 말은 이러한 전황의 본질을 잘 지적한 것이었다.

전황에 의한 폐해가 영조 즉위 후 더욱 심화되자 정부에서는 이에 대한 대책에 부심하였다. 처음 논의의 방향은 주로 동전유통을 억제하고 공·사채와 대청무역을 규제하며 장시에 대한 통제를 강화하자는 쪽으로 모아졌다. 그것은 동전유통이 고리대와 사치풍조를 조장하여 「農本」을 중시하는 주자학적 가치관을 동요시키고 농민층 몰락을 야기하자 동전유통에 대한 반대여론이 높아졌기 때문인데, 영조 자신이 이러한 여론을 주도하였다. 그리하여 정부는 영조 3년(1727)·5년·10년 등 세 차례에 걸쳐 조세금납제를 폐지하는 「純木令」을 반포하여 포납제로의 복귀를 시도하였고, 楮貨나 布貨를 다시 법화로 통용시키고자 하였다. 순목령은 곧 화폐유통을 국가재정과 차단시킴으로써 농민의 동전구득난을 해소하고 동전가치를 떨어뜨려 동전퇴장을 해결해보려는 일시적인 미봉책이었다.[27]

그러나 동전이 이미 일반적 교환수단·가치척도로 확립된 당시 유통경제의 성격상 순목령은 오히려 농민층에게 화폐구득과 면포구득이라는 이중의 부담만 가중시켰다. 또한 시전·공인 등 봉건적 유통기구와 직결되어 있는 국가재정을 면포유통구조로 되돌리는 것도 불가능하였다. 결국 봉건정부의 화폐정책은 동전을 발행하는 방향으로 조정되었다. 그리하여 영조 7년 9월 호조와 진휼청에서 30년 만에 주전을 재개한 이래, 영조 18년 중앙과 지방에

26) 鄭尙驥, 《農圃問答》 祛弊瘼.
27) 方基中, 앞의 글(1984), 169~175쪽.

서 50만 냥을, 영조 25년 중앙 3군영에서 60여만 냥을 주조하는 등 영조연간 10여 차례 동전발행이 추진되었다. 이와 함께 주전사업을 중앙관청으로 집중시키고 〈鑄錢節目〉을 작성하는 등 주전관리체계에 대한 감독과 통제도 강화하였다. 그리고 이 때에는 일본 동의 수입 부진으로 인한 동전원료난과 관련하여 동전 1문의 무게를 2錢 5分에서 1전 2푼으로 줄이게 되었고, 일부 논자들은 當五錢·當十錢·當百錢 등 고액전의 유통을 주장하기도 하였다.[28]

주전사업의 재개로 비등하였던 전황 현상은 약간 진정되었지만, 전술한 바와 같이 전황은 화폐경제의 발달과 봉건적 유통경제의 해체과정에서 불가피하게 발생하는 현상이었기 때문에 동전발행의 증대로 해결될 수 있는 것은 아니었다. 더욱이 봉건정부의 주전사업은 단지 전황 대책의 의미만 갖는 것이 아니라 동전 무게를 감량한 데에서도 잘 나타나듯이 주전이익을 통해 재정을 충당하고자 하는 성격도 강하였다. 따라서 전황은 상품화폐경제가 더욱 발달하고 봉건적 경제구조의 해체가 가속화될수록 오히려 더 심화되었다.

(3) 18세기 후반~19세기 중엽 상품화폐경제의 발달

가. 동전유통의 확대와 신용화폐

18세기 전반 동전유통에 기초하여 확립된 화폐경제는 18세기 후반~19세기 중엽에 이르러 더욱 발전하였다. 동전의 유통영역과 가치법칙의 작용범위가 한층 확대되어 상품거래는 물론 노동력에 대한 대가 또한 대부분 화폐가치로 환산되고 지불되었다. 이 시기 동전은 가치척도·교환수단일 뿐 아니라 지불수단·축장수단으로서도 독점적인 지위를 점하였다. 더욱이 후술하는 바와 같이 이 때에는 貨幣地代의 발생과 함께 각종 조세에서의 동전수취가 매년 수백만 냥에 이를 만큼 증대하여 농민층은 더욱 깊숙히 화폐경제에 편입되었다. 이러한 여러 조건과 관련하여 동전에 대한 사회적 수요는 18세기 전반기와 비교할 수 없을 정도로 증대하였고, 이와 상호 인과관계를 가지면서 동전유통량도 크게 늘어났다.

영조연간 지속적으로 추진된 주전사업은 정조연간에 이르러 더욱 확대되

28) 元裕漢, 앞의 책, 98~106·113~127쪽.

었고, 이에 따라 주전관리체계에 대한 합리화와 통제도 모색되었다. 그 일환으로 주전사업을 중앙으로 집중시키기 위한「戶曹專管制」와 동전원료난을 해소하고 동전가치를 안정시키기 위한「年例鑄錢制」가 실시되었다. 그러나 이 조치들은 19세기 이후 봉건정부의 주전관리에 대한 감독체계가 이완되고 화폐유통 전반에 대한 중앙통제력이 현저히 약화되는 가운데 유명무실해져 중앙과 지방의 각 관부·군영은 다투어 대규모 주전사업을 벌여 나갔다.[29] 그리하여 18세기 후반에서 19세기 중엽에는 동전발행량이 크게 증가하였다. 이 시기에 봉건정부에서 발행한 주전량의 정확한 파악은 불가능하지만 기록상으로 확인되는 주전사업만 정리하면 〈표 1〉과 같다.

〈표 1〉 18세기 후반~19세기 중엽 주전 일람표

연 대	화폐주조량	연 대	화폐주조량
영조 48~50년(1772~4)	850,000냥	순조 25년(1825)	367,500냥
정조 9~13년(1785~9)	850,000냥	순조 28년(1828) 2월	
정조 15년(1791)		순조 28년(1828) 12월	
정조 17년(1793)		순조 30년(1830)	733,600냥
정조 19년(1795)		순조 32년(1832)	784,300냥
정조 22년(1798)		헌종 5년(1839)	
순조 7년(1807)	300,000냥	헌종 8년(1842)	
순조 13년(1813)	65,000냥	철종 6년(1855)	1,571,500냥
순조 14년(1814)	326,400냥	철종 8년(1857)	916,000냥
순조 16~17년(1816~7)	520,000여냥	철종 13년(1862)	

자료 : 《朝鮮王朝實錄》·《日省錄》·《備邊司謄錄》.

이 기간 동안 봉건정부가 발행한 동전량은 수치로 확인되는 것만 730여만 냥에 이르고 있었다. 여기에 봉건정부의 통제에도 불구하고 현실적으로 묵인된 주전기술자들의 挾鑄나 불법적인 私鑄가 광범하게 성행하였고, 19세기 중엽에는「公私兩利」란 명분하에 민간인에 대한 都給鑄錢까지 시행됨으로써

29) 元裕漢, 위의 책, 68~70·102~108쪽.
崔虎鎭,《韓國貨幣小史》(瑞文堂, 1974), 132~152쪽.

동전발행량은 날로 증가하였다.[30] 동전발행의 급증이 곧 상품화폐경제 발달의 척도가 되는 것은 아니지만 이와 같은 방대한 양의 화폐가 유통영역에 투입됨으로써 상품유통과 교환관계 발전에 적극적인 작용을 하였다. 이와 함께 동전원료를 확보하기 위한 銅鑛 개발도 활발히 추진되어 주전 증대는 광업 발달을 촉진하기도 하였다.

동전유통이 일반화되고 상품화폐경제가 발달하면서 또한 신용화폐가 널리 유통되었다. 동전은 일정한 중량을 지닌 금속화폐였기 때문에 나귀 1짐바리(駄)에 200냥(동전 2만 개) 정도밖에 싣지 못하는 운반상의 문제가 있었다. 따라서 장거리를 오가며 이루어지는 상업활동, 특히 대규모 상거래에서는 동전 대신「換」과「於音」등의 신용화폐가 이용되었다.[31] 환은 원거리에 동전을 보내거나 자신이 동전을 직접 가지고 가기 어려울 때 그것을 대신한 信用錢票로서, 대개 대규모 상업자본 사이의 상거래에 사용되었다. 환의 기원은 정확하게 알 수 없으나 이미 18세기 후반경 서울을 비롯한 개성·평양·江景·全州 등 주요 상업도시에서 보편화되었던 것으로 보이며, 19세기 이후에는 여러 지방 소도시나 광산에서는 물론 조세의 지불보증수단으로 이용될 만큼 그 유통범위가 확대되었다.[32] 한편 동전지불을 보증하는 일종의 채용증서이자 신용전표인 어음은 환 거래에 비해 규모가 작은 거래의 결제수단으로 사용되었으며, 환과 마찬가지로 18세기 후반 이후 보편화되었다. 신용화폐의 유통은 결국 이 시기 상품화폐유통의 발달, 도시상업과 상업자본의 성장을 반영하는 동시에 동전 중심의 화폐유통구조의 한계를 보여주는 것이기도 하였다.

나. 물가상승과 서울 유통구조의 변화

18세기 후반 이후에는 이와 같은 화폐경제의 동향을 반영하면서 유통계에 주목할 만한 두 가지 현상이 나타났다. 하나는 지속적인 물가상승이었고, 다른 하나는「錢荒」의 재현과 심화였다. 물가상승은 화폐유통 영역이 확대되고

30) 元裕漢, 위의 책, 76~84쪽.

31) 홍희유, 앞의 책, 258~262쪽.

32) 환 거래의 규모는 18세기 후반에 보통 400~600냥, 최고 1,500냥 정도였으나, 19세기 이후에는 크게 증가하여 수천, 수만 냥이나 되는 대규모 환 거래가 빈번히 이루어졌다.

상품화폐경제가 현저히 발달하는 가운데 수반되는 자연스러운 현상이었다. 동전유통이 시작된 17세기말에는 동전가치가 불안정하여 일시적인 물가상승이 있었으나, 18세기 전반 초기 전황의 성격에서도 잘 나타나는 바와 같이 동전유통이 정착되면서 동전가치는 안정세에 접어들었다. 18세기 전반의 물가 동향은 凶豊과 지역 사정에 따라, 또한 계절적 시차에 의해 시장가격의 騰落이 심하기 때문에 일반화하기는 어렵지만, 대체로 米價는 풍년일 경우 1석에 2~3냥, 흉년에는 4~5냥의 시세를 보였고, 綿布價(木價)는 비면작지대의 경우 1필에 2냥 이상, 면작지대의 경우 1냥 5~8전 정도의 시세를 유지하였다.[33] 이는 조세금납시의 법정 환산가(作錢價)인 미 1석당 5냥, 면포 1필당 2냥을 약간 밑도는 수준이었다.

조선 후기 물가상승 추세가 뚜렷해지는 것은 18세기 후반에서 19세기 전반에 이르는 시기였다. 특히 이 시기 물가상승을 주도한 것은 미곡과 면포였다. 미가등귀는 대규모 미곡시장의 형성과 私商·船商들이 주도하는 조직적인 유통망을 배경으로 미곡유통이 활발하였던 서울과 근교, 지방의 漕倉·포구 등에서 현저하였다. 18세기말 이들 지역의 미가는 1석당 10냥을 호가하였고, 19세기에 접어들어서는 12~13냥에서 15냥까지 등귀하는 경우도 흔히 나타났다. 또한 면포가격도 크게 등귀하여 18세기말 서울이나 비면작지대의 경우 1필당 3냥에서 3냥 4~5전에 거래되었고, 19세기 전반에는 지방 장시에서의 시세가 보통 1필당 4냥까지 상승하였다. 물가는 18세기 후반 이후 경향적으로 상승하여 19세기 전반이 되면 18세기 전반 시세에 비해 평균 2배 내지 2배 반 정도 상승하고 있는 셈이었다.[34]

이 시기 물가상승 추이를 반영하며 서울을 중심으로 나타난 상품유통 현상이 「穀荒」과 「綿荒」이었다. 만성적 미가등귀를 뜻하는 「곡황」은 18세기 서울의 인구증가와 미곡시장의 확대를 배경으로 대규모 상업자본을 갖춘 경강상인 등 비특권적 미곡상인들이 都賈활동과 租稅防納을 주도함으로써 형

33) 方基中, 앞의 글(1984), 176·184쪽.
34) 方基中, 앞의 글(1990), 219쪽. 이러한 추세는 물가 수준의 주요 지표가 되는 農地가격이나 導掌價·貢人價·主人價와 같은 각종 이권가격 상승률에서도 그대로 나타나고 있다.

성된 독점적 미곡유통구조였다.[35] 「면황」의 심화 역시 18세기 후반 이후 급증하고 있는 조세금납에 의해 서울과 연결된 특권적 면포유통구조가 해체되고 시장을 통한 면포유통이 발달하면서 성행한 면포상인들의 도고활동에 기인한 것이었다.[36] 곧 물가상승은 동전유통량 증대의 단순한 결과가 아니라 화폐유통이 비특권적 상품유통의 발달, 대규모 상업자본을 갖춘 신흥사상의 성장 등과 상호 밀접한 관련 속에 확대됨으로써 현실화되고 있었다.

그런데 화폐유통이 확대되고 물가가 상승하고 있음에도 불구하고 서울에서는 또한 전황이 심화되고 있었다. 동전유통량의 부족을 뜻하고 따라서 물가하락이 예상되는 전황과 물가상승(곡황)이 동시에 만성화되고 있는 유통경제 현실은 일견 모순되어 보이는 것이었다. 그러나 이것은 모순된 현상이 아니라 실상 이 시기 상품화폐유통의 특질을 반영하는 하나의 일관된 경제변동이었다. 당시 문제가 된 전황은 일반적인 동전유통량 부족이라기보다 대개 「都民」이라 불린 시전상인과 공인 등 특권상인들의 화폐 부족을 뜻하기 때문이었다.[37] 말하자면 이 시기 전황은 사상의 상업자본이 특권상인의 그것을 압도하게 되면서 특권상인이 화폐유통의 특권적 지위를 상실하고 있다는 자본력의 약화과정, 봉건적 유통기구의 해체과정을 반영한 것이었다. 18세기 전반에 나타났던 전황의 연장이면서도 이 시기 전황이 그 이전과 구별되는 점은 여기에 있었다. 화폐유통의 주도권은 신흥사상에게 이전되고 있었고, 시·공인들은 대부분 「債逋」을 야기하면서 자금난에 시달렸다.

18세기 후반 이후 서울을 중심으로 나타난 이러한 상품화폐유통의 변동은 특권상인을 기반으로 서울의 유통구조를 조절해가는 봉건정부의 유통정책이

---

35) 이 시기 미곡유통과 경강상인에 대해서는 다음의 글이 참조된다.
姜萬吉, 앞의 책.
李世永, 〈18, 9세기 穀物市場의 형성과 流通構造의 변동〉(《韓國史論》 9, 서울大, 1983).
高東煥, 앞의 책.

36) 方基中, 〈朝鮮後期 軍役稅에 있어서 金納租稅의 전개〉(《東方學志》 50, 1986), 143~145쪽.
———, 앞의 글(1990), 220쪽.

37) 方基中, 위의 글(1990), 220쪽.
李載允, 〈18世紀 貨幣經濟의 發展과 錢荒〉(延世大 碩士學位論文, 1994).

근본적인 한계를 맞고 있다는 것을 의미하였다. 그리고 이는 원활한 재정운영을 불가능하게 하고 재정악화를 초래하지 않을 수 없었기 때문에 봉건정부는 이미 정조연간부터 그 대책에 부심하였다. 정부의 대책은 크게 두 방향에서 모색되었다.[38] 우선 기존의 봉건적 유통기구를 유지하기 위한 「小變通」으로서 물가와 전황에 대한 일시적인 대증요법을 실시하였다. 물가상승을 억제하기 위해 정부가 비축한 미곡과 면포를 대량 방출하여 發賣하였고, 조세 징수시 규정 이상의 금납을 억제하고 면포징수를 강화하였으며, 「곡황」과 「면황」을 주도하는 都賈革罷도 강조되었다. 「전황」에 대해서는 특권상인의 자금난을 덜어주기 위한 자금 대여(放債)를 시행하고,[39] 대규모 주전사업을 추진하였다. 또한 실행되지는 못하였지만 일부 논자들은 高額錢이나 은화 또는 淸錢 등의 유통을 주창하기도 하였다.

그러나 물가상승과 특권상인의 위축은 이 시기 상품화폐유통의 발전에 따른 구조적 현상이었기 때문에 이러한 소변통으로는 해결될 수 없었다. 여기에 일종의 「大變通」으로 추진된 것이 정조 15년(1791)의 「辛亥通共」이었다. 신해통공은 전면적인 것은 아니나 六矣廛 외의 시전의 특권을 혁파하여 난전의 상업 자유화를 인정한 획기적인 상업정책이었다.[40] 또한 신해통공은 서울의 상권을 장악하고 곡황과 전황을 주도하고 있는 사상의 자본력을 봉건적 유통기구에 적극 수용하여 서울 유통구조의 안정을 꾀하는 동시에 악화되고 있는 국가재정을 유지하고자 하는 포괄적인 의미의 유통정책이었다. 곡황이 큰 사회문제가 되고 있음에도 불구하고 米廛이 육의전에서 제외되고 있다는 사실에 단적으로 나타나듯이, 봉건정부는 특권상인에 대한 대안없는 지원보다는 신흥 상업자본의 유통주도권과 도고활동을 현실적으로 인정하는 길을 택함으로써 전황과 곡황을 해결하고자 하였다.

---

38) 方基中, 위의 글, 221~222쪽.
李載允, 위의 글, 제3장.

39) 이른바 「貢市錢貨散貸」로서, 이 때 시·공인과 군병에게 대여된 자금은 모두 15만 7천 냥에 달하였다.

40) 姜萬吉, 앞의 책, 제5장.
劉元東, 《韓國近代經濟史硏究》(一志社, 1977) 제5장.
金東哲, 〈蔡濟恭의 經濟政策에 관한 考察〉(《釜大史學》 4, 1980).

그러나 봉건정부의 이러한 유통정책은 이에 상응한 재정개혁과 상공업대책이 뒤따르지 않는 가운데 오히려 물가상승과 도고활동만 조장하고 재정악화를 촉진하는 계기가 되었다. 19세기 이후에도 봉건적 재정구조는 완강히 견지되었고, 지속되는 주전사업에도 불구하고 정부의 화폐통제력은 현저히 약화되어 갔다. 이에 따라 과중한 국역부담에 시달리는 봉건적 유통기구의 해체는 가속화된 반면, 사상은 봉건정부와 긴밀한 유착 속에 도고활동을 더욱 확대하고 貢人權·主人權 등 각종 이권에 참여함으로써[41] 화폐유통의 주도권을 강화해 나갔다.

다. 농촌시장의 발달과 화폐지대의 발생

18세기 후반 이후 화폐유통의 확대·심화는 상품생산·유통이 한층 발달하는 가운데 이와 상호 인과적인 관계 속에서 전개되었다. 〈표 2〉와 같이 18세기 후반에는 전국적으로 1,000여 개가 넘는 지방장시가 열리고 있었다. 그리고 군현 단위의 상설시장권을 형성한 5일장도 더욱 확대되어, 5일장은 19세기 전반경 전국 장시의 90%를 차지하기에 이르렀다.[42]

〈표 2〉 18세기 후반~19세기 전반 장시의 분포

도별\시기별	18세기 후반	19세기 전반	도별\시기별	18세기 후반	19세기 전반
경 기 도	101	93	황 해 도	82	109
충 청 도	157	158	평 안 도	134	143
전 라 도	216	188	함 경 도	28	42
경 상 도	278	268			
강 원 도	68	51	합 계	1,064	1,052

자료 : 18세기 후반 《東國文獻備考》(1770).
19세기 전반 《林園十六志》(1830년대).

41) 劉元東, 위의 책, 제7·8장.
吳美一, 〈18·19세기 새로운 貢人權·廛契 창설운동과 亂廛活動〉(《奎章閣》 10, 서울大, 1987).

42) 徐有榘, 《林園十六志》 倪圭志 권 4, 貨殖 八域場市.
韓相權, 앞의 글.

18세기말, 19세기에 접어들어 장시는 새로운 양상을 보이는 가운데 질적으로 발전하였다. 위의 표에서 알 수 있듯이 이 시기에는 농촌시장의 지역적 확대가 꾸준히 진행되어 북부지방에까지 장시가 크게 증가하였다. 반면 중·남부지방의 장시는 상품화폐경제가 더욱 발전하고 5일장체계가 완성됨에 따라 교통이 편리하고 물산이 집중되는 大場·大邑 중심으로 재편성되기 시작하였다. 이들 큰 장시는 과거 군현 단위에 머무르고 있는 지역 시장권의 한계를 넘어서서 몇 개의 군현을 연결한 국지적 시장권의 경제중심지, 신흥 상업도시로서 발전하였다.[43] 이들 상업도시는 또한 국지적 시장권에 한정되지 않고 육상·수상·해상의 교통로를 따라 다른 국지적 시장권이나 서울을 연결하는 전국적 상품유통망의 중간 거점으로 성장하였다.

신흥 상업도시에서 상품유통을 주도한 상인층은 旅客主人·客主·都賣商人·船商 등 일정한 상업자본을 갖춘 사상들이었다. 이들은 매점·도매업·중개업·위탁판매업 등을 통해 소상인·행상인들을 지배하면서 각종 물산을 전국에 유통시켰으며, 나아가 고리대·先貸制 등을 통해 직접생산자인 농민과 수공업자들에 대한 경제적 지배력을 강화해 나갔다.[44] 이와 같은 장시의 확대과정과 관련하여 小邑·殘邑의 장시들은 큰 장시와 인근 장시에 흡수되거나 소멸되었고, 새로운 시장들이 신설되기도 하였다. 19세기에 접어들어 중·남부지방의 장시가 약간 감소한 것은 이러한 장시의 재편과정을 반영한 것이었다.[45]

일부 농촌시장이 규모가 커지고 신흥 상업도시로 성장할 수 있었던 것은 농업·수공업에서의 상품생산과 그 유통관계의 지속적인 발전에 기반을 둔

43) 경기도의 광주 송파장과 사평장, 안성 읍내장, 충청도의 은진 강경장, 직산 덕평장, 전라도의 전주 및 남원의 읍내장, 경상도의 진주 읍내장, 창원 마산포장, 강원도의 평창 대화장, 황해도의 토산 비천장, 봉산 은파장, 평안도의 박천 진두장, 함경도의 덕원 원산장 등이 그러한 대표적인 장시들이었다.

44) 전석담·홍희유·허종호, 《조선에서 자본주의적 관계의 발생》(과학백과사전종합출판사, 1970 ; 이성과 현실, 1989).
高東煥, 앞의 책.
李炳天, 앞의 글.
李榮昊, 〈19세기 恩津 江景浦의 商品流通構造〉(《韓國史論》 15, 서울大, 1986).

45) 韓相權, 앞의 글.

것이었다. 당시 장시에는 여러 농산물을 비롯하여 섬유제품이나 금속제품 등 각종 수공업제품, 수산물 및 축산물, 약재류 등 과거 자급자족적 생산형태를 취하던 거의 모든 물품들이 상품으로 출시되고 유통되었다.[46] 상품유통은 특산물의 상품화나 상품거래 규모와 관련하여 지역적 차이가 크기 때문에 일률적으로 말하기 어렵지만, 대부분의 장시에서 가장 빈번하고 광범하게 유통된 상품은 미곡과 면포였고, 그 다음이 담배, 면화, 마포, 명주, 철제 수공업제품, 토기·유기·자기·목기 수공업제품 등이었다. 이러한 사실은 17~18세기 이래 지속적으로 성장한 상업적 농업과 수공업생산의 발달이 이 시기 상품유통과 농촌시장의 발달을 주도하고 있다는 것을 잘 반영하는 것이었다. 특히 일부 역농적인 「經營型富農」과 「經營地主」가 주도적인 역할을 하고 있는 상업적 농업이 그 가운데 가장 중요한 위치를 차지하고 있다는 것은 조선 후기 상품유통·농촌시장의 발달이 농업경영의 새로운 양상을 바탕으로, 또 그것과 긴밀한 관련하에 실현되고 있다는 것을 의미하였다.[47]

농촌시장을 중심으로 상품유통관계가 발달함에 따라 화폐경제는 농촌사회에 더욱 깊숙히 침투하여 농촌사회의 분화를 촉진시켰다. 조선 후기 농촌사회가 화폐경제에 편입되면서 나타난 가장 뚜렷한 변화 가운데 하나는 봉건적 토지소유관계의 변화였다. 토지상품화의 전개, 지주·전호관계의 변화, 화폐지대의 발생 등이 그것이었다.

조선 전기에 합법화된 토지매매는 15~16세기 수조권분급제도의 약화·소멸과정과 함께 토지의 사적 소유권이 강화되고 양반귀족의 경제적 기반이 토지소유에 집중됨에 따라 이미 16~17세기에 성행하였다. 토지매매는 동전유통 이후 화폐재부의 축적이 발달하면서 한층 증대하였는데, 화폐유통의 정착은 「勒買」와 같이 수탈적 성격이 강하였던 종래 토지매매와 달리 화폐가

---

46) 徐有榘, 《林園十六志》 倪圭志 권 4, 貨殖 八域場市.
홍희유, 〈18~19세기 장시 등에 있어서의 상품유통의 발전〉(《역사과학》 1962년 5호).
李潤甲, 〈18·19세기 경북지방의 농업변동〉(《韓國史硏究》 53, 1986).

47) 金容燮, 앞의 책(1990).
李潤甲, 위의 글.
權泰檍, 《韓國近代綿業史硏究》(一潮閣, 1989) 제2장.
李永鶴, 《韓國 近代煙草業에 대한 硏究》(서울大 博士學位論文, 1990).

치에 입각한 토지상품화와 자유매매를 발달시켰다. 「給價買土」제도가 시행되면서 봉건국가나 왕실귀족도 토지를 마련하기 위해서는 그 대금으로 화폐를 지불하여야 했다. 특히 18세기 이후 토지상품화가 발달하면서 양반뿐만 아니라 화폐재부를 축적한 상인이나 서민들 역시 토지상품화의 주체로 등장하여 지주제 발달을 주도하였다. 반면 많은 자작농민층은 화폐경제와 고리대에 편입되는 가운데 자작경영으로부터 탈락하여 토지를 팔고 소작농 또는 雇農(농업노동자)으로 전락하였다.48)

토지상품화의 진전과 함께 지주제가 확대되면서 지주제의 성격도 점차 변화되었다. 종래 지주제하에서의 지주와 소작인의 관계는 봉건적 신분관계나 각종 경제외적 강제에 의해 인신적 지배 예속성이 강하였다. 그러나 화폐경제의 발달과 지주제의 신분적 성격의 해체는 이러한 지주와 소작인관계의 속성을 전반적으로 약화시켜 나갔다. 「經營地主」·「庶民地主」가 등장하고 있는 반면 양반 소작인이 증가하였고, 한 소작인이 여러 지주의 토지를 借耕하는 경우가 일반화되었다. 지주와 소작인관계는 점차 계약관계에 입각한 경제적 관계로 변화하여 소작인은 농노적 존재로부터 자유소작인 내지 단순 借地人으로 전환되고 있었다. 지주 역시 지대수입의 증대를 위해 이 추세를 수용하였다.49)

이러한 지주제의 성격 변화를 반영하여 지대수취에서도 변화가 일어났다. 賭地制의 발달과 화폐지대의 출현이었다.50) 도지제(도조제)는 전통적인 봉건

---

48) 金容燮, 《증보판 朝鮮後期農業史硏究》(I)(지식산업사, 1995).
　——, 《增補版 韓國近代農業史硏究》(上)(一潮閣, 1984) 제1장.
　——, 앞의 책(1990) 제3장.
　전석담·홍희유·허종호, 앞의 책, 제3장.

49) 金容燮, 위의 책(1984·1990, 1995).
　허종호, 《조선봉건말기의 소작제연구》(사회과학원출판사, 1965 ; 한마당, 1989) 제1·2장.

50) 조선 후기 지대 변화에 대해서는 다음의 글이 참조된다.
　金容燮, 위의 책(1995).
　허종호, 위의 책, 제3·4장.
　鄭昌烈, 〈朝鮮後期 屯田에 대하여〉(《李海南博士華甲紀念 史學論叢》, 1970).
　宋贊植, 〈朝鮮後期 農業에 있어서의 廣作運動〉(위의 책).
　李榮昊, 〈18·19세기 地代形態의 變化와 農業經營의 變動〉(《韓國史論》 11, 서울大, 1984).

지대 수취방식인 打租制(分益地代)와 달리 지대가 일정 기간, 일정 액수로 고정되어 있는 定額地代 수취방식이었다. 따라서 도지제하에서의 지주와 소작인관계는 거의 경제적인 계약관계였으며, 소작농민은 지주의 간섭없이 자유로운 자기경영을 할 수 있었다. 17세기 부분적으로 관행된 도지제는 18세기 이후 지대 인하를 추구하는 소작농민의 요구와 지대수취·농업경영상의 제반 난점을 해결하고자 하는 지주의 의도가 상호 결합하는 가운데 증대하였다. 도지제는 지역 관행에 따라 많은 차이가 있으나 일반적으로 민유지보다 국유지(屯田)와 宮房田을 중심으로, 그리고 水田보다 旱田에서 발달하였고, 19세기 이후 수전과 민유지에서도 점차 증가하는 추세를 보였다.

이와 같은 지대수취관계의 변화 속에서 화폐지대도 출현하였다. 당시 賭地錢, 賭錢, 돈賭地, 錢賭地, 錢支定 등 여러 이름으로 불린 화폐지대는 봉건지대의 마지막 형태였다. 화폐지대하에서 소작농민은 항상적으로 자신의 생산물 일부를 상품으로 판매하여 화폐를 마련해야 하기 때문에, 화폐지대가 발생하기 위해서는 그러한 교환이 가능한 상품화폐유통의 현저한 발전이 전제된다.[51] 전술한 바와 같이 미약하긴 하지만 18세기 이후 화폐경제의 발달과 농촌시장의 확대를 통해 그러한 경제적 기반이 형성되고 있었다. 특히 동전유통과 함께 시작된 조세금납의 지속적인 발달과 지주층의 화폐축적욕 증대는 화폐지대 출현의 중요한 배경이 되었다.

18세기부터 출현한 화폐지대는 19세기에 이르기까지 다음과 같은 몇 가지 특징을 보이면서 전개되었다. 우선 그 명칭에서도 잘 나타나듯이 화폐지대는 대부분 도지제에서 발생하였다. 봉건적 예속성이 약화되고 소작농민의 자립성이 강한 도지제에서의 지주 소작인 관계가 훨씬 용이하게 화폐화되고 있다는 것은 당연한 일이었다. 이러한 특징과 관련하여 화폐지대는 도지제가 성행한 둔전과 궁방전에서 먼저 발생하고, 점차 민전 지주지로 확대되었다. 둔전·궁방전에서의 소작농민은 導掌 등의 중간관리체계와도 관련하여 민전

51) 화폐지대는 소작농민이 직접 화폐로 지불하는 경우에만 성립한다. 따라서 궁방전이나 둔전에서 흔히 나타나는 바와 같이, 중간관리자(中畓主, 導掌)가 직접생산자인 소작농민에게 생산물로 수취하고 지주에게 作錢 상납하는 것은 화폐지대 발생의 중간과정이긴 하나 화폐지대는 아니다(李榮昊, 위의 글, 323~330쪽).

지주지보다 자립성이 강하여 지대금납화의 여지가 많았다. 그리고 국가재정·왕실귀족의 화폐수요 증대와 지대 운반의 난점 등도 화폐지대를 증대시키는 배경이 되었다. 또 화폐지대는 수전보다 한전에서 발달하였다. 이는 당시 미곡가격 형성의 불안정성과 미곡상품화의 이익 등을 고려한 지주층의 이해관계를 반영한 것이었다. 반면 한전의 경우 특히 木花田이나 蔘圃田 등 상업적 농업에서의 화폐지대가 더욱 진전되어 화폐지대 발생이 富農經營과 밀접한 관련을 갖고 있음을 알 수 있다.

그러나 18~19세기 화폐지대의 전개는 매우 완만하고 제한적이었다. 전체적으로 볼 때 생산물지대가 차지하는 비중이 여전히 일반적이었고, 특히 지주지의 다수를 점하고 있는 민유지에서는 압도적으로 생산물지대가 우세하였다. 또한 화폐지대의 제한성은 화폐지대의 일반적 형태가 정액이 아니라 시가에 따라 변동하는「代錢納地代」였다는 데에서도 잘 나타나고 있었다. 도지 자체는 정액이지만 그것의 화폐 환산은 시가에 따르는 것이 관례였다. 화폐지대가 발달한 둔전이나 궁방전에서도 정액 화폐지대가 일부 나타나고 있었으나 보편적으로는 대전납 방식이 관행되었다. 이러한 제한성은 물론 이 시기 상품화폐경제의 발달 수준이 봉건적인 토지소유관계·생산관계를 철저히 해체시킬 정도까지 이르지 못했다는 한계를 반영하는 것이었다. 그러나 이러한 한계에도 불구하고 화폐지대의 발생·발전은 이 시기 봉건적 경제제도를 해체시키는 중요한 역할을 담당하였다.

농촌사회가 화폐경제에 편입되면서 전개된 이러한 봉건적 토지소유관계 및 지주제의 변화는 본질적으로 소작농민의 성장을 뜻하는 것이었다. 도지제의 확대는 지주제의 봉건적 예속성을 극복하고 있는 소작권의 성장을 반영하였고,[52] 화폐지대의 발생은 그러한 성장을 바탕으로 지주와 소작인 관계가 화폐를 매개로 한 계약관계로 진전되고 있다는 것을 의미하였다.

그러나 이러한 새로운 양상들이 소작농민 모두에게 유리하게 작용하고 있는 것은 아니었다. 그 변화를 적극 활용하여 자신의 성장기반으로 삼을 수 있었던 농민은 일부 역농적인 부농층에 불과하였다. 상업적 농업과 고용노동

52) 이는 소유권과 토지이용권이 분리된 永代小作關係(永賭地)나 賭地權 매매관행에서 잘 나타난다(허종호, 앞의 책, 제3장).

을 주도하고 있는 이들「경영형부농」은 정액지대하의 경영권 안정을 기반으로 借地經營을 확대하고 부를 축적할 수 있었다. 반면 안정된 생산조건과 기술조건이 뒷받침되지 않을 때 이러한 소작관계의 변화는 오히려 소작농민의 몰락을 초래하는 질곡이 되었다. 실제 대다수 영세빈농이었던 당시의 소작농민들은 화폐구득을 위한 궁박판매와 고리대에 긴박되어 소작조차 박탈당하고 토지로부터 배제되고 있었다. 이 시기 발생한 도지제·화폐지대의 역사적 의의는 농민층 분해의 촉진에 있었다.[53]

2) 조세금납화와 봉건적 수취체제의 해체

(1) 조세금납의 성립조건-17세기 수취제도의 모순

17세기 후반 동전유통이 이루어지고 화폐경제가 농촌사회 깊숙히 침투함에 따라 조세의 금납화과정이 급속히 전개되었다. 국가재정의 근간이 되는 조세는 봉건적 토지소유관계와 신분제의 추이, 농업생산력과 교환경제의 발전 수준을 전제로 운영되었다. 따라서 토지·농민지배관계의 화폐화, 재정구조의 화폐화, 농민층의 소상품생산자화 등을 수반하는 조세금납화는 이 시기 봉건국가권력의 해체와 신분제 이완, 봉건적 유통기구의 해체, 봉건적 생산관계의 해체와 농민층분해 등 제반 체제적 변동과 상호 긴밀한 관련을 가지면서 전개되었고, 또한 그것을 촉진하는 한 계기가 되었다. 조선 후기 조세금납의 역사적 의의는 이러한 데 있었다.[54]

조세금납은 동전유통과 함께 봉건정부의 유통정책의 일환으로서 시작되었다. 그러나 조세금납은 그것이 불가피하게 요구되는 사회경제적 배경하에 성

53) 金容燮, 앞의 책(1995) 제3장.
李榮昊, 앞의 글(1984).

54) 조세금납에 대해서는 다음의 글이 참조된다.
장국종, 〈우리나라 봉건말기의 전세금납에 대하여〉(《역사과학》 1957년 6호).
宋贊植, 앞의 책.
方基中, 앞의 글(1984·1986·1990).
李揆大, 〈軍布의 代錢納과 鄕村社會의 變化〉(《韓國史論》 21, 國史編纂委員會, 1991).

립하였다. 동전유통이 필연적으로 요구되었던 16세기 이래의 유통경제적 조건과 17세기 수취제도의 현실이 그것이었다. 다만 조세금납은 농민층이나 봉건적 유통기구의 이해관계와 직결된 조세수취과정에서 이루어지는 특수한 화폐유통이라는 점과 관련하여, 17세기 수취제도의 모순이 조세금납 성립에 보다 직접적인 계기를 부여하였다.

조세금납을 위해서는 땀건 적건 화폐구득을 위한 조세부담자·농민층의 상품생산과 유통이 전제되고 그 교환관계를 위한 시장형성이 필요한데,[55] 16·17세기 농촌시장인 장시의 발달과 추포의 광범한 유통은 그것을 가능케 하는 내적 기반이 되었다. 더불어 농민층은 소액 명목화폐인 추포를 조세지불수단으로 확대시킴으로써 사실상 조세금납을 준비하는 역사적 경험도 축적하였다. 그러나 17세기 이후 봉건정부는 재정악화를 타개하기 위해 수취체계로부터 추포를 구축시키고 양포수탈을 강화하였다. 이는 布納租稅의 극대화를 수반한「國家綿布收取體系」의 전면적 확립이었다.

면포수탈의 강화는 17세기 전기간을 통해 이루어진 수취제도의 개편과정, 즉 전세제도에서의 永定法 실시, 공납제도에서의 大同法 실시, 軍役制(軍保制)의 확립 등 이른바「三政」가운데 중앙재정의 근간을 이루는 전결세와 군역세제도의 정비와 함께 제도적으로 추진되고 확립되었다.[56] 이 시기 전결세 개편 가운데 가장 중요한 내용의 하나는 山郡은 면포로 上納하고 沿邑은 쌀로 상납한다는 징세 원칙의 채택이었다. 각 군현을 미납지대와 포납지대로

---

55) 여기에서 말하는 조세금납은 금납에 대한 봉건정부의 法認과 조세부담자 자신의 화폐 지불이라는 두 가지 조건이 모두 충족될 경우에 한한다. 향촌의 수취기구가 법인되지 않은 현물조세를 동전으로 징수하고 중간에 현물로 바꾸어 상납하거나, 반대로 금납이 허용된 조세를 현물로 징수하고 중간에 換錢하여 상납하는 防納행위는 금납과 구별하여 후술한다.

56) 17세기 조세제도 개편과정에 대해서는 다음의 글이 참조된다.
方基中, 앞의 글(1984).
———, 〈朝鮮後期收取制度·民亂研究의 現況과「국사」教科書의 敍述〉(《歷史教育》39, 1986).
정연식, 〈조선후기 부세제도 연구현황〉(《韓國中世社會 解體期의 諸問題》下, 한울, 1987).
韓榮國, 〈朝鮮後期 收取制度와 그 研究〉(《朝鮮後期 社會經濟史研究入門》, 民族文化社, 1991).

구분한 전국적 규모의 徵稅地帶 편성이 이루어졌으며, 이에 따라 삼남지방을 대상으로 한 광범한「山郡作木地帶」곧 布納地帶가 형성되었다.[57] 군역세의 경우에는 군역제 정비를 통해 50만 명에 이르는 대량의 군역민이 창출되었는데, 이 가운데 80%가 넘는 대부분의 군역민이 면포 납부자인 軍布保였고, 20% 미만이 미곡 납부자인 軍米保였다. 물론 군역세도 미보는 연읍에, 포보는 산군에 배정한다는 징세지대 편성 원칙을 적용하였지만, 이러한 군역민 구성에 의해 군역세에서의 지불수단별 지대 편성은 현실적으로 불가능하였다. 그리하여 군포보는 산군·연읍을 막론하고 광범하게 분포되어 면포 납부를 강요받았다.[58]

봉건정부의 징세지대 편성,「산군작목지대」의 설정은 중앙으로의 대규모 미곡 운송을 船運에 의존하고 있는 당시의 운송조건과 관련할 때 불가피한 조처였다. 산군에서 미곡을 징수할 경우에는 조세부담자의 책임 아래 稅穀을 조창이나 연안포구까지 陸運해야 하는데 이에 따르는 加斂이 적지 않았기 때문에 산군에서의 미곡징수는 조세부담자나 봉건정부 모두에게 바람직하지 않았다. 더욱이 재정 악화에 직면한 봉건정부 입장에서는 화폐형태의 재부수탈이 요구되었고, 당시 國幣는 면포였다.

그러나 이러한 대규모 국가면포수취체계의 확립은 조세부담자·농민층에게 새로운 형태의 부담을 가중시켰다. 그것은 당시 綿作·綿業조건과 관련해서였다. 16세기 이래 면업은 괄목하게 발전하여 17세기 이앙법이 등장하기 전까지 농업생산력 증대와 상품유통을 주도하였다.[59] 봉건정부가 양포수탈을 전면화하고 제도적으로 국가면포수취체계를 확립할 수 있었던 생산력 기반도 여기에 있었다. 그런데 면작은 토양·기후 등 재배조건이 까다로와 보통 산군에서 발달하였다. 주요 면화생산지, 면작전업지대는 남해안의 일부 연읍을 제외하고 대개 산군에 분포되어 있었으며, 그 외에 농가경제의 보조수단

57) 군현별 징세지대 구분은 方基中, 앞의 글(1984), 123~128쪽 참조.
58) 方基中, 위의 글, 131~134쪽.
59) 澤村東平,《棉作綿業の生成と發展》(朝鮮纖維協會, 1941).
方基中, 위의 글, 147~151쪽.
金容燮,《朝鮮後期農學史硏究》(一潮閣, 1988), 103~110쪽.

으로 적지 않은 산군에서 자급적 면작경영이 이루어졌다. 말하자면 「산군작목지대」 설정은 일정하게 면작조건을 감안한 것이었다. 그러나 이러한 면업의 지역적 특성에도 불구하고 「산군작목지대」 설정이 면작조건을 모두 충족하는 것은 아니었다. 실제 많은 산군은 비면작지대였고, 자급지대라 하더라도 까다로운 생산조건은 늘 안정된 자급을 어렵게 하였다.[60]

그리하여 면포를 자급하지 못하는 비면작지대나 자급이 불안정한 자급적 면작지대의 조세부담자·농민층은 면포구득을 위해 항상적으로 농촌시장·화폐경제에 강제 편입되지 않을 수 없었다. 그래도 田結稅는 산군에서만 문제되는 것이었으나, 농민층에게 집중되고 있는 군포 부담은 산군과 연읍 어디에나 광범하게 존재하였기 때문에 군역민의 시장편입도는 더욱 강하였다. 그리고 이러한 시장에의 편입은

> 이곳은 木花가 나지 않는 지역으로 매번 상납독촉에 當하여 곡식으로 면포를 사서 준비하는데, 1필 구입에 곡식 數石이 소비되니 만약 한 집에 부자·형제가 같이 軍役을 지면 일시에 납부하는 양이 적으으면 8, 9필 많으면 10여 필에 이르니 그 소요되는 곡식을 당하려면 몇 석이 있어야 하겠습니까(權絿, 《灘村遺稿》 권 6, 雜著 民弊上疏).

라는 탄식과 같이, 대부분의 소농민을 이른바 「窮迫販賣」로 몰아 넣었고, 급기야 고리대에 얽어매어 파산시키고 있었다. 이 시기 국가면포수취체계의 확립, 면포수탈의 극대화가 농민층을 몰락시켜 가는 논리는 이러하였다. 여기에 또한 봉건정부·중간관리들의 양포수탈을 위한 「點退」가 성행하여 농민부담은 날로 증가하였다.

포납조세·면포수탈의 극대화가 야기하는 문제는 이러한 측면에만 그치는 것이 아니었다. 그것은 또한 면업의 발전 자체를 가로막는 장애물이었다. 특히 면직업은 선초부터 官營手工業과는 무관하게 농민층이 주체가 된 私的 農村手工業으로 전개되었기 때문에, 면포생산의 증대와 그 상품화과정은 농민의 소상품생산자화를 촉진하고 농촌시장과의 관련을 긴밀하게 하였다.[61]

---

60) 이 시기 면작지대 구성에 대해서는 方基中, 위의 글 참조.
61) 澤村東平, 앞의 책, 83쪽.

이러한 가운데 면작전업지대가 발전하고 있었다. 그러나 주요면업지대나 군역민에 대한 면포수탈의 집중은 농촌시장과 연결된 면업의 부농적 발전을 저해하였고, 면포유통으로부터 발생하는 상업이윤은 봉건정부나 특권상인에게 흡수되었다.

수취제도 모순은 米納租稅에도 존재하였다. 그것은 전세와 대동세의 지대편성이 서로 통일되지 않고 일관성을 결여함으로써 발생하는 문제였다. 즉 산군이면서도 전세는 쌀로 상납해야 하는「田稅作米山郡」의 설정이 그것이었다.[62] 봉건정부가 다수의「전세작미산군」을 설정하게 된 것은 재정구조의 자급성 때문이었다. 전세곡은 관료·군병의 봉급으로 지출되는「食資」였기 때문에 호조는 매해 필요한 일정량의 미곡을 반드시 현물로 수취하지 않으면 안되었다. 그러나 연읍의 전세곡만으로는 수요량이 충당되지 않았기 때문에, 봉건정부는 전세제도 개편시 일부 산군을 그대로 미납지대로 잔존시켰고, 漕運制度를 통해 이 지역의 미곡수송을 처리하였다.

17세기 수취제도의 모순은 이와 같이「국가면포수취체계」의 확립에 따른 면포수탈의 극대화와 농민층의 부담 증대에 집중되었다. 그것은 이 시기 유통경제의 성장과 관련하여 농민층을 몰락케 하는 주요한 요인이 되었다. 농민화폐인 추포의 조세지불수단 기능이 완전히 상실된 유통경제적 조건 속에서 조세 부담을 조정할 수 있는 새로운 지불형태가 요구되었다.[63] 이러한 점과 관련하여 봉건정부 입장에서 조세금납은 처음부터 지나친 면포수탈에 따른 농민 부담을 줄여주기 위한 부세경감 수단이라는 일반적 관념하에 성립되고 전개되었다.

方基中, 위의 글, 149쪽.

62) 方基中, 위의 글, 125·136~138쪽.
「전세작미산군」에 편성된 군현은 호서 11읍, 호남 22읍, 영남 12읍 등 총 45개 읍에 이르렀다.

63) 17세기초 이래 동전유통론이 대개 양포수탈 문제와 관련하여 제기된 바와 같이 봉건관료들 역시 이러한 국가면포수취체계의 모순을 충분히 인식하고 있었다. 대동법 주관자였던 金堉이 山郡에서조차 면포구득 실태를 시장구입으로 파악하고 이를 해결하기 위한 방법으로 用錢과 금납 도입을 주장한 것이 그러한 예가 될 것이다(金堉,《潛谷遺稿》권 4, 疏箚 請令湖西山邑鑄錢箚).

(2) 17세기말~19세기 중엽 조세금납의 전개

가. 17세기말~18세기초 조세금납의 성립

동전유통 시행과 함께 봉건정부는 숙종 5년(1679) 동전유통정책의 일환으로서 조세의「作錢收捧」, 즉 금납을 적극 추진하기로 결정하고, 이에 관한 기본 시행원칙을 정하였다.64) 시행 초기의 것이지만 조세금납에 임하는 봉건정부의 입장과 그 운영 방향은 이「作錢規定」을 통해 기본적으로 정리되고 있었다. 그 주요한 시행원칙은, ① 금납은 포납조세에 한정하여 미납조세에서는 허용하지 않고, ② 면포의 作錢價는 흉풍·시가에 따라 加減하는「從市價」원칙에 따르며, ③ 금납비율=作錢率은 현물재정 운영에 장애가 되지 않는 한도 내에서 정한다는 것 등 크게 세 가지였다. 이러한 시행원칙은 봉건정부가 면포수탈의 모순을 완화시키기 위해 부분적으로 재정 화폐화를 수용하면서도 금납을 현물재정구조의 유지를 전제로 한 재정보전의 한 방편으로 시행하고 있음을 보여주는 것이었다. 또한「종시가」규정에 잘 나타나는 바 성립기의 조세금납은 정액금납조세가 아니라 代錢納조세로서 출발하였다.

그러나 봉건정부의 제한 규정에도 불구하고 조세금납은 숙종 10~20년대 동전유통이 정착되고 유통지역이 확대됨에 따라 점차 증대하였다. 특히 면포수탈을 집중적으로 받고 있는 삼남지방에서 그러하였다. 이러한 금납 경향을 반영하여 이 시기 중앙에 상납되는 대동목과 군포에서는 면포와 동전을 반반씩 내게 하는「錢木參半」수취방식(1/2 작전율)이 관행으로서 정착되었다. 그리고 조세금납이 증대함에 따라 이를 둘러싼 이해관계도 본격적으로 표면화되기 시작하였다. 그것은 조세부담의 실제 내용을 결정하게 되는 작전가와 작전율을 둘러싼 봉건정부와 조세부담자·농민층 사이의 대립이었다. 동전유통 초기 화폐가치가 안정되지 못하여 물가변동이 심하였기 때문에 금납이 정착되면서 조세부담자·농민층은 작전가를 시가 이하로 낮추고 작전율을 확대시키고자 한 반면, 봉건정부는 지속적으로 면포시가에 따라 작전가를 개정하고 작전율도 되도록「전목참반」에 고정시키고자 하였다.65)

---

64)《備邊司謄錄》35책, 숙종 5년 4월 9일.
65) 方基中, 앞의 글(1984), 160~163쪽.

봉건정부가 매해 작전가를 면포시가에 따라 결정하고 또한 작전율을 일정 수준으로 유지하고자 한 것은 봉건적 재정구조와 그 운영원리에 입각한 것이었다. 정부는 조세수취를 통해 관료·군사조직의 재정을 충당하고, 국가재정과 연결된 서울의 봉건적 유통기구(貢·市人)를 운영해 나갔다. 그런데 그 재정의 「應捧·應下」는 자급적 재정운영 원리인 「量入爲出」에 입각하여 운영되었다.[66] 이 원리에 의해 작전가와 작전율의 동향은 재정에 의존한 제반 봉건기구(특히 공·시인, 군병 등)의 경제적 이해관계와 직결되는 응하가와 동전지불 비율에 직접 영향을 미치는 것이었다. 따라서 정부에서는 작전가와 면포시가 사이의 차이를 최대한 줄이고 현물재정구조가 허용하는 범위 내에서 금납 비율을 조정하여 봉건적 재정구조·유통구조를 유지해 나가고자 하였다. 이것이 금납을 둘러싼 봉건정부와 조세부담자 간의 기본적인 대항관계의 구조였다.

조세금납이 증대하고 이를 둘러싼 갈등이 심해짐에 따라 숙종 30년대 봉건정부는 금납 운영을 제도적으로 정비해 나갔다.[67] 그 1차 조치는 숙종 31년(1705) 良役變通과 관련하여 마련된 〈軍布均役節目〉을 통해 이루어졌다. 정부는 군역 종류에 따라 차이가 많았던 군포부담량과 면포품질을 1인당 2필, 木品 6승 35척으로 균일화하는 한편 금납의 「작전규정」도 조정하였다. 우선 役種에 따라 차이가 있던 각종 군포의 작전가를 1필에 2냥 5전으로 획일화하였고, 대동목은 2냥 3전으로 정하였다. 또한 그동안 관행되던 「전목참반」 작전율을 강제규정으로 법제화함으로써 정부의 동전수입을 일정하게 유지하는 동시에 더 이상의 금납 증대를 억제하고자 하였다. 이에 따라 재정운영에서도 「전목참반」 차하가 법제화되어 조선 후기 전기간을 통해 적용되었던 「응봉·응하」의 「전목참반」체계가 성립되었다.

이 조치에 이어 숙종 32~34년에는 금납 운영의 관건이었던 「從市價」 원

66) 方基中, 위의 글, 137~138쪽.
金玉根, 《朝鮮王朝財政史硏究》(一潮閣, 1988), 46~47쪽.
조선의 재정 운영은 조세 수취과정과 그 소비과정 등 크게 두 체계로 나뉘어지는데, 전자를 應捧 또는 收捧이라 하고, 후자를 應下 또는 上下[차하]라고 한다.

67) 方基中, 위의 글, 164~166쪽.

칙에 대해서도 변통론이 제기되었다. 이 때에는 심각한 「綿荒」에 의해 면포 가격이 급등하여 정부에서는 일시 대동목·군포의 純錢 상납을 허용하였는데, 이에 대한 공인·군병들의 반발이 심하여 자연 「종시가」 규정에 의한 작전가 증액이 쟁점이 되었다. 그러나 논의는 「종시가」가 불가하다는 방향으로 귀결되었다. 이 논의를 거친 뒤 訓練都監 砲保木 등 목품이 높게 관행되던 5개 역종을 제외한 모든 군포와 대동목의 작전가가 1필당 2냥으로 조정되었다. 그리고 나머지 5개 역종도 숙종 42년 1필당 2냥으로 고정됨으로써 모든 포납조세의 금납은 「전목참반」의 한계 내에서 작전가를 1필당 2냥으로 하는 정액금납조세로 전환하였다.[68]

나. 18세기 전반~19세기 중엽 조세금납의 전개

가) 포납조세의 금납화

이와 같이 조세금납은 국가면포수취체계의 모순을 극복한다는 발생사적 성격과 관련하여 성립한 지 20~30년 만에 봉건적 재정구조·유통구조를 위협할 정도로 급속하게 증대하였다. 조세금납은 여러 면에서 조세부담자·농민층에게 유리하였고, 부담경감의 방편이 되었다. 그러나 이러한 조세금납의 성격은 화폐경제가 농촌사회에 침투하는 과정에서 면포수탈의 한계가 극복되는 한 측면에 불과하였다. 이 시기 화폐경제의 확대 속에서 농민층은 화폐구득을 위한 상품생산과 유통시장에 편입되어 많은 경우 궁박판매와 고리대에 의해 파산하고 몰락하였다. 조세금납은 본질적으로 이러한 양상을 촉진하고 확대시키는 수탈기구의 성격을 가지고 있었다. 금납이 포납보다 농민층에게 유리하다는 것은 상대적인 부담경감에 불과하였다.

조세금납의 이러한 양면성은 봉건사회 해체기 화폐경제의 전개에 나타나는 일반적 특징으로서, 18세기초 「전황」을 통해 전면화하였다. 전황은 상품생산과 시장권의 성장에 기초한 화폐경제의 확대 속에서 동전이 봉건관부·지주·부상들에게 집중됨으로써 야기된 현상이었다. 동전퇴장과 고리대가 발달하였고, 농민층의 화폐구득은 어려워져 갔다. 또한 동전가치의 상승에 따

68) 1필 2냥式은 《續大典》 영조 20년(1744)에 명문화되어 개항 이전까지 법정 작전가로 유지되었다.

라 물가가 하락세를 보여 조세금납 성립기에 비해 금납이 부세경감의 방편이 될 수 있었던 조건은 악화되었다. 그러나 전황하에서도 기존의 조세금납 추이는 크게 변하지 않고 지속되었다. 그것은 영조 초기 전황대책으로 세 차례에 걸쳐 시도된 조세금납제의 폐지, 곧 「純木令」의 실시와 그 좌절과정을 통해 여실히 확인되었다.[69]

「순목령」에 의한 포납복귀는 동전이 이미 일반적 가치척도·교환수단으로 확립되어 있는 이 시기 유통경제의 성격상 실현 불가능한 조치였다. 그것은 "쌀을 가지고 동전을 구한 후 동전으로 면포를 구입해야 한다"[70]는 지적과 같이, 농민층에게 화폐구득과 면포구득이라는 이중의 유통과정을 거치게 함으로써 오히려 부담만 가중시켰다. 또한 물가가 작전가에 비해 현저히 낮다면 금납 경향이 저하될 수 있었으나 전황하에서도 물가는 그러한 정도까지 하락하고 있지 않았다.[71] 「純木上下」를 전제로 하는 「순목령」은 국가재정 운영과 관련해서도 불가능한 조치였다. 국가재정은 이미 화폐경제에 깊이 편입되어 있었고, 「순목령」은 재정에 의존하는 서울의 봉건적 유통기구(공·시인)의 상업활동을 위축시킬 뿐이었다.

이와 같이 화폐유통의 확립, 화폐경제의 농촌침투는 「전황」하에서도 조세금납을 불가피하게 하였다. 봉건정부도 조세금납을 필연적 추세로 인정하지 않을 수 없었다. 영조 11년(1735) 3차 「순목령」을 철회한 후 대동목은 기왕의 「錢木參半」으로 복귀하였고, 소농민에게 집중되고 있는 군포의 경우에는 면작조건을 배려하여 「從民願」 수봉을 채택하고 이를 법제화하였다.[72]

이에 따라 포납조세의 금납은 18세기 중엽 이후 화폐유통의 발전과 함께 더욱 증대하였다. 田結稅에서 금납을 주도한 대동목의 경우 19세기 중엽까지 「전목참반」 작전율이 유지되는 가운데 격심한 「면황」이 형성될 때에는 수시로 「木邊代錢」이 給災로서 실시되었고, 19세기 전반에는 전액 금납을 공인한 읍도 출현하였다.[73] 전세목은 18세기 중엽 이후에도 특별한 경우를 제하

69) 方基中, 앞의 글(1984), 172~179쪽.

70) 《備邊司謄錄》 76책, 영조 즉위년 10월 24일.
李匡德, 《冠陽集》 권 9, 啓 湖南御史書啓別單.

71) 주 33) 참조.

72) 方基中, 앞의 글(1984), 180쪽.

고는 거의 금납이 허용되지 않았는데, 그러한 가운데에서도 19세기 전반 예외적인 조치로서 몇 읍에는 금납이 허용되었다.[74]

18세기 중엽 이후 조세금납 전개의 새로운 계기를 부여한 것은 均役法의 실시였다. 균역법은 과중한 군역민의 부담을 半減하여 민생을 안정시키고 동시에 재정화폐화에 의해 불안정해지고 있는 軍門 재정을 유지한다는 목적에서 실시하였다. 그리고 후자를 위해 均役廳을 신설하여 군문에 대한 給代案을 마련하였다. 그러나 봉건정부의 의도와 달리 균역청 수입은 조기에 화폐화과정을 걸어 19세기초에 동전이 이미 수입의 90%를 차지하였고, 또한 대부분의 급대 운영이 지방재정을 압박함으로써 오히려 균역법은 재정구조를 동요시키는 배경이 되었다.[75]

이러한 균역법의 성격과 관련하여 군역세의 금납이 급증하였다. 영조 11년 수취방식이 「종민원」으로 바뀐 군포에서의 금납은 세액이 반감되면서 한층 증대하여, 정조 즉위 후에는 "매해 군포의 純錢 상납이 고질적인 병폐"[76]라 지적될 정도로 금납비율이 급증하였다. 이에 따라 각 군문에서는 면포가 크게 부족하여 금납에 대한 불만이 고조되었고, 다른 한편 조세수취에 의한 면포 공급이 격감하면서 서울에는 「면황」이 장기간 지속되었다. 균역법 이후 군포의 반감과 금납의 확대는 국가면포수취체계를 전반적으로 해체시키고 있었다. 그리하여 그 대책에 부심한 봉건정부는 금납을 일정한 수준에서 억제하기 위한 방편으로 정조 9년(1785) "各軍門 各衙門 身布는 純木 혹은 木錢參半 징수를 병행하며, 만약 면작 흉년으로 인한 稟請이 아니면 순전 징수를 허락하지 않는다"는 새로운 군포수취법을 마련하였다.[77]

---

73) 면포납이었던 충청도의 永春·丹陽·清風·延豊과 경상도의 軍威, 마포납이었던 경상도의 咸陽·居昌·安義·山淸, 전라도의 長水·雲峯, 강원도의 平康·麟蹄·金化 등 14개 읍의 大同木·麻布가 금납화되었다.

74) 경상도의 眞寶·軍威·英陽(면포납)과 강원도의 금화·평강(마포납) 등 5개 읍이 금납화되었다.

75) 方基中, 앞의 글(1986), 124~130쪽.
鄭演植, 〈均役法 시행 이후의 地方財政의 변화〉(《震檀學報》 67, 1989).
白承哲, 〈17·18세기 軍役制의 變動과 運營〉(《李載龒博士還曆紀念 韓國史學論叢》, 1990).

76) 《備邊司謄錄》 165책, 정조 6년 10월 15일.

77) 《大典通編》 戶典 徭賦.

새 군포수취법의 취지는 민원에 따르는 수취방식을 폐지하고 役種에 따라 작전율을 정한 데 있었다. 즉 훈련도감 소속 군포는「純木」, 훈련도감 외의 병조·금위영·어영청 등 중앙군문 소속 군포는「錢木參半」상납으로 정하였고, 각 아문 소속 군포는 관행으로서「순전상납」을 허용하였다. 작전율의 조정과 더불어 새 군포수취법에서는 18세기 전반부터「면황」이 발생하였을 때 급재의 일환으로 실시하였던「分數作錢(木邊代錢)」을 완전히 제도화하였다.[78] 이는 면포수취 강화에 따른 군역민의 반발을 예상하여 마련한 대책이었다.

그리하여 18세기말 이후 군포 금납은 세 계통의 작전율을 원칙으로 하면서「분수작전」으로 전개되었다. 이에 의해 18세기 후반까지 급증하였던 금납의 추세는 일정하게 둔화되었다. 일정액의 면포수취를 유지하고자 하는 봉건정부의 의도를 반영하여 세 계통의 작전율은 19세기 이후에도 계속 시행되었다.「분수작전」의 분수율도 대개는「순전」이 아니었기 때문에 일정액의 면포비납은 항상 존재하였다. 특히 1840년대 헌종연간에 접어들면서 분수율은 더욱 낮아졌다. 이에 따라 18세기말 이후 19세기에 접어들어서는 군포 지불수단을 둘러싼 봉건정부와 농민층의 대립이 심화되었다. 특히 이 시기의 면포가격은 작전가를 훨씬 상회하여 1필당 3냥 5전~4냥까지 상승하였기 때문에 이러한 분쟁은 불가피하였다. 이러한 가운데 이를 이용한 향촌의 말단 稅吏들의 防納수탈도 격심해졌다.

나) 미납조세의 금납화

숙종 5년(1679)의「작전규정」에서도 확인한 바와 같이 금납 성립기에는 米納조세의 금납이 인정되지 않았다. 그러나 포납조세의 금납이 발달하면서 18세기 전반 점차 조세미 금납이 공인된 지역이 형성되었다.[79] 조세미 금납은 전결세를 중심으로 전개되었는데, 숙종 39년 황해도의 新溪·谷山·瑞興·遂

78)「분수작전」은 위의 법정 작전율 이상의 금납을 허용하는 조치로서, 이를 위해서는 반드시 각 도(감영)에서 면작 흉풍을 조사한 군현 단위의「綿災實分等」을 종합하여 도 내의 군현별 면작 상황을 크게 尤甚·之次·稍實邑 등 세 유형으로 구분하고, 주로 우심·지차읍을 대상으로 작전율 인상을 稟請하도록 한 것이다. 말하자면 比摠制를 면포수취에 확대 적용한 것으로, 중앙에서는 이를 토대로 木邊 중 일정 비율의 금납 증액을 給災로서 허용하는 것이다(方基中, 앞의 글, 1986, 151~156쪽).

79) 이하 方基中, 앞의 글(1984), 180~189쪽 및 앞의 글(1990), 206쪽 참조.

安 등「山郡 4읍」의 전세와 대동세, 연읍 鳳山郡의 田稅太 금납이 허용된 이래, 영조 25년(1749) 경상도의 安東·尙州·醴泉·比安·龍宮·聞慶·咸昌 등「嶺底 山郡 7읍」의 전세, 영조 28년 황해도의 黃州·豊川·載寧·信川·長淵·安岳·文化·松禾·長連·殷栗·봉산 등「長山 이북」11 연읍의 전세·대동세, 영조 31년 禮安·榮川·豊基·順興·奉化 등「竹嶺 山郡 5읍」의 전세가 각각 금납화되는 등, 18세기 중엽까지 황해도 15개읍, 경상도 12개읍 등 총 27개읍의 전세나 대동세 금납이 공인되었다.

이와 같이 일부 지역에서 전결세 금납이 출현하게 된 것은 무엇보다도 징세지대 편성과 관련한 세곡운송상의 폐단 때문이었다. 세곡의 중앙수송은 모두 선운에 의존하고 있는데, 지역 조건이 선운에 적당하지 않을 경우 과다한 경비 지출과 加斂이 뒤따랐다. 산군이면서도 전세를 미납해야 하는「田稅作米山郡」이 그 대표적인 경우였다. 이들 지역에서는 조창까지의 전세곡운반에 따르는 가렴이 조세부담을 가중시키는 주요한 원인이었기 때문에, 농민층은 동전유통이 정착되면서 끊임없이 전세 금납을 요구하였다. 금납이 허용된 지역은 황해도 연읍을 빼고 모두 이러한 문제를 안고 있는「전세작미산군」이었다. 또한 황해도의 11개 연읍도 船路가 험한 특수지역으로서 세곡운반시에「故敗」·「偸食」등의 폐단이 많았기 때문에 금납화된 곳이었다.

세곡운송의 과다한 가렴을 극복하고자 하는 조세부담자·농민층의 집요한 금납요구는 18세기 후반 이후에도 지속되었다. 그 결과 19세기 중엽에 이르기까지 충청도의 永春·延豊·丹陽·淸風 등「半山郡」4읍의 전세, 堤川(연읍)의 전세·대동, 강원도 연읍인 伊川·安峽·楊口·寧越·麟蹄·鐵原·橫城 등 7읍의 전세·대동, 황해도 연읍인 兎山·平山 2읍의 전세, 토산·海州·延安·白川[배천]·瓮津·康翎·金川 등「長山 이남」7읍의 대동소미, 경기도 長湍(연읍)의 전세·대동 등 모두 21개 읍의 전세 내지 대동세 금납이 추가로 인정되었다.

전세금납이 실시되자 作錢價를 둘러싼 분쟁이 심화되었다. 봉건정부는 숙종 39년 전세금납을 처음 공인할 때 작전가를 米 1석당 7냥, 田米 5냥, 太 3냥으로 정하였다. 그러나 이는「전황」하의 시가보다 크게 높은 것으로서 이에 대한 조세부담자·농민층의 저항은 불가피하였다. 결국 조세부담자의 지속적인 요구에 의해 작전가는 영조 10년대 후반경에 1석당 5냥으로 인하되었고, 이는 면포의 1필당 2냥식과 함께 법정 작전가로 고정되었다.[80]

이와 같이 전결세의 금납은 징세지대 편성의 모순과 관련한 부담증대를 해결하고자 하는 조세부담자·농민층의 적극적인 금납화운동에 의해 실현되었다. 그러나 여기에는 한계가 있었다. 예컨대 「전세작미산군」은 실제 전라도에 집중되어 있었으며, 이곳에서의 전세미 운송에 따른 가렴과 분쟁은 위의 지역보다 더욱 심하였지만 금납은 허용되지 않았다. 또한 「賃船上納」되는 광범한 연읍지역의 전결세는 철저하게 금납과 차단되어 있었다. 미납조세의 금납을 억제하고자 하는 봉건정부의 입장은 완강히 견지되었으며, 이에 따라 19세기 중엽까지 전결세미 금납이 공인된 지역은 모두 48개 읍에 이르는 데 그치고 있었다.

한편 18세기 전반까지 금납이 거의 허용되지 않았던 軍保米는 균역법 이후 지불수단을 둘러싼 분쟁이 심화되면서 점차 금납화과정을 걷게 되었다.[81] 그것은 세액이 반감되었음에도 불구하고 각종 가렴과 중간수탈이 증대하고 미가가 상승함으로써 군보미 징수가 전반적으로 가혹한 방납수탈에 편입되었기 때문이다. 군역민 한 사람이 부담하는 미 6두역에 대한 防納價는 보통 6~7냥으로서, 작전가의 3배에 이르고 있었다. 이에 대한 군역민의 저항은 면역·피역 등 다양하게 나타났지만, 기존 군역제 내에서 적극 추진된 것이 금납 요구였다. 금납이 최선의 변통책이라는 것은 봉건관료들도 대개 인정하는 바였다. 그러나 봉건정부는 군병을 미곡구매자로 전락시킨다는 이유로 금납을 수용하지 못하였다.

그리하여 18세기 후반 이후 米保軍이 많은 경기·충청·강원·황해도에서는 장기간에 걸친 군역민의 금납화운동이 치열하게 전개되었다. 그 결과 1840년경까지 전체 미보군의 22%에 해당하는 14,000여 명의 미보군이 錢保軍으로 전환하였다. 이러한 추세 속에서 봉건정부는 결국 헌종 9년(1843) 훈련도감·어영청·금위영 등 3군문 소속 미보군 34,775명의 군보미를 전면 금납화시키는 「保米變通」을 단행하였다.[82] 대신 3군문의 동전수입에 해당하는

---

80) 《大典通編》 戶典 收稅.
　이 법정 작전가에 의한 일반적인 전세금납을 「元作錢」이라 한다.

81) 이하 方基中, 앞의 글(1986), 130~142쪽 참조.

액수 만큼 균역청 結錢의 일부를 다시 미곡으로 징수하여 이를 3군문과 상호 교환함으로써 군병들의 「放料米」를 해결하였다.[83]

다. 조세금납 전개의 특질과 한계

이상과 같이 조선 후기 조세금납의 전개과정과 그 발달 수준은 지불수단(미납·포납)이나 세목(전결세·군역세)에 따라 지역적으로 많은 편차를 보이고 있었다. 지불수단별로 볼 때 조세금납은 포납조세에서 발달하였고, 이를 주도한 세목은 대동목과 군포였다. 반면 미납조세에서의 금납은 주로 전결세미 운송과 관련하여 산군이나 산군과 같이 운송조건이 열악한 일부 연읍지역을 중심으로 전개되었고, 전결세 중에서도 전세미의 금납이 발달하였다. 한편 세목별로 볼 때에는 전결세보다 군역세에서의 금납화과정이 더 빨라 이미 18세기말~19세기 전반 군역제는 전반적으로 화폐를 매개로 한 신분지배관계로 전환되고 있었다.

조세금납화과정에서 나타나는 이러한 양상은 봉건적 토지·농민지배와 국가재정의 요구를 관철시키고자 하는 봉건정부의 입장과 조세부담자·농민층의 이해관계가 상호 심각하게 대립하는 가운데 형성된 것이었다. 조세금납화의 動因은 상품화폐유통의 확대를 배경으로 하는 조세부담자·농민층의 봉건수탈에 대한 저항, 그것이었다. 이러한 가운데 조세금납은 증대하였고, 국가재정의 화폐화도 촉진되었다.

18~19세기 중엽에 이르는 시기의 중앙상납 조세의 金納量을 추정해 보면, 전결세의 경우 〈표 3〉·〈표 4〉와 같다. 호조와 선혜청의 1년 수입 가운데 동전 비율은 양쪽 모두 18세기 중엽까지 전체 수입의 20% 미만, 18세기 후반부터 19세기 중엽에는 25~30% 수준에서 등락을 보이고 있고, 19세기를 전후한 시기 동전 수입량은 대체로 60~70만 냥 정도였다.[84] 군역세의 경우

---

82) 이 때 군보미 6두의 작전가는 원 세액 2냥에 잡비 5전 4분을 가산하여 2냥 5전 4분으로 정하였다.

83) 이를 「結作米」라 부르는데, 결전의 작미는 전라도(作米量은 1결당 세액인 5전 중 3/5), 충청도와 황해도(작미량은 4/5) 등 3도의 연읍에서만 시행하였다.

84) 이 가운데 호조의 경우 대개 동전으로 수취된 전세 이외의 수입이 포함되어 있으므로 이를 감안하면 실제 전결세의 금납량은 대개 50~60만 냥 수준이었다.

는 수치로서 정확하게 파악하기 힘들지만 중앙상납 금납량은 18세기 전반에는 80만 냥 전후, 균역법 이후인 18세기 후반부터는 60~70만 냥 수준에서 19세기에 계속 증대하였을 것으로 추정된다.[85] 그리고 급대안으로 마련된 균역청 수입은 19세기 전반경 대체로 50만 냥 전후를 보이고 있다.[86]

그러나 조선 후기 전기간에 걸친 경향적 증대라는 일반적 추세에도 불구하고 중앙상납 법정조세의 금납은 18세기말을 분기로 점차 한계에 이르고 있었다. 봉건정부는「국가면포수취체계」를 유지하기 위해 면포수취를 강화하였으며, 이에 따라 포납조세에서의 금납 증가율은 둔화되었다. 또한 전결세미의 금납 허용도 일부 특수지역에 국한하였고, 미곡생산의 중심지인 전라도 전역과 충청·경상도의 광범한 연읍지대는 금납과 완전 차단되어 있었다. 3군문의 군보미와 같이 전면 금납화된 경우에도 이미 금납화된 결전의 일부를 다시 미납으로 전환시킨「結作米」와의 상환을 전제한 위에 실현된 것이었다.

〈표 3〉 호조 1년 수입 구성

연 도	錢(兩)	米(石)	田米(石)	太(石)	木·布(疋)	錢 비율
영조 25년 (1749)	169,790	113,840 (569,200)	7,013 (28,052)	36,650 (91,626)	86,250 (172,500)	16% (1,031,167)
정조 9년 (1785)	219,830	127,620 (638,100)	4,037 (16,148)	41,393 (103,483)	78,669 (157,338)	19% (1,134,899)
정조 14년 (1790)	409,907	120,576 (602,880)	3,973 (15,892)	42,856 (107,140)	88,535 (177,070)	31% (1,312,889)
순조 7년 (1807)	306,986	117,096 (585,480)	9,684 (38,736)	43,072 (107,680)	67,579 (135,158)	26% (1,174,040)
고종 원년 (1864)	172,713	91,717 (458,585)	2,461 (9,844)	41,484 (103,710)	59,155 (118,310)	20% (863,162)

자료 :《萬機要覽》財用編 4, 戶曹一年經費.
《六典條例》戶曹.
비고 : 영조~순조연간은 전세 외의 수입 포함, 고종 원년은 전세 수입.
( )는 錢으로 환산한 수치이며, 作錢式은 元作錢價에 의함.

85) 이는 양역부담 군역민을 약 50만 명으로 계산하여 균역법 이전은 군포의「錢木參半」을 기준으로 잡은 것이며, 세액이 반감된 균역법 이후는 군보미까지 포함하여 추산한 것이다.

86) 方基中, 앞의 글(1986), 125쪽.

〈표 4〉 선혜청 1년 수입 구성

연 도	錢(兩)	米(石)	田米(石)	太(石)	木・布(疋)	錢 비율
영조 43년 (1767)	247,229	156,055 (780,275)	5,052 (20,208)	10,057 (25,143)	117,908 (235,816)	18% (1,308,671)
정조 9년 (1785)	419,614	164,585 (822,925)	2,719 (10,876)	11,986 (29,965)	95,175 (190,350)	28% (1,473,730)
정조 20년 (1796)	350,409	128,498 (642,490)	3,259 (13,036)	10,656 (26,640)	128,162 (256,324)	27% (1,288,899)
순조 7년 (1807)	340,463	146,167 (730,835)	1,988 (7,952)	11,291 (28,228)	126,081 (252,162)	25% (1,359,640)
고종 원년 (1864)	333,366	122,283 (611,415)	1,661 (6,644)	463 (1,158)	117,236 (234,472)	28% (1,187,055)

전거 : 《萬機要覽》 財用編 4, 宣惠廳一年經用.
《六典條例》 宣惠廳.
비고 : 小豆는 제외했음. 作錢式은 元作錢價에 의함.

요컨대 봉건정부는 자급적 현물재정구조를 유지하는 한도 내에서 조세금납을 운영하였다. 더 이상의 금납은 현물재정구조 자체를 위협하였다. 전세미와 군보미의 금납은 봉건적 관료・군사기구의 경제기반을 화폐경제에 편입시키는 것이었다. 조세금납의 제한성은 대동미의 경우 더욱 극명하게 드러나고 있었다. 봉건정부는 대량의 대동미를 확보하고 이를 봉건적 유통기구를 통해 소비함으로써 서울의 물가를 조절하고 미곡구매자인 서울인민의 생활을 안정시키고자 하였다. 대동미 확보는 이른바 봉건적 유통정책 이념인 「常平」을 실현하는 관건으로서, 대동미 금납은 곧 서울 미곡시장에 대한 국가통제력의 상실을 의미하는 것이었다.87)

여기에 봉건정부의 금납 확대를 더욱 어렵게 만든 배경은 상품화폐유통의 발달에 따른 물가상승이었다. 19세기 이후 미・면포의 시가는 정액 작전가의 두 배 가량이나 상승하고 있었기 때문에 조세금납의 확대는 재정구조는 물론 이에 의존한 제반 봉건기구들의 경제적 특권을 위협하는 것이었다. 법정 작전가에 의한 정액금납으로는 재정운영을 감당할 수 없었다. 이를 해

87) 方基中, 앞의 글(1984), 195~197쪽.

결하려면 작전가를 인상할 수밖에 없는데, 조세금납을 給災政策의 일환으로 생각하는 봉건정부는 작전가 조정보다 금납을 제한하는 방향에서 재정을 운영하였다.

이와 같이 「量入爲出」 원리에 입각한 봉건정부의 재정정책과 물가상승에 의해 조세금납은 한계에 이르고 있었다. 더 이상의 금납을 위해서는 조세제도와 재정구조, 나아가 이에 기초한 유통정책 전반의 큰 변화가 요구되었다. 이에 지식인 가운데는 그 변화를 적극 추구하여 國富의 증대를 논한 사람도 있었다.[88] 즉 작전가를 현실화하고 조세금납을 전면 실시하는 등 세제개혁·재정개혁을 단행하고, 이를 바탕으로 국가 주도의 부국책을 모색하자는 것이었다. 그러나 봉건정부는 19세기 중엽까지도 기존의 재정원리를 완강히 고수하였다.

(3) 19세기 전반 화폐수탈의 급증과 사회적 모순의 심화

가. 법외적·지방적 동전수탈의 급증

18세기말을 분기로 19세기에 접어들면서 국가가 공인하는 상납조세의 금납은 한계에 이르렀다. 그러나 이러한 금납 추이가 당시의 실제 조세수취의 실상을 반영하는 것은 아니었다. 오히려 19세기 이후 향촌에서는 합법적 조세금납과 비교할 수 없을 만큼 대규모의 비합법적·지방적 형태의 동전수탈이 진행되었다. 그것은 稅目에 따라 각기 독특한 형태를 취하며 「三政」은 물론 雜役稅에 이르기까지 모든 조세 영역에서 발달하였다. 전결세와 군역세에서의 代錢防納·都結·私募屬, 환곡에서의 還耗作錢, 그리고 잡역세에서의 殖利 등이 그 대표적인 예였다.[89]

대전방납은 향촌의 吏胥輩가 서울 役員이나 倉吏·營吏 등과 결탁하여 중

---

88) 崔瑆煥, 《顧問備略》 권 2, 貢賦.
俞莘煥, 《鳳棲集》 권 5, 時務篇.
최성환의 금납화론과 유신환의 세제개혁론은 이후 甲午改革의 주요 이론가인 俞吉濬과 金允植에게 각각 계승되어 개화파의 근대화 구상에 반영되었다. 이에 대해서는 金容燮, 〈甲申·甲午改革期 開化派의 農業論〉(《增補版 韓國近代農業史硏究》 上, 一潮閣, 1984), 55~71쪽 ; 吳斗煥, 〈甲午改革期의 賦稅「金納化」에 관한 硏究〉(《經濟史學》 7, 1984), 56쪽 참조.

89) 이하 方基中, 앞의 글(1990) 참조.

앙상납 조세를 미곡이나 면포 대신 동전으로 징수한 뒤 서울·조창·포구 또는 장시의 상인으로부터 미곡과 면포를 구입하여 중앙에 납부하고 이로부터 생기는 이득을 챙기는 조세청부이자 모리행위였다. 상납조세 전반에 걸쳐 무차별적으로 전개된 대전방납은 18세기말 이미 커다란 사회문제가 되었고, 19세기 이후 더욱 일반화되었다. 경기도·황해도는 서울이나 근교에서「貿米上納」하고 삼남은 주로 조창과 포구를 이용하였으나, 방납이 일반화되면서 서울까지「무미」영역이 확대되었다. 결세미 방납만큼 규모가 크고 조직적이지는 못했지만 상납 면포의 방납도 성행하였다. 특히 정조 9년 군포수봉법 개정 후 면포의 대전방납이 급증하였다.

대전방납을 주도하는 주체는 말단 수세실무자, 특히 향촌의 이서배·戶首輩들과 미곡·면포유통을 장악하고 있는 상인들이었다. 그러나 방납이 조직적으로 발달할 수 있었던 것은 조세부담자·농민층도 일정하게 방납을 수용하고 이에 협조하였기 때문이다. 방납이 성행하면서 야기된 문제는 크게 두 가지였다. 하나는 일시에 이루어지는 대량의 貿米가 만성적인 미가등귀(穀荒)를 초래하여 서울과 조창 등지의 미곡유통구조를 크게 악화시키고 있는 점이었다. 다른 하나는 조세부담과 직결되는 방납가문제였다. 18세기말 방납가는 세미 1석당 10냥 이상, 군보미 6두당 6~7냥, 군포 1필당 4~5냥 등 법정 작전가의 2~3배에 이르고 있었다.

都結은 방납이 향촌의 일반적 징세관행으로 자리를 잡아가면서 나름대로의 운영체계를 갖추어감에 따라 성립되었다. 19세기초에 나타나기 시작한 도결은 순조 후반경 전국 각지로 확산되었고, 헌종·철종연간에는 전결세와 도결이 동의어로 사용될 만큼 보편화되었다.[90] 도결은 이서배·호수배의 모리

90) 도결에 대해서는 다음의 글이 참조된다.
安秉旭, 〈19세기 賦稅의 都結化와 封建的 收取體制의 解體〉(《國史館論叢》 7, 1989).
鄭善男, 〈18·19세기 田結稅의 收取制度와 그 運營〉(《韓國史論》 22, 서울大, 1990).
高錫珪, 《19세기 鄕村支配勢力의 변동과 農民抗爭의 양상》(서울大 博士學位論文, 1991).
高東煥, 〈19세기 부세운영의 변화와 그 성격〉(한국역사연구회, 《1894년 농민전쟁연구》 1, 역사비평사, 1991).

행위 차원을 넘어서서 守令을 책임자로 하는 지방관부 스스로 주체가 되어 방납을 행하는 것이었다. 즉 각종 전결세의 총액에 해당하는 都結價를 정하여 돈으로 징수한 뒤 각 세목을 주관하는 담당 色吏들이 米木을 구입하여 중앙에 납부하는 한층 조직화된 대전방납형태였다. 도결은 수령 관장하에 방납행위를 하는 것으로, 그만한 명분과 목적이 내세워지고 있었다. 도결에서 생기는 「剩餘條」를 가지고 군역의 虛額을 보충하거나 환곡 逋欠을 메꾸고 부족한 官用에 충당한다는 것이었다. 이러한 점 때문에 도결은 여타 조세의 結納化를 동반하였고, 또한 수령이 作夫 작업에 간여하여 戶首·養戶의 이익을 탈취함으로써 봉건적 수취구조를 스스로 해체시켜 나갔다.

도결이 일반화되면서 가장 큰 분쟁거리가 된 것은 도결가문제였다. 도결은 방납을 보다 체계화한 것이었기 때문에 조세부담자·농민층의 입장에서 도결 자체를 반대할 이유는 없었다. 문제는 결가에 있었다. 결가의 책정은 크게 두 가지 관례에 의해 이루어졌다. 鄕會의 공론을 거쳐 결가를 책정하는 관행과 미곡 시가에 따라 결가를 정하는 「從市價」 관행이었다. 특히 종시가 관행은 수탈기구로서 도결의 본질을 규정하는 것이었다. 加結·가렴으로 인해 도결가가 증가하기도 하였지만, 「종시가」 자체만으로도 도결가는 항상 고가를 유지하였다.[91] 도결가는 각 읍마다 가결 내용이나 시가 차이가 많아 읍마다 차이가 있었다. 19세기 전반에는 낮은 곳이 결당 12~13냥에서 15~16냥, 높은 곳은 20여 냥을 상회하였고, 철종 13년(1862) 농민항쟁 시기에는 낮은 곳이 15~20냥, 보통 30냥 전후의 수준을 보이고 있었다. 도결가는 정액금납의 두세 배 또는 그 이상이 되는 셈이었다.

군역법 실시 이후 나타난 軍政의 문란 가운데 하나는 군액수(軍摠)의 급증이었다. 18세기 후반경 군총은 그 이전에 비해 40여만 명 가까이 증대하였는데, 이러한 군액의 증대는 대부분 지방 감·병영과 군현의 額外保率·私募屬의 증대에 의한 것이었다. 外案 군액이 급증하게 된 것은 중앙 중심적인 봉건정부의 재정운영에 의해 늘 압박을 받은 지방재정 사정이 균역법을 계기

91) 주 34) 참조. 특히 도결가 책정은 방납 貿米價를 감안하여 미가가 높은 서울이나 조창지역을 기준으로 삼을 수밖에 없기 때문에 향촌의 시가보다 훨씬 웃도는 것이 보통이었다.

로 더욱 악화되었기 때문이다. 지방관부는 재정보전을 강구하기 위해 군액을 증가시켰고, 군역민들 또한 이를 피역활동의 한 방법으로 활용하였다. 사모속은 전적으로 재정보전을 위한 것이었기 때문에 거의 대부분 동전으로 징수되는「錢保軍」의 형태를 취하였다. 그리하여 이미 18세기말 전국의 외안군역의 80%가 동전으로 징수되었으며, 그 수취량은 강원·함경도를 제외한 6도만 계산해도 중앙상납분을 능가하는 70여만 냥에 이르고 있었다.[92] 그 경향은 19세기 이후 더욱 확대되어 군정문란 심화의 한 요인이 되었다.

환곡의 耗穀作錢은 환총의 증대가 사회문제로 등장하는 영조 후반부터 이미 성행하였다.[93] 환모 수입이 재정보전에서 주요한 위치를 점하게 되면서 중앙과 지방의 아문, 특히 지방 감·병영이 중심이 되어 이를 이용한 화폐수입을 추구하였다. 환곡작전은 18세기 후반 환곡의 가장 큰 폐단으로 지목되었던 환곡불균문제, 즉 '山多沿少' 현상을 심화시켰고, 이 결과 작전은 더욱 증대하였다. 還政의 문란은 정조연간을 분기로 구조적으로 심화되었는데, 이는 모든 還弊가 전적으로 화폐수탈을 기반으로 하였기 때문이다. 그 가운데 대표적인 예가「從市價」작전과「加數作錢(加作)」·「移貿立本」이었다.

환곡 詳定價는 본래 還米 1석당 3냥, 小米 1석당 3냥, 太 1석당 1냥 5전이었으나, 미가상승과 더불어「종시가」작전이 성행하여 19세기 중엽에는 작전가가 1석에 6~7냥에 이르렀다. 순조 초엽에 나타나 급속히 확대된「가수작전」은 곡가가 높은 지역에서 정해진 모곡뿐 아니라 그 이상, 심지어는 원곡까지 작전하여 이익을 취하는 것이었다. 그것은 원곡을 채우기 위한「이무입본」까지 동반하였다. 따라서 가작과 이무가 이루어지는 과정에서 山沿을 막론하고 민들은 이중적 수탈을 받았다. 그것은 곧 징세기구에 의해 강제적으로 자행되는 고리대·상행위와 다를 바 없었다. 19세기 조세에서의 동전수탈은 여기에서 그 극에 달하였고, 소농민을 만성적인 채무자로 몰아넣어 파산시키고 있었다.

19세기 조세수취가 고리대적 화폐수탈이라는 측면까지 체현하고 있는 가운데 실제 조세의 일부는 이미 고리대로 운영되었다. 이것이 지방관부의 殖

92) 方基中, 앞의 글(1986), 160~172쪽.
93) 金容燮, 앞의 책(1984上), 제2장.

利였다.[94] 사채와 더불어 오랜 전통을 가진 식리는 동전유통의 정착과 함께 한층 성행하였다. 특히 18세기 후반 이후 지방재정이 악화되고 闕額과 逋欠이 늘어나자 그 보전을 위한 民庫稅나 군역세 징수가 늘어나고 가렴이 증대하였는데, 많은 경우 이를 식리로 운영함으로써 안정된 수입을 꾀하고자 하였다. 식리는 邑例에 따라 시행되었기 때문에 그 실상은 다양하나, 일반적으로는 摠額制에 기초한 面里 단위의 共同責納制로서, 洞契 등 계와 연계되어 운영되었다. 또한 식리는 강제성을 속성으로 하기 때문에 取息이 용이한 饒戶富民이 주요 수탈대상이 되었으며, 그 이자율은 대개 3~5할에 달하였다. 식리는 화폐수탈 자체가 목표인 강제적인 고리대수탈이었던 것이다.

나. 봉건적 수취체제의 해체와 사회적 모순의 심화

이와 같이 19세기 초·중엽에는 정액 조세금납에 의한 화폐수탈이 진행되는 한편 금납화의 한계에 의해 지방 차원의 법외적 화폐수탈이 모든 세목에 걸쳐 무차별적으로 전개되었다. 수치로서 파악하기 어려운 엄청난 양의 동전이 매해 조세로서 수취되고 있는 셈이었다. 이러한 화폐수탈은 19세기 유통경제적 조건, 봉건적 재정구조의 한계, 그리고 이 시기 심화되고 있는 총액제·공동책납제 수취운영의 모순이 서로 결부되는 가운데 확립되었다.[95] 수령을 책임자로 하는 지방징세기구·조세청부업자가 중앙권력과 함께 화폐수탈의 주체로 전면화되었고, 상품유통을 장악하고 있는 신흥사상의 성장이 화폐수탈의 기반을 이루고 있었다. 특히 이러한 화폐수탈은 그 분쟁이 늘「종시가」작전가 문제에 집중되고 있듯이 물가상승을 배경으로 실현되었고, 많은 경우 경제외적 강제성을 동반한 고리대 수탈로서 전개되었다.[96]

삼정의 문란은 이러한 양상의 구조적 확립을 의미하였다. 도결의 발달에서 여실히 나타나듯이 19세기 중엽에 이르러 총액제·공동책납제의 모순이

---

94) 吳永敎, 앞의 글.
金容燮, 위의 책.

95) 총액제, 공동책납제에 대해서는 金容燮, 위의 책 ; 鄭昌烈, 〈조선후기 농민봉기의 정치의식〉(《한국인의 생활의식과 민중예술》, 成均館大 大東文化硏究院, 1983) 등 참조.

96) 方基中, 앞의 글(1990).

한층 심화되면서 화폐수탈은 한계에 이르렀다. 그리고 이로부터 집중적으로 몰락하고 있었던 것은 소농민·빈농이었다. 도결가의 증대가 지주의 부담으로 가는 것이 아니라 대개 作人에게 전가되어 화폐수탈을 당하는 것은 이들이었다. 그러나 요호부민층 역시 파산하는 경우가 빈번해지고 있었다. 이른바 「貧富俱困」 현상이었다.[97] 결가의 상승, 환곡작전, 고리대수탈은 이들의 지주·부농경영으로부터 형성되는 잉여를 파괴하였다. 화폐수탈 증대에 대한 조세부담자·농민층의 저항은 항세운동으로 나타났고, 급기야 농민항쟁을 초래하였다. 그리고 그것은 화폐수탈의 제반 구조적 특질과 관련하여 일차적으로 「都結革罷運動」으로 나타났다.

한편 화폐수탈의 증대에도 불구하고 중앙 재정구조는 더욱 악화되고 있었다. 봉건국가권력이 화폐수탈의 독점권을 상실하는 데에 따른 당연한 결과였다. 화폐유통의 주도권은 향촌의 징세기구와 富商들, 그리고 이들 배후에 있는 중앙 權門勢家에게 이전되고 있었고, 국가의 화폐통제력은 현저히 약화되었다.[98] 더욱이 19세기 이후 봉건정부의 지출경비는 늘어난 반면 수입은 줄어 「量入爲出」의 재정원리가 정상적으로 운영되지 못하였다. 철종연간 동전 발행이 급증하였던 것도 이러한 재정구조와 화폐경제 상황에 대한 미봉책이었다. 정부의 화폐통제력 약화와 재정구조의 악화는 나아가 서울을 중심으로 한 봉건적 유통기구를 전반적으로 해체시키고 있었다. 통공정책 이후 市·貢人의 독점적 특권상실은 필연적 추세였는데, 정부가 이들에 대한 국역 부담을 증대시켜 재정보전을 꾀하였기 때문에 봉건적 유통기구의 해체는 더욱 가속화되었다. 이에 반해 화폐수탈을 주도하면서 자본을 축적해온 사상은 도고활동에 그치지 않고 봉건권력과의 유착관계를 강화하고 공인권 등 각종 이권에 참여하면서 상권을 확대시켜 나갔다.

19세기 이후 전개된 이러한 화폐수탈의 양상과 구조는 조세를 통해 토지 및 인민지배를 관철한다는 봉건적 수취원리의 해체과정, 봉건국가권력이 화폐수탈의 독점적 지위를 상실하고 있다는 봉건적 재정구조의 해체과정을 의미하였다. 현상적으로 수령권의 강화와 수탈량의 폭력적 증대를 동반하였지

97) 金仁杰, 〈19세기 전반 官主導 鄉村統制策의 危機〉(《國史館論叢》 6, 1989).
98) 方基中, 앞의 글(1990), 223~224쪽.

만 그것은 봉건국가권력의 해체과정을 조세제도·재정구조의 측면에서 반영한 데 지나지 않았다. 이것이 화폐수탈의 구조적 모순을 해결할 수 있는 조세제도 개혁이 요구되고 있는 시대적 배경이었다. 그리고 이는 개항 후 근대국가수립운동과 관련하여 제기되는 조세제도·재정구조의 근대적 전환과정의 내적 기반이 되는 것이었다.

〈方基中〉

4. 대외무역의 전개

1) 청과의 무역

(1) 17세기 부연역관의 청·일 간 중계무역

淸과의 무역은 매년 수 차례씩 北京(燕京)을 왕래한 赴燕使行을 통해 실현될 수 있었고 그것을 주도한 것은 譯官들이었다. 부연사행은 정기사행과 임시사행으로 구분된다. 정기사행은 청나라가 북경을 장악한 뒤에 정례화된 '三節年貢行'과 '皇曆賫咨行'이다. 삼절연공행은 胡亂 직후 瀋陽(盛京)에 파견하던 冬至·聖節·正朝 등 三節行과 年貢行을 淸이 연경에 천도한 이듬해인 인조 23년(1645)부터 통합한 것이며 대부분의 史書에는 冬至行으로 기록되어 있다.[1] 동지행은 매년 음력 11월에 출발하여 이듬해 4월에 귀국하였다. 황력뇌자행은, 황력을 호란 직후에는 正朝行이 가지고 왔고 인조 25년부터는 鷹連行이 가지고 왔던 것을 현종 원년(1660) 鷹貢制가 혁파된 뒤 皇曆賫咨官(譯官)을 별도로 파견함으로써 정례화되었다. 황력뇌자행은 약칭하여 '曆行'이라 하였고, 매년 음력 8월에 출국, 10월에 연경에 도착하여 청의 時憲曆을 받아 왔다.[2]

1) 《通文館志》 권 3, 事大 赴京使行.
《同文彙考》 補編 권 7, 使行錄.

2) 《通文館志》 권 3, 事大 賫咨行.
《同文彙考》 原編 권 42, 曆書.

임시사행으로는 謝恩行을 비롯하여 進賀行, 進奏行, 奏請行, 陳慰·進香行, 告訃行, 問安行, 參覈行, 鷹連行, 護行行, 賫咨·賫奏行 등이 있었다. 그러나 임시사행은 사건의 비중과 파견 시기에 따라 정기사행편에 관계문서와 方物을 부송하는 '兼行'制가 적용되었고 때로는 비중이 높은 임시사행편에 겸행토록 하는 경우도 있었다.3)

정기 또는 임시사행은 正使·副使·書狀官 등 3使臣과 역관 등의 正官들과 馬夫·奴子 등으로 구성되었다. 호란 직후 조·청 양국정부는 3사신을 구비한 사행의 경우 정식관원수를 30명으로 제한하였다. 그러나 부연사행의 정관수는 증가해갔고, 이 때문에 청은 정관의 수를 제한하도록 요구하였다. 이에 따라 정부는 현종 9년에 3사신과 역관, 灣上軍官을 합쳐 30명으로 제한하였고 書員을 삭감하였으며, 사신으로 하여금 정관의 성명을 일일이 기록·보고하게 하여 국왕의 재가를 받도록 규정하였다.4) 그러나 3사신과 역관들 외에도 寫字官·醫員·화원·軍官 등이 수행하여 동지행의 정관수는 35명이었고, 사은·주청·진하·卞誣·진위·진향행의 정관은 34명이었다. 그 밖에 고부행은 20명, 문안행은 15~17명, 참핵행은 10~20명으로 정관수가 적었으며, 임시사행으로서의 略使인 뇌자·뇌주행과 정기사행인 역행은 정관이 2명에 불과하였다. 그러나 부연사행은 주로 3사신을 구비한 동지·사은·진하·진위행과 뇌자행, 역행이 대부분을 차지하였고, 고부·문안·참핵행은 드물었다. 3사신을 구비한 동지행 등에는 부연사행의 정관과 마부·노자 등이 220여 명에, 말 또한 200여 필이었고, 牛家庄 또는 심양에서 回還하는 貢物運送刷馬 또한 250여 필에 달하였다. 그러나 약사는 뇌자관·小通事와 馬頭 2명, 노자 2명, 驅人 9명 등 15명과 驛馬 2필, 쇄마 6필에 불과하였다.5)

부연사행의 人馬가 압록강을 건너 柵門－鳳凰城－遼東을 거쳐 심양에 이르기까지는 540리였고, 다시 심양에서 廣寧－山海關－通州를 거쳐 연경까지

3) 柳承宙, 〈朝鮮後期 對淸貿易 小考〉(《國史館論叢》 30, 國史編纂委員會, 1991), 219쪽 〈표 1〉 참조.

4) 《謄錄類抄》 현종 9년 3월 7일.

5) 이상 부연사행의 정관수 등에 대해서는 柳承宙, 앞의 글, 220쪽 참조.

는 1,509리였다. 결국 사행은 압록강을 건너 책문까지는 110리, 심양까지는 540리, 연경까지는 2,049리였다.[6] 사행절차는 다음과 같다.

사행은 義州에서 인마수를 기록한 '渡江狀'을 정부에 보고한 뒤 압록강을 건너 110리 길인 책문으로 향하였다. 入柵 하루 전에 사행의 목적과 정관의 명단 및 인마수를 기록한 '入柵報單'을 淸譯을 시켜 守門人으로 하여금 鳳凰城將에게 전달하면, 다음날 봉황성장이 책문 밖으로 나와 영접하고 보단 중의 인마를 점검한 뒤 들여보냈다. 책문에서부터는 迎送官 1명과 衙譯 1명[7]이 북경까지 사행을 안내하였으며, 동시에 伏兵將 1명이 甲軍을 거느리고 護行하여 요동에서 교체, 심양까지 갔다. 이러한 절차는 광녕·錦州衛·산해관에서도 마찬가지였다. 사행이 심양에 도착하면, 정사·부사는 성밖에서 駕轎에서 내려 말을 타고 館所로 들어가 여장을 풀었다. 이튿날 당해 종사관으로 하여금 禮部咨文에 수록된 품목수에 맞추어 幣物을 奉天府의 戶部에 분납하였고, 연경에 가지고 갈 歲幣방물은 청의 押車章京에게 교부하여 북경으로 운반하였다. 따라서 세폐와 방물을 싣고 왔던 인마는 모두 團練使가 이끌고 귀국하였다.

북경에 도착한 사행은 주로 會同館에 머물면서 '表咨文呈納', '鴻臚寺演儀', '朝參', '方物歲幣呈納', '下馬宴', '頒賞', '上馬宴' 등의 제반절차를 끝낸 뒤 회동관 開市에서 무역을 한 뒤 '辭朝'하고 귀환하였다. 회동관에서 머무르는 날짜는 明代에는 40일이었지만 청대에는 일정한 기한이 없었다.

회동관 개시는 상마연이 끝나고 예부가 상품의 불공정거래자 및 潛賣者와 史書, 黑·黃·紫造大花, 西藩蓮緞匹 그리고 兵器·焰硝·銅鐵·牛角 등 禁物 매매자에 대한 처벌규정을 회동관의 벽에 告示한 뒤 시작되었다. 고시 후 북경의 상인들이 화물을 싣고 회동관에 들어오면 예부가 파견한 監市官의 감시하에 조선의 역관·상인들과 무역이 이루어졌다. 귀국길에 오를 때 堂上

6) 《通文館志》 권 3, 事大 中原進貢路程.

7) 淸 禮部의 通官들은 胡亂 때 포로가 된 조선인 역관들로서 大通官이 6명, 次通官이 8명이었다. 이들 중 차통관 2명은 鳳凰城에서 부연사행을 북경까지 護行하였고 북경에서의 각종 使事나 會同館 무역에도 참여하여 使行員役이나 상고들의 무역을 원활하게 하였다(《譯官上言謄錄》 현종 3년 8월 21일 ; 《通文館志》 권 3, 事大 入京).

譯官이 무역품의 包數를 기록하여 아문에 제출하면 아문에서 이를 일일이 대조한 뒤 예부에 보고하여 산해관과 봉황성에 통보, 沿途貿易을 防禁토록 하였다.[8]

연경무역을 주도한 것은 역관들이었다. 당시 역관들은 부연사행의 정관인 首堂上譯官, 堂上譯官, 別啓請堂上, 上通事, 次上通事, 質問從事官, 加定押物官, 押物·押幣·押米從事官, 淸學新遞兒, 偶語別差 등의 職名을 띠고 사신을 수행하였다.[9] 사행의 정관 중 정사·부사는 「使事」만을 수행하였고 서장관은 臺官의 임무를 띠고 使行員役의 위법행위를 규찰하였다. 수당상역관은 3사신을 제외한 모든 원역들을 통솔하고 行中의 公私업무를 총괄하였다. 상통사는 수당상역관을 보좌하여 行中事에도 관여하였지만 청의 각 關門에 납부하는 禮單을 관장하고 尙衣院의 御供貿易을 담당하였으며, 차상통사는 內醫院의 무역을 담당하였다.[10] 압물관은 세폐·방물·歲米 등 각종 조공품의 관리와 운송을 담당하였으며, 그 밖의 각 역관들도 나름대로 사사나 행중사의 갖가지 임무를 띠고 있었다.[11] 3사신과 역관들은 이처럼 사사나 행중사를 수행할 책임을 지고 있었기 때문에 정부에서는 그들의 직품에 따라 마부·驅人·騎驛馬·卜刷馬 등을 배정하였고 사비로 노자·마두 및 私持馬를 거느리는 것도 허용하였다.

3사신과 역관 중 사행무역의 주체였던 역관들에게 지급된 人馬는 상당수에 달하였다. 당상역관·상통사·압물관에게는 모두 乘用의 기역마 1필을, 또 私物의 운반용으로서 당상역관과 상통사에게는 구인 1명과 복쇄마 1필씩을, 압물관에게는 구인 1명과 복쇄마 2隻을 지급하였으며 당상역관과 상통사에게는 노자 1명씩을 나누어 주었다. 이 가운데 사무역품을 운반하는 말은 복쇄마 1필 또는 2척에 불과하지만, 청 世祖가 북경으로 천도한 뒤에는 정부가 역관에게 자비로 마두 1명과 사지마(元私持馬) 1필을 갖도록 허락하였고 인조말~효종초에는 다시 마두 1명과 별사지마 1필을 추가로 허용하였다. 이

8) 《通文館志》 권 3, 事大 入柵報單·瀋陽交付分納·入京·表咨文呈納·鴻臚寺演儀·朝參·方物歲幣呈納·下馬宴·頒賞·上馬宴·告示·辭朝.
9) 《通文館志》 권 3, 事大 赴京使行.
10) 《通文館志》 권 1, 沿革 等第.
11) 《通文館志》 권 3, 事大 先文·渡江狀.

처럼 17세기 중엽에 역관들은 기역마·복쇄마·원사지마·별사지마 등 4~5필의 말을 이용하여 다량의 무역품을 수송할 수 있었다.[12)]

정부는 역관들에게 연경무역을 허가하는 동시에 사무역자금의 정액제를 적용하고 있었다. 호란 직후 조선사행이 심양을 내왕하던 시기에는 정부가 정관들에게 盤纏 명목으로 南草 50斤씩을 지급하였는데 인조 22년(1644)에 청이 연경으로 천도하면서부터는 남초가를 근당 銀 1냥으로 환산하여 은 50냥을 가져가게 하였다.[13)] 그러나 은 50냥은 반전으로 소비될 뿐 무역자금이 될 만한 액수가 아니었다. 그리하여 사행의 정관들은 명말의 부경사행시에 人蔘 80근을 무역정액으로 허가했던 전례를 들어 양국정부에 요구했다. 따라서 효종 4년(1653)에는 부연원역 중 '口傳啓下'된 30명의 정관에게만 인삼 80근을 무역자금정액으로 허락하였다. 이 때 인삼 80근을 20근씩 나누어 포장하였으므로 4包가 되었는데 4포제는 곧 8포제로 바뀌어 10근씩 포장되었다. 양국정부는 30명의 정관 한 사람당 80근씩 도합 2,400근의 정액 외에는 휴대를 엄금하였고 貂皮·靑黍皮·水獺皮 등 皮雜物의 휴대도 철저히 규제하였다.[14)]

그러나 包蔘制가 실시되면서 청·일과의 중계무역이 활기를 띠게 되었고 동시에 倭銀의 수입량이 증가함에 따라 왜은이 청으로 유출되기 시작하였다. 정부는 효종 10년(1659)에 義州府尹으로 하여금 철저히 수색하여 은화의 유출을 방지토록 하였지만, 시간이 흐를수록 은 유출은 증가되어 현종 4년(1663)에는 搜銀法을 강조해야 할 만큼 청으로의 은 유출이 공공연히 이루어졌다.[15)] 이러한 추세에 따라 정부에서는 마침내 현종 11년경 인삼 1근을 은 25냥으로 환산하여 8포 인삼 80근 대신 은 2,000냥을 8포정액으로 책정하고, 당상관원에게는 특별히 1,000냥을 더하여 3,000냥을 8포정액으로 규정하였다.[16)] 당상·당하역관들은 각기 주어진 3,000냥 또는 2,000냥의 은으로 청의

12) 《通文館志》 권 3, 事大 渡江狀.
13) 《備邊司謄錄》 8책, 인조 22년 11월 23일.
14) 柳承宙, 앞의 글, 225쪽.
15) 《備邊司謄錄》 23책, 현종 4년 3월 8일.
16) 《通文館志》 권 3, 事大 八包定額.
《備邊司謄錄》 33책, 숙종 3년 8월 24일 및 40책, 숙종 12년 정월 6일 및 45책, 숙종 17년 10월 17일.
《承政院日記》 289책, 숙종 8년 4월 13일.

물화를 대량 수입할 수 있었다. 한편 역관들은 자기 몫의 8포 외에도 상통사가 상의원, 차상통사가 내의원의 8포무역을 담당하는 등 사행정관의 8포와 구분한 각 관아의 「別包貿易」도 대행하였다.[17]

부연역관들이 연경에서 수입한 물화 즉 '燕貨'는 白絲와 匹緞 등이었다. 필단으로는 白色緞 · 三升方絲紬 · 錦緞 · 紗緞 등이 주로 수입되었다.[18] 부연역관들이 연경에서 수입한 연화는 동료역관들인 訓導와 別差가 주관하던 倭館開市를 통해 일본으로 수출되었다. 그 중 백사무역은 현종 11년 현재 100근당 수입가가 은 60냥인데 비해 왜관에서의 수출가는 160냥으로서 거의 2.7배에 달하였다.[19] 백사와 필단은 청의 蘇州 · 杭州産으로서 清商이 직접 일본의 長崎(나가사키)로 수출하게 되는 숙종 39년(1713)경까지 계속 수입되었다.[20] .

(2) 17세기말 18세기 전반 무역별장의 등장과 역관 · 상인 간의 대립

17세기초 이래 부연역관들이 대청무역을 주도해왔지만 17세기 후반부터는 私商들도 사행무역에 침투하기 시작하였다. 사상들이 사행무역에 가담할 수 있는 길은 사행원역들과 결탁하거나 京 · 外官衙에 청탁하는 방법이었다. 서울의 富商들은 주로 사행원역과 결탁하여 사행무역에 참여하고 있었다. 이들이 사행무역에 참여하는 일반적인 형태는 3사신의 子弟軍官이나 사행원역들의 마부나 노자의 명의로 잠입하는 것이었다.[21] 그러나 대부분은 사신이나 역관들이 거느리고 있었다. 사신은 그들의 지위를 이용하여 사상들을 수시로 대동하였고[22] 역관들은 행중의 인마를 장악하고 있어 사상을 거느리기 쉬웠으며 특히 賚咨官 등의 略使로 연경에 갈 때는 馬稅를 받고 사상을 잠입시켰다.[23]

---

17) 《萬機要覽》 財用編 5, 燕行八包.
《備邊司謄錄》 122책, 영조 27년 정월 6일 및 155책, 영조 47년 4월 23일.
18) 柳承宙, 앞의 글, 229쪽.
19) 《顯宗改修實錄》 권 22, 현종 11년 3월 경신.
20) 《通文館志》 권 5, 交隣 倭館.
21) 《通文館志》 권 3, 事大 渡江狀.
22) 《承政院日記》 282책, 숙종 7년 4월 28일.
《謄錄類抄》 숙종 16년 2월 17일.
23) 《備邊司謄錄》 47책, 숙종 19년 4월 5일.

정부는 현종초에 勅使와 사행의 迎送費를 염출하기 위하여 管餉 5필, 運餉 8필, 雇馬廳 5필 등 18필의 貿販駄馬를 부연사행편에 入送토록 허가한 뒤 현종 7년에는 개성부의 요청으로 이상 3곳의 태마를 1필씩 덜어 내 개성부에 3필을 지급하였다.[24] 이들 지방관아에 배정한 태마수는 곧 8포의 窠數를 의미한다.[25] 당시 한 태마에 실었던 은의 정액이 2,000냥이므로 한 태마는 곧 당하관의 8포정액에 상당하였다. 결국 정부는 지방관아의 비중에 따라 적게는 3과, 많게는 7과의 '別包'를 배정한 것이며 이같은 별포무역은 중앙관아의 별포와 마찬가지로 부연역관이 주관하였다.

그러나 점차 무역로에 접한 평양·의주·개성의 부상들이 관장들에게 청탁하여 무역을 전담할 貿易別將으로 등장하였다. 곧 숙종 7년(1681)에는 관·운향에 이어 개성부에서도 무역별장을 入送하였고,[26] 이어 같은 왕 10년경에는 황해·평안도 兩西의 감영과 경기감영에까지 무역별장제가 확대·적용되었다. 이 무렵에 정식화한 각 관아의 무역별장수는 경기감영별장·개성부별장·황해감영별장·補闕廳別將·평안감영별장·관향별장·병영별장·운향별장 각 1명씩 모두 8명이었다. 이들은 각 관아의 '庫'나 '廳'의 정식 별장에 임명되었기 때문에 때로는「實別將」이라 불리었다. 관아에서는 이들에게 資金銀을 지급하여 사행무역에 참여시켰으므로 이들의 무역형태를「公貿易」으로 지칭하고 있었다.[27]

그런데 숙종 12년(1686)에 〈南北蔘商沿邊犯越禁斷事目〉이[28] 제정된 후 그 해 5월에 무역별장의 別送이 금지되었다가 평안감사의 요청으로 무역별장을 다시 들여 보내기로 하였다. 그러나 그 해 9월에 다시 特進官 金德遠에 의해 그 해의 동지사행에는 관·운향의 무역별장 각 1명만 복마 1필씩을 지급하여 보내기로 하고 다른 아문의 무역별장은 보내지 않기로 하였다.[29]

---

24) 《謄錄類抄》 현종 7년 정월 11일.
25) 《備邊司謄錄》 82책, 영조 3년 11월 17·19일.
26) 《承政院日記》 283책, 숙종 7년 5월 23일.
27) 《備邊司謄錄》 47책, 숙종 19년 4월 5일.
28) 《備邊司謄錄》 40책, 숙종 12년 정월 6일.
29) 《承政院日記》 318책, 숙종 12년 9월 21일.
《謄錄類抄》 숙종 12년 9월 22일.

이후 앞에 적은 8개처의 별장은 여전히 입송되었으나, 숙종 19년에 이르러 경기감영과 평안감영 및 황해도의 보궐청별장 등 3명이 삭감되었다.30)

이처럼 경기·황해·평안도의 富商들 중 일부가 일찍부터 각 관아의 정식 별장 곧 「실별장」으로서 사행무역에 참여한 반면, 일부의 부상들은 官長들에게 뇌물을 바치고 임시로 사행무역에 참여하고 있었다. 이들은 때로는 돈을 바치고 실별장을 대신하여 보내지기도 하고,31) 때로는 관아에 馬稅를 납부한 뒤 별장이라 불리며 참여하기도 하였다. 마세는 각 관아에 공인된 사행마필을 商賈가 빌려가는 대가인 셈이다. 이들은 사상들로서 별장 행세를 한 데 불과하므로, 「실별장」과 구분하여 「假別將」으로 지칭하려 한다.32) 똑같은 부상출신이지만 전자는 관상적 성격이 농후하였고 후자는 관아와 결탁한 관허 사상들이었다.

이상과 같이 숙종 7년경부터는 서울과 지방의 부상들이 사행원역과 결탁하거나 각 관아에 의탁하여 사행무역에 참여하였고 이들은 부연역관과 더불어 연화를 수입, 왜관을 통해 일본에 수출하였다. 이 사상들을 통하여 연화를 수입한 관아에서는 이들을 별장으로 삼아 차인이란 명목으로 關文을 발송하고 왜관으로 내려 보냈다. 차인들은 관아의 공무역품에 덧붙여 자신들의 연화까지 '公貨'라 칭하고 왜관의 상고들보다 먼저 대금을 받아냈고33) 연화는 면세되었다. 이 면세는 흉년으로 인한 관아의 재정적 보충이나 軍門의 군수품 조달을 위한 재원확보를 이유로 주어진 특권이었다. 호조는 각 아문들의 연화에 대한 면세권을 박탈하려고 노력하였지만34) 군수품의 조달이나 支勅費의 마련 등을 이유로 내세운 경·외아문의 반발을 꺾을 수 없었다. 따라서 경·외의 관아와 결탁한 赴燕商賈들은 差人의 칭호를 띠고 수출업무상의 유리한 여건을 누리고 있었다.

이처럼 서울·개성·황해도·평안도의 사상들은 사행원역이나 경·외의

---

30) 《備邊司謄錄》 47책, 숙종 19년 4월 5일.
31) 《通文館志》 권 3, 事大 渡江狀.
32) 《備邊司謄錄》 47책, 숙종 19년 4월 5일.
33) 《承政院日記》 272책, 숙종 5년 9월 5일.
《備邊司謄錄》 35책, 숙종 5년 9월 6일.
34) 《承政院日記》 297책, 숙종 9년 3월 9일.

관아와 결탁하여 연경무역에 가담하는 한편 산해관 동쪽 곧 관동의 물화를 국내에 수입·판매할 기회를 노렸던 것이다. 그것은 17세기 후반에 접어들면서 관동에서도 상품생산이 증가하였고 金州·復州·海州·蓋州 등지의 면화와 심양·山東의 大布三升, 中後所·遼陽의 모자 등의 상품가치가 높았기 때문이다. 상인들은 이들 상품을 조선 사행로인 심양·요동·책문 등지로 집하시켜 양국 상고들의 상혼을 자극하였다.[35]

당시 사상들은 부연사행에 가담하지 않는 이상 관동물화를 수입할 수 있는 기회가 세 가지였다. 첫째는 團練使制, 둘째는 餘馬制, 셋째는 延卜制였다.[36] 숙종 3년(1677)에 사행로가 우가장에서 심양으로 바뀐 뒤부터 단련사는 심양에서 세폐·방물의 운송인마를 이끌고 귀국하였다. 단련사는 원래 의주부윤이 파견한 부내의 군관으로서, 수하에 몇 명의 從人을 거느렸으며 단련사와 종인에게는 각각 自騎馬와 刷馬가 지급되었다. 이 단련사 일행에 황해·평안 양도의 감영에서는 海西庫·管餉庫·運餉庫의 監色을 파견하기 시작하였다. 이들은 단련사 및 그 종인들과 함께 回還空馬를 끌고 올 임무를 띠고 파견되었지만 250여 필의 空刷馬를 이끌고 심양－요동－봉황성－책문을 거쳐 의주로 오는 과정에서 밀수가 이루어지지 않을 수 없었다.[37]

다음, 여마제는 세폐방물을 실은 쇄마가 의주에서 책문으로 가는 도중에 사고가 있을까 우려하여 의주부가 공쇄마 수십 필을 책문까지 딸려 보낸 제도였다. 여마제가 책문무역의 기회로 변모되기 시작한 것은 숙종 10년경이었다. 여마제는 이에 편승한 사상들의 출입이 확대되자 숙종 12년 청에서 그 폐지를 요구하여 한때 혁파되기도 하였지만 곧 복구되었고 여마의 수는 날로 늘어나 같은 왕 16년에는 300여 필에 달하였다.[38]

연복제는 사행이 귀국할 때 책문에서 의주로 오는 동안 敗傷할 馬匹이 있을까 염려하여 의주부가 역시 공쇄마를 파견한 제도였다. 이 연복제 또한 여마제와 더불어 사상들의 책문무역을 가능케 한 기회였다.[39]

35) 《通文館志》 권 3, 事大 開市.
36) 柳承宙, 앞의 글, 232~234쪽.
37) 《英祖實錄》 권 11, 영조 3년 4월 16일.
38) 《備邊司謄錄》 44책, 숙종 16년 10월 13일.
39) 《承政院日記》 664책, 영조 4년 6월 28일.

이처럼 서울·개성·황해도·평안도의 사상들이 단련사·여마·연복제에 편승하여 심양 특히 책문무역을 실현시킨 데는 청상들의 역할 또한 컸다. 청상들의 심양·책문무역을 조종한 것은 청의 「攔頭」輩들이었다. 난두는 숙종 15년에 요동과 봉황성의 車戶 12명이 조직한 운송청부업체였다. 이들이 심양·책문 간의 雇車業으로 재부를 축적하자 청의 戶部侍郞은 內帑銀을 사사로이 대여하여 이익을 늘렸다. 난두배들은 또 심양의 奉天府에 商稅를 수납하기로 약속하고 부연사행의 往還을 기회로 이용하거나 심양에서 돌아가는 단련사 일행을 상대로 관동의 상고와 물자를 심양으로 끌어들여 後市의 상리를 취하고 있었다.[40] 책문후시도 이들에 의하여 조장되었다. 조선의 사상들은 이들과 결탁하고 단련사 일행이나 여마제 및 연복제에 편승하여 그때그때 관동 각지의 상고를 책문으로 유치하여 후시무역을 실현시켰던 것이다.

이처럼 국내의 사상들이 청의 난두배와 결탁하여 후시무역을 감행함에 따라 그에 따른 폐단 또한 적지 않았다. 연복제의 경우 사행이 책문에 도착하면 감시를 받지 않기 위하여 3사신을 먼저 귀국케 하고 연복마를 이용, 대대적인 밀수를 감행하였다. 이에 정부는 숙종 20년부터 사신이 연복마와 함께 귀국토록 하였고 연복제에 의한 책문후시를 철저히 봉쇄하였다.[41] 그러나 여마제는 여마가 책문에서 사신과 헤어진 뒤 귀국하기 때문에 어떠한 제재도 받지 않고 후시무역을 실현할 수 있었다. 여마제에 편승한 사상들의 책문후시는 의주부윤의 비호하에 날로 번창해갔다. 숙종 16년 정부는 방물여마 수십 필 외에는 들여보내지 못하도록 하였지만[42] 사상들에 의한 여마의 수가 날로 증가되자 부득이 같은 왕 26년에 이르러 여마제 자체를 혁파하고 말았다.[43]

《通文館志》 권 3, 事大 開市.
40) 《承政院日記》 546책, 경종 2년 10월 19일.
《通文館志》 권 3, 事大 開市.
41) 《承政院日記》 664책, 영조 4년 6월 28일.
《通文館志》 권 3, 事大 開市.
42) 《備邊司謄錄》 44책, 숙종 16년 10월 13일.
43) 《謄錄類抄》 숙종 26년 3월 26일.

이처럼 정부가 연복제와 여마제에 편승한 사상들의 책문후시를 봉쇄하자 사상들은 점차 단련사행에 파고 들었다. 이들은 부연상고들인 '燕商'과 구별하여 '瀋商'이라 불리었다. 심상의 수가 늘어나면서 단련사는 이들로부터 사사로이 商稅를 수취하기 시작하였다. 단련사의 수세는 곧 의주부윤과 결탁한 비합법적인 수취행위로서 그들 상호간에는 상당한 이득이 보장되었겠지만 국가의 재정에는 조금도 보탬이 될 것이 없었다. 따라서 숙종 31년(1705) 정부는 이를 규제하고 재정에 충당하기 위하여 다음과 같이 결정하였다. 곧 "단련사는 의주부 내의 군관 대신 부근의 邊將들을 輪差토록 하고 사상에 대한 수세도 상고들이 직접 의주부에 납세하여 雇馬費에 충당하되 세은액을 각각 4~5냥 정도로 책정하라"[44]는 것이었다. 이 때의 수세대상은 심상이었고 과세대상도 연화가 아니라 관동물화였다. 그러나 숙종 34년에는 연상일지라도 관동물화를 수입할 경우에는 과세키로 결정하였다.[45] 어떻든 이상과 같은 정부의 시책은 단련사 일행뿐 아니라 부연역관·상인에게 심양은 물론 책문후시까지도 사실상 공인한 처사였다.

숙종 31년에 후시무역이 합법화되면서 심양보다는 우리 나라에 근접한 책문이 더욱 번창해갔다. 관동물화로 이름난 면화나 大布3升·모자 등을 실은 車馬가 책문에 폭주할 뿐 아니라 남방의 商船이 우가장 海口로 올라왔으며 부연역관·상인들만이 수입할 수 있었던 백사도 연경의 상고가 직접 책문까지 싣고 왔다. 따라서 봉황성 내의 점포들도 산해관 서쪽의 대도회에 있는 점포와 다를 것이 없었다.[46]

그간 연상들이 인력과 재력을 소모해가면서도 부연사행을 따라 연경을 왕래한 것은 소주·항주산의 백사나 匹緞을 수입하기 위함이었는데 이제 남방의 상선이 우가장에 來泊하고 연경의 상고들이 책문까지 오는 한 굳이 연경까지 가야 할 이유가 없었다. 이들은 소관 아문에 요청하여 단련사제에 편승하기를 원하였고 각 아문에서는 이를 정부에 건의하였다. 정부는 숙종 33년

44) 《備邊司謄錄》 56책, 숙종 31년 11월 7일.
《通文館志》 권 3, 事大 開市.
45) 《備邊司謄錄》 59책, 숙종 34년 12월 6일.
46) 《通文館志》 권 3, 事大 開市.

松都·海西·管餉·運餉·平安兵營 등 5처에 한하여 貿販別將 각 1명씩을 파견토록 허락하였다.47) 그리고 이 때 각 아문에 허가한 8포의 수를 보면 개성부 2과, 황해감영 1과, 평안감영 2과, 평양병영 1과, 의주부 6과 등 모두 12과였다.48)

단련사의 인솔하에 5처의 무역별장들은 소속 관아에 배정된 8포은을 가져가 심양이나 책문에서 공무역을 담당하였다. 정부는 무역별장에게 自騎馬 1필만 이용토록 허가하고 驅人을 데려가지 못하게 하여 사무역을 허용치 않으려 하였다.49) 그러나 이 무렵에는 이미 단련사가 심양에서 이끌고 온 공쇄마가 모두 상고들의 무역품을 싣고 오는 운송수단으로 변질된 상태였다. 부연원역들이 심양·책문에서 구입해 두고 간 상품과 함께 무역별장 및 사상들의 공·사무역품 등이 모두 단련사의 공쇄마에 실려 귀환하였다. 오히려 250여 필에 달했던 공쇄마로도 부족하여 사행의 귀국시에나 파견하던 연복마를 책문으로 들여 보내야 할 지경이었다. 당시의 기록에 의하면 부연원역과 단련사 일행의 8포은을 제외하고도 매번 후시에 유출되는 은만도 10만여 냥이며 후시가 해마다 4~5차례씩 열렸으므로 40~50만 냥에 달하는데다 8포은까지 합한다면 연간 총 50~60만 냥이 청나라로 유출되고 있었다.50)

숙종말인 재위 46년경부터 대청무역상 커다란 변화가 일어나고 있었다. 청·일 양국 간에 直交易이 활발해진 것이다. 청나라는 초기부터 海禁을 엄격히 실시하여 외국과의 무역을 봉쇄해왔는데 숙종 10년에 해금령을 해제하였다. 그리하여 그 이듬해부터 福州·廈門의 상선들이 일본의 장기로 渡航하기 시작하였고 숙종 15년에는 청 정부가 장기에 商館을 설치하였다.51) 이로부터 30여 년이 지나자 그동안 백사나 필단을 수입하기 위해 왜관으로 몰려들었던 일본상인들이 대부분 청상들과의 직교역을 도모하였다. 따라서 부연

47) 《通文館志》 권 3, 事大 渡江狀.
48) 《備邊司謄錄》 82책, 영조 3년 11월 17·19일.
49) 《通文館志》 권 3, 事大 渡江狀.
50) 《通文館志》 권 3, 事大 開市.
51) 《承政院日記》 318책, 숙종 12년 9월 21일.
《謄錄類抄》 숙종 12년 9월 22일.
《備邊司謄錄》 44책, 숙종 16년 10월 13일.

역·상들이 청·일 간의 중계무역으로 많은 差益을 얻어 왔던 연화의 수출로가 막히게 되었다. 倭商들의 來航이 줄고 구매력이 떨어지자 왜관에는 연화가 쌓여 갔고 대가의 지불 또한 지연되어 중앙과 지방의 각 아문에서 역관과 상인들에게 대여한 무역자금을 회수할 수 없게 되었다. 이에 따라 경종 2년(1722)에는 정부가 償債廳을 설치하기에 이르렀다.[52]

청·일과의 중계무역이 쇠퇴해짐으로써 가장 타격을 받게 된 것은 부연역관들이었다. 앞서 숙종 31년(1705)에 瀋陽·柵門後市가 공인된 뒤 단련사 일행을 위시한 사상들에 의하여 관동물화뿐 아니라 백사나 필단들이 대량으로 수입되어 이웃 일본으로 수출되기도 하였지만 국내에도 판매되기 시작하였다. 사상들의 淸貨는 국내의 각 도시뿐만 아니라 농촌의 鄕市를 통하여 깊은 산골에까지 침투하였다. 이처럼 청·일 간의 중계무역로가 막히고 국내의 판로도 사상들이 독점하자 부연역관들은 상리를 얻을 수 없게 되었다. 따라서 부연역관들은 활로를 타개하기 위하여 사신들을 통하여 정부에 요구하거나 자신들이 직접 도모하여 사상들의 무역로를 차단하기 시작하였다.

부연역관들은 조·청상고들과 결탁해 있던 청의 난두배를 해체하였다. 난두배들은 관동의 상고들뿐만 아니라 연경상고와 남방의 상선까지 책문으로 불러 모으는 등 청상들을 장악하고 있었으며, 한편으로는 조선상고들과도 결탁하여 부연사행과 단련사 일행 및 연복제에 편승한 상고들로 하여금 책문후시를 열게 하였다. 역관들은 경종 2년에 盛京의 예부에 난두의 혁파를 요청하였고[53] 이듬해에는 역관 韓永禧·金慶門·劉在昌·金澤 등이 직접 청의 査官과 담판하여 난두를 해체시켜 버렸다.[54] 그리고 영조 원년(1725)에는 연복제에 의한 책문후시를 엄금하고 범법자를 압록강변에서 梟示토록 규정하였다.[55] 이리하여 역관들은 책문후시를 조종하던 난두배를 무력화시켰으며 사상들의 책문후시를 봉쇄하였던 것이다.

그러나 심양 8포를 비롯한 단련사 일행의 공·사무역을 봉쇄하지 않는 한

52) 《備邊司謄錄》 56책, 숙종 31년 11월 7일.
53) 《增補文獻備考》 권 176, 交聘考 경종 2년.
54) 《增補文獻備考》 권 176, 交聘考 경종 3년.
55) 《備邊司謄錄》 84책, 영조 4년 7월 3일.

역관들의 상리가 보장될 수 없었다. 기회를 노리던 역관들에게 명분을 준 것은 영조 3년에 발생한 「淸債辱國」사건이었다. 심양·책문후시가 공인된 뒤부터 조·청상인 간에는 무역이 활발해졌고 외상거래도 이루어졌었는데 후시를 봉쇄함에 따라 청상들이 채무변제를 요구한 것이다. 청채의 총액은 은 7만여 냥에 달하였고[56] 청나라는 조선정부에 통보하여 조속히 이를 상환토록 강경하게 요구해왔다. 청채욕국사건은 역관들이 단련사 일행의 무역행위를 규제하도록 정부에 요청하는 계기도 되었지만 정부로서도 상고들의 무역을 禁除할 수밖에 없게 한 사건이었다. 영조 3년 정부는 심양 8포제를 혁파하기로 결정하고 이듬해 進奏使行時에 역관 김경문을 청에 특파하여 심양 8포무역을 폐지시켰으며 이어 단련사제도 혁파하였다.[57] 그리고 같은 왕 5년에 정부는 역관의 8포은 외에 은이 청나라로 유출되지 않도록 하기 위하여 엄격한 법규도 제정하였다. 곧 "개시나 사행시를 막론하고 400냥 이상을 소지하였다가 江上搜檢時에 들켜서 잡히거나 窺察당해 고발당한 자는 모두 강상에서 효시한 뒤 啓聞토록 하고 300냥 이하는 3차 嚴刑한 뒤 全家를 徙邊하되 赦典을 베풀지 아니한다"[58]는 내용이었다.

이와 같이 역관들은 그들이 의도한 대로 청의 난두를 해체하고 연복제에 의한 사상들의 책문후시를 금지하였으며 단련사제와 무역별장들에 의한 심양 8포무역마저 폐지하여 사실상 상고들에 의한 일체의 대청무역을 봉쇄하였다. 이에 상고들은 다각도로 보복과 저항을 하였다.

우선 의주부에서는 보복적인 차원에서 역관들의 「包外持銀」에 대한 譏察을 강화하였다. 곧 영조 5년에는 역관 玄有鋼이 체포된 데 이어 金文慶은 天銀 586냥을, 韓斗綱은 천은 94냥과 丁銀 15냥을, 각각 8포은 외에 소지하고 있다가 기찰장교에게 체포되었다.[59] 이처럼 보복적인 차원에서의 기찰행위가 가혹해지자 영조는 의주부인들의 기찰을 중지시키고 서장관과 의주부윤이 검찰하도록 지시하였다.[60] 그리고 금령을 강화하여 "이 뒤부터는 作門 내에

56) 《備邊司謄錄》 81책, 영조 3년 3월 27일.
57) 《英祖實錄》 권 15, 영조 4년 정월 신유.
58) 《備邊司謄錄》 88책, 영조 6년 11월 17일.
59) 《承政院日記》 698책, 영조 5년 12월 10일.
60) 《備邊司謄錄》 88책, 영조 6년 10월 6일.

서 잡힐 경우 은 100냥 이상을 소지한 자는 강변에서 효시하고 100냥 이하는 3차 엄형한 뒤 전가를 사변한다. 작문 밖에서 잡히면 100냥 이상 소지자는 3차 엄형한 뒤 전가를 사변하고 100냥 이하는 1차 엄형한 뒤 定配한다"61)고 규정하였다. 결국 搜銀法이 강화됨에 따라 부연사행의 역관들은 물론 역관·상인들과 결탁하던 마부·노자 등의 밀수행위도 이루어질 수 없게 된 것이다.

역관들에 대한 보복행위는 책문후시가 폐지됨에 따라 이익을 상실하게 된 청국측에서도 나타나고 있었다. 영조 4년(1728) 동지사가 회환할 때 상고들이 수행하지 않고 연복제에 편승한 사상들의 책문무역이 이루어지지 않자 鳳城將軍은 역관들에게 "우리들이 책문에서 수세해왔던 2,000냥을 무엇으로 충당하란 말이냐. 연복매매를 한 뒤라야 너희들의 卜馱를 출급하겠다"고 협박하였고 복물이 이미 책문을 나온 뒤에도 청의 章京·甲軍들이 城將의 분부라면서 복물을 가로막고 길을 방해하였다.62)

한편 영조 4년에 심양 8포제가 혁파된 뒤 황해·평안감사와 의주부윤은 8包貿易權을 회복하기 위하여 정부에 요청하였으며 같은 왕 7년에는 개성부윤도 中江開市의 재원 마련을 구실로 당시 京軍門에서 이용하고 있던 包外越送制를 요구하였다. 그러나 정부는 개성부윤의 요구가 반드시 개시 재원을 마련하는 데만 있지 않고 이면에는 관내의 사상들, 이를테면 무역별장으로 참여했던 상고들의 요구가 반영된 것으로 파악하였다. 따라서 개성부윤의 요청을 받아들일 경우 양서와 의주부에도 허락해야 하고 결국 사상들의 무역로를 열어주는 결과가 초래될 것이라고 우려하여 묵살하였다.63)

이상과 같이 사상들의 무역이 봉쇄되자 역관들에 대한 의주인들의 보복행위가 뒤따랐고 청측에서는 책문후시를 강요하였으며 지방의 상고들은 소속 관장을 종용하여 무역권을 되찾으려 노력하였다. 그러나 어느 경우도 무역로를 재개하는 데 도움이 되지 않았다. 이에 조·청 양국의 상고들은 일정하게 지방관원의 비호를 받으면서 비합법적인 국경무역을 감행하였다. 영조 9년

---

61) 《備邊司謄錄》 88책, 영조 6년 11월 17일.
62) 《備邊司謄錄》 84책, 영조 4년 7월 3일.
63) 《備邊司謄錄》 90책, 영조 7년 7월 7일·10월 23일.

평안감사 權以鎭이 압록강변의 사정을 염탐한 뒤 보고한 내용을 간추려보면 그 사정을 잘 알 수 있다.

> 江界郡과 渭原郡의 조·청 국경지대 중 高山鎭과 伐登鎭의 압록강 건너에 있는 細洞·九郞哈洞·古道水洞·秋洞·智軒洞·屯洞·皇帝城坪 등지에는 청인의 이주자가 날로 증가하여 많은 곳은 16~17호에 300~400명에 달하며 이들의 창고에는 청화가 충만해 있다. 이 지역의 主胡인 山西人 李登四와 瀋陽人 王三平 및 唐 또는 湯이란 성을 가진 자 등 3명은 모두 萬金大賈들로서 범법했거나 사업에 실패하여 도망온 자들이다. 이들의 수하에는 조선에서 도망한 자 3~4명씩을 두어 양국 간에 밀무역을 실현하기 위한 정보교환과 문서의 처리를 맡기고 있었다. 그들은 조선상인들로부터 물화를 구입하여 심양 등지에 가서 팔고 있는데 양국상인들 간에는 물화를 교역하기 위해 매일같이 왕래하는 실정이다(《英祖實錄》 권 35, 영조 9년 7월 임진).

이처럼 압록강을 사이에 두고 조·청상인들 간의 밀무역이 성행했던 사실은 그 후의 기록에서도 누누히 언급되고 있다. 이를테면 영조 10년에 "滿浦鎭 부근의 압록강 중에 있는 작은 섬에는 청상들이 通貨하는 폐단이 크다"[64] 고 하였고 "평안도의 상인·僧釋訓 등이 錢帛을 소에 싣고 昌城을 지나다가 소가 강에 빠졌는데 청인이 건져주었다"[65]고 하였다. 또 吏曹參議 李宗城은 "청채욕국 이후 연복무역을 철저히 금지해왔기 때문에 조·청 잠상들이 상리를 잃은 지가 오래되었다. 이 때문에 기회만 있으면 한 번이라도 통화하고자 밤낮으로 상리를 추구하는 무리와 팔 곳을 갈구하는 상인들이 떼지어 있다"[66]고 하였다. 황해·평안 양도는 "唐物·銀·紬가 모두 나오는 곳이며 모든 물화가 폭주하는 곳"[67]이라고 하였다.

그런데 이러한 분위기가 조성될 수 있었던 이면에는 그 곳의 관장들이 사상과 결탁하여 비호했기 때문이다. 한두 사례를 든다면 영조 10년에 평안감사 朴師洙는 "관서인으로 京城人物을 유인한 자는 사형에 처함이 마땅하지만 청상에게 전매한 사실이 드러나지 않았는데도 청상과 매매한 것으로 단정하

---

64) 《備邊司謄錄》 95책, 영조 10년 3월 2일.
65) 《英祖實錄》 권 35, 영조 9년 7월 임진.
66) 《英祖實錄》 권 39, 영조 10년 12월 계축.
67) 《備邊司謄錄》 99책, 영조 12년 6월 3일.

여 사형에 처한다는 것은 王政에 어긋나는 처사"[68]라고 하면서 관서상인을 옹호하였다. 영조 15년(1739)에는 關西御史 李性孝가 復命時에 보고하기를 "朔州府使 李萬囿가 의주부의 상고에게 緞을 구입하기로 약속하고 쌀 수백 석을 지급하였다는 소문을 듣고 신이 몰래 상고들이 자주 출입하는 장시 내의 妓家에 들어가 상고들의 文蹟을 搜檢하려 하였는데 이만유가 이 소식을 듣고 捕校를 풀어 신이 데리고 간 書吏를 포박해 버렸다"[69]고 하였다.

이처럼 사상들의 밀수행위가 관장과 결탁하고 그 비호하에 있었다고는 하지만 무역이 원활하게 이루어질 수 없었고 또 당국에 발각될 경우에 처벌이 가혹하였다. 따라서 사상들은 정부가 공인한 무역권을 획득하기 위하여 관장들에게 청탁하였고 관장들 또한 소관 아문의 재원을 확보하기 위하여 이를 정부에 요청해왔다. 이러한 관아의 요구는 영조 30년 "灣府의 蕩債와 邊民의 聊活"[70]을 강력히 주장하는 의주부의 요청에 의해 관철되었다. 의주부는 조·청사행의 運餉을 맡으면서 빚을 졌기 때문에 정부에서 運餉庫의 재원을 확보할 수 있도록 책문후시에 의한 1/10의 상세를 수취토록 요구했던 것이고 정부는 심양 8포 12과 중 6과를 의주부에 허가했던 것이다. 그러나 정부가 책문후시를 허가한 데는 '변민료활'이란 명분의 이면에 만상들의 끈질긴 요구가 깔려 있었다.

이 때의 책문후시는 만상에게만 허용되었기 때문에 '灣商後市'로 불려졌다. 그리고 역관의 8포정액과 같이 일정액의 정액무역권을 만상에게 허가했기 때문에 '灣包'라고도 불렸다. 만포정액은 정기사행인 節使에 1만 냥, 임시사행인 別行에 5천 냥, 咨行에 1천 냥을 초과하지 못하도록 규정하였다.[71] 만포의 정액무역을 규제하는 시행세칙이 〈比包節目〉이었다. 〈비포절목〉을 마련한 목적은 종래의 책문후시 때 의주부가 사상들의 수출액만을 검사하고 수입액은 불문에 붙였기 때문에 잠상행위를 도모하는 자들이 압록강을 건널 때만 무사하면 뒷 일은 걱정하지 않아도 되어 奸弊가 百出하자 수출·수입시에 모

68) 《英祖實錄》 권 10, 영조 10년 6월 무오.
69) 《英祖實錄》 권 50, 영조 15년 9월 계축.
70) 《備邊司謄錄》 170책, 정조 11년 5월 15일.
71) 《萬機要覽》 財用編 5, 柵門後市.
《備邊司謄錄》 170책, 정조 11년 5월 25일.

두 검사하여 잠상행위를 근절시키고자 한 데 있었다.[72] 이러한 조처는 한편으로는 수출품보다 수입품에 과세하는 것이 더욱 유리했기 때문으로 생각된다.[73] 그리고 〈비포절목〉을 제정하면서 수출품목도 제한하였다. 곧 은과 인삼의 수출을 금하고 紙地·紬·苧·布·綿 등의 잡화를 은가로 환산하여 절사 1만 냥, 별행 5천 냥, 자행 1천 냥에 충당토록 규정하였다.[74]

(3) 18세기 후반 19세기 전반 연상무역의 발전과 산업부문 침투

정부는 영조 30년에 만상에게만 연복무역 곧 책문후시를 허가하였지만 그것은 사실상 국내의 사상들에게도 대청무역로를 열어준 셈이었다. 18세기 후반 이후 청상과의 무역을 실현해왔던 서울·개성·평양·安州·義州 등지의 사상들, 이른바 '燕商'들의 직·간접적인 대청무역이 가능해졌기 때문이다. 연상들은 수출이 허가된 皮物·紙地·紬·苧·포·면 등의 국내상품을 만상에게 판매하고 동시에 만상이 수입한 淸貨를 사서 국내에 팔았다. 연상들은 책문후시에 직접 참여하지는 못했지만 만상에게 수출상품을 독점판매하고 또 국내의 수요를 감안하여 청화를 선택·수입토록 함으로써 사실상 만상을 조종하고 있었다. 만상의 책문후시가 공인됨에 따라 18세기 후반에는 피물·지지·주·저·포·면류의 생산이 활기를 띠게 되고 송상을 위시한 연상들의 매점매석 행위가 두드러졌으며, 반대로 봉건적 특권을 누려 왔던 貢·市人들의 상업활동은 위축되고 있었다.

이를 일일이 예시할 필요도 없지만 피물의 경우만 해도 우선 牛皮는 18세기 후반부터 청과 일본에 대량으로 수출되던 상품이었다. 소위 비합법적인 도살행위가 만연하였고 연상들은 懸房이나 昌廛市民들을 따돌리고 우피를 매점하여 만상에게 판매하였으며,[75] 狗皮契貢人들만이 독점 납품하던 水獺皮

72) 《萬機要覽》 財用編 5, 燕行八包 比包.
《備邊司謄錄》 127책, 영조 30년 8월 5일.
73) 《備邊司謄錄》 167책, 정조 8년 10월 19일.
74) 《萬機要覽》 財用編 5, 柵門後市.
《備邊司謄錄》 170책, 정조 11년 5월 25일.
75) 姜萬吉, 《朝鮮後期 商業資本의 發達》(高麗大 出版部, 1973), 116·122쪽
宋贊植, 〈懸房考(上·下)〉(《韓國學論叢》 6·7, 國民大 韓國學硏究所, 1984).
金東哲, 〈19세기 牛皮貿易과 東萊商人〉(《韓國文化硏究》 6, 釜山大, 1993), 415~419쪽.

도 연상들이 사냥꾼에게 先金을 지불, 매점하여 만상에게 팔았다.[76] 紙地도 종래 紙契貢人과 紙廛市人들이 독점 수매하던 삼남의 方物紙와 別壯紙·雪花紙 등을 연상들이 제지사찰의 僧徒와 짜고 예매하여 만상에게 전매하였다.[77] 苧産 7읍의 저포도 연상들이 서울의 苧布廛市人을 따돌리고 사 갔으며[78] 포·목 또한 매점매석하였다.[79]

연상들은 이 시기에 정부가 공인한 수출품목을 매점하여 만상들에게 전매할 뿐만 아니라 한편으로는 정부가 禁輸品으로 규정한 인삼과 은의 수출로를 타개하고 있었다. 그 중 인삼은 곧 山蔘으로서 약효가 뛰어나 소량으로도 큰 이익을 취할 수 있었다. 그러나 산삼은 국내는 물론 청과 일본으로 수출하기 위하여 무절제하게 대량으로 채취해왔기 때문에 18세기 후반에 이르면 거의 멸종상태를 면치 못할 만큼 품귀현상을 빚게 되었다.[80]

貢蔘의 조달마저 어렵게 되었고 그것을 감당할 수 없었던 蔘戶들은 파산·流離하였으며 蔘價는 날로 폭등하였다. 이 때문에 영조 28년(1752)에 정부는 使行八包에 지지·피물·면포·海蔘·海帶 등의 雜物을 충당할 것을 강요하였고 이어 같은 왕 30년에는 灣包의 무역을 허가하면서 인삼을 은과 함께 금물로 지정하였다.[81]

이처럼 蔘貴현상이 국가적인 문제로 대두되던 시기에 전라도 同福縣의 한 여인이 산삼의 인공재배법을 개발하였다.[82] 인삼재배법은 급속도로 湖南과 嶺南에 파급되었고 18세기말에는 이미 家蔘의 매매가 널리 행해지고 있었다. 따라서 정부는 정조 21년(1797) 2월에 〈華城府內新接富實戶蔘帽已劃節目〉을 제정하면서 尾蔘契를 조직, 전국의 가삼을 독점수매하여 赴燕員役의 8포삼을 조달토록 하였으며[83] 그 해 6월부터는 사행8포에 은과 함께 인삼을 채워갈

76) 姜萬吉, 위의 책, 116~117쪽.
77) 《備邊司謄錄》 172책, 정조 12년 정월 8일.
78) 劉元東, 《韓國近代經濟史硏究》(一志社, 1977), 228~229쪽.
79) 《備邊司謄錄》 206책, 순조 17년 11월 11일.
80) 《英祖實錄》 권 49, 영조 15년 4월 기해.
《備邊司謄錄》 124책, 영조 28년 6월 10일.
81) 金鍾圓, 《朝淸交涉史硏究》(西江大 博士學位論文, 1983), 104쪽.
82) 姜萬吉, 앞의 책, 123쪽.
83) 《備邊司謄錄》 185책, 정조 21년 2월 22일.

수 있도록 허가하였다. 그러나 가삼이 인삼과 달리 약효가 덜하고 장거리 수송시에 상할 우려가 많아 紅蔘製造法이 개발되었으며 같은 해 부연역관들의 주관하에 홍삼제조장인 蒸包所가 한강변에 설치되었다.[84]

이처럼 인삼재배농과 홍삼제조업이 성장하고 막대한 이윤을 얻을 수 있게 되자 상리에 밝은 개성의 연상들이 자본을 투입하여 蔘圃를 경영, 홍삼을 제조하기 시작하였다. 그들은 마침내 개성유수를 움직여 순조 10년(1810)에는 京江의 증포소를 혁파하여 개성으로 옮기고, 包蔘의 전매권을 확보하였다.[85] 또 종래의 삼계가 혁파되었고 만상이 포삼의 무역업무를 장악하였다.

개성의 연상들이 포삼의 전매권를 장악하고 의주의 만상들이 포삼의 무역권을 독점하면서 개성의 삼포는 더욱 확장되어 갔으며 홍삼의 생산량도 급증하였다. 이를 기반으로 역관·상인들의 영리욕과 관아의 수세욕이 맞물려 포삼허가액 또한 날로 증가하여 정조 21년에 120斤에 불과하던 것이 수차의 증액을 거듭한 끝에 철종 2년(1851)에는 40,000근에 달하였다. 그리고 개성의 연상들은 사행8포의 포삼을 전매하는 데 만족하지 않고 만상들과 결탁하여 다량의 홍삼을 밀조·밀수하였다.[86]

앞에서 살펴보았듯이 영조 30년에 만상의 책문후시가 공인되었지만 인삼뿐 아니라 은화마저 금물로 규정되었다. 雜貨는 부피와 중량에 비하여 단가가 낮고 差益이 적었으며 수송이 불편하고 그 비용도 과다하게 소요되었다. 따라서 만상은 물론 만상을 통하여 대청무역을 실현하던 연상들은 인삼의 경우와 마찬가지로 은화의 수출로를 타개하려 하였다. 은은 대청무역의 결제수단이었을 뿐 아니라 상품가치가 높았기 때문에 17세기 이래 역관과 연상들은 국내의 鑛銀과 倭銀으로 淸貨를 수입해왔다. 그러나 1730년대에 이르러 청·일 간의 直交易이 활발해지고 왜은의 국내 수입이 두절되었으며[87] 더욱이 영조 16년에 정부가 「經稟設店法」을 제정하여 은광개발을 규제하였기 때

84) 《增補文獻備考》 권 151, 田賦考 정조 21년.
85) 姜萬吉, 앞의 책, 125쪽.
86) 姜萬吉, 위의 책, 127~130쪽.
87) 《備邊司謄錄》 134책, 영조 34년 정월 5일.
《日省錄》 정조 5년 6월 21일.
《正祖實錄》 권 36, 정조 16년 10월 신미.

문에 국내의 은생산은 크게 위축되어 갔다.[88]

왜은의 수입이 중단되고 국내의 은생산이 위축되자 정부는 대청외교 및 무역에 절실한 은화를 확보하기 위해 영조 28년(1752)에 사행8포의 '雜物充包'를 강요하였고, 같은 왕 30년에는 灣包를 허가하면서도 인삼과 은의 '충포'를 엄금하였다. 따라서 연상과 만상 등은 국내의 은광개발을 촉구하고 광산 종사자들의 활동을 기대하고 있었다. 그런데 경품설점법은 "호조와 각 軍門 및 각 營·邑을 막론하고 왕의 허가를 받지 않은 채 銀·鉛店을 新設할 경우 道臣 이상은 罷職하고 守令 이하는 拿問한다"[89]고 규정하고 있었다. 국가의 재정아문인 호조는 간혹 대청외교·무역은을 구실로 허가를 받아「設店收稅」하기도 하였지만 각 도의 감영에서는 허가를 얻을 명분이 없었다.

광산 종사자들에 의하여 새로운 광산이 발견되면 호조는 왕의 허가를 받아 別將을 현지에 파견, 설점수세업무를 대행케 하였다. 별장은 대개 서울의 富商大賈들이었고 호조의 설점수세업무를 대행한 대가로 당해 은점의 총생산량 중 2/3를 착복하던 일종의 수세청부업자들이었다. 호조의 자금으로 店所가 설치되었고 은점의 실질적인 경영주는 광산 종사자의 우두머리격인 '頭目'이었다. 두목은 店匠과 銀軍을 고용하여 은광업을 영위하였으며 관청선대제적 민영광업의 성격을 띠고 있었다.[90]

어떻든 경품설점법이 제정된 이후 각 도의 영·읍에서는 은점의 설점수세가 불가능해졌고 호조 소관 은점에 대한 잡세수취권도 박탈되고 말았다. 하물며 호조의 은점이 관내에 설치될 경우 영·읍에서는 아무런 소득도 없는 데다 오히려 이농민의 증가와 각종의 소요사태를 우려해야 하였다. 때문에 각 도의 감사와 수령들은 호조의 설점을 방해하고 별장의 파견을 거부하였다.[91] 결국 호조의 은광개발은 영·읍의 방해를 받아 침체해갔고 은가는 폭등하였다.

이러한 사회경제적 상황에서 광산 종사자들은 은광이 소재한 도의 감사나 수령과 결탁하여 潛採를 시도할 수밖에 없었다. 그런데 광산 종사자들이

88) 柳承宙,《朝鮮時代 鑛業史 硏究》(고려대 출판부, 1993), 295~302쪽.
89)《承政院日記》705책, 영조 10년 정월 20일.
《續大典》戶典 雜役.
90) 柳承宙, 앞의 책, 302~311쪽.
91) 柳承宙, 위의 책, 295~302쪽.

그들의 잠채광업을 장기간 지속하고 확장하기 위해서는 감사나 수령과 결탁해야 할 뿐 아니라 광산경영에 필요한 자금을 조달할 수 있어야 했다. 그러나 당시의 광산 종사자들은 관료들과 결탁할 능력도, 경영자금을 조달할 재력도 갖추고 있지 못했다. 결국 광산 종사자들은 감사나 수령과 결탁할 수 있는 능력과 경영자금을 조달할 수 있는 재력을 지닌 자를 물색하여 物主로 삼을 수밖에 없었다. 여기에 송상을 비롯한 연상들이 침투할 수 있게 된 것이다.92)

연상들은 일찍부터 전국의 은점에서 생산한 은을 수매하여 대청무역의 자금으로 사용해왔을 뿐 아니라 때로는 광산 종사자들과 결탁하여 금광을 잠채·수출하였다. 결국 연상들은 광산 종사자들의 물주로 참여하여 감사나 수령과 결탁, 장기적인 잠채를 실현하였고, 광산경영에 필요한 자금을 투입하였다. 물주제하의 잠채광업이 보편화되면서, 호조에서도 굳이 자금을 들여 설점하지 않아도 되고 말썽 많은 별장제를 고집할 필요도 없었기 때문에 영조 51년에는 소관하의 은점별장들을 축출하고 당해 읍의 수령으로 하여금 물주로부터 店稅를 수취·상납토록 조치하였다. 이리하여 은점의 별장제는 사라지고 물주제가 지배적인 은점의 경영형태로 자리잡게 되었다. 이후 물주는 정식으로 설점허가를 따내고 실질적인 경영자인 「穴主」에게 자금을 조달하였으며 그 대가로 원리금에 상당하는 鑛銀을 수취할 뿐만 아니라 당해 은점에서 생산한 은을 싼 값으로 매점할 수 있었다. 이처럼 연상들이 광은을 장악하면서부터 대청무역 또한 새로운 국면을 맞게 되었다.

정부가 영조 30년에 만상의 책문후시를 허가했을 때는 만상으로 하여금 피물·紙地 등의 잡화로만 만포를 충당케 하였고 또 山海關 동쪽의 물화만을 수입토록 하였다. 그러나 은점에 물주제가 성립된 후부터는 만포 속에 은화를 숨겨가기 시작하였고 청상과 결탁하여 북경의 물화를 책문으로 끌어들여 교역하였으며 무역액도 급증하여 정조 10년(1786)경에는 40,000~50,000냥에 달했다.93) 이처럼 연상과 만상이 결탁하여 국내의 광은이 사사로이 유출

---

92) 이하 상인들에 의한 광산경영에 대해서는 본서에 수록되어 있는 柳承宙, 〈광업의 발달〉 참조.

93) 《日省錄》 정조 10년 정월 6일.

되고 청화가 대량으로 수입됨에 따라 부연역관들은 8포은을 마련하기가 어려워졌을 뿐 아니라 그들이 수입한 청화의 판로도 큰 타격을 받게 되었다. 정부는 역관들의 간청을 받아들여 정조 11년(1787) 만상의 책문후시를 혁파하였으나 후시 재개를 요구하는 집단의 저항이 거세지자 같은 왕 17년에 다시 책문후시를 허가할 수밖에 없었다.[94] 다만 부연역관에게는 전술하였듯이 같은 왕 21년에 이르러 은과 함께 인삼의 충포를 허가하였다.[95]

그런데 연상들은 국내 은점의 별장제를 물주제로 전환시키고 만상과 결탁하여 은을 유출시키는 데 머물지 않았다. 그들은 금의 수요를 유발하고 금광개발을 자극하였다. 은점에 물주제가 성립된 직후에 광산종사자들은 평안도 慈山과 成川의 沙金産地를 개발하였고, 연상들은 감사와 수령의 비호하에 사금을 모두 수매하여 청나라로 유출하고 있었다.[96] 사금은 강이나 하천의 모래 속에서 간단한 도구로 채취할 수가 있어 가족단위의 소년·소녀까지 동원되었다. 그리고 청상들이 生金을 선호했기 때문에 제련할 필요가 없어 호조나 물주가 자금을 투입하여 설점할 필요도 없었다. 사금산지에는 각처의 이농민들이 수없이 몰려들었고 곳곳에 잠채가 만연하게 되자 정부는 정조 4년에 호조의 計士를 파견, 金軍들을 관리·수세하기 위한 점소를 설치하고 금군들로부터 매일 일정액의 세금을 수취하기 시작하였다.[97]

이러한 사금광산의 계사제도 점차 별장제와 유사한 폐단이 야기되었고 또 사금광개발이 전국에 확대되면서 채광여건도 변하여 운영자금이 필요하게 되자 연상들이 파고 들어 순조 6년(1806)에는 은점과 같이 물주제하의 수령수세제가 금광에도 적용되었던 것이다.[98]

〈柳承宙〉

---

94) 《備邊司謄錄》 177책, 정조 14년 7월 25일.
《萬機要覽》 財用編 5, 柵門後市.

95) 姜萬吉, 앞의 책, 127～130쪽.

96) 《增補文獻備考》 권 160, 財用考 7, 附金銀銅.
《備邊司謄錄》 161책, 정조 4년 10월 19일 및 162책, 정조 5년 3월 15일.
《日省錄》 정조 4년 11월 18일 및 정조 10년 정월 22일.

97) 《備邊司謄錄》 188책, 정조 22년 7월 27일.

98) 柳承宙, 앞의 책, 353～365쪽.

2) 일본과의 무역

(1) 무역의 범주

일본과의 무역은 크게 *公貿易*과 *私貿易*, 그리고 *密貿易* 세 가지로 나누어 볼 수 있다. 공무역은 경영의 주체가 국가 또는 국가기관이며, 사무역은 정부가 지정한 상인들이 일본측과 거래를 하는 것이다. 한편 밀무역은 정부의 허가를 받지 않은 민간인들이 불법적으로 하는 무역을 말한다.

공무역은 조선 정부와 일본, 특히 對馬藩 사이의 외교관계를 반영하는 비경제적 부분과 순수한 경제적 부분으로 구성되어 있어서 복잡한 성격을 지니고 있었다. 이를테면 대마번의 進上(뒤에는 封進이란 용어로 바뀜)과 그에 대한 조선의 回賜, 그리고 조선에 내왕한 일본 사신에 대한 조선측의 접대비 따위를 비경제적 부문이라 할 수 있다. 여기에 조선정부와 대마번 사이의 순수한 물적 교역(좁은 의미의 공무역)을 추가하여 이것을 넓은 의미의 공무역으로 볼 수 있는 것이다.

한편 사무역은 조선쪽의 무역 상대자가 정부가 아닌 상인이라는 점이 공무역과 다르다.[1] 따라서 사무역에서는 가격 결정도 양국 상인들의 협상에 의해 이루어지며, 수출금지 품목이 아닌 이상 기본적으로 교역품과 교역량에 제한이 없기 때문에, 경영규모의 확대나 축소가 상대적으로 용이하였다.

여기에 반해 밀무역은 정부의 허가를 받지 않은 潛商에 의한 불법 거래라는 점이 사무역이나 공무역과 다르다. 따라서 밀무역은 정부의 강력한 통제를 받고 있어서 거래가 불안정할 수밖에 없었다. 그렇지만 다른 한편으로 더 많은 이윤을 거둘 수 있다는 점에서 정부의 엄한 처벌에도 불구하고 밀무역은 끊이지 않았다.

그런데 공무역과 사무역, 밀무역의 구분이 반드시 명확한 것은 아니었다.

---

1) 사무역 상인은 정부의 특허를 받은 특권상인(혹은 御用商人) 즉 公商이다. 따라서 그들을 정부의 허가를 얻지 않은 私商(潛商)과 혼동해서는 안된다. 金東哲, 〈17세기 日本과의 交易·交易品에 관한 연구－密貿易을 중심으로－〉(《國史館論叢》 61, 國史編纂委員會, 1995), 246~247·276쪽 참조.

공무역을 담당하던 역관(訓導·別差)들이 몰래 밀거래를 하는 경우도 있었다. 허용된 범위 안에서만 무역을 할 수 있었던 사무역 상인들도 감시관의 통제를 피해 밀무역을 하는 경우도 적지 않았다. 심지어는 밀무역을 단속해야 할 지방의 수령이나 관리들에 의해 밀무역이 이루어진 적도 있었다.[2] 이처럼 공무역과 사무역, 밀무역의 경계는 실제로 매우 유동적이었다.

(2) 상 인

흔히 일본과의 무역에서 상인이라고 하면 사무역 상인을 가리키는 경우가 많다. 그런데 사무역에 참여할 수 있는 상인들은 국가로부터 무역에 참여할 수 있는 특권을 부여받는 대신에, 밀무역을 단속할 책임이 주어졌고, 또 일정한 세금을 납부해야 했다.

이러한 형태의 상인을 東萊商人이나 東萊商賈 또는 줄여서 萊商으로 불렀다. 동래상고의 선정 기준은 시기에 따라 달랐지만 서울에 근거를 둔 京商이나 서울과 지방의 실력자, 즉 '富實者'들이었다. 따라서 동래상인이란 동래 출신 상인을 의미한다기보다는 동래의 倭館을 무대로 하여 대일무역에 종사한 상인들을 가리킨다.[3]

일본과의 사무역에 독점적으로 참여할 수 있었던 동래상인들은 처음에는 수의 제한이 없었던 것 같다. 그런데 동래상고의 수가 크게 늘어 그 폐단이 심해지자, 비변사는 호조에서 발급한 증명서를 지참한 사람만 왜관에 출입할 수 있도록 했다. 이 때가 숙종 4년(1678) 윤3월이었다.[4] 그런데 그 해 6월 동래부가 狀啓를 올려 왜관무역에 출입하는 상인의 숫자를 정할 것을 요청한 것을 보면,[5] 실제로 특권상인의 수를 제한하는 이른바 商賈定額制가 실시된 것은 6월 이후가 아닌가 생각된다.[6]

---

2) 《備邊司謄錄》 31책, 숙종 원년 7월 28일.
3) 金東哲, 《朝鮮後期 貢人硏究》(韓國硏究院, 1993), 34~36쪽.
4) 《邊例集要》 권 9, 開市 무오 윤3월.
한편 조선정부는 같은 해 윤3월 왜관을 豆毛浦에서 草梁으로 옮겼는데, 새로 옮긴 왜관에서 무역 질서를 바로잡아 보고자 하는 것이 조선정부의 방침이었을 것이다(《邊例集要》 권 11, 館宇 무오 윤3월).
5) 《春官志》 권 3, 開市 무오 6월.
6) 《備邊司謄錄》 45책, 숙종 17년 7월 16일.

그 뒤 무역상인의 수는 여러 차례 증감을 보였다. 숙종 17년에는 상고의 수가 30명이었는데,[7] 나중에는 그 수가 20명으로 줄어든 적도 있었다. 또 숙종 34년에는 상고정액제를 완전히 혁파하여 인원수의 제한을 없애기도 했다.[8] 그러다가 다시 15명의 상고가 선정되었으나 순조 2년(1802) 무렵에는 5명으로 줄어들었다고 한다.[9]

이와 같이 일본과의 무역에 독점적으로 참여했던 동래상인들은 무역의 성쇠와 함께 그들의 운명을 같이해야만 했다. 18세기 중반 이후 여러 가지 사무역을 위축시키는 요인이 발생하여 왜관을 중심으로 한 중개무역적 성격이 희박해지자 사무역도 침체될 수밖에 없었다. 결국 무역활동만으로는 생계가 어려워 19세기 중엽에는 동래상인들 중 다수가 동래부의 각종 武任職이나 鄕吏職을 겸하는 일이 적지 않았다.[10]

다음의 〈표 1〉은 일본측의 왜관 기록을 토대로 하여 헌종 10~15년(1844~1849) 사이에 일본과의 사무역에 참가한 조선의 상인들을 나타낸 것이다. 여기에서 都中이란 사무역에 참가하는 동래상고들이 결성한 조합을 가리키는데, 이 기간 동안 해마다 5명에서 7명 사이의 都中商賈들이 사무역에 참여하고 있었다. 五元(朴昌壽)과 乃維(崔周翰)의 연령이 50대에서 60대 중반인 것으로 보아, 일반 상인들보다 한 단계 높은 지위에 있었던 도중들은 당시로서는 노장층에 속해 있었던 것이 아닌가 생각된다. 따라서 그들은 수출입품의 구입과 판매를 직접 담당했다기보다는 다른 상인들과 여러 가지 형태로 협력관계를 맺는 역할을 하고 있었다고 보인다. 또 내유와 子範의 거래 실적이 함께 기재되어 있는 것으로 보아 이들은 동업자였을 것으로 보인다.[11]

---

7) 《邊例集要》 권 9, 開市 신미 윤 7월.

8) 《春官志》 권 3, 開市.

9) 《增正交隣志》 권 4, 開市.

10) 金東哲, 〈『東萊府商賈案』을 통해서 본 19세기 후반의 東萊商人－『東萊武任先生案』과의 비교－〉(《韓日關係史硏究》 창간호, 1993), 134~138쪽.

11) 乃維는 崔周翰으로 밝혀졌고(《동래기영회140년사》, 동래기영회, 1984), 子範은 允中 鄭五衛將의 아들인 것으로 드러났으므로(《一代官每日記》 國史編纂委員會所藏 對馬島宗家文書記錄類 1846년 6월 23일 ; 《一代官每日記》 對馬歷史民俗資料館 宗家文庫 日記類 1817년 11월 7일 · 12월 28일), 이들은 친자나 형제 관계는 아닐 것이다.

〈표 1〉 開市에 참가한 都中(헌종 10년~15년)

都中(字) \ 연도		헌종 10년	헌종 11년	헌종 12년	헌종 13년	헌종 14년	헌종 15년	계
1	乃維	○						1 (2)
②	乃維·子範	◎	◎					2
3	子範		○	○	○	○	○	5 (6)
4	聖愚(聖祐)	○	○		○	○	○	5
5	五元	○	○	○	○	○		5
6	汝心	○	○	○	○			4
7	宜汝	○	○	○	○			4
8	沖謙		○	○				2
9	汝行			○	○	○		3
10	永緝			○	○	○	○	4
11	子五(子伍)					○	○	2
12	子權						○	1
13	子雄					○	○	2
14	玉汝						○	1
	계	6	7	7	7	7	7	
연령 (세)	五元(朴昌壽)	64	65	66	67	68		
	乃維(崔周翰)	49	50					

* 전거 : 《一代官每日記》(國史編纂委員會 所藏 對馬島宗家文書記錄類).
《동래기영회140년사》(동래기영회, 1984).

* 비고 : ○ 표시는 왜관 출입과 거래 사실이 기록되어 있는 경우.
◎ 표시는 무역액이 공동 명의로 기록되어 있는 경우.

한편 사무역에 참가하는 상인별로 무역규모가 달랐음은 더 말할 나위도 없다. 예컨대 자범처럼 거의 매년 무역에 참여하는 상인들이 그렇지 못한 상인들보다 상대적으로 무역활동이 활발했을 것이다. 실제로 이 시기 도중들 중에서는 자범의 무역규모가 가장 컸다. 그는 동래와 全州·大邱(丘)·서울 등지를 오가면서 매우 활발하게 무역활동을 폈던 것 같다.[12)]

12) 자범의 아버지인 允中도 약 30년 전에 도중으로서 대일무역에 참여했는데, 윤중도 당시 거래 실적이 매우 좋았던 것으로 일본측은 파악하고 있었다(《一代官每日記》國史編纂委員會 所藏 對馬島宗家文書記錄類 1846년 6월 23일).

(3) 상 품

조선과 일본은 이른바 「有無相通」의 정신에 따라 상대적으로 경쟁력이 있는 자국의 상품을 상대국의 물품과 교환함으로써 자국의 후생 수준을 높이려고 하였다. 이 시기에 교환된 무역품은 주로 특산물이었기 때문에 기본적으로 공급이 제한되어 있었으며, 그 수요도 국가기관이나 일부 상류층에 한정되어 있었다. 이러한 구조적인 한계 속에서도 양국은 서로 필요한 물품을 교환하여 자국의 경제문제를 해결해 나가고 있었다.

가. 수출품

조선이 일본에 수출한 물품은 종류가 매우 다양할 뿐 아니라 시간이 흐름에 따라 조금씩 변화를 보였다. 조선의 수출품 가운데서 빼놓을 수 없는 것이 人蔘과 미곡이다. 비단의 원료인 중국산 白絲와 生絲의 대일수출도 이루어지고는 있었지만, 18세기 중반 이후에는 중국으로부터 수입해오는 경로가 막히는 바람에 일본에 대한 수출이 부진할 수밖에 없었다.

가) 인 삼

조선산 인삼은 유통 마진이 매우 큰 고가품이었기 때문에 조선측이나 일본측 모두 인삼무역에 적극적으로 참여했다. 그런데 18세기 중반에 접어들면서 조선 국내의 인삼조달이 부진의 늪에 빠지게 되고, 게다가 일본이 인삼의 수입대체에 성공하면서,[13] 조선의 인삼수출은 큰 위기를 맞이하게 되었다. 그렇지만 19세기까지도 인삼의 대일수출은 계속되었다.

당시 조선의 수출 인삼은 山蔘으로 불리는 자연삼이었기 때문에 부존량이 제한되어 있었다.[14] 그래서 조선의 인삼 공급은 늘 수요에 크게 미치지 못해

13) 幕府(특히 德川吉宗)가 주도적으로 나서서 對馬藩을 통해 조선으로부터 인삼 종자를 구해다가 인삼의 수입대체를 추진한 결과, 18세기 초반에 이르면 인삼의 자체 생산에 성공하게 된다(鄭成一, 〈조선산 인삼종자와 일본의 인삼수입대체〉, 《春溪朴光淳敎授華甲紀念 經濟學論叢》, 1993).

14) 당시 인삼은 자연에서 채취한 것이었기 때문에 수출의 계절적 변동도 매우 심했다. 예컨대 숙종 10~36년(1684~1710)의 기간 중 연간 최고 수출량은 숙종 20년의 6,678근이었는데 그 이듬해에는 최저치인 29근을 기록하였다(田代和生, 《近世日朝通交貿易史の硏究》, 東京 ; 創文社, 1981, 286~287쪽). 이처럼 조선의 인삼 수출은 공급 측면의 심한 불안정 속에서 이루어지고 있었다.

국내외적으로 여러 가지 문제가 발생하였다. 조선의 인삼공급량 부족도 문제였지만 더욱 큰 문제는 인삼의 품질이 갈수록 떨어진다는 점이었다. 도라지에 인삼 껍질을 입혀 위장한다든지, 인삼에 아연으로 된 심을 박아 무게를 늘리기도 했으며, 인삼의 실뿌리에 아교를 발라 속이기도 했다. 이렇게 만들어진 인삼을 造蔘이라고 불렀는데 일본측은 불량품이라는 이유로 수령을 거부하였다.[15]

조삼의 제조에는 조선의 역관들이 개입되기도 했지만,[16] 주로 더 많은 이득을 얻으려는 상인들이 가담했다. 또 인삼의 貢納 의무를 지고 있던 농민들이 부거운 부담에서 조금이라도 벗어나려고 인삼의 품질을 속이는 경우도 있었다.[17] 실제로 강원도와 평안도의 수령들은 인삼 공납에 따르는 농민들의 부담을 줄여 달라고 여러 차례 중앙에 요청하기도 하였다.[18]

인삼을 둘러싼 무역마찰이 심각해지자 조선정부는 공무역에서 지급하는 禮單蔘(單蔘)을 자연삼(山蔘)에서 재배삼(家蔘)으로 바꾸는 정책을 추진하였다. 조선은 辛未通信使(1811)의 일본 방문을 앞두고 펼쳐진 양국간 사전 교섭을 이용하여 통신사가 가지고 갈 인삼(信蔘)과 공무역에서 지급할 인삼(예단삼)을 모두 재배삼인 가삼으로 바꾸려고 했다.[19] 그러나 일본측의 반대로 시행되지 못하다가 순조 32년(1832)에 이르러서야 비로소 예단삼을 현물 인삼과 銀·錢으로 1/3씩 지급하기로 결정을 보았다. 말하자면 예단삼의 代納(金納化)이 이루어진 셈이다.[20]

조선의 인삼은 사무역을 통해서도 수출되었다. 조선정부는 사무역에서 수

15) 그런데도 對馬藩이 조선에서 조달하여 幕府將軍에게 올린 인삼 속에 造蔘이 끼어들어가 큰 문제가 되기도 했다(今村鞆, 《人蔘史》 7, 蔘名彙攷篇, 朝鮮總督府專賣局, 1934, 176~180쪽).

16) 《分類紀事大綱》 29, 李樟別幅人參取換候事(國史編纂委員會 所藏 對馬島宗家文書記錄類).

17) 《肅宗實錄》 권 50, 숙종 37년 8월 3일.

18) 《肅宗實錄》 권 46, 숙종 34년 7월 18일 및 권 61, 숙종 44년 7월 21일.
《英祖實錄》 권 110, 영조 44년 4월 20일.
《正祖實錄》 권 29, 정조 14년 3월 10일·4월 17일 및 권 33, 정조 15년 11월 11일.

19) 鄭成一, 〈19세기 초 조선산 栽培蔘의 대일수출 교섭-禮單蔘을 중심으로-〉(《國史館論叢》 43, 1993).

20) 《御內用御內密綴》(國史編纂委員會 所藏 對馬島宗家文書記錄類).

출되는 인삼에 10%의 세금을 매겨 그것을 공무역에서 지급할 예단삼으로 충당하고 있었다. 또 일본측은 조선으로부터 인삼을 안정적으로 수입해가기 위해 조선의 상인들에게 인삼 대금을 미리 지불하는 先貸去來(被執)의 방법을 자주 이용하였다. 그런데 조선정부는 부존량이 제한된 인삼이 사무역 상인들의 수중에 몰리게 되면 예단삼과 신삼의 조달이 어려워지게 되고, 또 선불된 대금에 해당하는 인삼의 조달을 조선상인들이 지체하여 양국간 무역마찰이 일어나기 때문에 선대 거래를 허용하지 않았다.

한편 조선정부는 인삼무역을 둘러싸고 일어나는 폐단을 없애기 위해 왜관의 지정된 장소 즉, 開市大廳에서 특권상인인 동래상인들만이 거래를 할 수 있도록 했다. 그런데 실제로는 감독관인 開市監官의 감시를 피하여 인삼을 밀거래하는 일이 많았다. 또 정부의 허가를 받지 않은 민간상인들도 왜관 밖에서 일본의 선원들과 인삼을 밀매하기도 하였으며, 심지어 바다에 배를 대놓고 밀수를 하다가 적발된 사례도 있었다. 조선정부는 인삼 밀무역을 하다가 적발된 사람들을 사형에 처하는 등 엄하게 다스렸지만, 이후에도 인삼밀수는 끊이지 않았다.[21)]

나) 미 곡

조선의 쌀이 일본으로 흘러들어가는 경로는 크게 세 가지였다. 하나는 조선정부가 일본에서 건너온 사신들에게 왜관 체재비 명목으로 지급한 쌀이다. 5일마다 지급했다 하여 붙여진 五日雜物(五日次) 속에 쌀도 들어 있었는데 그것은 일종의 접대비였다. 두번째는 공무역을 통해서 공식적으로 쌀을 일본으로 수출했는데 이 쌀을 公作米라고 했다. 마지막으로 위의 공식 경로를 벗어나 민간상인들이나 지방의 수령 또는 하급 관리들의 손을 거쳐 조선의 쌀이 불법적으로 유출되는 경우도 있었다.[22)]

그런데 조선정부가 경제적 재화로서 쌀을 수출하기 시작한 것은 17세기 중반부터라고 할 수 있다. 물론 그 이전에도 조선정부가 대마도에 歲賜米豆를 지급한 적이 있었지만, 거의 해마다 정해진 수량의 쌀을 무역하기 시작한 것은 효종 2년(1651) 이후의 일이었다.

---

21) 吳 星, 《朝鮮後期 商人硏究》(一潮閣, 1989) 제1장 참조.
22) 《備邊司謄錄》 31책, 숙종 원년 7월 28일.

조선정부는 일본이 공무역을 통해 들여온 물품에 대하여 처음에는 물품화폐의 일종인 木綿(公木)으로 결제를 해 주었다.[23] 그런데 조선쪽에서는 공목의 지급량을 줄인다든가 공목의 길이를 짧게 하거나 면포의 섬세도를 떨어뜨리는 방법을 사용하여 부담을 줄이려 했다.[24] 이에 일본측이 공목의 품질악화를 이유로 수령을 거부하여 무역마찰이 끊이지 않자, 그 해결책으로 제시된 것이 공작미 지급의 시행이었다. 그리하여 효종 2년에는 公木 300同(15,000匹)을 쌀 12,000石(조선의 단위임, 이하 같음)으로 바꾸어 지급하다가 현종 원년(1660)에는 100동을 추가하여 공목 400동(20,000필)을 쌀 16,000석으로 대신 지급했다. 물론 처음부터 공작미 지급 기한이 5년으로 정해져 있었지만 기한이 끝날 때마다 일본측은 사신(公作米年限裁判)을 보내와 공작미의 지급 기한 연장을 요구했다. 조선정부에서는 허가 여부를 놓고 여러 차례 논의를 거치곤 했지만, 그 때마다 결국에는 기한을 정하여(5년이나 3년 또는 10년) 공작미 지급을 연장해 주었다. 그러면서도 공작미 지급은 일본측에 한시적으로 특혜를 베푸는 것이지 반드시 常時的으로 시행해야 하는 約條는 아니라는 것이 조선정부의 일관된 방침이었다.[25]

그런데 19세기초에 이르러 공작미 지급에 커다란 변화가 일어나기 시작하였다. 신미통신사의 訪日을 앞두고 양국이 실무 교섭을 추진하는 과정에서 조선측이 공작미의 교환비율을 인상한 것이다. 즉 효종 2년(1651) 이후 조선정부가 공작미 지급을 허락하면서 공목 1필을 공작미 12斗(말)로 환산하여 지급해오던 것을,[26] 공목 1필에 공작미 10두로 변경하려고 했다. 그 이유는 공작미 지급으로 말미암은 농민들의 경제적 부담을 덜어주기 위함이었다. 그렇게 해서 결국 16,000석씩 지급되던 공작미가 순조 12년(1812) 이후에는

23) 당시 목면을 公木이라 부르기도 했는데 이는 농민들로부터 거두어들인 관청의 무명(公家之木)이란 뜻이다(《正祖實錄》 권 24, 정조 11년 9월 갑오).

24) 鄭成一, 〈丁卯胡亂과 朝鮮의 貿易政策〉(《史學硏究》 49, 1995), 84~94쪽.

25) 《公作米謄錄》(奎章閣圖書 12968) 을유 12월 5일 및 을사 5월 16일.

26) 효종 2년에 공작미를 지급하면서 목면과 쌀의 교환비율을 1필=12두로 한 것은, 그 해 쌀이 풍년이 들어 서울에서 가는 무명(細木)의 값이 백미 12두에 이르렀기 때문이라고 한다. 당시 경상도에서는 1필=5두가 정식이었다고 하니까(《備邊司謄錄》 30책, 현종 12년 3월 17일), 결국 1필에 7두를 추가 지급한 셈이 되어 이 비율은 일본측에 유리했다고 할 수 있다.

13,333석 5두로 줄었다.27) 일본(대마번)측에서 보면 해마다 2,666석 10두에 해당하는 쌀의 수입이 줄어든 셈이지만 조선농민의 부담은 그만큼 경감되었다고 할 수 있다.28)

공작미 지급의 또 다른 변화는 공작미의 일부를 錢으로 대납할 수 있도록 한 것이다. 그것은 공작미의 품질 악화와 未收 누적 때문이었다. 조선쪽 공작미 관리 책임자들이 쌀에 뉘를 넣거나 물을 적셔 부피와 무게를 늘리는 수법을 쓰는 바람에 쌀이 왜관의 창고에서 썩기 일쑤였다. 그뿐 아니라 공작미의 미수가 누적되어 일본측의 불만을 샀다.29) 따라서 조선정부로서도 새로운 해결책을 찾지 않으면 안 되었다. 그래서 쌀 지급을 중단하고 원래대로 면포(공목)로 지급하자든가, 한시제를 없애고 공작미 지급량을 절반으로 줄이자는 따위의 여러 가지 의견이 제시되었지만 시행되지는 않았다.30) 일본측에서도 갈수록 미수가 늘어가는 상황에서 전량을 쌀로 받아가기 어렵다면 뭔가 다른 대안을 제시할 필요가 있었다. 양국의 현실적인 필요에 의해 오랜 교섭 끝에 19세기 전반부터는 공작미의 일부를 전으로 대납하기도 했다.31)

다) 우피·우각조·황금·전해서

이들 품목은 18세기 후반 이후 대일무역의 특징을 잘 보여주는 것들이다. 그 이전까지 수출의 주종을 이루던 인삼과 생사에 대신해서 이들 물품이 대일무역을 주도해 나갔다고 할 수 있다. 이 가운데 牛皮(소가죽)는 幕府 말기부터 수요가 급증한 군수물자의 원료로서 사용되었으며, 말린 해삼(煎海鼠)은 일본이 중국에 재수출하기 위해 조달해간 것이다. 黃芩은 한약재의 원료로

27) 《東萊府事例》 2책, 書契色(奎章閣圖書 4272).
《東萊府邑誌》(1832) 公作米庫(《東萊史料 二》, 驪江出版社 影印, 1989).

28) 공작미 수납과 관련한 농민들의 부담을 덜어준 것은 이 때가 처음은 아니었다. 숙종 5년(1679)에 경상도 지역에 大同法을 실시하면서 2두를 감해 주었고, 숙종 9년에도 2두를 삭감해 주었다(《嶺南廳事例》 倭館所用 公作米).

29) 영조 2년(1726)의 공작미 지급 상황을 보면, 1년간 총지급량이 15,439石(俵)이어서 미수는 561석에 지나지 않는 듯이 보인다. 그런데 사실은 6월 24일 이전에 지급된 4,391석의 쌀은 전년도분이기 때문에, 영조 2년의 실질 미수분은 4,952석으로서 전체 지급량 16,000석의 약 1/3을 차지하고 있었다(《朝鮮御代官記錄》, 國史編纂委員會 所藏 對馬島宗家文書記錄類).

30) 《公作米謄錄》 을사 9월 10일.

31) 《一代官每日記》(國史編纂委員會 所藏 對馬島宗家文書記錄類).

쓰이고 있었으며, 牛角爪(소뿔·발톱)는 빗(櫛)이나 비녀의 원료로 사용하기 위해 일본이 수입해간 것이다.

19세기 대일무역의 중심을 이루고 있었던 우피의 사무역량을 살펴보면 <표 2>와 같다. 헌종 10~15년(1844~1849)의 6년 동안 13명의 都中들에 의해 12만 장(연평균 2만 장)에 이르는 우피가 일본에 수출되었다. 도중별로 보면 子範의 수출 실적이 총 28,159매로 단연 앞섰다. 또 계절적으로 3~6월과 11~12월의 수출이 상대적으로 많았다.

〈표 2〉 牛皮의 월별 수출량(헌종 10~헌종 15년)

品目	都中	1	②	3	4	5	6	7	8	9	10	11	12	13	14	
	月	乃維	乃子	子範	聖愚	五元	汝心	宜汝	沖謙	汝行	永緝	子五	子權	子雄	玉汝	합 계
牛皮(枚)	1		500	1,400	640		1,650	200		560	430	500		100		5,980
	2			1,822	570		700	400		100	546			310		4,448
	3		900	4,374	100	1,500	2,700	1,100		900	480					12,054
	4		1,000	2,233	1,479	2,120	2,280	799		520	5,108	999	521			17,059
	5		1,800	3,195		550	1,600	521		220	3,180		133	1,939		13,138
	6		700	4,701	170	958		800		657	215	400		1,480		10,081
	7			100		630	2,065	4,263		1,350	312			400		9,120
	8		600	1,850	200	510	830	360		1,980	160					6,490
	9		1,300	1,677	100	1,040	1,560	100	300	1,564	1,122					8,763
	10		400	1,767	940		1,000	300		53	700		600	1,500		7,260
	11		400	960	1,131	650	900	371		3,533	3,930		490	2,800	400	15,565
	12	300	700	4,080	490	300	2,527	99		650	970			640		10,756
		300	8,300	28,159	5,820	8,258	17,812	9,313	300	12,087	17,153	1,899	1,744	9,169	400	120,714

* 자료 : 《一代官每日記》(國史編纂委員會 所藏 對馬島宗家文書記錄類).

비고 : 헌종 12년의 윤5월과 헌종 15년의 윤4월은 각기 5월과 4월 항목에 합산. 빈칸은 零임.

라) 기 타

조선이 일본에 수출한 물품으로는 이 외에도 織物類·乾魚物·乾果類·皮革類·書籍類·文具類와 茶器·茶碗 따위 각종 생활용품, 醫藥品 등이 있었다. 또 도자기나 그릇을 만드는 기술자(陶工), 병을 고치는 醫員 등 인력수출도 이루어졌다.[32] 따라서 민간인의 해외 도항이 자유롭지 못했던 당시에도 조선이 일본에 수출한 유형·무형의 재화는 이루 헤아릴 수 없이 많았다.

살아 있는 동물의 수출로는 말(馬)이나 매(鷹)를 대표적인 예로 들 수 있다. 예컨대 매는 고대 이래로 우리 나라의 수출 품목이었는데, 고려시대에는 鷹坊을 설치하여 국가가 매 조달과 매사냥을 관장하기도 했다. 이런 전통은 조선시대까지도 계승되었다.[33] 일본으로 매가 대량 수출되는 것은 조선시대 이후의 일로 생각된다. 壬辰·丁酉倭亂이 끝나고 국교가 회복된 17세기에 들어와서 조선이 일본에 보낸 書契의 物目에도 매(鷹子)가 등장하고 있다.[34] 이처럼 매는 조선이 일본에 가는 통신사편에 보내는 幕府將軍에 대한 예물과 매년 對馬島主의 사신에게 지급하는 예물 속에 포함되어 있었다. 그로 인해 매의 貢納 의무를 지고 있었던 강원도지역 농민들은 매 조달 때문에 과중한 부담에 시달려야 했다.[35] 그래서 18세기 후반에 오면 이미 매의 수출 대신에 쌀과 면포가 지급되고 있었다.[36]

나. 수입품

조선이 일본에서 수입한 물품도 매우 다양했다. 그런데 다양한 수입품 가운데 가장 주목을 끄는 것은 일본의 鑛産物과 일본이 동남아시아 등지에서 수입한 南方物産이었다. 특히 은과 구리 따위 광산물은 조선에서 가장 중요하게 다루어지는 수입품이었으며, 胡椒(후추)·丹木·明礬·水牛角 따위 남방물산은 조선 전기 이래 많은 인기를 끌었던 물품들이었다.

가) 은

조선의 대외무역에서 빼놓을 수 없는 것이 銀이었다. 은은 중국과의 무역에서도 중요한 결제수단이었기 때문에 은 확보는 조선의 중국 물품 수입과

---

32) 《倭人求請謄錄》(奎章閣圖書 12955).
《歲船鷹連謄錄》(奎章閣圖書 12966).

33) 《매사냥 調査報告書》(文化財管理局, 1993), 5~31쪽.

34) 현재 국사편찬위원회에 소장되어 있는 書契(9,442점) 중에서는 광해군 7년(1615) 7월 禮曹參議 金闓가 對馬島主에게 보낸 서계가 鷹子를 禮物로 기록하고 있는 것으로는 가장 빠르다(《書契目錄集》I, 國史編纂委員會, 1991, 1쪽).

35) 현종 6년(1665)의 일인데 비변사는 동래 왜관에 꼭 보내야 하는데도 미납된 매의 수효가 200여 마리나 되니 경상·강원감사에게 독촉할 것을 국왕에게 제의하고 있다(《備邊司謄錄》 25책, 현종 6년 7월 3일).

36) 《古拝借御金御上納御宥免筋御願立ニ付御身代之姿松平越中守様江被及御內意候御願等之別錄》(對馬歷史民俗資料館 宗家文庫 記錄類 I).

직결되는 중요한 문제였다. 그런데 三浦倭亂 이전까지만 하더라도 오히려 은은 일본으로 수출되고 있었다. 그러던 것이 중종 37년(1542) 이후 일본은이 조선으로 대량 유입되기 시작했는데, 그것은 灰吹法이라는 새로운 銀精鍊 기술이 조선에서 일본으로 전수되면서 일본의 은 산출액이 급증했기 때문이었다.[37] 순도가 높은 일본은의 대량 유입으로 일본과의 무역은 말할 것도 없고 중국과의 무역도 더욱 발전할 수 있었던 것이다.

그런데 17세기말부터 막부는 일본은의 해외 유출을 통제하기 시작했다.[38] 게다가 재정 수입의 확대를 노린 막부의 貨幣改鑄로 말미암아 交易銀의 순도가 낮아졌다. 결국 조선상인들은 순도가 낮은 은의 수령을 거부했고,[39] 그로 인해 일본과의 무역은 부진해질 수밖에 없었다.

일본으로서도 순도가 낮은 은 때문에 조선인삼의 조달이 어려워졌다. 그래서 막부는 특별히 순도를 높인 은을 주조하여,[40] 조선인삼의 수입에 적극성을 보였다. 그러나 1730년대 후반 막부의 은수출 억제 조치는 끝내 대일무역을 깊은 정체의 늪에 빠뜨리고 말았다.

나) 동

삼포왜란 이전만 하더라도 일본인들이 조선에 가져오는 물품으로는 단연 銅(구리)이 많았다. 그러던 것이 16세기 중반에 은의 정련 기술이 일본으로 이전된 뒤로는 역전되어 은이 동보다 더 큰 비중을 차지하게 되었다. 그러나 일본의 화폐정책 전환으로 은의 순도가 낮아지고 막부의 은수출 금지정책이 실시되면서 다시 동이 수입품의 주종을 이루게 되었다.

조선은 일본에서 수입한 동을 주로 銅錢을 만드는 데 썼다.[41] 이러한 사

---

37) 村井章介, 《中世倭人傳》(東京 ; 岩波書店, 1993), 163쪽.

38) 幕府는 조선과의 무역에서 유통할 수 있는 銀의 한도를 숙종 12년(1686)에는 연간 1,080貫目으로, 숙종 26년에는 1,800관목으로 통제했다. 그러나 실제 무역을 담당했던 對馬藩은 이 한도를 초과하는 경우가 적지 않았다(田代和生, 앞의 책, 335쪽).

39) 《邊例集要》 권 9, 開市.
《春官志》 권 3, 開市.

40) 흔히 '特鑄銀'이라고 알려지고 있는 것인데 원래 명칭은 '人參代往古銀'이었다(田代和生, 앞의 책, 297쪽).

41) 《正祖實錄》 권 22, 정조 10년 11월 11일.

정을 잘 알고 있던 대마번은 동이 조선과 공무역에서 거래하기로 약정한 물품임을 내세워 막부로부터 일정량의 동 확보를 보장받고 있었다. 그런데 막부는 18세기초부터 동의 해외 유출을 제한하기 시작했다. 産銅의 악화로 말미암아 일본 내에서도 동이 부족한 상황에 놓이게 되었기 때문이다. 그래서 막부가 허락한 동은 대마번이 신청한 것보다 훨씬 적었다. 예컨대 대마번은 숙종 40~43년(1714~1717)에 20만 근의 동을 신청했으나 막부는 그 절반인 10만 근만 허가했다. 이러한 관행이 고정되어 영조 42년(1766)부터는 조선이 일본에서 수입할 수 있는 동이 10만 근으로 정해졌다. 이 가운데 약 3만 근은 은이 함유된 生銅(荒銅)으로 조달하여 공무역을 통해 수입할 수 있도록 했으며, 나머지는 사무역을 통해 거래가 이루어지고 있었다.42)

한편 헌종 10~15년(1844~1849)간의 都中商賈들에 의한 동무역 실태를 보면 다음 〈표 3〉과 같다. 먼저 6년 동안 총수입량은 丁銅 349,250근과 황동 18,950근으로 연평균 6만 근이 넘는 규모였다. 도중 가운데서는 子範에 의한 수입이 같은 기간에 정동 104,200근, 황동 8,000근으로 연평균 18,700근에 이를 정도로 가장 많았다. 계절별로는 5월과 6월의 동수입이 각각 6만 근을 넘어 가장 많았다. 요컨대 17세기 후반 무역 전성기의 동수입 규모에는 크게 못 미쳤지만 19세기 전반까지도 동이 대일수입의 중추 역할을 한 것이다.

다) 수우각

水牛角(물소뿔)은 색깔이 검다 하여 黑角이라고도 했으며, 그것이 활의 원료로 쓰인다 해서 弓角이라고도 불렀다. 물소뿔은 조선 전기에도 수입되고 있었는데, 그것이 조선 후기까지 계속해서 수입된 것을 보면 조선 사회 내부에 물소뿔에 대한 수요가 여전히 적지 않았던 것 같다.43)

《純祖實錄》 권 19, 순조 16년 7월 4일 및 권 30, 순조 28년 9월 5일.
《對馬島宗家文書古文書目錄集》(Ⅰ)(國史編纂委員會, 1995), 361쪽.

42) 田代和生, 앞의 책, 359~363쪽.

43) 19세기 중반까지도 조선은 일본에 소가죽과 소뿔·소발톱 따위를 수출하였으나 물소뿔만큼은 일본을 통해 수입하지 않으면 안 되었다. 그것은 수입 물소뿔이 활 따위를 만들기에 상대적으로 적합했기 때문일 것이다.

〈표 3〉 銅의 월별 수입량(헌종 10~15년)

품목	都中	1	②	3	4	5	6	7	8	9	10	11	12	13	14	
	月	乃紨	乃子	子範	聖愚	五元	汝心	宜汝	沖謙	汝行	永緝	子五	子權	子雄	玉汝	합계
丁銅(斤)	1			1,600	1,600					300						3,500
	2		1,200	4,100	1,000		100				300			600		7,300
	3		3,500	9,400	2,500	3,200	8,700	6,900		600	400					35,200
	4		3,300	13,300	6,000	1,000	4,700	2,000		1,200	5,900	2,400	400	4,700		44,900
	5		7,500	14,000	1,300	1,400	4,400	11,100		800	14,700		800	5,900		61,900
	6		25,600	18,400	400	2,000		8,400		1,400	300	800	300	4,200		61,800
	7			6,100		400	1,300	13,500		1,700						23,000
	8		3,000	11,500	200	2,300	1,600	4,200		6,600	1,600					31,000
	9		3,000	4,100		4,000	2,700	2,000	4,500	1,000	400					21,700
	10		2,000	8,100	2,000		1,500	2,000		600	1,200		1,100			18,500
	11			9,200	2,500	500	1,800			3,400	400		400	5,500	400	24,100
	12		2,000	4,400	800	600		3,400		1,650	2,200			1,300		16,350
	계		51,100	104,200	18,300	15,400	26,800	53,500	4,500	19,250	27,400	3,200	3,000	22,200	400	349,250
荒銅(斤)	1			400						300						700
	2			1,100	300						100			100		1,600
	3		1,600	2,400				1,500								5,500
	4		1,500	700				1,600								3,800
	5															
	6															
	7															
	8															
	9															
	10															
	11			800	700						100		500	500	550.096	3,150.096
	12			2,600		500					1,100					4,200
	계		3,100	8,000	1,000	500		3,100		300	1,300		500	600	550.096	18,950.096

* 전거 : 《一代官每日記》(國史編纂委員會 所藏 對馬島宗家文書記錄類).

비고 : 헌종 12년의 윤5월과 헌종 15년의 윤4월은 각기 5월과 4월 항목에 합산. 빈칸은 零임.

물소뿔은 조선에서 주로 활과 혁대를 만드는 데 쓰인 것으로 알려지고 있다. 활은 체력 연마의 도구인 동시에 중요한 무기의 하나였기 때문에 활의 제조 원료인 물소뿔은 일종의 군수품에 속하는 것이었다. 또 물소뿔은 양반 관료의 신분을 상징하는 혁대의 재료로 쓰였기 때문에 역시 官需用으로 충당되는 경우가 많았다.44)

그런데 물소뿔은 동남아시아 등지에서 산출되는 물품이다. 대마번은 조선에 수출할 물소뿔을 出島(데지마)의 長崎(나가사키)貿易에 참가하는 중국상인들로부터 조달해 오고 있었다. 그런데 시간이 지나면서 조달에 차질이 생겨 물소뿔의 수입이 지체되는 일이 잦았다.[45] 그래서 양국은 물소뿔도 순조 32년(1832)부터 동으로 대납하기로 하였다.[46]

라) 기 타

일본의 광산물 가운데는 鑞도 수입되고 있었는데, 17세기 중엽부터 이미 은이나 동으로 대납되고 있었다. 이 밖에 각종 수공예품 따위도 수입되었지만 그것은 대개 의례적인 예물 교환의 성격이 짙었다.

한편 양국이 공무역에서 거래하기로 정한 이른바 公貿易定品 가운데 胡椒·丹木(蘇木)·明礬(白礬) 따위가 있었다. 호초는 후추인데 주로 육식에 조미료로 쓰였다.[47] 후추는 조선 전기 이래로 일본을 통해 수입하던 물품인데, 이것은 본디 남방에서 산출되는 것을 琉球를 통해 조달한 것이다.[48] 단목과 명반도 역시 남방물산이었다. 염료와 약재로 쓰이던 이들 물품도 일본을 통해 조달하여 조선의 국내 수요에 충당하고 있었다.

라. 시 장

가) 무역 장소

조선 전기만 하더라도 일본사신의 上京路 주변에서 무역이 이루어지던 것을 후기에는 조선정부가 왜관 한 곳으로 시장을 제한했다. 임진·정유왜란

---

44) 金柄夏, 《李朝前期 對日貿易硏究》(韓國硏究院, 1969), 155쪽.
45) 《對馬島宗家文書古文書目錄集》Ⅰ, 345쪽.
46) 田代和生, 앞의 책, 353쪽.
《對馬島宗家文書古文書目錄集》Ⅰ, 358쪽.
47) 金柄夏, 앞의 책, 132쪽.
48) 조선 전기에 조선은 琉球와 직접 통교를 하고 있었는데, 그러한 관계를 이용하여 조선 정부는 15세기말에 후추의 국산화를 시도한 적이 있었다. 그러나 유구는 후추가 자기 나라에서 산출되는 물건이 아니라는 것을 이유로 후추 씨앗을 조달해 주지 않았고, 이 때문에 결국 조선은 후기까지도 후추를 수입에 의존해야만 했다(《成宗實錄》 권 176, 성종 16년 3월 26일·권 183, 성종 16년 9월 24일·권 184, 성종 16년 10월 11일·권 185, 성종 16년 11월 11일·권 194, 성종 17년 8월 19일 및 권 196, 성종 17년 10월 6일).

때 일본사신의 상경로가 침략로로 악용된 적이 있었기 때문에 조선정부는 일본인의 상경을 금지하였다. 또 조선정부는 양국 상인들의 밀거래를 통한 국가 기밀의 누설을 염려하여 무역 장소를 한 곳으로 제한한 것이다.

그런데 나중에는 무역 장소가 왜관 가운데서도 開市大廳이라는 곳으로 한정되었다. 따라서 왜관 안이라 하더라도 개시대청을 벗어나서 하는 교역행위는 모두 밀무역으로 간주되어 엄한 처벌을 받았다. "가격 협상을 핑계로 왜관의 각 방에 몰래 들어가 거래를 하는 潛商 행위를 엄하게 다스린다"는 규정이 여러 사료에 나타나는 것을 보면 밀무역을 통제하려는 조선정부의 강력한 의지를 읽을 수 있다.[49]

무역 장소를 개시대청으로 제한하기 시작한 것은 대체로 17세기 중엽으로 보인다. 이 시기는 사무역이 가장 활발하게 운영되던 시기이기도 하며, 대규모 밀무역사건이 발각되어 그것이 양국간 외교현안으로 등장한 때이기도 하고, 또 왜관이 豆毛浦에서 草梁으로 옮겨지는 시기에 해당되기도 한다.

그런데 이러한 무역통제 정책을 무색하게 할 정도로 밀무역은 양국 상인에 의해 끊임없이 이루어지고 있었다. 왜관 안에서는 물론이고 왜관 밖에서도 밀거래가 일어나고 있었다. 왜관에 거주하는 일본인들이 야채와 생선을 구입할 수 있도록 하기 위해 허용되었던 아침장(朝市)에서도 양국 민간인들 사이에서 불법적인 거래가 발생했다. 심지어는 바다 한 가운데 배를 대놓고 몰래 교역을 하기도 했다.[50]

나) 무역 일자

조선정부는 일본과 무역을 할 수 있는 날짜를 지정해 놓고 있었다. 공무역은 조선정부와 대마번 사이의 교역이었기 때문에 조선의 역관(訓導·別差)과 대마번의 代官이 그때그때 상황에 따라 무역일자를 협의하여 정했지만, 사무역의 경우는 그렇지 않았다. 조선정부는 임진왜란 이전에는 한 달에 3번(3·13·23일) 사무역을 개최하도록 했는데, 임란 이후에는 매월 6회(3·8·1

49) 《增正交隣志》 권 4, 約條.
《邊例集要》 권 5, 約條(附禁條).
《交隣志》 約條.

50) 鄭成一, 〈1861~1862년 對馬藩의 密貿易事件 處理過程〉(《韓日關係史硏究》 2, 1994), 141쪽.

3・18・23・28일)로 開市日을 늘렸다.[51] 게다가 불가피한 사정으로 정해진 날짜에 거래가 이루어지지 못하면 따로 別市(代市)가 허용되었다. 별시를 포함하여 지정된 개시일이 아닌 날짜에 교역하는 것은 밀무역으로 간주하여 엄격히 처단하였음은 더 말할 나위가 없다.

무역 일자와 관련해서는 다음 두 가지 점에 주목할 필요가 있다.

첫째, 당시 조선과 일본은 모두 태음력을 사용했지만 曆法체계가 서로 달랐는데, 무역을 개최할 때 어느 나라의 역법을 기준으로 하였는가 하는 점이다. 예컨대 헌종 12년(1846)의 경우 조선의 8월 28일이 일본에서는 27일이었다. 헌종 15년에도 조선의 11월 3일이 일본에서는 2일이었다.[52] 이런 경우 어느 나라의 날짜를 기준으로 할 것인가 하는 것인데, 대체로 조선의 역법체계에 맞추어 시장을 열었던 것으로 밝혀졌다.[53]

둘째, 5일에 한 번씩 열리게 되어 있는 사무역의 일자가 왜관주변의 場市 일자와 어떤 관련을 갖느냐 하는 점이다. 예컨대 동래부 장시의 개시일을 살펴보면 禿旨場 1일・6일, 邑內場 2일・7일, 左水營場과 龜浦場 3일・8일, 釜山場 4일・9일로서,[54] 왜관과 개시일이 동일한 장시는 좌수영장과 구포장의 두 곳이었다. 따라서 독지장(1・6일)→읍내장(2・7일)→왜관(3・8일)→부산장(4・9일) 등으로 연결되는 유통망 속에서 대일무역이 운영되고 있었을 것이다.

다음으로 문제가 되는 것은 개시의 횟수이다. 당시 사무역은 월 6회에 걸쳐 개최할 수 있도록 규정되어 있었는데 실제로는 어떠했는가 하는 것이다. 즉 별시를 포함하여 실제로 개시가 이루어진 일수와 개시의 규정일수를 비교한 開市率을 계산해 보면 사무역이 얼마나 빈번하게 열렸는가를 알 수 있을 것이다.[55] 다음 〈표 4〉는 헌종 10~15년간의 개시 상황을 나타낸 것인데,

---

51) 《邊例集要》 권 9, 開市.
《增正交隣志》 권 4, 開市.
또 《春官志》 권 3, 開市에 따르면 광해군 2년(1610) 10월에 개시일의 확대 결정이 이루어졌다고 한다.

52) 《三正綜覽》(內務省地理局, 帝都出版社, 1932), 413~414쪽.

53) 《一代官每日記》(國史編纂委員會 所藏 對馬島宗家文書記錄類).

54) 《東萊府邑誌》(1832・1871).

55) 개시의 규정일수는 1년에 71회로 잡았다. 즉 매년 정월 3일은 正初라 하여 개

6년 동안 연평균 24.4%의 개시율을 기록하고 있었음을 보여준다. 연평균 개시율로 볼 때 18세기 초반까지는 70% 내외에 머물러 있었으나,[56] 그로부터 100여년 뒤인 19세기 초반에는 개시율이 20%대로 떨어지고 만 것이다. 개시율의 감소만으로는 사무역 규모의 감소를 주장하기 어렵지만, 적어도 무역이 열리는 빈도는 18세기 초반보다 19세기 전반에 상대적으로 줄어들었다고 할 수 있을 것이다.

〈표 4〉 개시일수의 비교(헌종 10～15년)

(단위 : 회)

연도 / 월	헌종 10년	헌종 11년	헌종 12년	헌종 13년	헌종 14년	헌종 15년	계	평 균
1	1	1	0	2	2	3	9	1.5
2	0	0	1	2	1	1	5	0.8
3	1	1	1	2	2	1	8	1.3
4	1	1	1	2	2	3	10	1.7
5	1	3	3	1	2	2	12	2.0
6	1	1	2	2	2	1	9	1.5
7	0	1	1	2	2	2	8	1.3
8	1	0	2	1	2	1	7	1.2
9	0	2	2	3	2	3	12	2.0
10	1	0	1	1	2	1	6	1.0
11	0	1	2	3	2	1	9	1.5
12	2	1	2	2	2	3	12	2.0
계	9	12	18	23	23	22	107	1.5
개시율(%)	12.7	16.9	23.3	32.3	32.4	28.6		24.4

전거 : 《一代官每日記》(國史編纂委員會 所藏 對馬島宗家文書記錄類).

비고 : 헌종 15년 윤4월과 헌종 12년 윤5월은 각기 4월, 5월에 포함시킴.

시가 거의 이루어지지 않았기 때문에 〈12개월×6회－1회＝71회〉으로 계산한 것이다. 단 윤달이 든 해는 77회를 규정일수로 삼았다. 森晋一郎, 〈近世後期對馬藩日朝貿易の展開－安永年間の私貿易を中心として－〉(《史學》 56－3, 慶應義塾大學 三田史學會, 1986) 참조.

56) 연평균 개시율은 경종 2～영조 2년(1722～1726)에 73.8%, 영조 6～8년에는 68.5%, 그리고 영조 17년의 경우는 70.4%를 기록하였다(《朝鮮御代官記錄》 國史編纂委員會 所藏 對馬島宗家文書記錄類).

마. 무역의 성격

첫째, 이 시기에도 그 이전과 마찬가지로 이른바 誠信을 기초로 한 조선과 일본의 「交隣」외교가 무역의 外皮 역할을 했다. 다시 말해서 교린이라고 하는 큰 틀을 깨지 않는 범위에서 이른바 「유무상통」의 정신에 입각하여 양국이 서로 필요한 물품을 교환하고 있었다.

둘째, 당시의 대일무역은 조선의 국내경제와 결코 무관하게 움직이지 않았다. 말하자면 公木·公作米와 신삼·예단삼, 그리고 말·매 따위의 수출과 조선농민의 부담이 연결되어 있었다. 또 동·물소뿔 따위의 수입이 각기 조선의 동전 주조, 군수·관수 물자의 제조 등과 매우 밀접한 관련을 지니면서 이루어지고 있었다.

셋째, 조선의 인삼 수출이 완전히 끊긴 것은 아니었지만 이전 시기에 비해 크게 축소되었을 뿐 아니라, 일본의 화폐개주로 말미암아 은의 수입이 거의 자취를 감추었고, 또 중국산 생사 따위의 무역이 퇴조했다. 후추·물소뿔·명반·단목 따위 동남아시아산 물품의 거래도 전에 비해 부진했다. 게다가 18세기 중반 이후 청나라와 일본의 직교역 확대로 말미암아 이 시기의 대일무역은 중개무역적 성격이 전에 비해 상대적으로 후퇴하고 말았다. 그러나 우피·우각조·황금·전해서 따위의 조선산 물품과 일본산 동의 거래가 무역을 이끌어가는 새로운 패턴을 보여 주었다. 그런데 여전히 교환되는 물품이 농수산물이나 공예품과 같은 특산물과 광산물 따위로 한정되어 있었으며, 무역품에 대한 수요와 공급이 시장의 가격 변화에 탄력적으로 대응하지 못했다.

넷째, 국가권력의 보호 아래 무역을 독점적으로 경영해왔던 상인들도 전반적인 무역 쇠퇴와 함께 零落의 길을 걷게 되어 사무역에 참가하는 상인의 규모도 크게 줄었다. 자연히 무역이 열리는 빈도도 낮아질 수밖에 없었다. 그렇다고 해서 특권상인들이 완전히 사라진 것은 아니었으며, 밀무역이 소멸된 것은 더욱 아니었다.

다섯째, 양국이 서로 약정한 물품을 현물로 교환하던 체제에서, 부분적이지만 공작미·예단삼·매와 물소뿔·납·동의 경우 다른 물건이나 錢으로 대납하는 방법으로 변화되어 가고 있었다. 이것은 당시의 대일무역이 점차 시장 상황에 탄력적으로 대응하면서 운용되기 시작했음을 반증하는 것으로 발전적인 측면으로 해석할 수 있다.

마지막으로 지금까지 살펴본 무역은 조선의 직접적인 교역 상대자가 일본의 대마번이었다. 즉 당시 조선의 대일무역이 德川幕府와의 직접적 교역은 아니었다. 그렇다고 해서 대일무역이 막부하고는 아무런 상관없이 이루어진 것이라고 보기는 어렵다. 이러한 무역구조는 일본의 明治維新과 조선의 開港이 이루어지는 19세기 중반까지 지속되었다.

〈鄭成一〉

집 필 자

개 요 .... 최완기

Ⅰ. 생산력의 증대와 사회분화

1. 인구의 증가와 분포 .... 한영국
2. 농업생산력의 발달과 상품작물의 재배 .... 이영학
3. 광작과 지주제 .... 최윤오
4. 임노동의 발생 .... 최완기
5. 수공업의 발달 .... 김영호
6. 광업의 발달 .... 유승주
7. 어·염업의 발달
   1) 어 업 .... 박구병
   2) 염 업 .... 김호종
8. 운수업의 발달
   1) 육상운송 .... 조병로
   2) 수상운송 .... 최완기
   3) 원과 주막 .... 최완기

Ⅱ. 상품화폐경제의 발달

1. 상인층의 성장과 도고상업의 전개 .... 오 성
2. 상품의 유통 .... 고동환
3. 금속화폐의 보급과 조세금납화 .... 방기중
4. 대외무역의 전개
   1) 청과의 무역 .... 유승주
   2) 일본과의 무역 .... 정성일

한국사 33

조선후기의 경제

편찬간행 **국사편찬위원회**

초판1쇄 2003년 11월 30일
2쇄 2013년 6월 4일

번각발행 **탐구당**

등록일 1950년 11월 1일
등록번호 서울 제 03-00993 호

주소 서울특별시 용산구 한강대로 62 나길 6
전화 (02) 3785-2211(대표)
팩스 (02) 3785-2272
홈페이지 www.tamgudang.co.kr
전자우편 tamgudang@paran.com

ISBN 978-89-8236-599-7
978-89-8236-566-9(세트)

값 19,500 원

* 파본이나 잘못된 책이 있으면 교환해 드립니다.